LA PROTECTION DU TRÉSOR DANS LES PROCÉDURES COLLECTIVES

Étude comparative des droits marocain, français et OHADA

Collection « Droit international »

Au regard du champ disciplinaire qu'elle couvre, la collection « Droit international » présente un caractère transversal : si elle accueille des ouvrages de droit international public ou de droit international privé, elle est ouverte également à des études portant sur des thématiques – nouvelles et de plus en plus nombreuses – se situant au confluent de ces deux disciplines. Par ailleurs, la collection « Droit international » n'entend aucunement privilégier des travaux de nature théorique ou de nature pratique : toute théorie maîtrisée doit reposer sur une connaissance sérieuse de la pratique tandis que toute analyse pratique ne saurait valablement éclairer une problématique juridique sans une compréhension de ses fondements théoriques. Ainsi, la présente collection se propose de contribuer à la connaissance de tous les aspects du droit international, branche du droit qui, au fil des ans, tient une place croissante au sein des disciplines juridiques.

Déjà parus

Siphana Sok, *Analyse de la dualité juridique au Cambodge*, 2024.

Abdelbasset Ibrahim, *La délégation de compétences des organisations internationales*, 2023.

Yoleth Laínez Calderón, *L'attente légitime en droit international économique*, 2023.

Alejandra Blanquet, *Le contrôle de régularité internationale des jugements étrangers, Étude comparée de droit international privé français et colombien*, 2023.

Ira Lymperopoulou, *L'européanisation du secteur de l'énergie. dans le contexte de crise de la dette Volume I, Les mutations structurelles : La création des marchés de l'énergie,* 2023.

Ira Lymperopoulou, *L'européanisation du secteur de l'énergie. dans le contexte de crise de la dette Volume II. Les mutations fonctionnelles : La nouvelle régulation des marchés de l'énergie*, 2023.

Hélène Sabalbal, *Le choix du droit applicable dans l'arbitrage d'investissement. Expérience euro-arabe*, 2022.

Mohamed Rabie ABASSI

LA PROTECTION DU TRÉSOR DANS LES PROCÉDURES COLLECTIVES

Étude comparative des droits marocain, français et OHADA

Préface de Georges CAVALIER

L'Harmattan

Dédicaces

Je dédie cet ouvrage à ma feue mère SHITRI Mennana, décédée le 24 août 2022 et à mon feu père ABASSI Ahmed, décédé le 17 août 2025. Que dieu les ait en sa sainte miséricorde.

Remerciements

Je tiens à remercier tous ceux et toutes celles qui, de près ou de loin, m'ont apporté leur soutien à la rédaction de cet ouvrage. Qu'ils trouvent ici l'expression de ma profonde reconnaissance.

5-7, rue de l'École-Polytechnique – 75005 Paris

www.editions-harmattan.fr

ISBN : 978-2-336-52831-1
EAN : 9782336528311

PREFACE

L'ouvrage que le lecteur tient entre ses mains constitue la version publiée de la thèse de doctorat soutenue par M. Mohamed Rabie Abassi à l'Université Jean Moulin Lyon 3, intitulée La protection du Trésor dans les systèmes des procédures collectives marocain et OHADA : approche prospective avec référence au droit français et aux autres droits européens. Cette thèse a été préparée sous ma direction, avec une grande constance de la part de l'auteur, malgré l'absence de tout soutien financier institutionnel.

Le sujet choisi, à la croisée du droit fiscal et du droit des entreprises en difficulté, est d'une rare technicité. Il est aussi d'une pertinence accrue pour les systèmes juridiques d'Afrique francophone qui s'efforcent de concilier attractivité économique, efficacité de la gestion publique et exigences de justice sociale. Loin de se contenter d'un commentaire des textes en vigueur, l'auteur a proposé une analyse critique de la condition du Trésor dans les procédures collectives, sous l'angle comparatif, en mobilisant notamment les droits marocain, OHADA et français. Il a ainsi cherché à répondre à une question centrale : dans quelle mesure la puissance publique, créancière au même titre que d'autres, peut-elle être traitée selon un régime d'exception sans compromettre l'égalité entre créanciers, principe fondamental du droit des procédures collectives ?

Le plan adopté dans cette thèse témoigne d'un effort de structuration louable. Une première partie met en lumière l'inadéquation des régimes existants à assurer une véritable protection du Trésor, en raison de leur silence sur les délais, du caractère inabouti de l'admission provisoire des créances fiscales, ou encore des lacunes du droit OHADA en matière de vérification des créances. La seconde partie, résolument prospective, formule des propositions concrètes de réforme, souvent inspirées du droit français, telles que l'instauration du rebond du débiteur, l'introduction du critère d'utilité pour les créances postérieures ou encore la clarification des mécanismes de déclaration et de contestation des créances publiques.

Parmi les propositions fortes, l'auteur plaide en faveur d'un régime fiscal adapté aux entreprises en difficulté. Ainsi, il invite à repenser la hiérarchie des privilèges, voire à remettre en cause l'existence même du privilège fiscal dans des systèmes où l'État est à la fois juge, législateur et créancier. Il s'interroge sur la légitimité d'un « super-privilège » au profit de l'État, dans des contextes où les autres créanciers, spécialement les créanciers chirographaires, ne bénéficient d'aucune protection comparable. Une telle audace dans la réflexion, assumée et solidement étayée, mérite d'être saluée. D'autant plus qu'un collègue, spécialiste reconnu de la fiscalité des procédures collectives, avait déjà cité cette thèse dans ses propres travaux de recherche, avant même sa publication – preuve que les propositions avancées ont d'ores et déjà rencontré un écho dans le monde académique.

Enfin, il convient de souligner que M. Abassi est élève avocat à l'EFB. Il a été recruté depuis la soutenance en qualité d'attaché temporaire d'enseignement et de recherche (ATER), ce qui témoigne de ses qualités pédagogiques autant que de sa rigueur scientifique. Il s'insère désormais pleinement dans la communauté universitaire, ce dont je me réjouis personnellement, eu égard aux efforts constants qu'il a fournis dans un environnement nouveau, loin de son pays d'origine, sans avoir bénéficié des réseaux ou codes académiques français.

Je forme le vœu que cette publication contribue à nourrir les débats doctrinaux sur la place de l'État dans les procédures collectives, qu'elle éclaire les praticiens confrontés aux règles complexes du recouvrement public en période d'insolvabilité, et qu'elle incite enfin les réformateurs du droit des affaires en Afrique francophone et au Maroc à reconsidérer les équilibres parfois fragiles entre efficacité économique et justice distributive.

Lyon le 8 juillet 2025
Georges Cavalier
Maître de conférences HDR
Université Jean Moulin Lyon 3
Directeur de la thèse

LISTE DES PRINCIPALES ABREVIATIONS

Act. proc. coll. : Actualité des procédures collectives
Al. : Alinéa
Art.: Article
ATD : Avis à tiers détenteur
AUDCG : Acte uniforme sur le droit commercial général
AUPCAP : Acte uniforme sur les procédures collectives d'apurement du passif
AUPSRVE : Acte uniforme sur les procédures simplifiées de recouvrement et les voies d'exécution
AUS : Acte uniforme sur les sûretés
Avr. : avril
BO : Bulletin officiel
Bull. Joly. Entre. Diff. : Bulletin Joly Entreprises en Difficulté
Bull.joly soc : Bulletin Joly sociétés
C.A.A : Cour administrative d'appel
C. cass. : Cour de cassation
C.com. : Code de commerce
CA : Cour d'appel
CA. Com : Cour d'appel de commerce
Cass. com. cham. comm. : Chambre commerciale de la Cour de cassation
Cass. plèn : Assemblée Plénière de la Cour de Cassation
CCJA : Cour commune de justice et d'arbitrage
CE : Conseil d'État
CE, plén. : Assemblée plénière du conseil d'Etat
Cf. : Confère
CGI : Code général des impôts
Ch. : Chambre
Ch. Civile :
Circ. : Circulaire
Civ. : Civil
CNSS : Caisse nationale de la sécurité sociale
Coll. : Collection
Ch. Com. : Chambre commerciale de la Cour de cassation
Concl. : Conclusions
Cons. Const : Conseil constitutionnel
CPC : Code de procédure civile
CRCP : Code de recouvrement des créances publiques
D. : Dalloz
DGI : Direction générale des impôts
dir. : Direction
Doss. comm. : Dossier commercial

Éd. : Édition
Ess. dr. af. Aff : Essentiel droit des affaires africains
Fasc. : Fascicule
Gaz. Pal. : Gazette du Palais
I.G.R : Impôt Général sur le Revenu
Ibid. : La même référence
In : Dans
Infra : Plus bas dans le texte
IS : impôt sur les sociétés
JCP E : Juris classeur périodique (La semaine juridique, édition entreprise)
JCP G : Juris classeur périodique (édition générale)
Jug. comm. : Jugement commercial
Juris Data : Banque de données juridiques Editions- techniques
L.G.D.J. : Librairie générale de droit et de jurisprudence
Lato sensu : Au sens large
LEDEN : L'essentiel Droit des entreprises en difficulté
Litec : Librairie technique
loc. cit. : Loco citato (à l'endroit cité)
LPA : Les Petites Affiches
LPF : Livre des Procédures Fiscales
MEF : Ministère de l'économie et des finances
Mél. : Mélanges
n° : numéro
Obs. : Observations
OHADA : Organisation pour l'Harmonisation en Afrique du Droit des Affaires
OHADATA : Base de données doctrinales et jurisprudentielles de l'UNIDA sur le droit de l'OHADA
op. cit. : *opere citato*, (dans l'ouvrage citée)
Ord. : Ordonnance
p. : Page
PAF : Presses Académiques Françaises
para. : Paragraphe
PME : Petites et moyennes entreprises
PUA : Presses universitaires d'Afrique
PUAM : Presses Universitaires d'Aix-Marseille
PUF : Presses Universitaires de France
Rapp. : Rapport
R.C.C .M : Registre de commerce et de crédit mobilier
Rep. : Répertoire
Rép. Min : Réponse ministérielle
Rev. Dr. & Pat. : Revue droit et patrimoine
Rev. Dr. fisc. : Revue droit fiscal
Rev. Lamy. Dr. Aff. : Revue Lamy Droit des Affaires
Rev. proc. coll. : Revue des procédures collectives

RG : Répertoire général
RIDC : Revue Internationale de Droit Comparé
RJF : Revue de la jurisprudence fiscale
RTD civ. : Revue trimestrielle de droit civil
RTD com. : Revue trimestrielle de droit commercial
s. : et suivant
Samir : Société anonyme marocaine de l'industrie de raffinage
Somm. : Sommaire
Spéc. : Spécial
Sté : société
Stricto sensu : Au sens strict ou restreint
Supra : voir plus haut
T. : Tome
TGI : Tribunal de Grande Instance
TPE : Très petite entreprise
TPI : Tribunal de première instance
Trib. rég. hr. cla. : Tribunal régional hors classe
Trib. com : Tribunal de Commerce
TVA : Taxe sur la valeur ajoutée
U.N.I.D.A : Association pour l'unification du droit en Afrique
USAID : United States Agency for International Development
V. : Voir

SOMMAIRE

Citation de la bibliographie écrite en langue arabe

Pour rendre la lecture de ce livre accessible à un large public, il a été choisi de « franciser » les références d'ouvrages, d'articles doctrinaux et de chroniques écrites en langue arabe. De même, toutes les jurisprudences rendues au Maroc sont citées dans cette thèse après leur traduction en langue française.

INTRODUCTION GÉNÉRALE

1. Longtemps, la protection du Trésor dans le système de la faillite a été appréhendée indépendamment du souci relatif à la préservation de l'activité économique. Très particulier, ce sort fut justifié par plusieurs considérations. Une première considération tient au fait que les procédures collectives privilégient le but inhérent au paiement des créanciers. La sauvegarde de l'entité économique était absente des objectifs des législateurs. Une autre considération réside dans ce que les droits du Trésor sont justifiés par la protection de l'intérêt général. Et bien que le besoin de protéger l'entité économique commence à se faire sentir, le Trésor a continué à garder sa situation préférentielle. Ce constat se perçoit très nettement chez un auteur qui, donnant une autre explication, a pu écrire à ce sujet :

> « Le Trésor public, émanation de l'État sous forme de "services financiers" selon l'expression de M. Cozian, [...] n'est pas un créancier comme les autres : sa créance ne résulte pas du libre jeu des contrats mais de la loi, et il ne choisit pas ses débiteurs dont il ne peut surveiller la situation financière. C'est ainsi que l'on a parfois tenté de justifier, autrefois, sa situation très favorable dans les procédures collectives [...] que d'aucuns n'ont eu de cesse de vilipender, voyant là un droit exorbitant que l'État se serait attribué de manière léonine »[1].

Signe d'une protection dépassée, la préférence accordée au Trésor est révélatrice d'un déséquilibre flagrant. De tous les créanciers, le Trésor semblait être un créancier au-dessus de tous.

2. « *Qu'en est-il aujourd'hui ?*»[2] En posant cette question, l'auteur de la citation du départ a voulu attirer l'attention sur le fait que les choses ont changé dans le sens de reléguer le Trésor au statut de créancier ordinaire. La condition du Trésor dans les procédures collectives n'est plus ce qu'elle était auparavant. Qu'est-ce qu'un Trésor ? Représentant l'Etat, le Trésor est un organe public qui

---

[1]Guy AMLON, *Conciliation, sauvegarde, redressement et liquidation judiciaires. – Trésor public. – droits, privilèges et hypothèque légale*, Juris - classeur commercial, fasc. 2384, n° 1 ; M. Cozian, L'avis à tiers détenteur en matière de privilège du Trésor, *RTD com.* 1967, p. 64.

[2] Guy AMLON, juris-classeur préc., ibid.

recouvre les impositions dont l'entreprise est redevable. Ce rôle persiste bien que l'entreprise soit en état en cessation des paiements et se retrouve placée par la suite sous procédure collective. A quoi renvoient ces deux mots : procédures collectives ? Définies comme étant des procédures dédiées à l'apurement du passif, les procédures collectives poursuivent aussi l'objectif relatif au traitement des difficultés de l'entreprise et celui inhérent à la préservation de l'emploi. Les procédures collectives les plus classiques sont le redressement et la liquidation judiciaire. Si le redressement judiciaire tend à sauvegarder l'entité économique, la liquidation judiciaire a pour objectif de mettre fin judiciairement à la vie d'une entreprise irrémédiablement compromise. Mais, quelle que soit la procédure collective en cause, c'est de la recherche de l'équilibre dont il est question ici. Qu'en est-il de la pratique ? « *Droit conquérant* »[3], pour les uns ; « *Terre de conflits* »[4] de toutes sortes pour les autres, la recherche de l'équilibre entre les parties en présence et le paiement des créanciers - dont le Trésor - sont difficiles à atteindre. Dans un constat partagé, un auteur a pu écrire à ce sujet : *« le droit des entreprises en difficulté, [...] est un droit conflictuel, où se croisent des disciplines juridiques différentes et difficilement compatibles en raison des intérêts divergents qu'il convient de concilier lors du redressement et de la liquidation judiciaires : ceux de l'entreprise, des salariés et des créanciers notamment »*[5]. Le conflit existant entre le droit des entreprises en difficulté et le droit fiscal est une illustration très claire. Au XIXème siècle, lorsque les penseurs européens envisagent la question du point de vue socio-économique, ils évoquent même une « *lutte de classe* »[6]. La paternité de cette notion est attribuée à Karl MARX, qui l'a en réalité lui-même empruntée aux historiens libéraux français de la Restauration. Tous justifient cet affrontement par le

---

[3] Eran CHVIKA, *Droit privé et procédures collectives*, Thèse en droit, *Defrénois*, Préf., Thierry BONNEAU, 2003.

[4]Philippe ROUSSEL GALLE, « Les entreprises en difficulté : terre de conflits - Synthèse des intérêts contraires », *Gaz. Pal.*, 26 juin 2008, n° 178, p. 60 ; Georges TEBOUL, « Les entreprises en difficulté : terre de conflits - Synthèse des intérêts contraires », *Gaz. Pal,* 26 juin 2008, n° 178, p. 8. Sur cette question, Cf. *infra* n° 277.

[5]Eran CHVIKA, Thèse préc.,

[6]Cem ÖZATALAY, « Karl Marx, inventeur de “ la théorie des classes sociales ” ? », Lapsus, 2010, 4, pp. 31- 41.

fait que les « *débiteurs faisaient partie du prolétariat* »[7]. Quoi que cette pensée ait été contestée, il se trouve qu'il y a certainement entre le débiteur et ses partenaires des intérêts opposés. Si l'on prend en exemple la procédure qu'est le redressement judiciaire, « *parfois* [...], *l'intérêt des créanciers ou de certains créanciers est en opposition flagrante avec l'intérêt de l'entreprise* »[8]. L'on pourrait citer ici succinctement l'exemple relatif à la protection des créanciers postérieurs[9]. A cela, s'ajoutent les conflits qui existent entre les créanciers eux-mêmes. Légitimes, les intérêts des parties en présence sont cependant antagonistes. Autre donnée pratique : le taux des entreprises qui réussissent leur redressement judiciaire est faible. Bien entendu, si elles ne sont pas redressables, ces entreprises sont liquidées. De là, et sans se référer aux statistiques qui le confirment et à propos desquelles on reviendra plus tard[10], on déduit que le taux des entreprises qui se voient appliquer la liquidation judiciaire est très élevé. Comme dans le redressement judiciaire, les intérêts des parties en présence sont également opposés en cas de liquidation judiciaire[11]. Couplée avec l'insuffisance de l'actif, cette situation met en lumière les difficultés rencontrées par le Trésor pour recouvrer ses dettes fiscales. Ces lignes permettent de résumer la faible protection apportée au Trésor de nos jours en Afrique.

3. Qu'en sera-t-il demain ? Si les propos de l'auteur de la citation du départ[12]confortent l'idée du conflit existant entre le droit fiscal et le droit des entreprises en difficulté, ils permettent pourtant d'entrevoir une solution médiane entre la préférence, peu réaliste, qu'on réserve au Trésor à cause de la protection de l'intérêt général et la remise en cause pure et simple de l'intérêt légitime du Trésor, pas conforme à la logique consistant à défendre « *l'intérêt général* [.Intérêt] *qui milite en faveur du recouvrement* […] *de l'impôt* »[13]. Parce que le contexte des procédures collectives est un contexte unique,

---

[7]Diane BOUSTANI, *Les créanciers postérieurs d'une procédure collective confrontés aux enjeux du droit des entreprises en difficulté*, Préf., Pierre-Michel LE CORRE, LGDJ., 2015, n° 360, p. 195.
[8]Philippe ROUSSEL GALLE, Les entreprises en difficulté : terre de conflits …art. préc., n° 4.
[9] Cf. *infra* n° 341 et s.
[10] Cf. *infra* n° 315.
[11]Cf. *infra* n° 277 et s.
[12]Guy AMLON, *Conciliation, sauvegarde, redressement et liquidation judiciaires …op. cit.*, Cf. note en bas de page n° 1.
[13]Patrick SERLOOTEN, « Le recouvrement de la créance fiscale dans le droit des procédures collectives : bilan et perspectives », *LPA*, 06 sep. 2000, n° 178, p. 60.

exceptionnel et particulier, parce que le droit fiscal ne doit pas se dresser comme une barrière à l'atteinte des objectifs poursuivis par ces deux branches du droit, une voie médiane peut effectivement être trouvée. La présente recherche laisse penser qu'un rapprochement est possible entre ces deux branches du droit. Le Professeur Guy AMLON le signale dans son étude. Pour lui, « *la participation [du Trésor public] au sauvetage des entreprises en difficulté, en tant que partenaire, apparaît de plus en plus nécessaire* »[14]. Pour les autres auteurs qui se sont intéressés à ce rapprochement, ces voies sont celles de l'instauration d'un régime fiscal adapté aux entreprises en difficulté, de la remise en cause de l'effet exorbitant du privilège fiscal, de l'encadrement avancé de la remise des dettes fiscales. On y ajouterait tout dernièrement, le droit du débiteur au rebond. Toutes ces voies ont pour but, en application des règles différentes, de permettre au débiteur-contribuable d'assurer son redressement et d'être de nouveau un acteur fiable sur la scène économique. Ces voies sont enfin celles de l'amélioration du régime de la solidarité fiscale, de la moralisation de la vie des affaires et de la qualification de la justice économique. L'ensemble de ces voies a pour objectif de prendre en compte les droits légitimes et rationnels du Trésor dans le contexte des procédures collectives. Si ces voies ont été ébauchées, sinon explorées, dans plusieurs pays européens et surtout la France, la question en Afrique reste balbutiante.

4. Pourtant, cette redéfinition de la protection du Trésor dans le système des procédures collectives en Afrique apparaît à la croisée de plusieurs défis stratégiques et principes du droit, illustrant un espace de rencontre entre des vents contraires du droit et des politiques publiques : entre la protection de l'intérêt économique et social - représenté par l'entreprise -[15] et la défense de l'intérêt général - représenté par le Trésor -[16] d'une part ; entre la protection spéciale et individuelle dudit créancier et le principe de l'égalité des créanciers, d'autre part. Proposant le dépassement de ces oppositions, la redéfinition de la condition du Trésor dans les procédures collectives s'inscrit dans un cadre plus général, celui de l'amélioration des procédures collectives. En ce sens, la protection des autres intérêts en présence doit également être prise en compte. Reste que l'étude des seuls régimes africains est insuffisante pour approfondir la recherche. Phare dans le domaine de l'aspect fiscal

---

[14]Guy AMLON, *op. cit.*, n° 6.
[15]Patrick SERLOOTEN, Le recouvrement de la créance fiscale…art. préc.,
[16]*Ibid.*

des procédures collectives, la référence au droit comparé s'avère essentielle pour guider la réflexion. Elle s'accomplit, au sein de cette étude, par le renvoi au droit américain, au droit français et aux autres droits européens. L'évolution de l'un et de l'autre de ces régimes juridiques, leurs richesses et leurs expériences en la matière en font un instrument irremplaçable.

5. L'intérêt de la doctrine pour la protection du Trésor dans les procédures collectives doit être suscité pour plusieurs raisons. L'on verra, en détail, que l'intérêt du sujet est évident et que les enjeux sont importants. En dépit de cela, l'état de l'art sur le sujet est relativement restreint : aucune étude d'ensemble n'a été faite jusqu' à présent au Maroc, même si on dénombre des études spécifiques sur lesquelles on s'appuiera et sur lesquelles on reviendra. Le constat est le même au Sénégal. C'est toute l'ambition de cette présente thèse[17] dont la problématique générale est centrée sur l'identification des illustrations de la protection défectueuse du Trésor dans les procédures collectives au Maroc et dans l'espace OHADA[18]. C'est aussi sur la proposition des éléments de solution aux différentes difficultés qui se posent dans un tel cadre que s'organise cette présente recherche. Dans cette perspective, il faut, au préalable, en cerner le contexte général et la perspective historique (**I**). Seront précisés, par la suite, l'objet, l'intérêt et les enjeux de la présente étude (**II**). Par souci de clarté, seront précisés, dans un troisième temps, les obstacles que l'étude entend surmonter à travers son champ d'investigation (**III**). Compte tenu de l'état, marqué par du vide juridique partiel, des imperfections et des incohérences des deux régimes juridiques africains et des régimes fiscaux internes, il est nécessaire de préciser les choix

---

[17] En droit français, on pourrait citer les recherches suivantes : J. Dadouche, *Le trésor dans les procédures de redressement et de liquidation judiciaires* : Thèse, Nice, 1991 ; S. Rezgui, *Le droit fiscal et les procédures collectives* : Thèse, Paris I, 1987 ; Mustapha Ben Badda, *L'entreprise en difficulté à l'épreuve du droit fiscal*, Thèse, Bordeaux, 2000 ; Julian CROCHET, *Étude des rapports entre l'entreprise en difficulté et l'administration fiscale,* Thèse, Marseille, 2019.

[18] OHADA, organisation pour l'harmonisation en Afrique du droit des affaires, est une structure intergouvernementale qui vise la sécurité juridique et judiciaire. Fondée par le traité du 17 octobre 1993 signé à Port-Louis, cette organisation se compose de 17 Etats africains que sont : le Bénin, le Burkina Faso, le Cameroun, les Comores, la République démocratique du Congo, la République du Congo, la Côte d'Ivoire, le Gabon, la Guinée, la Guinée-Bissau, la Guinée équatoriale, le Mali, le Niger, la République centrafricaine, le Sénégal, le Tchad et le Togo.

méthodologiques retenus (**VI**) pour apporter, au final, une réponse à la problématique soulevée (**V**).

I. Perspective historique

6. Longtemps régi par *l'école malékite*[19]*du droit musulman classique*[20], le système de la faillite au Maroc remonte au VIIIème siècle[21]. C'est la liquidation judiciaire qui est au centre de la pensée de cette école. À la fois ardue pour le débiteur et révélatrice d'une certaine protection pour les créanciers, mêlant sanction et assistance, suscitant des peurs et des espoirs, la liquidation judiciaire donne lieu à une procédure complexe et multidimensionnelle. Le débiteur, frappé d'interdiction, voit ses biens séquestrés[22]. Plus dur, ce débiteur, sur demande des créanciers, peut aller en prison. S'agissant du paiement des créanciers, le Cadi[23], investi d'un large pouvoir, puisqu'il centralise toutes les prérogatives, poursuit tout seul toutes les opérations relatives à la réalisation des biens du débiteur et à l'apurement de ses dettes.

7. Au Maroc, il convient de noter que deux passages ont marqué l'histoire de la condition du Trésor dans le système de la faillite.

8. Si les créanciers sont, dans une certaine mesure, protégés en application de la faillite établie par le droit musulman classique, les ouvrages disponibles ne permettent pas de conforter cette idée pour ce qui est du créancier qu'est le Trésor[24]. D'ailleurs, dans *l'école malékite,* comme dans les autres écoles relevant du droit musulman,

---

[19]De par l'histoire, et même de nos jours, c'est l'école malékite qui inspire fortement le droit marocain.

[20]Le droit musulman classique est une source traditionnelle du droit marocain. Il puise ses règles du Saint Coran et de la Sounna. Dans la tradition islamique, il y a plusieurs écoles juridiques. Pour ce qui est du droit de l'insolvabilité, notons que l'Etat marocain s'est toujours référé à l'école malékite. Cette école qui *« a joué et joue toujours un rôle prépondérant dans notre vie juridique » :* Mohamed Jalal ESSAID, *Introduction à l'étude du droit*, 3ème éd., 2000. Coll. « connaissances », p. 102.

[21]Mohamed Jalal ESSAID, *op. cit.*, p. 318.

[22]M'hamd MOTIC, Droit *commercial marocain*, édition non citée, p. 236.

[23]Le Cadi est l'appellation en arabe du mot juge.

[24]Conseil économique et social, Maroc, « Un Système Fiscal, pilier pour le Nouveau Modèle de Développement », Rapport, Auto-Saisine 39 / 2019, p. 27 [En ligne] : https://www.cese.ma.

le Trésor[25]n'est pas bien outillé comme il l'est aujourd'hui en application du droit fiscal moderne[26]. La matière fiscale n'était pas si raffinée pour que l'on puisse parler d'une véritable protection dans ce cadre. Au Maroc, il a fallu attendre l'introduction de la première loi de finances en 2012 pour bien encadrer le recouvrement des impôts.

9. Si l'on quitte le volet relatif à l'évolution du droit fiscal, le raisonnement établi par le *droit musulman classique*[27] est aussi battu en brèche par le premier Code de commerce marocain. Ce code a été lui-même remis en cause par les règles modernes du droit des procédures collectives[28]. Lorsque l'on est passé au droit positif en 1913, le code précité n'avait rien de moderne. Il était aussi articulé autour de la procédure de la liquidation judiciaire. Toutefois, en 1996, année du passage du système de la faillite à celui de la prévention, le Maroc est déterminé à s'aligner sur les normes modernes régissant l'insolvabilité. Il s'est opéré un changement de philosophie, un changement des finalités et un changement de terminologie. En effet, à partir de 1990, la tendance consistant à valoriser l'approche économique des procédures collectives prend forme. Le Maroc fait partie du groupe des Etats du monde qui ont opté pour le choix de se tourner vers « *un système pro-débiteur* »[29]. A l'appui de cette tendance, des procédures de traitement des difficultés de l'entreprise prennent place du système de la faillite classique. Ainsi, est née l'approche ayant pour objectif le redressement des entreprises en difficulté. Approche dictée par des considérations de bon sens : n'est-il pas logique de donner une chance à une entité économique en difficulté pour recouvrer son dynamisme économique ? N'est-ce pas dans l'intérêt du Trésor que la situation des contribuables en difficultés se redresse ? La même

[25]En droit musulman classique, le Trésor est appelé « *Bait mal mouslimine* », expression que l'on peut traduire en Français : « la maison de l'argent des musulmans ».

[26] Conseil économique et social, Maroc, Un Système Fiscal.... Rapport précité, p. 27.

[27]Salman BEN ABDEL AZIZ BEN SALMAN BEN MOHAMMAD AL SAUD, *Problèmes de base du droit des entreprises en difficulté : Etude comparée droit français – droit saoudien*, Thèse, Paris 2, 2014, p. 17.

[28] S. Thomas Steve KARFO, *Paiement des créanciers, sauvetage de l'entreprise : Étude comparative Des législations OHADA et française de sauvegarde judiciaire des entreprises en difficulté*, Thèse, Toulouse 1, 2014, n° 293, p. 301.

[29]Lara ABDEL FATTAH, « Appartenance à un groupe et déroulement du processus de défaillance des entreprises. Application au cas de la France », Thèse, Paris Nanterre, 2016.

remarque vaut aussi pour les salariés, les banques, les fournisseurs et les autres créanciers. Prévu par tous les systèmes juridiques de l'insolvabilité, le redressement judiciaire est une procédure collective classique. Le droit uniforme africain OHADA n'a pas dérogé à cette tendance. Inscrivant son action dans ce sens, le législateur communautaire africain reprend ladite logique en 1998. Comme le note la définition[30] contenue dans l'Acte uniforme relatif aux procédures collectives d'apurement du passif, l'esprit du redressement judiciaire peut être résumé de façon assez simple. C'est la protection des intérêts suivants : le sauvetage de l'entreprise, l'apurement du passif et la préservation de l'emploi. Sans y voir un cadre juridique exclusivement modelé pour favoriser le paiement instantané des dettes fiscales, cette théorie dépasse la logique classique de la faillite concernant la situation du débiteur-contribuable. Dans cet esprit, la théorie moderne, dominée par la logique économique, laisse la porte ouverte au débiteur pour lui permettre d'assurer son redressement économique. Allant plus loin, cette théorie consacre le rebond du débiteur. Elle lui permet, en cas de liquidation judiciaire, de se relever de son échec et d'aller tenter sa chance en se lançant dans un nouveau projet économique[31]. Compte tenu du fait que l'activité économique des entreprises est génératrice de différents types d'impôts, il est permis de conclure que le Trésor y trouve quand même son compte.

10. Si la procédure de redressement judiciaire se situe au point de convergence du droit marocain et du droit OHADA, il est constaté une divergence de taille entre ces deux régimes juridiques. Effectivement, loin de conclure à une identité de l'AUPC révisé et du livre cinq du Code de commerce marocain, leur examen conduit à affirmer des divergences qui existent de manière évidente entre eux. Quelles sont ces grandes divergences ? Quel en est l'impact sur la condition du Trésor ? Si l'on s'accorde à dire qu'il y a un certain écart à ce niveau, une explication des choix législatifs est exigée.

11. Comme il sera évoqué dans les lignes qui suivent, la particularité des droits OHADA et marocain est qu'ils sont deux régimes juridiques, qui pour élaborer leurs règles de droit en matière de procédures collectives, se sont référés à l'évolution qu'a connue le droit français. Dans ce sillage, le législateur OHADA s'est

---

[30] AUPC révisé, art. 2.

[31] Cf. *infra* n° 449 et s.

résolument tourné vers la loi française du 13 juillet 1967 pour façonner l'Acte uniforme relatif aux procédures collectives d'apurement du passif de 1998. Notons que l'AUPC de 1998 conserve les concepts de base que l'on retrouve dans la loi de 1967[32]. Concepts qui ont été dépassés plus tard par la loi de 1985 et les autres lois françaises successives tels que : la masse des créanciers, le concordat de redressement judiciaire, le concordat préventif et d'autres concepts. La protection des créanciers fut la préoccupation prioritaire du législateur communautaire africain. Une question mérite d'être posée : pourquoi le législateur OHADA de 1998 s'est-il inspiré de la loi française du 13 juillet 1967 et non pas des autres lois qui sont venues après ? « *La loi du 13 juillet 1967 et l'ordonnance du 23 septembre 1967 avaient été adoptées dans une période de croissance économique, lorsque les défaillances d'entreprises représentaient 9.000 à 10.000 dossiers par an. Or, en 1984 et 1985, lorsque la réforme de ces dispositifs fut discutée, la crise s'était installée et les règlements ou liquidations judiciaires s'élevaient à près de 23.000 par an* »[33]. L'AUPC de 1998 a été adopté dans une période de croissance économique. Un auteur conforte cette explication et en ajoute une autre. Ainsi, après avoir estimé que la loi du 13 juillet 1967 est « *adaptée au contexte africain* »[34], il a pu considérer que cette dernière loi est « *dénudée d'obstacles* »[35]. Cette dernière loi l'est ainsi car la loi française de 1984, celle du 25 janvier 1985 et celle de 1994 sont « *moderne*[s] […] *complexe*[s] *et sophistiquée*[s] ; *elle*[s] *suppose*[nt] *un appareil judiciaire et parajudiciaire très étoffé* […] *et spécialisé* »[36]. Autrement dit, l'inexistence des juridictions spécialisées dans l'espace OHADA à l'époque fut un obstacle qui a empêché de retenir la loi de 1985 comme modèle d'inspiration. Si l'AUPC de 1998 s'inspire, à titre principal, de la loi française du 13 juillet 1967, le législateur marocain s'est complètement tourné vers la loi de 1985. Le législateur marocain a « *néglig*[é] »[37] la logique des procédures collectives telle qu'elle est tracée par la loi de 1967. Le contenu de la loi marocaine de 1996 est marqué par une référence

---

[32]*Ibid.*

[33] J.-J. HYEST, Rapport n°335, Sénat, session ordinaire de 2004-2005.

[34]Joseph ISSA-SAYEGH, Présentation des dispositions sur les procédures collectives d'apurement du passif, Ohadata D-06-07.

[35]Joseph ISSA-SAYEGH, Présentation des dispositions sur les procédures collectives, art. préc.,

[36] *ibid.*

[37]Mohammed IDRISSI ALAMI MACHICHI, Droit *commercial fondamental au Maroc,* Éd., Dar Al Kalam, 2006, p. 522.

claire aux « *exigences économiques, aux données de gestion et de comptabilité* »[38]. La sauvegarde de l'entité économique fut « *la préoccupation essentielle du législateur* »[39] marocain. Ce choix semble conforter l'analyse de la doctrine précitée. En ce sens, une justice commerciale spécialisée a fait son entrée en 1996. Pour cela, la loi de 1985 a paru être plus adaptée au contexte marocain. En définitive, le choix s'est porté sur « une *conception très moderne de la réglementation des difficultés d'entreprises* »[40].

12. Cette perspective historique esquissée, il faut s'interroger sur l'intérêt et les enjeux de cette recherche.

II. Intérêt et enjeux de la recherche

13. L'identification de l'intérêt (**A**) de la présente recherche nous permet de dégager ses objectifs essentiels (**B**).

A. L'intérêt

14. La protection du Trésor dans le système des procédures collectives est un sujet d'actualité (**1**). Pendant près d'un demi-siècle, ce sujet a été relativement discuté : faut-il donner la préférence à la protection absolue du Trésor ou à son association au traitement des difficultés de l'entreprise ? Cette controverse (**2**) présente à la fois des intérêts d'ordre pratique et théorique.

1. Un sujet d'actualité

15. L'actualité de ce sujet de recherche tient à deux éléments. Le premier est que les créanciers fiscaux sont au cœur de la crise économique engendrée par la pandémie Covid 19. Le second est la

---

[38] *Ibid.*

[39] *Ibidem.*

[40] Mahmed LAFROUJI, *Difficultés de l'entreprise et procédures judiciaires de leur traitement,* [en langue arabe], Casablanca, 2000. Bakr Anas BENNANI, *Les procédures de traitement de l'entreprise en difficulté en droit marocain*, El Maarif Al Jadida, Rabat, 2008, p. 28.

réforme fiscale en cours de route au Maroc et dans certains Etats appartenant à l'espace OHADA.

16. Jamais les difficultés économiques des entreprises n'ont été aussi présentes dans le discours politique, le débat public et la doctrine juridique que pendant la crise sanitaire Covid 19. Dans cette perspective, la question relative aux rapports entre le Trésor et l'entreprise en difficulté revient au-devant de l'actualité. Plus que les autres partenaires de l'entreprise, le Trésor est au cœur de cette crise. La pandémie est venue conforter l'idée que le Trésor est l'un des principaux acteurs en matière de sauvegarde des entreprises en difficulté. Instituée au Maroc et dans les différents Etats de l'espace OHADA[41], une série de mesures impliquant le Trésor a pour objectif de permettre à l'entreprise en baisse d'activité de souffler. On pourrait les citer ici : report ou étalement de paiement des dettes fiscales, report des déclarations fiscales, interdiction des contrôles fiscaux, la suspension des avis à tiers détenteurs (ATD)[42], la possibilité des remises d'impôts directs et le remboursement anticipé des crédits de TVA[43]. Au-delà de ce premier enseignement, la crise sanitaire et économique Covid 19 a également réaffirmé l'impact négatif de la survenance des difficultés sur le taux de recouvrement des recettes fiscales. Plus parlants sont les chiffres officiels fournis à fin septembre 2020 au Maroc. Pour ce qui est des impôts directs, ils ont connu une baisse de 2, 5 %. S'agissant des impôts indirects, ils affichent un recul de 10, 3%. Pour ne prendre que la TVA, elle a connu une baisse de 9, 1 %. En général, l'incidence de la pandémie sur le Trésor public est estimée à plus de 80 MMDH[44] (7,43 MM euros)[45]. Cette crise a donné lieu à la dégradation des finances publiques : « *le déficit budgétaire, qui était de 3,6% du PIB en 2019, est passé à 7,4% du PIB en 2020* »[46]. De cette crise sanitaire et

---

[41]Décret, Cote d'Ivoire, n° 2020-351, 23 mars 2020 ; Décret, Sénégal, n° 2020-830, 23 mars 2020 ; décret-loi, Maroc, n° 2.20.292 relatif à l'état d'urgence sanitaire et aux procédures de sa déclaration, art. 6.

[42][Enligne]:https://www.finances.gov.ma/Fr/Pages/detailactualite.aspx?fiche=4977, consulté le 17 mai 2021. Sur la notion d'ATD, V. J. BOURDILLAT, « L'A.T.D. : une procédure civile d'exécution », *Gaz. Pal.*, 1998, doct., p. 188.

[43]MaximeGAUTHIER,« Coronavirus : mesures fiscales exceptionnelles de soutien aux entreprises », in *revue droit fiscal* n° 14, 2 avril 2020, act. 114.

[44]Younes BENNAJAH, « Maroc : L'impact de la pandémie sur les finances publiques », *LesEco.ma*, 05 fév. 2021.

[45]Selon le cours de changes appliqué le 17 mai 2021.

[46] M. DIO, « « Dette Covid-19 » et dégradation des finances publiques : gare à la hausse de la pression fiscale ! », *Finances news*, 21 jan. 2021, [En ligne] : www.fnh.ma.

économique, l'on peut tirer d'autres enseignements. La pertinence de ce dernier constat se résume, pour l'essentiel, à l'idée suivante : « *une crise remet les choses en perspectives. Elle a deux vertus : elle nous conduit à nous passer du superflu [...] et à tirer le meilleur de ce que nous possédons* »[47]. Du « *superflu* », il y en a en matière de rapports entre l'entreprise en difficulté et le Trésor. L'avenir de la condition du Fisc dans le système des procédures collectives est encore balbutiant. La preuve en est que la réforme fiscale, tant attendue au Maroc, est loin d'apporter une réponse satisfaisante à cette question. Les grandes lignes de cette condition ne sont pas toutes au cœur du débat. Le constat est le même dans les Etats de l'espace OHADA. Si l'on revient un peu en arrière pour prendre l'exemple de la réforme fiscale entreprise au Sénégal en 2013, on constate qu'elle n'a rien apporté en la matière. Reste qu'il faut aussi « *tirer le meilleur* » de ce qu'est appliqué en droit comparé et des solutions jurisprudentielles rendues en Afrique et en Europe. A partir de ce constat, les législateurs africains sont invités, plus que jamais, à repenser la protection du Trésor dans le système de la faillite. Saisir cette occasion pour entreprendre une réforme globale de ladite question est donc une nécessité. Mais, au regard de la diversité des points à traiter, au regard de la subtilité du sujet et au regard du caractère controversé du sujet, pour toutes ces raisons, cette réforme reste un exercice délicat.

2. Un sujet controversé

17. Il est des situations qui ne s'imposent pas d'elles-mêmes. La protection du Trésor dans les procédures collectives est de celles-là, tant le rapport entre le droit fiscal et le droit des difficultés des entreprises est, de prime abord, conflictuel. C'est principalement ce rapport qui est sujet à controverse. Alors que le droit fiscal accorde de l'attention au recouvrement des dettes fiscales, le droit des difficultés des entreprises, étant animé par des considérations économiques, s'attache prioritairement à la sauvegarde des entreprises. L'articulation entre ces deux disciplines semble donc difficile. Toutefois, les éléments de cette articulation apparaissent au cœur de l'analyse économique du droit et présentent des enjeux multiples.

---

[47]Stéphane HOAREAU, « Crise Covid-19 et mesures d'urgence : le point de vue du mandataire judiciaire », *BJE*, mai 2020, p. 83.

18. Dès lors qu'une procédure collective est ouverte, la confrontation entre le droit fiscal et le droit des procédures collectives est inéluctable. Mise en présence de deux législations d'ordre public, « *la confrontation* »[48] de ces deux branches de droit « *est celle de deux lois qui prétendent chacune s'imposer avec force* »[49]. *Si elles* « *s'opposent* »[50], c'est parce qu'elles poursuivent, toutes deux, des objectifs différents que sont le traitement des difficultés économiques et le recouvrement des impôts.

19. Droit des entreprises en difficulté, droit des procédures collectives, droit des difficultés de l'entreprise, droit de l'insolvabilité… Si la terminologie change, on est tenté de penser que derrière ces dénominations se profile une tendance à privilégier l'intérêt de l'entreprise. Toutefois, le mot « *privilégier* » sous-entend que les autres intérêts ne sont pas complètement sacrifiés. Lorsqu' un débiteur-contribuable se retrouve dans l'impossibilité de payer à leurs échéances les dettes fiscales et non fiscales, « *un mécanisme* »[51] est instauré par les différents systèmes juridiques. Mécanisme qui a vocation à s'appliquer pour essayer, tant bien que mal, de faire face à tous les intérêts en présence. En ce sens, si le souci de protéger l'entité économique est placé au premier plan[52], l'intérêt attaché au recouvrement des dettes fiscales et non fiscales n'est pas négligé pour autant. Reste qu'ici, les prérogatives traditionnelles du Trésor se retrouvent neutralisées[53]. Cette logique reste cependant étrangère à la lettre et à l'esprit des règles du droit fiscal. Privilégier l'intérêt de l'entreprise dans ces conditions autorise à dire que le droit des entreprises en difficulté est un droit d'ordre public.

20. Livre des procédures fiscales, Code général des impôts, Code de recouvrement des créances publiques, Acte uniforme relatif aux voies d'exécution sont autant des lois qui sont venues apporter des prérogatives légales au créancier fiscal. Ce foisonnement des règles

---

[48]Gilles DEDEURWAERDER, « Les entreprises en difficulté face au droit fiscal », *Rev. dr. fisc*, n° 18-19. 3 mai. 2012, n° 5.
[49]*Ibid.*
[50]*Ibidem.*
[51]Moulay Mohamed LAHBIB RHALIB, *Entreprises en difficulté, quels sont vos droits ?* Éd., La croisée Des Chemins, Casablanca, 2014, p. 11.
[52] C'est le cas en droit français et en droit marocain.
[53] Cf. *infra* n° 161- 179.

explique la volonté des législateurs africains de faire entourer le Fisc, socle de l'ordre public économique, des garanties lui permettant de recouvrer une partie des créances publiques dans les meilleures conditions. L'enjeu étant celui d'établir une protection tout à fait spéciale en faveur de ce créancier public. Raisonnons à partir du Code général des impôts, matière du droit définie comme étant l'ensemble des normes juridiques ayant pour objet l'impôt. Ces normes sont applicables aux commerçants, aux activités commerciales, industrielles, agricoles et aux professions libérales peu importe qu'ils soient *in bonis* ou en difficulté. Cette matière du droit puise sa principale source dans la Constitution. Pour ne prendre que la Constitution marocaine du 2011, l'article 39 précise que seul le législateur est compétent pour légiférer en matière d'impôt[54]. Là également, on est devant un droit d'ordre public par excellence. Et c'est cette qualification qui « *explique qu'il ne puisse être dérogé à ses lois, serait-ce par convention* »[55]. La conclusion est transposable pour ce qui est du livre de procédures fiscales et du Code encadrant les voies d'exécution. Toutes ces lois sont principalement structurées autour de l'intérêt du Fisc. Ceci dit, la dérogation à la loi fiscale est rendue possible en cas de l'ouverture de la procédure collective. On pourrait citer ici la règle de l'arrêt du cours des intérêts. Apparaît clairement le conflit existant entre le droit des entreprises en difficulté et le droit fiscal.

21. Face à cette confrontation, toute la question est de savoir comment le conflit entre ces deux lois d'ordre public doit être résolu. Quels sont les éléments de solution ? Jusqu'où faut-il aller ? En principe, le temps où le droit fiscal poursuit le seul but inhérent au recouvrement des dettes d'impôts est révolu. De nos jours, cette branche du droit est conçue pour être toujours du côté de la logique de la création de la richesse. Le droit fiscal est devenu un instrument de la politique économique[56]. Cela nous ramène à l'idée que cette confrontation totale en ces deux lois doit être dépassée. L'Administration fiscale doit être parfaitement associée au

---

[54] Constitution, France, 1958, art. 35 ; Constitution, Sénégal, 2001, art. 67 ; Constitution, Cameroun, art. 26 « La loi est votée par le Parlement. Sont du domaine de la loi […] la création des impôts et taxes et la détermination de l'assiette, du taux et des modalités de recouvrement de ceux-ci » ; Constitution, Cote d'Ivoire, 2016 art. 93.

[55] Victor CALMETTE, *La gestion fiscale de l'entreprise en difficulté,* Thèse, Toulouse, 2018, n° 16, p. 15.

[56] Patrick SERLOOTEN, Droit fiscal des affaires, *Dalloz*, 2ème éd., p. 1, note en bas de page n° 4.

processus de traitement des difficultés des entreprises. Sans renier ses droits légitimes en la matière, ce créancier public doit être au service du redressement des entités économiques et du rebond du débiteur[57].

22. Renouveau ou retour en arrière, la protection du Trésor dans les procédures collectives s'inscrit dans une logique qui s'articule autour de la combinaison de différents intérêts en présence. Si cette combinaison souhaitée est l'alternative d'une relation dépassée (**a**), elle est la traduction d'une relation singulière (**b**) que ce créancier public doit entretenir avec le débiteur-contribuable lorsque ce dernier traverse des difficultés économiques et financières.

a. Une relation dépassée

23. Depuis longtemps, la condition faite au Trésor se distinguait de celle réservée aux autres créanciers[58]. « *Un créancier au-dessus de la mêlée* ». C'est l'expression retenue pour décrire la situation réservée au Trésor jusqu'à la réforme intervenue par le biais de la loi française du 13 juillet 1967[59]. Pendant longtemps, le Trésor jouissait d'une situation tout à fait préférentielle. Il n'y a pour s'en convaincre que de savoir qu'une gamme de préférences lui était réservée. Quatre préférences ont pu être identifiées. D'abord, le Trésor n'était pas obligé de déclarer les créances fiscales privilégiées. Ensuite, il « *refusait d'abandonner son droit* »[60] relatif à l'exercice des poursuites individuelles[61]. Le Trésor pouvait utiliser cette prérogative pour recouvrer le passif fiscal privilégié bien que ce passif soit antérieur au jugement d'ouverture[62]. L'exercice des actions individuelles était donc de mise. Une troisième préférence, non moins absolue, est traduite par le fait que le Trésor était en droit

[57] Cf. *infra* n° 449 – 475.

[58]Patrick SERLOOTEN, « Le recouvrement de la créance fiscale dans le droit des procédures collectives : bilan et perspectives », art. préc.,

[59]Céline BAS, *Le fait générateur de l'impôt*, coll. « Finances Publiques ». Éd., L'Harmattan, 2007, n° 370, 312.

[60] Patrick SERLOOTEN, Gilles DEDEURWAERDER, *Entreprises en difficulté (Droit fiscal),* Répertoire de droit commercial, *D*, avr. 2016, n° 67.

[61] Patrick SERLOOTEN, Gilles DEDEURWAERDER, *Entreprises en difficulté (Droit fiscal), op. cit.*, n° 67.

[62]Fernand Derrida, « Redressement et liquidation judiciaires : les sommes versées à la caisse des dépôts et consignations sont insaisissables », note sous Cass. com., France, n° 94-21412, 22 avril 1997 : J.-L. *Brenac c/ Receveur divisionnaire des impôts de l'Ariège, n*° 911-P + B.

de recouvrer ses créances privilégiées avant tout créancier. Le rang fort favorable, longtemps attribué au Trésor, faisait en sorte qu'« *aucune répartition ne pouvait précéder le règlement des impôts garanties* »[63]. Le paiement des dettes fiscales fut une priorité. Enfin, l'hypothèque légale inscrite avant le jugement d'ouverture permettait au Trésor public de se servir des voies d'exécution pour saisir les biens immeubles appartenant au débiteur[64]. Avec l'entrée en vigueur de la loi du 13 juillet 1967, la condition du Trésor commence à subir de profonds changements. L'introduction d'un certain nombre de mesures en témoigne. A y voir de plus près, le législateur de 1967 n'a fait que supprimer les préférences précitées. Ainsi, le Trésor devient soumis à la règle de la suspension des poursuites individuelles[65]. De même, ce créancier devient soumis aux impératifs liés à la production et à la vérification des créances fiscales. Mais, le changement radical - aux yeux du Trésor de l'époque - reste la révision de l'ordre du paiement du Trésor parmi les créanciers antérieurs. De ce fait, il devient derrière les salariés et les créanciers postérieurs[66]. Toutes ces mesures confirment la volonté du législateur français de 1967 de chambouler la préférence acquise au Trésor.

24. Sans remettre en cause l'évolution qu'a connue le statut du Trésor, sans la minimiser, il convient de mentionner que la loi du 13 juillet 1967 reste inachevée en la matière. En effet, il a pu être reproché aux rédacteurs de cette dernière loi la persistance de quelques préférences absolues en faveur du Trésor. Le refus de consentir de nouveaux délais de paiements est un bon exemple. En quoi ce refus est une manifestation de la relation dépassée entre le Trésor et le débiteur-contribuable ? Consentir un nouveau délai à un débiteur « *peut lui laisser le temps de s'organiser et donc de sauver l'entreprise* »[67]. A son tour, le juge, s'il est convaincu que l'octroi de nouveaux délais de paiement est nécessaire pour le redressement

---

[63] Patrick SERLOOTEN, « Le Trésor, créancier de l'entreprise », *in* « la situation des créanciers d'une entreprise en difficulté », Acte du colloque organisé par le centre de droit des affaires de Toulouse 1998, p. 105. L'auteur cite une jurisprudence qui remonte à 1924 : CA, Rennes, 4 décembre 1924, S. 1924, 2, 81.
[64] Victor CALMETTE, Thèse préc., n° 18, p. 16.
[65] L. France, n° 13 juil. 1967, art. 35. Cette règle est inapplicable de nos jours. Sur cette question, Cf. *infra* n° 162 et s.
[66] Patrick SERLOOTEN, « Le Trésor, créancier de l'entreprise », art. préc., 106.
[67] Patrick SERLOOTEN, *L'entreprise en difficulté, le Trésor, la Sécurité sociale et les autres*, Mélanges Weill, 1983, p. 503.

de l'entreprise en difficulté, a de bonnes raisons de les lui imposer[68]. La règle vaut pour les autres créanciers. Au contraire, les refuser contribue à entraîner la liquidation judiciaire de l'entreprise alors que son redressement est possible. Comment ? L'importance du passif fiscal est souvent décisive pour ce qui est de la procédure collective pour laquelle opte le tribunal. Ici, ce n'est pas tant le montant du passif fiscal qui pose problème. Il réside dans le refus du Trésor d'accorder de nouveaux délais de paiement. Ce refus a une incidence directe sur le choix de la procédure collective adoptée par le tribunal. Ce constat a été au centre des décisions judiciaires rendues sous l'empire de la loi du 13 juillet 1967. Ainsi, le jugement rendu par le Tribunal de commerce d'Orléans en 1978 en est une illustration idoine[69]. En l'espèce, les juges excluent au débiteur-contribuable le bénéfice du règlement judiciaire parce que le choix du concordat de redressement est impossible[70]. Cette impossibilité tient au fait que le Trésor détient un passif fiscal considérable pour lequel il n'admet pas des moratoires. La suite logique de la position radicale du Trésor est que le tribunal a opté pour la liquidation judiciaire.

25. Si cette dernière anomalie a été balayée par le législateur marocain de 1996, lequel peut imposer des délais uniformes aux créanciers y compris le Trésor, la page est loin d'être tournée dans l'espace OHADA. En s'inspirant de la loi du 13 juillet 1967, le législateur OHADA de 1998 a repris cette faveur. Elle est encore maintenue sous l'empire de l'actuel acte uniforme des procédures collectives. Ainsi, malgré l'effectivité économique des moratoires pour le débiteur-contribuable en difficulté, l'article 134 du nouvel AUPC est muet sur cette question. Abstraction faite du renvoi aux lois nationales posé par l'article 134[71], aucune règle n'autorise explicitement le Trésor à accorder de nouveaux délais de paiement. Le Trésor peut ne pas accorder de nouveaux délais de paiement sans que le concordat de redressement, s'il prévoit de telles mesures, ne lui soit opposable. En renonçant à soutenir le débiteur, la position affichée par le Trésor n'est-elle pas dépassée ? Mais ce n'est pas cela

---

[68] Cf. *infra* n° 309, 310 et 692.

[69]T. com. Orléans, 25 janv. 1978, *Dr. fisc.* 1978, n° 39, ID et CA 5860. - Rouen, 5 avr. 1979, *ibid.* 1979, n° 46 / 47, ID et CA 6281.

[70]Patrick SERLOOTEN, Gilles DEDEURWAERDER, *Entreprises en difficulté (Droit fiscal), op. cit.*, n° 7.

[71] Cf. *infra* n° 304 et 698.

le seul dépassement, l'inscription et la mise en œuvre du privilège attaché aux créances fiscales faussent de plus en plus le jeu.

26. L'inscription du privilège fiscal est une autre illustration de la dérive. Le privilège attaché aux impôts est un droit de préférence que la loi réserve au Trésor sur les biens du débiteur-contribuable. La justification tient au fait que le recouvrement des impôts sert l'intérêt général. Cette logique est ancienne et consacre la préférence réservée aux dettes fiscales privilégiées.

> Ainsi, « le privilège du Trésor trouve sa source dans les cités italiennes du Moyen-âge et fût institué pour pallier la relative faiblesse des finances publiques de l'époque qui reposaient alors principalement [sur] des contributions de quelques groupes de personnes, en particulier des marchands. En effet, à l'époque, la faillite de l'un des marchands pouvait mettre à mal les finances de la cité toute entière. Pour cette raison, les marchands consentirent à l'institution d'un privilège au profit du Trésor afin d'éviter que la cité qui leur permettait d'exercer leur activité et défendait leurs intérêts ne fasse défaut »[72].

Si cette affirmation se vérifie au Moyen-âge, elle est aujourd'hui dépassée. Avant de mettre en avant la dérive que constitue la mise en œuvre du privilège fiscal, il convient de préciser le cadre juridique applicable en la matière et son articulation avec le contexte des procédures collectives.

27. Le droit uniforme africain encadre, à travers l'Acte uniforme relatif aux sûretés, la nature des créances d'impôts. Quand est-ce qu'elles sont privilégiées ? Quand est-ce qu'elles sont considérées comme étant des créances chirographaires ? La publicité du privilège attaché aux impôts dans le temps livre une réponse claire. Il faut se rendre à l'évidence que, pour être privilégiées, les créances du Trésor sont soumises, par l'acte uniforme susvisé, à une condition de forme : l'inscription dudit privilège. Comment est encadrée cette inscription ? La réponse est donnée conjointement par les articles 180 et 181 de l'Acte uniforme portant organisation des sûretés. On peut lire aux termes de l'article 180 que *: « Sont privilégiées, sans*

---

[72]J. M. GARRIDO, *The Distributional Question in Insolvency : Comparative Aspects, International Insolvency* Review, vol. 4, p. 33 (1995) ; Sophie VERMEILLE, Adrien BEZERT, « Sortir de l'impasse grâce à l'analyse économique du droit : Comment rendre à la fois le droit des sûretés réelles et le droit des entreprises en difficulté efficaces ? », [En ligne] : http://droitetcroissance.fr.

publicité [...] dans la limite de la somme fixée légalement pour l'exécution provisoire des décisions judiciaires, les sommes dont le débiteur est redevable au titre des créances fiscales [...] ». Et selon l'expression de l'article 181, on comprend que les créances fiscales « *sont privilégiées [avec publicité] au-delà du montant fixé par l'article 180[...]* ». De la lecture simultanée de ces deux articles, il ressort que l'inscription du privilège du Trésor n'est exigée que lorsque le montant de la créance d'impôt dépasse la somme fixée légalement par un État donné pour l'exécution provisoire[73] des décisions judiciaires[74].

28. L'encadrement de la nature des créances fiscales étant précisé, reste à préciser deux choses : l'articulation de ces règles avec le contexte des procédures collectives et l'incidence de la mise en œuvre de l'inscription du privilège fiscal sur les autres créanciers.

29. L'inscription du privilège fiscal, saisie par le droit des procédures collectives, est une question très importante. Elle s'inscrit dans le cadre de la générale question qu'est la publicité des sûretés. Sur ce point, il faut distinguer selon que le privilège est inscrit avant ou après le prononcé du jugement d'ouverture. L'inscription du privilège fiscal avant la survenance de la cessation des paiements ne pose aucune difficulté pratique tant qu'elle ne s'oppose pas à la règle de l'arrêt du cours des inscriptions. Par contre, inscrire le privilège fiscal après l'ouverture de la procédure n'est pas facile à mettre en œuvre. Cette dernière inscription ne se comprend également pas sans y faire référence. Notons que la règle de l'arrêt du cours des inscriptions n'est pas conçue comme une règle absolue. Flexible, cette règle présente des limites. Quelles sont ces limites ? En droit sénégalais, l'ancien Code d'obligations civiles et commerciales[75] prévoit une exception à la règle de l'arrêt du cours des inscriptions[76]. Ainsi, le privilège du créancier fiscal demeure pour les créances fiscales qu'il n'était pas tenu d'inscrire à la date du jugement d'ouverture. Il en est de même pour les créances mises en recouvrement après ladite date à la condition que ces

---

[73]HILARION Alain BITSAMANA, Dictionnaire de droit OHADA, p. 88, *Ohadata D- 05- 33.*

[74]Aymar TOH, *La prévention des difficultés des entreprises : étude comparative de droit français et droit OHADA*, Thèse, Bordeaux, 2015, n° 330, p. 164.

[75]Ancien Code des obligations civiles et commerciales, Sénégal, art. 967.

[76] Sur le principe de cette règle, V. *infra* n° 175- 177 ; sur l'exception, V. *infra* n° 645.

créances aient été déclarées en conformité avec les conditions requises prévues par le droit des procédures collectives[77]. Jouant en faveur du Trésor, cette exception est tirée de la loi française de 1967. Si elle est toujours en vigueur en droit français[78], ce n'est pas le cas pour le droit sénégalais interne. Une remarque identique peut être faite pour l'Acte uniforme portant organisation des procédures collectives d'apurement du passif de 1998. Toutefois, même si cette exception n'est pas expressément consacrée par le droit OHADA, des avis doctrinaux rejoignent la position actuelle du droit français[79]. En ce sens, la règle de l'arrêt du cours des inscriptions n'a pas d'impact sur les créances fiscales qui sont privilégiées sans publicité au sens de l'article 180 de l'Acte uniforme portant organisation des sûretés[80]. Dans le même ordre d'idées, une doctrine avisée a pu estimer[81] que si le délai de six mois, délai accordé initialement au Trésor pour l'inscription de son privilège au RCCM, n'arrive pas à expiration, le Trésor public conserve le droit de l'inscrire en dépit du prononcé du jugement d'ouverture[82]. Logique qui rime avec le sens de l'article L. 622-30 du Code de commerce français.

30. Ce travail d'explication doit être mené, car il permet de conclure que l'existence des créances fiscales privilégiées après l'ouverture d'une procédure collective est une évidence. Une chose est sûre : l'inscription du privilège fiscal assure une certaine protection pour le Trésor. Toutefois, le caractère dépassé de la relation entre le Trésor et l'entreprise en difficulté est là aussi présent. En effet, le dépassement apparaît au stade de la liquidation judiciaire. Comment ? D'abord, il faut préciser qu'en application de cette procédure, la condition du Trésor au Maroc et dans l'espace OHADA reste calquée sur celle encadrée par la loi française du 25

[77]Cf. Jean René GOMEZ, *Entreprises en difficulté, lecture de l'Acte uniforme de l'OHADA portant organisation des procédures collectives d'apurement du passif à la lumière du droit français*, Éd., BAJAG-MERI, coll. « Le droit en Afrique », série droit des affaires, 2003, n° 131, p. 166.

[78] Hayat HAJJI, « Le privilège du Trésor public face aux procédures des difficultés de l'entreprise », (en langue arabe), *Revue Marocaine du droit des affaires et des entreprises,* n° 14-15, mai-sep. 2008, p. 52.

[79]C. com. France, al. 2, art. L.622-30. Sur cette question, cf. *infra* n° 645.

[80] Fatoma THERA, Thèse préc., n° 277, p. 190.

[81] Filiga Michel SAWADOGO, OHADA *Droit des entreprises en difficulté, op. cit.,* n° 208, p. 205.

[82]André JACQUEMENT, Régis VABRES, *droit des entreprises en difficulté,* LexisNexis, 11ème édition, n° 515, p. 320.

janvier 1985. Parler de cette condition, c'est parler du paiement du Trésor en se référant audit privilège. Ainsi deux éléments déterminent la structure du privilège attaché aux créances fiscales : le rang et l'assiette. Au stade du paiement collectif des créanciers, si le rang du privilège fiscal est devenu encore déclassé par rapport à ce qui est prévu par la loi française de 1967[83], l'assiette dudit privilège ne peut s'exercer que sur les biens meubles du débiteur. Bien que ce classement ne lui permette pas de recouvrer souvent l'intégralité du passif fiscal, il écarte ou diminue le remboursement des créances non garanties, celles qui reviennent aux petits créanciers. En effet, ici, la relation dépassée lie le Trésor et non pas l'entreprise en liquidation. Mais, ce créancier public et les petits créanciers dits chirographaires, lesquels sont en relation d'affaire avec ce débiteur placé en liquidation. Ce n'est pas tout ; une conséquence dramatique survient parfois : cette situation entraîne la liquidation en chaîne de petites entités économiques. Si c'est le cas, le Trésor est le grand perdant. C'est de la perte de plusieurs contribuables dont il est question ici. Dans le cas contraire, l'Etat pourra prélever des impôts, aussi modiques soient-ils, tant que ces entités économiques restent en vie. Dès lors, la mise en œuvre du privilège fiscal dans la liquidation judiciaire contribue à sacrifier les droits des créanciers chirographaires. Une même remarque peut être formulée à propos du plan de cession. Comme cela a été évoqué, les créanciers chirographaires ne bénéficient d'aucune garantie particulière pour le recouvrement de leurs dettes. Là aussi, ils sont en concurrence avec le Trésor et les autres créanciers dans le partage du produit de la vente de l'entreprise. Or, si le prix de cession est souvent très bas, puisque l'acquisition d'une entreprise en difficulté n'est pas toujours considérée comme étant une bonne affaire, ces créanciers ne prennent même pas part aux répartitions de fonds. Cela amène à dire qu'on est bien loin de la protection de ces petits contribuables. Mus par cette logique, plusieurs Etats en Europe sont allés au-delà de cette relation dépassée[84]. Ils ont supprimé le privilège fiscal. Le Maroc et les Etats membres de l'OHADA peuvent-ils emprunter cette voie ? A l'heure qu'il est, il n'y a même pas l'ombre d'un débat.

31. De ce qui précède, il ressort qu'une relation singulière entre le Trésor et l'entreprise en difficulté est devenue une nécessité.

---

[83] Cf. *supra* n° 23.

[84] Cf. *infra* n° 801 et 802.

b. Une relation singulière

32. Si, à présent, le conflit entre le droit fiscal et le droit des entreprises en difficulté est une évidence, le législateur, le juge et la doctrine sont invités à trouver des éléments de solution pour le résoudre. Une relation singulière entre ces deux branches de droit devient à ce titre une nécessité. On le sait, de nos jours, les enjeux d'une telle solution sont d'actualité. C'est vrai, une partie des éléments de cette relation dite singulière est conjointement instaurée par le droit OHADA et le droit marocain. Toutefois, il subsiste quelques incohérences et faiblesses qui nuisent tant à l'attractivité qu'à l'efficacité du dispositif légal. En effet, la relation entre ces deux disciplines juridiques est, en partie, dans l'ombre tant au Maroc que dans l'espace OHADA. Elle l'est d'autant plus que les recherches doctrinales faites à ce sujet *« fourni[ssent] une piste qui n'abouti[t] pas forcément à une réponse tranchée »*[85]. Si les détails de la réforme comptent beaucoup ici, il reste qu'une chose est sûre : la recherche de la relation singulière entre le Trésor et le débiteur en difficulté ne peut sortir du cadre de la conciliation de différents intérêts. Opposition redressement des entreprises et recouvrement des impôts n'est plus justifiée de nos jours. Au lieu qu'ils soient face à face, il convient qu'ils soient côte à côte. La conciliation précitée peut se traduire à travers deux orientations. D'abord, le redressement de l'entreprise en difficulté. Ensuite, la prise en compte des intérêts légitimes du Trésor en tant que créancier spécial.

33. Quel est le bilan de l'articulation amorcée par la loi française du 25 janvier 1985 ? Avec l'entrée en vigueur de la loi précitée, a été tournée une page des procédures collectives où le Trésor était, dans une certaine mesure, au-dessus des autres créanciers. En effet, cette dernière loi a réduit davantage les « *prérogatives du Trésor et même accentu*[é] *l'évolution* »[86]. Ce rabaissement du statut du Trésor est justifié par le souci d'assurer le redressement des entreprises placées en cessation de paiements. Pour reprendre l'expression utilisée par une doctrine avisée, « *le Trésor est comme les autres créanciers sacrifiés sous l'autel du redressement des entreprises* »[87]. En réalité,

[85] Patrick SERLOOTEN, « Le recouvrement de la créance fiscale dans le droit des procédures collectives : bilan et perspectives », art.préc.,
[86] Patrick SERLOOTEN, « Le Trésor, créancier de l'entreprise », art. préc., 106.
[87] Patrick SERLOOTEN, Le recouvrement de la créance fiscale dans le droit des procédures collectives : bilan…, art. préc.,

il ne s'agit pas d'un sacrifice gratuit. En ce sens, l'amélioration de la condition juridique du Trésor se joue aussi sur le terrain du redressement des entités économiques. Impliquer le Trésor à ce niveau ne s'oppose pas avec l'objectif inhérent au recouvrement des *impôts*[88]. S'il y a des sacrifices imposés au Trésor dans un tel cadre, ce n'est pas pour rien, car la perte d'un contribuable est coûteuse pour le Fisc. Par contre, la situation d'un contribuable qui vient de réussir son redressement ou qu'il est sur le chemin de son redressement compte beaucoup. Si le redressement judiciaire aboutit, la relation légale demeure entre eux. L'aboutissement du redressement judiciaire est donc bénéfique autant pour le Trésor que pour les autres parties en présence y compris l'entreprise-contribuable.

34. Comme en France après l'entrée en vigueur de la loi du 25 janvier 1985, la réforme introduite par le livre cinq du Code de commerce marocain de 1996 a « *été telle* [...] *qu'une adaptation du droit fiscal pour en assurer l'efficacité était souhaitable* »[89]. C'est à partir de cette date que l'on a vu apparaître, de façon très claire, la soumission du Trésor au principe de l'égalité des créanciers. Comme son homologue français, le législateur marocain reste donc attaché à ce principe cardinal des procédures collectives. Ainsi, comme nous le verrons, bien que le législateur marocain ait apporté quelques dispositions spécifiques pour protéger le Trésor au stade des procédures de déclaration et de vérification des créances, ce créancier reste soumis à l'ensemble des règles qui régissent le redressement judiciaire. Cet esprit qui anime la logique contemporaine de l'insolvabilité se dégage nettement d'un passage significatif acté tout récemment par un auteur d'une thèse en droit OHADA. Consacrée aux privilèges dans les procédures collectives, cette thèse affirme que le fait que les sûretés fiscales « *soient de source légale ne permet pas de les soustraire aux fourches caudines des procédures collectives* »[90]. Par exemple, le Trésor est soumis au principe de la suspension des actions individuelles et des voies d'exécution. De même, le cours des intérêts fiscaux est arrêté. Il en

[88]Patrick SERLOOTEN, « Un statut fiscal pour l'entreprise en difficulté ? », rev. *Lamy dtr. Aff.*, n° 18, 1 juill. 1999, n° 5.

[89]Patrick SERLOOTEN, *La défaillance d'entreprise, aspects fiscaux*, Dalloz, 1997, n° 5, p. 2.

[90]Ramsès AKONO ADAM « Les privilèges dans les procédures collectives : Réflexions à partir des droits français et OHADA », Ph.D en Droit privé, Douala, 2017.

est de même pour l'inscription des privilèges attachés aux créances fiscales. Le paiement des dettes fiscales antérieures est aussi interdit. Et comme toute autre créance, les créances de l'Administration fiscale sont rééchelonnées. Si ces règles sont intéressantes et montrent que le redressement judiciaire se construit de petits détails, elles confirment que le Trésor ne doit pas être écarté là-dedans ; il doit être aussi impliqué dans le processus du redressement des entreprises placées en cessation des paiements. Lui réserver un statut dérogatoire par rapport aux autres créanciers serait une erreur monumentale. Ce serait certainement un retour en arrière qui n'est pas en soi un mal même si cela nécessiterait d'être évalué de manière scientifique.

35. En droit marocain, le Trésor est aussi traité comme un créancier ordinaire. Cependant, une question mérite d'être posée : cette « relation singulière » qui est aujourd'hui de mise est-elle menée à son terme ? L'Etat est-il vraiment associé au processus de sauvegarde des entreprises en difficulté ? La réponse est négative. La référence au droit comparé, l'analyse de la doctrine et l'examen des enseignements tirés de la jurisprudence rendue, ces éléments affirment que l'articulation entre le droit fiscal et le droit des entreprises en difficulté est inachevée. Comme l'a pu souligner un auteur, « *l'apparent triomphe du droit des entreprises en difficultés se heurte encore à une coriace résistance du Trésor [...] qui prolonge [...] la réticence du droit fiscal à accueillir les préoccupations du droit des entreprises en difficulté en ce qui concerne la détermination du montant de l'impôt dû par ces entreprises* »[91]. A ce sujet précis, l'inexistence d'un « *statut fiscal pour l'entreprise en difficulté* »[92] reste sans doute la résistance la plus coriace du Trésor. Elle fait face aux chances du redressement des entreprises en difficulté. Un autre auteur a pu écrire à ce sujet : « *proposer un statut fiscal pour l'entreprise en difficulté conduit à [...] alléger [...] les obligations découlant du statut de droit commun* »[93]. Les droits du Trésor ne sont pas oubliés pour autant. En quoi ce trait de cette relation singulière apporte une protection pour le Trésor ? « Un [tel] *statut fiscal n'est (...) pas en contradiction*

---

[91] Gilles DEDEURWAERDER, « Variations sur les rapports entre le droit des entreprises en difficulté et le droit fiscal », in *Le droit des entreprises en difficulté après 30 ans*, (dir) Francine MACORIG-VENIER, p. 327 - 336.
[92]Patrick SERLOOTEN, « Un statut fiscal pour l'entreprise en difficulté ? », art. préc., n° 4 et s.
[93]*Ibid*,n° 5.

avec la rentabilité normalement attendue des impôts. Les entreprises fournissant la majorité des ressources budgétaires de l'Etat, celui-ci a intérêt à conserver un réseau important d'entreprises économiquement viables »[94]. Si l'on peut reformuler cette idée, on peut conclure que l'intérêt économique et l'intérêt public sont compatibles l'un avec l'autre. C'est pourquoi, il faut le rappeler, une relation singulière entre le Trésor et l'entreprise en difficulté nous paraît être une nécessité. Cette relation repensée implique d'établir un régime fiscal adapté aux entreprises placées en sauvegarde et en redressement judiciaire[95]. En dépit de l'efficacité économique d'un tel statut, il est inexistant dans la majorité des Etats africains. Si ce n'est quelques dispositions juridiques fragmentaires[96], il n'y a pas un régime fiscal cohérent fait en faveur des entités économiques traversant des difficultés économiques et financières au Maroc et dans l'espace OHADA. En d'autres termes, le droit fiscal n'est pas vraiment conçu « *dans une perspective résolument économique* »[97]. La conséquence est inquiétante : le taux de réussite des redressements judiciaires est faible. La faiblesse des entités économiques, associée à l'absence d'un tel régime fiscal, combinée à d'autres facteurs[98], contribue à entraîner leur disparition du tissu économique.

36. Ici, une relation singulière entre le Trésor et le débiteur-contribuable ne peut l'être que si deux conditions sont remplies : le Trésor doit être parfaitement associé au traitement des difficultés de l'entreprise. De son côté, l'entreprise doit être économiquement viable. Cette vision des choses est partagée par la doctrine. Un auteur a pu souligner qu'« *un statut fiscal de l'entreprise en difficulté* [...] *n'est justifié que dans la mesure où il est* [...] *utile à la réalisation des objectifs du législateur des procédures collectives, autrement dit au redressement de l'entreprise en difficulté* »[99]. C'est ce qu'il convient de démontrer en traitant l'une des questions délicates qu'est le financement de l'entreprise placé en sauvegarde ou en redressement judiciaire.

---

[94]*Ibid.*

[95] Cf. *infra* n° 816 - 830.

[96] Cf. *infra* n° 807 - 815.

[97]Bernard LAGARDE, *Droit fiscal et droit des entreprises en difficulté, in* Ph. ROUSSEL GALLE (dir.), Entreprises en difficulté, LexisNexis, 2012, n° 1486, p. 659 s.

[98]Cf. *infra* n° 554 et s.

[99]Patrick SERLOOTEN, « Un statut fiscal pour l'entreprise en difficulté ? », art. préc., n° 6.

37. L'une des grandes difficultés auxquelles est confronté le débiteur placé en redressement judiciaire est bien celle liée au financement. Les établissements de crédit ne veulent pas toujours financer l'activité économique. Il faut préciser que tout projet de redressement nécessite un financement surtout quand l'entité économique défaillante est sous-capitalisée. Remarquons que la majorité des petites et moyennes entreprises en Afrique démarrent avec un capital relativement modeste[100]. A part les fonds propres, il n'y a pas assez d'alternatives de financement[101] pour elles. Le financement externe, représenté par les banques, reste parfois inaccessible. Très souvent, il n'est pas facile pour le débiteur de prétendre à « *une ligne bancaire* »[102] pour assurer la continuité du cycle économique. De son côté, la banque ne se soucie pas de la difficulté que traverse son client. Faute de garanties, l'établissement bancaire se retrouve amené à fermer « *son robinet de crédit* »[103]. Face à ce constat, des réponses ont été adoptées. Mais, elles restent limitées. Si le Trésor y est impliqué à ce stade, l'est-il suffisamment ? Est-il assurément au cœur des préoccupations liées au redressement de l'entreprise ? C'est pourquoi, trois importants remèdes sont à évoquer d'ores et déjà.

38. Il s'agit du fameux régime encadrant le privilège attaché aux créances postérieures ou de la masse. En principe, le régime des créances de la masse est foncièrement institué pour assurer la poursuite de l'activité économique pendant la période d'observation. Il faut encourager « *les créanciers à faire crédit à l'entreprise* »[104]. Logique de bon sens, « *l'efficacité économique* »[105] implique d'accorder une préférence aux créanciers dont les créances naissent après le prononcé du jugement d'ouverture. Il s'agit d'une préférence de paiement. Leur paiement est prioritaire. En plus, une autre raison d'être de ce régime est d'opter pour les seules créances

---

[100]Franck FAGNON, « Défaillances d'entreprises : Fin d'année meurtrière pour les TPME », *L'économiste,* Ed., n° 4942, 19 jan. 2017.

[101]Amine DIOURI, « Délais de paiement : La loi inefficace », *L'économiste,* interviewé par Franck FAGNON. Ed., n° 4683, 08 jan. 2016.

[102]Saad BENMANSOUR, « Redressement judiciaire, la fin du laxisme ?», *La vie éco*, 06 mai 2005.

[103] Mehdi MICHBAL, « Crédits bancaires garantis par la CCG : l'Etat court-il un risque ? », *medias24.com*, 29 mai 2020.

[104]Corinne SAINT-ALARY-HOUIN, *Droit des entreprises en difficulté*, 6ème éd., Montchrestien, 2009, p. 352, n° 590.

[105]Yves GUYON, *Entreprises en difficultés : Redressement judiciaire - Faillite*, Economica, T. 2, 7ème éd, 1999, n° 1245, p. 272.

qui sont en lien avec l'activité économique poursuivie. Le système des procédures collectives OHADA, issu de l'article 117 de l'ancien AUPC, n'est pas à même de relever ce défi. Le constat est le même pour ce qui est de l'article 575 du Code de commerce marocain de 1996. Ces deux articles sont tellement imprécis qu'ils ouvrent la porte à toutes les créances nées après l'ouverture du redressement judiciaire. Appliqué au Trésor, le privilège attaché aux créances postérieures est une véritable zone d'ombre. Si ce régime est incertain et confus sur plusieurs points en droit marocain, il est parfaitement imprécis en droit OHADA. Ici, on doit s'interroger : une relation singulière entre le Trésor et le débiteur-contribuable ne doit-elle pas conduire à une exonération totale des dettes fiscales relatives à l'exercice qui coïncide avec l'ouverture de la procédure [106]? Cette relation singulière entre les créanciers et le débiteur ne doit-elle pas conduire à ne retenir que les seules créances postérieures qui sont « utiles » à la procédure ? Voie médiane en la matière, cette dernière solution a inspiré le législateur français. Prenant une longueur d'avance sur les deux Actes uniformes des procédures collectives - de 1998 et de 2015- et le Code de commerce marocain de 1996, le Code de commerce en France, à travers la réforme entreprise en 2005, a annexé explicitement aux critères organiques et chronologiques, le critère dit téléologique. Ce dernier critère implique que la créance postérieure doit être profitable à la procédure. En l'occurrence, il ne suffit pas que la créance – fiscale et non fiscale - soit seulement née après l'ouverture de la procédure pour bénéficier du régime de faveur, conclut l'article L.622-17 du Code de commerce français. La créance postérieure doit poursuivre une finalité en rapport avec la procédure de redressement judiciaire[107]. La jurisprudence rendue en France a aussi édicté des solutions novatrices en la matière. Faut-il s'en inspirer ? Quelle voie faut-il que le législateur africain emprunte ?

39. Hormis le rôle du privilège attaché aux créances postérieures dans le financement de la période d'observation, la remise de dettes joue un rôle central pour assurer la bonne exécution des plans de redressement. Si ce mécanisme se veut positif, il reste que sa mise en œuvre sur le terrain s'avère compliquée. Deux facteurs peuvent expliquer cette complexité. Alors que les créanciers privés refusent souvent de remettre une partie de leurs dettes, le Trésor et

---

[106]Victor CALMETTE, Thèse préc., n° 727.
[107] Cf. *infra* n° 719 et s.

les autres créanciers publics n'acceptent pas cette position. Une conséquence s'ensuit : les remises fiscales sont rares. Et si remises il y a, elles sont limitées. En outre, le principal de l'impôt ne peut faire l'objet de demande de remise en droit marocain[108]. Une remarque identique peut être faite pour ce qui est de l'article 1110 du CGI au Bénin[109] et de l'article L. 134 du CGI au Tchad. Dans ces deux régimes fiscaux, les remises gracieuses ne sont légales qu'en matière d'amendes fiscales et des majorations de retard et ce, quelle que soit la nature de l'impôt[110]. Apparaît, né et prend corps une autre expression de la résistance fiscale. Dans cette perspective, il se trouve qu'il y a une flagrante incohérence entre le droit des entreprises en difficulté et le droit fiscal. Ici encore, il faut voir une *« source de conflits »*[111] entre ces deux disciplines de droit. S'il en est ainsi, c'est parce que l'articulation est inachevée entre eux. A cette première incohérence, est venue se greffer une autre en rapport avec le traitement fiscal applicable aux remises de dettes. Là, ce n'est pas le Trésor en tant que créancier qui résiste aux remises de ses dettes. Mais, le traitement fiscal qu'on réserve aux remises de dettes consenties par les autres créanciers notamment les créanciers privés. De deux choses l'une. S'il est adéquat, ce traitement fiscal est de nature à soulager les créanciers qui acceptent de remettre le tout ou une partie de leurs créances. S'il ne l'est pas, les créanciers ne seront pas suffisamment motivés à ce stade de la procédure. Dans la plupart des Etats africains, on est beaucoup plus proche du second cas de figure. Le traitement fiscal applicable en l'occurrence risque de se dresser comme un obstacle aux remises de dettes et par-delà au redressement des entreprises. Donnons un exemple pour illustrer cette question : en application de l'article 127 du CGI au Cameroun[112], l'abandon d'une créance privée est imposable au titre de la TVA. Le créancier n'est pas exonéré du paiement de la TVA correspondante à la créance remise ou abandonnée. Cette position met en lumière un paradoxe : parce qu'il décide d'être généreux avec le débiteur en difficulté, le créancier privé doit subir un coût fiscal. Évoluant sur cette question, le droit fiscal français se détache de

---

[108] Hassania CHERKAOUI, *Droit commercial et activités commerciales, fonds de commerce, Entreprises commerciales, concurrence, redressement judiciaire*, Casablanca, Najah El-Jadida, 2ème éd, 2003, p. 253.

[109]CGI, Bénin, 2016, art. 1110.

[110] CRCP, Maroc, art.122.

[111]Bernard LAGARDE, « Les entreprises en difficulté : terre de conflits - Synthèse des intérêts contraires », *Gaz. Pal.* 26 juin 2008, p. 57.

[112] CGI, Cameroun, art. 127 : « *Sont imposables* […] *les remises de prêts et les abandons de créances à caractère commercial* ».

cette position. L'abandon des créances n'étant pas soumis à la TVA, le créancier est fondé à récupérer la TVA acquittée sur « *la fraction du prix qui a fait l'objet d'abandon* »[113]. On le voit, la position du droit français encourage les créanciers à faire des remises de leurs dettes. Certes, c'est un détail. Mais, il faut l'écrire et le confirmer : le redressement d'une entreprise en difficulté étant une question compliquée ; il se construit de cette mesure et d'autres petits détails. Un traitement fiscal satisfaisant des abandons de créances en est un. Dans le même ordre d'idées, on en trouve un autre bon exemple dans le régime fiscal relatif à la reprise des entreprises placées en redressement judiciaire.

40. L'instauration des régimes fiscaux internes facilitant la reprise des entreprises placées en redressement judiciaire mérite d'être évoquée à ce niveau. Si au Congo[114] et en Côte d'ivoire[115], un pas a été franchi dans ce sens, le constat est qu'au Maroc et dans la plupart des autres pays africains ce régime est inexistant. Face aux difficultés de reprendre une entreprise en difficulté, aucune exonération fiscale n'est instaurée pour « *inciter les investisseurs à poursuivre les activités faisant l'objet d'une procédure de traitement des difficultés* »[116]. Dans cette situation, tout en étant moins motivé, le repreneur ne peut pas facilement « *franchir le cap délicat du redressement* »[117]. En conclusion, le poids des impôts à payer se dresse ici comme un obstacle au redressement des entreprises. N'est-ce pas illogique ? Face à ce tableau, vers quelle voie faut-il s'orienter ? Quelle solution pour qu'on soit dans le rationnel et dans la singularité de la relation ? C'est vrai qu'il n'y a pas de recette miracle pour sauver les entités économiques en difficulté. Reste que l'instauration d'un dispositif légal « *homogène* »[118] est de nature à relever ce grand défi. Les règles d'ordre fiscal qui facilitent le redressement des entités économiques s'inscrivent dans ce cadre. C'est pourquoi, le législateur marocain doit travailler dans le sens

---

[113]Jean Charles BARBAUD, Fiscalité des sociétés en difficulté………, art. préc., p. 6 ; CGI, France, art. 272-1 ; Instr. Adm., 21 avr. 1989, (BOI 3D- 6-89 ; Dr. fisc. 1989, n° 22-23, instr. 9 749.

[114] L. Gongo, n° 14/ 023 fixant les règles relatives aux conditions et modalités de sauvetage de l'entreprise industrielle en difficulté.

[115] Ord. n° 92-124, Côte d'Ivoire, 16 mars 1992.

[116] André JACQUEMONT, Nicolas BORGA, Thomas MASTRULLO, *droit des entreprises en difficulté*, 11ème Ed., LexisNexis, n° 1362.

[117] Ibid, n° 1361.

[118]Steve Marian ALILI, « La reprise des entreprises en difficulté dans l'espace OHADA », ohadata-06-38.

d'un « *allégement des obligations fiscales de l'entreprise en difficulté* »[119].

41. Si le souci d'assurer le redressement judiciaire des entreprises implique un certain « *allégement des obligations fiscales* »[120], poursuivre l'objectif relatif au recouvrement des créances fiscales est aussi d'une importance capitale. Pour y arriver, « *une certaine intransigeance pourrait être manifestée quant au recouvrement de la créance fiscale ainsi [allégée]* »[121]. Sans revenir sur les garanties traditionnelles établies par les deux lois africaines de l'insolvabilité en faveur du Trésor et des autres créanciers, il vaut mieux citer ici les situations qui illustrent très bien la nécessité de cette intolérance. Ainsi, sous réserve de certaines conditions, le Trésor se retrouve libéré du traitement collectif et devient maître de son sort. Pour préciser, le Trésor est fondé à reprendre ses poursuites individuelles contre le débiteur. L'AUPC révisé est clair : une des hypothèses de la reprise des poursuites individuelles est encadrée à travers l'article 174. Cet article précise que la fraude fiscale autorise le Trésor à reprendre ces poursuites après la clôture de la liquidation judiciaire pour insuffisance d'actif[122]. A côté de la fraude du débiteur, est envisageable une autre forme de fraude, celle dont le dirigeant est l'auteur[123]. Là aussi, on est en face d'une situation où « *l'intransigeance* » est indispensable. En ce cas, il y a place à la responsabilité fiscale des dirigeants. Ainsi, conscient des fraudes fréquentes commises par les dirigeants, conscient de leurs fautes courantes faites au niveau de la gestion des entités économiques et de leur incidence sur le non recouvrement des créances fiscales, les législateurs africains internes ont pris acte de délimiter les responsabilités : dès lors qu'il y a une manœuvre frauduleuse qui a rendu impossible le recouvrement des impositions, le dirigeant de l'entreprise se retrouve, lui-même[124], astreint à réparer le préjudice subi, en l'occurrence, par l'Administration fiscale. Dans le même ordre d'idées, la prise en compte des intérêts légitimes du Trésor implique aussi de tenir compte de sa situation particulière en tant que créancier spécifique et unique en son genre. Dans un tel cadre,

---

[119]Patrick SERLOOTEN, « Le recouvrement de la créance fiscale dans le droit des procédures collectives : bilan et perspectives », art. préc.,

[120] *Ibid.*

[121] *Ibidem.*

[122] Cf. *infra* n° 407- 416 et 501.

[123] Cf. *infra n°* 847 - 852.

[124] Cf. *infra* n° 846.

il faut noter que le droit des procédures collectives, aussi bien au Maroc que dans l'espace OHADA, apporte des innovations qui dérogent au principe de l'égalité des créanciers[125]. Innovations qui se résument au souci d'assurer un traitement efficace des créances fiscales. On pourrait citer ici la possibilité d'exercer le contrôle fiscal et la déclaration à titre provisionnel des créances fiscales. Ces dérogations sont-elles suffisantes ? La condition particulière du Trésor est-elle suffisamment prise en compte ? Au-delà de cette question, les positions législatives précitées, si avancées soient-elles, sont de faible portée pratique. Pour ne revenir qu'à la reprise des actions individuelles, il faut mentionner que les sanctions civiles et pénales sont rarement prononcées par les juges dans l'espace OHADA. Dès lors, le Trésor ne peut, en aucun cas, passer à l'initiation de ses actions individuelles tant que la première condition n'est pas réalisée sur le terrain. A la lumière de cette conséquence, le constat est quasi identique dans le contexte marocain. La faiblesse qui atteint la condition du Trésor à ce niveau est ramenée non pas à l'inapplication des sanctions, mais à l'absence de l'assise légale. Notons, enfin, que la faible portée pratique est transposable pour le mécanisme protecteur du Trésor qu'est la solidarité fiscale.

42. Si, comme tous les Etats du monde, les Etats africains se sont montrés plus préoccupés par la liquidation des entreprises, laquelle s'est amplifiée du temps de la crise sanitaire Covid 19, « *le poids de la fiscalité* »[126] n'est pas suffisamment pris en compte. L'impact de la fiscalité sur la défaillance des entreprises et les nombreuses zones d'ombre, non encore résolues par la loi, témoignent de la nécessité d'une réflexion à ce stade. Réflexion difficile, mais impérative car, il en va de l'avenir de la créance d'impôt dans les procédures collectives. Les enjeux de la présente thèse le confirment.

B. Les enjeux

43. Étant marquée par l'imbrication des dimensions théoriques et pratiques, les enjeux de l'étude relative à la condition du Trésor dans les procédures collectives au Maroc et dans l'espace OHADA sont

---

[125] Cf. *infra* n° 99 -101 ; 110 et s ; 113 ; 133-136 ; 588-591.

[126] Bernard LAGARDE, *Droit fiscal et droit des entreprises en difficulté,* art. préc., n° 1485.

très utiles pour la science du droit. Les enjeux d'une telle confrontation sont aussi importants. Schématiquement, l'on peut écrire que cette étude poursuit deux principaux objectifs.

44. En premier lieu, cette recherche a pour ambition de mettre en avant la condition du Trésor telle qu'elle ressort de la pratique judiciaire. En effet, si cette thèse s'inscrit dans le cadre de la recherche juridique et scientifique, elle ne saurait s'écarter de la dimension pratique. En effet, éprouver l'efficacité et la pertinence des règles juridiques encadrant la condition du Trésor à travers l'exposé des applications judiciaires est un but essentiel de notre démarche. Démarche qui est justifiée par le fait que les textes de lois en général sont formulés de manière idéale. Or, c'est le terrain qui permet parfois de mieux vérifier l'efficacité desdites règles et l'atteinte des objectifs qu'elles s'assignent. Protectrices en apparence, les règles juridiques encadrant la condition du Trésor sont-elles source de sécurité pour ce créancier ? Ne le sont-elles pas ? Ou encore présentent-elles un caractère nuancé ? C'est ce que cette recherche tente de mettre en évidence en se référant essentiellement à la pratique judiciaire. Et comme les termes de cette thèse qu'est la condition du Trésor revêtent une similarité marquante avec ceux existant dans les autres systèmes juridiques, seront également citées des décisions judiciaires rendues par les juridictions des Etats de la France, de la Belgique et de l'Angleterre. Dans cet esprit, il convient, dans un souci de clarification, de lever les confusions qui peuvent s'installer en raison du silence entretenu par l'AUPC révisé et le Code de commerce marocain. Étant précisés, les avantages de la dimension pratique sont indéniables. Ceci dit, il ne convient pas pour autant de sous-estimer l'importance de la dimension théorique. En ce sens, la pratique judiciaire n'est que le reflet du cadre normatif.

45. En second lieu, mettant l'accent davantage sur la dimension théorique cette fois, la présente recherche se donne pour objectif de contribuer à améliorer la condition de ce créancier public. A cette fin, le souci d'une protection efficace du Trésor implique la réforme du cadre juridique actuel. Deux axes sont visés : la nécessaire amélioration du dispositif existant et le choix pour une réglementation spéciale et novatrice à même de régir au mieux la condition du Trésor dans les procédures collectives. Pour y arriver, il convient d'aller vers une réflexion globale. Résoudre les difficultés, dépasser les lacunes, assurer la cohérence entre les textes de lois, lever les zones d'ombre, mettre fin aux incertitudes et enlever les complications ; ce ne sont là que des pistes de réflexion pour réformer ou refondre les règles juridiques appliquées dans un tel cadre. Contre toute attente, mener une réforme à ce stade est loin d'être un exercice facile. Mais, sans doute, c'est la référence au droit comparé qui nous permettra de trouver des réponses objectives et relatives aux pistes précitées. L'examen des statistiques, l'analyse de la doctrine et les enseignements tirés de la jurisprudence interne sont aussi d'un grand secours. La combinaison de tous ces outils permettra certainement d'ouvrir de nouvelles perspectives s'agissant de l'évolution de l'AUPC révisé et du Code de commerce marocain. D'un autre côté, cette combinaison laisse également entrevoir les perspectives de l'évolution des régimes fiscaux internes en Afrique. Si, compte tenu de leur clarté et de leur pragmatisme, les solutions instaurées par le droit français et les autres droits européens doivent être admises sur le plan des principes, il reste à les sélectionner et les affiner davantage pour ne retenir que les solutions qui sont adaptées à la réalité économique et sociale en Afrique. L'objectif étant de rendre qualitative la production législative au Maroc et dans l'espace OHADA. Dans cette optique, l'efficacité, la rationalité, la simplicité, la clarté et la souplesse doivent être les maîtres-mots de la réforme[127].

III. Le champ de l'étude

46. Le champ de cette étude consacrée à la protection du Trésor dans les procédures collectives peut être circonscrit, en reprenant, un à un, chacun de ses termes, afin d'en tirer la signification principale et d'écarter un certain nombre d'éléments. La délimitation du sujet nous conduira à analyser les termes de procédures collectives (**A**), de Trésor (**B**) et de protection de ce dernier (**C**).

---

[127] Michel MENJUCQ, « Le mandataire de justice en Europe. Droit comparé et règlement insolvabilité », *Rev. proc. coll.* n° 6, nov. 2012, doss. 28, n° 27.

A. Procédures collectives

47. Les procédures collectives sont définies comme étant des procédures judiciaires de traitement des difficultés de l'entreprise. La justice intervient lorsque le débiteur-contribuable est placé en cessation de paiements. Cependant, elle peut le faire même si l'entreprise n'est pas arrivée à ce stade de difficultés. Ces procédures sont mises en place par le législateur pour arriver à équilibrer les intérêts en présence : la sauvegarde de l'entreprise, la préservation de l'emploi et le désintéressement des créanciers. A ces trois objectifs, on peut ajouter l'objectif relatif à l'application des sanctions. Dans l'espace OHADA, il est prévu quatre procédures collectives : le règlement préventif, la conciliation, le redressement judiciaire et la liquidation judiciaire. Ces procédures sont reprises par le législateur marocain sauf qu'il est constaté une simple divergence : le législateur marocain a exclu la procédure de la conciliation et opté pour la procédure de sauvegarde judiciaire. Suivant la survenance ou non de la cessation des paiements, les procédures applicables aux créanciers dont le Trésor peuvent être classées de cette façon : à défaut de cessation de paiements, le choix se porte sur les procédures dites préventives. Par contre, si cessation des paiements il y a, il est fait application des procédures dites curatives.

48. Les droits OHADA et marocain ont progressé de façon indépendante tout en restant fortement liés au droit français, qui lui-même, a précocement évolué vers la prévention des entreprises en difficulté. Comme cela a été mentionné, le droit des entreprises en difficulté permet le recours à plusieurs procédures préventives. Elles peuvent être opérationnelles dès lors que le débiteur-contribuable est confronté à des difficultés mais non pas au point que cesse le paiement des dettes fiscales et non fiscales[128]. Quant au règlement préventif, comme son nom l'indique, elle est une procédure préventive dont le but est d'épargner la cessation d'activité de l'entreprise et de permettre l'apurement de son passif. Une solution identique est trouvée en droit marocain mais elle porte le nom du règlement amiable. Hors cette différence terminologique, cette

---

[128]Christian GAMALEU KAMENI, *L'implication du créancier dans les procédures collectives : étude comparée du droit français et du droit de l'OHADA*, Préf. Gérard BLANC. coll. « Horizons juridiques africains », Éd., Aix-en-Provence, Presses universitaires d'Aix-Marseille, 2015, p. 28.

procédure tend à obtenir la conclusion d'un concordat entre les créanciers et l'entreprise débitrice sur des délais de paiement et des éventuelles remises de dettes[129]. Notons que le règlement préventif s'applique à toute personne physique ou morale commerçante, à toute personne morale de droit privé non commerçante et à toute entreprise publique ayant la forme d'une personne morale de droit privé. Pour ce qui est de la conciliation, l'article 2 de l'AUPC révisé la définit comme étant une procédure préventive et consensuelle. Préventive, car cette procédure est également destinée à éviter la cessation des paiements de l'entreprise débitrice en permettant, en tout ou en partie, sa restructuration financière. Consensuelle, car cette restructuration se fait essentiellement à travers la négociation privée ; laquelle débouche sur la conclusion d'un accord dit de conciliation entre le débiteur et ses créanciers. Vue sous ce prisme, la procédure de conciliation rejoint la procédure de sauvegarde judiciaire en droit marocain. L'article 561 du nouveau code de commerce marocain a fait de l'absence de la cessation de paiements une condition *sine qua non* pour l'ouverture de la procédure de sauvegarde judiciaire. Ainsi, pour reprendre l'expression employée par le Code de commerce : l'entreprise doit connaître seulement des difficultés avérées ou prévisibles sans qu'elle soit en état de cessation de paiements. Que ce soit la conciliation ou la sauvegarde judiciaire, le Trésor peut être partie aux accords conclus à cet effet. Toutefois, deux divergences de taille existent entre les deux procédures et méritent d'être soulevées, car elles peuvent prêter à confusion. Une première divergence est traduite par la confidentialité. Si « *le secret professionnel n'est pas opposable au Tribunal* »[130] en matière de sauvegarde judiciaire, la confidentialité marque grandement la conciliation en droit OHADA. Une seconde grande divergence est mise en lumière par la simplicité. La sauvegarde judiciaire n'est pas aussi simple que la conciliation. En ce sens, la sauvegarde judiciaire est une procédure collective avec tous les effets juridiques qu'elle engendre. Par contre, la conciliation est tellement simplifiée que cette nouvelle procédure est apparue suffisamment souple aux yeux du législateur OHADA. C'est la raison pour laquelle, il n'est pas prévu une variante simplifiée de la

---

[129] Raymond GUILLIEN et Jean VINCENT, (sous la direction de Gabriel MONTAGNIER, Serge GUINCHARD), *Lexique des termes juridiques*, éd. Dalloz, 13ème édition, 2001.p. 475.

[130]Nicolas BORGA, « La conciliation, une procédure collective comme les autres ? », *BJE*, mai 2018, p. 165

conciliation à l'instar des procédures simplifiées de redressement et de la liquidation judiciaire.

49. Les procédures préventives mises à part, évoquer les procédures curatives, c'est nécessairement citer deux procédures très classiques : la procédure de redressement judiciaire et celle de la liquidation judiciaire. Elles poursuivent deux priorités totalement différentes. « Une conciliation réussie des intérêts antagonistes ». Peut-on placer ces six mots dans une seule phrase ? Par référence à la procédure de redressement judiciaire, on peut dire que la réponse est affirmative. La procédure de redressement judiciaire est une procédure d'équilibre par excellence. Matérialisé par le plan de continuation ou le concordat de redressement, le redressement judiciaire a pour objectif de « *rétabli*[r] *une situation économique saine* »[131]. Pour y arriver, cette dernière procédure implique un certain nombre de mesures « *de réorganisation* »[132]. Mesures qui peuvent aller jusqu'au changement du dirigeant. A cela s'ajoute l'étalement des créances fiscales et non fiscales sur une période limitée dans le temps. La procédure du redressement judiciaire ne se résume pas au seul plan de continuation, elle peut être présentée sous l'hypothèse d'un plan de cession judiciaire. Cette dernière procédure suppose que le capital de l'entreprise change de main dans l'espoir d'arriver au redressement de l'entreprise. Néanmoins, le but de la liquidation judiciaire est différent de celui du redressement judiciaire. La liquidation judiciaire tend à préserver l'actif de l'entreprise en difficulté pour le réaliser et régler les créanciers. C'est donc la recherche de la protection des intérêts des créanciers qui est mise en première ligne.

50. Les deux classes des procédures étant précisées, cette présente étude exclura les procédures préventives. L'accent sera mis sur les procédures collectives. Comme on l'a vu, ces procédures préventives interviennent avant la cessation de paiements. Or, ce qui nous intéresse est de mettre en évidence la situation du Trésor quand cesse le paiement des dettes fiscales. Pour autant, cette recherche pourra, à titre secondaire, s'y référer. Ce choix est dicté par deux raisons. Si l'une ou l'autre des procédures préventives est citée dans la thèse, c'est parce qu'elle présente une solution idéale pour le Trésor. L'idée est qu'il vaut mieux pour le Trésor qu'il soit impliqué

---

[131]Pascal Nguihé KANTE, *Les techniques de sauvetage des entreprises en difficulté en droit OHADA,* L'Harmattan, 2019, 21.
[132]Pascal Nguihé KANTE, *op. cit.*, p. 21.

dans les procédures préventives en présence de difficultés économiques. C'est la première raison. Une deuxième raison tient au fait que « *les procédures collectives doivent désormais être envisagées de façon plus fine* »[133]. A titre d'exemple, la procédure de sauvegarde est ouverte sans que la cessation de paiements ne soit survenue. Pourtant, c'est une procédure collective. Autrement dit, la cessation de paiements n'est pas vraiment un critère décisif. En effet, des traits judiciaires, propres aux procédures collectives, sont applicables au stade des procédures préventives. Par exemple, le Trésor et les autres créanciers peuvent se voir imposer de nouveaux délais de paiement en cas de refus de l'un ou de l'autre. Autrement dit, il y a des règles qui rendent les procédures préventives « *plus collective*[s] *mais encore plus judiciaire*[s]»[134]. Fort de ce constat, un auteur est allé jusqu'à écrire que « *la conciliation est une procédure collective comme les autres* »[135].

51. En définitive, seront principalement retenues dans cette étude les procédures collectives.

52. Ce souci de délimiter le sujet nous amène aussi à donner un éclairage sur le terme Trésor.

B. Le Trésor

53. La place du créancier dans les procédures collectives est une question qui a suscité beaucoup d'encre parmi les auteurs[136]. Autant la doctrine que les dictionnaires juridiques permettent de répondre à la question cruciale qu'est-ce qu'un créancier ? Un créancier est

---

[133]Nicolas BORGA, « La conciliation, une procédure collective comme les autres ? », art. préc.,

[134] *Ibid.*

[135]*Ibidem*

[136]Liliane TCHAKOTEU MESSABIEM, *La protection des créanciers dans les procédures collectives d'apurement du passif*, Droit OHADA-Droit Français , Préf. Evelyne MICOU, coll. « Etudes Africaines », Ed., L'Harmattan, 2015 ; Aldo RIZZI, *La protection des créanciers à travers l'évolution des procédures collectives*, L.G.D.J, Préf. Claude CHAMPAUD, 2007 ; Mustapha BENTAHAR, « La protection des créanciers dans les procédures collectives : mythe ou réalité ? », in « *Dix ans d'application du système des difficultés des entreprises, quel bilan ? », Revue marocaine de droit, d'économie et de gestion,* n°53, Najah El Jadida, Ed., 2008.

défini comme quelqu'un « *titulaire d'un droit de créance* »[137]. Il s'agit du « *droit d'exiger la remise d'une somme d'argent* »[138]. Il peut être une personne physique comme il peut être une personne morale. Entretenant une relation avec l'entreprise, tout créancier en arrive à avoir ce droit sur cette dernière. L'emploi du singulier ne reflète pas la réalité. En ce sens, toute entreprise, peu importe qu'elle soit en difficulté ou *in bonis*, et quelle que soit sa taille, renoue une relation avec plus d'un créancier. Ce sont les partenaires de cette entité économique et sociale. On peut penser aux salariés, aux obligataires, aux associés, aux fournisseurs, au bailleur, aux banques et aux autres. Au nombre de ces créanciers, figure un créancier de genre particulier, un créancier dont la relation avec l'entreprise est permanente. Il s'agit du Trésor. La particularité de ce créancier tient aussi du fait qu'il représente l'Etat. C'est un créancier public.

54. Le Trésor est-il un créancier comme les autres ? Il est rare de lire aujourd'hui une recherche scientifique de fond sur la condition du Trésor dans les procédures collectives qui ne commence pas par rappeler cette dernière question ou l'affirmer. Ici, le souci de délimiter ce terme conduit à la reposer.

55. Fisc, Trésor, Administration fiscale, créancier fiscal….Les termes sont nombreux pour désigner ce créancier public. Cependant, cette abondance de termes n'est suivie d'aucune définition légale. La définition de ce créancier est occultée aussi bien par l'AUPC et le Code de commerce marocain que par les législations fiscales internes en Afrique. Dans un langage plus fréquent, le Trésor reste « *une formule* »[139] utilisée par le débiteur-contribuable en difficulté pour désigner « *l'entité* »[140] à laquelle il s'adresse pour s'acquitter de ses créances fiscales. La doctrine s'est aussi chargée de poser une définition au Trésor. Un auteur a pu estimer que l'Administration fiscale peut être définie comme « [l'] *ensemble des services des impôts chargés de l'assiette, de la liquidation et du contrôle de*

---

[137]Raymond GUILLIEN et Jean VINCENT, *Lexique des termes juridiques*, *op. cit.*, p. 169.
[138]*Ibid.*
[139]Aurélien BAUDU, « Le(s) privilège(s) du Trésor (public) : la fin d'un particularisme ou la poursuite d'un renforcement ? », *RFFP*, févr. 2020, n° 149, p. 129.
[140]Aurélien BAUDU, art. préc.,

l'impôt »[141]. « *Sont chargés du recouvrement des créances publiques* [...] *les receveurs de l'administration fiscale* ». Tirée de l'article 3 du Code de recouvrement des créances publiques au Maroc, cette dernière règle juridique permet de conclure que l'Administration fiscale est un service public qui se voit chargé de recouvrer les créances fiscales pour le compte de l'Etat[142]. Hormis cette disposition légale, aucune « définition » n'est donnée à ce concept qu'est le Trésor en droit marocain. Il en est de même du droit camerounais interne. En plus, les définitions précitées restent imprécises puisqu'elles tendent plus vers la détermination de la fonction du Trésor. Or, ce qui nous intéresse beaucoup plus ici, c'est de préciser l'objet de l'obligation fondée sur la relation légale qui lie le Trésor avec le débiteur. De ce qui précède, est-ce à dire que le terme « Trésor » reste indéfinissable de ce point de vue ? En effet, une définition satisfaisante est rendue possible dès lors que la définition générale du créancier est susceptible de se plier au cas spécifique du Trésor. Appliquée au Trésor, la définition générique, citée plus haut, autorise à penser que le Trésor est un créancier qui détient une créance d'impôt sur l'entreprise en difficulté. De ce fait, il est en droit d'exiger son paiement quand elle arrive à l'échéance. De ce point de vue, le Trésor est un créancier comme les autres. Se basant sur la relation que le Trésor entretient avec le débiteur en difficulté, il est admis d'affirmer que le Trésor « *est le sujet actif de l'obligation dans la mesure où il [est en droit de] réclame[r] l'exécution d[e] [cette]... obligation* »[143]. Une condition est à respecter : Cette réclamation n'est possible que si le Trésor est impliqué dans la procédure collective. La déclaration des créances d'impôts est l'implication classique en la matière. Sur ce point, est instauré un régime spécial de déclaration en sa faveur. Non seulement la déclaration, mais cette dualité de régimes régit plusieurs autres questions. En définitive, le Trésor est un créancier comme les autres. Mais, on tient à lui réserver suivant les régimes juridiques un sort particulier dans certaines situations. Reste à préciser quels sont les services et quelles sont les entités et administrations qui, ayant des dettes d'impôts sur l'entreprise, étant

---

[141]Mohamed NMILI, *op. cit.*, p. 541. Raymond GUILLIEN et Jean VINCENT, *Lexique des termes juridiques*, *op. cit.*, p. 263 : le Fisc « *est un terme désignant l'ensemble des services chargés d'établir et de percevoir les impôts* ».

[142]Patrick SERLOOTEN, « Le Trésor, créancier de l'entreprise », art. préc., p. 105.

[143]Christian GAMALEU KAMENI, *L'implication du créancier dans les procédures collectives*... thèse préc., p.20.

chargées de leur recouvrement, ont la qualité d'adhérer à la procédure collective.

56. Au sens de cette recherche, le Trésor désigne de façon générale toutes les administrations fiscales, peu importe qu'elles soient centrales, régionales ou locales, qui interviennent dans les procédures collectives. Elles relèvent toutes du Ministère de l'économie et de finances. Au Maroc, on peut penser à la Trésorerie générale du Royaume et ses démembrements régionaux et locaux, à l'Administration générale des impôts et ses démembrements et à l'Administration des douanes et impôts indirects et ses démembrements. Très souvent, le Trésor est représenté par une Perception en cas de l'ouverture d'une procédure collective. Il s'agit d'une administration fiscale locale qui détient des créances d'impôts sur le débiteur en difficulté. Étant précisée, la désignation précitée du Trésor exclut un certain nombre d'administrations publiques qui, bien qu'elles portent ce nom, n'assument pas cette mission qu'est le recouvrement des créances fiscales dans un tel cadre. Ainsi, sera exclue au sens de cette étude, la notion du Trésor qui désigne les autres structures du Ministère de l'économie et de finances et plus précisément la direction du Trésor et des finances extérieures, car cette dernière a pour principale mission de garder les équilibres macro-économiques et de gérer la dette et la trésorerie de l'Etat. Seront également exclus les autres établissements publics chargés de recouvrement des dettes publiques à l'instar de la Caisse nationale de la sécurité sociale. Ce travail de clarification est très important car le terme « Trésor » prête à confusion. S'il est pris de façon extensive, il désigne les autres administrations qui se voient chargées de recouvrer les dettes publiques à l'instar de l'organisme social et de la Douane. En résumé, le Trésor est l'administration fiscale qui intervient à l'occasion de l'ouverture de la procédure collective pour recouvrer les impôts dus.

57. Si la notion du Trésor suscite quelques difficultés quant à sa définition et sa délimitation, la notion de protection ne l'est pas moins.

C. La protection

58. Le petit Larousse définit le verbe « protéger » par le fait de défendre quelqu'un contre *« un agresseur* [ou] *un danger* »[144]. C'est presque dans cet esprit que se prononce le vocabulaire juridique ; il ramène le mot « protection » à « *une précaution [...] [qui] consiste à prémunir une personne ou un bien contre un risque, à garantir sa sécurité, son intégrité, etc..., par des moyens juridiques et matériels (...), elle désigne aussi bien l'action de protéger que le système de protection établi* »[145]. L'une ou l'autre définition peut-elle prendre tout sens dans le cadre de la présente recherche ? Le parallèle peut-il être établi avec la protection du Trésor dans les procédures collectives ? La question mérite d'être posée, car le fait que le débiteur-contribuable cesse de payer les créances fiscales et non fiscales est un désastre. En ce sens, le danger ou le risque est illustré par la survenance de la cessation des paiements. Ce danger est illustré davantage par le prononcé de la liquidation judiciaire de l'entité économique qui dresse l'acte de décès du contribuable. Dès lors, le besoin de protection se fait ressentir. En réponse aux questions précitées, il faut noter que le schéma idéal décrit par la première définition peut laisser penser que les dispositifs juridiques établis au Maroc et dans l'espace OHADA sont à même d'apporter une protection efficace au Trésor contre ce danger qu'est la cessation de paiements. Cependant, protéger le Trésor, lorsqu'il est impliqué dans une procédure collective, ne peut plus se comprendre suivant le seul sens dégagé du petit Larousse[146]. La protection absolue est à écarter. La seconde raison tient aussi à la pauvreté de cette première définition. Pour cela, il est instructif de se tourner vers la deuxième définition. A un degré moindre, appliquée au Trésor, la deuxième définition, si elle reste relativement admise, doit être nuancée. Pourquoi d'abord cette définition emporte l'adhésion et doit être admise ? Citant le mot « précaution », cette deuxième définition se rapproche de la protection réservée au Trésor en cas de l'application des procédures collectives. Protection qui se joue dans la prudence et la « précaution ». En ce sens, le tribunal se soucie de protéger les créanciers mais tout en étant prudent de ne pas porter atteinte à l'intérêt de l'entreprise. Le tribunal tient compte de cette précaution.

---

[144]Josette REY DEBOVE, Alain REY, *Le nouveau petit Robert*, 2001, p. 2026.
[145]Association Henri Capitant, Vocabulaire juridique, sous dir G. Cornu, coll. Quadrige, PUF. 2000. V° sécurité.
[146]Liliane TCHAKOTEU MESSABIEM, thèse préc., p. 28.

Toutefois, la définition elle-même, posée par le vocabulaire juridique, ne peut être intégralement transposable dans le contexte particulier des procédures collectives. Pourquoi la deuxième définition doit être nuancée ? « *L'unité de protection face à la diversité naturelle des créanciers* »[147]. Caractéristique du système des procédures collectives, cette affirmation gouverne le travail du juge en la matière. Se détachant de la définition établie par le vocabulaire juridique, l'affirmation susvisée est construite autour non pas d'une seule « une personne » mais autour de plusieurs personnes dites « créanciers ». En application des procédures collectives, on recourt à une solution pour protéger toutes les parties en présence. Etant le principe, la protection collective est à suivre. Etant une exception, la protection individuelle est à écarter. En réaffirmant la nécessité de nuancer la définition établie par le vocabulaire juridique, il convient de poser d'autres questions : pourquoi cette protection collective mérite aussi d'être nuancée, voire combattue compte tenu de la réalité du terrain ? Pourquoi la protection collective, elle-même, est inapte à donner au mot protection tout son sens ? Au-delà de la séduction apparente opérée par la succession des mots contenus dans l'affirmation susvisée, quelle que soit la fiabilité du système juridique adopté en la matière, il serait difficile, voire impossible, de parvenir à la protection parfaite. Largement cités par la doctrine, deux facteurs peuvent expliquer ce constat. Le premier facteur est le caractère *« conflictuel »*[148] de cette matière. Les procédures collectives sont un terrain de conflit entre les créanciers. En ce sens, le paiement du Trésor s'opère dans un contexte marqué par la naissance de nombreux contentieux. Un (des) contentieux dans le contentieux. Ce facteur met en avant la difficulté rencontrée par le Trésor pour recouvrer ses dettes fiscales. A cela, s'ajoute un autre élément, celui relatif au caractère insuffisant de l'actif appartenant à l'entreprise placée en liquidation judiciaire. Le paiement intégral des dettes fiscales n'intervient que très rarement. De même, les procédures de redressement judiciaire restent limitées en pratique. On le voit, de la protection telle qu'elle est définie par le dictionnaire littéraire à celle déterminée par la réalité des procédures collectives, il y a un vrai décalage.

---

[147]Aldo RIZZI, thèse préc., p. 10.
[148]*Ibid,* p. 11.

59. Le décalage existe aussi en précisant la priorité des objectifs poursuivis par l'AUPC révisé, le Code de commerce marocain et le Code de commerce français. En effet, appréhender le terme « *protection* » doit se faire « *au regard de l'évolution des finalités* »[149]tracées en la matière. Depuis l'AUPC de 1998 et le Code de commerce marocain de 1996, la protection de l'entité économique a remis en cause le système de la faillite classique attaché essentiellement à la sanction. Désormais, la conciliation des différents intérêts préoccupe grandement le juge. Conciliation qui ne doit pas, pourtant, nous faire oublier les objectifs essentiels que se sont fixés les législateurs dans chaque régime juridique. En droit communautaire africain, il suffit de se référer à la nomenclature de la législation en la matière pour savoir la priorité donnée à la protection des créanciers : l'Acte uniforme portant organisation des procédures collectives d'apurement du passif met en première ligne l'apurement du passif. Aussi séduisant pour les investisseurs qu'il soit, ce droit uniforme africain est soucieux de la protection des créanciers. Il attache plus d'importance à leurs droits. Cela dit, il est certain que la dimension économique est plus ou moins présente dans les lignes de l'AUPC révisé de même qu'elle est certainement prise en compte par le juge national et le juge communautaire. Cette logique est maintenue sous l'AUPC révisé de 2015. Au contraire, en droit marocain, à l'instar du droit français, alors que la priorité est donnée à la protection de l'entité économique, la protection des créanciers est reléguée au second plan. Ceci dit, il reste difficile de conclure qu'un tel régime est plus protecteur du Trésor que l'autre. Plusieurs paramètres entrent en jeu et nuancent les priorités précitées. Par contre, le décalage existant entre le droit et la pratique est, avec des nuances, un point commun de ces trois régimes juridiques. Cette double conclusion est confortée par les résultats obtenus en suivant la méthodologie du travail basée essentiellement sur la méthode comparative et la méthode empirique.

IV. Méthodologie du travail

60. Cette thèse a pour champ de recherche le droit uniforme africain OHADA et le droit marocain. L'accent est mis sur le dispositif légal relatif aux procédures collectives et sur les régimes fiscaux internes. Est essentiellement visée la condition du Trésor dans les procédures

---

[149]Liliane TCHAKOTEU MESSABIEM, thèse préc., p. 29.

collectives. Dans le souci de mieux comprendre ce coin de la science juridique, il est fait référence à deux méthodes : la méthode comparative et la méthode empirique.

61. Pour approcher au mieux la condition du Trésor dans les procédures collectives, il semblerait qu'une démarche comparative est à même de permettre d'assimiler ce sujet hautement technique. Ainsi, conjuguée à l'étude des deux régimes juridiques OHADA et marocain, l'étude du droit français et des autres droits européens est un choix utile et rationnel. Cette conjugaison suscite ici une incertitude quant au point de savoir si les régimes juridiques occidentaux peuvent être une source d'inspiration pour les deux régimes juridiques africains susvisés. Si oui, en quels points ? Et comment ? En effet, le domaine de cette recherche prendra, dès le départ, une coloration comparative en s'intéressant notamment à la comparaison entre le droit marocain et le droit communautaire africain OHADA.

62. Deux systèmes juridiques, marqués tantôt, par la convergence, tantôt, par la divergence, l'Acte uniforme des procédures collectives d'apurement du passif et le livre 5 du Code de commerce marocain sont en constante évolution. A ce titre, y voyant « *un instrument de réforme législative* »[150], le recours à la méthode comparée laisse prévoir les perspectives de leur évolution. Indispensable, cette méthode n'a rien d'étonnant.

63. S'agissant de l'amélioration de la condition du Trésor, la méthode n'est pas nouvelle pour les deux législateurs africains. Ainsi, lorsque le législateur marocain décida de réformer les règles relatives aux procédures collectives, sa méthode fut à la fois ambitieuse et simple : se référer principalement au droit français[151]pour mettre fin aux points faibles du régime antérieur. Ainsi, une certaine amélioration du Trésor s'est faite selon cette méthode. Pour compléter ce travail, s'ouvrir sur les autres régimes juridiques est une solution parmi tant d'autres. S'y référer est

[150]Mohamed Jalal ESSAID, *op. cit.*, p. 14.

[151] Jean-Luc Vallens, *L'insolvabilité des entreprises en droit comparé*, Joly éd., coll. Pratique des affaires, 2011, 190, p., 50 ; Pierre Beltrame, « La place du droit comparé dans la doctrine fiscale française », in *droit fiscal* n° 24, 15 juin 2006, 43 ; Christine POCHET, « Traitement légal de la défaillance et gouvernance : une comparaison internationale », *Rev. Internationale de droit économique* 2001 / 4 (t. XV, 4), p.479.

nécessaire. Ainsi, si l'étude du droit belge se justifie par l'intérêt portant sur le fait de réserver une protection spéciale au Trésor, le recours au droit anglais est guidé par le souci de remettre en cause la protection exorbitante réservée au Trésor à travers la suppression du privilège attaché aux impôts. Il s'agit d'améliorer le régime général et de concevoir une protection spéciale sur mesure. Protection axée sur l'équilibre et qui ne sort pas du cadre de la conciliation des autres intérêts.

64. S'agissant de la méthode empirique, elle consiste à collecter des informations auprès des différentes personnes impliquées dans le système des procédures collectives. Il est question de rassembler un ensemble de données en vue de les analyser[152]. L'outil empirique le plus connu et le plus classique en la matière est « *l'entretien* »[153]. L'importance de cet outil tient au fait qu' « *il permet de révéler les pratiques et de les décrire, de mettre en avant le mode de pensée des personnes interrogées* »[154]. Au cours de cette recherche, plusieurs entretiens ont été menés. Les enquêtés sont nombreux : un percepteur, des syndics, des juges, des fonctionnaires relevant du ministère de l'économie et de finances, un cadre relevant de la direction générale de la Douane et des impôts indirects et un autre relevant de l'Administration générale des impôts, du personnel du greffier, et un avocat. Le recours à l'analyse empirique se justifie par le fait que la doctrine marocaine et OHADA réserve un accueil réservé à la condition du Trésor dans les procédures collectives. Une grande partie de la doctrine n'est que descriptive. Tirées de « *l'exploitation systématique des jurisprudences pertinentes* »[155], apportées directement pendant les entretiens menés sur le terrain, « *les données empiriques* »[156]recueillies sont tellement importantes qu'elles ont pu permettre de conforter la question de départ à savoir que le Trésor est mal protégé dans le système des procédures collectives au Maroc et dans l'espace OHADA. Sur ce point, ces

---

[152] P. Paillé, *entrée dans le dictionnaire des méthodes qualitatives en sciences humaines*, Ed. Armond Colin. 2009.

[153] Aurélien ROCHER, *L'exercice du droit de vote dans les sociétés*, Thèse, Lyon 3, 2018, p. 20.

[154]Aurélien ROCHER, Thèse préc. p. 20.

[155] Schweizer U., « Litigated Cases : The Selection Effect Revisited », Journal of Institutional and Theoretical Economics, 172(3), Mohr Siebeck, p. 409-416, sept. 2016 : « *l'analyse empirique confinée aux données provenant des décisions de justice est possible et fructueuse ……* ».

[156]Gaspard CLAUDE, « Étude empirique : définitions, méthodes, analyse et exemple », [En ligne] : https://www.scribbr.fr, consulté le 24 juil. 2021.

données ont pu permettre de nourrir cette étude et ce, en approfondissant les pensées nées de la seule lecture de la doctrine. Enfin, les réponses formulées sont très utiles en ce qu'elles concernent des points qui ne ressortent pas de la doctrine disponible. En règle générale, couplée avec la méthode comparative, la méthode empirique a servi de cadre à une vraie réflexion sur les éléments de réponse à la problématique retenue par la présente recherche.

V. Problématique retenue

65. S'il faut dresser, du point de vue du Trésor (en tant que créancier), un bilan exhaustif de 20 ans d'application du droit des procédures collectives au Maroc et dans l'espace OHADA, il ne pourrait être que négatif. L'affirmation va naturellement de soi en ce qui concerne l'entreprise placée en cessation des paiements. En ce sens, le redressement des entreprises est souvent remis en cause. L'affirmation vaut, enfin, en ce qui concerne les petits créanciers de l'entreprise en difficulté en ce qu'ils tombent, eux-mêmes, en faillite. Ces derniers sont considérés comme étant des contribuables. C'est en tenant compte de ces trois axes que le bilan relatif à l'évaluation de la protection du Trésor doit être envisagé.

66. Apporter une véritable protection au Trésor dans le cadre des procédures collectives n'est pas un exercice facile. Si l'on s'accorde à dire que cette protection équivaut au recouvrement satisfaisant des créances, deux types de créances fiscales sont à citer : la créance fiscale antérieure et celle postérieure. Pour ce qui est de la créance fiscale antérieure, la condition du Trésor reste complètement défectueuse. Concernant la créance fiscale postérieure, si elle l'est moins, des difficultés surgissent quand même rendant ainsi son recouvrement incertain. Ainsi, que ce soit au Maroc ou dans l'espace OHADA, le taux de recouvrement des créances fiscales suite à la cession de l'actif reste très faible. Pour ne prendre que le cas du Maroc en 2020, il est de « *28, 5 %* »[157]. L'on est donc très loin du paiement total des impôts dus. Les causes dudit taux nous ramènent à citer une autre défaillance de la procédure de liquidation judiciaire : le coût de la procédure. Ce coût est estimé à des taux élevés relativement à la valeur du patrimoine du débiteur. A cela, s'ajoute le fait que le produit de l'actif liquidé est souvent absorbé

---

[157] Abdelali El HOURRI, « Les créanciers, otages des longues procédures de sauvetage des entreprises en difficulté », *medias24.com,* 16 avr. 2021.

par les créances des salariés et celles privilégiées des créanciers privés. La faiblesse du taux de recouvrement est expliquée par le fait que l'actif à liquider reste parfois dérisoire. Enfin, et non des moindres, les délais de paiement des créances fiscales sont plus longs. Force est de constater que la condition du Trésor est difficile dans un tel cadre. Bien que l'extension des procédures liquidatives aux dirigeants permette de s'attaquer à la faiblesse du taux de recouvrement, cette extension reste largement inappliquée dans l'espace OHADA.

67. Si la procédure de liquidation judiciaire, telle qu'elle est appliquée au Maroc et dans l'espace OHADA, vide dans une certaine mesure la protection du Trésor de son contenu, le redressement judiciaire, solution optimale de toutes les parties en présence, ne se déroule pas sans susciter des difficultés. C'est vrai, si le redressement judiciaire aboutit, l'entité économique garde son existence sur le marché, les emplois sont préservés et les créances fiscales et non fiscales rééchelonnées sont payées, au fur et à mesure, de l'exécution du plan de redressement. Or, on le sait, tant que l'entreprise n'offre pas de sérieuses possibilités de redressement, tant que la solution du redressement judiciaire n'est pas raisonnablement réfléchie, l'entreprise bascule, à un moment donné, en liquidation judiciaire. C'est ce qui se passe souvent en pratique.

68. L'AUPC révisé et le Code de commerce marocain recèlent une certaine volonté des législateurs africains de garantir les droits du Trésor dans les procédures collectives. C'est vrai, il faut le reconnaître, il y a eu une certaine amélioration après avoir mené les deux réformes survenues respectivement en 2015 et 2018. Toutefois, l'étude de ces deux régimes révèle que les règles encadrant la condition de ce créancier ne sont toujours pas exemptes d'incohérences et de lacunes. En plus, des imperfections considérables peuvent être constatées au sujet de la détermination et du traitement des créances d'impôts. Enfin, les régimes fiscaux internes en Afrique dissimulent des insuffisances de sorte qu'on est en face des régimes déconnectés de la réalité économique. Régimes qui se retrouvent à contre-courant des objectifs poursuivis par les deux lois africaines de l'insolvabilité et spécialement de celui relatif à la continuation de l'activité économique. Dès lors, l'on ne peut s'empêcher de penser que les deux législateurs OHADA et marocain n'ont pas remédié aux lacunes et aux imperfections de rédaction des textes antérieurs. Tout cela compromet gravement les droits du

Trésor. En général, la conclusion est que la protection de l'Administration fiscale dans le système des procédures collectives n'est pas bien pensée. Il n'y a pas une réflexion globale établissant une assise pour une protection plus adaptée à ce créancier. Pour y arriver, la protection du Trésor dans les procédures collectives est à repenser. Cette étude a pour toile de fond la délicate question : comment améliorer juridiquement la protection du Trésor dans les systèmes des procédures collectives au Maroc et dans l'espace OHADA ?

69. En visant deux matières relevant toutes les deux de l'ordre public économique et simplement liées par la préposition « dans », la présente étude a pour objectif d'ouvrir la recherche à l'ensemble des situations dans lesquelles se retrouve le Trésor à l'occasion de la survenance de la cessation des paiements. Dans ces conditions, on démontrera, dans un premier temps, que la protection du Trésor est défectueuse (**Partie I.**). Il s'agit de présenter les éléments d'argumentation appuyant cette condition défectueuse. Mais, devant l'abondance d'incohérences et d'imperfections, toute la question est de repenser cette protection (**Partie II.**). Il est question ici d'y remédier afin d'assurer une protection effective du Trésor.

PREMIÈRE PARTIE : UNE PROTECTION DÉFECTUEUSE

70. Le Trésor est un créancier mal protégé. C'est l'idée générale qui transparaît de manière évidente à l'étude approfondie de la condition de ce créancier en application des deux régimes des procédures collectives OHADA et marocain. L'examen de sa condition présente un bilan si négatif que l'on est en face d'une protection défectueuse.
71. Dans ce cadre, l'AUPC révisé et la loi marocaine n° 73-17 instituent une discipline collective en soumettant les créanciers dont le Trésor au principe de l'égalité des créanciers[158]. Cependant, si ce principe s'exprime à travers plusieurs règles qui ramènent le Trésor à un créancier comme les autres, la dérogation audit principe reste possible et fondée. En ce sens, la soumission du Trésor à ce principe est flexible[159]. Cette étude a « *perm*[is] *de mesurer la force du principe d'égalité par l'observation de l'étendue des exceptions qui y sont portées* »[160]. Ainsi, soumettre le Trésor au principe de l'égalité des créanciers est suivi de l'octroi en sa faveur d'une série de privilèges qui dérogent audit principe[161]. Ceci dit, dans un cas comme dans l'autre, le constat général est que le Trésor n'est pas bien protégé. L'objectif de la première partie de notre recherche consiste à mesurer la protection du Trésor dans ces deux cas de figure. Pour ce faire, il faut d'une part, étudier les raisons de l'ordre collectif (**Titre I**) ; et d'autre part, aborder les raisons l'ordre extra-collectif (**Titre II**).

---

[158] Alassane KANTE, « Réflexions sur le principe de l'égalité entre les créanciers dans le droit des procédures d'apurement du passif (OHADA) », *Revue EDJA*, n° 52, 2002, p. 50 ; *Revue sénégalaise de droit des affaires*, n° 1, janvier-juin 2003, p. 67. Ohadata D-06-47.

[159] Philippe DELMOTTE, « L'égalité des créanciers dans les procédures collectives ». https://www.courdecassation.fr.

[160] Karine RODRIGUEZ, « Le Trésor face à l'obligation de déclaration des créances », *JCP G*, n° 37, 11 sep. 2002, doctr. 161, n° 3.

[161] *Ibid.*

TITRE I. LES RAISONS DE L'ORDRE COLLECTIF

72. Dans la formule « *raisons de l'ordre collectif* », chaque mot revêt un sens. Il s'agit d'un « *ordre* » dans la mesure où l'on est en face d'une discipline organisée sous la supervision de la justice dite économique. Cet ordre est « *collectif* » en ce sens que le Trésor et les autres créanciers antérieurs s'organisent dans une procédure collective. Ainsi, quand le débiteur se retrouve en état de cessation des paiements, les régimes juridiques OHADA et marocain instaurent un mécanisme pour tenter de satisfaire de façon collective[162] aux différents intérêts antagonistes. Cette discipline, pour collective qu'elle soit, poursuit plusieurs objectifs. Fondamentales, les « *raisons* » qui président à cette démarche sont nombreuses. Guidant l'ordre collectif, une principale raison consiste à sauvegarder l'entité économique. C'est l'objectif économique. S'il faut sauver l'entreprise, cet objectif reste contraignant (**Chapitre I**). En ce sens, l'atteinte de l'objectif économique justifie des contraintes normatives dont l'application est automatique. Il y a aussi la raison liée à la protection des créanciers au rang desquels figure le Trésor. Assurant un traitement égalitaire entre les créanciers, cette protection s'exprime par l'élaboration et la mise en œuvre des plans collectifs de sauvegarde et redressement judiciaire. Cette protection s'exprime aussi par la répartition du produit de la vente de l'actif dans le cadre de la liquidation judiciaire. Dans cette perspective, on ne peut pas ne pas citer la raison liée à la préservation de l'emploi. A ces raisons, on peut ajouter la raison relative à l'application des sanctions civiles et pénales. Prenant acte de ces raisons, une protection judiciaire structurée autour de la conciliation de ces intérêts est instaurée. En pratique, cette conciliation est en régression (**Chapitre II**).

---

[162]Moulay Mohamed LAHBIB RHALIB, *Entreprises en difficulté, quels sont vos droits ? op. cit.*, p. 11.

CHAPITRE I. L'OBJECTIF ÉCONOMIQUE : UN IMPÉRATIF CONTRAIGNANT

73. Avec l'émergence du droit des difficultés des entreprises, l'attention portée à la logique économique est fort bien tangible. Elle implique que la continuation de l'activité économique soit un objectif fondamental. Les législateurs OHADA et marocain ne dérogent pas à cette ligne directrice. Ils envisagent l'entreprise, avec des nuances bien entendu, « *dans sa signification profonde d'unité de production de la richesse économique et de l'emploi dans un environnement complexe de faisceaux de relations sociales, politiques et humaines* »[163].

74. Reste que l'atteinte de l'objectif économique a son prix. En effet, la logique économique exige que toutes les parties en présence subissent des contraintes. La révision de la condition juridique des créanciers dont le Trésor est encadrée par les deux régimes juridiques africains. Il en est de même pour le débiteur-contribuable. Autrement dit, les procédures collectives obéissent à des normes contraignantes qui ne peuvent être écartées ni par les créanciers ni par le débiteur. Elles s'imposent de manière absolue à eux, car elles sont jugées d'ordre public. Etant strictement encadrées par la loi, ces contraintes sont normatives **(Section I)**. Ladite logique nécessite aussi que l'entreprise placée en état de cessation des paiements soit mise sous la protection de la justice. Non seulement, les juges sont impliqués à ce niveau. Mais, également d'autres organes. L'on peut penser au ministère public, au syndic et aux créanciers. En pratique, la logique participative est cependant limitée **(Section II).**

---

[163] Mohammed IDRISSI ALAMI MACHICHI, *Droit commercial fondamental au Maroc*, Éd., Dar Al Kalam, 2006, p. 522.

Section I. Les contraintes normatives

75. Le redressement économique des entreprises en difficulté ou leur liquidation est le point de départ d'une période à la fois ardue et rassurée. Dans cet esprit, des contraintes normatives sont identiquement établies par le droit marocain et le droit OHADA. Source de sacrifices disproportionnés (**§ 2**), cette période est plus contraignante pour le Trésor - et les autres créanciers - que pour le débiteur. En même temps, quoique contesté, le déclenchement de la procédure collective est facteur de sécurité critiquée (**§ 1**) pour les deux mêmes parties à la procédure.

§ 1. Facteur de sécurité critiquée

76. La critique de la sécurité engendrée par l'ouverture de la procédure tient essentiellement à la volonté du débiteur de contourner la loi dans les deux systèmes juridiques. Le bilan contrasté de cette sécurité est manifeste au niveau du traitement de la cessation des paiements (**A**). La critique tient aussi à la pratique du traitement du passif fiscal (**B**).

A. Le traitement de la cessation de paiements : quel bilan ?

77. La cessation des paiements, étant une difficulté économique et financière, est considérée comme la condition objective de l'ouverture de la procédure collective. Sans cessation des paiements, il n'y aurait pas de procédure collective. Si l'état de la cessation des paiements est établi avec la possibilité que l'entreprise puisse se redresser, le tribunal compétent prononce le redressement judiciaire. Mais, si la situation du débiteur ne lui permet pas d'obtenir un redressement judiciaire, le tribunal compétent déclare l'entreprise placée en liquidation judiciaire. Dans le premier cas comme dans l'autre, la protection du Trésor s'opère dans un cadre collectif. En pratique, sont difficiles et critiquables la constatation et la datation de la cessation des paiements (**1**). Est aussi critiquable la protection du Trésor traduite par la défense de l'intérêt collectif (**2**).

1. Difficultés de la constatation et de la datation de la cessation des paiements

78. Définition. Contrairement au droit marocain, le droit OHADA définit cette notion juridico-comptable qu'est la cessation des paiements. Aux termes des articles 1-3 et 26 l'AUPC de 2015, « *la cessation de paiements est l'état où le débiteur se trouve dans l'impossibilité de faire face à son passif exigible avec son actif disponible* [...] ». Le cadre juridique marocain entretient un mutisme sur cette question. Toutefois, cette définition est retenue par la jurisprudence commerciale au Maroc[164].

79. Quel que soit l'ordre juridique considéré, le débiteur et les créanciers peuvent demander l'ouverture de la procédure collective. À ceux-là s'ajoutent la saisine d'office du tribunal et celle sur requête du Ministère public. Quel que soit l'initiateur de la procédure collective, tout est question de la preuve de la cessation des paiements. En effet, la cessation des paiements ne se présume pas. L'apparence, à elle seule, n'est pas suffisante dans un tel cadre. Le recueil des éléments constitutifs de la cessation des paiements est nécessaire pour l'ouverture de la procédure collective[165]. En outre, le jugement d'ouverture indique la date de la cessation des paiements. Dans ce contexte, la question est de savoir l'étendue de la sécurité générée à la fois par la constatation et la datation de la cessation des paiements.

80. La constatation de la cessation des paiements. Comme il a été évoqué plus haut, les créanciers sont en droit d'initier la procédure collective. Dès lors, le Trésor en tant que créancier peut demander l'ouverture de la procédure collective. Cette prérogative lui est reconnue par les deux régimes juridiques OHADA et marocain. A s'en tenir aux articles 578 du Code de commerce marocain et 28 du nouvel AUPC, la procédure peut être ouverte sur l'assignation d'un créancier quelle que soit la nature de sa créance. En pratique, le créancier fiscal ne demande que rarement l'ouverture de la procédure de redressement judiciaire et ce, malgré le non-paiement des dettes fiscales. Mais, en cas de liquidation judiciaire et lorsque les créances d'impôts s'accumulent sans cesse et qu'il n'y a

[164]CA. Com, Casablanca, n° 560/2000, 16 mars, 2000.

[165] Souleymane TOE, *Approche critique de l'application judiciaire du droit des procédures collectives dans l'espace OHADA,* Thèse, Perpignan, Ouagadougou, 2010, n° 88, p. 67.

apparemment aucun espoir que l'entreprise se redresse, son intervention est jugée nécessaire[166]. En général, quand l'ouverture de la procédure collective est le fait des créanciers, ce sont surtout les créanciers privés qui en sont à l'origine. Dans cette optique, la justification de la difficulté économique et financière peut être faite par tous les moyens de preuve si les créances sont de nature commerciale. Le créancier est donc libre de choisir le moyen de preuve dont il dispose. L'on peut penser à la fermeture[167] de l'entreprise[168], aux effets de commerce qui sont revenus impayés, et aux procès-verbaux de carence suite à la non-exécution des décisions de justice[169]. Très souvent, la connaissance de la difficulté économique et financière est beaucoup plus à la portée du créancier soit en raison des liens de parenté comme le conjoint du débiteur, soit en considération des relations d'affaires qui peuvent unir le débiteur et un créancier déterminé. Il en est ainsi du banquier qui ne peut ignorer l'état de cessation des paiements de son débiteur[170] en raison du solde débiteur de ses comptes.

81. Au cas où le Trésor - ou tout autre créancier - arriverait à prouver l'état de cessation des paiements, le tribunal ouvre la procédure collective. Par contre, si la preuve de la cessation des paiements n'est pas rapportée par la demande, le tribunal la rejette[171]. Dans ce sens, la jurisprudence rendue aussi bien dans l'espace OHADA qu'au Maroc[172] a exigé la preuve que le débiteur se trouve dans une situation qui ne lui permet pas de faire face à son passif exigible. Le Trésor, comme tout autre créancier, doit fournir la preuve que le débiteur n'a réellement plus la capacité d'honorer ses dettes à leurs

---

166Rép. min., JOAN 3 juin 1991, p. 2165 [M. Thien Ah Koon] et p. 2166 [M. Virapoulle], cité par Patrick SERLOOTEN, Gilles DEDEURWAERDER, Entreprises en difficulté (Droit fiscal), Répertoire de droit commercial, *D*, avr. 2016.

167 Cass. com. Maroc, n° 1328, 23 oct. 2002, doss. com. n° 304 / 3 / 2 / 01 et 201 / 3 / 1 / 02.

168 Ahmed CHOUKRI SBAI, *Al Wassit dans les procédures de prévention et de traitement des difficultés d'entreprises*, T.II, Dar Ennachr El Maarif, 3ème éd., 2007, (En langue arabe), p. 53.

169 Trib. com., Agadir, 15 mars 2000, doss. n° 06 / 2000, inédit.

170 V. Corinne SAINT-ALARY-HOUIN, *Droit des entreprises en difficulté*, *op. cit.*, p. 663, n° 1049.

171CA, Ouagadougou, n° 52, 16 avr. 2004 ; Daniel TRICOT, « La cessation des paiements : une notion stable », *Gaz. Pal*, 30 avr. 2005, n° 120. p. 13-14.

172Georges RIPERT, René ROBLOT, (par Philippe DELEBECQUE et Michel GERMAIN), *Traité de droit commercial,* 16ème éd., Tome 2. LGDJ., E.J.A., Paris, 2000, n° 2873, p. 855.

échéances[173]. Ce n'est pas aussi simple qu'on pourrait le croire : en application de l'article 28 l'AUPC révisé, le créancier, désireux de déclencher l'ouverture de la procédure collective, doit apporter la preuve qu'il a une créance certaine[174], liquide et exigible. La jurisprudence rendue en Afrique conforte cette thèse[175]. Ainsi, un arrêt de la cour d'appel de Littoral a pu affirmer que la « *procédure collective ne saurait être ouverte à l'encontre du débiteur* » si les créances qui en sont à l'origine sont contestées par le débiteur et « *font l'objet de procédures en cours* »[176]. Appliquée aux impôts, cette règle jurisprudentielle exclut notamment les impôts dont leur redressement fiscal est en cours ; elle exclut généralement les dettes fiscales « *dont le montant n'est pas mis en recouvrement au moment de la saisine* »[177] du tribunal pour l'ouverture de la procédure. Dans le même ordre d'idées, au sens de l'article 25 de l'AUPC révisé, l'ouverture de la procédure collective n'est pas possible, si l'entreprise après l'assignation de l'un de ses créanciers, est arrivée après le calcul de son actif à rapporter la preuve que l'actif disponible est augmenté d'une réserve de crédit ; il en est de même au cas où l'entreprise se serait prévalue de nouveaux délais de paiements de la part de l'Administration fiscale ou de tout autre créancier [178]. Il est clair que l'assignation du débiteur par les créanciers est révélatrice d'une certaine complexité. De ce point de vue, le tribunal compétent dispose toutefois d'un large pouvoir discrétionnaire pour constater la cessation de paiements. À cet effet, il peut se renseigner auprès de l'Organisme social et de l'Administration fiscale tout en se prévalant des informations fournies par le Greffier. Mais, comme le révèle la jurisprudence du Tribunal régional hors classe de Dakar, l'expertise[179] comptable sur les comptes de l'entreprise reste concluante dans ce sens, car elle

---

[173]Anonyme, « Difficultés de l'entreprise : la Justice a finalisé ses amendements du livre V du Code de commerce », *La vie éco*, 24 oct. 2014.

[174] CA. com. Casablanca, n° 50, 23 fév. 2001, doss. com., n°2826 /2000/11.

[175] CA. com., Casablanca, n° 77, 30 mars 2001, doss. com., n° 1459 / 2000 / 11. Cf. ; CA, Ouagadougou, n° 52, 16 avr. 2004, *SOSACO / BATEC*, BTM, *Penant,* n°860, p. 380, note Bakary DIALLO, OHADATA-J-08-20.

[176] CA. Littoral, n°144 / CC 03 sep. 2007, *affaire Sté SAPPC SA C/ Sté FRIMO-SAM* et autres / OHADATA-J-07-199.

[177] Jean CALVO, « La notion de cessation des paiements dans les procédures collectives », *LPA*, 07 sep. 1999, n° 178, p. 4.

[178] Daniel TRICOT, art. préc., Cass. com., France., Bull. civ. IV, n° 290, p. 251.

[179] Trib. rég. hr. cla. Dakar, Jug. comm. n° 63, 26 juin 2003, OHADATA-J-09-341 ; Trib. rég. hr. cla., Dakar, jug. com. n° 2227, 08 jan. 2004, OHADATA-J-09-335 ; Trib. rég. hr.cla. Dakar, jug. comm. n° 112, 12 nov. 2004, OHADATA-J-09-327.

permet de s'assurer de la sincérité de ces comptes[180]. Elle donne une idée très claire sur la situation économique et financière du débiteur.

82. Les critiques. Si le déclenchement de la procédure est l'œuvre du débiteur, il faut noter que la situation est parfois source d'insécurité juridique pour l'Administration fiscale. La fraude est constatée au niveau de la déclaration de la cessation de paiements. L'ouverture de la procédure en droit OHADA ne résulte pas toujours d'un examen approfondi de la situation économique et financière du débiteur mais de simples affirmations de ce dernier[181]. Dans un tel cadre, le jugement[182] n° 389, rendu le 17 septembre 2003 par le Tribunal de grande instance de Ouagadougou, illustre bien la fraude des débiteurs et la mauvaise application de la loi par les juges. Ici, pour le débiteur, la fraude lui ouvre la porte du redressement judiciaire. Ce qui est synonyme des sacrifices[183] subis par le Trésor et les autres créanciers. Par ailleurs, malgré la survenance de la cessation de paiements, de nombreux chefs d'entreprise malintentionnés, agissent « *dans l'esprit opportuniste* »[184] : ils ne veulent pas, par tactique, se mettre sous la protection de la justice commerciale. Ils n'y voient pas un mécanisme pour se faire redresser mais une voie qui conduit à l'application des sanctions civiles et pénales. Pour cela, ils choisissent de retarder la déclaration de l'arrêt d'activité en mettant *« l'entreprise en veilleuse »*[185]. Elle reste en « *stand-by* »[186] . Au Maroc, selon les données officielles arrêtées à fin mars 2017, sur les cinq derniers exercices, 140. 000 entreprises[187] n'avaient fait aucune déclaration fiscale *et « pareil pour près de 1/3 des entreprises inscrites à l'impôt sur les sociétés* »[188]. Ces

[180] Cass. com., Maroc, n° 1687, 31 déc. 2008, doss. com. n° 547 / 3 / 1 / 2008 ; Trib. rég. hr. Cla., Dakar, n°127, 28 jan. 2005.
[180] Souleymane TOE, Thèse préc., n° 94. p. 72.
[181] *Ibid.*
[182] TGI, Ouagadougou, n° 389, 17 sep. 2003.
[183] Cf. *infra* n° 154 -184.
[184] Mostafa MABROUK, « Il y a eu quasi-échec des processus de redressement, d'où l'importance de la réforme en cours », *Finances news*, 23 juin 2011.
[185] Franck FAGNON, « Faillite des mécanismes de procédure collective », *L'économiste*, Éd., n° 4526, 15 mai 2015.
[186] Khadija MASMOUDI, « La cessation temporaire d'activité fait son entrée », *L'économiste*, Éd., n° 5183, 05 jan. 2018.
[187] Naoufel DARIF, « La cessation temporaire d'activité : un régime fiscal spécifique est instauré », *La vie éco*, 19 déc. 2017.
[188] Franck FAGNON, « Faillite des mécanismes de procédure collective », art. préc.,

débiteurs[189] cherchent par tous les moyens à « *tirer profit du temps* »[190] pour arriver au stade de la liquidation judiciaire. De la sorte, ils arrivent à se soustraire au paiement des dettes fiscales, car elles sont frappées de la prescription quadriennale.

83. La datation difficile de la cessation des paiements. À toutes fins utiles, précisons que la constatation de la cessation des paiements, à elle seule, n'est pas suffisante. La détermination de la date de cette cessation est nécessaire. Si le jugement d'ouverture de la procédure ne mentionne pas la date de la cessation des paiements, celle-ci est réputée être intervenue à la date de ce jugement[191]. En pratique, elle n'est pas chose aisée puisque l'interruption des paiements peut être suivie de leurs reprises. La date du non-paiement de la créance fiscale est-elle prise en compte pour déterminer la date de la cessation des paiements ? En théorie, la dette fiscale ne se distingue pas des autres dettes[192]. À cette question, le Code général des impôts camerounais de 2017 édicte une règle selon laquelle, « *L'insolvabilité des entreprises en liquidation ou en faillite est constatée lorsque l'actif s'est avéré insuffisant pour apurer les créances fiscales [...] au terme d'une procédure judiciaire conforme au droit OHADA* ». C'est-à-dire qu'à partir du moment où le débiteur a cessé le paiement de ses dettes fiscales, on peut considérer cette date comme une référence pour dater la cessation des paiements. En pratique, la datation de la cessation des paiements est décalée en matière fiscale. En effet, la fixation de la date de la cessation de paiements prévue par l'article 34 du nouvel AUPC est difficile pour les commerçants réguliers, car comme l'a expliqué un auteur[193], « *dans beaucoup de pays de l'espace OHADA, les commerçants* [...] *utilisent des stratagèmes, soit pour fuir l'impôt, soit pour réduire autant que possible son montant* ». La problématique est de plus en plus grave quand on sait qu'à part les entreprises structurées, la falsification des documents comptables est chose très fréquente. Elle n'est pas but en soi ; des considérations fiscales poussent le débiteur à agir de la sorte. Il en est de même au Maroc. Selon des statistiques, la pratique des sous-déclarations

---

[189]Mostafa MABROUK, il y a eu quasi-échec…. art. préc.,

[190] Dieunedort WOUAKO, *Le temps et le recouvrement de l'impôt*, Thèse, Paris 2, 7 déc. 2012, p. 24, 145.

[191] AUPCAP, al.1, art. 34, C. com, Maroc, al. 2, art. 713.

[192] Patrick SERLOOTEN, Gilles DEDEURWAERDER, Entreprises en difficulté (Droit fiscal), *op. cit.*,

[193] Christian GAMALEU KAMENI, *La cessation des paiements en droit de l'OHADA, étude à la lumière du droit français*, Éd., PAF, 2014, p. 17.

concerne 69 % des sociétés inscrites auprès du Trésor[194]. Près de « *85 000 entreprises déclarent un résultat déficitaire ou nul* »[195]. Le constat est choquant pour la créance d'impôt de l'IS. Pour s'en convaincre, il suffit de savoir que ce n'est que 2 % des sociétés qui payent[196] le 80 % des recettes fiscales relatives à cette dette fiscale au Maroc[197]. Ici, si un débiteur cesse le paiement de la fraction de l'IS le 31 mars d'une année donnée, cette date peut ne pas être considérée comme une référence à la cessation des paiements s'il y a de la fraude. Dans ces conditions, les documents exigés par les deux législations pour déclarer la cessation des paiements et qui seront examinés par le juge rendent difficile la constatation et la datation exacte de la cessation des paiements. Et c'est encore plus difficile pour les commerçants relevant du secteur informel du fait qu'ils ne détiennent jamais une comptabilité fiable. Dès lors, on ne peut pas se baser sur le non-paiement d'un impôt pour fixer la date de l'arrêt de paiements.

84. Une fois que la déclaration est faite et que la datation de la cessation des paiements est fixée, la protection du Trésor s'exprime à travers la défense de l'intérêt collectif des créanciers, défense qui reste critiquable en pratique.

2. Défense critiquée de l'intérêt collectif

85. En cas de la survenance de la cessation de paiements et de l'ouverture de la procédure, asseoir une discipline collective reste un but traditionnel du régime des procédures collectives. En droit OHADA, l'intérêt collectif des créanciers est formellement consacré par l'article 72 de l'AUPC révisé : « *la décision d'ouverture constitue les créanciers en une masse représentée par le syndic qui, seul, agit en son nom et dans l'intérêt collectif* [...] ». Dans ce système juridique, l'intérêt collectif est matérialisé par la constitution de la masse[198]. Dotée à la fois de la personnalité morale et d'un patrimoine, la masse est constituée par tous les créanciers

---

[194] Hassan EL ARIF, « Entreprises, justifiez vos déficits ! », *L'économiste,* éd., n° 3897, 29 oct. 2012.
[195] Naoufel DARIF, « Impôts : 85 000 entreprises déclarent un résultat déficitaire ou nul ! », *La vie éco*, 25 avr. 2017.
[196] Hassan EL ARIF, « Entreprises, justifiez vos déficits ! », art. préc.,
[197] Naoufel DARIF, « Près de 40% des entreprises ne remettent pas leur bilan au tribunal de commerce !», *La vie éco*, 07 juin 2017.
[198] Abdessamad NAIMI, « Dépôt de bilan : la réalisation des garanties réelles mieux contrôlée », *La vie éco*, 28 oct. 2015.

dont les créances sont antérieures à la décision d'ouverture. Le Trésor est donc un membre à part entière. Dans ces conditions, défendu par le syndic, l'intérêt collectif se prévaut d'un grand ascendant dans les négociations concordataires. La logique n'est pas totalement identique en droit marocain. Il convient de noter qu'avec la suppression de la masse et l'entrée en vigueur de la loi n° 15-95, le seul syndic, nommé par le jugement d'ouverture de la procédure, se voit donner la qualité pour agir et défendre l'intérêt aussi bien des créanciers[199] que de l'entreprise débitrice. En pratique, la doctrine et la pratique judiciaire relèvent les failles du traitement collectif.

86. Présentant plusieurs facettes, la question est de savoir comment la pratique de la défense de cet intérêt collectif influe sur la condition des créanciers en général et du Trésor en particulier.

87. Défense de l'intérêt collectif ? En réalité, l'intérêt collectif ne se résume pas aux règles restrictives que subissent les créanciers. Il a été souligné, à juste titre, que le syndic a qualité pour agir et défendre cet intérêt collectif si jamais il venait à être bafoué. Juridiquement parlant, c'est quoi l'intérêt collectif ? La lettre[200] et l'esprit des régimes en question font observer que c'est le fait que seul le syndic a qualité de protéger et de reconstituer le gage commun des créanciers. Dans les deux régimes juridiques OHADA et marocain, le syndic agit en son nom et pour le compte des créanciers antérieurs ou de la masse ; il dispose d'un pouvoir général en ce qu'il peut exercer diverses actions à cet effet[201]. Avant de les citer, et pour la délimitation de l'intérêt collectif, il faut noter que chacune de ces actions doit profiter à l'ensemble des créanciers et non pas à un ou à certains d'entre eux[202]. Mais, s'il prétend à un

---

[199] C. com., L. n° 73-17, Maroc, art. 675.
[200] AUPCAP révisé, art. 118.
[201] Ahmed CHOUKRI SBAAI, *Al Wassit dans les procédures de prévention et de traitement des difficultés d'entreprises*. Tome III, Dar Ennachr El Maarif, 3ème éd., 2007, (En langue arabe), p. 189.
[202] Cass. com., France, 30 juin 2015, n° 14-14757.

intérêt différent[203], le Trésor - ou tout créancier - est fondé à agir[204]et le produit de l'action individuelle revient au seul Trésor.

88. L'étendue de la compétence du syndic étant délimitée, la question est de savoir quelles sont ces actions. On va se limiter à un succinct développement de quelques-unes de ces actions. En effet, l'action peut être dirigée contre soit le débiteur, soit les créanciers ou certains d'entre eux, soit encore un tiers. Par exemple, lorsqu'un établissement financier ou de crédit accorde abusivement des crédits à l'entreprise en difficulté de sorte qu'il aggrave la situation de l'entreprise, l'intérêt collectif se retrouve attaqué. C'est un préjudice collectif, car l'accroissement du passif et le déficit d'actif sont un obstacle au paiement total des créanciers[205]. À cette fin, il y a place à une action pour soutien abusif ; le syndic en dispose dans l'intérêt de la collectivité. L'entreprise en difficulté en profite aussi, car le financement abusif remet en cause son redressement. À cela, s'y ajoutent les inopposabilités ou les nullités de la période suspecte, l'action en comblement du passif et l'action en confusion du patrimoine. De même, la suspension ou l'interruption des poursuites individuelles et des procédures d'exécution sert l'intérêt collectif de manière que les biens objet de la saisie doivent devenir une créance sur la collectivité des créanciers et être restitués[206] au syndic. De même, il peut engager pour le compte des créanciers antérieurs des actions pauliennes et obliques[207]. Dans le même ordre de mécanismes illustrant l'intérêt collectif, le dessaisissement constitue une importante règle destinée à défendre l'intérêt collectif des créanciers. Cette règle emporte que les droits et actions du débiteur concernant son patrimoine pendant toute la durée de la liquidation judiciaire ou des biens jusqu' à sa clôture sont exercés seulement par

---

[203]Laurent LE MESLE, « Recevabilité de l'action individuelle d'un créancier : qu'est- ce qu'un préjudice distinct de celui de l'ensemble des créanciers ? », note sous Cass. com., 30 oct. 2012, n ° 11- 2 05 91, in *Bull. jol. entre. diff.*, 01 jan. 2013, n° 01, p. 16.

[204] Julien THERON, « L'intérêt collectif des créanciers enfin défini ! », *Gaz. Pal,* 22 sep. 2015, n° 265, p. 19. Deen GIBIRILA : « Actualité du droit de l'entreprise : les dirigeants d'entreprises en difficulté », *LPA*, 21 nov. 2000, p. 13.

[205]Marie-Andrée RAKOTOVAHINY, « L'intérêt collectif des créanciers, obstacle au droit de créance individuel », *LPA,* 27 déc. 1999, n° 4.

[206] C.A., Littoral, n° 095 / REF, 15 mai 2006, Ohadata j-07-176, *affaire la société S.D.V Cameroun SA C / Société SACAM SARL* ; C.A., Dakar, n° 222 ,12 avr. 2001, OHADATA- J- 06 -59.

[207] Christian GAMALEU KAMENI, *L'implication du créancier dans les procédures collectives..., thèse* préc., p. 88.

le syndic. Toutes ces règles sont donc prévues pour protéger l'intérêt collectif des créanciers et c'est le syndic qui en est l'acteur principal.

89. Les critiques. En pratique, l'intérêt collectif dans les régimes juridiques OHADA et marocain n'échappe pas aux critiques. Celles-ci sont, à vrai dire, très nombreuses. Elles tiennent en général aux prestations pas toujours qualitatives fournies par les organes de la procédure[208]. En particulier, si l'on prend l'organe qu'est le syndic, l'intérêt collectif des créanciers est remis en cause pour plusieurs raisons. Sur ce point, il est certain que la mise en œuvre des actions citées plus haut ne peut être qu'éventuelle[209] quand le syndic est incompétent en raison de l'absence ou du non-respect des conditions d'accès à cette fonction[210]. La pratique judiciaire dans l'espace OHADA dénote de l'absence presque totale des actions en responsabilité dirigées contre les tiers[211].

90. Le créancier fiscal a intérêt autant au traitement efficace de la cessation des paiements qu'au traitement du passif fiscal. Traitement qui dresse pourtant un bilan contrasté.

B. Le traitement du passif fiscal : un bilan contrasté

91. Généralités. La déclaration ou la production de la créance fiscale est la formalité par laquelle le Trésor porte à la connaissance du tribunal qu'il a une créance sur le débiteur. C'est le premier pas pour avoir la qualité de créancier. Elle est qualifiée par une certaine jurisprudence en une demande en justice[212]. Suivie de la vérification des créances, cette formalité permet au débiteur la détermination exacte du passif fiscal et non fiscal. Faute de quoi, le désintéressement du Trésor et des autres créanciers n'aurait pas lieu. En effet, s'inscrivant dans le processus du redressement économique des entreprises, cette formalité met en avant la prééminence du principe de l'intérêt collectif. Elle reflète la soumission du Trésor au principe de l'égalité des créanciers. Devenu constant, un arrêt de la Cour de cassation marocaine consacre ce principe :

> « [...] Et si par l'effet du caractère privilégié de la créance du Trésor public, la loi lui accorde un droit de préférence lors du paiement des créances et ce dans la limite de ce qui est prévu par la loi, cela ne

---

[208] Cf. *infra :* Sect. II, chap. I, titre I, Première partie.
[209]Mostafa MABROUK, il y a eu quasi-échec.... art. préc.,
[210]Souleymane TOE, Thèse préc., n° 360, p. 328.
[211] *Ibid.*
[212]Cass. com., France, 16 juin 1992, n° 90-14.524 : Juris Data n° 1992-001652.

veut pas dire pour autant qu'il est exonéré de déclarer sa créance […] »[213].

Comme précisé plus haut, le terme qu'on réserve à cette formalité varie suivant les systèmes juridiques[214]. De ce fait, par souci d'une étude comparative neutre, il est réfléchi de parler de l'obligation de dévoiler les créances fiscales. Dévoilement qui reste cependant incertain **(1)**. Par contre, on parle dans les deux régimes juridiques de la vérification des créances d'impôts **(2)**.

1. Le dévoilement incertain des créances d'impôts

92. Traiter le passif fiscal revient à dire que l'Administration fiscale doit prendre l'initiative de dévoiler les créances fiscales qu'elle détient sur le débiteur-contribuable. Pour cela, le Trésor doit se conformer aux règles édictées à cet effet. Par souci de simplicité, un régime général est institué dans les deux systèmes juridiques. Reste qu'en pratique, dévoiler les créances fiscales est entaché d'incertitudes et d'imperfections (**a**). Par souci d'efficacité, un régime spécial est également prévu par les deux systèmes précités. Lequel est également imparfait (**b**).

a. Les imperfections du régime général

93. Quel que soit le système juridique en cause, il y a des règles générales tenant aux conditions de fond et de forme que le Trésor doit respecter pour réussir la procédure du dévoilement des créances fiscales. A ce stade, les critiques (**α**) ne font pourtant pas défaut. Au sein de ce régime général, les deux législateurs africains instituent des règles relatives à l'information du Trésor. Reste que ces règles sont imparfaites (**β**).

α. Les critiques tenant aux conditions de déclaration des créances

94. Les articles 719 de la loi marocaine n° 73-17 et 78 de l'AUPC révisé consacrent le dévoilement des créances. D'après ces deux articles, le Trésor, comme tout autre créancier, est obligé de dévoiler

---

[213] Cass. com., Maroc, n° 404, 31 mars 2004, doss. com., n° 1302 / 3 / 2 / 2003.

[214] En droit marocain, l'on parle de la déclaration des créances. En droit OHADA, c'est la production des créances.

sa créance fiscale dont le fait générateur est antérieur au jugement d'ouverture de la procédure. Dans le cadre d'une recherche située dans une perspective comparée ayant pour objectif à la fois la mise en avant des difficultés qui sont susceptibles de se poser dans un système juridique comme dans l'autre ainsi que leurs résolutions, l'on serait conduit à s'interroger sur les conditions requises pour le dévoilement de la créance fiscale.

95. Les conditions de forme. Selon l'alinéa 1 de l'article 80 de l'AUPC révisé, le Trésor remet « *au syndic directement ou par pli recommandé, une déclaration indiquant le montant de la créance due au jour de la décision d'ouverture, des sommes à échoir et des dates de leurs échéances* ». Au contraire, la législation marocaine ne dit pas un mot sur le formalisme inhérent au dévoilement des créances[215]. L'alinéa 1 de l'article 688 du Code de commerce marocain se limite à indiquer que le Trésor dévoile au syndic les créances fiscales dont l'origine est antérieure au jugement d'ouverture[216]. En pratique, bien que le dévoilement oral ait été validé par la jurisprudence[217], le créancier fiscal opte toujours pour la forme écrite. À cette fin, en sa qualité d'Administration publique, le Trésor est représenté devant la justice par l'un de ses fonctionnaires mandatés à cet effet. La règle est posée par l'article 34 du Code de procédure civile marocaine. Par un arrêt rendu le 14 février 2012, la cour d'appel de commerce de Casablanca[218] a été conduite à interpréter extensivement le mot fonctionnaire. En l'espèce, elle a pu estimer que : « *dire que la déclaration des créances fiscales doit être présentée seulement par le Percepteur chargé de recouvrement en excluant le directeur de l'Administration fiscale est infondé* » Abondant dans ce sens, il faut observer que l'Administration fiscale n'a pas besoin de recourir aux services d'un avocat au sens de l'article susvisé. Toutefois, le dévoilement de la créance fiscale par tout préposé ou mandataire du choix du percepteur est possible[219]. À notre sens, la possibilité prévue par les deux législations OHADA et marocaine de mandater un tiers pour

---

[215] Cass. com. Maroc, n° 288, 16 mars 2005.

[216] Cass. com. Maroc, n° 600, 23 mai 2007, doss. com., n° 1010 / 3 / 1 / 2006.

[217] CA. com., Fès, n° 1 TS, 789 / 2012, 17 avr. 2002, doss. com., n° 07 / 2002.

218 CA. com., Casablanca, n° 788 / 2012, 789 / 2012, 14 fév. 2012, doss. n° 11 / 2010 / 5113. Cf. Zouhir BOUNAAMIA, « Les possibilités de recouvrement de créances fiscales dans les procédures collectives : étude comparative » (en langue arabe), *Revue de jurisprudence administrative*, n° 7, Dar Affaq Maghribia, 2015, p. 101.

[219] C. com, L. n° 73-17, Maroc, al. 7, art. 719; AUPCAP, al. 3, art. 80.

le dévoilement de la créance est dans l'intérêt du créancier fiscal vu les lourdes tâches qu'on confie au Percepteur. Sur cette question, il convient de noter que le dévoilement des créances fiscales doit se produire dans un délai déterminé par la loi. Le droit OHADA et le droit marocain s'accordent sur le délai de 60 jours[220] et ce, à partir de la publication de la décision d'ouverture au Bulletin Officiel au Maroc ou suivant la deuxième insertion dans un journal d'annonces légales de l'État partie tel que défini à l'article 1-3 de l'AUPC révisé. Notons qu'avec l'entrée en vigueur de la réforme de l'AUPC en 2015, cette question du délai a évolué : le délai de dévoilement des créances est passé de 30 à 60 jours. Cette évolution en la matière est louable, car il s'inscrit dans le cadre de la protection du Trésor et des autres créanciers.

96. Les conditions de fond. Pour ce qui est des conditions de fond, le dévoilement de la créance fiscale doit indiquer le montant d'impôt dû au jour de la décision d'ouverture, des sommes à échoir et des dates de leurs échéances, précisent l'article 80 de l'AUPC révisé et l'article 721 du Code de commerce marocain. A la réflexion, quatre obligations pèsent sur le Trésor dans ce domaine. Le Percepteur doit préciser le caractère privilégié dont l'impôt est éventuellement assorti, ajoutent les deux mêmes articles. S'agit-il des créances fiscales garanties par une hypothèque légale ? Ou celles cautionnées[221]? Ou encore celles assorties du privilège général ? Tout de même, les créances fiscales chirographaires ne sont pas exclues. En deuxième lieu, il lui appartient aussi de dévoiler les intérêts légaux qui étaient restés impayés[222] au jour du prononcé du jugement[223]. Afin de les considérer comme échues, le Percepteur doit faire montrer la méthode suivie pour leur calcul. En troisième lieu, et d'après les deux articles susmentionnés, si la créance fiscale fait l'objet d'un litige, le Percepteur doit mentionner la juridiction saisie[224]. Enfin, le Percepteur doit fournir tous les éléments de nature à prouver l'existence et le montant de la créance fiscale. À cette fin,

---

[220] C. com. Maroc, art. 720, al. 1; AUPCAP, al. 1, art. 78.

[221] Michel DOUAY, « Procédures collectives et procédures fiscales », Procédures fiscales, fasc. 576.

[222] Patrick SERLOOTEN, *La défaillance d'entreprise, aspects fiscaux*, *op. cit.*, n° 283.

[223] Cass. com., Maroc n° 1245, 08 oct. 2008, doss. com, n °1159 / 3 / 1 / 2006.

[224] Patrick SERLOOTEN, *La défaillance d'entreprise, aspects fiscaux*, *op. cit.*, n° 284.

le Percepteur doit joindre à sa demande un bordereau de situation de même que les extraits de rôle[225].

97. Les critiques. En définitive, pour mener la procédure à son terme, le Trésor doit être très attentif aux conditions ci-dessus expliquées. En pratique, ce n'est pas toujours le cas. Malgré le caractère idéal des règles juridiques relatives à la déclaration des créances fiscales, il faut nuancer leur portée pratique. Portée qui reste limitée. En effet, l'une des lourdes critiques faites à ce stade de la procédure tient à l'absence de la déclaration. Certains percepteurs ne sont pas à la hauteur de cette responsabilité. Cette situation est actée par la doctrine. Une auteure[226] a pu estimer que le non recouvrement des créances fiscales est le fait de l'Administration fiscale. Certains percepteurs ne maîtrisent pas la procédure de la déclaration des créances fiscales. D'autres la « négligent ». D'autres enfin les déclarent hors délai. En conséquence, ces créances d'impôts non déclarées sont éteintes. Il ne sera alors plus possible de procéder à leur recouvrement. Et s'ils les déclarent, le juge-commissaire estime à raison que la déclaration a lieu en dehors du délai légal de deux mois[227]. Ici encore, le Trésor encourt la forclusion des créances fiscales parce qu'il ne s'est pas présenté dans le délai de 60 jours. C'est ce qui se passe souvent. La négligence ou la non-maîtrise de la procédure de la déclaration des créances par le percepteur mis à part, l'enjeu est de contourner les manœuvres des débiteurs-contribuables fraudeurs, lesquels font exprès d'omettre certains créanciers de la liste des créances juste pour allonger la procédure[228]. Dans le même ordre d'idées, il faut citer une autre critique : les créanciers au Maroc désapprouvent une pratique qui

---

[225]Bernard SOINNE, *Traité théorique et pratique des procédures collectives*, 1987, Litec, n° 2168, p. 1756.

[226] Hayat HAJJI, « Le privilège du Trésor public face aux procédures des difficultés de l'entreprise », art. préc., p. 58.

[227]*Voy.* Exemple : ord. n° 141, Trib. com. Rabat, 06 janv. 2006, doss. 21 / 263 / 2005 (En langue arabe), (cité par Hassan AIT MOUH, « La déclaration et la vérification des créances fiscales dans les entreprises en difficulté », *Revue Juridique du Tribunal de Première Instance de Meknès*, Éd., Dar Abi Raqraq, n° 2-3, 2009, p. 59) ; Cass. com., Maroc, n° 722, 28 juin 2008, doss. com, n ° 391 / 3 / 2 / 03 (En langue arabe) ; CA. com., Casablanca, n° 08 / 4037, 29 sep. 2008, doss. 11 / 2007 / 5794 (En langue arabe) ; CA. com., Casablanca, ord. n° 461 / 2009, 24 juin 2009 (En langue arabe) ; CA. com., Casablanca, n° 02 / 2724, 02 oct. 2018, doss. 11 / 02 / 2403 (En langue arabe) ; CA, Marrakech, n° 424, 29 avr. 2003, doss. 790 / 2002 (En langue arabe).

[228]Anonyme, « Difficultés de l'entreprise : la justice a finalisé ses amendements du livre V du Code de commerce », *La vie éco,* 14 oct. 2014.

s'exerce - selon leur version de faits - à la limite de la légalité. Il y a soit la non-publication des jugements ouvrant la procédure de redressement ou de liquidation judiciaire[229], soit qu'il y a un retard de leur publication. Frappé parfois d'inefficacité, le système de publication utilisé dans ce domaine « *semble se baser sur la présomption irréfragable de connaissance* »[230].

98. Le droit marocain se rapproche du droit uniforme africain en matière du régime général du dévoilement des créances, mais il s'en démarque par l'instauration d'un système spécial d'information en faveur du Trésor. Lequel reste quand même imparfait.

β. Un système d'information imparfait

99. Lecture critique de l'article 150 du CGI marocain. Depuis l'entrée en vigueur du livre 5 du Code de commerce marocain de 1996, la forclusion des créances d'impôts est citée comme l'un des épineux problèmes auxquels est confronté le Trésor. Etant souvent le sort des créances d'impôts, cette lourde sanction met un obstacle au recouvrement desdites créances. Afin de remédier à cette situation, le législateur fiscal a édicté, à travers l'alinéa 3 de l'article 150 de la loi de finances[231] de 2007, la règle suivante :

> « Nonobstant toute disposition contraire, toute entreprise qui demande l'ouverture de la procédure de redressement ou de liquidation judiciaire, doit, préalablement au dépôt de sa demande au Greffe du Tribunal, souscrire une déclaration à cet effet auprès du Service d'assiette du lieu de son imposition. Le défaut de souscription de la déclaration précitée auprès du service d'assiette, rend inopposable à l'administration fiscale la forclusion des droits se rattachant à la période antérieure à l'ouverture de la procédure de redressement ou de liquidation judiciaire ».

100. L'attention portée par le législateur fiscal marocain à l'égard du Trésor est concrète. Le débiteur-contribuable doit informer le Trésor de son intention d'ouvrir la procédure collective. De la sorte, le débiteur invite le Trésor à préparer sa déclaration des créances.

---

[229] Anonyme, « Les redressements sont-ils tous publiés au Bulletin Officiel ?», *La vie éco*, 24 oct. 2014.
[230] M. BENTAHAR, art. préc., p. 82.
[231] Loi de finances, Maroc, n° 430-6, 2007, 31 déc. 2006, BO n° 5484, 01 janv. 2007.

Sinon, on ne peut pas lui opposer la forclusion. Le fondement est purement à vocation économique dans la mesure où il a fallu arrêter de priver la caisse de l'État des impôts antérieurs au jugement d'ouverture de la procédure. Par cette règle, le Trésor se voit offrir, dans une certaine mesure, une condition privilégiée. C'est le seul créancier public concerné par l'application de l'article 150 du CGI. Les autres créanciers publics comme la Douane, la Caisse nationale de la sécurité sociale, la Trésorerie générale du royaume et les autres créanciers publics sont exclus. La règle précitée leur est inapplicable.

101. Étant précisé, l'avantage que représente ce dispositif spécial pour le Trésor est indéniable. L'Administration fiscale ne peut que s'en prévaloir[232]. Mais, il faut mentionner que le dispositif en question est très critiqué par les doctrinaires au Maroc[233]. Selon eux, il y a un vide juridique partiel dans le texte de l'article 150 susvisé. En effet, selon le livre cinq du Code de commerce marocain, l'ouverture de la procédure de redressement ou de liquidation judiciaire peut être faite à l'initiative soit du créancier, soit du tribunal en cas de saisine d'office[234], ou encore sur requête du Ministère public. Or, ces derniers ne sont pas tenus d'aviser le Trésor quand ils prennent l'initiative d'ouvrir la procédure collective. Le texte ne parle que du débiteur. Dans ces conditions, des questions se posent donc avec force : le texte de l'alinéa 3 de l'article 150 susvisé n'est-il pas partiellement vidé de son contenu et de son esprit quand l'ouverture de la procédure est initiée par un tout autre organe que le débiteur ? Alors qu'initialement le texte a posé une mesure phare pour le Trésor, n'est-il pas irrationnel que les autres initiateurs [235] de l'ouverture de la procédure remettent en cause intentionnellement cette règle ? Une question mérite d'être posée : Est-ce que le législateur marocain gagnerait à combler cette lacune juridique ? A cette question, une doctrine considère que cet article n'a plus de raison d'être après l'entrée en vigueur de la loi n° 73-17, car l'article 719 du nouveau Code de commerce est venu élargir le cercle des créanciers qui doivent être informés par le syndic à l'effet de déclarer leurs créances. Tous les créanciers sont avertis de

---

[232]Trib. com, Oujda, ord., n° 01 / 2009, 17 fév. 2012, (en langue arabe).

[233]Hayat HAJJI, *La déclaration des créances fiscales et les procédures de difficultés de l'entreprise*, *op. cit.*, p. 41et s.

[234] C. com. Maroc, L. n° 73-17, al.1, art. 578.

[235] Corinne SAINT-ALARY-HOUIN, *Droit des entreprises en difficulté*, 6 ème éd., Montchrestien, 2009, p. 663, n° 1049.

l'ouverture de la procédure. Est-ce que le créancier fiscal en est concerné ? Quoi qu'il en soit, une réponse précise doit être apportée à ces deux questions. Nous aurons l'occasion d'y revenir après la lecture du dispositif légal issu de l'AUPC révisé et du Code de commerce marocain.

102. Lecture des articles 79 du nouvel AUPC et 686 du Code de commerce marocain de 1996. Toujours sur cette question d'information du Trésor, une autre question d'une grande importance mérite d'être citée. La question est de savoir si le Trésor peut se prévaloir d'une information à titre personnel de la part du syndic pour qu'il dévoile sa créance. Pour pouvoir y répondre, il faut nécessairement aborder la problématique de la nature du privilège du Trésor par rapport aux articles 79 du nouvel AUPC [236] et 686 du Code de commerce marocain. Ces deux articles font obligation au syndic d'avertir personnellement ou à domicile élu le créancier titulaire de sûreté qui a fait l'objet d'une publication de la nécessité de dévoiler sa créance.

103. Deux thèses jurisprudentielles opposées. Au Maroc, il faut noter que cette problématique a divisé les tribunaux. En effet, la divergence constatée entre les juridictions a donné lieu à deux courants contradictoires.

104. ***La première thèse jurisprudentielle.*** Le premier courant jurisprudentiel part de la règle que le Trésor dispose d'une hypothèque sur les biens immeubles du redevable[237]. D'après l'expression de l'article 113 du Code marocain de recouvrement des créances publiques, cette hypothèque fait l'objet d'une inscription à la Conservation foncière. Dans cette situation, - selon les tenants de ce courant - le créancier fiscal est considéré comme étant titulaire d'une sûreté pouvant faire l'objet de publicité. De ce fait, ce créancier public rentre dans la catégorie des créanciers qui doivent être avertis personnellement par le syndic. Alignée sur ce courant, une décision judiciaire[238] motive son effort jurisprudentiel par le fait que la sûreté dont dispose le Trésor a été convenablement publiée par l'effet de la publication de la loi relative au recouvrement des

---

[236] *AUPCAP révisé,* al. 2, art. 79.
[237] CA. com., Casablanca, ord. n° 11 / 2002, 06 mai 2002, doss. 5 / 16 / 2000.
[238] Trib. com, Rabat, ord. n° 2002-18, 18 mai 2005, doss. n° 05 / 42 / 2000.

créances publiques au Bulletin Officiel. Suivant cette logique, on peut se demander si c'est la lettre et l'esprit de l'article 686 précité.

105. ***La seconde thèse jurisprudentielle***. Représenté par une copieuse jurisprudence au Maroc[239], le second courant jurisprudentiel estime que le Trésor n'est pas fondé à être averti à titre personnel pour qu'il dévoile sa créance. Comme mentionné précédemment, il a été jugé que « *le caractère privilégié de la créance du Trésor public* [...] *ne l'exonère pas de déclarer sa créance* [...] »[240]. Pour motiver cette solution, une raison consiste à dire que la sûreté faisant l'objet de publication, prévue par les articles 686 et 79 précités, ne recouvre ni le privilège ni les autres garanties dont peut bénéficier le Trésor[241]. Etant donné que le fondement du privilège est la loi et celui de la sûreté est le contrat[242], le privilège du Trésor en droit marocain ne saurait être considéré comme étant une sûreté, car il s'agit d'un privilège général[243] et non pas d'une sûreté spéciale. En outre, contrairement au droit OHADA, la publicité du privilège du Trésor n'est pas encadrée par la loi au Maroc.

---

[239] Cass. Com, Maroc, n°1269, 12 nov. 2003, doss. com. 1135 / 3 / 2 / 2003 ; Cass. com., Maroc, n° 10, 07 janv. 2004, doss. com., n° 735 / 3 / 2 / 2003 (En langue arabe), cité par Hayat HAJJI, *La déclaration des créances fiscales et les procédures de difficultés de l'entreprise*, 1ère éd., 2017. p. 22 ; Cass. com. Maroc., n° 722, 28 juin 2006, doss. com. n° 391 / 3 / 2 / 2003 (En langue arabe) ; Cass. com. Maroc., n° 531, 28 avr. 2004 doss. com. n° 545 / 3 / 2 / 2003 (En langue arabe), cités par la collection des arrêts de la Cour de cassation en matière commerciale, Al omnia, première éd., 2007 ; Cass. com. Maroc., n° 489, 14 juill. 2007, doss. com. n° 877 / 3 / 2 / 2003 (En langue arabe), cité par Zouhir BOUNAAMIA, « Les possibilités de recouvrement de créances fiscales dans les procédures collectives : étude comparative », *Revue de jurisprudence administrative*, n° 7, 4ème Année, Dar Affaq Maghribia. 2015, p. 105 ; Cass. com., Maroc n° 501, 17 mai. 2006, doss. com n°1731 / 2 / 3 / 2003 (En langue arabe), cité par Omar AZOUGAR, *La jurisprudence de la Cour de cassation dans les procédures de redressement et de liquidation judiciaires,* Annajah El Jadida, Publications de la maison de la justice au Maroc, 2014, p. 314 ; CA. com., Casablanca, n° 1214 / 2002, 12 juill. 2002 ; CA. com., Marrakech, n° 618, 12 juill. 2005, doss. n° 1085 / 2004 ; Cass. com., Maroc n° 77, 25 jan. 2006, doss. com., n° 78 / 3 / 1 / 2004.

[240] Cass. com., Maroc, n° 404, 31 mars 2004, doss. com., n° 1302 / 3 / 2 / 2003.

[241] Hassan AIT MOUH, « La déclaration et la vérification des créances fiscales dans les entreprises en difficulté », art. préc., p. 51.

[242] Said OULAARBI, *Le recouvrement des créances douanières : étude juridique et judiciaire*, Thèse, Rabat Agdal, 2016, p. 400.

[243] Bernard BAUJET, « La situation du Fisc dans le cadre de la procédure de déclaration et de vérification des créances », *Gaz. Pal*, 03 mars 2001, n° 062, p. 16.

106. Quelle solution faut-il retenir ? De ces deux courants jurisprudentiels, il nous semble que la réponse à la question précitée change en fonction des régimes juridiques. En droit OHADA, compte tenu de l'encadrement de l'inscription du privilège du Trésor, la logique s'insère dans un contexte différent. Le législateur OHADA, à travers l'Acte uniforme portant organisation des sûretés et l'Acte uniforme relatif au droit commercial général, édicte la règle de la publication du privilège général du Trésor dont le but est la conservation du privilège pendant une durée de trois ans[244]. Pour ce régime juridique, compte tenu de cette donnée qui se rapproche de la logique du droit français, nous préconisons l'approche suivie par la Cour de cassation française. Laquelle a confirmé, à maintes reprises, que le Trésor doit être averti personnellement à dévoiler ses créances du moment où il a publié son privilège général[245]. Pour le droit marocain, le législateur est venu clore le débat en 2018 : le Trésor doit être averti personnellement pour qu'il déclare sa créance fiscale. On le voit, c'est la première thèse qui emporte la conviction du législateur marocain. L'alinéa 2 de l'article 719 de la loi n° 73-17 prévoit que : « *Les créanciers connus du syndic ainsi que ceux inscrits sur la liste fournie par le débiteur, dont la créance a son origine antérieurement au jugement d'ouverture sont avertis par le syndic* ». Le pas franchi par le législateur marocain est à saluer. Mais, à notre sens, la formulation de l'article 719 n'inclut pas forcément le Trésor. Il peut arriver qu'une Administration fiscale ne soit pas connue du syndic. C'est le cas lorsqu'il y a plusieurs créanciers fiscaux dans une seule affaire. Il peut aussi arriver que le Trésor ne soit pas cité dans la liste fournie par le débiteur de mauvaise foi. Pour ces raisons, l'article 150 de la loi de finances doit être maintenu. En plus, elle est à réformer dans le sens d'obliger le syndic à informer le Trésor qu'une procédure collective a été ouverte à l'encontre du débiteur.

107. En définitive, le dévoilement des créances fiscales illustre bien le principe de l'égalité des créanciers. Qu'ils soient publics ou

---

[244]AUS, art. 58.

[245] Cass. com., France, 4 juillet 2000, n° 97-22. 414, Bull. civ. IV, n° 137; JCP E, 2001, 219, n° 11, obs. Ph. PÉTEL. Cass.
com., France, 9 janvier 2001, n° 98-15.102, Bull. civ. IV, n° 6 ; JCP E, 2001, 752, n° 7, obs. M. CABRILLAC, cités par Marlène OYONO, *La protection des sûretés exclusives dans les procédures collectives en droit comparé franco OHADA*, Thèse, Montpellier, 2016, p. 256 ; Cass. com., France, 9 juin 2001, n° 98-15.102, D 2001, p. 479 ; Cass. com., France, 4 juil. 2000, n° 97-22. 414, Bull.civ.IV, n° 137, JCP G 2001, I, n° 315, obs., Ph. DELEBECQUE.

privés, tous les créanciers peuvent l'appliquer en leur faveur en vue d'un dévoilement à titre définitif. Mais, en sa qualité de créancier public, le créancier fiscal en droits OHADA et marocain se targue de la possibilité de dévoiler ses créances par provision. Reste que ce régime spécial est toujours imparfait.

b. L'exposé et les imperfections du régime spécial

108. Les législateurs OHADA et marocain sont convaincus que le chemin de la déclaration ou de la production des créances fiscales antérieures n'est pas parsemé de fleurs. Plusieurs difficultés se présentent. Pour y remédier, des solutions sont établies et des délais sont instaurés. La mise en place du dévoilement provisionnel s'inscrit dans ce cadre. Cette évolution est à saluer. Or, l'examen de ces deux régimes juridiques africains fait ressortir qu'il y a encore des lacunes et qu'ils ne sont pas parfaits en la matière.

109. Cependant, si les contours (**α**) du régime spécial sont identiquement posés par les articles 81 de l'AUPC révisé et 729 de la loi n° 73-17, son imperfection a fait de lui un régime critiquable (**β**).

α. Les contours

110. Texte applicable. La déclaration ou la production des créances fiscales à titre provisionnel est un régime spécial. Si le régime général consiste à dévoiler à titre définitif une créance fiscale, le régime spécial offre la possibilité de la déclarer à titre provisionnel dans la perspective d'une déclaration définitive. S'inspirant de la loi française du 25 janvier de 1985, le législateur OHADA n'a pas hésité à insérer ce mécanisme depuis l'AUPC de 1998. La démarche a été maintenue sous l'AUPC révisé de 2015.

111. Lecture. En édictant la production par provision de la créance fiscale, le législateur OHADA instaure, à travers l'article 81 de l'AUPC révisé, une solution concrète pour le Trésor. Solution qui s'applique aux créances dont le montant n'est pas déterminé au jour de la décision d'ouverture. Une question se pose avec une acuité : quelles sont les hypothèses qui peuvent donner lieu à la production par provision des créances fiscales ? A s'en tenir aux termes de l'alinéa 1 de l'article 81 de l'AUPC révisé, on comprend que le dévoilement par provision ne concerne pas toutes les créances fiscales. Mais, en partie, celles qui ne sont pas couvertes par un titre exécutoire. De la lecture littérale de l'article précité, il ressort qu'elle est aussi admise par provision, la créance fiscale qui est taxée d'office ; c'est-à-dire celle qui n'a pas fait l'objet d'un dépôt dans le délai légal via la déclaration que le contribuable est tenu de souscrire en application des textes spéciaux internes[246]. Est encore admise par provision, la créance fiscale qui a fait l'objet d'un redressement fiscal. Notons que la procédure de redressement est conduite chaque fois qu'une créance d'impôt dont un élément servant de base au calcul se révèle insuffisant, inexact ou entaché d'une omission[247]. Est enfin admise par provision, la créance fiscale contestée par le débiteur-contribuable[248]. En ce sens, le fait que ce débiteur fasse une réclamation et que le litige fasse l'objet d'une procédure contradictoire portée devant les commissions fiscales, ces deux hypothèses ouvrent la voie à l'admission par provision de la créance objet de réclamation.

112. Dans tous ces cas de figure, pour préserver ses droits, le Trésor doit déclarer ses créances à titre provisionnel.

113. L'évolution du droit marocain. Du temps du Code de commerce marocain de 1996, la déclaration des créances fiscales par provision n'était pas formellement encadrée. Cependant, une règle est toujours citée par l'article 29 du Code marocain de recouvrement des créances publiques[249]. Article qui dispose que l'avis de redressement fiscal, émis par les services d'assiette, « *est admis par le syndic en matière de déclaration de créances* ». Dans cette situation, les créances fiscales, objet de redressement, sont admises par provision. La doctrine marocaine, peu étendue sur cette question, conforte cette tendance[250]. Une partie de la jurisprudence, rendue sous l'empire du Code de commerce de 1996, admet la déclaration par provision des créances fiscales. Un arrêt de la cour d'appel administrative de Rabat[251] a pu estimer qu'en cas de l'application de la rectification fiscale, les créances d'impôts sont admises à titre

---

[246]CGI, Cameroun, 2017, art. L 29.
[247]CGI, Cameroun, 2017, art. L 23.
[248] Cf. *infra* n° 133 et 631.
[249]CRCP, Maroc, al. 2-3, art. 29.
[250]Hassan AIT MOUH, « La déclaration et la vérification des créances fiscales dans les entreprises en difficulté », art. préc., p. 55-56.
[251]CA, adm. Rabat, n° 1119, 19 mars 2012, doss. n° 09 / 10 / 684.

provisionnel. Ceci dit, nous pouvons formuler deux critiques à l'encontre de l'article 29 susvisé. La première critique est que cet article est limité à un seul cas ; celui des créances fiscales faisant l'objet de rectification. Les créances contestées par le débiteur devant les tribunaux et celles non couvertes par un titre exécutoire n'y figurent pas. Avec la réforme du Code de commerce intervenue en 2018, l'esprit de l'article 29 précité et celui des solutions jurisprudentielles rendues à cet effet sont repris par l'article 729 de la nouvelle loi n° 73-17. La seconde critique est que plus aucun délai dérogatoire n'est précisé pour la déclaration des créances fiscales objet de redressement. Si l'on a apporté une réponse à la première critique, ce n'est pas le cas pour la seconde. Si, combinée à l'article 29 précité, la loi n° 73-17 au Maroc encadre désormais toutes les hypothèses, l'œuvre législative reste imparfaite du point de vue des délais. Nous aurons l'occasion d'y revenir[252].

114. Plus de précisions. Il faut remarquer que cette déclaration par provision a été consacrée par le droit des procédures collectives français du 25 janvier 1985. La Haute Juridiction française[253] y voit une « *suspension de l'instance* » [254] : il est sursis à statuer jusqu'au établissement définitif de la créance fiscale. En effet, l'esprit de ce régime implique que le Trésor puisse dévoiler ses créances indéterminées dans leurs montants dans l'attente d'une admission définitive. Par ce premier dévoilement, le créancier fiscal fait savoir qu'il est confronté à un obstacle qui lui interdit de produire définitivement sa créance. Pour cela, il demande d'arrêter temporairement le cours de la procédure. Dans un premier temps, la solution consiste à chiffrer de manière provisionnelle le montant de l'impôt objet de la déclaration. Dans un deuxième temps, il est fondé à présenter une production complémentaire ou rectificative pour modifier le premier dévoilement qui a été opéré dans le délai imparti à tous les créanciers antérieurs. En d'autres termes, la suite de cette procédure pourra reprendre son cours plus tard lorsque le titre exécutoire aura apparu ; ou encore lorsque le montant de l'impôt sera fixé à la fin de la procédure du redressement fiscal, ou enfin lorsque la justice aura rendu sa décision définitive en cas de la contestation.

---

[252] Cf. *infra* n° 627 - 632.

[253] C. cass., France, Avis, 18 mai 1998 : Bull. civ.1998, avis, n° 6 ; Procédures 1998, comm. 174, obs. H. CROZE.

[254] Régis VABRES, « Admission provisionnelle des créances : l'exception fiscale », *rev. proc. coll.*, jan.-fév., 2016.

115. Conclusion. De ce qui précède, il convient de confirmer que la production par provision des créances fiscales[255], prévue par le droit OHADA et récemment par le droit marocain, est une solution justifiée. Elle trouve sa justification dans le fait qu'elle tient compte de la condition particulière autant du Trésor que de l'entreprise en difficulté. *Primo*, elle s'inscrit dans le cadre l'articulation entre le droit fiscal et le droit des entreprises en difficulté. Notons qu'en droit marocain et dans la plupart des droits internes des États parties à l'OHADA, cette articulation est quasi absente. *Secundo*, la logique qui guide les deux législateurs africains est la suivante : il faut établir un traitement de faveur au créancier fiscal. Compte tenu de la spécificité de la créance fiscale, la conception d'un régime spécial de déclaration est une nécessité. La bonne mise en œuvre de ce régime spécial est certainement de nature à ne pas « *ruiner* » [256] le Trésor. *Tercio,* l'exigence de l'admission par provision présente un autre avantage : « *le tribunal pourrait, en fin de période d'observation décider du sort de l'entreprise. [En même temps], tout le passif fiscal* et *social [...] est [...] connu au moins dans son principe* »[257] . Ici encore, on le voit, l'intérêt de l'entreprise n'est pas négligé pour autant. Pour ces raisons, il faut réserver une exception au Trésor en le « *soustra*[yant] *au caractère définitif et irrévocable des décisions d'admission* »[258].

116. L'exposé du régime spécial étant fait, est-ce à dire que le régime de la déclaration des créances fiscales par provision ne souffre d'aucune critique ? En fait, les critiques sont nombreuses. Pour s'en convaincre, il suffit de confronter le régime précité aux différentes situations[259] pour savoir qu'il ne peut pas résister aux complications de la pratique judiciaire. La lecture critique des articles 78 de l'AUPC révisé et 719 du nouveau Code de commerce permet d'affirmer ce dernier constat.

ß. Appréciation critique

117. Le pas franchi par la jurisprudence marocaine en matière de délais de déclaration. Destinée à tous les créanciers, une règle

---

[256] Filiga Michel SAWADOGO, OHADA, *Droit des entreprises en difficulté*, coll. « Droit OHADA », n° 214, p. 211.

[257] Yves GUYON, *Entreprises en difficultés : Redressement judiciaire - Faillite, op. cit.*, n° 1234. p. 258.

[258] *Ibid.*

[259] Sur cette question, Cf. *infra* n° 631.

posée par le législateur marocain répond en partie à la problématique de l'indisponibilité des titres fondant les créances. En effet, l'alinéa 2 de l'article 686 du Code de commerce marocain de 1996 consacre la déclaration des créances quoi qu'elles ne soient pas établies par un titre. La doctrine s'est ralliée à l'idée que la règle précitée est applicable au Trésor. Une auteure[260] a pu considérer que l'article 719 pourrait s'appliquer au créancier fiscal. De ce fait, il est en droit de dévoiler sa créance bien qu'elle ne soit pas munie d'un titre exécutoire[261]. Toute la question est de savoir quel délai faut-il respecter à ce niveau. La Haute juridiction marocaine interprète cet article de manière restrictive. Les juges de cassation posent, ici, une condition draconienne : les déclarations initiales et rectificatives doivent avoir lieu dans le délai de 60 jours. Passé ce délai, la déclaration rectificative ne sera pas recevable. Toutefois, les juges du fond ne sont pas fidèles à cette analyse. Ainsi, il a été jugé que le Trésor peut rectifier sa déclaration initiale au-delà de ce délai de 60 jours ; il est en droit de présenter le titre exécutoire prouvant la créance déclarée au stade de la vérification des créances. En effet, cette solution a été au centre de nombreuses ordonnances[262] rendues par les tribunaux de commerce au Maroc. À titre d'illustration, on peut citer l'ordonnance rendue par le Tribunal de commerce de Marrakech en date du 03 avril 2012. Dans cette affaire, le juge commercial a pu estimer au regard du texte de l'article 719 précité que :

> « Si [le Trésor en l'espèce] est en droit de déclarer sa créance même si elle n'est pas munie d'un titre exécutoire. Pourtant, pendant la phase de sa vérification, il est obligé de présenter ce qui prouve la créance déclarée. Chose qu'il n'a pas faite. De ce fait, la déclaration de créance est irrecevable »[263]. En définitive, la créance fiscale est rejetée.

118. Combiné avec l'article 727 du Code de commerce, ce dernier courant de jurisprudence va dans le sens d'accorder un délai relativement admissible pour le Trésor. Ce délai est estimé à 6 mois de la date de l'ouverture de la procédure collective. Si l'intention est

---

260 Hayat HAJJI, La *déclaration des créances fiscales et les procédures de difficultés de l'entreprise*, op. *cit.*, p. 37.

261 Cass. com., Maroc, n° 10, 07 jan. 2004, doss. com. n° 735 / 2 / 3 / 2003.

262 Trib. com., Marrakech, ord. n° 282 / 2011, 03 mai 2011 ; Trib. com., Marrakech, ord. n° 1034 / 2011, 24 oct. 2011 ; Trib. com., Marrakech, ord, n° 1129 / 2011, 29 nov. 2011.

263 Trib. com., Marrakech., ord. n° 266 / 2012, 03 avr. 2012, doss. 2010 / 15 / 58.

louable, il semblerait que cette solution ne peut pas s'adapter à toutes les situations dans lesquelles le Trésor est partie. On le sait, l'Administration fiscale est parfois partie aux procédures de contrôle et de redressement fiscal. Ces procédures supposent des délais prolongés qui remettent en cause le délai retenu par la jurisprudence précitée. A cela, s'ajoute le délai qu'il faut introduire pour la déclaration des créances fiscales contestées par les débiteurs devant les commissions de recours fiscal et les juridictions spéciales. Qu'en est-il si la contestation est portée devant le juge de l'impôt ? Quel délai faut-il retenir dans ce cas ?

119. L'absence des délais spécifiques : point faible du droit OHADA. Si la jurisprudence au Maroc a franchi un pas en avant, la jurisprudence disponible dans l'espace OHADA est muette sur cette question. Dans ce régime, plus aucun délai supplémentaire n'est posé pour les procédures de rectification fiscale. Limité dans le temps, le délai de droit commun de 60 jours instauré par l'AUPC révisé n'apporte aucune solution à ce niveau[264].

120. Bien qu'elle soit théoriquement adaptée à la situation du Trésor, l'admission par provision des créances d'impôts est atteinte de grandes lacunes en droit OHADA. Cela rend imparfait ce régime. Pour cela, il convient d'affirmer qu'une réforme s'impose dans un tel cadre[265]. Pour un traitement efficace des créances fiscales, l'encadrement ne doit pas se limiter à la seule instauration de la production des créances à titre provisionnel, il doit toucher aux différents délais. Délais qui doivent être raisonnables.

121. Le dévoilement des créances fiscales n'est qu'une phase dans le traitement du passif fiscal ; il est suivi de la vérification des créances fiscales.

2. La vérification des créances fiscales : dualité de régime

122. Sans déclaration des créances, il n'y aura pas de procédure de vérification. Cette procédure a la vertu de supprimer les déclarations ou les productions frauduleuses des créances et de rétablir à leur juste valeur celles qui sont surévaluées[266]. Instituée par l'article 84

---

[264] AUPC révisé, al. 1 art. 78.

[265] Pour une étude détaillée des délais de production des créances fiscales, V. *infra* n° 628 - 632.

[266]Guy AMLON, « La vérification des créances fiscales dans les procédures collectives », art. préc., n° 18, p. 6.

de l'AUPC de 2015, *« la vérification des créances est obligatoire quelle que soit l'importance de l'actif et du passif du débiteur »*[267]. Comme toute créance, les créances fiscales déclarées font l'objet de vérification. Appliquée à la créance fiscale, la procédure de vérification permet d'en déterminer l'existence, le montant et la nature[268]. Pour y arriver, il est établi un régime procédural qui s'applique à toutes les créances dévoilées. Mais, comme il s'agit des créances d'impôts, leur contestation relève d'une juridiction spéciale. En somme, il faut distinguer selon qu'il s'agit du régime général (**a**) ou du régime spécial (**b**). Deux régimes qu'il faut présenter en vue de leur appréciation.

a. L'exposé et appréciation du régime général

123. Comme les autres créanciers, le Trésor est soumis au régime général de la vérification des créances. En pratique, que ce soit en droit marocain ou en droit uniforme africain, ce régime est rendu applicable grâce aux interventions de deux organes que sont le syndic et le juge-commissaire.

124. La compétence du syndic. En droit marocain, la tâche du syndic pour ce qui est de la vérification des créances est encadrée par les deux articles 726 et 727 du nouveau Code de commerce. Si on les lit à la lettre, il en ressortirait que le syndic constitue une force de proposition en mesure de former des recommandations susceptibles de guider la tâche du juge-commissaire. Le sort de la créance d'impôt fait l'objet de l'appréciation du syndic. Trois propositions sont faites : l'admission de la créance fiscale, son rejet ou le renvoi devant le tribunal compétent. En raison de l'importance de cette procédure pour le débiteur et les créanciers dont le Trésor, le syndic ne travaille pas tout seul. Il est assisté dans cette tâche par les contrôleurs avec la présence du débiteur. Bien plus, il est contrôlé dans cette phase par le juge-commissaire.

125. A ce stade de la procédure, l'Administration fiscale est-elle totalement écartée ? La réponse est négative. En effet, elle est tellement impliquée que si la créance fiscale est contestée, le syndic

[267] Hubert TSAGUE DONKENG, « Le régime de l'insuffisance d'actif en droit OHADA des procédures collectives », art. préc., p. 323.
[268] Jean-Joël GOVERNATORI, « Le droit administratif à l'épreuve du droit des procédures collectives », *Gaz. Pal.*, 31 oct. 2009, n° 304, p. 9.

l'en avise par une lettre recommandée avec accusé de réception. Le but est de garantir une procédure équitable qui conserve les droits de chacune des parties, comme le révèle l'alinéa 2 de l'article 726 du nouveau Code de commerce marocain. De cet article, il découle que le Trésor est en droit de « *faire connaître ses explications* »[269]. Pour ce faire, le créancier fiscal dispose d'un délai de trente jours. Passé ce délai, les propositions du syndic sont probantes et plus aucune « *contestation ultérieure de la proposition du syndic* »[270] n'est possible. Cette règle, identiquement reproduite à l'alinéa 2 l'article 85 de l'AUPC révisé, a été l'objet des contentieux formés devant les juridictions marocaines. Un arrêt de la Cour de cassation marocaine[271]a pu conforter la règle basée sur le fondement de l'article 726 susvisé. Les juges de fond sont aussi fidèles à cette ligne de pensée. Ainsi, on peut citer comme cas d'application, l'arrêt de la cour d'appel de commerce de Fès[272] rendu en 2007. Les faits sont les suivants : le Percepteur de l'Administration des impôts *Ismaïlia* déclare sa créance fiscale au passif de la procédure. Toutefois, le chef de l'entreprise conteste cette dette. Le syndic a informé le Percepteur suivant la procédure décrite par l'article 726 susmentionné. Mais, aucune réponse explicative n'a été adressée au syndic par le Percepteur à ce sujet. Ce silence a eu pour conséquence que le juge-commissaire a rejeté la dette fiscale contestée. Le Percepteur forme un recours contre l'ordonnance du juge commissaire devant la cour d'appel de commerce de Fès. Cette juridiction a pu estimer que l'Administration fiscale *Ismailia* a tort de ne pas répondre à la lettre du syndic pour l'avancement de ses explications pour ce qui est des créances dévoilées et contestées par le débiteur. La cour d'appel, elle aussi, conclut au rejet de la créance fiscale.

126. La transmission des créances recensées au juge-commissaire annonce la fin de la mission du syndic et le début de celle du juge-commissaire.

127. La compétence du juge-commissaire. Les articles 729 du Code de commerce marocain et 86 de l'AUPC révisé consacrent la compétence du juge-commissaire pour décider du sort des créances fiscales et non fiscales déclarées. Cette compétence s'exprime à

---

[269] C. com, L. n° 73-17, Maroc, al. 2, art. 726.
[270]C. com, L. n° 73-17, Maroc, al. 3, art. 726 ; AUPC révisé, al. 2, art. 85.
[271]Cass. Com, Maroc, n° 578, 16 mai 2007, doss. com. 467 / 3 / 2 / 2005.
[272] CA., com, Fès, n° 60, 05 déc. 2007, doss. n° 50 / 2007.

travers les ordonnances qu'il est appelé à rendre. Elles sont au nombre de quatre. Nous allons nous limiter, ici, aux deux situations que sont l'admission et le rejet de la créance fiscale.

128. ***L'admission des créances fiscales.*** Pour ce qui est de l'admission des créances fiscales, il faut rappeler que le juge-commissaire peut désormais admettre définitivement ou provisoirement la créance d'impôt[273]. Selon les termes de l'alinéa 3 de l'article 730 du nouveau Code de commerce marocain, la décision d'admission est communiquée à l'Administration fiscale par lettre simple. Le message détermine le montant pour lequel la créance fiscale est admise ainsi que l'hypothèque légale ou le privilège dont elle est probablement assortie. La créance fiscale est mentionnée dans la liste des créances. La logique n'est pas totalement identique en droit OHADA. L'alinéa 1 de l'article 87 de l'AUPC révisé précise la subtilité de ce système juridique concernant l'information du Trésor dans un tel cadre : « *Le Greffier avertit sans délai* [...] [le Trésor] *du dépôt de l'état de créances par une insertion dans un ou plusieurs journaux d'annonces légales* »[274]. En outre, le Greffier adresse au Trésor comme aux autres créanciers « *un extrait de l'état de créances* »[275].

129. Les moyens de preuve. Dans un tel cadre, il est très important de soulever la question tenant aux moyens prouvant les créances d'impôts dévoilées. La jurisprudence marocaine est unanime sur le principe : « *pour être admise, la créance fiscale doit être prouvée* ». Se référant à l'article 404 du Code marocain des obligations et contrats qui admet la preuve écrite comme un moyen de preuve, la jurisprudence rendue au Maroc à ce sujet accepte les rôles[276]et les décisions judiciaires[277]. De même, il a été jugé que l'admission des créances fiscales est fonction des moyens de preuve présentés. En ce sens, le fait que le Percepteur n'arrive à justifier que partiellement

---

[273] Cf. *supra* n° 110 - 113.

[274] AUPC révisé, al. 1 art. 87.

[275] *Ibid.*

[276] CA., com, Marrakech, ord, n° 66 / 2011, 01 juil. 2O11, doss. 01 / 05 / 2001, (en langue arabe) ; CA., com, Marrakech, ord, n° 1156 / 2011, 02 déc. 2011, doss. 14 / 15 / 2001 ; CA. com, Marrakech, ord. n° 189 / 2012, 13 mars 2012, doss. 31 / 15 / 2007.

[277] Trib. com, Rabat, ord., n° 582, 10 juin 2009, doss. n° 400 / 21 / 2009 ; Trib. com, Rabat, ord. n° 282, 23 avr. 2010, doss. n° 601 / 21 / 2009, citées par Allal FALI, *Les procédures de traitement des difficultés de l'entreprise* [En langue arabe], 2ème Ed., Dar Essalam, nov. 2015, p. 273.

les créances déclarées a pour conséquence l'admission tout aussi partielle de ces créances[278].

130. ***Le rejet des créances fiscales.*** En ce qui concerne le rejet des créances fiscales, observons que la décision de rejet est immédiatement déposée au Greffe[279]. Ainsi, le Trésor sera en état d'en prendre connaissance pour son éventuelle contestation. Ici encore, le juge-commissaire doit faire cas des raisons qui l'ont poussé à rejeter la créance fiscale[280]. La décision relative au rejet des dettes fiscales doit être motivée. On trouve un bon exemple dans le cas où les créances fiscales n'ont pas été déclarées dans les règles requises par l'AUPC révisé et le Code de commerce marocain[281]. Les créances fiscales déclarées peuvent aussi être rejetées au cas où elles n'auraient pas été prouvées[282]. Dans le même ordre de pensée, une garantie est prévue par l'alinéa 3 de l'article 86 de l'AUPC révisé. Elle énonce que le juge-commissaire ne peut rejeter totalement ou partiellement une créance fiscale *« qu'après avoir entendu ou dûment appelé » le Trésor, le débiteur et le syndic « par lettre recommandée avec accusé de réception ou par tout moyen laissant trace écrite »*. En ce sens, les créances fiscales produites doivent faire l'objet d'une « *vérification contradictoire* »[283]. Le principe du contradictoire doit être respecté[284]. La jurisprudence dans l'espace OHADA s'est prononcée sur cette question. On peut citer l'affaire de la liquidation des biens de la SAVANA[285]. Statuant sur cette affaire, le TGI de Bobo-Dioulasso a pu déclarer conformément à l'article 86 de l'AUPCAP de 1998 que :

> « En l'espèce, si la volonté du juge-commissaire avait été de rejeter la créance, la procédure [...] lui aurait évité l'admission de ladite créance sur la base d'une simple « erreur de frappe ». Dès lors, il convient de confirmer la créance et de dire qu'elle sera assortie du

---

[278] CA., com, Marrakech, ord, n° 390 / 2012, 08 mai 2012, doss. n° 02 / 15 / 2010.
[279] C. com. L. n° 73-17, Maroc, al. 1, art. 732.
[280] AUPCAP révisé, al. 1, art. 42 : en droit OHADA, l'ordonnance précitée « *est assortie de l'exécution provisoire de droit* ».
[281] Trib. com, Casablanca, ord., n° 2110 / 2012, 26 déc. 2012, doss. n° 397 / 19 / 2012.
[282] Trib. com, Marrakech, ord., n° 1133, 01 déc. 2011, doss. n° 775 / 2011.
[283] CA, Rennes, 25 mars 2008, n° 07/02931, S.A.R.L. VITAL OUEST C/ S.C.P. DOLLEY & ASSOCIES.
[284] Christian GAMALEU KAMENI, Thèse préc., p. 161.
[285] TGI de Bobo - Dioulasso., Burkina-Faso, Jugement °88, 06 mars 2002, *CNSS / Liquidation SAVANA*.

privilège du Trésor en application de l'article 4 de la loi n°23/93/ADP du 25 mai 1993 ».

De cette jurisprudence, on retient que respecter le principe contradictoire des débats est une garantie essentielle pour le Trésor. C'est le recours exercé par le Trésor qui a permis de faire en sorte que la créance précitée soit admise après avoir été rejetée par le juge commissaire. Toutefois, si le Percepteur ne fait rien en la matière, la décision du juge commissaire a l'autorité de la chose jugée après un certain temps. En ce sens, « *après l'épuisement des voies de recours* »[286], il est impossible de remettre en cause le caractère rejeté de la créance fiscale. Dès lors, elle s'impose particulièrement au Trésor et généralement aux autres parties.

131. Appréciation. Au stade de la vérification des créances fiscales, les garanties établies en faveur du Trésor sont très importantes. Ici encore, force est de constater que l'efficacité de cette procédure dépend, en grande partie, de la compétence du syndic, de celle du juge-commissaire et enfin de la prudence du percepteur. Sinon, les garanties décrites restent hypothétiques.

132. Sur ce régime général, se greffe un régime spécial qui trouve son fondement autant dans la loi interne que dans la jurisprudence.

b. L'exposé et appréciation du régime spécial

133. Annonce de la problématique. Nous l'avons précisé, statuant sur une créance fiscale dans le cadre de la procédure de vérification, le juge-commissaire est compétent pour rendre quatre décisions. Il y a la décision de l'admission de la créance déclarée et celle de son rejet. A ces deux décisions, l'on peut ajouter deux autres : soit que le juge-commissaire constate une instance en cours, soit qu'il se déclare incompétent. Toute la question est de savoir quand est-ce que le juge-commissaire doit se déclarer incompétent. Le cadre général est expliqué par un auteur : quelle que soit la nature des créances en question, le juge commissaire reste compétent pour mettre en œuvre les règles de la procédure collective. Mais, lorsque la contestation de la créance déclarée appelle l'application des règles d'une autre discipline juridique, « *il y a place à une*

[286]Christian GAMALEU KAMENI, Thèse préc., p. 161.

incompétence »[287]. Le juge-commissaire se déclare d'office incompétent. De même, la déclaration d'incompétence peut être soulevée par les parties. L'exigence d'appliquer ce cadre général aux créances d'impôts nous amène à poser une seconde question : pourquoi la vérification des créances fiscales contestées sort du périmètre de la compétence du juge-commissaire ? La question mérite d'être posée, car l'on est devant l'illustration d'une protection spéciale. Pour répondre à cette question, nous allons, au départ, présenter la position de la loi, après quoi, nous mettrons en avant celle de la jurisprudence.

134. Une solution clairement trouvée dans la loi. Pour ce qui est de la loi, se rapportant conjointement à l'article 8 de la loi portant création des tribunaux administratifs au Maroc[288] et aux articles[289] 120 et 141 du Code marocain de recouvrement des créances publiques[290], seul le juge administratif peut revoir le titre exécutoire établissant l'impôt déclaré dans le sens de l'annulation ou de la modification et ce, en respectant les voies de recours [291] prévues à cet effet. En droit OHADA, on peut citer comme exemple l'article L.126 du Code général des impôts[292] au Cameroun. En définitive, les contentieux de l'assiette et de recouvrement doivent être formés devant la juridiction administrative. En définitive, la vérification des créances contestées sort de la compétence du juge commissaire, car des règles juridiques instaurent clairement cette solution. Elles ne laissent aucune marge au juge commissaire pour rendre ses ordonnances à cet effet.

135. Une solution confirmée en jurisprudence. Effectivement, la Cour de cassation marocaine [293] a pu estimer, à maintes reprises, que la vérification des créances publiques contestées sort du périmètre

---

[287] Pierre-Michel LE CORRE, « Compétence du juge fiscal pour connaître d'une discussion sur la prescription d'une créance fiscale », *Gaz., Pal.*, 21 juil. 2015, n° 202, p. 22 ; Cass. com., France, 28 avr. 2004, arrêt n° 692 F-P+B.

[288] Dahir n° 1-91-225 du 22 rebia I 1414 (10 septembre 1993) portant promulgation de la loi n° 41-90 instituant des tribunaux administratifs.

[289] CRCP, Maroc, art. 120.

[290] Dahir n° 1-00-175 du 28 moharrem 1421 portant promulgation de la loi n° 15-97 formant code de recouvrement des créances publiques (B.O du 1 juin 2000).

[291] CA., com, Casablanca, n° 2013 / 8335560, 17 déc. 2013, doss n° 11 / 2013 / 2528.

[292] CGI, Cameroun, 2017, art. L. 126.

[293] Cass. com., Maroc, n° 1424, 07 oct. 2009, doss. com. n° 55 / 3 / 1 / 2007.

de la compétence du juge-commissaire[294]. Pour ne prendre que l'arrêt n° 1424 du 07 octobre 2009, les juges de cassation considèrent que ladite vérification relève de la seule compétence du juge administratif. « *Le rôle d'impôt est considéré comme un titre exécutoire selon l'article 8 du Code marocain de recouvrement des créances publiques* », précise l'arrêt. De ce fait, *« en vérifiant la créance d'impôt, ni le juge-commissaire, ni la Cour d'appel* [de commerce] *qui statue en second degré sur l'ordonnance de ce dernier, ne peuvent la modifier sur la base de la contestation du débiteur* », poursuit l'arrêt. La cour d'appel de commerce aurait dû admettre l'impôt déclaré et si, « *le débiteur fournissait ce qui prouve sa contestation fondée sur la prescription de la créance déclarée devant le Tribunal administratif, la cour d'appel de commerce devrait, dans cette situation, se déclarer incompétente dans la limite de ce qui est contesté* »[295]. En raisonnant avec cette logique, la Cour de cassation marocaine en est arrivée à la conclusion suivante : « *la cour d'appel de commerce qui a modifié la créance déclarée en se basant sur la prescription partielle de ladite créance a violé les règles d'incompétence* ». Elle a statué sur un point dont la compétence relève du tribunal administratif. En règle générale, notons que « *la contestation du bien- fondé et du montant des impôts* »[296]sort de la compétence du juge commissaire et relève de celle du juge administratif.

136. Appréciation. En fait, la position adoptée par la Cour de cassation marocaine inspire fortement le juge commercial au Maroc[297]. En plus, elle est en droite ligne avec celles adoptées respectivement par le Conseil d'État[298] et le Tribunal du conflit en France[299]. Parce qu'elle fait intervenir le juge de l'impôt, parce que

---

[294] Cass. adm., Maroc, n° 666 / 1, 01 juil. 2013, doss. com. n° 1546 / 4 / 1 / 2013.

[295] CA, com, Casablanca, n° 1559 / 2013, 19 mars 2013, doss. n° 11 / 2011 / 4473 ; Cass. com., Maroc, n° 681, 12 mai 2011, doss. com. n° 621 / 3 / 3 / 2010.

[296]Bernard LAGARDE, *Droit fiscal et droit des entreprises en difficulté, art. préc.*, n° 1527.

[297] CA, com, Casablanca, n° 2013 / 8335560, 17 déc. 2013, doss. n° 11 / 2013 / 2528 ; CA, com, Fès, n° 53, 26 sep. 2012, doss. n° 26/12, CA, com, Casablanca, n° 18, 26 déc. 2001, doss. n° 01 / 18 / 102.

[298] CE, France, n° 299627, 25 nov. 2009.

[299] Trib. confl., France, 26 mai 2003, *Act. pr. coll.* 2003, n° 233 ; *LPA* 7 nov. 2003, p. 10, note J. BRANDEAU ; *D.* 2003, p. 2010. V. aussi, B. DACOSTA , « Compétence juridictionnelle en cas de procédure collective : clarification de la ligne de partage entre juge de la procédure collective et juridiction administrative », (*t. confl., 13 avr. 2015, n° 3988, mm. martini c/ min. finances et comptes publics,* concl. b. dacosta), *in* revue de droit fiscal n° 25, 18 juin 2015.

ce juge est le plus proche de la matière fiscale, parce qu'elle protège les droits du débiteur-contribuable, cette solution est tout à fait logique. Cette exigence est de nature à garantir les droits aussi bien du débiteur-contribuable que de l'Administration fiscale. Dans le cadre de cette recherche située dans une approche prospective et comparative, nous pensons que plus rien n'empêche les juges des Etats membres de l'OHADA de s'en inspirer.

137. Pour conclure, la raison économique qui guide l'ordre collectif est controversée en ce sens qu'elle peut être, tantôt, contournée par le redevable, et tantôt, limitative par l'effet du vide juridique et des prestations pas toujours qualitatives des acteurs de la procédure.

138. L'application des règles normatives est non seulement facteur de sécurité pour l'entreprise placée en procédure collective et les créanciers. Mais, elle est aussi source de sacrifices pour eux.

§ 2. Source de sacrifices disproportionnés

139. Pierre angulaire des procédures judiciaires du traitement des difficultés de l'entreprise, la cessation des paiements engendre, à part l'ouverture de la procédure collective, d'autres effets juridiques[300]. Effets qui favorisent l'égalité entre les créanciers. L'autre objectif annoncé à travers ces effets est de contribuer au traitement de la cessation des paiements en accordant un répit[301] à l'entreprise[302] en difficulté. Ayant une approche identique, le droit marocain et le droit OHADA s'accordent sur les effets juridiques du jugement de la cessation des paiements.

140. En permettant l'ouverture de procédures collectives, la cessation des paiements marque le départ « *d'une période contraignante* »[303]. Elle est moins contraignante pour le débiteur que pour les différents créanciers antérieurs de l'entreprise. En sa qualité de créancier antérieur, le Trésor en est concerné. L'on peut dire que

---

[300] V. Mohamed Rabie ABASSI, « Les effets de la cessation des paiements en droits marocain et français », *revue Fatouaka*, n° 1, 2019.

[301] Fatoma THERA, *L'application et la réforme de l'acte uniforme de l'OHADA organisant les procédures collectives d'apurement du passif*, Thèse, Lyon 3, 2010, p. 185, n° 270.

[302] Fatoma THERA, Thèse préc., p. 185.

[303] Yves GUYON, *op. cit.*, n° 1023.

la cessation des paiements est source de sacrifices disproportionnés. Il est question de sacrifices que subissent à la fois le débiteur et les créanciers. Dans ce sens, il convient de distinguer le sacrifice du redevable (**A**) de celui du Trésor pris collectivement (**B**).

A. Le sacrifice du débiteur-contribuable

141. À n'en pas douter, le patrimoine du débiteur soumis à une procédure collective est le gage général du Trésor et des autres créanciers. En ce sens, la sauvegarde de ce patrimoine est le plus important des mécanismes protégeant les droits des créanciers. Toutefois, cette sauvegarde n'est pas chose facile surtout en temps de crise pour le débiteur. Etant libre d'administrer ses biens et d'en disposer comme il veut, le débiteur de mauvaise foi serait tenté de dilapider le patrimoine de l'entreprise. Prenant acte de ce souci, le législateur OHADA et son homologue marocain ont établi des mécanismes et règles. D'abord, il y a la règle de l'interdiction de payer les dettes antérieures. Les dettes fiscales y sont aussi soumises (**3**). Voulant poursuivre le même objectif, les deux législateurs optent pour un principe dit le dessaisissement automatique (**2**). Mais, avant de s'appesantir sur les effets juridiques du dessaisissement automatique, il est aussi instructif de s'interroger sur la portée du « dessaisissement » qui s'opère dans le passé de façon rétroactive, celui communément appelé sous le nom des nullités ou des inopposabilités de la période suspecte (**1**).

1. Nullités et inopposabilités de la période suspecte

142. Comme leur nom l'indique, les nullités ou les inopposabilités de la période suspecte sont un mécanisme qui permet d'effacer les effets juridiques des actes passés par le débiteur pendant la période suspecte. Contrairement au dessaisissement qui s'opère automatiquement après le prononcé d'une procédure liquidative[304], les nullités ou les inopposabilités de la période suspecte sont rétroactives en ce qu'elles s'opèrent dans le passé. Qu'est-ce que la période suspecte ? S'inspirant du droit français, les législateurs OHADA et marocain ont pris soin de consacrer et de délimiter la période suspecte. Les termes de l'article 712 du Code de commerce marocain et de l'article 67 de l'AUPC révisé précisent que la période

[304] Cf. *infra* n° 149.

suspecte s'étend de la date de la cessation des paiements jusqu'au jugement d'ouverture de la procédure. Cet intervalle de temps peut être augmenté d'une période antérieure pour certains contrats.

143. Interrogations. La période suspecte étant délimitée, l'on est tenté de poser deux questions tout à fait logiques : quelles sont les nullités et les inopposabilités de la période suspecte ? La seconde question est de savoir en quoi ces nullités et inopposabilités peuvent protéger le Trésor ? Pour pouvoir y répondre, notons que la lecture conjointe des articles 714 et 715 du Code de commerce marocain et de l'article 68 du nouvel AUPC laisse paraître la distinction entre les nullités ou les inopposabilités de droit et les nullités ou les inopposabilités facultatives.

144. Les nullités ou les inopposabilités de droit. Les nullités de droit sont les nullités que le tribunal doit prononcer abstraction faite de la bonne foi des contractants. Ici, le juge ne peut disposer d'aucun pouvoir d'appréciation. À la première lecture de l'article 714 du Code de commerce marocain, on comprend que la nullité de droit ne peut frapper que les seuls actes à titre gratuit. La donation et l'abandon de créances sont deux exemples illustratifs. Contrairement au droit marocain, l'étendue des inopposabilités de droit est beaucoup plus spacieuse en droit OHADA. A ce niveau, il y a une énumération légale des actes qui sont susceptibles d'être annulés s'ils sont passés dans la période suspecte. En plus des actes à titre gratuit, cinq autres actes sont prévus par l'article 68 du nouvel AUPCAP[305]. Les nullités ou les inopposabilités de droit sont un mécanisme protecteur du Trésor et des autres créanciers. Destiné à rendre nuls ou inopposables les actes passés durant cette période, ce mécanisme occupe une place très importante dans la reconstitution de l'actif de l'entreprise placée en procédure collective.

145. Les nullités ou les inopposabilités facultatives. En application de l'article 715 du Code de commerce marocain, il ressort que « tout *acte à titre onéreux, tout paiement, toute constitution de garanties ou sûretés »* peuvent être frappés de nullité facultative. Là, avant d'annuler l'acte, le juge jouit d'un pouvoir d'appréciation. Par souci de protéger le Trésor et les autres créanciers, par souci de reconstituer l'actif de l'entreprise en cessation des paiements, le juge peut annuler certains actes. Il en est ainsi des actes frauduleusement passés par le débiteur avec l'un de

---

[305] AUPC révisé, art. 68.

ses créanciers au détriment des autres[306]. Un bon exemple est celui relatif[307] à la vente par le débiteur d'une marchandise contre un prix déraisonnable.

146. Le constat d'une autre divergence. Ces divergences mises à part, il faut observer que les deux formes de nullités ne sont subordonnées à aucune condition en droit marocain. Pour préciser, il n'est pas besoin que l'acte passé dans la période suspecte soit la source d'un préjudice[308] subi par l'entreprise[309], ou par les créanciers[310]. Dans cette perspective, le syndic en droit marocain se retrouve libéré de la charge de preuve. Au contraire, en application de l'article 69 de l'AUPC révisé, la preuve de l'existence du préjudice est exigée pour faire jouer l'inopposabilité d'un acte à titre gratuit translatif de propriété[311].

147. Conclusion. De ce qui précède, nous déduisons que si la situation est quasiment identique en matière de la délimitation de la période suspecte, force est de constater qu'en matière de effets de la période suspecte, il s'opère un déséquilibre entre le droit OHADA et le droit marocain, car le droit communautaire africain comporte plus d'inopposabilités que de nullités dans le système marocain. Cette divergence n'est explicable que par la volonté du législateur communautaire africain de pousser vers l'objectif prioritaire assigné aux procédures collectives en droit OHADA, à savoir la protection des créanciers. Cependant, il faut relever que ce déséquilibre ne se traduit pas sur le terrain. Certains syndics dans l'espace OHADA ne procèdent que rarement à l'annulation des actes passés au détriment du Trésor et des autres créanciers[312]. Dès lors, la protection du Trésor, de ce point de vue, reste limitée.

148. Les nullités et les inopposabilités de la période suspecte étant précisées, la reconstitution de l'actif de l'entreprise en difficulté et

---

306 Christian GAMALEU KAMENI, *La cessation des paiements en droit de l'OHADA, op. cit.*, p. 58.

307 Abdelmadjid TIJANI, « Les nullités de la période suspecte en matière de procédures collectives », *rev. droit et affaires*, n°4 p. 194.

308 Cass. com., France, 16 fév. 1993, Bull. civ. IV. n° 62, p. 41. Cf. Mohamed LAFROUJI, *La situation des créanciers dans les procédures de traitement des entreprises, étude analytique et critique à la lumière du droit marocain et du droit comparé*, coll. « Etudes juridiques approfondies », 1ère éd., Najah El Jadida, p. 75.

309 Cass. com., France, 16 fév. 1993, JCP G 1993, 3704. Cf. Corinne SAINT-ALARY -HOUIN, *op, cit.*, p. 645, n° 1030.

310 Mohamed LAFROUJI, *op. cit.*, p. 74.

311 AUPC révisé, art. 69.

312 Souleymane TOE, Thèse préc., n° 360, p. 328.

le souci de protéger les créanciers au rang desquels figure le Trésor impliquent aussi un dessaisissement automatique.

2. Le dessaisissement automatique

149. Le dessaisissement du débiteur après le prononcé de la procédure liquidative est une règle essentielle du droit des difficultés des entreprises. Consacrée par l'article 52 de l'AUPC révisé,

> « La décision qui prononce la liquidation des biens emporte, de plein droit, à partir de sa date, et jusqu'à la clôture de la procédure, dessaisissement pour le débiteur de l'administration **et de la disposition de ses biens** présents et de ceux qu'il peut acquérir à quelque titre que ce soit, sous peine d'inopposabilité de tels actes, sauf s'il s'agit d'actes conservatoires ».

Le droit marocain s'inscrit dans la même logique ; on peut lire dans l'article 651 du nouveau Code de commerce marocain :

> « Le jugement qui prononce la liquidation judiciaire emporte de plein droit dessaisissement pour le débiteur **de l'administration et de la disposition de ses biens**, même de ceux qu'il a acquis à quelque titre que ce soit, tant que la liquidation judiciaire n'est pas clôturée ».

150. Au niveau du mécanisme de la représentation, les deux législations ont une solution identique : le seul syndic a qualité de prendre la place du débiteur dès le prononcé de la procédure liquidative jusqu'à sa clôture. Là, les législateurs OHADA et marocain sont certainement guidés par une logique tout aussi identique : l'entreprise sera liquidée et partant, elle n'existera jamais. Dès lors, le fait que l'on maintienne encore le débiteur à la tête de cette entreprise est injustifié. De ce point de vue, la doctrine y voit un mécanisme protecteur des droits des créanciers antérieurs. Pour ses créances fiscales antérieures, le Trésor en est donc concerné. La réponse apportée par la loi a été confortée par la jurisprudence. Ainsi, il a été jugé que dès la mise en application de la liquidation judiciaire[313], le chef de l'entreprise ne peut représenter l'entreprise devant le tribunal quand elle est demanderesse comme il ne peut la représenter quand elle est défenderesse. Reste que le dessaisissement est un principe flexible. Sa portée est relative. Nous sommes donc fondés à poser les questions suivantes : quel en est le principe ? Quelles en sont les exceptions ?

---

313 CA., com, Fès, n° 42, 17 sep. 2003, doss. n° 60 / 03C.

151. Principe. Sur la base de l'interprétation de la formule « dessaisissement de l'administration des biens », il ressort que le dessaisissement est une limitation des prérogatives du débiteur qui porte sur le patrimoine professionnel. Dès lors, le débiteur ne peut plus accomplir les actes qu'il jugerait indisponibles « à *la conservation et à la mise en valeur* »[314]de ses biens. À titre d'illustration, la mise en œuvre d'une série d'actes ne lui est pas possible : il ne peut pas passer un contrat ; il ne peut pas non plus payer une créance ; il ne peut pas encore assigner en justice au nom de l'entreprise, pas plus qu'il ne peut être tenu au respect de ses obligations légales et conventionnelles. En ce qui concerne le dessaisissement de la disposition des biens, il est à noter que l'acte de disposition est, par définition, « *un acte dont l'objet est de faire sortir du patrimoine un bien ou une valeur* »[315]. Autrement dit, l'acte de disposition est un acte par lequel on dispose juridiquement d'un bien. De cette explication, on comprend que le débiteur ne peut par exemple effectuer un apport en société. Par extension, il ne peut pas créer un droit réel sur l'un de ses biens[316] pas plus qu'il ne peut vendre un bien appartenant à l'entreprise. Une question est à poser : en quoi le dessaisissement est un mécanisme protecteur du Trésor ? Les actes de disposition sont des actes sensibles dont l'application peut présenter un risque pour le Trésor et les autres créanciers ainsi que pour l'entreprise en difficulté. L'on craint la fuite des capitaux. L'idée est de sécuriser l'actif de l'entreprise. C'est la protection de l'actif qui permet de payer les créanciers. Pour cela, ces actes sont soumis à l'autorisation expresse du juge commissaire. Ils sont aussi soumis au contrôle du syndic.

152. Exception. Comme cela a été précisé, le principe du dessaisissement présente des limites. Ainsi, sont exceptés les droits et actions attachés à la personne du débiteur. Dans un tel cadre, le débiteur peut exercer des actions personnelles. « *Il peut se constituer partie civile pour établir la culpabilité de l'auteur d'un crime ou d'un délit dont il serait victime* »[317], comme il peut racheter une police d'assurance sur la vie ou encore agir pour des actions portant

[314] Raymond GUILLIEN, Jean VINCENT, « Lexique des termes juridiques », (sous la dir.) Serge GUINCHARD, Gabriel MONTAGNIER, *D*, 13 ème éd., 2001, p. 22.
[315] Josette REY DEBOVE, Alain REY, *Le nouveau petit robert*, 2001, p. 740.
[316] Par exemple, le débiteur ne peut pas créer une hypothèque sur un bien immobilier appartenant à l'entreprise en liquidation judiciaire.
[317] C. com, L. n° 73-17, Maroc, al. 5, art. 651 ; Cass. com., Maroc, n° 390, 02 avr. 2008, doss. n° 816 / 3 / 2 / 2005.

sur le statut personnel. Dans le même ordre d'idées, le redevable en droit OHADA n'est pas dessaisi de l'administration et de la disposition de ses biens s'il s'agit d'actes conservatoires. L'opposabilité de tels actes à la procédure et à la masse est acquise. La cour d'appel de Ouagadougou, illustrant l'acte conservatoire, a jugé qu'*il* est possible que le débiteur dessaisi puisse « *interjeter appel d'un jugement défavorable à la masse* »[318].

153. Interrogations. Le Percepteur chargé de la déclaration des créances fiscales doit *connaître* le principe du dessaisissement et les exceptions précitées[319]. Comme on vient de le signaler, cette règle a fait l'objet des applications judiciaires au Maroc et dans l'espace OHADA. Reste qu'en matière fiscale, une zone d'ombre persiste. Des questions sont restées sans réponse *:* Si le syndic est tenu au respect des obligations fiscales, si le syndic représente la masse des créanciers, est-il le mieux placé pour représenter le Trésor à titre individuel ? Est-il le mieux placé pour recevoir les actes des procédures de contrôle et de redressement fiscal ? Aucune réponse n'est explicitement trouvée en droit marocain. En application des procédures du redressement et du contrôle fiscal, le dessaisissement est un principe qui est, dans une certaine mesure, ambigu[320]. Ceci dit, une règle est clairement instaurée par le droit marocain et le droit OHADA : le syndic n'est pas autorisé à payer les dettes antérieures y compris les dettes fiscales.

3. L'interdiction de payer les dettes fiscales antérieures

154. Définition. L'interdiction de payer les dettes antérieures est une règle traditionnelle du droit des difficultés de l'entreprise. Comme toutes les dettes antérieures, les dettes fiscales antérieures y sont aussi soumises. Cette règle est consacrée par l'article 690 du Code de commerce marocain : « *Le jugement ouvrant la procédure emporte, de plein droit, interdiction de payer toute créance née antérieurement au jugement d'ouverture* ». Selon l'AUPC révisé, le débiteur est soumis à cette règle après l'ouverture du règlement préventif[321]. Mais, plus aucune disposition formelle n'y fait allusion après l'ouverture de la procédure collective. Les procédures

---

[318]AUPCAP révisé, al. 2, art. 53 ; CA., Ouagadougou, Ch. Civ. et com. n° 097, 07 déc. 2001, Ohadata j-09-05, *Tagui C/ OUEDRAOGO Salif Déré.*

[319] Bernard HATOUX, « L'incidence des procédures collectives sur le recouvrement des impôts », *RJF,* 1995, p. 87.

[320] Sur les éléments de solution, Cf. *infra* n° 623 - 624.

[321] AUPCAP révisé, art. 11.

préventives et curatives poursuivant les mêmes objectifs, l'attitude du législateur OHADA est étonnante dans un tel cadre. Par contre, les juges des États parties à l'espace OHADA reconnaissent son application[322].

155. Portée économique. Par souci d'assurer le redressement de l'entité économique défaillante et de garantir l'égalité entre les créanciers antérieurs de l'entreprise, le législateur marocain a formellement édicté cette règle. En réalité, les créanciers au rang desquels figure le Trésor ne sont définitivement pas privés des créances qui leur reviennent. Cette contrainte normative est simultanément instituée avec les autres règles contraignantes pour asseoir une organisation collective de la procédure. Elle reçoit application de plein droit à partir de l'ouverture de la procédure. S'agissant d'une application « *automatique* »[323], il n'est pas nécessaire que cette règle soit citée dans le jugement constatant la cessation des paiements. Notons qu'une partie de la jurisprudence marocaine s'est alignée sur ladite règle : « [...] *Le débiteur se voit priver de payer toutes les dettes antérieures* [...] »[324], précise un arrêt de la cour d'appel de commerce de Casablanca.

156. Domaine d'application. En vertu de la règle susvisée, le débiteur ou le syndic ne peut procéder au paiement des dettes d'impôts antérieures à la date du prononcé du jugement d'ouverture. Mais, cette règle « *ne saurait rétroagir à un paiement effectué avant le jugement d'ouverture* »[325]. Pour cerner ces dettes, il faut se référer à la notion du fait générateur de l'impôt[326]. Ainsi, les créances d'impôts nées avant le jugement d'ouverture sont incluses. Par contre, les créances fiscales postérieures ou contre la masse (suivant les systèmes) sont exclues. L'on verra que cette dernière catégorie de créances est soumise à un traitement de faveur axé sur le paiement à l'échéance.

---

[322] Cour suprême, Côte d'Ivoire, n° 383, 6 juil. 2006, Affaire *Liquidation SID Trading / La société générale des banques* en Côte d'Ivoire dite *la SGBCI et la Banque Internationale pour l'Afrique Occidentale dite* BIAO, Juris OHADA, n° 3, juill. août. sep. OHADATA J-08-281.

[323] Corinne SAINT-ALARY-HOUIN, *Droit des entreprises en difficultés, op. cit.*, n° 637, p. 398.

[324] CA, com, Casablanca, n° 3577 / 2002, 27 déc. 2002, doss. n° 6141 / 2002 / 1.

[325] Françoise PÉROCHON, Régine BONHOMME, *op. cit.*, n° 176-1, p. 166.

[326] Cf. *infra* n° 344 ; 737 et s.

157. Critique. S'agissant de l'application de la règle de l'interdiction de payer les dettes antérieures, la seule critique que nous avons pu trouver se résume à l'erreur judiciaire. Le jugement rendu par le Tribunal administratif de Casablanca le 01 mars 2010 est une illustration parfaite. Dans cette affaire, la Société de l'alimentation des volailles et du bétail DIK[327] est placée en redressement judiciaire. Contre toute attente, les juges administratifs écartent l'application de la règle de l'interdiction de payer les dettes antérieures en faveur du Trésor. Cette règle est détournée de son objectif. Bien que cette solution jurisprudentielle favorise le Trésor, la juridiction administrative aurait dû raisonner en privilégiant les chances du redressement de l'entreprise en difficulté. C'est l'esprit général du livre 5 du Code de commerce marocain.

158. Exceptions. Enfin, il importe de mentionner que cette règle n'est pas tout à fait absolue. En effet, il y a des limites qui atténuent la rigueur de sa teneur. En ce sens, bien que la procédure collective soit ouverte, le désintéressement de certains créanciers reste possible par dérogation à la règle de l'interdiction de paiements. Cette dérogation est édictée, entre autres, à l'alinéa 2 de l'article[328] 690 du nouveau Code de commerce marocain. À cela, s'ajoute le mécanisme de la compensation[329].

159. Question délicate. Par souci de bien protéger le Trésor, est-il fondé qu'on applique en sa faveur la technique de la compensation ? On aura l'occasion d'y revenir[330].

160. Les contraintes normatives de la procédure collective n'atteignent pas seulement le débiteur. Le Trésor et les autres créanciers s'y soumettent aussi.

B. Le sacrifice du Trésor

161. Le sacrifice des créanciers du fait de l'ouverture de la procédure collective est très dur. En sa qualité de créancier, le Trésor ne peut poursuivre individuellement son redevable (**1**). En plus, le cours des inscriptions est arrêté (**3**). A cela, s'ajoute l'arrêt du cours

---

[327] Trib. adm., Casablanca, n° 208 - 6 - 2008, 01 mars 2010.
[328] C. com. al. 2, art. 690.
[329] Cf. *infra* n° 651- 662.
[330] Cf. *infra* n° 663 - 666.

des intérêts (**2**). Enfin, si le Trésor omet, par négligence, de dévoiler ses créances, elles sont éteintes. C'est la forclusion des créances fiscales (**4**).

1. La suspension des poursuites individuelles

162. Définition et portée économique. La suspension des poursuites individuelles est une règle cardinale du droit des procédures collectives. En principe, elle est applicable à tous les créanciers dont les créances sont nées avant le prononcé du jugement d'ouverture. Appliquée au Trésor, la règle vise toutes les créances d'impôts antérieures. De ce fait, elle est une illustration parfaite du principe de l'égalité des créanciers. En réalité, l'arrêt des poursuites individuelles n'est pas une fin en soi. Il s'agit de limiter les actions individuelles des créanciers pour asseoir une discipline collective. De même, le patrimoine de l'entreprise en difficulté doit être intouchable de sorte que plus aucune soustraction de l'actif n'est permise. L'objectif économique est ici pris en compte : il faut sauver l'entreprise placée en cessation des paiements. En plus, c'est une règle d'ordre public dans la mesure où elle est appliquée de plein droit.

163. Cadre juridique. On peut appréhender la suspension des poursuites individuelles à travers le dispositif de l'article 686 du Code de commerce marocain. Aux termes de cet article, « *le jugement d'ouverture suspend ou interdit toute action en justice de la part de tous les créanciers dont la créance a son origine antérieurement audit jugement* [...] ». En droit OHADA, une règle presque identique est prévue par l'article 75 du nouvel AUPC[331]. Il s'agit donc d'une logique partagée par le régime marocain et le régime OHADA. Non seulement les actions en justice. Mais, les voies d'exécution sont aussi interdites ou suspendues.

164. Impact. Pour bien assimiler l'impact de cette règle sur la condition du Trésor, il faut procéder par délimiter ce que peut englober la notion de la poursuite individuelle. La lecture conjointe des articles 686 et 75 susmentionnés laisse présager que la poursuite individuelle dirigée contre le débiteur placé en procédure collective fusionne deux mesures : l'action en justice et la voie d'exécution exercée sur les meubles et les immeubles de ce dernier. S'agissant des actions en justice, sont interdites les actions en justice tendant à

---

[331] AUPC révisé, art. 75.

la condamnation du débiteur au paiement d'une somme d'argent. Ainsi, sont interdites les actions tendant à la résolution d'un contrat pour défaut de paiement d'une somme d'argent[332]. Cette dernière hypothèse n'est pas envisageable pour le cas du créancier fiscal, car « *les contrats conclus entre l'administration fiscale et le contribuable* [...] *sont par principe nuls et non avenus* [...] »[333]. Pour ce qui est de la voie d'exécution, elle est définie comme étant une procédure permettant à un particulier, qu'il soit personne physique ou morale, « *d'obtenir par la force l'exécution des actes et des jugements qui lui reconnaissent des prérogatives ou des droits* »[334]. Dans les deux ordres juridiques OHADA et marocain, la suspension des voies d'exécution est consacrée par une disposition juridique dont la formulation est identique : le jugement de l'ouverture de la procédure collective arrête ou interdit toute voie d'exécution de la part des créanciers tant sur les meubles que sur les immeubles[335]. Quelles sont ces voies d'exécution ? Il y a la saisie. Bien entendu, si la saisie est profitable au Trésor-saisissant, la vente des biens saisis l'est davantage. Parfois, ce créancier public sera amené juste à conserver son dû qui est un gage pour lui. D'où la procédure du commandement ou de la saisie conservatoire. A l'instar du législateur OHADA, le législateur fiscal marocain encadre ces voies d'exécution. L'exercice de ces voies est trouvé sur la base de l'article 39 du Code marocain de recouvrement des créances publiques. Article qui laisse présager que le Trésor peut recouvrer ses créances par le recours aux procédures d'exécutions forcées. Ces voies doivent être exercées dans l'ordre suivant : le commandement, la saisie et la vente. Ce régime est repris par les régimes fiscaux internes des États parties à l'OHADA. Par exemple, le Code général des impôts du Cameroun de 2017 parle, à travers l'article 55 L et suivants, des poursuites du droit commun. Poursuites qui doivent être pratiquées suivant le droit uniforme communautaire en la matière, à savoir, l'Acte uniforme portant organisation des procédures simplifiées de recouvrement et des voies d'exécution.

165. La question est de savoir quel impact peut avoir cette restriction sur le Trésor à ce niveau précis. En application de la suspension des

---

332 AUPCAP révisé, al. 1, art. 75 ; C. com., L. 73 - 17, Maroc, art. 686.

333 Gilles DEDEURWAERDER, « Les entreprises en difficulté face au droit fiscal », art. préc.,

334 Raymond GUILLIEN, Jean VINCENT, *op. cit.*, p. 572.

335 AUPCAP révisé, al. 2, art. 75 ; c. com, L. 73 - 17, Maroc, al. 2, art. 686.

voies d'exécution, et à partir de l'ouverture de la procédure collective, le Trésor ne peut passer à la réalisation de son titre exécutoire peu importe la nature de ses créances fiscales. Il n'est donc pas fondé à notifier un commandement. À l'instar du commandement, la saisie mobilière, opérée par le Trésor, est suspendue. De même qu'il lui est interdit de saisir des biens immeubles en « cas *d'insuffisance ou d'absence de biens meubles* »[336]. Dans le même ordre d'idées, il lui est interdit de vendre le fonds de commerce appartenant à l'entreprise en difficulté en suivant les conditions et le formalisme prévus[337] cet effet. La jurisprudence, rendue au Maroc à ce sujet, est allée encore plus loin. La suspension des voies d'exécution pratiquées par l'Administration fiscale joue aussi pour les fonds détenus par un tiers. Ainsi, il a été abondamment jugé[338]que si un ATD est émis par le Trésor public après l'ouverture de la procédure collective, cette mesure d'exécution est remise en cause. Il en est de même de la saisie sur tiers[339].

166. Interrogations. En dépit de l'encadrement juridique de la suspension des poursuites individuelles, des questions restent non résolues par la loi. Une question est relative à la mesure d'exécution qu'est l'ATD. Quel sort faut-il réserver à un ATD émis durant la période suspecte ? Aucun encadrement n'est prévu en droit marocain. La question mérite d'être posée, car cette hypothèse se produit souvent. Le recours à l'ATD par les créanciers publics (au rang desquels figure le Trésor) pendant cette période est critiqué. Prenons un exemple : admettons qu'un ATD soit émis le 10 janvier et que la procédure de redressement judiciaire soit ouverte deux jours après. D'après la logique précédente, l'ATD continue de produire ses effets. Cela impacte négativement sur les chances de

---

336 CRCP, Maroc, art. 67.

337 CRCP, Maroc, art. 68; C. com, L. n° 15-95, art. 80 et s.

338 CA, com, Fès, n° 20, 04 déc. 2002, doss. n° 14 / 2002 ; Trib. adm., Casablanca, n° 236, 14 juil. 2003, doss. n° 270 / 2003 ; Trib. adm. Rabat, ord. n° 468, 17 juin 2013, doss. n° 435 / 1 / 2013, cité par Karim LAHRACH, *Le guide pratique du Code de recouvrement des créances publiques : aspects doctrinal, juridique, et judiciaire*, coll. « La pratique législative et la jurisprudence », n° 5, Najah El Jadida 1ère éd., 2015, p. 269 ; CA, com, Casablanca, n° 514 / 2003, 06 fév. 2003, doss. n° 4798 / 2002 / 4.

339 C.A com. Casablanca, n° 1659, 14 juin. 2002, doss. com., n° 1769 / 2002 / 2 ; LAHBIB RHALIB Moulay Mohamed, La *place du juge dans le traitement des difficultés des entreprises au Maroc,* Thèse, Perpignan, 2005.

redressement de l'entité économique. Pour cela, ne faut-il pas encadrer davantage le régime de l'ATD[340] ?

167. Le redressement économique de l'entreprise et l'organisation collective de la procédure atteignent en plus de l'exercice des poursuites individuelles, le contenu des créances ; il en est ainsi du cours des intérêts.

2. L'arrêt du cours des intérêts

168. Définition et position de la jurisprudence. Le sacrifice tenant à l'arrêt du cours des intérêts est une règle capitale du droit des procédures collectives. Il n'est donc pas étonnant qu'elle soit prévue par les deux ordres juridiques OHADA et marocain. Traité comme tous les autres créanciers, le Trésor se retrouve assujetti à cette règle. Par définition, la règle instituée dans ces deux systèmes juridiques[341] signifie que la créance fiscale ne devient pas productive d'intérêts. Dans ces conditions, le redevable ne peut pas être « *débiteur des intérêts qui aurait normalement été calculés* »[342] par l'Administration fiscale pour la période qui suit le jugement d'ouverture. La règle a pour effet que les intérêts liés aux créances d'*impôts « ne sont plus dus. Il ne s'agit pas d'une simple suspension mais d'une véritable extinction* »[343]. Comme les autres règles classiques du droit des procédures collectives, l'arrêt du cours des intérêts recouvre un domaine très large. Elle s'applique à toutes les créances fiscales antérieures. Peu importe qu'elles soient privilégiées, cautionnées[344], garanties par l'hypothèque légale, ou encore chirographaires. Confortant cette règle, la jurisprudence administrative au Maroc a pu estimer que l'arrêt du cours des intérêts déroge aux textes spéciaux régissant l'impôt. Ainsi, dans une espèce opposant le Trésorier général du royaume et la Société *Amal textile*, le Tribunal administratif de Casablanca a eu l'occasion de se prononcer sur cette question.

---

[340] Cf. *infra* n° 836.
[341] AUPC révisé, art.77.
[342] Françoise PEROCHON, Régine BONHOMME, Entreprises *en... op. cit.*, n° 186, p. 192.
[343] Patrick SERLOOTEN, *La défaillance d'entreprise, aspects fiscaux, op. cit.*, n° 281, p. 108.
[344] Par exemple, l'article 245 *du CGI du Cameroun de 2017 prévoit que : « Il est institué un cautionnement bancaire couvrant aussi bien les obligations fiscales et environnementales, prescrites par les lois ».*

« attendu que les dispositions de l'article 21 du Code de recouvrement des créances publiques prévoit qu' à défaut de paiement des impôts et taxes émis par voie de rôles dans un délai de 30 jours à partir de la date d'exigibilité, les sommes restant dues sont passibles d'une majoration de retard au taux 8%, Toutefois , les dispositions de l'article 659 du Code de commerce applicables dans ce cas d'espèce prévoient que le jugement d' ouverture arrête le cours des intérêts légaux et conventionnels, ainsi que de tous intérêts de retard et majorations »[345].

169. L'AUPC révisé et le Code de commerce marocain n'abordent expressément que quelques contours de la règle de l'arrêt du cours des intérêts. Dans ces conditions, nous pouvons nous poser certaines questions : quel est le principe de cette règle ? Quel en est le fondement ? Présente-t-elle une exception[346] ?

170. Portée économique. Le Trésor est soumis à la règle de l'arrêt du cours des intérêts. Compte tenu du poids des intérêts et majorations, ce créancier public change momentanément de casquette pour devenir « *un partenaire économique* » prenant part au redressement économique des entreprises en difficulté. L'assistance de l'Etat pour les entreprises malades n'étant pas encadrée au Maroc et au Sénégal, l'institution de ladite règle est compréhensible. L'exigence de cette règle tient aussi au fait que les deux systèmes juridiques africains n'ont pas emboîté le pas du législateur français, qui par souci du redressement des entités économique, a procédé « *à la remise automatique des pénalités et majorations de retard dues par le débiteur à l'ouverture de la procédure en matière fiscale et sociale* »[347].

171. Une règle, quatre fondements. Dans le même ordre de pensée, il faut dire que le fondement de cette règle est multidimensionnel. Selon une doctrine avisée[348], ces fondements tiennent à la logique, à l'aspect technique et à la loi. Logiquement, il ne faudrait pas que le créancier, en l'occurrence le Trésor, prétende au recouvrement des intérêts légaux alors que le recouvrement juste de la fraction principale de l'impôt n'est pas sûr. Le fondement technique tient au

---

[345]Trib. adm., Casablanca, n° 239 / 2006 gh, 30 jan. 2008. Yahya AISSAOUI, « Les dettes fiscales de l'entreprise en difficulté », art. préc., p. 279.

[346] Sur la présentation de l'exception, Cf. *infra* n° 642.

[347] Françoise PEROCHON, Régine BONHOMME, *Entreprises en ...op. cit.,* n° 186, p. 192.

[348] Filiga Michel SAWADOGO, OHADA, *Droit des entreprises en difficulté, op. cit.,* n° 207.

fait que la continuation du cours des intérêts est de nature à rendre fluctuant le montant de l'impôt. Cette continuation rend difficile la détermination du montant du passif en général et du passif fiscal en particulier. Le fondement tenant à la loi implique que le principe de l'égalité des créanciers doit être respecté : il faudrait éluder la longueur éventuelle de la procédure qui profitera certainement au Trésor dont les intérêts courent en défaveur des autres[349]. Un quatrième fondement est présenté par la doctrine : la raison économique implique d'alléger le passif d'un montant relativement important en vue du redressement économique de l'entreprise[350]. Parce que l'accumulation des intérêts fiscaux ne profite pas au redressement de l'entreprise qu'il faut en arrêter le cours.

172. La présentation de l'affaire *Amal textile*. La jurisprudence au Maroc a confirmé cette règle. Le jugement susmentionné[351] rendu par le Tribunal administratif de Casablanca accrédite le texte de loi en la matière. En l'espèce, *Amal textile* est une société à responsabilité limitée. A la date du 08 mars 2004, elle est placée en redressement judiciaire. Pour cela, le percepteur *Hay El Hassani* a déclaré les créances fiscales (le principal et les intérêts) dans le passif de la procédure. Notons que les avis de recouvrement datent respectivement du 29 juin 2001, du 30 avril 2002, et du 31 décembre 2003. La société débitrice a contesté le montant déclaré en avançant que le jugement d'ouverture arrête le cours des intérêts et des majorations de retard. Parce que la contestation des impôts relève de la compétence du tribunal administratif, la Perception *Hay El Hassani* a été notifiée de la décision d'incompétence prononcée par le juge-commissaire. Voulant se garder de la forclusion, le Percepteur saisit le Tribunal administratif de Casablanca dans le délai de deux mois suivant ladite notification. Pour trancher le litige, le tribunal motive sa décision en ces termes : attendu que « *la majoration de retard et les frais de recouvrement ont été calculés par la Trésorerie générale avant le prononcé du jugement d'ouverture* [...] », le Trésor est fondé à recouvrer conjointement le principal du montant déclaré et les intérêts moratoires. Nous nous rangeons à cette jurisprudence, car elle respecte la lettre et l'esprit du texte de loi en la matière. Si les intérêts qui auraient normalement été calculés *par* l'Administration fiscale pour la période qui suit le

---

[349] G. RIPERT et R. ROBLOT, op. *cit*, n° 2987.

[350] Françoise PEROCHON, Régine BONHOMME, *op. cit.*, n° 186, p. 192.

[351] Trib. adm., Casablanca, n° 239 / 2006 gh , 30 jan. 2008 (jugement préc.,)

jugement d'ouverture sont éteints, les intérêts calculés par ce créancier public avant le jugement d'ouverture sont dus.

173. Interrogation. On comprend désormais mieux la raison derrière l'instauration de cette règle. Mais, par souci d'encourager le financement de l'entreprise placée en redressement judiciaire, n'est-il pas logique de relativiser l'énoncé de cette règle dans le sens d'écarter sa mise en œuvre pour les banques sous réserve de certaines conditions [352]?

174. L'arrêt du cours des intérêts mis à part, la raison économique guidant l'ordre collectif atteint aussi le cours des inscriptions.

3. L'arrêt du cours des inscriptions

175. Définition et portée économique. Comme les autres règles classiques restreignant les droits des créanciers, la règle de l'arrêt du cours des inscriptions est aussi une manifestation du principe de l'égalité des créanciers. Dès lors, le Trésor y est soumis. Par ailleurs, sa portée économique est incontestable. Ainsi, cette règle est une chance du côté de l'objectif économique. La logique est fondée sur le redressement économique des entreprises en difficulté. Le fondement tient au fait qu'à partir du jugement d'ouverture, le patrimoine du débiteur doit être en principe intouchable. Plus aucune personne n'est en droit d'effectuer un quelconque acte susceptible d'impacter négativement sur sa consistance. Il en est ainsi de la constitution de sûretés après la constatation de la cessation de paiements. Dans ces conditions, la règle précitée interdit l'inscription des sûretés en vue de favoriser le redressement économique de l'entreprise en difficulté. D'ailleurs, l'institution de cette règle est venue pour faire face à une étrangeté avérée : est-il logique qu'un créancier antérieur puisse obtenir une sûreté en garantie d'une créance antérieure ?

176. La position du droit OHADA. En droit uniforme africain, la règle précitée est prévue par l'article 73 de l'AUPC de 2015. Cet article énonce que la décision d'ouverture de redressement judiciaire ou de liquidation de biens arrête le cours des inscriptions de toute sûreté qu'elle soit mobilière ou immobilière. Le domaine de cette règle recouvre autant le privilège général portant sur le mobilier que l'hypothèque portant sur l'immobilier détenu par le débiteur-

---

[352] Cf. *infra* n° 642.

contribuable. En application de cette règle, l'Administration fiscale ne peut pas inscrire son privilège après la date du prononcé du jugement d'ouverture. Si elle le faisait, l'inscription serait inopposable à la masse des créanciers. Cette absence d'inscription n'est pas sans conséquence sur les droits du Trésor : l'absence de l'inscription rend aussi inopposable le privilège aux autres créanciers. En d'autres termes, l'Administration fiscale participe à la procédure en tant que créancier chirographaire avec toutes les conséquences qui en découlent[353].

177. Une solution pas totalement identique en droit marocain. Au Maroc, la formulation du texte de loi explique davantage la teneur de cette règle. L'article 699 du Code de commerce prévoit que l'inscription des hypothèques, nantissements, privilèges n'est plus possible dès le prononcé du jugement d'ouverture. Pour ce qui est du privilège général, la publicité des créances d'impôts n'étant pas encadrée, l'Administration fiscale n'est pas concernée par cette norme contraignante. En revanche, elle l'est pour ce qui est de l'inscription de l'hypothèque légale[354]. En ce sens, lorsqu'une procédure collective est ouverte, le percepteur ne peut pas procéder à l'inscription de l'hypothèque[355]. La même remarque vaut pour le nantissement du fonds de commerce. La jurisprudence au Maroc a conforté cette dernière solution. Dans une affaire opposant la Perception *Darb omar* et la société *de la liquidation industrielle*, il ressort d'un arrêt rendu par la cour d'appel de commerce de Casablanca que : « *nantir le fonds de commerce en faveur du percepteur* […] *est de nature à alourdir la charge de l'entreprise* […] »[356]. Dès lors, cette entreprise ne serait pas parfaitement en mesure de demander des prêts, poursuit l'arrêt cité. On revient là sur l'une des raisons justifiant l'arrêt de l'inscription des sûretés ; il faut que le patrimoine du débiteur reste solide.

178. Interrogations. Ici encore, une question s'impose : le sacrifice lié à l'arrêt du cours des inscriptions ne doit-il pas être nuancé [357]? Par ailleurs, l'inscription du privilège attaché aux impôts contribue

[353] Georges-André PELLIER, « Le privilège de la publicité des créances fiscales », *Gaz. Pal.*, 03 mars 2001, n° 062, p. 25.
[354] CRCP, Maroc, art. 113.
[355] Dieunedort WOUAKO, Thèse préc., p. 167.
[356]C.A, com. Casablanca, n° 309 / 2002, 08 fév. 2002, doss. com., n° 11 / 2001 / 2842.
[357]Cf. *infra* n° 645.

à la mise en application des procédures préventives en droit comparé. Mais, ce n'est pas le cas pour le droit marocain. Faut-il que le droit marocain aille dans ce sens [358]?

179. Les sacrifices subis par le Trésor et les autres créanciers ne s'arrêtent pas là, le sacrifice relatif à la forclusion des créances fiscales reste le plus dur.

4. La forclusion des créances fiscales : un véritable sacrifice

180. Des effets divergents. Le non-respect par le Percepteur du délai légal de la déclaration des créances fiscales « *est sanctionné par la forclusion* »[359]. Il a été souligné, à juste titre, que le délai de la production ou de la déclaration des créances est identiquement fixé en droits OHADA et marocain à 60 jours. Si le Trésor, en sa qualité de créancier antérieur, ne s'y conforme pas, il risque la forclusion. La forclusion est alors la sanction de la paresse du Trésor. A quelques nuances près, L'AUPC révisé et le Code de commerce marocain encadrent cette question de la façon la plus claire. À la lecture de l'article 78 de l'AUPC révisé et de l'article 723 du nouveau Code de commerce marocain, on comprend que si le Trésor déclare sa créance hors délai, ou ne la dévoile pas du tout, son inertie est frappée de cette dure sanction. En ce sens, il ne lui sera pas permis de s'impliquer dans la procédure collective et, partant, il ne sera pas admis dans les répartitions et dividendes.

181. Dans cette perspective, la forclusion des créances fiscales s'avère être une sanction aux effets draconiens. Ces effets sont divergents selon qu'il s'agit du droit marocain ou du droit OHADA. Si en droit OHADA, il est question de l'inopposabilité des créances fiscales et non fiscales, le droit marocain est plus sévère que ce que prévoit le nouvel AUPC : il maintient toujours sa position structurée sur l'extinction desdites créances. Cela dit, comme les autres créanciers, le Trésor peut quand même effacer cette dure sanction lorsqu'elle se révèle inadaptée.

182. L'extinction des créances fiscales. Plus claire est la règle posée sur le fondement de l'alinéa 4 de l'article 690 du Code de commerce marocain de 1996 : « *Les créances qui n'ont pas été*

---

[358] Cf. *infra* n° 646.
[359] Mohammed IDRISSI ALAMI MACHICHI, *op. cit.*, p. 571.

déclarées et n'ont pas donné lieu à relevé de forclusion sont éteintes ». Cette solution a été maintenue sous l'empire de la nouvelle loi n° 73-17[360]. Ainsi, si une créance fiscale n'est pas déclarée au passif d'une procédure de redressement judiciaire, elle est éteinte. Le Trésor ne peut plus la réclamer plus tard. « [Il] *est définitivement privé de son droit* »[361]. Apparaît clairement qu'il s'agit d'une sanction très sévère. Dans un tel cadre, l'on doit soulever une interrogation très importante : le Trésor qui n'a pas dévoilé une dette et dont elle est frappée de l'extinction, pourra-t-il reprendre l'exercice de son droit de poursuites individuelles contre le débiteur ? La réponse à cette question change suivant les régimes juridiques. En droit marocain, la réponse est négative en ce qu'il a été jugé que *« l'extinction des créances fiscales [...] ne permet certainement pas au Trésor de procéder à toute mesure de l'exécution forcée pour recouvrer les créances* [...] »[362] éteintes. Aussi, toutes les portes sont-elles fermées devant le Trésor ? Draconienne, cette solution se justifie par le fait que la consistance du plan de continuation peut être compromise par la réclamation ultérieure de créances fiscales non déclarées et donc inconnues lors de la préparation dudit plan[363]. Ceci dit, cette logique, justifiée par des considérations économiques, s'avère encore plus rigoureuse par rapport à la solution qu'est l'inopposabilité des créances fiscales et non fiscales.

183. L'inopposabilité des créances fiscales à la masse. En droit OHADA, le législateur a évolué sur cette question. En effet, une règle similaire à celle établie par l'article 690 susvisé trouvait place au sein de l'article 83 de l'ancien AUPC : « [...] *la forclusion éteint les créances* [...] ». S'inspirant de la loi française du 26 juillet 2005, l'AUPC de 2015 écarte l'extinction des créances pour instaurer l'inopposabilité des créances. Dans cette optique, les créances du Trésor non produites dans les délais et conditions prévus par les articles 78 et 80 de l'AUPC révisé sont inopposables autant à la masse des créanciers qu'au débiteur[364]. Si une créance fiscale est forclose, elle n'est pas éteinte une fois pour toutes. Mais, elle leur

---

[360] C. com. Maroc, L. n° 73-17, art. 723, al. 6.

[361] DIDIER Martin, *Droit commercial et bancaire marocain*, 2 ème Éd., Al Madariss, 2001, n° 495, p. 355.

[362] CA. Casablanca, n° 4037 / 2008, 26 mars 2008, doss. com, n° 11 / 2007 / 5794, (arrêt précité).

[363] Yves GUYON, *Entreprises en difficultés...op. cit.*, p. 258 ; Filiga Michel SAWADOGO, OHADA, *Droit des entreprises en difficulté*, *op. cit.*, p. 212.

[364] AUPC révisé, al. 1, art. 83. Sur ce point, cf. *supra* n° 85 et s.

est juste inopposable. En ce sens, le droit du Trésor demeure. Ceci dit, il est ignoré par la masse[365] et le débiteur pendant le temps de l'exécution du concordat de redressement judiciaire. Contrairement à l'extinction des créances, leur inopposabilité n'a pas tendance à être perpétuelle. Sans doute, l'évolution du droit OHADA en la matière est justifiée par la rigueur de la sanction qu'est l'extinction des créances. Cette rigueur fait du créancier fiscal et non fiscal un tiers étranger comme s'il n'avait jamais été un jour un partenaire de l'entreprise. C'est pourquoi, nous souscrivons à l'avis doctrinal qui critique cette situation. Il appelle de ses vœux la réforme de cette anomalie par l'instauration en droit marocain du régime de l'inopposabilité des créances fiscales et non fiscales.

184. Relevé de la forclusion. Par principe, n'ayant pas déclaré, d'une manière ou d'une autre, sa créance fiscale, le Trésor est frappé de forclusion. Par exception, le Trésor peut être relevé de sa forclusion. Cette exception est instituée par les législateurs OHADA et marocain. D'une voix identique, l'article 723 du Code de commerce marocain et l'alinéa 2 de l'article 83 de l'AUPC révisé posent une condition pour l'effacement de la forclusion : le créancier forclos doit établir que la défaillance n'est pas due à son fait. En conséquence, cette règle reste applicable au Trésor, qui s'il veut être relevé de forclusion, doit prouver que le défaut de déclaration de la créance fiscale ne lui est pas attribué.

185. En effet, au niveau de leurs contenus précis, les articles 723 et 83 précités n'abordent pas la nature de la raison que le Trésor doit invoquer pour justifier que le non dévoilement des créances fiscales n'est pas de son fait[366]. Toutefois, un arrêt de la Cour de cassation marocaine y apporte quelques éclaircissements : « [...] *Le relevé de forclusion dont peut se prévaloir le créancier doit être une circonstance extérieure à sa volonté ou une défaillance qui n'est pas de son fait comme la force majeure* [...] »[367]. Saisi d'une requête ou d'une demande (suivant les systèmes juridiques) à l'effet de l'effacement de la forclusion, le juge-commissaire examine la raison invoquée par le créancier, en l'occurrence le Trésor et déclare s'il s'agit d'une imprudence de sa part ou bien d'un fait ou encore d'une

[365] Filiga Michel SAWADOGO, OHADA, *Droit des entreprises en difficulté, op. cit.*, p. 212.
[366] Hayat HAJJI, *La déclaration des créances fiscales et les procédures de difficultés de l'entreprise, op. cit.*, p. 61.
[367]Cass. com., Maroc, n° 146, 04 fév. 2004, doss. com. n° 878 / 3 / 2 / 2003.

circonstance externe à sa volonté et dont le Trésor n'y est pour rien. Ainsi, la présence du créancier malade dans les services de réanimation médicale[368], une erreur dans la publication du nom de l'entreprise[369] dans le journal officiel sont citées comme des cas de force majeure. De même, dans une affaire, le Tribunal de commerce de Tanger [370]a eu l'occasion d'accepter de relever le Trésor de sa forclusion pour cause de non présence du syndic dans son bureau quand le service des postes a voulu notifier la déclaration des créances fiscales.

186. L'action en relevé de forclusion peut être rejetée. En ce cas, la sanction du manquement à l'obligation de dévoiler sa créance produit les effets cités précédemment. Au contraire, si l'action en relevé de forclusion est acceptée, il s'opère une réversibilité de la sanction mais avec une vigoureuse limitation : le Trésor relevé de forclusion ne pourra concourir que pour les répartitions et les dividendes postérieures à sa demande en droit marocain et à la décision du juge-commissaire en droit OHADA[371]. Dès lors, si les législateurs OHADA et marocain sont d'accord sur l'étendue de la limitation, ils ne s'accordent pas sur la date à partir de laquelle les créanciers recouvrent leurs droits. Etant une des divergences constatées entre les deux systèmes juridiques, elle est minime compte tenu du temps qui coule entre la saisine du juge-commissaire et le prononcé de sa décision. En pratique, les relevées de forclusion ont été l'objet de nombreux contentieux formés devant les juridictions commerciales au Maroc et dans l'espace OHADA. Le juge-commissaire les rejette[372] souvent. Et ce n'est que rarement que le juge-commissaire accepte la levée de la forclusion. Ce constat de rejet est expliqué par une auteure marocaine ; elle cite entre autres[373], la non-maîtrise des services relevant de l'Administration fiscale des mécanismes de l'instance de relevé de forclusion, le non-exercice de l'action de relevé de forclusion dans le délai prévu à cet effet, et les

[368]Hayat HAJJI, *La déclaration des créances fiscales et les procédures de difficultés de l'entreprise*, *op. cit.*, p. 61.
[369]*Ibid.*
[370]Trib. com. Tanger. ord. n° 18 / 04 / 05, 16 mars 2004.
[371] AUPCAP révisé, al. 4, art. 83 ; C. com. L. n° 73-17, Maroc, al. 1, art. 723.
[372] Cass. com., Maroc, n° 722, 28 juin 2006 doss. com. n° 391 / 3 / 2 / 2003 ; C.A. com. Casablanca, n° 4037 / 2008, 26 sep. 2008 ; C.A. com. Casablanca, n° 461 / 2009, 24 juin. 2009 ; C.A. com. Casablanca, n° 2724 / 02, 18 oct. 2002 ; C.A. com. Marrakech, n° 424, 29 avr. 2003, doss. n° 790 / 2002.
[373] Hayat HAJJI, *La déclaration des créances fiscales et les procédures de difficultés de l'entreprise*, *op. cit.*, p. 67.

procédures de contrôle et de redressement fiscaux en sont enfin une cause qui entrave l'Administration fiscale de demander le relevé de forclusion en raison de la longueur de ces deux procédures.

187. En application de la logique économique, aussi bien le débiteur que le Trésor, sont sujets à des restrictions. Force est de constater que l'ouverture de la procédure collective est source de sacrifices disproportionnés. L'extinction des créances fiscales, confirmée par la loi n° 73-17, conduit à penser que l'on est encore loin d'un équilibre en termes de sacrifices. Admettons l'ouverture du redressement judiciaire qui a débouché sur l'adoption et l'exécution d'un plan de continuation et que l'entreprise a passé le cap, c'est très bien autant pour l'opérateur économique privé que pour le Trésor. Mais, si extinction des impôts il y a, l'on serait en face d'un grand déséquilibre. La situation actuelle fait de l'encadrement juridique un régime trop « pro-débiteur ». Le législateur marocain, à l'image du droit uniforme africain, est invité à tempérer ce dispositif et à réaliser le juste équilibre. En somme, il devrait revoir le mécanisme de l'extinction des créances fiscales.

188. La logique économique suscite en plus de l'application des contraintes normatives, la désignation des acteurs de la procédure.

Section II. Les limites de la logique participative

189. Un peu d'histoire. « *Des affaires de proximité ou des affaires de place* »[374]. C'est ainsi qu'on avait considéré les affaires inhérentes à la pratique commerciale en France du XVIème siècle. Étant ainsi, le juge paraissait le mieux qualifié pour garantir la légitimité et l'efficacité[375]. Trois siècles plus tard, cette logique se révèle toujours fondée. La pratique de la faillite dans le ressort de la Cour d'appel de Lyon au cours du XIXème siècle conforte cette affirmation. En effet, face à l'inaction du législateur de l'époque, les justiciables commerçants ont vu dans les juges lyonnais de véritables alliés[376]. Ces derniers appliquaient intelligemment les procédures collectives afin de protéger les créanciers et traiter la cessation des paiements des débiteurs. En fait, ces juges ont été tellement inventifs en cette matière qu'un auteur[377] y voit une atteinte au grand principe de la séparation des pouvoirs. Pour s'en rendre compte, il suffit de savoir que, sous l'empire de la loi du 28 mai 1838[378], ces juges ont déjà fait mûrir l'idée que l'aspect répressif de la faillite doit être déjoué à l'égard des débiteurs de bonne foi, motif pris de ce qu'eux aussi sont victimes de la crise économique et financière. À leurs yeux, cette pénalité devait leur être inapplicable. Le législateur français du 13 juillet 1967 leur donna raison. L'esprit de cette solution fut à la base de la loi du 13 juillet 1967 : on est passé du droit de la faillite, axé sur la répression, au droit du traitement des difficultés de l'entreprise, basé sur la logique économique.

---

[374]A. MONTEBOURG (rapporteur), « Les tribunaux de commerce : une justice en faillite ? », Rapport n° 1038 de la commission d'enquête parlementaire de l'Assemblée Nationale ; Christine POCHET, « Traitement légal de la défaillance et gouvernance : une comparaison internationale », *Rev. Internationale de droit économique* 2001/4 (t. XV, 4), p.479.

[375]Christine POCHET, art. préc., p. 479, *ibid.*

[376]Bilal DINC, *Droit et pratique de la faillite dans le ressort de la Cour d'appel de Lyon : 1838-1889*, Thèse, Clermont-Ferrand I, 2015, p. 134.

[377] R. GARRAUD, De la déconfiture et des améliorations dont la législation sur cette matière est susceptible, Paris, A. Marescq aîné, 1880 ; Bilal DINC, Thèse préc., p. 118 ; Thaller (E.), *Des faillites en droit comparé*, Paris, Tome 1, Rousseau (A.), 1887. p. 145 et s.

[378]Marie-Hélène RENAUT, « De la faillite à la procédure de redressement ou de liquidation judiciaires », *LPA*, 02 fév. 1998, n° 14, p. 5.

190. Le droit français du 13 juillet 1967, duquel s'est inspiré essentiellement le législateur OHADA, est un droit qui affiche une logique bicéphale. Afin de restructurer les entreprises défaillantes, sont institués un traitement judiciaire et un autre amiable. Les deux branches de l'option ont, dans une certaine mesure, en commun, des acteurs de la justice. À ceux-ci, s'ajoutent les acteurs extrajudiciaires. La même logique est reprise par la loi du 10 juin 1994 et la loi du 25 janvier 1985, lesquelles ont inspiré le législateur marocain pour élaborer le livre 5 du Code de commerce de 1996. De par son histoire et sa substance, le droit français des procédures collectives, comme les régimes africains qui en sont issus, contrairement au droit anglais[379], est donc un droit absolument judiciaire ; la justice y est impliquée de bout en bout.

191. Annonce du plan. Comme précisé précédemment, les acteurs qui interviennent dans la procédure du traitement des difficultés de l'entreprise sont différents selon qu'ils font partie de la justice économique (**§ 1**) ou qu'ils sont des organes extrajudiciaires (**§ 2**).

§ 1. Approche critique de la justice économique

192. Les organes judiciaires sont les acteurs qui appartiennent au corps des magistrats du Ministère de la justice. On pense à ceux qui forment la juridiction compétente, le juge-commissaire et le ministère public. Les critiques formulées à l'encontre de ces organes sont les suivantes : les limites des fonctions de la juridiction compétente (**A**), la condition controversée du juge-commissaire (**B**), et enfin les critiques qui ciblent l'implication du Ministère public. Implication qui reste divergente entre les deux lois africaines (**C**) malgré l'unicité de l'objectif que poursuivent les parquets en Afrique et en France.

A. Limites des fonctions de la juridiction compétente

193. Cadre théorique. Le trait judiciaire figure parmi l'un des principaux traits des procédures collectives. Ce caractère implique que l'ouverture de ces procédures soit décidée par un tribunal compétent. En théorie, les termes l'article 566 du Code de commerce

---

[379]Machami BAMBA, *De l'efficacité des procédures collectives : une étude comparée des législations anglaise et française*, Thèse, Toulouse 1, 14 déc. 2015, p. 376.

marocain et de l'alinéa 1 de l'article 3 de l'AUPCAP révisé déterminent la juridiction territorialement compétente pour l'application des règles juridiques relatives au traitement des difficultés des entreprises. D'une seule voix, ils énoncent que le tribunal du lieu du principal établissement du commerçant ou du siège social de la société est seul compétent pour connaître de toutes les procédures visées par l'Acte uniforme portant procédures collectives d'apurement du passif de 2015 et le livre 5 du Code de commerce marocain. La juridiction compétente se voit donc assigner la fonction de l'administration de la procédure[380]. Mais au-delà, et par souci de simplicité et d'efficacité[381], le tribunal qui a ouvert la procédure est également compétent pour connaître de toutes les actions qui s'y rattachent. On peut penser aux contestations nées de la procédure collective ou de celles sur lesquelles la procédure collective exerce une influence juridique ou encore de celles concernant les sanctions civiles et pénales applicables aux débiteurs de mauvaise foi. En réalité, et du point de vue pratique, se profilent plusieurs questions quant à la condition réelle des juges qui se voient attribuer la mission d'administrer les procédures et les actions précitées. Quelles sont-elles ?

194. Généralités. La première question découle des fonctions de la juridiction compétente : a-t-elle pris toute la mesure de ses missions ? En effet, celles-ci ne se cantonnent pas à rendre le jugement ouvrant la procédure collective. Se prolongeant sur le temps, la procédure collective est multipartite et produit de nombreux incidents. Dans ce contexte, le succès et l'efficience de ces procédures dépendent du professionnalisme du juge compétent. La condition de l'Administration fiscale est fonction, en grande partie de l'efficacité de ces procédures. En pratique, le juge ne semble pas bien être en état de maximiser les opérations des procédures collectives. Dans le contexte communautaire africain, une doctrine autorisée soutient que la juridiction compétente n'a pas pris conscience de la mesure de sa mission en la matière[382]. Celle-ci se contente d'un examen superficiel des conditions d'ouverture de la procédure collective et se désintéresse de sa suite. Ceci est d'autant plus alarmant quand on est en présence parfois d'un syndic

---

[380] Filiga Michel SAWADOGO, OHADA *Droit des entreprises en difficulté*, *op. cit.*, n° 143, p. 139.

[381] Mohammed IDRISSI ALAMI MACHICHI, *op. cit.*, p. 550.

[382] Filiga Michel SAWADOGO, OHADA, *Droit des entreprises en difficulté*, *op. cit.*, n° 150, p. 146.

peu compétent et d'une surveillance inerte du juge-commissaire. Il s'ensuit une procédure qui se termine souvent sans jugement de clôture, sans redressement de l'entreprise, et sans paiement satisfaisant des créanciers[383] en général, et du Fisc en particulier.

195. La fameuse question de l'indépendance de la justice en Afrique. À cette première question, s'ajoute celle de l'impartialité et de l'indépendance du juge au Maroc et dans l'espace OHADA. En réalité, l'indépendance de la justice est parfois questionnée. Nous n'irons pas jusqu'à soutenir que la corruption ronge les systèmes judiciaires africains. Mais, la pratique judiciaire souffre des problèmes attachés à la question de l'indépendance du juge commercial. Celle-ci est due à ce qu'un auteur appelle pudiquement la « *pression de l'argent* »[384]. Mais l'argent n'est pas seul en cause. On trouve aussi la « pression *émanant du pouvoir exécutif* ». De plus, la corruption ne concerne pas le seul magistrat mais va au-delà pour englober tous les composants du système judiciaire. De la sorte, on ne peut pas toujours être face à des solutions procédurales arrêtées avec équité et indépendance d'esprit[385]. Toutefois, et par souci d'objectivité, il est important de relativiser ces allégations. Pour une bonne partie de magistrats, la déontologie et l'éthique restent honorées[386].

196. La fameuse question de la formation des juges. Que ce soit en droit OHADA ou en droit marocain, une troisième interrogation mérite d'être soulevée : le juge commercial dispose-t-il d'une connaissance approfondie en droit économique et dans la comptabilité autant sur le plan théorique que sur le plan pratique ? Le droit des procédures collectives est entré en vigueur au Maroc en 1996 et l'on a muni les tribunaux de commerce au Maroc[387] en 1998, année de leur création, de juges ayant « *la même formation que leurs collègues des*

---

[383] Souleymane TOE, Thèse préc., p. 73.
[384] Louis René MBALEMAKEN EUGENE, *Le juge et le sauvetage de l'entreprise en difficulté en droit OHADA et en droit français étude de droit comparé*, Thèse, Paris 2, sep. 2013, p. 544.
[385] Louis René MBALEMAKEN EUGENE, thèse préc., p. 544.
[386] Mamadou FOMBA, *La profession de magistrat au Mali, la difficile quête d'indépendance du juge*, Thèse, Bordeaux, 2013, p. 84.
[387] L. Maroc, n° 53 - 95, Dahir n°1- 97 - 65 du 12 fév. 1997 portant création des juridictions de commerce.

juridictions civiles et pénales »[388]. Le juge commercial de l'époque était pourvu d'une formation généraliste. Bien plus, au bout de dix ans de fonctionnement, ces juridictions n'étaient pas arrivées à répondre parfaitement aux « *attentes des entreprises* »[389]. Ce constat est conforté par un rapport de l'USAID qui fait observer que « *les réformes de 1996 et 1997 avaient occasionnées une sorte de « déconnexion » au Maroc, lorsque le cadre juridique basé sur la loi française a été adopté, alors qu'un cadre institutionnel entièrement différent a été prévu* »[390].

197. Évoluant lentement,[391] ce cadre institutionnel est toujours sujet à critiques. Nombreuses sont celles formulées à l'égard du Corps de la magistrature dénonçant un certain écart entre celui-ci et le monde de l'entreprise ; l'insuffisance du nombre des juges[392]; les juges commerciaux ne sont pas, dans leur majorité, pourvus d'une formation menée en profondeur en matière de la comptabilité et du droit économique. C'est ce qui a fait dire au regretté, ancien ministre de la justice[393] que *« neuf magistrats sur dix ne savent pas lire un bilan* »[394] comptable. Il en résulte un recours systématique à un ou plusieurs experts avec le coût financier qui en découle[395]. Mais, c'est n'est pas tout. Ce dernier « *se transforme en prescripteur au lieu de se limiter à rendre de simples avis techniques* »[396] , sans compter qu'on ne contrôle pas son travail même en cas d'aberrations.

198. Faut-il abroger la saisine d'office du Tribunal ? Enfin, reste à examiner la saisine d'office par le tribunal aux fins d'ouverture de la

---

[388] Nahid LYAZAMI, *La prévention des difficultés des entreprises : étude comparative entre le droit français et le droit marocain*, Thèse, Toulon, 2013, p. 222.

[389] Bakr Anas BENNANI, *Les procédures de traitement de l'entreprise en difficulté en droit marocain*, El Maarif Al Jadida, Rabat, 2008, p. 201.

[390] Nahid LYAZAMI, thèse préc., p. 222.

[391] Anonyme, « Justice commerciale : Il faut faire vite », *L'économiste*, Ed., n° 1629, 23 oct. 2003.

[392]Saad BENMANSOUR, « Redressement judiciaire, la fin du laxisme ?», art. préc.,

[393] Le regretté Mohammed NACIRI.

[394] Mohammed Aissam CHAOUI « Neuf magistrats sur dix ne savent pas lire un bilan », *L'économiste*, 12 mai 2011, p. 4-5.

[395] Fadel AGOUMI, « Justice commerciale : une locomotive … bringuebalante », *La vie éco*, 6 août 2004.

[396] Fadel AGOUMI, « Justice commerciale : une locomotive … bringuebalante », art. préc.,

procédure collective. La Haute juridiction marocaine[397] affirme que cette saisine est d'ordre public économique. La contribution à la protection de l'intérêt de l'entreprise en cessation de paiements et celui des créanciers relève aussi du rôle de la justice, ajoute la juridiction susvisée. Le droit français a évolué en la matière[398]. Cette évolution est dictée par les avancées de la jurisprudence constitutionnelle et celle de la cassation. Deux arrêts récents du Conseil constitutionnel[399] français ont pu affirmer que cette saisine d'office est à l'encontre du principe de l'impartialité auquel le juge est tenu. Le juge ne peut, à la fois, s'autosaisir et juger[400]. La motivation de la jurisprudence française emporte la conviction de la doctrine en France. Au Maroc, c'est vrai que ce principe est reconnu constitutionnellement et qu'il ne doit pas être infléchi par les lois. Reste que la question ne s'est pas posée devant le juge constitutionnel. Le cas du Maroc mis à part, toute la question est de savoir est-ce que la saisine d'office du tribunal[401] doit être dépassée. A notre sens, cette pratique doit être toujours maintenue. La raison est connue des spécialistes des procédures collectives : l'ouverture des procédures collectives reste difficile dans l'espace OHADA[402]. Dès lors, si l'on permet au tribunal de s'autosaisir, on favorise l'ouverture des procédures collectives. L'intérêt du Trésor en tant que créancier est, ici, pris en compte. On le sait, l'apurement du passif fiscal et non fiscal est l'un des objectifs poursuivis après l'ouverture d'une procédure collective. Sinon, les entreprises en difficulté disparaissent « *clandestinement* »[403]. La saisine du tribunal, associée à celle sur requête du ministère public, permet de relever ce défi.

199. On le voit, la juridiction compétente en Afrique est la cible de plusieurs critiques. Lesquelles impactent négativement sur la condition du Trésor. Qu'en est-il des organes nommés par cette juridiction, à l'instar du Juge-commissaire ?

---

397 Cass. com., Maroc, n° 328, 03 oct. 2002, doss. com. n° 304 / 3 / 2 / 01 et 201 / 3 / 1 / 02.

398 J.-L. VALLENS : « La saisine d'office ne garantit pas l'impartialité du tribunal » : *D.* 2013 p. 338.

399 Cons. const., France, 7 déc. 2012, n° 2012-286 ; Cons. const., France, 7 mars 2014, n° 2014 - 368 et n° 2014 – 372.

400 Georges TEBOUL, « Revue de printemps du droit des entreprises en difficulté », *LPA*, 21 mai 2015, n° 101, p. 9.

401 AUPCAP révisé, al.1, art. 29.

402 Cf. *infra* n° 435.

403 Emmanuel douglas FOTSO POUOKAM, « Financement des entreprises en difficulté et responsabilité bancaire dans l'espace OHADA », Thèse, Paris 13, 2007.

B. La condition controversée du juge-commissaire

200. Définition. Le juge-commissaire est un organe central dans le système des procédures collectives. Il le devient suite à sa désignation par la juridiction compétente[404] parmi les juges du siège de la juridiction saisie[405]. Qualifié par la doctrine[406] comme étant un véritable « *homme d'orchestre* », il se charge de veiller au déroulement rapide et efficace de la procédure collective, et se voit attribuer la mission d'assurer la protection des intérêts en présence. Le Trésor public en fait partie. Nombreuses sont les dispositions du Code de commerce marocain et de l'Acte uniforme de l'OHADA relatif aux procédures collectives d'apurement du passif[407] qui consacrent les attributions du juge-commissaire et la compétence de ce dernier pour les créances fiscales. À titre d'illustration, cet organe autorise les actes les plus importants et qui sont passés au cours de la préparation de la solution et au cours de la liquidation judiciaire ou des biens. Le travail du juge-commissaire est matérialisé par des ordonnances par lesquelles il statue sur les demandes, les réclamations dirigées contre le syndic, ainsi que sur les revendications dont il est compétent. La pratique judiciaire aussi bien au Maroc que dans l'espace OHADA révèle, avec des nuances, que ce dernier n'assume pas pleinement son rôle dès l'ouverture de la procédure jusqu'à son dénouement. Il sied donc de se focaliser sur la condition de cet organe et de voir sa retombée sur la bonne marche de la procédure collective, et sur la condition du créancier fiscal et des autres créanciers antérieurs.

201. Critiques partagées. En droit OHADA, et sous l'empire de l'Acte uniforme des procédures collectives de 1998, certains juristes avaient affirmé que, une fois le jugement déclaratif rendu, le juge-commissaire ne veille que « *de très loin à l'évolution de la procédure* »[408]. D'autres, n'avaient pas hésité à qualifier l'attitude

[404] C. com, Maroc, art. 568.
[405] AUPC révisé, art. 35.
[406] Moulay Mohamed LAHBIB RHALIB, *Entreprises en difficulté, Quels sont vos droits ? op. cit.*, p. 60 ; Ahmed CHOUKRI SBAI, *Al Wassit dans les procédures de prévention et de traitement des difficultés d'entreprises*. Tome 3, Dar Ennachr El Maarif. 3ème éd., 2007 (en langue arabe), p. 177.
[407] AUPC révisé, arts. 112, 150, 164, 52,111, 86, et 39.
[408] Liliane TCHAKOTEU MESSABIEM, *thèse préc.*, p. 95.

du juge-commissaire de « *laxiste* »[409]. Toutefois, il faut reconnaître que les causes de cette situation ne sont pas toujours liées à la personne du juge-commissaire dans la mesure où l'efficacité des procédures collectives n'est pas l'œuvre de lui seul. Il ne faut pas oublier aussi que la procédure collective est une structure très complexe dans laquelle prennent part plusieurs intervenants. En plus, son efficacité doit obéir à plusieurs normes. Ceci dit, pour la préservation des droits du Trésor et des autres parties en présence, le juge-commissaire doit s'attaquer à trois défis.

202. Juge-commissaire : gardien de la célérité des procédures. Cette célérité peut être citée comme étant le premier défi en la matière. Évaluant le livre 5 du Code de commerce marocain de 1996, un auteur soutient que l'on a fait du juge-commissaire un organe qui doit tout faire sans définir pour autant le cadre juridique précis qui devrait encadrer ses nombreuses attributions. Par exemple, la compétence en matière de référés n'est pas tout à fait claire entre le juge-commissaire et le juge des référés. Dans le même ordre de pensée, l'auteur précité affirme que le juge-commissaire incarne un pouvoir judiciaire, mais le régime des difficultés des entreprises au Maroc n'instaure pas une procédure contradictoire devant lui. Sur ce dernier point, on ne peut pas se rallier à sa position, car quoi qu'elle suscite un intérêt certain, n'est pas tout à fait probante dans ce contexte. En principe, le droit des entreprises en difficulté se compose d'un *corpus* de règles dérogatoires au droit commun. Certes, le principe du contradictoire est une caractéristique essentielle du procès équitable, mais il faut remarquer que, d'une part, la célérité guide grandement la tâche du juge-commissaire ; le droit de l'insolvabilité ne peut être efficace que s'il est encadré par des délais très courts. D'autre part, ses ordonnances peuvent faire l'objet d'un recours devant la juridiction du second degré. Ceci dit, la fonction du juge-commissaire est particulière et diffère de celle du juge rapporteur. Pour rendre ses décisions fondamentales, le tribunal compétent doit se référer à ce qu'a produit le juge-commissaire. Lui-même se retourne vers le syndic. Il est vu comme l'axe central de cette chaîne. À cet égard, le législateur OHADA de 2015 a maintenu l'ancien article 39 de l'ancien AUPC de 1998, mais inséré un alinéa davantage expressif. Cet alinéa prévoit que « *La fonction de juge-commissaire est exclusive de l'exercice de toute*

[409] Souleymane TOE, Thèse préc., V. plan de la thèse.

autre attribution juridictionnelle relative à la procédure collective pour laquelle il a été désigné en cette qualité »[410].

203. Droit du juge-commissaire à l'information. Le second défi que doit relever le juge-commissaire est de s'approprier de l'information utile. Pour cette raison, cet organe de la procédure se prévaut d'un droit à l'information très étendu. En contrepartie, il est obligé de statuer dans un délai très bref[411]. En droit communautaire africain, ce très bref délai est fixé à 8 jours. Passé ce délai, son silence vaut décision de rejet. Il en découle que le principe du contradictoire est à écarter pour cet organe. Mais, ses rapports et ses ordonnances doivent être éclairés et objectifs[412]. Pour s'en tenir au droit à l'information, il est à constater qu'il est solide de par son étendue et sa force. La diversité de ses interlocuteurs lui permet de prendre connaissance de la situation exacte du débiteur. C'est vrai qu'il est important qu'il bénéficie de ce pouvoir, mais il n'en demeure pas moins qu'il doive prendre conscience de son devoir relatif à l'analyse des informations reçues. Ces informations touchent principalement aux domaines socio-économique, fiscal, comptable, bancaire et encore familial. Il faut qu'il soit à même d'assimiler la portée des informations qui lui sont transmises par le chef d'entreprise et les autres acteurs[413]. Cela dit, est-ce que le profil du juge-commissaire au Maroc et dans l'espace OHADA est capable de saisir, de bien comprendre et d'analyser les informations collectées ? On revient sur la question de la formation des juges.

204. La surveillance du travail fait par les syndics. Contrôler le travail entrepris par les syndics est une question d'une grande importance. Le juge-commissaire est chargé de surveiller les opérations faites par le syndic. A ce stade, que ce soit en droit OHADA ou en droit marocain, cette surveillance n'est pas à la hauteur de ce que les praticiens attendent du juge-commissaire. Le juge-commissaire ne fait pas preuve d'assez de rigueur dans le contrôle de la mission du syndic ; notamment en ce qui concerne « *le*

---

[410]AUPC révisé, al.2, art. 39.

[411]Alain FENEON, « Des mandataires judiciaires mieux encadrés, pour une procédure plus efficace », *droit & patrimoine*, n° 253, doss. spéc. 8 déc. 2015.

[412]Thierry BOUVET, Pierre-Michel LE CORRE, Cécile DÜR, Jean-Marc LATREILLE, « L'intervention du juge-commissaire », doss. « Administrateurs judiciaires et mandataires judiciaires : actualités - 18e Congrès annuel du CNAJMJ, la Colle-sur-Loup, les 15 et 16 juin 2017 ». *Bull. Joly. Entre. Diff.*,01 sep. 2017, n° 05, p. 385.

[413] Liliane TCHAKOTEU MESSABIEM, Thèse préc., p. 96.

respect des délais et le suivi des plans de continuation »[414]. En réagissant à cette question, un auteur est allé jusqu'à soutenir que les délais inhérents aux préparations des plans ne sont pas respectés scrupuleusement par les syndics. Qu'en est-il de l'implication du parquet ? Cette implication divergente en Afrique.

C. L'implication divergente du Parquet

205. En quoi l'intervention du Ministère public dans la procédure collective peut-elle influer positivement sur la condition des créanciers en général et sur celle du Fisc en particulier ? La réponse est donnée par la doctrine. Un auteur burkinabé soutient que cet organe peut contribuer, directement ou indirectement, à accélérer la procédure, à la rendre plus efficace[415] et à garantir son bon déroulement. « *Garant de la moralité des opérations* »[416] est l'expression qu'a retenue une spécialiste des procédures collectives pour défendre l'intervention du Ministère public en droit français de l'insolvabilité[417]. Dans le contexte marocain, un privatiste estime que le Parquet est apte à relever le défi de la protection de l'entreprise en difficulté en raison des moyens juridiques et des mécanismes de l'enquête dont il dispose[418]. Par ailleurs, il convient de relever que la communication des données et des informations à cet organe judiciaire permet que la procédure collective ne se déroule pas « *dans un vase clos* »[419].

---

[414]Saad BENMANSOUR, « Redressement judiciaire, la fin du laxisme ?», art. préc.,
[415] Filiga Michel SAWADOGO, OHADA *Droit des entreprises en difficulté*, *op. cit*, n° 149, p. 145.
[416]C. SAINT-ALARY-HOUIN, « Le projet de loi sur la sauvegarde des entreprises : continuité, rupture ou retour en arrière ? », *Droit et patr.*, n° 133, jan. 2005, p. 24.
[417]B. SOINNE, « L'intervention du Ministère public dans les procédures collectives », *D.* 1983, 11 ; A. PEDRIAU, « La communication au Ministère public des affaires de faillite », *JCP* 1986, doctr. 3233 ; V. J. P TRIAULAIRE, « Le rôle du Ministère public », *rev. proc. coll.* 2006 / 2, p. 212 et s ; SALA, « Rôle et pouvoirs du Ministère public… », *LPA*, 17 février 2006, p. 121. V. HOULETTE, « Le rôle du Ministère public dans la loi de sauvegarde », *JCP E.* 2005, 1514,
[418]Ahmed CHOUKRI SBAI, *Al Wassit dans les procédures de prévention et de traitement des difficultés d'entreprises*, Tome 3, Dar Ennachr El Maarif. 3ème éd., 2007, (En langue arabe), p. 170.
[419] Mustapha BAAJ, « La communication obligatoire au procureur du Roi des causes relatives aux procédures de traitement des difficultés de l'entreprise », *Revue Juridique du Tribunal de Première Instance de Meknès*, Éd., Dar Abi Raqraq n°2-3, 2009, p. 5.

206. Dans ce contexte, il faut reconnaître que le lien entre le Trésor et le Parquet suscite un intérêt particulier dans la mesure où tous les deux incarnent l'ordre public économique. Cette incarnation partagée ne joue pas dans les termes de la rivalité, mais de la complémentarité. Le Parquet doit être au service du Fisc pris collectivement et individuellement. Et ce dernier doit assumer ses obligations et être efficace en amont et en aval des procédures préventives et curatives. Pour préciser, ladite incarnation, bien gérée, s'exprime dans l'efficacité dans le recouvrement des créances fiscales et du redressement économique des entreprises, mal gérée, équivaut à la remise en cause de la logique économique avec toutes les conséquences qui s'ensuivent. De ce qui précède, il apparaît clairement que la dialectique économique favorise l'implication du Parquet et que la doctrine est unanime sur la nécessité de l'implication du Ministère public dans ce cadre. Pourtant, la position du législateur diffère d'un système à l'autre.

207. Exposé du cadre théorique. En droit OHADA, la compétence du Ministère public a été déjà consacrée par l'AUPCAP de 1998. À la suite de la réforme entreprise en 2015, le nouvel AUPC a approuvé les prérogatives déjà existantes et en a instauré d'autres, jugées inédites. De ce fait, les pouvoirs de cet organe judiciaire se sont largement accrus. Dorénavant, le Ministère public peut directement déclencher l'ouverture de la procédure collective[420]. Auparavant, son action se limitait à fournir juste des informations au Tribunal pour qu'il se saisisse d'office. Par ailleurs, le droit de l'OHADA est beaucoup plus en avance que le droit marocain pour ce qui est de l'amélioration du périmètre de l'information. L'article 47 de l'AUPCAP révisé prévoit de façon explicite que le représentant du Ministère Public est éclairé au sujet du déroulement de la procédure collective par le Juge-commissaire. De même, le Parquet peut, de son propre chef, et à tout stade de la procédure, prendre l'initiative pour demander communication de tous actes, livres ou documents y relatifs. À titre illustratif, le Juge-commissaire lui remet une copie du rapport élaboré par le syndic en rapport avec la situation présentée par le débiteur, le bilan économique et social et les perspectives de redressement[421]. À son tour, le Greffe est tenu d'adresser au Parquet une copie du jugement ouvrant la procédure

---

[420] Mustapha EL BAAJ, « Pourquoi un Ministère public en matière de procédures de redressement et de liquidation judiciaires ? », *village-justice.com*, jeudi 24 sep. 2009.

[421] Nouvel AUPCAP, art. 66.

collective. En cas de liquidation de biens avec poursuite de l'activité, le syndic est également tenu de lui transmettre une copie du rapport faisant apparaître les résultats de l'exploitation ainsi que l'évolution de la poursuite provisoire de l'activité[422]. Inversement, le Parquet peut être un fournisseur d'informations ; en ce qu'il peut communiquer au Juge-commissaire des informations profitables à la bonne administration de la procédure, ajoute l'article 47 du nouvel AUPC. Cette prérogative est jugée intéressante puisqu'elle permet au Parquet, qui ne peut pas s'impliquer directement dans la procédure collective[423], d'être en mesure d'en impacter positivement le déroulement. Par le jeu de ces prérogatives, l'on peut dire que la situation du Ministère public à l'échelon communautaire se rapproche un peu de celle établie pour le parquet en droit français. Elle devance celle instituée pour cet organe en droit marocain. L'on constate que la doctrine disponible et y relative est largement descriptive. Faute de recherches poussées dans ce domaine, aucune conclusion tranchante ne peut être tirée. Toutefois, le Parquet est composé des juges. De ce fait, nous pouvons renvoyer le lecteur aux critiques précédemment apportées à l'encontre des juges. Mais, il est certain que le respect précis de ses prérogatives ne peut être que bénéfique pour l'entreprise et les parties en présence. Le Trésor en est un.

208. Lecture critique de l'article 9 du Code marocain de procédure civile. En droit marocain, la place du Parquet a fait l'objet de nombreuses recherches. Elles sont unanimes sur l'importance du rôle du Parquet pour une procédure efficace. En principe, prenant part à l'œuvre de justice, et bien qu'il ne soit pas amené « *à rendre des décisions juridictionnelles* »[424], le Ministère public est considéré comme étant un organe judiciaire. À cette fin, l'article 727 du Code de commerce marocain fait observer que le Ministère public peut exiger du syndic qu'il lui transmette tous les documents et actes que ce dernier détient. La demande des documents n'étant toujours pas but en soi, le Parquet prétend intervenir dans les causes pendantes parce qu'il est garant de l'ordre public économique. Justement, la compétence semble être consacrée par un autre texte du droit commun. En effet, si l'on fouille le Code

---

[422] Nouvel AUPCAP, art. 113.

[423] Alain FENEON, « Des mandataires judiciaires mieux encadrés, pour une procédure plus efficace », art. préc.,

[424] Filiga Michel SAWADOGO, OHADA, *Droit des entreprises en difficulté*, *op. cit.*, n° 149, p. 144.

de procédure civile marocain, on trouve que l'article 9 prévoit que « *la cause intéressant l'ordre public, l'État et les Collectivités locales [...] doit être communiquée au Ministère public* ». Toute la question est de savoir quelles sont les causes qui doivent être communiquées au Parquet pour qu'il donne son avis. La question est d'un grand intérêt, car à l'intérieur des procédures collectives, il y a des causes qui, loin de l'intérêt général, ne mettent en jeu que des intérêts privés. Dans cette dernière situation, le Parquet n'est pas fondé à se faire communiquer l'affaire pour donner son avis. En réalité, les données de la problématique se situent au niveau de la postériorité du livre 5 du Code de commerce marocain par rapport à l'article 9 du Code de procédure civile marocain qui remonte à 1974. Par cet article, il est certain que le législateur de 1974 ne vise aucunement les causes inhérentes aux procédures de traitement des difficultés de l'entreprise dans la mesure où ce système n'a vu le jour qu'en 1997. Une question similaire s'est posée dans le contexte français à propos de l'article 425 du Code de procédure civile français qui correspond à l'article 9 susvisé. Pour surmonter la difficulté, le législateur français a réformé l'article 456 du Code de procédure civile[425] de manière à toujours permettre au Ministère public d'intervenir dans des causes limitativement énumérées[426]. Le droit marocain n'a pas suivi cette voie. En effet, aussi vague soit-elle, la notion de l'ordre public est toujours le critère déterminant l'implication du Parquet en droit marocain de l'insolvabilité. A cet égard, nous proposons qu'il soit opéré cette réforme. Dans un arrêt[427] rendu par la Cour de cassation marocaine à propos d'une affaire inhérente à la liquidation judiciaire, les magistrats ont estimé qu'il faut notifier le dossier au Parquet pour qu'il cite ses conclusions à l'occasion de toute action dont la notification est obligatoire. À défaut de quoi, le jugement encourt la nullité, estiment les magistrats de la haute juridiction de Rabat. La motivation de la cour susvisée n'est pas pertinente : comme analysé précédemment, dans plus aucun texte de loi, on ne peut trouver une liste d'actions inhérentes aux procédures collectives qu'il faut préalablement transmettre au Parquet à cet effet. Somme toute, cet organe n'est concerné par les procédures collectives que par une interprétation

[425] CPC, France, al. 2, art. 465.
[426] Mustapha EL BAAJ, « Le Ministère public en matière de procédures collectives au Maroc : ambiguïté des textes juridiques ! », lundi 14 sep. 2009, dernière mise à jour : 13 mars 2014, [En ligne], https://www.village-justice.com/., consulté le 02 fév. 2018.
[427] Cass. com., Maroc, n° 615, 07 mai. 2008 doss. com, 430 / 3 / 1 / 2005.

extensive de l'article 9 du Code marocain de procédure civile[428]. En réponse à la question soulevée plus haut, le parquet peut, certes, requérir des documents du syndic. Mais, il ne peut intervenir dans toute action dans laquelle le syndic est désigné comme demandeur ou défendeur. Son intervention est fonction de l'appréciation du juge[429]. A ce sujet, notons que la nouvelle loi marocaine n° 73-17 est venue quelque peu réhabiliter le Parquet dans ce contexte en lui permettant d'intervenir directement dans la procédure afin de donner son avis. Ainsi, il est fondé désormais de donner son avis dans un certain nombre de situations[430].

209. Si l'on transpose cette question en droit OHADA, l'on serait face à un autre raisonnement. Nous le savons, les pays membres de l'OHADA n'ont pas encore codifié l'Acte uniforme relatif à la procédure civile. Les droits internes de procédures civiles reçoivent application. Le droit de procédure civile au Cameroun, par exemple, délimite, à travers l'article 36, les cas auxquels il faut se retourner au parquet pour qu'il donne son avis. Au mieux, l'article 106[431] du Code de la procédure civile, commerciale et administrative en Côte d'Ivoire affirme que les causes touchant à la liquidation judiciaire ou de la faillite sont communicables au Ministère public. Instituée par le droit interne, la transmission exigée et antérieure des causes au parquet est-elle applicable aux différends qui relèvent de l'ordre juridique OHADA, comme les procédures collectives ? La Cour commune de justice et d'arbitrage a répondu à cette question de la façon la plus claire : « *toute disposition de droit interne qui prévoit une étape de communication obligatoire de l'affaire au Parquet est contraire à la lettre et à l'esprit du droit OHADA* »[432]. Un auteur[433] soutient que la position de la CCJA est dictée probablement par la célérité. Il ajoute que cette position est critiquable en ce que le droit

---

[428] L. n° 72-03, Dahir n°1- 04 – 23, Maroc, 03 fév. 2004, B.O n° 5358, 06 oct. 2005, p. 708.

[429] Mustapha BAAJ, « La communication obligatoire au procureur du Roi des causes relatives aux procédures de traitement des difficultés des entreprises », *Revue Juridique du Tribunal de Première Instance de Meknès*, Éd., Dar Abi Raqraq n° 2-3, 2009, p. 17 et suivants.

[430] Cf. *infra* n° 575.

[431] L. n° 97-674, Côte d'Ivoire, 29 août 1996.

[432] CCJA, Arrêt n° 003 / 2002, 10 jan. 2002, *SIEM c/ Société ATOU et BICICI* ; CCJA, arrêt n° 016 / 2004, 29 avr. 2004, *SDA et WAHAD NOUHAD c/HASSAN sahly.*

[433]Henri TCHANTCHOU, « La place du Parquet ou Ministère public dans les processus judiciaires communautaires : le cas de l'OHADA », *revue l'Ersuma*, n° 1, 2012, p. 494.

communautaire africain n'a pas tendance à régir « *les modalités processuelles des instances* » dans les Etats membres de cet espace. A notre avis, il ne faut pas y voir une hostilité de cette cour à l'intervention du Parquet en droit OHADA, mais la CCJA, en tant que juridiction supérieure, chargée d'interpréter les actes uniformes, est fortement attachée aux prérogatives du Parquet telles qu'elles sont délimitées dans les actes uniformes.

210. En matière de voies de recours, il faut noter que contrairement au droit marocain, le droit OHADA revalorise le rôle de censeur dévolu au Ministère public en lui permettant d'exercer les voies de recours. Ainsi, le Ministère public peut interjeter appel contre les décisions rendues en matière de procédures préventives[434] et collectives[435].

211. En guise de conclusion, il faut dire que la condition actuelle de la justice économique n'est pas à même d'assurer une protection efficace en faveur du Trésor dans le système des procédures collectives. Il est très difficile d'être exhaustif dans ce cadre. Mais une chose est sûre, c'est que la promotion des acteurs judiciaires de la procédure collective doit être certainement à l'origine des procédures efficaces. La présente étude transparaît les similitudes qui existent entre les deux systèmes OHADA et marocain sur le plan de l'identité des organes judiciaires que sont le juge, le juge-commissaire et le Parquet, auxquels il faut ajouter le Greffe. Ce dernier joue aussi un rôle tout aussi important dans la conduite des procédures curatives et amiables. Toutefois, cette similitude ne doit pas faire taire les différences qui existent entre les deux régimes juridiques. En fait, les dissemblances en la matière subsistent à l'intérieur même de l'espace communautaire africain. La raison tient au fait que l'organisation judiciaire n'est pas du tout codifiée dans cet espace.

212. Les organes judiciaires mis à part, il faut se tourner vers les organes extrajudiciaires. Sans ces derniers, la logique participative perd sa valeur. Armés de ces organes, le législateur marocain et son homologue OHADA entendent sauvegarder l'activité économique et protéger le Trésor et les autres partenaires de l'entreprise. Il semble opportun d'étudier la condition des organes extrajudiciaires dont l'action et le statut sont tout aussi critiqués.

---

434 AUPC révisé, art. 23.

435 AUPC révisé, art. 129.

§2. Démarche critique de la condition des organes extrajudiciaires

213. Les organes extrajudiciaires sont les organes qui n'appartiennent pas au Corps de la justice. Il s'agit du mandataire judiciaire, appelé autrement syndic (**A**). Ce dernier se voit donner la qualité de représenter les créanciers. De ce fait, dès l'ouverture de la procédure, il parle à la place du Trésor et des autres créanciers. A ce dernier, s'ajoute un autre organe : le(s) contrôleur(s) (**B**). Ces derniers, investis des contre-pouvoirs, peuvent jouer un rôle très important dans le cadre de la protection des créanciers antérieurs.

A. La condition des mandataires judiciaires

214. Par mandataire judiciaire, il faut entendre l'expert désigné dans le système des procédures préventives et le syndic nommé dans le système des procédures collectives[436]. La condition du syndic est une question qui est relativement débattue en Afrique. Ce débat donne lieu à une controverse doctrinale **(1).** À ce sujet, le législateur OHADA de 2015 affiche une évolution. Évolution mue par le souci de dépasser les critiques (**2**) soulevées par l'application de l'ancien régime. Ces mêmes critiques sont, plus ou moins, apportées à l'encontre du syndic en droit marocain.

1. Controverse doctrinale

215. Le mandataire judiciaire est un organe central du système des procédures préventives et collectives. Au stade des procédures judiciaires, on parle du syndic. Ce dernier est un organe commun aux deux ordres juridiques marocain et OHADA. Il est hérité du vieux droit français. Mais, plus en vigueur actuellement en France. L'importance de son statut tient à l'importance des missions qui lui sont dévolues par le Code de commerce marocain et l'AUPC révisé. Sa mission change selon que l'on est en face d'un redressement judiciaire ou d'une liquidation judiciaire ou des biens. En cas de redressement judiciaire, c'est la surveillance ou l'assistance du débiteur pour tous les actes de gestion ou certains d'entre eux. En cas de liquidation judiciaire ou des biens, le syndic est fondé à

[436] AUPCAP révisé, art. 1-3.

prendre la place du débiteur de sorte qu'il se voit évoluer en maître de l'affaire. Quel que soit l'ordre juridique considéré, l'évaluation de l'application du système des difficultés des entreprises a révélé les dysfonctionnements de l'institution du mandataire judiciaire. En effet, le statut et l'action de cet organe ont suscité beaucoup de critiques. Là, l'analyse économique du droit s'est retrouvée entièrement bafouée, car si cette institution fonctionne mal, c'est tout le système qui en supporte les conséquences. Il sied donc de s'appesantir sur la réalité du statut « *ambivalent* »[437] du syndic, de sa fonction et de son impact sur la conduite de la procédure et la protection des créanciers.

216. Thèses opposées. En droit OHADA et en droit marocain, le statut du syndic a fait l'objet d'un vrai débat doctrinal[438]. Les thèses sont contradictoires. Toutefois, tous les auteurs s'accordent sur un point : son professionnalisme et son impartialité sont primordiaux pour la bonne marche de la procédure et sa moralisation. Ainsi, certains juristes considèrent que la mission du syndic se présente sous deux aspects cumulatifs sans qu'il y ait nécessairement opposition entre eux. La profusion des tâches confiées au syndic est toute fait normale, car les moyens financiers déduits de la valeur patrimoniale de l'entreprise sont souvent modestes au Maroc et à l'échelon communautaire africain ; par voie de conséquence, il ne serait pas rationnel de créer de nouveaux organes, comme c'est le cas en droit français, et de leur confier ces fonctions, car cela serait de nature à rendre encore plus lourdes les charges de la procédure collective[439]. En revanche, d'autres prétendent que cet organe se voit attribuer la mission de défendre des intérêts inconciliables. En réalité, du fait de la typologie de la formation[440] qu'il a reçue, le profil du syndic ne peut se targuer d'efficacité dans deux domaines bien distincts puisqu'il n'est pas apte à cumuler les attributions relatives à la représentation des créanciers et celles en rapport avec l'assistance ou la substitution du débiteur. Un auteur a ainsi pu écrire

---

[437] Filiga Michel SAWADOGO, *OHADA Droit des entreprises en difficulté*, *op .cit,* n° 151, p. 147.

[438] Pour plus de détails, V. Hammou HMOURI, *Le syndic des procédures collectives en droit marocain : approche prospective*, Thèse, Perpignan, 2011.

[439] Christian GAMALEU KAMENI, « Brèves observations sur le rôle du syndic en droit de l'OHADA des procédures collectives d'apurement du passif », in *penant,* n° 875, p. 261.

[440] Malika AFIF, *La situation des créanciers dans le régime des difficultés des entreprises,* DESA, Casablanca, 2003, p. 165.

à son sujet : « *Le syndic ne peut être à la fois un excellent gestionnaire et un excellent juriste* »[441].

217. Une piste de réforme. En somme, la voie à suivre, à notre sens, est d'associer les deux thèses. La première thèse n'est pas complètement infondée en raison des frais qui rongent la procédure collective et qui doivent être préalablement déduits de la valeur patrimoniale de l'entreprise. La règle qui sous-tend la première thèse peut être reformulée comme suit : plus les frais de la procédure sont élevés, plus le Trésor ainsi que les autres créanciers sont mal protégés[442]. Selon les rapports *Doing Business* de 2017, ce taux est de 18% de la valeur du patrimoine du débiteur au Maroc. En France, il s'approche des 8%. À l'échelon communautaire africain, il est de 20 % au Sénégal, 33, 5% au Cameroun. Les pays qui ont affiché des taux plus hauts sont la République centrafricaine avec 76 % et le Tchad avec 60%. Le pays qui entretient un niveau idéal dans ce contexte est la Guinée avec 8%. Plus loin, au Japon, le taux est de 4, 2% de la valeur de l'entreprise. Le Japon semble être la référence en la matière. Cela dit, la seconde thèse est toute aussi pertinente. Pour cela, il faut s'attaquer pleinement aux conditions d'accès à la profession du mandataire judiciaire. Du coup, si l'Acte uniforme des procédures collectives a encadré le statut des mandataires judiciaires, les Etats de l'espace OHADA sont appelés, comme l'ont fait le Sénégal[443], la Côte d'Ivoire[444] et le Burkina Faso[445], à prendre le relais pour parfaire les règles en la matière par des dispositions locales[446] et ce, pour éviter que les règles novatrices de l'acte uniforme ne soient vidées de leur sens. Au Maroc, notons qu'un projet de décret en préparation devrait encadrer le statut du syndic. L'adoption dudit décret est nécessaire pour dépasser les critiques existantes.

---

441 Yves GUYON, *op. cit.*, n° 1159, p. 178.

442 Abdelali EL HOURRI, « *Doing Business*. Règlement d'insolvabilité : nos tribunaux à la traîne », *Médias* 24, jeudi 2 nov. 2017, [En ligne], https://www.medias24.com, consulté le 23 jan. 2017.

443 Décret du 26 avr. 2016 relatif au statut des mandataires judiciaires.

444 Décret du 10 fév. 2016 portant, création, attributions et fonctionnement de la Commission nationale de contrôle des mandataires judiciaires.

445 Décret du 7 août 2016 portant barème des honoraires des mandataires judiciaires et loi du 15 nov. 2016 portant statut des mandataires dans les procédures collectives d'apurement du passif.

446 Yvette Rachel KALIEU ELONGO, *Les innovations de l'Acte uniforme OHADA sur les procédures collectives,* session de formation continue des avocats guinéens tenue à Conakry, 3 avr. 2017 au siège du Centre international de formation en Afrique des avocats francophones.

2. Critiques

218. Que ce soit dans l'espace OHADA ou au Maroc, les critiques apportées à l'encontre du syndic sont nombreuses.

219. Une première critique. En droit marocain, l'article 567 du Code de commerce dispose que : « *La fonction de syndic est exercée par le greffier* [...] ». Il est vrai que l'institution d'un Greffe disposant de cadres de haut niveau, mais bien qu'ils n'aient pas souvent, à leur actif, un passé soit de financier soit de gestionnaire, les Greffiers se retrouvent chargés des dossiers très complexes[447]. Sans doute, c'est bien là, une erreur législative. Bien plus, le Greffier, nommé syndic, continue à exercer ses propres obligations professionnelles ; ce qui suppose *in fine* trop de lassitude et moins de productivité[448]. Pour les non greffiers, remarquons qu'il y a « *une affectation erronée à cette fonction par le Tribunal,* [car il] *ne dispose pas* [...] *d'une grille d'affectation claire* »[449]. En droit OHADA, suite à la réforme intervenue en 2015, il y a désormais une liste nationale des mandataires judiciaires dans chaque Etat. Parfois, la désignation du syndic a pu avoir lieu en violation de la loi. Là, on s'est étonné d'un jugement rendu sous l'empire de l'ancien AUPC par le Tribunal de grande instance de Ouagadougou. Le tribunal a validé la désignation d'un commissaire aux comptes comme syndic alors que l'article 225 de l'Acte uniforme relatif au droit des sociétés commerciales et groupement d'intérêt économique l'interdit. Heureusement, en appel, la décision a été censurée[450].

220. Une deuxième critique. Sur un tout autre plan, se pose l'épineuse question de la transparence de la procédure. Les syndics sont accusés de faire durer la procédure collective sur le temps pour qu'ils en profitent personnellement au maximum[451]. Avec la focalisation de toutes les opérations de la procédure sur un seul

---

[447]Abdessamad NAIMI, « Dépôt de bilan : la mission du syndic toujours floue », *La vie éco*, 14 déc. 2015.

[448]Mohamed MAHBOUBI, « L'institution du syndic dans le cadre des difficultés de l'entreprise » (en langue arabe), in « Dix ans d'application du système des difficultés des entreprises, quel bilan ? », 9 - 10 fév. 2007, in *Revue marocaine de droit, d'économie et de gestion,* n° 53, Najah El Jadida, Éd., 2008, p. 100-101.

[449]Mostafa MABROUK, « Il y a eu quasi-échec des processus de redressement, d'où l'importance de la réforme en cours », *Finances news,* 23 juin 2011.

[450] CA, Ouagadougou, n° 84, 21 nov. 2003, *Sahel compagnie c / Syndics liquidateurs de SOSACO*, cité par Souleymane TOE, Thèse préc., n° 181, p. 156.

[451] Liliane TCHAKOTEU MESSABIEM, Thèse préc., p. 99.

syndic, la transparence de la procédure pourrait être davantage remise en cause lorsque ce syndic serait tenté de prolonger la procédure à cette fin. À cela s'ajoute, la défaillance partielle du système de contrôle et de tutelle sur ce qu'il fait. En ce sens que les conditions du travail et de la formation du juge-commissaire font du mandataire judiciaire un organe mal surveillé.

221. Une troisième critique. Qu'il s'agisse de l'un ou de l'autre système, il faut reconnaître que l'une des causes majeures de la défaillance de cette institution est l'absence du cadre juridique spécial réglementant la fonction des mandataires judiciaires. Le syndic est nommé mais sa désignation n'est soumise à aucune condition de formation, d'éthique, de déontologie, et de professionnalisme. Il en est de même de son rendement. Dans ce cadre, il y a lieu d'évoquer la question de la rémunération. En effet, et afin de rendre justice aux compétents d'entre eux, il faut remarquer qu'au Maroc, si les syndics ne se seraient pas acquittés pas très bien de leur mission, c'est parce qu'ils s'étaient vus attribuer des tâches trop ambitieuses avec une rémunération non conséquente[452]. Ceci faisait du syndic un organe très influençable et décourageait même les compétences reconnues dans ce domaine[453].

222. La leçon tirée de l'affaire SOPAGRI-SA. Cette situation n'est pas sans conséquence sur la protection des créanciers. Les principales suites sont le prolongement et la complexité des procédures et l'exorbitance du coût de la procédure collective. Tout était dû, en grande partie, à l'absence de la réglementation régissant le mandataire judiciaire[454]. Si l'on sonde l'œuvre judiciaire OHADA, on ne peut qu'être saisi par un jugement rendu par le Tribunal de grande instance de Bobo-Dioulasso[455] sous l'empire de l'Acte uniforme des procédures collectives de 1998. Il illustre parfaitement la défaillance de cette institution juridique. En l'espèce, le syndic n'a pas pu remplir complètement sa fonction d'assistant du débiteur dans les opérations du redressement de la société

---

[452] Mostafa MABROUK, « Il y a eu quasi-échec … », art. préc., ; Ahmed KHARDAL, « Syndic dans le cadre de la procédure de traitement des difficultés de l'entreprise » (en langue arabe), *Assabah*, 2ème partie, 11 avr. 2013 ; Saad BENMANSOUR, « Redressement judiciaire, la fin du laxisme ?», art. préc.,

[453] Mostafa MABROUK, « Il y a eu quasi-échec … », art. préc.,

[454]SAWADOGO F. M., « Les procédures de prévention dans l'AUPC révisé : la conciliation et le règlement préventif », *Dr. et patr,* n° 253, déc. 2015, p. 33.

[455] TGI, Bobo-Dioulasso, n° 298, 29 déc. 2004, cité par Souleymane TOE, Thèse préc., n° 181, p. 158.

SOPAGRI-SA. On peut y lire la raison dans le rapport du juge-commissaire :

> « [C'est qu'il y a une] défaillance notoire du syndic dans l'accomplissement des missions à lui assignées ; que pour preuve, il ne lui a jamais rendu compte du déroulement des opérations du redressement ; que le chiffre d'affaires de ladite société , qui était de l'ordre de 427.447.709 FCFA en 2000, a connu une baisse vertigineuse en passant à 200.782.607 F CFA en 2003[...] »[456].

L'actif de la société SOPAGRI-SA a été placée, par la suite, en liquidation[457]. Dans ces conditions et du fait de la disparition de l'entreprise qui équivaut à la perte d'un contribuable, il est clair que le Trésor ne peut être que le grand perdant.

223. Ces critiques ont amené le législateur communautaire africain à revoir partiellement l'architecture des règles régissant l'institution du syndic[458].

224. Dans la sphère des organes extrajudiciaires, il n'y a pas que le mandataire judiciaire, il y a aussi les contrôleurs.

B. Prérogatives mitigées des contrôleurs

225. Un contrôleur est un organe extrajudiciaire du fait qu'il est nommé parmi les créanciers de l'entreprise placée en procédure collective. Il peut être un créancier privé ou un créancier public. Il peut être soit une personne physique soit une personne morale. Il est désigné obligatoirement par le juge-commissaire tout en respectant un certain nombre de conditions contenues dans les articles 645 du Code de commerce marocain et de l'article 48 de l'AUPC révisé. Les contrôleurs se voient confier le rôle d'assister le syndic dans ses fonctions et le juge-commissaire dans sa mission de surveillance de l'administration de l'entreprise[459]. Ils peuvent « *prendre connaissance de tous les documents transmis au syndic* ». De façon générale, autant dans le droit marocain que dans le droit OHADA, les prérogatives du contrôleur ne sont pas considérées comme de vrais pouvoirs pouvant contrecarrer le pouvoir du syndic. Il n'y a pas de pouvoirs concurrents en la matière comme en droit français.

---

456 Souleymane TOE, Thèse préc., *ibid.*

457 *Ibidem.*

458 Cf. *infra* n° 580 et s.

459 AUPCAP révisé, al. 1, art. 49 ; C.com, Maroc, al. 3, art. 645.

Cette condition juridique est sujette à des critiques. Nous allons nous pencher, dans un premier temps, sur ces critiques et dans un second temps sur quelques pistes à même de renforcer la position du contrôleur dans la procédure.

226. Faiblesse. Il faut noter que le droit OHADA est un peu plus en avance que le droit marocain dans la mesure où les contrôleurs, d'après les termes de l'article 49 de l'AUPCAP révisé, ont le droit de vérifier la condition présentée par le débiteur y compris sa comptabilité, de demander des comptes de l'état de la procédure en général et des actes effectués par le syndic en particulier. Par ce souci de transparence, ils peuvent aussi demander des comptes sur les versements effectués par lui et sur les recettes. Mais, la fonction du contrôleur est exclusivement structurée autour de l'information et de la consultation[460]. Ils peuvent donner leur opinion mais à titre consultatif en ce que le demandeur de la consultation n'est pas obligé de les suivre[461]. En outre, ce droit à l'information est limité car l'action du contrôleur ne peut pas se faire directement auprès d'une tierce personne comme le ferait le Juge-commissaire. En ce cas, il faut solliciter l'intervention du syndic pour qu'il saisisse le titulaire des informations utiles selon les modalités prévues à cet effet[462]. En outre, le contrôleur ne peut pas non plus exercer des voies de recours[463].

227. Incertitude. Étant exercé gratuitement, il serait illogique de dire que le contrôleur n'en tire aucun profit. À juste titre, ils sont informés de l'évolution de la procédure collective. Ils s'informent pour eux et pour les autres créanciers (dont le Trésor). À ce niveau, les législateurs marocain et OHADA n'ont pas fixé les modes de l'information ; ils n'ont pas non plus fixé « *les termes que le contrôleur est tenu de ne pas dépasser pour ne pas porter préjudice aux droits des créanciers* »[464]. Dans l'affaire de la raffinerie *S.A.M.I.R* qui a fait beaucoup parler d'elle[465] au Maroc, est apparue

---

[460] Yves GUYON, *Entreprises en difficultés... op. cit.*, n° 1166, p. 185.
[461] *Ibid.*
[462] Mohammed IDRISSI ALAMI MACHICHI, *op. cit.*, p. 556.
[463] C.A. Toulouse, 01 déc. 1997, RJC 1998, p. 244, obs. SAINT-ALARY-HOUIN, cité par Liliane TCHAKOTEU MESSABIEM, thèse préc., p. 92.
[464] Malika AFIF, mémoire préc., p. 168.
[465] Faiçal FAQUIHI, « Affaire Samir Plus de 40 milliards de DH de déclarations de créances », *L'économiste,* éd., 4866. 29 sep. 2016 ; Soufiane NAKRI, « Ce que valent... sur le papier les actifs de Samir », *L'économiste,* Éd., n° 4956, 18 fév.

l'application non-évidente de l'article 645 du Code de commerce marocain. Ce dernier texte est formulé en des termes généraux au point qu'il a poussé la *Banque Populaire*, désignée contrôleuse, à saisir le juge-commissaire en référé[466], parce que - selon la banque -, le syndic ne communique pas assez d'informations. Cette situation affiche une autre défaillance plus remarquée : la coopération entre le syndic et les contrôleurs est loin d'être acquise. On ne peut pas prendre le risque de généralisation et écrire que c'est le cas de toutes les affaires pendantes aux tribunaux de commerce au Maroc. Mais, si cela arrive, c'est autant les créanciers que l'entreprise qui en supportent les conséquences, puisque c'est de la remise en cause de la logique participative[467]. L'esprit à la base de cette logique est d'arriver à des décisions judiciaires qualitatives et garantir par-delà, un bon déroulement de la procédure collective.

228. La position du droit français : une source d'inspiration pour le droit marocain. En droit français, le contrôleur se voit confier la même mission qui est celle d'assister conjointement le juge-commissaire dans sa mission de surveillance de l'administration de l'entreprise et le mandataire judiciaire. Avec la réforme entreprise par la loi de sauvegarde de 2005, les attributions et prérogatives du contrôleur sont devenues considérablement étendues. Depuis, le contrôle dévolu au contrôleur est systématique dans la mesure où il peut saisir le Tribunal à l'effet d'engager les actions qui auraient dû être engagées par le mandataire judiciaire défaillant[468]. Autrement dit, dans cette hypothèse, le contrôleur deviendrait représentant de l'intérêt collectif des créanciers. Dans ce système, sur la seule demande du contrôleur et si le redressement judiciaire est apparemment impossible, le Tribunal peut prononcer la liquidation judiciaire ou ordonner la cessation partielle

---

2017 ; Faiçal FAQUIHI, « Dix candidats pour la reprise du raffineur Samir », *L'économiste,* Éd., n° 4982, 16 mars 2017 ; « Dix candidats pour la reprise du raffineur Samir », *L'économiste,* Éd., n° 4982, 16 mars 2017 ; « Coup de théâtre sur Samir , le procureur récuse le premier jugement », *L'économiste,* Éd., n° 4776, 19 mai. 2016 ; « Liquidation Samir : Tout sauf les 43 milliards de DH de dettes ! », *L'économiste,* 21 avr. 2014.

466 Faiçal FAQUIHI, « Liquidation de la Samir, Que veut dire au juste l'article 645 ? », *in l'économiste*, n° 4871, Éd., 07 oct. 2016.

467 Faiçal FAQUIHI, « Liquidation Samir : la mise en vente est quasiment acquise », *L'économiste,* Ed., n°4926, 28 déc. 2016.

468 Corinne SAINT-ALARY-HOUIN, *Droit des entreprises en difficultés*, *op. cit.*, n° 478, p. 280.

d'activité[469]. Le droit français est allé plus loin en ce qu'il a permis aux créanciers par le biais des contrôleurs de guider la procédure collective. Et afin de mener à bien sa mission, la loi de sauvegarde lui a permis d'être représenté par un avocat ou un préposé. Mais, cette situation renforcée est limitée par l'obligation à laquelle le contrôleur est tenu : la confidentialité. Dans cette situation, sa mission est tout à fait surprenante, car il est consulté et s'informe régulièrement de l'avancement de la procédure mais en contrepartie, ne peut faire passer les informations qu'il a recueillies aux créanciers[470]. C'est une mesure qu'il convient au législateur africain de se garder de s'en inspirer.

229. Pour conclure ce paragraphe, il faut noter que les mandataires judiciaires et les contrôleurs sont de véritables organes de la procédure. Ils sont considérés comme des auxiliaires de la justice dite économique. Si pour le mandataire judiciaire et les contrôleurs, le législateur OHADA a répondu aux exigences liées à la promotion de leur statut et de leur rôle. Il n'en est pas de même pour le droit marocain : la loi 73-17 issue du Code de commerce marocain est venue améliorer la seule condition des syndics. Le législateur marocain veut encore miser sur cet organe extrajudiciaire.

230. En définitive, analyser l'action des organes des procédures collective et préventive est une tâche très lourde. La difficulté vient de ce que le système des difficultés de l'entreprise est, par nature, très complexe : la diversité des intérêts, la multiplication des intervenants, le cadre juridique applicable, la question du financement de la procédure. Ainsi, si une procédure de redressement judiciaire se révèle inefficace au regard de l'échec du redressement de l'entreprise et du désintéressement dérisoire des créanciers par la suite, ce n'est pas parce que les acteurs de la procédure, pris collectivement, en sont entièrement responsables. Cependant, il convient de réaffirmer que le professionnalisme, la moralité, et l'impartialité de ces organes ne sont de nature qu'à donner des procédures judiciaires de qualité. Autrement dit, ils peuvent joindre la logique économique à la logique conciliatoire.

---

469 C. com, France, art. L.631-11.

470 Corinne SAINT-ALARY-HOUIN, *Droit des entreprises en difficultés*, *op. cit.*, n° 478, p. 280.

231. Lors de notre étude sur les raisons de l'ordre collectif, notre attention s'est portée sur les deux volets les plus caractéristiques de la logique économique que sont les contraintes normatives et l'implication de la justice. Les règles normatives sont des règles de droit, destinées à être appliquées aussi bien au débiteur qu'aux créanciers. Elles ont pour but de jeter les bases du traitement de la cessation des paiements et de la protection des créanciers. Également, la logique participative est la pièce maîtresse des procédures collectives. Force est de constater que lesdites règles sont facteurs de protection critiquée pour le Fisc. Cela est manifeste au niveau du dévoilement des créances fiscales et en cas de leur éventuelle extinction. Nous avons relevé aussi qu'il y a un vide juridique qui affecte la logique économique. Sur ce point, le droit marocain, à travers la loi n° 73-17, a tempéré le poids de ce vide juridique. C'est au niveau du volet relatif à la logique économique que la loi n° 73-17 a constitué une petite révolution pour le créancier fiscal. La principale innovation de cette loi est le fait d'instaurer le régime de la déclaration provisionnelle des créances d'impôts. Le second volet est institué pour garantir la légitimité et l'efficacité des procédures. La justice se décharge de son rôle traditionnel d'un organe qui trouve des solutions aux contentieux des justiciables pour devenir un protecteur direct de l'ordre public économique. C'est la justice qui ouvre la procédure collective pour trouver la solution adéquate autant pour l'entreprise en difficulté que pour ses partenaires. À ce niveau, le droit uniforme africain a enregistré une évolution dictée par les avancées de la jurisprudence et les critiques de la doctrine. La forclusion est désormais moins dure en ce qu'il est passé du régime de l'extinction des créances fiscales à celui de l'opposition des créances fiscales. Mais, il convient de confirmer que légiférer des lois de qualité n'est pas suffisant pour arriver à des solutions procédurales tout aussi qualitatives. L'exemple de l'AUPC de 2015 en est l'illustration idoine. Tant que les organes de la procédure nommés restent ce qu'ils étaient auparavant, tant que les redevables cherchent plus à contourner la loi plutôt qu'à appliquer son esprit, il n'y aurait pas une grande amélioration en termes des indices d'évaluation. La loi, à elle seule, ne change pas la société !

CHAPITRE II. LA CONCILIATION DES INTÉRÊTS : UNE LOGIQUE EN RÉGRESSION

232. « *Sauvons la poule pour conserver les œufs d'or* »[471]. Tirée d'un ouvrage portant sur le droit fiscal des procédures collectives, cette citation est le principe directeur de la conciliation des intérêts. Elle signifie qu'il faut préserver l'activité économique de l'entreprise défaillante afin de pérenniser le recouvrement des impôts. C'est toute l'essence du redressement judiciaire pour le Trésor. Créancier permanent de l'entreprise, le Trésor pragmatique est fondé à sacrifier une partie de ses droits pendant un certain temps pour faire sortir l'entreprise de l'impasse économique. Par ce pragmatisme, l'Administration fiscale mise sur le recouvrement futur et potentiel des créances fiscales. L'enjeu est le suivant : l'intérêt économique, représenté par l'entreprise, et l'intérêt public, incarné par le Trésor, se retrouvent conciliés. Si tel est le cas, le laboratoire qu'est le tribunal arriverait à concevoir le plus difficile des dosages. Mode de conciliation de deux importants intérêts, le redressement judiciaire avec ou sans cession de l'entité économique reste donc la meilleure des solutions procédurales. En pratique, le nombre des redressements qui aboutissent est restreint. On est donc en face d'un « équilibre » réussi des intérêts mais limité dans son application **(Section II)**.

233. Effectivement, que ce soit dans l'espace OHADA ou au Maroc, la conciliation des intérêts, étant en régression, laisse place à la procédure de liquidation judiciaire. Matérialisée par la disparition du débiteur-contribuable, la liquidation de l'entité économique est une procédure judiciaire qui a pour but de dresser l'acte de décès de l'entreprise. Le paiement du Fisc et des autres créanciers n'est pas en reste. De même, en cas de faute au niveau de la gestion, le Trésor est fondé à se retourner contre le dirigeant. À la fois logique et contraignante, la liquidation reste la plus malheureuse des solutions arrêtées dans le cadre des procédures judiciaires du traitement des difficultés de l'entreprise. Cela équivaut à la perte d'un contribuable.

---

[471] Patrick SERLOOTEN, *La défaillance d'entreprise, aspects fiscaux*, *op. cit*, n° 506, p. 185.

Elle s'exprime par l'interruption de la relation légale qui unit le Trésor et le contribuable. Fondés sur cette relation légale, les impôts n'auront point de base légale pour être établis. Étant ainsi, une principale interrogation se présente comme le nœud de la condition de l'Administration fiscale dans ce contexte : Quelle est l'incidence des procédures liquidatives sur la condition du Trésor ? **(Section I)**.

Section I. L'incidence des procédures liquidatives sur la situation du Trésor

234. Présentation. Procédure universelle, la liquidation de l'entreprise[472] est une solution classique du système des procédures collectives. Que ce soit au Maroc ou dans l'espace OHADA, les juges du fond n'hésitent pas à appliquer cette procédure si bien qu'elle occasionne une jurisprudence assez fournie[473]. La CCJA et la Haute juridiction marocaine ont pu conforter cette tendance à plusieurs reprises[474]. Elle est une solution en ce sens que l'analyse économique et la protection des créanciers l'exigent. L'analyse économique du droit admet le principe suivant : s'il n'y a aucun espoir à ce qu'une entreprise honore ses engagements légaux et contractuels, cette entreprise doit disparaître le plus tôt possible de la scène économique. « *Coquille vide* »[475], « *coquille d'œuf abîmée* »[476], l'entreprise irrémédiablement compromise doit être judiciairement liquidée. Un peu comme on admet : un seul œuf abîmé contamine d'autres œufs. On pourrait dire ici : l'entreprise irrémédiablement compromise contamine d'autres entreprises. Elle contamine d'autres contribuables. Tout l'enjeu est de faire sortir du tissu économique les entreprises gravement malades. La recherche acharnée du rétablissement de l'entité économique, bien que les conditions de son redressement ne soient pas réunies reste une véritable chimère. Par ailleurs, la protection du Trésor implique cette solution dans la mesure où l'accumulation des créances fiscales est à craindre. L'accumulation des impôts est désagréable pour le Trésor. Tout à fait logique, la voie qui mène vers la disparition de l'entreprise est la solution optimale des intérêts en présence.

---

[472]En droit marocain, on parle de liquidation judiciaire alors qu'en droit OHADA, on parle de liquidation de biens.
[473]CA. com., Casablanca, n° 77, 30 mars, 2001, doss. com., n° 2078 / 99 /11.
[474] Cass. com, Maroc, n° 121, 31 jan. 2007 doss. com. n° 91 / 3 / 2 / 2007 ; Cass. com, Maroc, n° 130, 06 fév. 2008, doss. com. n° 517 / 2 / 3 / 2007.
[475]Ahmed CHOUKRI SBAI, *Al Wassit dans les procédures de prévention et de traitement des difficultés d'entreprises*, T. III, Dar Ennachr El Maarif, 3ème éd., 2007, (En langue arabe), p. 11.
[476]Ahmed CHOUKRI SBAI, T. III. *op. cit.*, p. 11. En ce sens, si la coquille d'un seul œuf est abîmée, elle en contamine d'autres.

235. Illustration judiciaire : l'affaire *S.A.M.I.R.* À ce propos, on ne peut pas parler de la procédure de liquidation judiciaire au Maroc sans citer la liquidation du siècle : l'affaire de *la raffinerie S.AM.I.R.* Pour assurer sa sûreté énergétique, l'Etat marocain s'est doté d'une importante raffinerie de pétrole en 1961. L'arrêt de la production en 2015 est un fait très marquant pour cette raffinerie pétrolière. Une année plus tard, la décision de la liquidation judiciaire tombe[477]. Le montant des créances déclarées est fabuleux : 23,2 milliards de Dirhams (2,5 milliards €), montant jamais atteint jusqu'à présent. La part du lion revient à la Douane avec 16 milliards de Dirhams (soit 1, 49 milliard €), laquelle « *s'en prévaut au titre de la TVA et de la taxe intérieure de consommation (TIC) impayées* »[478]. En 2021, soit six années après l'arrêt de la production, le paiement des créanciers n'a toujours pas lieu. La Douane, l'Administration des impôts, les banques, les fournisseurs, tous ces créanciers et d'autres sont toujours en attente d'être payés. La cause est connue de tous : défaut d'un repreneur qui est à même de faire revivre l'activité économique et de sauvegarder les droits de toutes les parties en présence. Dans cette affaire comme dans d'autres, la cession de l'actif est traditionnellement vue comme l'opération juridique la plus fondamentale pour apurer le passif. Sans réalisation de l'actif, il n'y aurait pas de paiement collectif des créanciers. A cet égard, le Fisc est payé suivant les règles régissant le rang et l'assiette de ses privilèges. A ce stade, et à la différence des autres créanciers, le Trésor est payé une seconde fois par l'effet de cette cession de l'actif. Ainsi, aux créances fiscales recouvrées par le paiement collectif s'ajoutent celles nées à l'occasion de l'imposition de la cession de l'actif. Il en découle que la procédure de liquidation judiciaire entraîne l'application de plusieurs procédures **(§ 1)**. Par ailleurs, l'espèce *S.A.M.I.R* n'en finit pas d'alimenter le débat. L'expertise faite démontre que la mauvaise gestion de la raffinerie est derrière la liquidation de cette dernière. Estimant que les dirigeants sont à l'origine de la situation catastrophique de cette grande entreprise, le Tribunal de commerce de Casablanca a décidé de leur étendre la liquidation judiciaire[479]. L'extension de la liquidation aux dirigeants représente une deuxième chance pour le Fisc. Elle l'est ainsi dans la mesure où cette extension « *implique l'agrandissement de son périmètre. Et par là les chances de se faire*

---

[477] Trib. com. Casablanca, n° 38, 21 mars 2016, doss. 23 / 8302 / 2016.

[478]Faiçal FAQUIHI, « Rebondissement dans les trois grands contentieux de Samir », *L'économiste,* Ed., 5355, 21 sep, 2018.

[479]Trib. com. Casablanca, n° 135, 05 nov. 2018, doss. 171 / 8321 / 2017.

rembourser »[480]. L'un des enseignements tirés de cette affaire est que la détérioration de l'activité économique est parfois le fait des dirigeants sociaux. Prenant acte de cet enseignement, le législateur marocain et son homologue OHADA posent identiquement la règle suivante : si faute de gestion il y a, la liquidation judiciaire doit être étendue aux biens personnels du dirigeant. En effet, dès lors que l'extension de la liquidation au dirigeant social est fondée, cela peut être source d'une garantie supplémentaire pour le Trésor. La même remarque vaut pour l'aboutissement de l'action en comblement du passif. Il s'agit, en fait, de sanctionner les abus du dirigeant social. Souvent, ces abus sont de nature à vider l'entreprise de son patrimoine en sa faveur. Et c'est là que réside le préjudice subi par les créanciers. Dans ce contexte, l'extension de la liquidation au dirigeant constitue une sanction civile à l'effet de réparer le préjudice subi. Bien plus, sous réserve de certaines conditions, la fraude peut donner lieu à une sanction pénale[481]. Si, de par son caractère répressif, la sanction pénale est un mécanisme protecteur du Trésor, la sanction patrimoniale permet de désintéresser les créanciers en mettant à la charge du dirigeant fautif tout ou une partie du passif. Ici, de l'action en comblement du passif à l'extension de la liquidation au dirigeant **(§ 2)**, ces deux actions confortent la condition précaire du Fisc dans le cadre collectif.

§1. Des procédures dans la procédure

236. Contrairement au droit marocain, le droit uniforme africain a pris soin de définir explicitement la liquidation des biens. À s'en tenir à l'article 2 du nouvel AUPC, la liquidation des biens est « *une procédure collective destinée à la réalisation de l'actif de l'entreprise débitrice en cessation des paiements dont la situation est irrémédiablement compromise pour apurer son passif* ». A lire cet article, se dégagent ainsi deux principales procédures : la réalisation de l'actif et l'apurement du passif **(B)**. Régulièrement dévoilé et vérifié, le passif fiscal est donc sujet à apurement. Ce paiement collectif des créances fiscales ne peut pas avoir lieu sans la réalisation de l'actif appartenant à l'entreprise liquidée. Dans le cadre toujours de cette cession de l'actif, l'Administration fiscale se

[480] Abdelali EL HOURRI, « Samir. Liquidation des biens des dirigeants : En attendant le jugement, retour sur un dossier sensible », *media24.com*, 22 oct. 2018.
[481] Cf. *infra* n° 543 - 550.

prévaut d'une situation spéciale dans la mesure où il est le seul créancier à avoir droit à un paiement. Paiement basé, cette fois-ci, sur le fondement de l'imposition de la cession de l'actif. Ce créancier public se distingue des autres créanciers dans ce cadre par la persistance des ordres économiques et fiscaux. Dans un tel cadre, on peut parler de la persistance de l'ordre économique et de l'ordre fiscal et ce, malgré l'ouverture de la liquidation judiciaire. Par ailleurs, appréhendée du point de vue des procédures collectives, la cessation d'activité est une conséquence naturelle de la liquidation judiciaire. Cependant, la liquidation de l'actif ne met pas fin immédiatement au cycle économique. Celui-ci a cours, tant que les opérations de la liquidation s'étalent sur le temps. Envisagée par le fiscaliste, la liquidation judiciaire est synonyme de la cessation d'activités. Sans distinguer selon qu'il y a ou non une poursuite d'activité, la cessation d'activité économique engendre l'imposition immédiate de l'impôt dû à raison de bénéfices (**A**). On est donc en face d'une procédure dans la procédure. Étant ainsi, la notion de la cessation de l'activité économique viendra nourrir encore plus la protection du Trésor décrite par les régimes fiscaux internes en Afrique.

A. De la cessation d'activité à l'imposition immédiate de bénéfices

237. Appréhendée par le droit fiscal, la cessation d'activité intervient à partir du moment où la propriété de l'entreprise est transférée à un autre propriétaire. Cette perception transcende l'interprétation littérale de la notion de cessation d'activité qui se concrétise dès lors que le débiteur arrête d'exercer son activité commerciale. Étant ainsi, la cessation d'activité se manifeste dans les deux cas de la cession judiciaire et de la liquidation judiciaire[482].

238. Présentation des articles 293 du CGI au Sénégal et 114 du CGI au Maroc. L'article 190, devenu 293 suite à la réforme du Code général des impôts du Sénégal[483] en 2013, dispose que : *« Dans le cas de cession totale ou de cessation d'une entreprise, l'impôt dû à raison des bénéfices qui n'ont pas été taxés, est*

[482]Patrick SERLOOTEN, *La défaillance d'entreprise, aspects fiscaux*, *op.cit.*, p. 68, n° 182.

[483] La loi 2012-31 du 31 déc. 2012 portant Code général des Impôts du Sénégal est entrée en vigueur le 1er janvier 2013.

immédiatement établi ».Empruntée de l'article 201 du Code général des impôts français, reprise par la plupart des autres États parties à l'OHADA[484], cette règle rejoint le principe de la déchéance du terme des créances, conçu comme une conséquence directe du prononcé de la liquidation judiciaire[485]. En théorie, se révélant protectrice, la cessation d'activité permet à l'Administration fiscale de procéder à la taxation instantanée du bénéfice réalisé dès la fin de l'ultime période d'imposition jusqu'à la date de ladite cessation[486]. Dès lors, elle permet de « *solder la situation fiscale de l'entreprise qui prend fin* »[487]. Admettons que la date de la cessation d'activité soit fixée au 10 mars 2018, par renvoi à la règle précitée, le bénéfice qui n'a pas été taxé du premier janvier au 10 mars est immédiatement établi[488]. Comme les législateurs internes des Etats membres de l'OHADA, le législateur marocain ne semble pas insensible à l'aspect pratique. L'article 114 du CGI marocain prévoit que le syndic « *doit fournir dans les trente (30) jours qui suivent la date [...] de cessation, une déclaration contenant les indications nécessaires à la liquidation de la taxe due jusqu'à cette date et à la régularisation des déductions dans les conditions prévues [dans ce cadre]*»[489]. C'est sans doute, une prise de conscience de la part de ces législateurs de sauvegarder les droits du Trésor placé dans cette situation particulière. Toutefois, il convient de relever que le Percepteur reste toujours tenu de déclarer les créances fiscales au passif de la liquidation. Le texte spécial précité ne l'exonère pas de se soumettre à la règle traditionnelle relative à la déclaration ou à la production des créances d'impôts dans le passif de la liquidation.

239. L'enseignement tiré de l'affaire *SAS Holco*. En France, cette règle a suscité de vraies oscillations de jurisprudences. Pour la Cour de cassation française, les juges ont pu estimer en 2010 que la cessation d'entreprise est enclenchée dès lors que l'entreprise est placée en liquidation judiciaire[490]. Mais, cette solution est loin de

---

[484]CGI, Bénin, 2016, art. 167 ; CGI, Cameroun, art. 94.
[485]C. com., L. n° 73-17, Maroc, art. 660.
[486]Patrick SERLOOTEN, *La défaillance d'entreprise, aspects fiscaux*, *op. cit.*, n° 190, p. 70.
[487] Patrick SERLOOTEN, Gilles DEDEURWAERDER, *op. cit.*, n° 39.
[488]CGI, Maroc, 2018, al. 2, art. 114.
[489] CGI, Cameroun, 2018, art. 95 ; CGI, Sénégal, 2013, art. 260 ; CGI, Bénin, 2018, art.167.
[490] Cass. com. France, 26 janv. 2010, n° 08-12. 186, Bull. civ. IV, n° 23; Bull. Joly 2010. 563, note A. DE BISSY; Act. proc. coll. 2010, n° 6, rep. 83, cité par Patrick SERLOOTEN, Gilles DEDEURWAERDER, op.cit., n° 41.

satisfaire la Haute juridiction administrative. Dès 1987, le Conseil d'État français adopte un autre raisonnement : la date de la cessation d'activité est synchronisée avec celle de la clôture des opérations de liquidation. Du point de vue comptable, cette date correspond au moment où « *les comptes définitifs du liquidateur sont approuvés dans les conditions prévues par la loi* »[491]. Motivé par la continuité de la personnalité morale[492], l'arrêt *SARL* « *Compagnie des grands armagnacs* » fait observer que le liquidateur n'est pas contraint de clôturer précipitamment l'exercice en cours[493]. En 2015, cette logique est reprise par un autre arrêt du Conseil d'État[494]. Dans l'affaire *SAS Holco,* les juges ont écarté l'application de l'article 201[495] du Code général des impôts français qui correspond aux articles 293 du Code général des impôts du Sénégal et 114 du Code général des impôts au Maroc. Les juges ont pu considérer que le dépôt de la déclaration fiscale de résultat suite à la cessation d'activité est à écarter. Cette déclaration ne devra avoir lieu, poursuit l'arrêt, qu'après que les comptes annuels définitifs sont validés. L'entreprise placée en liquidation « *n'est ainsi tenue ni de clôturer par anticipation l'exercice en cours à la date à laquelle le jugement de liquidation judiciaire est prononcé ni d'établir à cette date les déclarations fiscales relatives à cet exercice* », ajoute cet arrêt. L'originalité de cette dernière solution tient au fait qu'il ajoute une condition supplémentaire. Condition absente de l'article 201 du Code général des impôts français. Tout à fait logique, la position du Conseil d'État français considère que c'est à cette date que « *sont réuni[e]s les conditions de l'imposition immédiate lors de la cessation* »[496] d'activités. Ladite position a reçu les faveurs de la doctrine. De l'avis d'un auteur qui a profondément mis sa plume au service de ce point : les opérations de l'entreprise ne sont alors considérées comme vraiment terminées qu'au jour auquel interviennent l'arrêt et l'approbation des comptes annuels. Cela concerne aussi bien l'entreprise individuelle [497] que l'entreprise sociétaire[498].

---

[491]CE, France, ass. plén., 11 févr. 1987, req. n° 47157, RJF 1987, n° 273 - a.
[492] Cass. com. Maroc, n° 357, 05 mai 2004, doss. adm. 2446 / 4 / 2 / 2003.
[493]Patrick SERLOOTEN, Gilles DEDEURWAERDER, *op. cit.*, n° 41.
[494]CE, France, 10 avr. 2015, req. n° 371765.
[495] CGI, France, art. 201.
[496] Patrick SERLOOTEN, « Obligations fiscales et responsabilité des mandataires liquidateurs », *Lettre d'actualité des Procédures collectives civiles et commerciales,* n° 6, mars 2010, repère 83.
[497] CE, France, 8 juill. 1992, n° 84973 : RJF 11/1992, n° 1463.
[498] CE, plén., France, 11 févr. 1987, n° 47157 : RJF 3/1987, n° 273-a.

240. Volet pratique. La cessation d'activité donne lieu à l'imposition de l'activité économique sur l'intégralité du profit qui n'a pas été imposé[499], profit qui est alors imposé selon les règles en vigueur à la date de la cessation. Toutefois, il convient de tempérer l'efficacité de cette règle sur le terrain. La portée pratique de ce dispositif est très limitée pour ne pas dire inexistante. C'est ainsi que l'on peut rejoindre un auteur qui a pu affirmer que « *la cessation d'activité n'a généralement que peu de conséquences dans la mesure où elle n'est que l'étape ultime d'une situation, généralement ancienne, de difficultés économiques et financières* »[500]. Concrètement, le résultat fiscal de l'entreprise à l'encontre de laquelle une décision judiciaire de liquidation est rendue est très souvent déficitaire. Dès lors, les déclarations de résultat exigées dans ces systèmes juridiques ne présentent aucune utilité pour le Fisc « *et que même les informations ou déclarations incombant à l'entreprise ne sont pas effectuées* »[501].

B. De la cession de l'actif à l'apurement du passif

241. De la cession de l'actif à l'apurement du passif, il n'y a qu'un pas que les organes de la procédure peinent à franchir : trouver un acquéreur avec une offre sérieuse. En pratique, l'on est en face des liquidations interminables. Le paiement du Trésor dans le cadre collectif est laissé au fait que le syndic trouve des offres qualifiées de sérieuses. Mais, si cette voix est écartée, il est fait application de la vente des biens à titre isolé. Pour cela, le syndic recourt souvent à la vente aux enchères publiques. Dans les deux cas, le rang et l'assiette des sûretés fiscales sont la référence pour payer le Trésor. A cela, s'ajoutent d'autres difficultés et incertitudes qui rendent précaire la situation du Fisc au niveau du paiement des créances fiscales.

242. Seront traitées, dans un premier temps, les difficultés résultant de la réalisation de l'actif **(1)**. S'ensuit, dans un second temps, la

---

[499]Patrick SERLOOTEN, *La défaillance d'entreprise, aspects fiscaux*, *op. cit.*, n° 192, p. 71.
[500]Patrick SERLOOTEN, sauvegarde, redressement et liquidation judiciaires. – incidences fiscales sur l'entreprise, juris classeur commercial, fasc. 3104, 22 janv. 2010, (dernière mise à jour : 25 oct. 2012), n° 20.
[501]Ibid.

présentation de l'apurement du passif fiscal. Apurement qui reste limité en pratique **(2)**.

1. Difficultés quant à la cession de l'actif

243. Définition. Étape décisive, la réalisation de l'actif est le fil conducteur de la procédure de liquidation judiciaire ou des biens. Mettre en œuvre cette dernière procédure signifie le début de la fin de l'entreprise à l'encontre de laquelle le tribunal a rendu sa décision de liquidation. Pour les créanciers, elle est un véritable mécanisme pour protéger leurs droits. En ce sens, la réalisation de l'actif est une étape essentielle pour rendre opérationnel le paiement du Trésor en sa qualité de créancier antérieur. La cession de l'actif n'est pas sans poser un certain nombre de difficultés **(a).** À la suite de la vente de l'actif, la totalité ou une partie du passif fiscal sera apurée comme tous les créanciers ou certains d'entre eux. D'autres difficultés sont également signalées au niveau de l'imposition de la cession de l'actif **(b).**

a. Difficultés liées à la procédure de droit commun

244. Exposé de la distinction. Au sein de la cession de l'actif, il est permis de distinguer deux procédures. Effectivement, la réalisation de l'actif diffère selon qu'il s'agit de liquider des branches autonomes d'activités ou de vendre des biens à titre isolé. Les branches autonomes d'activités sont appelées autrement des unités de production en droit marocain et des unités d'exploitation en droit uniforme africain. Alors que la cession des biens isolés tend à « *une cession dispersée de l'actif du débiteur sans autre finalité que la conclusion de la vente* »[502], la cession des unités économiques autonomes vise la préservation de l'activité économique. Mais, les deux modes de cession présentent un point commun : le paiement du Trésor et des autres créanciers antérieurs. Qu'il s'agisse de l'un ou de l'autre mode, l'accent sera mis sur les difficultés pratiques que suscite la cession de l'actif.

---

[502] Marie-Hélène MONSÈRIÉ-BON, Béatrice AMIZET, « Cession du fonds de commerce en liquidation judiciaire », *rev. proc. coll.* n° 2, mars 2015, doss. 22, n° 13.

245. Montée des cessions des biens à titre isolé. Depuis très longtemps, la cession des biens à titre isolé poursuit un seul objectif : le paiement des créanciers. Des préceptes de *l'école malékite*[503]relevant du *droit musulman classique* à la nouvelle loi marocaine n° 73-17, les biens du failli sont destinés à être cédés. Ils ne le sont ainsi que pour payer collectivement les créanciers. Il est aujourd'hui le mode pour lequel opte souvent le juge-commissaire. Ce choix est justifié par le fait que le juge-commissaire se rende compte de l'inapplicabilité de la cession d'une unité économique autonome. Le constat est identique dans l'espace OHADA. Ce mode de cession est donc fréquemment appliqué par les tribunaux en Afrique. Dans le contexte marocain, les statistiques ne sont pas disponibles à ce sujet. Mais, l'opinion dominante est que la cession des biens à titre isolé se produit souvent. En quoi cela met-il à mal les intérêts du Trésor ? Ici, toute perspective de la reprise de l'activité cédée est définitivement écartée. La création de la richesse, si chère au créancier fiscal, est loin d'être concrétisée dans ce cas de figure. En ce sens, comme son nom l'indique, la cession des biens se fait à titre isolé. Le bien meuble, conçu comme un élément du fonds de commerce[504], est vendu séparément. La cession des autres éléments, comme les contrats d'exploitation et la clientèle, n'accompagne pas la cession précitée[505].

246. Une procédure de vente très lente. En pratique, la cession de l'actif pâtit de plusieurs complications. Elle est freinée par plusieurs difficultés auxquelles le législateur marocain et son homologue OHADA ont tenté d'établir des éléments de solution[506]. La principale difficulté tenant aux opérations liquidatives peut être résumée de manière assez simple : la lenteur de la procédure. Elle joue grandement au détriment du Trésor ainsi que des autres créanciers. Plus qu'une difficulté en soi, la lenteur de la procédure renseigne sur la complexité de la cession de l'actif. Bien plus, elle aggrave le coût[507] relatif aux opérations de liquidation. L'on peut dire que ce coût, si élevé, est dans une certaine mesure, la résultante de la procédure qui est longue. Plus la procédure de cession s'inscrit

---

[503] Salman BEN ABDEL AZIZ BEN SALMAN BEN MOHAMMAD AL SAUD, Thèse préc., p. 13.
[504] C. com. Maroc, art. 79.
[505]Mathieu BOURDAIS, *Etude critique des modes de cession applicables au fonds de commerce dans le cadre de la réalisation des actifs en liquidation judiciaire*, Thèse, Lille 2, 2017, p. 133.
[506] Cf. *infra* n° 457 et s ; 462 et s.
[507] Cf. *supra*, n° 217.

sur la durée, plus les frais de la procédure augmentent[508], moins est le taux de recouvrement des créances fiscales et non fiscales. Pour visualiser la pratique judiciaire, on ne peut pas fermer les yeux sur un arrêt publié par un des bulletins des arrêts de la Cour de cassation marocaine[509]. En l'espèce, la liquidation est rendue judiciairement le 28 octobre 2003. À la lecture de l'arrêt, l'on est étonné de constater que ce n'est que dix ans plus tard que la datation de la vente de l'actif est fixée, à savoir le 01 octobre 2013. Plus compliquée, l'affaire *Général Tire* en est aussi une autre illustration idoine. Le prononcé de la liquidation judiciaire de ce fabricant pneumatique remonte à l'an 2000. Cependant, après 20 ans, la vente judiciaire de biens[510] n'a toujours pas eu lieu. Dans ces conditions, on voit mal comment on peut toujours parler de « la protection » du Fisc ; on voit mal comment on peut toujours parler de « la protection » des créanciers ordinaires comme les fournisseurs qui sont d'ailleurs des contribuables.

247. Explications. En effet, la cession des biens appartenant à l'entreprise liquidée n'est pas dénuée d'obstacles. Ces obstacles rendent la vente très lente. Du coup, ils affectent le paiement collectif des créanciers publics et privés et entravent le rebond du débiteur[511]. Dans cette perspective, l'on est tenté de donner quelques explications. Pour ce qui est des motifs objectifs, ils tiennent à la nature immobilière des biens à céder. Lorsque le bien en question est de nature immobilière, il y a un régime spécial de vente qui est initialement lent et lourd[512]. La crise de l'immobilier est aussi citée comme étant une cause derrière la lenteur de la vente. Cette crise impacte négativement sur la vente aux enchères publiques[513]. S'agissant des motifs subjectifs, ils tiennent à ce qu'en Afrique, les éventuels acquéreurs ne veulent pas participer dans ce genre de ventes ; ils n'y voient pas d'un bon œil. C'est une question de culture sociétale. Il en découle une répulsion de ce système. Dans le meilleur des cas, on est en face d'une participation stérile de leur part[514].

---

[508] Didier TAKAFO-KENFACK, « La rationalisation des procédures collectives de l'OHADA : un modèle prometteur ? », *Rev. dr. unif.*, vol. 22, 2017, p. 596.
[509] Cass. com. Maroc, n° 157, 21 avr. 2016, doss. com. n° 311 / 3 / 1 / 2015.
[510] Faiçal FAQUIHI, « General Tire : L'interminable liquidation », *L'économiste*, Ed., n° 5264, 03 mai 2018.
[511] Cf. *infra* n° 447 et s.
[512] Fatoma THERA, thèse préc., n° 402, p. 267.
[513] Abashi SHAMAMBA, Franck FAGNON, *« Recouvrement judiciaire : « Il faut mettre les tribunaux de commerce en liquidation »,* art. préc.,
[514] Filiga Michel SAWADOGO, *op. cit.*, n° 135.

Parfois, l'échec de la vente est bien préparé par eux. Faire échouer la vente, si l'on ose dire, est y pour beaucoup. Dans une telle hypothèse, avant d'entrer dans la salle dédiée à cet effet, les surenchérisseurs se mettent d'accord sur la minoration de la mise à prix de la vente[515]. Le but étant de pousser le juge-commissaire à revoir à la baisse le prix qu'il a fixé. Cette situation n'est pas sans conséquence sur la protection des créanciers en général et du Trésor en particulier. « *Les obstacles sont tels que les ventes débouchent souvent sur l'échec, suivi d'une nouvelle adjudication* »[516]. Pour ne prendre que l'affaire *Général Tire* susvisée, la vente aux enchères numéro neuf a été programmée le 24 avril 2018 à la juridiction commerciale du second degré de Casablanca.

248. Ce sont donc quelques facteurs expliquant la lenteur de la vente des biens à titre isolé. Qu'en est-il de la cession des unités économiques autonomes ?

249. Recul de la cession des unités économiques autonomes. Ce mode de cession est juridiquement consacré en droits OHADA[517] et marocain[518]. Il s'agit d'une règle qui est partagée par ces deux régimes juridiques : lorsqu'elle est composée d'une partie ou de la totalité de l'actif, une unité de production ou d'exploitation peut faire l'objet d'une cession globale. Si l'intention des deux législateurs africains est louable, il n'y a là qu'une règle qu'il convient de nuancer la portée économique. En effet, le bilan dressé par la jurisprudence souligne que la cession des unités de production est sur le bout des doigts[519]. Contrairement à la cession des biens à titre isolé, la cession des unités de production est trop peu mise en application. La doctrine a eu le mérite de prendre acte de cette situation ; une auteure n'affirme pas autre chose quand elle a pu écrire qu'« *il serait en effet intéressant de recenser le nombre de liquidations qui recouvrent des cessions d'unités ou de branches*

---

[515]Abdessamad NAIMI, « Les dessous des ventes aux enchères des biens en saisie immobilière », *La vie éco*, 19 jan. 2016.
[516]A.E.H, « Ventes judiciaires : Une circulaire de Ramid pour faire le ménage », art. préc.,
[517] AUPC révisé, art. 160.
[518] C. com. L. n° 73 -17, Maroc, al. 1, art. 655.
[519]Cf. *infra* n° 322.

d'activités »[520]. En règle générale, cette solution arrange mieux le Fisc, car la création de la richesse se poursuit. Dès lors, le prélèvement de l'impôt se poursuit. Une autre difficulté se présente : si la cession d'une unité de production est actée par le tribunal, cela ne débouche que très tardivement sur le redémarrage de l'activité économique. Les exemples pratiques ne manquent pas. Présentant un intérêt pratique multidimensionnel, la liquidation de la raffinerie *S.A.M.I.R* mérite d'être citée de nouveau. Après plus de cinq ans de sa liquidation, le Tribunal du commerce de Casablanca n'arrive toujours pas à trouver un acquéreur apte à faire revivre la raffinerie. Cela a conduit un spécialiste[521] à déclarer avec beaucoup de déception que le dispositif légal relatif à la cession des unités de production est inefficace[522]. Il n'est pas à même de trouver des solutions pour les entreprises de grande taille placée en liquidation judiciaire. De sa part, le syndic chargé de ce dossier a une autre vision des choses. Il a déclaré que les offres reçues, jusqu'alors, ne sont pas considérées comme sérieuses. Compte tenu de l'importance que représente cette question pour le Trésor, la question est donc celle-ci : quand est-ce qu'une offre peut être jugée « sérieuse » ? Nous aurons l'occasion d'y revenir[523].

250. Ce sont donc les principales difficultés qui entravent la réalisation de l'actif. On l'a vu, ces difficultés impactent négativement sur la condition du Trésor. Ce créancier public se distingue des autres créanciers par le fait que la cession de l'actif est une opération taxable. Reste qu'elle n'est pas dénudée, elle aussi, de difficultés.

b. Difficultés quant à l'imposition de la cession de l'actif

251. La particularité de la condition du Trésor dans le cadre de la réalisation de l'actif tient au fait que, par l'effet de la vente des biens, ce créancier public sera doublement désintéressé. Une fois, dans le

---

520 Laurence BOY, « Les limites du formalisme du droit de l'OHADA à la sécurisation des entreprises », *Revue de l'Ersuma* n° 1, juin 2012, pp. 128-137.

521 Mohamed LDIB, « Vente S.A.M.I.R… Méthodes traditionnelles et paresse dans la saisie des biens personnels Al Aamodi », *hespress.com,* [En langue arabe], 17 nov. 2017.

522 C. com. L. n° 73 -17, Maroc, art. 655 art. préc.,

523 Cf. *infra* n° 324.

cadre du paiement collectif et une autre, dans le cadre de l'imposition de la cession de l'actif. En effet, bien que la liquidation judiciaire soit ouverte, les règles fiscales ordinaires afférentes à l'imposition de la cession des biens continuent toujours à être appliquées. En ce sens, de pareilles cessions produisent des créances fiscales ordinaires sans aucun égard à la procédure de liquidation judiciaire[524]. Le gel éventuel de certaines règles juridiques ne s'applique pas à cette partie de la matière fiscale. Dès lors que la cession de l'actif est considérée comme étant une opération économique, elle obéit à un traitement fiscal. En effet, dès l'ouverture de la liquidation, se profile la cession des éléments du patrimoine appartenant au débiteur. Cette réalisation de l'actif est une opération taxable susceptible d'être un fait générateur de différents impôts. Elle donne naissance aux droits de timbre et d'enregistrement[525]. En second lieu, ladite vente occasionne des créances fiscales tant au niveau de l'impôt sur le résultat qu'au niveau de la TVA **(β)**. Enfin, la cession de l'actif immobilier entraîne la naissance de l'impôt sur la plus-value **(α)**.

A. L'impôt relatif à la plus-value

252. L'impôt sur le résultat est défini par les régimes fiscaux internes des Etats africains. Ainsi, il ressort de l'article 6 du Code général des impôts du Cameroun de 2017 que :

> « le bénéfice imposable est le bénéfice net déterminé d'après les résultats d'ensemble des opérations de toute nature effectuées par les entreprises au cours de la période servant de base à l'impôt, **y compris notamment les cessions d'éléments quelconques de l'actif** soit en cours, soit en **fin d'exploitation** »[526].

Dès lors que le syndic-liquidateur cède un bien immobilier de l'actif et que cette cession réalise une plus-value, il est fait application du régime du droit commun des plus-values[527]. En fait, le régime diffère selon qu'il s'agit de plus-value professionnelle ou de plus-value consécutive aux biens immobiliers qui n'ont pas été destinés à

---

[524]Patrick SERLOOTEN, « L'incidence du redressement judiciaire sur la situation fiscale de l'entreprise », *La Semaine Juridique Entreprise et Affaires*, n° 4, 22 jan. 1987, n° 23.

[525] Cf. *infra* n° 813 et s.

[526] CGI, Sénégal, al. 1, art. 259.

[527]Patrick SERLOOTEN, *La défaillance d'entreprise, aspects fiscaux*, *op. cit.*, n° 244, p. 89.

l'exploitation. Cette dernière situation est à exclure de notre étude. La discussion est, ici, limitée à l'impact fiscal du prononcé de la liquidation judiciaire. En effet, en vertu de l'article susvisé dont on retrouve l'équivalent dans les Codes des impôts africains[528], il est exigé l'intégration de la plus-value dans la déclaration de résultat de l'entreprise[529]. À la vérité, cette créance d'impôt est l'objet d'interrogations : est-elle antérieure ou postérieure ? Quel en est le fait générateur ? Qui est le débiteur de cet impôt ? La réponse à ces questions est essentielle, car les conséquences sont déterminantes. L'analyse sera menée dans ce chapitre et non dans celui réservé aux faits générateurs des créances fiscales[530], car si cette démarche peut prêter à confusion, il n'en demeure pas moins que le traitement de cet impôt se révèle ici instructif en ce qu'il est la conséquence de l'ordonnance du juge-commissaire décidant de la vente de l'actif. Mettre un éclairage sur ce point est rendue possible sous la plume de la doctrine et les enseignements de la jurisprudence. Un auteur[531] soutient que le fait générateur de cet impôt est la date de l'inscription du bien vendu au bilan comptable, car « *la plus-value* [s'acquiert] *le jour au jour, au fur et à mesure de la détention de l'immobilisation par l'entreprise* ». C'est-à-dire au moment de l'acquisition de l'immobilisation. L'avis de l'auteur précité n'est pas totalement convaincant, car « *peut-on raisonnablement prétendre que le bénéfice est réalisé lors de l'achat du bien destiné à être vendu ?* »[532] S'interroge le Professeur Patrick Serlooten. Ce constat a amené cet auteur à faire valoir une autre opinion : le bénéfice « *ne résulte à l'évidence que de la vente* »[533] en tant que l'impôt relatif à la plus-value est payé par le vendeur lorsque son bien sort de l'actif et non pas quand son bien est y inscrit.

253. L'impôt sur la plus-value : une créance fiscale antérieure ou postérieure ? La qualification de l'impôt sur la plus-value est une question qui a été discutée en doctrine comme en jurisprudence. Est-elle une créance fiscale antérieure ? Est-elle une créance fiscale postérieure ? Si la vente s'est faite avant le prononcé du jugement

---

[528]CGI, Sénégal, al. 1, art. 259 (art. préc.,) ; CGI, Cameroun, 2017, art. 6 (art. préc.,).

[529]Bernard SOINNE, *Traité théorique et pratique des procédures collectives*, *op. cit.*, p. 1983, n° 2426.

[530] Cf. *infra* n° 348-365.

[531] Patrick SERLOOTEN, *La défaillance d'entreprise, aspects fiscaux*, Dalloz, 1997, n° 245, p. 89.

[532]Patrick SERLOOTEN, *La défaillance d'entreprise, aspects ...., ibid.*

[533] *ibidem.*

d'ouverture, on pourrait être tenté de dire que l'impôt sur la plus-value est une créance antérieure. Toutefois, une nuance devrait être apportée à ce développement. Admettons qu'une entreprise ait vendu un bien immeuble un mois avant l'ouverture à son encontre de la liquidation, est-ce à dire que l'impôt relatif à la plus-value est antérieur ? La réponse est négative. La raison résulte du jeu des nullités ou des inopposabilités de la période suspecte, l'acte de vente est nul[534]. Et si la vente est annulée, le fait générateur de l'impôt ne peut pas prendre naissance. Par ailleurs, la qualification de créance antérieure au jugement d'ouverture de l'impôt sur la plus-value pose une seconde difficulté : la règle procédurale de déclaration ou de production des créances dans le passif de la procédure. Qui est le débiteur de cette créance fiscale ? Qui doit déclarer l'impôt sur la plus-value ? En réalité, le débiteur de cet impôt est le notaire ; il est chargé de sa collecte et de son reversement au Trésor. Concernant la deuxième question, c'est le notaire qui doit déclarer la plus-value dans le passif. Mais, force est de constater que nous n'avons pas pu trouver une espèce illustrant ce cas.

254. À suivre cette logique, si la vente du bien immeuble est située après l'ouverture de la procédure collective, la plus-value est une créance postérieure. Cette hypothèse est très envisageable. Ainsi, si la vente s'inscrit dans le cadre de la cession des biens de l'entreprise liquidée, l'imposition relative à la plus-value est une créance née après le jugement d'ouverture, car son fait générateur qu'est la vente se situe forcément après le jugement d'ouverture de la liquidation[535]. Longtemps portée à la Cour de cassation française, la question précitée est tranchée s'agissant de la vente du fonds de commerce. L'arrêt[536] de la cour de cassation française datant de 1988 affirme que la plus-value afférente à la vente d'un fonds de commerce dans le cadre de la cession des éléments de l'actif est postérieure au jugement d'ouverture. Toutefois, l'on ne peut, tout de même, se contenter de l'avis du Professeur Patrick Serlooten, car le mot « vente » est trop vague. Quelle est précisément la date qu'il faut retenir dans ce cas de figure ? La date de l'ordonnance du juge-commissaire ou bien celle afférente à la passation du contrat de la vente par le notaire ? Autorisée par une ordonnance judiciaire du juge-commissaire, la vente d'un bien immeuble se réalise certes, à

[534]Laurent GRIFFON, « Paiement de l'impôt afférent aux plus-values immobilières et procédures collectives », Defrénois, 15 juil. 2004, n° 13.
[535]AUPC, art. 117.
[536] Cass. com. France, 19-1-1988 : Bull. civ. IV, p. 26.

la date de l'ordonnance. Mais, force est de constater que cette vente ne peut être parfaite que par la survenance d'un acte juridique postérieur : la conclusion de l'acte notarié. Par la référence à la norme classique du droit civil, le transfert de la propriété[537] dans un système consensualiste comme celui qui prévaut dans la plupart des Etats africains francophones dépend de la date à laquelle est passé le contrat de la vente[538]. Autrement dit, la créance fiscale relative à la plus-value est née au jour de la conclusion de l'acte de vente[539] que le notaire prend soin d'instrumenter. La jurisprudence a-t-elle eu l'occasion de se prononcer sur ce point ?

255. La jurisprudence africaine disponible ne s'est pas, à notre connaissance, prononcée sur cette dernière question. En revanche, la Haute juridiction française s'est vu soumettre cette question à maintes reprises, et cela pourrait être une indication de la position des juges africains le moment venu. Les juges du quai de l'Horloge, ayant longtemps navigué entre deux côtes, ont ainsi laissé planer une certaine ambiguïté dans leurs arrêts. Contrat constaté judiciairement, la vente est parfaite dès l'ordonnance du juge-commissaire[540], juge la Cour de cassation en 1994. C'est à la date de l'ordonnance que naît l'impôt relatif à la plus-value. C'est ainsi qu'ont pu estimer les magistrats de la Haute juridiction française dans un arrêt[541]. Mais, cette jurisprudence est loin d'être partagée par cette même cour. Considérant que l'ordonnance du juge-commissaire « *n'est pas immédiatement translative de la propriété* »[542], un autre courant jurisprudentiel a réfuté la première solution jurisprudentielle. Par l'effet de cette analyse, la même cour s'est détachée du premier

---

[537]Frédéric VAUVILLÉ, « Regard d'un non-fiscaliste sur la réforme des plus-values immobilières », *Defrénois,* 15 sep. 2004, n° 17, p. 1124.

[538]Anwar CHERKAOUI, « Vente sur plan : les nouvelles règles du jeu », *La vie éco*, 11 mars 2016.

[539]Laurent GRIFFON, « Paiement de l'impôt afférent aux plus-values immobilières et procédures collectives », art. préc., n° 6.

[540]Cass. com., France, 14 juin 1994, n° 92-14.721, Bull. civ. IV, n° 210, Quot. jur. 20 sept. 1994, obs. P. M.; Cass. com., France, 11 mars 1997, n° 94-19.207, Bull. civ. IV, n° 69, p. 62, RJ com. 1998, p. 293, n° 94, obs. Saint-Alary Houin C., Defrénois 1997, art. 36621, p. 941, obs. J. P. Sénéchal.

[541] Cass. com., France, 11 mars 1997, *Bull. civ.* IV, n° 69; *D.* 1997, IR, 87; *D. aff.* 1997, 482; *Defrénois* 1997, art. 941, obs. J.-P. Sénéchal; *JCP éd. E* 1997, I, 681, n° 8, obs. Ph. Pétel; *Rev. Huissiers* 1998, 351, note B. Courtier; *adde* J.-P. Garçon, *JCP éd. N* 1997, I, 1283; Cass. com., France, 6 juin 2000, *RJDA* 2000, n° 1142; *RTD com.* 2001, p. 224, obs. C. Saint-Alary-Houin.

[542]Pierre Michel LE CORRE, « Les difficultés pratiques de réalisation des actifs en liquidation judiciaire », art. préc.,

effort jurisprudentiel et a jugé[543] en 1995, puis confirmé en 2000, en 2002, et en 2011 que l'ordonnance du juge-commissaire, à elle seule n'est pas suffisante. Poussant l'effort jurisprudentiel des juges français à son extrême : le transfert de la propriété exige la passation du contrat par les personnes habilitées par la loi à le faire. On pense aux notaires et aux avocats. Cette dernière analyse conduit à penser que le fait générateur de l'impôt relatif à la plus-value naît à la date du transfert de la propriété, date qui correspond avec le jour de la passation de l'acte notarié. Le juge de l'impôt semble s'être rangé à cette dernière analyse. Ainsi, la cour administrative d'appel de Douai a ainsi pu estimer que : « *s'agissant de la date de la réalisation de la plus-value, le fait générateur d'une plus-value est constitué par le transfert de la propriété* »[544]. Aujourd'hui, à moins d'un revirement de jurisprudence, ce sont les arrêts postérieurs qui l'emportent en jurisprudence. Mais, une chose est sûre dans les deux cas, l'impôt relatif à la plus-value naît postérieurement au jugement d'ouverture de la procédure de liquidation judiciaire. C'est donc une créance postérieure et l'Administration fiscale bénéficie, à ce titre, du privilège du paiement à l'échéance[545]. Ceci dit, si l'on s'accorde à dire que la dernière solution reste valable pour le contexte marocain, il convient de relever que sa portée pratique reste limitée. Sachant que la vente des biens immobiliers après le prononcé des liquidations judiciaires dure des années sinon des décennies comme c'est le cas de l'affaire *General Tire* précitée, la créance fiscale au titre de la plus-value tardera à prendre naissance.

256. Certes, les magistrats français appliquent, ici, une solution qui semble cohérente au regard des règles en vigueur, solution qui favorise le Fisc. Mais, sa portée pratique et économique reste limitée. En ce sens, elle contrarie le paiement collectif des créanciers

---

543 Cass. com., France, 5 déc. 1995, *Bull. civ.* IV, n° 279; Cass. com., France, 8 jan. 2002, *RJDA* 2002, n° 669; Cass. com., France, 3 oct. 2000, n° 98-10.672, Bull. civ. IV, n° 146, p. 133, Actualité proc. coll. 2000, n° 17, n° 221, D. 2000, jur., p. 397, obs. Lienhard A., JCP éd. E 2001, chron. 175, n° 6, obs. Cabrillac M., RTD com. 2001, p. 224, obs. Saint-Alary-Houin C.; *cf.* Cass. com., France,16 oct. 2001, n° 98-12.216, Bull. civ. IV, n° 166, p. 157, D. 2001, p. 3349, obs. Lienhard A., Actualité proc. coll. 2001, n° 19, n° 251, obs. Vallansan J., JCP E 2002, 121, p. 129, n° 8, obs. Cabrillac M., D. 2002, p. 1479, obs. Honorat A.; Cass. com., France, 29 oct. 2002, n° 99-20.610, Actualité proc. coll. 2003, n° 2, n° 21; *cf.* Cass. com., France, 7 juill. 2004, n° 01-01.452; CA Riom, 1re ch. civ., 22 mai 2003, RD bancaire et financier 2004, p. 106, n° 83, obs. Lucas F.-X.

544 CAA, Douai, 2ème chambre, formation à 3, 31 mai 2005, inédit au recueil Lebon.

545 Cf. *infra* n° 343 et 726.

antérieurs, surtout les créanciers chirographaires qui se retrouvent toujours en bas de l'échelle. Ces derniers créanciers sont des contribuables qu'il fait aussi sauvegarder au même titre que l'entreprise placée en cessation des paiements[546].

B. L'impôt relatif à la TVA

257. Par ailleurs, la cession des éléments de l'actif donne lieu à la naissance de la TVA. Ainsi, sera taxée à la TVA, selon le régime du droit commun, la vente des éléments de l'actif mobilier du débiteur. Sont donc concernés les marchandises, le matériel d'équipement, l'outillage, les marques de fabrique, les brevets d'invention[547], le fonds de commerce y compris les biens mobiliers d'occasion[548]. Pour les biens immeubles, le fondement est déduit de l'article 134 du Code général des impôts du Cameroun du 2017, lequel prévoit que l'exigibilité de la TVA intervient pour « […] *les mutations de propriété d'immeubles, à la date de mutation ou du transfert de propriété* ». Par une série des arrêts jurisprudentiels, les deux hautes juridictions administratives et judiciaires en France apportent d'intéressantes précisions sur le droit et la priorité du Trésor de recouvrer exclusivement la TVA. En ce sens, la TVA ne peut être appropriée que par le Trésor. Remarquons que la TVA est due même si la vente se produit dans le cadre des enchères publiques, lesquelles ne s'y opposent pas[549]. De même, la TVA est due bien que la vente passe sans que la TVA ne soit pas *« décomptée distinctement »*[550] ou ne soit pas signalée dans la facture accordée au concessionnaire comme il aurait fallu l'être[551], estiment les juges du Conseil d'État. Sur une affaire tranchée en 2004, la Cour de cassation a retenu une solution différente de celle adoptée par les juges d'impôt relevant du Conseil d'État ; l'arrêt a retenu que le liquidateur est redevable de la TVA dès lors qu'il l'a mentionné sur la facture de vente du stock[552]. Ici, Nous touchons à deux questions très importantes : est-ce que le

---

[546] Cf. *infra* n° 780.

[547]Gérard DUQUESNOY, « La TVA et les procédures collectives », *Gaz. Pal.*, 03 mars 2001, n° 062, p. 2.

[548]Khadija MASMOUDI, « Circulaire des impôts TVA sur le logement social : mode opératoire de l'exonération », *L'économiste*, Éd., n° 4693, 25 jan. 2016.

[549]Patrick SERLOOTEN, Gilles DEDEURWAERDER, Entreprises en difficulté (Droit fiscal), *op. cit.*, n° 46, p. 38.

[550]*Ibid.*

[551] CE., France, 8e et 9e sous-sect., 24 jan. 1973, req. n° 86376, Lebon 68 ; Dupont 1973, 129.

[552]Cass. com., France, 2 juin 2004, n° 01-11.757.

syndic-liquidateur peut disposer de la TVA encaissée suite à la cession des éléments de l'actif hypothéqué ou gagé à l'attention des créanciers hypothécaires ou gagistes ? L'Administration fiscale est-elle, seule, fondée à récupérer la TVA collectée dans ce cadre ? Depuis longtemps, la jurisprudence française a été confrontée à ces questions. Ainsi, il a été jugé qu'à l'occasion des opérations afférentes à la cession de l'actif, le liquidateur « *ne peut affecter ni aux créanciers gagistes, ni aux créanciers hypothécaires, la TVA qui en a grevé le prix et qu'il a encaissée* »[553]. Dans le même ordre de jurisprudences, le privilège des créances salariales ne s'exerce que sur le prix Hors Taxe[554]. Il en est de même du privilège des créanciers postérieurs, estime un autre arrêt de la Haute juridiction française. La justification traditionnelle est bien connue : étant « *une contribution à la charge du client* »[555], en l'occurrence l'acquéreur ou le repreneur, la TVA est collectée par le syndic pour le compte de l'Administration fiscale. Ni le syndic, ni les créanciers privés, ni le dirigeant n'en peuvent être propriétaires. La nature juridique de cet impôt indirect fait en sorte que le mandataire liquidateur ou le syndic n'est vu que comme un « *dépositaire* [obligé] *de la TVA* »[556]. Dès lors, c'est seul le Fisc qui est exclusivement en droit de percevoir cette taxe[557]. Dans le cadre de notre problématique, et en raison de la forte influence du droit français sur les droits marocain et OHADA, on peut conclure que le Trésor serait bien protégé si ces solutions venaient à être appliquées par le juge marocain et son homologue OHADA.

258. Difficultés pratiques. Précisons que pour ce qui est des obligations ayant trait à la TVA, le syndic, nouveau représentant légal de l'entreprise, doit en cas de la poursuite temporaire de l'activité facturer la TVA sur les clients de l'entreprise comme par le passé ; il doit la collecter, et la déclarer au final. Que ce soit au Maroc ou dans l'espace communautaire africain, il convient de relever que la pratique n'est pas aussi belle que la formulation des

---

553Jean-Michel DELENEUVILLE, « Procédure collective et TVA, une cohabitation tumultueuse », *rev. proc. coll.*, 1996-3, n° 6, p. 299 et ss.
554Cass. com., France, 2 juin 2004, n° 01-11.757, Courrèges.
555Jean-Michel DELENEUVILLE, « Procédure collective et TVA, une cohabitation tumultueuse », art. préc.,
556 Cass. cass., ch. comm., France, 4 juillet 1995 ; R.D.E.F. 1996, p. 265, note J.-P. Sénéchal 97/6190 ; Bull. Fisc. F. Lefèbvre, décembre 1995 n° 1336, p. 698 ; R.J.F. 12/95, n° 1437, p. 836.
557Jean-Michel DELENEUVILLE, « Procédure collective et TVA, une cohabitation tumultueuse », art. préc.,

textes de loi y relatifs. A ce titre, la TVA est considérée comme la créance fiscale la plus frappée de fraude. En application de la liquidation judiciaire, la fraude est beaucoup plus probable. Pour parvenir à cette fin, une série de stratagèmes est sujette à application[558]. À la tête, il y a l'achat des factures pour rehausser les charges[559]. Les chiffres sont parlants au Maroc : en 2017, la TVA faisant l'objet de fraude est estimée à quatre milliard de Dirhams[560] (soit 369 865 914,53 €). Comme il est le nouveau représentant légal de l'entreprise liquidée, tout l'enjeu est de miser sur la probité et l'impartialité du syndic pour respecter les règles fiscales en la matière.

259. Une fois la réalisation de l'actif terminée, les organes de la procédure passent à l'opération liée au paiement des créanciers. Une gamme de règles normatives doit être respectée à ce niveau. S'ouvre alors un domaine nettement technique pour l'étude de la structure des sûretés fiscales. L'apurement du passif fiscal en dépend largement. Reste que cet apurement est limité en pratique.

2. Apurement limité du passif fiscal

260. La règle du jeu en matière de l'ordre collectif est que le produit de la réalisation de l'actif est réparti entre les créanciers antérieurs. Pour réaliser cet objectif, le législateur africain a été amené à instaurer des règles à cet effet. Un ordre de paiement est prévu entre les créanciers de l'entreprise liquidée. Qui vient après qui ? Enseignement de l'analyse économique du droit[561], un ordre de paiement est instauré à l'attention des créanciers antérieurs ou dans la masse. Il est indispensable pour la transparence de la procédure. La clarté dans la classification des créanciers est fort exigée. Et comme les biens de l'entreprise sont différents, selon qu'il s'agit de biens meubles ou de biens immeubles, la répartition de chaque catégorie d'actif est soumise à un régime différent et à un classement différent. Un tel créancier dispose-t-il d'un droit de paiement sur un

---

[558] Elie KABORE, « TVA l'impôt le plus fraudé », *L'économiste du fasso*, [En ligne], www.leconomistedufaso.bf.

[559] Naoufel DARIF, « Détaillé du chiffre d'affaires : la DGI veut en finir avec la fraude fiscale », *La vie éco*, 6 déc. 2017.

[560] Mohamed CHAOUI, « La fraude à la TVA serait de 4 milliards de dirhams ! », *L'économiste,* Ed., 4952, 02 fév. 2017.

[561] Filiga Michel SAWADOGO, « Les procédures de prévention dans l'AUPC révisé : la conciliation et le règlement préventif », art. préc.,

tel bien ? D'où la notion de l'assiette des sûretés et des privilèges[562]. À la réflexion, on perçoit l'infléchissement du principe de l'égalité des créanciers à ce niveau. En application de ces règles, les créanciers de l'ordre collectif deviennent inégaux. Le principe précité cède devant plusieurs considérations. Pour des considérations purement sociales, un salarié se prévaut d'un super privilège sur les biens du débiteur et devance ainsi le Trésor. Ne disposant d'aucune garantie, un créancier chirographaire n'est payé qu'après que le Fisc et les autres créanciers le sont.

261. Dans le cadre de cette étude axée sur la protection du créancier fiscal, nous serons conduits à présenter la structure des garanties dont il dispose au moment de l'apurement du passif. Ce faisant, il sera question de décortiquer la structure du privilège général et celle de l'hypothèque légale. Du point de vue méthodologique, il faut procéder, dans un premier temps, par déterminer le rang desdites garanties (**a**), et dans un second temps, par préciser leur assiette (**b**). En dernière analyse, il sera question des modalités du paiement du Trésor (**c**).

a. Rangs réduits

262. Créancier antérieur, le Trésor reste soumis à l'ensemble des règles qui régissent l'ordre collectif. Au stade de l'apurement du passif, se pose la question de la priorité du Fisc sur le produit de la vente de l'actif. La particularité de ce créancier public est qu'il entretient une relation permanente avec le redevable. C'est ce qui explique l'importance du passif fiscal. En outre, le contribuable est tenu envers lui non pas d'un seul type de créance mais de plusieurs types d'impôts. Dans le même ordre d'idées, la condition du Trésor fait de lui un créancier disposant de plusieurs garanties. En ce sens, il se prévaut d'un privilège général, d'un privilège spécial et d'une hypothèque légale qui porte sur les biens immeubles du redevable. Armé de ces garanties légalement reconnues par des textes spéciaux, le Trésor intègre la procédure collective comme un véritable concurrent qui a, pour se défendre, des mots à dire. Reste que le rang attribué à ce créancier public est tout à fait réduit. Le constat est partagé entre les deux lois africaines objet de notre recherche.

562 C.O.C, Maroc, art. 1243.

263. Le rang attribué au privilège fiscal sur les biens immeubles. En droit OHADA, l'article 166 de l'AUPC révisé détermine l'ordre de paiement des créanciers en cas de la distribution des deniers provenant de la vente des biens immeubles. Quel rang est réservé au Trésor ? C'est vrai que dans le texte de l'article 166, le mot « Trésor » est absent et que seule l'expression « créanciers munis d'un privilège général » est citée. Mais, on verra plus tard de façon explicite que le privilège du Trésor peut porter sur les biens immeubles en droit camerounais interne. Le point de départ de ce paragraphe est de considérer le Trésor comme étant un créancier titulaire d'un privilège général. À la lecture de cet article, il ressort que la supériorité du privilège du Trésor est attaquée par l'institution des privilèges spécifiques. Le privilège attaché aux impôts est primé par le privilège du *new money*[563]. Il est primé respectivement par le privilège des frais de justice et le super privilège des salariés. Remarquons que l'article 166 de l'AUPC révisé rabaisse encore le privilège fiscal : il est primé par tous les créanciers contre la masse (les créanciers postérieurs). Par renvoi à l'article précité, le Trésor ne vient qu'en sixième position parmi les créanciers disposant d'un privilège général. En ce cas, la position du Fisc est différente selon que le privilège est soumis ou non à la publicité. S'il est soumis à publicité, le rang est déterminé d'après la date de l'inscription du privilège fiscal qui figure sur le registre du commerce et du crédit mobilier. Si le privilège fiscal est non soumis à publicité, il faut se référer à l'article 180 de l'Acte uniforme relatif aux sûretés[564].

264. Créances fiscales ou créances des salariés : précisions de la loi et de la jurisprudence. Sur ce point précis, à l'occasion d'un crédit demandé par l'entreprise avant l'ouverture de la procédure, admettons qu'un établissement de crédit ait inscrit sa sûreté le 15 mars 2018, que l'inscription du privilège ou de l'hypothèque du Trésor se soit faite le 30 janvier 2018 et que la liquidation judiciaire soit ouverte 15 octobre 2018. En ce cas, suivant le rang du Fisc, ce dernier sera payé avant l'établissement du crédit. Pour vulgariser davantage notre propos : cela décourage les établissements du crédit à financer l'activité économique. Pour remédier à cette situation, une doctrine se tourne vers l'analyse économique du droit pour trouver des éléments de solutions. À cet égard, on a pu faire observer que : « *le législateur doit s'assurer que le montant des privilèges*

[563]Cf. *infra* n° 765 -773.

[564] Acte uniforme relatif aux sûretés, art. 180.

légaux et, en particulier, des privilèges et super-privilèges qu'il octroie aux salariés, ne soit pas d'une ampleur telle qu'il vide les droits de priorité des créanciers titulaires de sûretés de leur substance »[565]. Transposable, dans une certaine mesure, au contexte africain, le propos de la doctrine doit être nuancé. Si son fondement est discutable en ce qui concerne les créanciers publics dont les créances sont grevées du privilège légal, il est totalement erroné s'agissant des droits des salariés. Dans un pays comme le Maroc, marqué par des tensions sociales très fréquentes, la créance salariale ne doit aucunement être une créance ordinaire. C'est pour cette raison d'ailleurs que le privilège légal du Trésor est primé par le super-privilège accordé aux salariés en droit marocain. Cette primauté concerne les biens meubles. Nombreux sont les arrêts de la cour d'appel de commerce de Casablanca[566] qui sont venus rappeler la primauté du privilège des ouvriers sur celui du Fisc. Cette classification n'est pas sans conséquence sur le droit du Trésor au stade du paiement collectif : très souvent, le Trésor n'arrive pas à recouvrer ses créances fiscales par l'effet de cette primauté salariale. Cette situation est actée par plusieurs décisions judiciaires. Pour ne prendre qu'un exemple, on pourrait citer l'affaire *Somacof*[567]. Dans cette affaire, l'ordonnance du juge-commissaire homologuant le projet de répartition des deniers donne la priorité aux salariés[568]. Il convient de relever que cette primauté était au cœur d'un débat entre les juristes. Il y a eu une hésitation sur l'infériorité du Trésor dans ce cadre. Mais, c'est la référence à l'article 382 du Code du Travail marocain[569] qui a permis de trancher la suprématie du rang des salariés sur celui du Trésor. La doctrine de l'école marocaine, peu étendue sur cette question, conforte cette solution[570]. Cette dernière question, étant un petit détail parmi d'autres, n'est pas à traiter

---

565 Sophie VERMEILLE, Adrien BEZERT, « L'analyse économique du droit au secours du droit des sûretés et du droit des procédures collectives », *D.* 2014, p. 289.

566 CA. Casablanca, n° 5472, 13 nov. 2009, doss. com. n° 11 / 2009 / 3761 ; CA., com, Casablanca, n° 2907/2013, 28 mai 2013, doss. n° 11 / 2013 / 509 ; CA., com, Casablanca, n° 53563 / 2013, 10 déc. 2013, doss. n° 11 / 2013 / 1631 ; CA., com, Casablanca, n° 131 / 2011, 13 jan. 2010, doss. n° 4203 / 2010.

567 Trib. com., Casablanca, ord. n° 773 / 2013, 6 août 2013, doss. com, 185 / 19 / 2012, *affaire Somacof préc.*, (ord. non publiée).

568 Sur les détails du paiement du Trésor et des autres créanciers, Cf. *infra* n° 280.

569 C. tra. Maroc, art. 382.

570 Khaled ABOU HOUDA, « Les créances du Trésor et les créances des salariés, qui a le droit au paiement prioritaire dans la procédure des difficultés de l'entreprise ? », (en langue arabe), *Revue des tribunaux marocains*, n° 111, nov. déc. 2007.

longuement, car son impact, sans être négligeable, est loin d'être fondamental dans le cadre de notre problématique.

265. Le rang attribué à l'hypothèque légale. En application de l'article 113 du Code marocain de recouvrement des créances publiques et de l'article L 85 du CGI camerounais, l'Administration fiscale dispose d'une hypothèque légale sur tous les biens immeubles du débiteur-contribuable. Cette règle est reprise par de nombreuses lois internes des États parties à l'OHADA[571]. Forcée, cette garantie légale s'obtient sans l'accord du débiteur. Son exercice est destiné à recouvrer les créances fiscales de toute nature[572]. L'hypothèque du Trésor prend rang au jour et à l'heure de son inscription à la direction de la Conservation foncière, ajoutent les deux mêmes articles. Sauf que cette inscription doit avoir lieu avant le prononcé du jugement d'ouverture de la procédure collective[573]. Dans ce cas de figure, le Trésor est fondé à être positionné à côté des autres créanciers titulaires des hypothèques conventionnelles ou forcées. L'article 167 de l'AUPC révisé réserve la quatrième position à cette catégorie des créanciers. On comprend maintenant pourquoi le législateur a pesé ses mots quand il parle du jour et de l'heure de l'inscription. C'est l'horaire exact qui compte. Il sera payé suivant un ordre relativement bien. Reste qu'il faut signaler qu'il n'y a pas des applications judiciaires en la matière en droit marocain.

266. Le rang attribué au privilège fiscal sur les biens meubles. La classification du Trésor parmi les créanciers antérieurs est une question d'une grande importance, car c'est à la lumière de l'ordre établi qu'il sera payé. En droit marocain, dans le chapitre consacré à l'apurement du passif, le législateur commercial entretient un mutisme pour ce qui est de cette question. La loi marocaine n° 73-17 renvoie au droit commun et aux textes spéciaux. Le droit commun n'est rien d'autre que le Code des obligations et contrats. Un des textes spéciaux qui régit le classement des créanciers est le Code de recouvrement des créances publiques. Les deux codes sont la référence en la matière. L'un complète l'autre. Ainsi, à la lecture conjointe des articles 1248 du Code des obligations et contrats et 107 du Code du recouvrement des créances publiques, nous trouvons que le classement du Trésor vient en neuvième position.

---

571 CGI, Sénégal, art. 664.

572 C.R.C.P, Maroc, al. 1, art. 113.

573 C.R.C.P, Maroc, al. 2-3, art. 113.

On verra plus tard que ce classement ne peut s'exercer que quand il s'agit de répartir le produit de la vente des biens meubles[574]. Les biens immeubles sont exclus. A ce stade, la créance fiscale privilégiée est respectivement primée par les privilèges suivants : le privilège des frais des funérailles, celui des frais de justice, et celui résultant de la dernière maladie. Jusque-là la liste est incomplète. Les autres privilèges sont cités par le Code de recouvrement des créances publiques. Ainsi, selon l'article 107 susvisé, le privilège accordé au porteur de Warrant[575], celui profitant aux ouvriers et fournisseurs de travaux publics[576], et celui du créancier nanti[577], tous ces privilèges devancent le privilège fiscal. En pratique, le Trésor se trouve souvent en concurrence avec les deux derniers créanciers : les salariés et les banques en tant que créanciers nantis. On l'a vu, la primauté est attribuée aux salariés au détriment du Trésor. Par souci d'une réflexion comparative, remarquons qu'en droit OHADA, la logique est presque identique. Le rang réservé au Trésor est réduit en cas de la distribution du produit de la vente des biens meubles. Ici encore, les termes de l'article 167 de l'AUPC révisé sont clairs. Le Trésor vient en cinquième position parmi les créanciers disposant « *d'un privilège général soumis à publicité, d'un gage, ou un nantissement, chacun à la date de son opposabilité aux tiers* ; [...] »[578]. Abstraction faite de ce classement, le rabaissement du privilège attaché aux impôts résulte aussi de la priorité donnée par le droit uniforme africain aux créanciers rétenteurs. À la lecture de l'introduction de l'article 167 susvisé, il ressort que le créancier rétenteur garde son droit de se faire payer sur le bien meuble, objet du droit de rétention, avant tout créancier.

267. L'apurement du passif fiscal prend en compte non seulement le rang des privilèges dont dispose le Trésor, mais aussi leurs assiettes. Cette dernière question viendra nourrir encore l'étude relative à l'apurement du passif fiscal.

574 Cf. *infra* n° 270.
575 C. com, Maroc, art. 349.
576 Code de procédure civile, Maroc, art. 490.
577 C. com. L. n° 15-95, Maroc, art. 365.
578 AUPC révisé, art. 167.

b. Assiette mitigée

268. L'assiette est mitigée suivant les régimes juridiques. Si en droit marocain, elle est limitée et porte seulement sur les biens meubles appartenant au débiteur-contribuable, en droit camerounais interne, elle porte aussi bien sur les meubles et que sur les immeubles de ce dernier.

269. Les biens visés par le privilège fiscal en droit marocain. Au Maroc, la situation particulière de l'Administration fiscale dans les procédures de traitement des difficultés de l'entreprise est assurément manifestée par la reconnaissance de divers privilèges[579]. Ces garanties prennent la forme d'un privilège général, d'un privilège spécial[580] et d'une hypothèque légale. Le rang et l'assiette de l'hypothèque légale étant précisés, on va centrer la réflexion sur les deux premières garanties. Le privilège général s'exerce sur les meubles et effets mobiliers du contribuable en quelque endroit qu'ils soient, « *ainsi que sur le matériel et les marchandises existant dans l'établissement imposé et affectés à son exploitation* »[581], précise l'article 105 du Code de recouvrement des créances publiques. Le privilège spécial est attaché aux taxes et impôts frappant les biens immobiliers. Il s'exerce sur les revenus et les récoltes des biens immobiliers imposés « *en quelques mains qu'ils passent* »[582], précise l'article 106 du même Code. La subtilité entre les deux privilèges se constate : si le premier s'exerce sur tous les biens meubles sans exception, le second ne peut s'exercer que sur une partie limitée des biens meubles, à savoir les revenus résultant de l'exploitation des biens immeubles.

270. Solutions de la jurisprudence. Cependant, compliquée par la diversité des textes encadrant le privilège fiscal, l'assiette du privilège fiscal n'est pas tout à fait claire. En témoignent les contestations portées devant les tribunaux. Pour donner un éclairage sur les principales problématiques soulevées par les contentieux formés devant la justice, la présente recherche synthétise l'effort jurisprudentiel de la Cour de cassation marocaine dans ce domaine. La jurisprudence marocaine, étendue sur ce point, cerne très bien l'assiette du privilège du Trésor. Elle a tendance à restreindre la

---

[579]Patrick SERLOOTEN, « Le Trésor, créancier de l'entreprise », art. préc., p. 113.
[580] C.O.C, Maroc, art. 1247.
[581] C.R.C.P, Maroc, art. 105.
[582] C.R.C.P, Maroc, art. 106.

notion du bien mobilier dans celui qui suppose la mobilité. Ainsi, cette jurisprudence exclut le bien mobilier incorporel[583] et ne retient que le bien mobilier corporel. Dès lors, sont exclues de l'assiette du privilège fiscal : la vente du fonds de commerce, celle de la marque de fabrique, celle du brevet d'invention[584] et enfin celle des actions. Prenons le cas de la vente du fonds de commerce, la Haute juridiction marocaine[585] rejette en 2008 le pourvoi formé par le Trésor contre un arrêt de la cour d'appel, arrêt qui a exclu tout privilège du Trésor sur le produit de la vente du fonds de commerce. Le pourvoi est rejeté par un attendu de principe : *« attendu que le privilège de la Perception concerne les biens meubles corporels, alors que le fonds de commerce, tel qu'il est défini par l'article 79 du Code de commerce [marocain], est un bien meuble incorporel [...] »*. La haute cour marocaine en conclut que la juridiction du second degré a légalement justifié son effort jurisprudentiel. Et d'ajouter qu'elle a bien fait de ne pas se référer à l'article 107 [586] qui n'a pas vocation à s'appliquer ici. En une formule : le Trésor ne peut, en aucun cas, être un concurrent des créanciers ayant un privilège sur le produit de la vente du fonds de commerce. En réalité, ce n'est pas la première fois que la Haute juridiction de Rabat se penche sur cette question. Cette dernière jurisprudence se retrouve en harmonie avec une autre. Ainsi, un autre arrêt[587] rendu en 2005 vient rappeler que le privilège général du Trésor ne concerne pas le produit de la vente de l'immeuble hypothéqué ; il ne concerne que seulement les revenus et les récoltes des biens immobiliers au titre des articles 105 et 106 susvisés. Par voie de conséquence, la haute cour estime que c'est à bon droit que la cour d'appel a rejeté la demande du Trésor ; c'est à bon droit qu'elle a considéré que l'opposition du Trésor sur le produit de la vente de l'immeuble hypothéqué en faveur de la banque est infondée[588]. En ce cas, le créancier hypothécaire, en l'occurrence la banque, a le droit de priorité sur tous les créanciers pour recouvrer sa créance[589]. C'est donc, sans surprise, que la Cour suprême marocaine approuve l'arrêt de la Cour d'appel tant la conformité à la loi est évidente. La motivation est convaincante,

---

[583]Omar AZOUGAR, *Le guide pratique.... op. cit.,* p. 200.
[584]*Ibid.*
[585]Cass. com., Maroc, n° 1459, 12 nov. 2008, doss. com. n° 1237 / 3 / 1 / 2006.
[586]C.R.C.P, Maroc, art. 107, (article préc.,).
[587]Cass. com., Maroc, n° 458, 27 avr. 2005, doss. com. n° 958 / 3 / 1 / 2 ; Cass. com., Maroc, n° 613, 30 mai 2007, doss. com. n° 22 / 3 / 1 / 2007, p. 555.
[588] Abdessamad NAIMI, « La Cour de cassation encadre le droit d'opposition de la CNSS et du Trésor », *La vie éco,*24 déc, 2015.
[589]CA., com., Casablanca, n° 08 / 1760, 08 avr. 2008, doss. com. n° 04/08/670.

mais certains juges de fond ne sont pas fidèles à cette ligne de pensée. Effectivement, sur le même point, un autre arrêt de la Cour suprême mérite d'être cité tant la motivation est différente. Il s'agit de l'affaire *Emassa*. Société placée en liquidation judiciaire. S'en est suivi la vente des biens appartenant à ladite société. Pour les juges de la cour d'appel, les créances privilégiées de l'Administration fiscale peuvent porter sur le produit de la vente d'un bien immeuble. La cour d'appel est allée plus loin ; elle permet au Trésor de recouvrer la totalité de ses créances fiscales au détriment du créancier bancaire. La banque, créancière hypothécaire dans cette affaire, a contesté le projet de répartition du produit de la cession des biens. La Cour de cassation marocaine casse l'arrêt de la Cour d'appel de la façon la plus nette : certes, d'après l'article 1244 du Code des obligations et contrats marocain, le privilège du Trésor lui permet de primer tous les créanciers y compris le créancier hypothécaire (la banque), l'hypothèse retenue ici. Mais, le principe élémentaire du droit est bien connu : le texte général peut être dérogé par un texte spécial. Effectivement, l'article 155 du dahir du 2 juin 1915 applicable aux immeubles immatriculés, poursuit la cour, ne donne pas droit à l'Administration fiscale d'être considérée comme étant un créancier privilégié sur le produit de la vente des biens immeubles. Ce droit n'est reconnu qu'aux frais de justice relatifs à la cession l'immeuble, précise la cour.

271. Procédant à l'examen des articles 105 et 106 du Code de recouvrement des créances publiques, la Cour de cassation marocaine resserre l'étau. Elle livre une délimitation claire et précise de l'assiette du privilège fiscal. Laquelle ne peut porter que sur les seuls biens meubles corporels. Devenue constante, marquée de pertinence, cette jurisprudence est pédagogique. Elle doit inspirer les juges du fond et la doctrine administrative fiscale.

272. Les biens visés par le privilège fiscal au Cameroun. En droit OHADA, ce privilège s'exerce conformément aux conditions de rang précisées par l'article 179 de l'Acte uniforme relatif aux sûretés[590]. Article qui renvoie aux deux articles 225 et 226 dudit acte. D'après ces deux articles, on comprend que l'assiette du privilège général du Trésor peut porter aussi bien sur les biens meubles que sur les biens immeubles. La position communautaire est reprise par certaines lois nationales. Ainsi, cette question est régie en détail par

---

[590] AUS, art. 179.

des textes fiscaux internes. Au Cameroun, le Code général des impôts de 2017 dispose que : « *le privilège du Trésor porte sur tous les biens meubles, immeubles et effets mobiliers du contribuable en quelque lieu qu'ils se trouvent* »[591]. De cet alinéa, on déduit que, contrairement au droit marocain, l'assiette du privilège du Fisc au Cameroun est trop étendue pour englober les biens immeubles. L'Administration fiscale se voit accorder, par le jeu de cette disposition inédite, une place considérable. Ce constat, couplé au fait que l'Administration fiscale est muni du rang susvisé, conduit à penser que la condition de ce créancier peut être de nature à « *fausser le mécanisme de ces procédures* »[592] collectives. Le sort plaisant réservé au créancier fiscal est de nature à déranger d'autres créanciers[593], surtout ceux titulaires d'une sûreté immobilière comme les établissements de crédit. Cette condition, non chère à la banque en particulier, ne va pas de pair avec les sacrifices aménagés en matière de financement. Sacrifices qui sont nécessaires pour assurer le redressement des entités économiques en difficulté.

273. Les biens visés par le privilège fiscal au Sénégal. L'assiette acquise au privilège fiscal au Cameroun est bien loin d'être partagée par tous les régimes fiscaux internes dans l'espace OHADA. Dans d'autres pays comme le Sénégal, l'assiette du privilège fiscal est sensiblement identique au droit marocain. Ainsi, l'article 663 du CGI au Sénégal prévoit que le privilège général du Trésor porte seulement sur les meubles. Il est soumis ou non à la publicité selon que le montant de la créance fiscale dépasse ou non la somme établie par la loi nationale pour l'exécution provisoire des décisions de justice. À l'origine, c'est le droit OHADA, à travers toujours l'Acte uniforme relatif aux sûretés, qui adopte cette distinction et renvoie aux droits nationaux des États membres de l'OHADA. Tous les États sont appelés à fixer la somme qui sert de référence pour ladite exécution, car si vide juridique il y a, de telles créances seront considérées, par la suite, comme des créances chirographaires[594].

---

591 CGI, Cameroun, 2017, art L 82.

592 Marie-Jeanne CAMPANA, art. préc., p. 176.

593 Bruno BERGER-PERRIN, « Plan de continuation, plan de cession et liquidation judiciaire : le regard du praticien », *LPA,* 18 sept. 1995, p. 9.

594 Liliane TCHAKOTEU MESSABIEM, Thèse préc., p. 264 ; Filiga Michel SAWADOGO, note sous art.107 de l'AUPC, in OHADA, traités et actes uniformes commentés et annotés : juriscope, 3 éd., 2008, p. 716.

274. On le voit, l'assiette du privilège fiscal est mitigée suivant les systèmes juridiques. Reste alors à savoir comment s'exprime en pratique le paiement concret du Trésor dans le cadre de la liquidation judiciaire.

c. Paiement dérisoire des créances fiscales

275. Le paiement du Trésor dans le cadre de liquidation judiciaire est matérialisé par l'exécution du projet de répartition. Mécanisme classique, le paiement du Trésor est identique au droit communautaire africain et au droit marocain. Après les opérations afférentes à la vérification, l'admission des créances et la liquidation des biens, le syndic se voit donc chargé de préparer un projet de répartition en fonction des rangs des créanciers. Ce projet constitue la dernière étape dans ce processus. Il est tellement important que c'est à la lumière de ce classement que le Trésor et les autres créanciers antérieurs seront payés. Toute la question est de savoir les garanties légales acquises avant et après la répartition des fonds. Ces garanties peuvent-elles apporter une vraie protection au Trésor ?

276. Par souci d'établir la transparence, le projet de répartition fait l'objet de publicité. Après que le juge-commissaire ordonne la répartition des fonds, le montant intégral de l'actif est distribué entre les créanciers qui ont dépassé le stade de la vérification des créances. Le syndic adresse au Trésor et à chaque créancier « *un chèque à son ordre tiré sur le compte ouvert* »[595]au nom de la procédure collective.

277. Si l'ordre de paiement du Trésor paraît être clair, il faut mentionner que beaucoup de difficultés surgissent à ce niveau. Ainsi, il peut arriver que le syndic se trompe sur le classement de paiement. Un autre facteur rend incertaine la classification des créanciers : le nombre important des privilèges. En conséquence, sont posées des difficultés lors de la combinaison des règles du droit des sûretés avec celles des procédures collectives[596].Il faut signaler, ici, que les créanciers désapprouvent bien souvent la répartition du produit de la vente en mettant en avant la complicité

---

[595] AUPCAP révisé, al. 2, art. 165.
[596]Jean-Luc VALLENS, « Le droit des entreprises en difficulté, un outil pour l'attractivité du droit français», *rev. proc. coll.* n° 4, juil. 2018, étude 14, n°42.

du syndic avec le chef de l'entreprise et une partie des créanciers[597]. Terrain de contentieux, la période d'après l'établissement du projet de répartition est source certainement de malentendus entre les créanciers et le syndic. Pour remédier à cette situation, les voies de recours sont instaurées dans les deux systèmes africains. Le Trésor, en sa qualité de créancier figurant sur le projet de répartition, s'il n'est pas satisfait dudit projet, peut interjeter appel contre la répartition homologuée dans le délai de 15 jours à compter de la date de sa publication[598] au Bulletin officiel.

278. La position de la doctrine. Manifestation de la protection défectueuse du Trésor, la structure des garanties attachées aux créances fiscales est source d'une certaine « *insécurité* » au niveau du cadre collectif. Un privilège général dont l'assiette est limitée aux biens meubles et le rang est rabattu ne sécurise pas suffisamment le créancier fiscal. À l'échelon africain, il n'y a pas, à notre connaissance, des études qui mesurent le rapport entre le privilège en question et le recouvrement des créances fiscales. En 1983 déjà, un fiscaliste français a entamé une réflexion profonde sur « l'entreprise en difficulté, le Trésor et la Sécurité sociale ». Après une recherche poussée sur le terrain, il a pu estimer que les impôts privilégiés tout comme les créances de l'Organisme social « *absorbent le plus souvent la totalité de l'actif* »[599]. Selon la même étude, l'auteur[600] estime le taux de recouvrement des créances fiscales à 5%. Il ne faut pas s'en étonner : le pourcentage cité est la résultante de l'importance du montant du passif fiscal et de la faiblesse du produit de la réalisation de l'actif. Ce chiffre, aujourd'hui non dépassé, renseigne sur le faible paiement du Trésor sous l'empire de la loi du 13 juillet 1967, loi qui a inspiré le législateur communautaire africain de 1998. Cela dit, si ce chiffre peut prêter à discussion en ce qu'il change d'un pays à un autre et d'un cas d'espèce à un autre, il n'en demeure pas que le constat relatif à l'absorption totale de l'actif par le Fisc ne peut définitivement pas être repris dans le contexte marocain. Un aperçu

---

[597]Naoufel DARIF, « Les entreprises découragées à déposer leur bilan : 910 demandes en 2011, 30 % de moins qu'en 2010 », *La vie éco*, 21 nov. 2012.

[598]AUPC révisé, al. 3, art. 40 ; al. 2, art. 668 c. com, Maroc.

[599]Patrick SERLOOTEN, *L'entreprise en difficulté, le Trésor, la Sécurité sociale et les autres*, op. cit., p. 495 ; P. ANCEL, *Les privilèges du Trésor - privilèges généraux*, J.-Cl. Proc. fisc., Fasc. 580, n° 2.

[600]Patrick SERLOOTEN, *L'entreprise en difficulté, le Trésor, la sécurité sociale*... art. préc., note 121 sous n° 414.

sur les ordonnances de la distribution du produit de la vente de l'actif permet de confirmer que ce constat est plus que dépassé. Au cas où l'Administration fiscale serait concurrencée par le ou les créanciers hypothécaires inscrits sur l'immeuble cédé, c'est eux, en fait, qui absorbent l'actif en raison du droit de préférence dont ils disposent. S'agissant des biens meubles vendus, il faut rappeler que ce sont les salariés, qui prioritaires sur le fondement de l'article 382 du Code du travail marocain, absorbent l'intégralité du produit de la cession de l'actif mobilier.

279. Les conclusions tirées du rapport du *Doing business.* À une date plus récente, ce pourcentage va relativement de pair avec une conclusion tirée des chiffres fournis par la Banque mondiale. Selon les deux rapports de *Doing Business* de 2012 et 2017, le taux de recouvrement des créances fiscales et non fiscales est faible au Maroc et dans l'espace OHADA. En effet, pour évaluer la fiabilité des systèmes des procédures collectives de par le monde, le taux de recouvrement des créances est cité parmi les critères sur lesquels se basent les rapports de *Doing Business*. Alors que dans les pays de l'OCDE, le taux de recouvrement est estimé à 75%[601], le Trésor comme les autres créanciers sont contraints d'attendre, dans le contexte marocain, trois ans et demi pour pouvoir recouvrer pas plus de 25 % de leur dû[602]. Dans l'espace OHADA, ce taux change d'un pays à un autre. À titre d'exemple, le Trésor et les autres créanciers au Burkina Faso doivent attendre plus de 4 ans pour recouvrer pas plus de 20,7 (centimes par dollar) de leurs créances. En Côte d'Ivoire, le taux est de 39 (centimes par dollar)[603].

280. Les résultats de la jurisprudence. Dans ces conditions, on n'est pas surpris, à titre d'exemple, par l'ordonnance rendue par le juge-commissaire[604] à la suite du jugement ordonnant la liquidation judiciaire de *la société Fidralom*[605]. Dans cette affaire, les opérations de liquidations donnent lieu à un montant de 2 800 000. 00 Dirhams (soit 258 906,14 €). Après la déduction du 10 % des

---

[601]Naoufel DARIF, « Traitement des difficultés de l'entreprise : les détails du nouveau projet de loi », *La vie éco*, 18 fév. 2018.

[602] Naoufel DARIF, « Traitement des difficultés de l'entreprise : les détails du nouveau projet de loi », art. préc.,

[603]Banque mondiale, *Doing Business dans les Etats membres de l'OHADA 2017*, Washington, Banque mondiale, DOI : 10.1596/978-1-4648-0948-4, Licence : Creative Commons Attribution CC BY 3.0 IGO. p. 68.

[604]Trib. com., Rabat, ord. n° 157, 16 mars 2010, doss. com., n° 500 / 21 / 2009.

[605]Trib. com., Rabat, n° 157, 03 août 2010, doss. com. n° 5 / 33 / 2003.

frais de justice, des frais de la publicité, et ceux destinés à la conservation des biens[606], le prix de cession est ramené à 2 499 826. 82 Dirhams [607](soit 231 150,18 €). Parmi les créanciers, figure la Société générale marocaine des banques, laquelle dispose de deux hypothèques inscrites sur les deux seuls biens immeubles vendus. De ce fait, elle a un droit de préférence sur tous les créanciers y compris le Fisc, conclut l'ordonnance précitée. Le montant de la créance bancaire vérifiée est fixé à 2 000 000. 00 Dirhams (184 932,96 €). Alors que le montant du passif fiscal régulièrement vérifié qui revient à la Perception Kabila est estimé à 3 785 366. 86 Dirhams (350 019,54 €), et celui qui revient à la Direction régionale des impôts de Rabat-Salé est estimé à 6900.00 Dirhams (638, 02 €), ces deux créanciers fiscaux, ayant le même rang, sont colloqués sur le reliquat qui est fixé à 501.807.76 Dirhams (46 400,40 €). D'après ce cas d'espèce, le taux de recouvrement des créances fiscales est de 13, 83 %. Parfois, on aboutit à des résultats encore plus décevants où l'Administration fiscale ne perçoit plus aucun centime. Une ordonnance du juge-commissaire[608] est si troublante qu'elle présente une aura révélatrice de la protection précaire du Trésor public. Dans l'affaire *Somacof*, après la distraction des frais de justice, le produit définitif de la vente des biens est estimé à 91. 902, 78 Dirhams (8 497, 93 €). La somme des indemnités arrêtées en faveur des salariés est fixée à 4 677 195. 00 Dirhams (432 483,75 €). Le montant des créances fiscales dévoilées et régulièrement vérifiées s'élève à 52 288, 11 Dirhams (4 833,13 €). À la clé, le montant de l'actif est réparti entre les salariés au marc le franc. A la grande surprise, l'Administration fiscale, représentée par la Perception *Rochers noirs*, en est sortie avec un zéro dirham. Cet exemple est suffisant pour confirmer la condition précaire du Trésor dans les procédures liquidatives.

281. Pour conclure, certes, le Trésor se prévaut de nombreuses garanties. Mais, eu égard à la pratique judiciaire marocaine et à l'échelon communautaire africain, il faut se résoudre à la prudence et à la modestie, car souvent, le créancier fiscal en sort vaincu. La raison tient à l'insuffisance du produit de la cession d'actifs. Malgré son importance, le système axé sur le paiement collectif du Trésor est loin de s'imposer par son aura. La remarque est identique pour

[606]Soit 20.000.00 Dirhams (184932, 96 Euros).

[607]Trib. com., Rabat, ord. Numéro non cité, 16 mai 2008, doss., 65 / 21 / 2008.

[608]Trib. com., Casablanca, ord. n° 773 / 2013, 6 août 2013, doss. com, 185 / 19 / 2012, *affaire Somacof préc.*, (ord. non publiée).

ce qui est des actions en comblement du passif et des extensions des procédures collectives aux dirigeants.

§ 2. De l'action en comblement du passif à l'extension de la liquidation

282. Forgées par une volonté à la fois d'apurer le passif social et de contribuer au redressement des entreprises[609], les sanctions patrimoniales s'inscrivent dans le cadre des règles juridiques apportant une protection parallèle aux créanciers de l'entreprise. A l'instar des autres systèmes juridiques, le droit OHADA et le droit marocain prévoient des sanctions patrimoniales qui sont applicables au dirigeant s'il venait à commettre une ou plusieurs fautes de gestion[610]. Expression d'une « *réelle utilité économique* »[611], les sanctions patrimoniales visent à « *recouvrer des fonds* »[612], lesquels sont destinés à être répartis entre les créanciers. On distingue ainsi deux procédures : l'action du comblement du passif et l'extension des procédures collectives aux dirigeants. Ces procédures sont applicables, sous réserve de certaines conditions, pour l'apurement du passif social de l'entreprise liquidée. Le passif fiscal en est une composante essentielle. Si l'ambition du régime des sanctions patrimoniales n'est pas clairement affichée dans l'AUPC révisé et dans de la loi marocaine 73-17, la logique qui guide le droit marocain, comme le droit OHADA, est qu'il faut apporter une protection complémentaire au créancier fiscal pris collectivement s'il s'avère que c'est le dirigeant qui est responsable, par sa faute de gestion, de la situation désastreuse à laquelle est arrivée l'entreprise. Quelle que soit donc la procédure collective ouverte, la réparation du dommage subi par le Trésor suite à la faute du dirigeant est vue comme un mécanisme additionnel qui permettra à la fois d'assurer la protection du Fisc et des autres créanciers et de défendre l'enjeu économique[613]. Seront traités dans ce paragraphe, l'impact mitigé de l'action en comblement du passif **(A)** et l'impact partiel de

---

[609]C. com. L. n° 73-17, Maroc, al. 3, art. 738.
[610]Liliane TCHAKOTEU MESSABIEM, Thèse préc., p. 110.
[611]François LEGRAND, Olivier BOURU, Christophe DELATTRE, « Quelle place pour les sanctions civiles et pénales en droit des procédures collectives ?», débat organisé le 17 sep. 2009, in *rev. proc. coll.* n° 5, sep. 2009.
[612]Liliane TCHAKOTEU MESSABIEM, Thèse préc., p. 191.
[613]Hubert TSAGUE DONKENG, « Le régime de l'insuffisance d'actif en droit OHADA des procédures collectives », art. préc., p. 320.

l'extension de la liquidation aux dirigeants **(B)** sur le recouvrement des créances d'impôts.

A. L'impact mitigé de l'action en comblement du passif

283. La mise en œuvre de l'action en comblement du passif. Le comblement du passif a pu être défini comme « *l'extension du passif social aux dirigeants »*[614] par suite d'une faute de gestion. Les articles 183[615] de l'AUPC révisé et 738 [616] de la loi marocaine n° 73-17 établissent le régime de la responsabilité patrimoniale des dirigeants. A la lecture des articles précités, on relève une différence de terminologie : si en droit marocain, il est institué une « sanction patrimoniale », en droit uniforme africain, l'on parle de « l'action en comblement du passif ». Hors cette différence terminologique, les deux législateurs s'accordent sur la finalité commune de ce qui est présenté, en droit marocain comme une « sanction », et en droit uniforme africain comme une « action » (plus neutre) : le paiement de la fraction du passif fiscal non encore payée suite à la répartition du produit de la vente de l'actif. Ainsi, dès lors que la procédure de liquidation judiciaire présente une insuffisance au niveau des éléments de l'actif, la juridiction compétente peut décider, sous réserves de conditions exposées ci-dessous, que le ou les dirigeants supportent tout ou partie du passif. Là encore, le Trésor, en sa qualité de créancier antérieur, se retrouve payé au marc le franc (c'est-à-dire au prorata des créances) avec les autres créanciers[617]. Que ce soit en droit marocain ou en droit OHADA, cette solution peut être considérée comme étant une deuxième chance pour le créancier fiscal en ce tant qu'il est très souvent lésé lors du premier paiement collectif[618]. Mais, elle ne garantit pas le paiement total des créances d'impôts restant dues. Le nœud du régime, identiquement établi par l'Acte uniforme portant organisation des procédures collectives d'apurement du passif et la loi marocaine n° 73-17, est formulé dans une seule règle, qui bien que générale, reste assez expressive. Ainsi qu'évoquée en propos introductifs, l'action en comblement du passif

[614]Liliane TCHAKOTEU MESSABIEM, Thèse préc., p. 110.
[615]AUPC révisé, art. 183.
[616] C. com. Maroc, L. n° 73-17, art. 738.
[617] Abdeljalil EL HAMMOUMI, *Droit des difficultés de l'entreprise…*, *op. cit.*, p. 178.
[618]Idriss FAÏK, « La responsabilité patrimoniale des dirigeants au cours de la procédure collective », [En ligne], www.ucam.ac.ma, consulté le 03 déc. 2018.

est présentée comme étant « *une action à finalité réparatrice* »[619]. Dès lors, obéissant dans son principe au schéma de la responsabilité civile délictuelle, les trois conditions traditionnelles sont exigées pour sa mise en œuvre effective.

284. Une action calquée sur la responsabilité civile. Facilement repérées dans la loi de l'insolvabilité, davantage dégagées par la jurisprudence, les trois conditions sont les suivantes :

- La faute de gestion, clé de voûte du régime de la responsabilité patrimoniale, est occultée par les deux régimes africains de l'insolvabilité ; ils n'y apportent aucune définition. A notre avis, les deux législateurs africains ont eu la sagesse de vouloir laisser la porte ouverte à l'appréciation souveraine du juge. Ce dernier doit donc apprécier le comportement du dirigeant au regard de la gestion de l'entreprise dans les conditions normales. L'effort jurisprudentiel des juges est d'une grande importance, car la conception que retient le tribunal de la faute détermine le sort de l'action en comblement du passif : extensivement conçue, la faute commise peut éventuellement donner lieu à une action recevable. Restrictivement conçue, l'irrecevabilité pourrait lui être opposée[620]. Cette dernière conception est loin de satisfaire la majorité de la doctrine. Ainsi, dans un constat partagé, un auteur clarifie cette question et soutient que *« la faute de gestion est ici conçue au sens large englobant notamment les imprudences, les négligences et l'incompétence manifeste »*[621]. La question s'est posée aussi en jurisprudence de déterminer des exemples concrets de fautes de gestion. A maintes reprises, la Haute juridiction française a été amenée à clarifier la notion de la gestion fautive du dirigeant. En 1998, la Cour de cassation française a pu affirmer que «*la faute de gestion [est] constituée par le défaut de déclaration de cessation des paiements dans le délai légal car cela a provoqué la poursuite d'une activité déficitaire et la création d'un passif important* ». En règle générale, « *une erreur de gestion, une imprudence manifeste, [...] des*

---

[619]Mohamed JAOUHAR, « Les sanctions applicables aux dirigeants des entreprises en difficulté », in *Dix ans d'application du système des difficultés des entreprises, quel bilan ? Revue marocaine de droit, d'économie et de gestion,* n° 53, Najah El Jadida, Ed., 2008, p. 104.

[620]Corinne MASCALA, « Le comportement fautif du chef d'entreprise, de la sanction à la réparation ? », art. préc.,

[621]Mohamed JAOUHAR, « Les sanctions applicables aux dirigeants des entreprises en difficulté », art. préc., p. 104, *ibid.*

violations des règles statutaires ou légales »[622] sont autant de solutions jurisprudentielles illustrant le comportement fautif du dirigeant. L'opinion dominante est qu'il y a une tendance vers une interprétation large de la faute. A une date récente, la Cour de cassation marocaine, citant l'ancien 704 du Code de commerce de 1996, a, elle aussi, donné une illustration de la violation des règles légales et statutaires. Dans l'affaire *Moratex*, un attendu de principe est cité :

> « attendu que la faute, largement conçue, peut résulter de l'imprudence, de la violation des lois et des statuts et que l'appelant, en sa qualité de gérant de la société Moratex, bien que [la société] ait franchi le stade du déséquilibre financier [...], n'a rien fait pour sauvegarder l'entreprise ou du moins pour cesser son activité afin qu'elle ne continue pas d'enregistrer des résultats négatifs [...] »[623].

Sans doute, le dirigeant dans cette affaire aurait dû déclarer la cessation des paiements en temps opportun pour sauvegarder l'entité économique. Mais, il ne l'avait pas fait.

- **L'insuffisance de l'actif** : cette deuxième condition est la cause du préjudice que subissent le Fisc et les autres créanciers antérieurs. Ceci dit, la loi dans les deux régimes entretient un mutisme sur la définition de l'insuffisance de l'actif. La jurisprudence marocaine a tenté d'en apporter une : un attendu tiré d'un jugement rendu en 2010 par le Tribunal de commerce de Casablanca prévoit que « *c'est la différence entre le passif social antérieur à la date du prononcé du jugement d'ouverture de la procédure, vérifié et admis et son patrimoine, lequel est constitué par l'évaluation de l'ensemble de ses biens en cas de l'adoption du plan de continuation ou le bilan final de la vente des éléments de l'actif en cas de liquidation* »[624]. Pour illustrer cette définition, raisonnons à partir d'un exemple concret. Admettons qu'une procédure de liquidation judiciaire soit prononcée à l'encontre d'une PME, que son passif social, déclaré et admis, soit de l'ordre de 1.000.000 Dirhams (92.574, 56 €) et que l'évaluation des biens vendus soit estimée à 900. 000 Dirhams (83.317, 10 €). En application de la différence des deux montants

---

622 V. Cass. com., France, 17 mai 1998, RJDA 1998, n° 901 ; Cass. com., France, 27 oct. 1998, n° 96-11.049.

623 Cass. com., Maroc, n° 1093, 26 oct. 2005, doss. com. 2004 / 1 / 3 / 654. Mohamed HAMIDA, « La condamnation du dirigeant au comblement du passif social dans le régime du traitement des difficultés de l'entreprise », art. préc., p. 53.

624 Trib. com., Casablanca, n° 13, 23 fév. 2010, doss. 1014 / 34 / 2009.

susmentionnés, l'insuffisance de l'actif est à 100.000 dirhams (9.257,46 €). Appréhendée comme la fraction de la créance fiscale qui n'a pas pu être recouvrée à la suite du premier paiement fondé sur la répartition du produit de la vente des actifs[625], cette deuxième condition est réalisée dès que la valeur de la vente des biens appartenant à la société liquidée est insuffisante pour désintéresser le Trésor et le reste des créanciers[626]. Le montant de l'insuffisance de l'actif est déterminé par les juges, lesquels décident s'il faut mettre le total ou une partie de ce montant à la charge du dirigeant fautif[627]. Une difficulté se présente : on se souvient que la liquidation de l'actif surtout celle des biens immeubles prend souvent beaucoup du temps[628] : la durée peut s'étendre jusqu'à dix ans, voire au-delà. Pour les besoins de notre démonstration, est-il efficace d'attendre la fin des opérations liquidatives juste pour enfin intenter une action dans ce sens ? Deux éléments militent pour une réponse négative : l'esprit et la lettre de l'AUPC[629] et du Code de commerce marocain. Certes, s'informer de l'évaluation exacte de la vente de l'actif est déterminant. Mais, s'il s'avère que – dès cette évaluation – l'actif ne peut manifestement pas faire face au passif vérifié et admis, les juges devraient pouvoir donner suite à des actions en comblement de passif. A défaut, le risque est que le dirigeant dispose de suffisamment de temps pour organiser son insolvabilité[630].

- **Le lien de causalité** : afin que la responsabilité du dirigeant soit engagée, il est exigé qu'il y ait une relation de cause à effet entre la faute de gestion et l'insuffisance de l'actif. Autrement dit, dès lors que la faute managériale fait en sorte de rendre insuffisant l'actif ou d'accroître le passif[631], il y a matière à une action en comblement du passif. Autrement dit, c'est la faute qui empêche le Trésor de se faire payer comme il aurait dû l'être dans les conditions normales. Une doctrine a pu estimer que la relation de cause à effet est tempérée en ce sens que les deux articles 183 et 734 précités « *se contente[nt]*

---

[625]Mohamed JAOUHAR, « Les sanctions applicables aux dirigeants des entreprises en difficulté », art. préc., p. 104.
[626]Mohamed HAMIDA, « La condamnation du dirigeant au comblement du passif social dans le régime du traitement des difficultés de l'entreprise », art. préc., p. 56.
[627]Yves GUYON, *Entreprises en difficultés... op. cit.,* n° 1373, p. 418.
[628]Cf. *supra* n° 246.
[629]AUPC révisé, art. 186.
[630]Allal FALI, *op. cit.,* p. 353.
[631]Idriss FAÏK, art. préc.,

d'une causalité partielle »[632]. A partir du moment où la faute contribue, ne serait-ce que partiellement à l'insuffisance d'actif, il y a place à la responsabilité civile. Toutefois, un auteur[633]reste prudent en ce qui concerne l'application de ce régime : il fait observer que le lien de causalité n'est pas toujours facile à rapporter et ce, en raison des caractères complexes et interdépendants des faits qui sont éventuellement derrière toutes les difficultés économiques[634]. A suivre l'auteur susvisé, pour dégager sa responsabilité, le dirigeant serait tenté d'opposer d'autres faits. Dans ce cadre, l'on pourrait reprendre ici un attendu dégagé par un arrêt rendu par la cour d'appel de commerce de Marrakech :

> « la relation de cause à effet en l'espèce entre la faute de gestion, incarnée par le refus de déclaration de la cessation des paiements en dépit de l'accumulation du déficit, et l'insuffisance de l'actif, apparaît dans le fait que cette insuffisance n'aurait pas eu lieu si le redressement de la situation de l'entreprise s'était fait en temps opportun et que le fait d'avoir poursuivi abusivement une exploitation déficitaire a contribué dans la création et le gonflement du passif si bien qu'il est devenu difficile d'y faire face avec l'actif »[635].

On le voit donc, ces conditions viennent rappeler les éléments exigés pour la mise en application de la responsabilité civile délictuelle[636], lesquelles, si elles venaient à être réunies,

> « la juridiction compétente peut enjoindre aux dirigeants [...] de céder leurs parts sociales, titres de capital ou valeurs mobilières donnant accès au capital de celle-ci ou ordonner leur cession forcée par les soins du syndic, au besoin après expertise. Le produit de la vente est affecté au paiement de la part des dettes de la personne morale mise à la charge de ces dirigeants »[637].

285. Difficultés. Cette dernière disposition, absente dans le Code de commerce marocain, a pour objectif évident d'accompagner le travail accompli jusque-là par les organes de la procédure collective et par le tribunal qui a rendu la sanction patrimoniale. Si l'on peut, au niveau des principes, saluer la position du droit OHADA dans cet

---

632Mohamed JAOUHAR, « Les sanctions applicables aux dirigeants des entreprises en difficulté », art. préc., p. 104.

633Yves GUYON, *Entreprises en difficultés... op. cit.,* n° 1375, p. 419.

634 Yves GUYON, *Entreprises en difficultés... op. cit.,* n° 1046, p. 51.

635 CA. com., Marrakech, numéro non cité, 06 fév. 2002, doss. 99 / 15.

636 Abdeljalil EL HAMMOUMI, *Droit des difficultés...., op. cit.,* n ° 75, p. 177.

637AUPC révisé, art. 185.

esprit protecteur, il convient néanmoins de constater qu'en pratique, les organes de la procédure se retrouvent en face de deux difficultés[638]. Réelles ou fabriquées, ces difficultés impactent négativement sur le paiement du Trésor à ce niveau. D'abord, on se souvient que les dirigeants des personnes morales refusent souvent de déclarer la cessation des paiements pour que le tribunal ne les condamne pas à combler le passif ou n'ouvre pas à leur encontre des procédures collectives, car croyant être fautifs, ils ont peur que l'extension de la procédure collective puisse leur être infligée. Ensuite, se pose également le problème du gérant qui ne dispose de plus rien, ou celui qui entreprend initialement des manœuvres frauduleuses pour transférer ses biens aux tiers, ou encore celui contre lequel le syndic ne peut rien faire[639] même s'il y a un jugement de condamnation au comblement du passif ou arrêtant l'extension de la liquidation à son encontre.

286. La pauvreté de la pratique judiciaire dans quelques Etats en Afrique. Si en droit marocain, cette sanction patrimoniale tend de plus en plus à être appliquée par les juges des différentes juridictions commerciales[640]. En droit OHADA, les recherches menées sur la pratique des procédures collectives dans cet espace du continent africain précisent que les actions en responsabilité civile dirigées contre les dirigeants fautifs sont très rares[641], pour ne pas dire inexistantes. En effet, eu égard au nombre important des procédures collectives ouvertes et des fautes de gestion commises[642], on devrait assister à des condamnations pour comblement du passif, l'expérience montre qu'il n'en est rien. En fait, la pratique judiciaire rendue sous l'empire de l'AUPC de 1998 ne reflète pas qu'on est conscient de l'importance des sanctions patrimoniales comme un mécanisme protecteur et parallèle des droits des créanciers en général et du Trésor en particulier[643]. Dans cette situation, la consécration des sanctions patrimoniales par le

---

[638]Cf., *infra* n° 244.

[639]François LEGRAND, Olivier BOURU, Christophe DELATTRE, « Quelle place pour les sanctions civiles et pénales en droit des procédures collectives ?», art. préc., *ibid.*

[640] V. Les statistiques officielles présentées en 2018 (*infra* n° 289).

[641]Liliane TCHAKOTEU MESSABIEM, Thèse préc., p. 110 ; Souleymane TOE, Thèse préc., n° 360, p. 328 ; Filiga Michel SAWADOGO, OHADA *Droit des ... op. cit.*, n° 368, p. 346.

[642] AUPC révisé, art. 119.

[643] Pour de plus amples informations sur le déclenchement de l'action en comblement du passif, v. *infra* n° 504.

droit uniforme africain ne donne pas, dans certains pays[644], les résultats escomptés. Encore, dans d'autres Etats membres de l'OHADA[645], restant lettre morte, ces sanctions restent sans effet sur les droits du Fisc et des autres créanciers, lesquels pourraient être payés à titre complémentaire si l'action en comblement du passif venait à être appliquée. Les exemples pratiques ne manquent pas. Tirée de la *revue du droit uniforme africain,* l'affaire *SOPAGRI-SA,* rapportée en 2010, en est une manifestation idoine. Cette illustration jurisprudentielle incarne la mise en œuvre défectueuse de ce régime, en confirmant que l'inapplication des sanctions nuit à la protection complémentaire du Trésor : par ses fautes de gestion, le dirigeant a détruit tout espoir de voir se redresser la société *SOPAGRI-SA*[646]. Du redressement judiciaire, l'on est passé définitivement à la liquidation des biens. La lecture de ce cas d'espèce laisse comprendre que les fautes du dirigeant sont flagrantes : une fois le redressement judiciaire décidé, le dirigeant passe une convention de compte courant, couplée avec une affectation hypothécaire d'une valeur de 50.000 000 F.CFA (76.615,62 €) en faveur de la *Bank of Afrika,* sans que ne soit déterminée la destination des fonds. En violation flagrante de l'article 73 de l'AUPC[647], le dirigeant accepte également une hypothèque sur un immeuble en faveur de la *Banque agricole et commerciale du Burkina* afin qu'il obtienne un prêt d'un montant de 15.000 000 F. CFA. (22.984,69 €). Enfin, au mépris de l'article 891 de l'AUSCGIE[648], le dirigeant tire de la caisse de la société des sommes d'argents élevés pour s'acquitter des frais de missions sans intérêt[649]. Ces agissements entraînent la conversion du redressement en liquidation des biens. Face à ses agissements fautifs, plus aucune sanction patrimoniale n'a été malheureusement dirigée contre ce dirigeant. En agissant de la sorte, la justice économique livre un mauvais exemple et donne l'impression que la protection des créanciers en général et du Trésor en particulier s'arrête au niveau de l'ouverture des procédures collectives à l'encontre des personnes morales et que les dirigeants, bien qu'ils

---

[644]Souleymane TOE, Thèse préc., n° 358, p. 320.

[645]Souleymane TOE, Thèse préc., n° 356. p. 319 ; Filiga Michel SAWADOGO, OHADA *Droit des ... op. cit.,* n° 368, p. 346.

[646]TGI, Bobo-Dioulasso, n° 298, 29 déc. 2004 (jugement préc.,).

[647] AUPC, art. 73.

[648]AUSCGIE, art. 891.

[649] A titre d'exemple, la pratique a consisté « à puiser dans les caisses de l'entreprise à titre de prêt ou de remboursement des frais médicaux » sans que cela puisse avoir une retombée bénéfique sur la société. V. OHADATA-J-05-235.

commettent des fautes de gestion, leurs biens personnels sont une ligne rouge qu'il est très difficile de franchir.

287. Il découle que si la pratique judiciaire au Maroc évolue positivement sur ce point, en droit OHADA, la sanction civile connaît, avec des nuances, une application limitée. Cette application limitée est parfois le fait du dirigeant. Ainsi, si l'action en comblement du passif, menée à son terme, n'aboutit pas, il est fait application de l'extension de la liquidation à l'encontre du dirigeant. Mais ce palliatif n'a qu'un impact partiel.

B. L'impact partiel de l'extension de la liquidation

288. Poursuivant l'apurement additionnel du passif fiscal, l'extension de la liquidation judiciaire aux dirigeants est la deuxième sanction patrimoniale retenue par le législateur marocain et son homologue OHADA. Inscrite aux articles 189 de l'AUPC révisé[650] et 740 de la loi marocaine 73-17[651], l'extension de la liquidation est considérée comme un complément de l'action en comblement du passif. En ce sens que le tribunal doit rouvrir la procédure collective, initialement ouverte à l'égard de la société, à l'encontre du dirigeant qui, condamné en comblement du passif, s'abstient de s'acquitter de sa dette. Mais, elle s'en démarque en ce que les deux législateurs africains fixent une liste limitative des fautes donnant lieu directement à cette procédure.

289. Difficultés. Pour le Trésor, étendre la procédure de liquidation judiciaire aux dirigeants[652], « *implique l'agrandissement de son périmètre. Et par là les chances* » [653] de recouvrer les créances fiscales restant dues. En droit marocain, cette procédure est instituée pour la première fois en 1997, année de l'entrée en vigueur du Livre cinq du Code de commerce portant loi n° 15-95. Contrairement à la pratique dans l'espace OHADA[654], cette procédure tend de plus en plus à être appliquée par les juridictions commerciales au Maroc.

---

[650] AUPC révisé, al.2, art. 189.
[651] C. com. Maroc, L. n° 73-17, art. 739.
[652] Cass. com, Maroc, n° 1646, 24 déc. 2008 doss. com. n° 812 / 3 / 2 / 2005 ; Cass. com, Maroc, n° 117, 21 jan. 2010, doss. com. n° 653 / 3 / 3 / 2009.
[653] Abdelali EL HOURRI, « Samir. Liquidation des biens des dirigeants : En attendant le jugement, retour sur un dossier sensible », *media 24.com*, 22 oct. 2018.
[654] Liliane TCHAKOTEU MESSABIEM, Thèse préc., p. 112 ; Souleymane TOE, Thèse préc., n° 357, p. 319.

Lors de la période du débat sur la réforme du livre 5 du Code de commerce marocain, en janvier 2011, un praticien livre le constat suivant :

> « Au début des années 2000, les procédures collectives qui se soldaient par l'extension de la responsabilité des associés à leur patrimoine personnel ne représentaient qu'environ 10% de l'ensemble des procédures. Depuis à peu près trois ans maintenant, cette proportion est montée à 30%, voire 40% »[655].

A notre sens, le constat du praticien ne doit pas être fermement nuancé en tant qu'il est repris de nos jours. Ce constat est un peu plus proche des chiffres officiels fournis par le Ministère de la justice et des libertés en 2018 : dans 45 % des procédures judiciaires du traitement des difficultés de l'entreprise, *« la mauvaise gouvernance est citée comme étant la cause principale des difficultés de l'entreprise »*[656]. Un actif de vingt ans d'application a marqué de son empreinte la pratique judiciaire sur ce point, évolution forgée par l'assimilation de la réalité du terrain par les juges. Pour le praticien précité, ce dernier constat ne cesse de se confirmer : « *l'expérience a poussé les juges à toujours considérer les associés comme les principaux suspects* »[657]. Ainsi, un grand nombre de décisions judiciaires[658] rendues au Maroc conforte les dispositions de l'article 706 du Code de commerce[659], devenu l'article 740 suite à l'entrée en vigueur de la loi n° 73-17. La Cour de cassation accompagne cet effort jurisprudentiel des juges de fond. Pour ne citer qu'un exemple, l'arrêt[660] de la Haute juridiction numéro 1646, rendu sous l'empire du Code de commerce de 1996, est venu rappeler le mécanisme de cette sanction patrimoniale : « *pour étendre les procédures de redressement ou liquidation judiciaire ouvertes à l'égard des sociétés à leurs dirigeants, il faut établir à leur encontre l'un des faits énumérés à l'article 706 du Code de commerce* ». Cela dit,

---

[655]Souhail NHAILI, « Sarl, une responsabilité pas aussi limitée que cela…», *La vie éco*, 14 jan. 2011

[656]Naoufel DARIF, « Traitement des difficultés de l'entreprise : les détails du nouveau projet de loi », art. préc.,

[657]Souhail NHAILI, « Sarl, une responsabilité pas aussi limitée que cela… », art. préc.,

[658]Voy. CA. com, Casablanca, n° 5089 / 2011, 06 déc. 2011 ; CA. Com, Casablanca, n° 4845 / 2011, 22 nov. 2011, doss. 126 / 20 / 2010 ; CA, com, Casablanca, n° 3679 / 2011, 20 sep. 2011, doss. 117 / 25 / 2010 ; CA com, Marrakech, n° 34 / 2001, 27 juin 2001, doss. 13 / 99 ; Trib. Com. Casablanca, n° 270, 13 nov. 2006.

[659]C. com. Maroc, 1996, art. 706.

[660]Cass. com. Maroc, n° 1646, 24 déc. 2008, doss. com., 812 / 3 / 2 / 2005.

l'accompagnement de la justice ne veut pas dire pour autant que les faits énumérés à l'article 706 sont faciles à prouver par qui de droit. Autrement dit, la protection du Trésor pris collectivement dans ce cadre n'est pas très facile à mettre en œuvre. Ainsi, plusieurs difficultés se profilent et des lacunes juridiques sont observées dans ce cadre.

290. Le déclenchement difficile de l'action. D'abord, pour qu'elle soit mise en œuvre, une question saute aux yeux : qui peut être l'initiateur de telle action ? Le droit communautaire africain et le Code de commerce marocain envisagent cette question. Mais, l'effort législatif antérieur n'est pas infaillible : la doctrine[661] en pointe des erreurs législatives au sujet des personnes aptes à déclencher ladite extension. C'était la saisine d'office du tribunal ou sa saisine par le seul syndic. Mais, le Ministère public n'avait historiquement pas l'initiative de déclencher directement l'extension de la procédure aux dirigeants. Un regard critique sur les faits exposés par les anciens articles 706 précité et 189 de l'Acte uniforme africain relatif au traitement de l'insolvabilité[662] laisse croire que les Procureurs du Ministère public, bien que bien placés et bien outillés pour qualifier lesdits faits, étaient totalement écartés. C'était logique d'impliquer le syndic là-dedans, mais est-ce qu'il était à même de reprendre tout seul toute la place du Parquet ? En réalité, le syndic ne pourrait prendre la casquette du pénaliste que pour les faits ayant trait à l'irrégularité de la comptabilité[663]. Au contraire, poursuivre le dirigeant d'« *avoir détourné ou dissimulé tout ou partie de l'actif ou frauduleusement augmenté le passif de la société* »[664] ne peut être fiable qu'avec l'intervention du procureur avec le concours, bien entendu de la police judiciaire. Dans le même ordre d'idées, l'alinéa 6 de l'article 706 précité prévoit que le système de l'extension peut être initié si le dirigeant avait « *fait des biens ou du crédit de la société un usage* […] *pour favoriser une autre entreprise dans laquelle il était intéressé directement ou indirectement* ». La lecture de cette disposition juridique permet de conforter la nécessaire implication du Parquet en ce que ce dernier est doté des moyens juridiques exorbitants et des moyens de l'enquête pour prendre connaissance de la situation financière exacte

[661] Mustapha EL BAAJ, « L'extension de la procédure aux dirigeants de l'entreprise en droit marocain », *village-justice.com*, 7 oct. 2009.
[662] AUPC révisé, art. 189.
[663] C. com. art. 740.
[664] C. com. Maroc. art. 740, *ibid.*

du débiteur ou de son dirigeant. Par ailleurs, « *avoir poursuivi abusivement, dans un intérêt personnel, une exploitation déficitaire qui ne pouvait conduire qu'à la cessation des paiements de la société* » est cité par l'alinéa 4 de l'article 706 précité comme l'un des faits de nature à donner lieu à la responsabilité patrimoniale des dirigeants. Si un quelconque dirigeant poursuit de manière abusive une exploitation déficitaire et dont il résulte la liquidation judiciaire, est-ce qu'on peut avancer que cette liquidation devait lui être étendue puisque l'hypothèse de l'intérêt personnel du dirigeant, sans la prouver, est forcément réalisée dans ce cas ? Autrement dit, l'on serait tenté de supposer que le dirigeant n'a agi de la sorte que pour atteindre un intérêt personnel. Cette question, si elle anime très peu la doctrine marocaine[665], est au centre d'un arrêt rendu par la Haute cour marocaine[666]. Pour répondre à la question, la cour suit une interprétation à la fois restrictive et littérale : le syndic est obligé de prouver l'intérêt personnel du dirigeant. Pour la cour, étendre la liquidation aux biens du dirigeant implique qu'il y trouve un intérêt personnel : il ne suffit pas que le dirigeant poursuive l'exploitation et ce, bien que cette gestion entraîne une issue cata trophique pour l'entreprise[667]. A l'évidence, si cet arrêt prouve que les juges du fond doivent étendre la procédure collective tout en faisant attention aux droits des dirigeants, il reste que le fait de rapporter une preuve de la poursuite de l'exploitation dans un intérêt personnel est une chose assez difficile. Là aussi, nous estimons que le syndic ne peut pas relever tout seul ce défi et son travail doit être mené de concert avec le Ministère public, qui peut jouer un rôle très efficace dans ce cadre. La coordination des efforts revêt un grand intérêt pour la protection du Trésor pris collectivement en ce qu'elle offre de grandes chances de l'aboutissement de cette sanction patrimoniale. En effet, les moyens de la justice pénale facilitent la preuve de l'intérêt personnel et direct du dirigeant. C'est pourquoi, le législateur communautaire africain et son homologue marocain en ont pris acte et évolué sur cette question. À présent, le Ministère public, dans les deux systèmes juridiques, a la prérogative de déclencher directement

---

[665] Laarbi FARIS, « Les sanctions dans le régime des entreprises en difficultés », acte du colloque organisé par le laboratoire du droit des affaires domicilié à la faculté de droit de Settat, 27 nov. 2017.

[666] Cass. com, Maroc, n° 1434, 07 oct. 2010, doss. com. n° 1140 / 3 / 1 / 2006.

[667] Laarbi FARES, « L'extension de la procédure de redressement ou de liquidation judiciaire aux dirigeants », (en arabe), in *Dix ans d'application du système des difficultés des entreprises, quel bilan ? Revue marocaine de droit d'économie et de gestion.* n°53, Najah El Jadida, Ed., 2008, p. 136.

l'extension de la procédure aux dirigeants. Cette innovation, aujourd'hui codifiée explicitement dans l'AUPC et la loi 73-17, marque une ère nouvelle.

291. Le dévoilement incertain de la créance fiscale. Ensuite, si l'action est déclenchée, nous touchons à une autre question très importante : l'Administration fiscale doit-elle dévoiler sa créance dans la procédure étendue au dirigeant à titre personnel ? Si l'AUPC révisé est formel, le Code de commerce marocain est muet sur cette question. A notre connaissance, la jurisprudence marocaine n'a pas eu l'occasion de prendre position sur cette question. En effet, face au silence du texte, la réponse à cette question emporte prudence pour le droit marocain, car une situation similaire oblige l'Administration des impôts à dévoiler une seconde fois le passif fiscal non encore payé ; il s'agit de l'hypothèse de la conversion du redressement en liquidation judiciaire[668]. Par analogie, nous estimons que le Trésor, admis à la procédure collective principale, doit déclarer ses créances dans la procédure étendue au dirigeant déduction faite des sommes qu'il a déjà perçues. Sur ce point, une auteure[669] française se détache de cet avis ; elle estime que le Trésor et les autres créanciers ne sont pas obligés de dévoiler leurs créances dans deux procédures. La déclaration dans le passif de la société est suffisante. La même solution est adoptée par le législateur OHADA, lequel ne se montre pas insensible à ce détail : une fois le jugement d'extension rendu, le Trésor, comme tous les autres créanciers, s'il est admis à la procédure collective principale, est admis de droit à la procédure collective étendue au dirigeant[670]. Le législateur communautaire africain a fait preuve de beaucoup de souplesse sur ce point. Plus question de reprendre à nouveau les procédures de production des créances fiscales et leur vérification dès lors qu'elles ont acquis l'autorité de la chose jugée.

292. Le paiement du Trésor. En raison de son importance, une troisième question mérite d'être posée, celle relative à comment est-ce que le créancier fiscal est payé dans le cas de l'extension de la liquidation au patrimoine personnel du dirigeant. Les deux lois africaines, objet de notre étude, entretiennent un mutisme sur ce point combien déterminant. Faut-il appliquer la solution retenue en

---

668 C. com. L. n° 73-17, Maroc, art. 634, al. 1, 2.
669 Corinne MASCALA, « Sanctions applicables aux dirigeants », *LPA*, 6 sept. 2000, n° 178, p. 63.
670 AUPC révisé, art. 191.

cas de la condamnation du dirigeant en comblement du passif à savoir que le Fisc et les autres créanciers sont payés au marc le franc ? Un auteur[671] qui a entamé une réflexion profonde sur le droit marocain des entreprises en difficulté a pu estimer que le Trésor, créancier privilégié de la société, n'est considéré que comme un créancier chirographaire dans le passif de la procédure étendue au dirigeant. Trois arguments sont cités pour expliquer cette solution doctrinale : d'abord, la liquidation principale et celle étendue au dirigeant sont indépendantes l'une de l'autre. Ensuite, il y a l'exigence de garantir l'égalité entre les créanciers de la société et les créanciers personnels du dirigeant[672]. Une troisième et dernière raison est citée par ce courant de pensée : le privilège que détient le Fisc est le résultat d'une relation établie entre ce dernier et l'entreprise et non pas entre le même créancier et le dirigeant auquel est étendue la liquidation. Pour ces raisons, le Trésor doit être vu comme un créancier chirographaire dans le passif de la procédure étendue au dirigeant. On le voit, si cette solution ne favorise pas le Fisc, elle apporte une garantie de paiement aux créanciers chirographaires de l'entreprise dans la mesure où tous les créanciers sont payés au marc le franc. Cela dit, la jurisprudence en France se détache de cette solution. Dès 1999, cette question est soumise à la Haute juridiction française[673]. Pour y répondre, les juges de Paris ont entrepris une interprétation d'une règle française posée par l'alinéa 2 de l'article 182 de la loi du 25 janvier 1985 et pourtant partagée par le droit marocain et le droit uniforme africain, celle consignée aux articles 190 de l'AUPC révisé et 741 du nouveau Code de commerce : en cas de l'extension de la procédure collective au dirigeant, « *le passif comprend, outre le passif personnel, celui de la société* ». En application de la version française de cette règle, la Cour a pu estimer que « *dans la mesure où le passif est réuni, les créanciers privilégiés de la personne morale conservent leur rang dans la procédure collective ouverte à l'encontre du dirigeant* ». Écartant le paiement au marc le franc, cette interprétation jurisprudentielle permet à l'Administration des impôts de demeurer un créancier privilégié pour les impôts garantis du privilège fiscal. Mais, il ne faut pas perdre de vue et exagérer la portée de cette solution, car on connaît déjà la classification du Trésor dans le cadre

---

[671]Ahmed CHOUKRI SBAAI, *Al Wassit dans ..., op. cit.*, Tome III, p. 395.
[672]Allal FALI, *Les procédures... op. cit.*, p. 372.
[673]Cass. com., France, 2 mars 1999, n° 95-19.917, Bull. civ. IV, n° 49, p. 41, RJDA 1999, n° 455.

collectif[674] ; elle est loin d'apporter une vraie protection pour le Fisc. Dans cette perspective, l'extension de la liquidation aux dirigeants est vue comme un instrument économique qui fait en sorte de ne payer le Fisc que partiellement[675].

293. Comme pour l'action en comblement du passif, l'extension de la procédure collective achoppe sur les difficultés précédemment citées[676]. A ces difficultés s'ajoute l'inapplication des sanctions pénales[677]. Pourquoi évoquer ici les sanctions d'ordre pénal ? La doctrine résume ainsi la logique : « *Les sanctions pénales sont indispensables pour les dirigeants qui ne respectent pas les sanctions civiles prononcées contre eux. La menace d'une peine d'emprisonnement est plus dissuasive* »[678]. La difficulté est aussi le fait du législateur : si elle est partiellement encadrée en droit marocain, l'extension de la procédure collective pour confusion des patrimoines pâtit d'un vide juridique en droit OHADA[679].Enfin, et bien que la procédure soit étendue aux biens personnels du dirigeant et que le syndic arrive à exécuter sur lesdits biens, les sommes recouvrées ne peuvent toujours pas satisfaire le créancier fiscal compte tenu des montants importants des créances d'impôts revenant au Trésor et à la faiblesse du produit de la vente du patrimoine personnel des dirigeants.

294. Un palliatif à effet partiel. En définitive, la réponse à la question de départ est différente suivant les régimes juridiques et les bilans nationaux dans ce cadre : l'impact des sanctions patrimoniales sur le recouvrement des créances fiscales est nuancé. Si la réparation du préjudice subi par le Fisc pris collectivement est totalement défectueuse dans certains pays membres de l'OHADA, la portée de ce régime en droit marocain a évolué. Évolution qui est loin tout même d'assurer la garantie du recouvrement total des créances d'impôts, lesquelles se heurtent à un élément économique de base : la consistance du patrimoine personnel du dirigeant. Palliatif à effet partiel, le régime des sanctions patrimoniales n'est pas un mécanisme protecteur efficace. De là au paiement total des

---

[674] Cf., *supra* n° 262.

[675] François LEGRAND, Olivier BOURU, Christophe DELATTRE, « Quelle place pour les sanctions civiles et pénales en droit des procédures collectives ?», art. préc.,

[676] Cf., *supra* n° 285.

[677] Cf., *infra* 524 *et s.*

[678] François LEGRAND, Olivier BOURU, Christophe DELATTRE, art. préc.,

[679] Cf., *infra* 514 et s.

créances fiscales et de celles revenant aux créanciers chirographaires, le pas n'est pas encore franchi tant que l'application des sanctions patrimoniales aux dirigeants fautifs est loin de corriger les défaillances du premier paiement collectif. Pour importante qu'elle soit, l'application judiciaire des sanctions patrimoniales n'a pas donné, depuis son lancement à la fin des années quatre-vingt-dix, les résultats escomptés. Dès lors, tant qu'elles « *ne peuvent* [...] *pas exercer l'effet bénéfique attendu* »[680], le Fisc et les autres créanciers ne peuvent pas s'attendre à une grande protection à ce niveau.

295. En conclusion, il en résulte qu'après le placement de l'entreprise en liquidation judiciaire, le paysage n'est pas tellement favorable pour l'Administration des impôts : sa position est affaiblie sur tous les fronts. De la liquidation du contribuable à la disparition des petits contribuables (créanciers chirographaires)[681]. De l'intérêt limité de la cession de l'actif au paiement dérisoire des créances fiscales. De la montée de cessions des biens à titre isolé au recul des cessions des unités économiques autonomes. De la rareté des sanctions patrimoniales à l'inexistence des sanctions pénales[682]. De la fraude fiscale à l'utilité peu satisfaisante des procédures de contrôles fiscaux. Tout semble corroborer l'image peu flatteuse de la liquidation. Perdu, le Fisc se retrouve mal protégé ou pas du tout protégé. Il en est heureusement autrement si la conciliation des intérêts aboutit : elle permet d'atteindre de manière réussie un équilibre qui reste cependant limité dans son application.

680Filiga Michel SAWADOGO, OHADA *Droit des ... op. cit.*, n° 368, p. 345.

681 Pour de plus amples informations sur cette question, Cf. *infra* n° 780 - 805.

682 Les sanctions pénales ont pour but de protéger le trésor et les autres créanciers et d'assurer indirectement le redressement des entreprises. Pour une étude détaillée, V. 543 et s.

Section II. Un « équilibre » réussi des intérêts mais limité dans son application

296. L'équilibre réussi des intérêts dans la logique conciliatoire reste limité dans son application. Pourtant, la conciliation des intérêts est l'une des principales raisons d'être de l'ordre collectif : elle constitue en tout cas un attrait pour le créancier fiscal (le Trésor). Poursuivant à la fois l'apurement du passif et le sauvetage de l'entreprise, le redressement judiciaire est une procédure collective prévue par le droit uniforme africain et le droit marocain. Il constituerait la procédure la plus optimale des systèmes de règlement des difficultés de l'entreprise, dénouement auquel aspire le Trésor comme tout autre créancier. L'analyse économique du droit préconise la liquidation des entreprises qui ne présentent aucun espoir de redressement[683]. La même analyse recommande en revanche que soient redressées les entités économiques qui sont susceptibles de l'être. Ainsi, l'alinéa 2 de l'article 33 du nouvel AUPC avance que la juridiction compétente « *prononce l'ouverture du redressement judiciaire : s'il lui apparaît que le débiteur a proposé un concordat sérieux* [...] *ou qu'un tel concordat a des chances sérieuses d'être obtenu ; ou, si une cession globale est envisageable* ». Il découle que la protection axée sur la conciliation des intérêts est une solution procédurale à deux têtes : il y a la combinaison des intérêts par voie de continuation et la combinaison des intérêts par voie de cession judiciaire. La logique est identiquement reprise en droit marocain. Dans cette perspective, deux questions sont à poser : dans quelle mesure, les plans de redressement arrivent-ils à protéger le Trésor et à conserver les entités économiques en difficulté ? **(§1)**. Dans quelle mesure, les plans de cession, arrivent-ils à combiner le recouvrement des créances d'impôts et la sauvegarde des entités économiques en difficulté ? **(§2)**.

---

[683]Rafael ENCINAS DE MUNAGORRI, « L'analyse économique est-elle une source du droit ? » , *RTD Civ.* 2006 p.505 ; A. RAYNOUARD, « Faut – il avoir recours à l'analyse économique du droit (AED) pour assurer l'efficacité économique du droit ?, », oct. 2008 ; Alain PIETRANCOSTA, Sophie VERMEILLE, « Le droit des procédures collectives à l'épreuve de l'analyse économique du droit, Perspectives d'avenir ? » , *RTDF* n° 1 – 2010; Guillaume Plantin , « Les enjeux économiques du droit des faillites », Notes du conseil d'analyse économique 2013 / 7, n° 7, p. 1-12.

§ 1. La dualité d'intérêts par voie de continuation

297. Technique destinée à assurer la protection de l'entité économique et l'apurement du passif, la combinaison des intérêts par voie de continuation est une procédure collective « *souple* »[684] et « *complexe* »[685]. Souple, car le plan de continuation ou le concordat de redressement est le fruit d'un processus de négociation entre les créanciers, les salariés et le débiteur. Comme tout créancier, le Trésor y prend part[686]. La souplesse dudit plan tient aussi du fait qu'il peut faire l'objet de modification[687]. Complexe, puisque le plan de redressement arrêté par le tribunal, n'est rien d'autre qu'un contrat. Mais, il n'est pas un contrat formé par les particuliers dans les conditions normales ; c'est un contrat judiciairement formé[688]. En ce sens, la juridiction compétente donne acte des remises et des délais accordés par le Trésor et les autres créanciers ainsi que des engagements du débiteur à même de permettre le redressement de l'entreprise.

298. Établissant une relation permanente avec l'entreprise, l'aspect collectif de la procédure implique qu'il vaille mieux pour le Trésor que l'entreprise malade se rétablisse, car ce redressement lui sera profitable à long terme : il sera de nature à générer des créances d'impôts occasionnées par l'activité prospective de l'entreprise. En ce sens, ayant un intérêt à ce que l'entreprise en difficulté passe « *le mauvais cap* »[689], l'intérêt du Trésor acté par la restructuration des créances fiscales **(A)** et celui de l'entreprise en difficulté matérialisé par son sauvetage **(B)** ne sont pas antagonistes. Dans cette perspective, on est fondé à parler de la dualité des intérêts pour le créancier fiscal.

---

[684]Moulay Mohamed Lahbib RHALIB, *Entreprises en difficulté, quels sont vos droits ? op. cit.*, p. 201.

[685]*Ibid.*

[686] Yves GUYON, *Entreprises en difficultés... op. cit.*, n° 1190235, p. 210, 296.

[687] AUPC révisé, art. 21.

[688] V. Paule KANE EBANGA, « La nature juridique du concordat de redressement judiciaire dans le droit des affaires OHADA », *Juridis périodique*, n° 50, 2002, p. 114.

[689]Philippe ROUSSEL GALLE, « Les entreprises en difficulté : terre de conflits - Synthèse des intérêts contraires », art. préc., n° 178, p. 60.

A. Restructuration des créances fiscales : un encadrement inachevé

299. Généralités. La restructuration des créances est une question cardinale du droit des procédures collectives en tant qu'elle a pour objectif de reconstituer l'actif de l'entreprise[690] en difficulté. Mais, cette reconstitution reste sans effet tant que l'adhésion des créanciers au projet du plan du redressement n'intervient pas. Financer directement l'entreprise dans ce cadre s'entend de la volonté de ceux-ci de s'impliquer dans la procédure du redressement judiciaire. Elle est le prolongement des sacrifices[691] déjà imposés à leur encontre. Dans un tel cadre, il faut y voir aussi un mécanisme de nature à protéger le Trésor dans la mesure où il sera fondé à recouvrer ses créances suivant un nouveau rééchelonnement.

300. Comme les autres créanciers, l'Administration des impôts prend part à la restructuration financière de l'entité économique en difficulté à travers le fait d'accorder au débiteur des remises de dettes fiscales. A ce niveau, la logique est différente suivant les systèmes juridiques **(a).** A cela s'ajoutent les éventuels nouveaux délais de paiements, question qui suscite une controverse doctrinale et donne lieu à des solutions jurisprudentielles différentes **(b).**

a. La logique divergente de la remise de dettes fiscales

301. Présentation. « *Avantage économique* » [692] justifié [693] pour l'entreprise bénéficiaire, la remise de la dette fiscale est l'acte par lequel l'Administration des impôts accorde une réduction totale ou partielle des impôts. Cette remise concerne non seulement le Trésor mais aussi tous les créanciers antérieurs. La doctrine, suivie par la jurisprudence, est encline à y voir une manifestation de la combinaison des intérêts : le soutien de l'Administration des impôts

---

[690]Françoise PEROCHON, « Le financement de la restructuration : morceaux choisis », *Bull. Joly entre. diff.* sept. 2017, n° 115, p. 360.
[691]Cf. *supra* partie I, Titre 1, Chap. 1, Sect. 1, § 2.
[692]André JACQUEMONT, *Droit des entreprises en difficulté*, *op. cit.*, n° 729, p. 421.
[693] Mustapha EL BAAJ, « Pourquoi un Ministère public en matière de procédures de redressement et de liquidation judiciaires ? », art. préc., ; Jean-François TOGNACCIOLI, « Les remises de dettes consenties par les créanciers publics : une procédure dans la procédure », *rev. proc. coll.* n° 1, jan. 2008, n° 22.

est joint là par les efforts des autres créanciers afin de rendre facile et réelle la sauvegarde de l'entreprise en difficulté et possible le recouvrement des créances fiscales futures[694]. En parcourant les règles juridiques régissant cette question et la doctrine y relative, il découle que les deux législations OHADA et marocaine ont une approche, qui bien que poursuivant les mêmes finalités, est loin d'être totalement identique. Ces approches sont si différentes entre elles que l'on peut parler de logique propre à chaque régime. Le même constat est fait des difficultés survenues dans ce contexte. Dans le cadre de cette recherche située dans une perspective comparative, nous allons présenter les modalités de l'adhésion du Trésor au projet de redressement en droit marocain et en droit OHADA.

302. La position inachevée du droit marocain. En droit marocain, par renvoi à l'alinéa 2 de l'article 601[695] du nouveau Code de commerce, le syndic se charge de recevoir l'accord du Trésor sur l'éventuelle remise que ce dernier est appelé à accorder pour la bonne exécution du plan de redressement. Apparemment claire, cette règle ne l'est pas dans sa mise en application. Une obligation est à honorer et des garanties sont à respecter. Une obligation de principe lui incombe : la déclaration préalable des créances d'impôts est exigée. C'est un détail de bon sens dans la mesure où le Fisc ne remet que les créances qui sont portées à la connaissance du syndic et qui sont destinées à être admises au passif. En ce sens, si le Percepteur ne déclare pas les créances d'impôts antérieures, ces créances sont forcloses[696] et leur rééchelonnement ne sera pas possible. On revient donc sur le caractère central de la déclaration des créances fiscales en la matière. D'autres part, la jurisprudence, née au Maroc à propos de la consultation des créanciers, conforte les dispositions légales en la matière et apporte d'intéressantes précisions en ce qui concerne les garanties à respecter dans l'hypothèse de la consultation individuelle du Trésor. Parce qu'il s'agit de l'abandon de l'argent public, cette règle doit être suffisamment entourée de garanties. Au rang desquelles figure le mode de convocation, car l'information s'inscrit dans un esprit

---

[694] André JACQUEMONT, *Droit des entreprises en difficulté*, *op. cit.*, n° 729, p. 421.

[695] C. com. L. n° 73-17, Maroc, al. 2, art. 601.

[696] *Supra* n° 113 et s.

protecteur à ce niveau. A ce sujet, une partie de la doctrine[697] reproche au législateur marocain de ne pas être suffisamment clair au niveau de la modalité de la convocation du Trésor et des autres créanciers en tant qu'il n'est pas bien précisé dans la loi comment sont-ils convoqués[698]. Outre le fait que cette situation serait éventuellement source de conflit[699] entre le syndic et le Fisc, chose indésirable à ce stade de la procédure[700]. Cela n'aide pas ce dernier à se conformer strictement au délai de trente jours précité[701]. A ce sujet précis, la Cour suprême marocaine a pu juger que si le créancier fiscal ne répond pas à l'offre du syndic dans le délai de 30 jours, son silence vaut acceptation de sa part[702]. En 2007, trois arrêts de la Cour de cassation marocaine sont venus conforter cette règle[703]. Certes, les trois contentieux concernent un établissement bancaire mais plus rien n'empêche que le raisonnement soit transposable au Trésor. Enfin, dans cet esprit protecteur des créanciers, et toujours en rapport avec le délai susvisé, une autre solution jurisprudentielle mérite d'être évoquée : le délai précité court de la date de la réception de la lettre du syndic. Réception qui est si exigée que le créancier fiscal est en droit de contester ultérieurement ce délai, affirme la Haute juridiction marocaine[704]. Apparaît clairement ici l'importance de l'information du Trésor par un mode approprié. C'est pourquoi nous pouvons rejoindre une doctrine[705] en estimant que le Trésor doit être informé par une lettre avec accusé de réception ou tout moyen électronique laissant trace écrite.

303. A la consultation individuelle s'ajoute la consultation collective[706]. À cette fin, une réunion est organisée au terme de laquelle le Fisc doit présenter sa position par écrit[707]. Que ce soit la consultation individuelle ou la consultation collective, le Percepteur

---

[697]Youssef HANANE, Saad BAHTI, « Le terme dans les procédures de redressement judiciaire à la lumière de la loi 73-17 », [En langue arabe], 1ère Ed. 2019. p. 96 - 97.
[698] AUPC révisé, al. 2-3, art. 119.
[699] CA. com., Casablanca, n° 975 / 2013, 19 fév. 2013, doss. n° 11 / 2012 / 4021.
[700]Youssef HANANE, Saad BAHTI, *op. cit.*, p. 97, *ibid.*
[701]*Ibidem.*
[702] Cf. *infra* n° 681.
[703]Cass. com., Maroc, n° 598, 10 jan. 2007, doss. com. 2004 / 1 / 3 / 767 et 2004 / 1 / 3 / 48 ; Cass. com. Maroc, n° 351, 28 mars 2007, doss. com. 563 / 3 / 1 / 2005.
[704]Cass. com. Maroc, n° 701, 06 mai 2009, doss. com. 1243 / 3 / 3 / 2006.
[705]Hayat HAJJI, *Le régime des sûretés et le droit des entreprises en difficulté*, (en langue arabe), *op. cit.*, p. 274-276.
[706] C. com. L. n° 73-17, Maroc, art. 603.
[707]C. com, Maroc, al. 2, art. 585.

doit prendre sa décision tout en étant éclairé sur la situation du débiteur[708]. A la réflexion, de deux choses l'une : soit le Trésor n'admet pas de remettre une partie ou la totalité de ses créances d'impôts[709]. Dans ce cas, le tribunal ne peut lui imposer un abandon forcé d'impôts[710]. Soit ce créancier public accepte le principe de consentir une remise. En ce cas, l'adhésion du Trésor est si négociée qu'il est en droit de revoir avec le syndic la substance de son offre. En définitive, la question relève du pouvoir discrétionnaire de l'Administration fiscale, laquelle agit suivant le cas d'espèce. En pratique, les percepteurs au niveau de la Trésorerie régionale de Rabat par exemple ont tendance à accepter les propositions du syndic portant sur les remises. Cette tendance est toutefois très loin de cacher une difficulté qui entrave l'opération de la remise des dettes en général : les opérateurs économiques privés renoncent bien souvent à remettre une partie de leurs dettes estimant qu'ils doivent en être exonérés et que c'est aux seuls agents de l'Etat en général et au Fisc en particulier de se soumettre à cette règle. Autrement dit, il n'y a pas un critère sur lequel le Trésor doit se baser pour remettre ses créances, s'il décide de le faire. A ce problème, le législateur français de 2007 a institué une solution axée sur la règle suivante : la remise de la créance d'impôt est proportionnelle à la remise que fait un opérateur économique privé dans les conditions normales. Dans ce sens, si des banques refusent dans une affaire de remettre une partie de leurs créances bancaires, le Trésor doit agir de même. Cette solution est-elle valable pour le droit marocain ? Le législateur doit-il intervenir pour encadrer davantage la remise des dettes fiscales ? D'où la nécessité d'une réflexion dans ce cadre. Nous y reviendrons en détail lorsque sera question de l'amélioration de ce dispositif[711].

304. Une solution controversée en droit OHADA. En droit communautaire africain, la démarche s'inscrit dans une autre logique. Pour s'en convaincre, il suffit de savoir que la remise de dettes fiscales est occultée par le droit OHADA, lequel semble renvoyer aux textes internes des Etats membres. En effet, la formation du concordat de redressement, chère au créancier fiscal, achoppe sur des difficultés tout à fait différentes, au nombre

---

708 *infra* n° 689 - 690.

709 CRCP, Maroc, art. 124.

710 Trib. com. Casablanca, numéro non cité, 14 oct. 2002, coll. droit et pratiques judiciaires, n° 5, 2005, p. 175.

711 Cf., *infra* Partie II, Titre II, Chap. 1, sect. 1.

desquelles figure un alinéa qui présente dans le cadre de notre recherche une importance particulière. Non pas parce qu'il facilite le redressement des entreprises en difficulté, mais au contraire il y dresse un réel obstacle. Ainsi, à s'en tenir au texte de l'alinéa 1 de l'article 134 de l'AUPC, il en ressortirait que « *l'homologation du concordat de redressement judiciaire rend celui-ci obligatoire à l'égard de tous les créanciers antérieurs à la décision d'ouverture, quelle que soit la nature de leurs créances, sauf disposition législative particulière interdisant à l'administration de consentir des remises [...]* ». Originale, cette règle appelle une remarque : la dualité législative existante dans les Etats membres de l'OHADA. Si la solution passe nécessairement par la combinaison du droit interne et du droit communautaire OHADA, il n'en demeure pas moins qu'il y a là une disposition juridique qui reconnaît la suprématie du droit interne sur le droit uniforme africain des procédures collectives. Poussée à son extrême, cette logique induit que le législateur OHADA reconnaît ne pas vouloir s'immiscer dans la matière fiscale, domaine souverain à chaque Etat membre. Faisant une lecture de cette règle, un auteur a pu estimer qu'elle traduit le respect du législateur OHADA d'une norme qui régit le «*fonctionnement interne de l'administration* »[712] : « *l'interdiction faite à l'administration de contracter* »[713]. On peut se rallier à cette thèse qui n'est pas entièrement infondée. Mais, à notre sens, si l'on prend en considération le fait que les créances publiques en général et les créances d'impôts en particulier constituent souvent une fraction très importante du passif de l'entreprise en difficulté, la règle fondée sur l'alinéa 1 de l'article 134 précité se dresse comme étant un véritable obstacle à une portée économique effective de l'Acte uniforme des procédures collectives. C'est vrai que le droit OHADA poursuit en premier la protection des investisseurs. Mais, le redressement des entreprises n'est pas négligé pour autant. Ensuite, le Trésor n'est pas un opérateur économique privé qu'il faut séduire par des dispositions juridiques attractives. Dans cette perspective, le débiteur n'a d'autre choix que de faire face à cette part immense du passif. En conséquence, l'exécution du concordat de redressement se retrouve fragile[714]. C'est pourquoi nous ne pouvons que rejoindre un auteur[715] pour lequel le droit OHADA révisé comme celui de 1998 ne dote pas le concordat de

[712]S. Thomas Steve KARFO, Thèse préc., p. 251, n° 363.
[713]*Ibid.*
[714]Fatoma THERA, Thèse préc., n° 368, p. 247.
[715]*Ibid.*

redressement de moyens effectifs pour arriver au redressement de l'entité économique.

305. Dans le même ordre de difficultés, il faut relever que la question de la remise des dettes fiscales telle que prévue par le droit OHADA n'est pas en harmonie avec la plupart des droits internes des Etats membres : la remise porte sur le principal de l'impôt ? Ou seulement sur les accessoires de l'impôt ? Plus aucune réponse n'est trouvée dans le droit interne au Sénégal et au Cameroun. Une réforme s'impose. Nous y reviendrons en détail lorsque sera question de l'amélioration du dispositif existant[716].

306. Il s'ajoute aux difficultés liées à ce mécanisme des remises de dettes fiscales une controverse sur les nouveaux délais de paiement que le Trésor peut ou non consentir au débiteur en difficulté.

b. Controverse sur les délais de paiement

307. Un cadre normatif divergent. La controverse sur les délais de paiement repose, au Maroc, sur l'article 630 de son Code de commerce[717]. Le principe est que le tribunal donne acte non seulement des remises consenties par le Fisc et les autres créanciers mais aussi de nouveaux délais de paiement acceptés par eux[718]. Au bénéfice du redressement judiciaire de l'entreprise en difficulté, quel que soit l'ordre juridique pris en compte, le Trésor, en tant que créancier antérieur peut donc la faire bénéficier de délais de paiement moins contraignants. Si c'est le cas, la créance d'impôt n'est plus exigible sur le fondement du terme prévu par son fait générateur. Mais par celui déterminé par le jugement qui arrête ou homologue le plan de redressement[719]. Conjuguée aux remises de dettes, la modification d'un délai de paiement est un autre avantage économique (de trésorerie) offert au débiteur, qui pour les besoins de la poursuite de l'activité économique, a besoin des moratoires. Là encore, l'action du Trésor est coordonnée avec celles des fournisseurs, des prestataires de service et des autres créanciers

---

[716]Cf., *infra* n° 696 et s.
[717] Article 145-8 de l'AUPC révisé.
[718]Corinne SAINT-ALARY-HOUIN, *Droit des entreprises en difficultés*, *op. cit.*, n° 913, p. 576.
[719] J. C. BOULAY, *Réflexions sur la notion d'exigibilité de la créance*, n° 32, *rev. trim. dr. com.*, 1990, 349.

publics et privés. En effet, malgré sa consécration légale et son utilité économique, ce point n'a pas manqué de soulever quelques critiques. Une partie de la doctrine y voit une atteinte aux droits des créanciers[720]. Elle a pu estimer que cette dernière critique est plus applicable au Trésor qu'aux autres créanciers en ce qu'il s'agit là d'une manifestation claire de l'abaissement des prérogatives du créancier fiscal dans le cadre des procédures collectives : on aboutit à l'hypothèse de l'homologation du plan de redressement sans vote concordataire[721], hypothèse dans laquelle on ne prête aucune importance à la consultation individuelle ou collective du Trésor. Si les nouveaux délais de paiement sont jugés volontaires, l'action du Trésor, fondée sur le pouvoir d'appréciation laissé aux percepteurs, ne peut être considérée que comme étant normale[722]. Mais, si les délais de paiement lui sont imposés, la doctrine est ici partagée. Admise par certains auteurs, vertement critiquée par d'autres, l'imposition de nouveaux délais de paiement au Trésor est une âpre controverse doctrinale. Le Trésor, s'il lui arrive de ne pas accepter les propositions incluses dans le projet du plan de redressement, le juge de la procédure collective est-il compétent de lui imposer de nouveaux délais de paiement ? Le juge de la procédure de sauvegarde ou du redressement judiciaire est-il fondé à « *suspendre l'exigibilité* »[723] des créances d'impôts ? Compte tenu de la diversité des textes de loi régissant l'impôt et ceux relatifs au délai de grâce, c'est une question difficile à résoudre. Preuve en est que la jurisprudence n'offre pas une solution identique à ce sujet. Elle diffère d'un système à un autre. Et à l'intérieur d'un même système juridique, il y a des décisions judiciaires contradictoires. La condition juridique du Trésor à ce niveau met donc en avant l'obligation des juges de régler le conflit des règles normatives[724]. La suprématie est-elle donnée aux règles spéciales du droit de l'insolvabilité ? Au droit civil ? Aux textes spéciaux régissant l'impôt ? Au droit interne ou au droit supranational ? La réponse est loin d'être unanime. Ainsi, trois positions peuvent être distinguées :

---

[720]Yves GUYON, *Entreprises ..., op. cit.,* n° 1266, p. 296.

[721]S. Thomas Steve KARFO, Thèse préc., p. 274, n° 398.

[722]Patrick SERLOOTEN, « Le recouvrement de la créance fiscale dans le droit des procédures collectives : bilan et perspectives », art. préc., n° 178, p. 60.

[723]Danièle MELEDO-BRIAND, « Le juge judiciaire peut suspendre l'exigibilité des créances fiscales sur le fondement de la loi du 1er mars 1984 », *La Semaine Juridique Edition Générale,* n° 52, 23 déc. 1998, II 10218.

[724]Delphine RONET-YAGUE, *Les créances de sécurité sociale et l'entreprise en difficulté : vers la contribution des organismes percepteurs au soutien de l'activité économique*, Thèse, Aix-Marseille, Ed. PUAM, 2012.

308. L'évolution de la solution en droit français. La première position, associée au droit français, longtemps débattue par la doctrine[725], soutient que l'imposition de nouveaux délais de paiement est inapplicable au Trésor. En effet, si le Trésor refuse de consentir de nouveaux délais de paiement, le tribunal ne peut les lui imposer. En droit français, cette question a fait l'objet d'un processus évolutif pour arriver à la position applicable aujourd'hui. Avant 2014, l'article 1244-1 du Code civil[726] pouvait trouver à s'appliquer au Trésor. La jurisprudence militait en faveur de cette solution. Au plus haut niveau, la Cour de cassation a pu approuver en 1998 cette tendance et considérer que le juge judiciaire est en droit de soumettre le Trésor aux nouveaux délais de paiement[727]. En l'espèce, traversant des difficultés économiques, la Société *Soifilène* présente en mars 1995 une requête à l'attention du Président du Tribunal de commerce de Rennes pour la désignation d'un conciliateur, lequel se charge d'établir un plan de ce qu'on appelle déjà le règlement amiable. Le conciliateur parvient à rapprocher les positions du débiteur et de la majorité des créanciers pour la formation d'un plan de rééchelonnement des créances sauf qu'il n'arrive pas à convaincre deux créanciers publics : la Commission des Chefs des services financiers et la Sécurité sociale. De ce fait, les créances fiscales et sociales ne sont donc pas incluses dans le plan proposé par le conciliateur. La saisine en référé du Président du tribunal précité est initiée par la société *Soifilène* afin de se pourvoir des dispositions légales logées dans l'article 1244-1 susvisé pour ce qui est des créances fiscales et sociales. Le président ne donne pas suite à la requête de la société pour ce qui est des seules créances d'impôts, car selon ce dernier, « *le principe de la séparation des pouvoirs judiciaires et administratifs* » implique que le juge judiciaire y compris le juge des référés est incompétent d'accorder des délais de paiements pour ce qui est des créances d'impôts. N'étant pas satisfait de l'ordonnance de référé, la société *Soifilène interjette* appel. La cour d'appel réforme l'ordonnance de référé et fait bénéficier la société *Soifilène* d'un délai de deux années pour pouvoir payer ses dettes fiscales. La position de la cour d'appel est claire : on peut distinguer trois arguments. Une motivation est tirée de l'adage juridique « *il ne faut pas distinguer là où la loi ne*

[725] Yves CHAPUT, « Les pouvoirs décisionnels du juge du règlement amiable », *LPA*, n° 110, 14 sept. 1994.

[726] C. civ. France, art. 1244-1.

[727] Cass. com., France, 16 juin 1998, arrêt n° 1398, Dr. fisc. 1998, n° 39, comm. 841, note P. SERLOOTEN ; R.J.F. 1998, nos 8 / 9, 1026.

distingue pas ». En ce sens que la loi de 1984 portant sur le règlement amiable n'instaure aucun régime dérogatoire, en l'occurrence en faveur du Fisc. Dans le prolongement de la première motivation, le deuxième argument tient au respect du principe de l'égalité des créanciers en ce que le Trésor reste considéré comme un créancier comme les autres. L'analyse économique est aussi mobilisée par l'argumentaire relevé par l'arrêt : *« L'ordre public économique et les conséquences qui en découlent en matière de règlement amiable prévalent sur les règles spécifiques du droit fiscal* ». Suite au prononcé de cet arrêt, le Receveur des impôts de Rennes Nord se pourvoit en cassation. Pour les raisons susvisées, la Cour de cassation a pu approuver l'arrêt de la cour d'appel. Une solution jurisprudentielle finale est donc établie : « *Le juge judiciaire est fondé à suspendre l'exigibilité des créances d'impôts* ». Une partie de la doctrine universitaire, suivie par la doctrine interne de l'Administration fiscale, réfute cette thèse. Une critique tient du fait qu'il y a là une violation[728] flagrante d'un principe traditionnel : seul le Percepteur est en droit d'octroyer des moratoires. Réagissant à cette question, un sénateur [729] y voit une régression à une tradition qui marque le droit français : l'arrêt précité livre ici une solution générique en ce qu'il ne réserve aucun sort particulier à la créance de TVA. Créance neutre, la TVA ne peut pas faire l'objet de l'imposition de nouveaux délais de paiement par le juge du règlement amiable, précise le Sénateur. Cette solution est enfin critiquée quant à l'organe qui opère la modification du délai de paiement : jugé incompétent, le juge judiciaire du règlement amiable n'est pas fondé à « *suspendre l'exigibilité* »[730] des créances d'impôts[731]. Seul le juge administratif, juge de l'impôt, en est compétent. La position du départ de la Haute cour française fait réagir aussi la doctrine administrative. Oscillant entre fermeté et bienveillance[732], l'Administration fiscale n'a pas admis dans un premier temps cette solution jurisprudentielle. A ce titre, elle a pu soutenir « [qu'] *il est en effet, [...] de jurisprudence constante que le[s] juges ne peuvent pas imposer aux créanciers publics les délais*

---

[728]V. La réponse du Secrétaire d'Etat au budget à la question du Sénateur (M. Rémi HERMENT) : question n° 12703, 10 déc. 1998, créances fiscales des entreprises : délais de paiement...

[729]M. Rémi HERMENT, question préc.,

[730]Cass. com., France, 16 juin 1998, nos G 96-15.525 et D 96-16.349, arrêt n°1398 (arrêt précité).

[731] Cass. *com., France, 23 nov. 1993,* Bull. civ. IV, n° 426.

[732]Inst. Dir. compt. publ., France, n° 95-105 A34, 13 oct. 1995.

prévus à l'ancien article 1244 du Code civil, aujourd'hui, article 1244-1 »[733]. En fin de compte, l'Administration de la comptabilité publique a mis son raisonnement de côté et s'est conformée à l'arrêt de la Cour de cassation. Mais, si elle a fini par se rallier momentanément à la position de la Haute juridiction[734], elle est arrivée, à une date récente, à convaincre le législateur de sa position initiale. A partir du 12 mars 2014, l'arrêt de la cour précité n'a plus de fondement juridique. Plus qu'une réponse aux critiques susmentionnées, la réforme de l'article L 611-10-1 du Code de commerce[735] français est venue consacrer un changement catégorique : toutes les créances publiques ne peuvent désormais être l'objet des délais de grâce prévus par l'article 1244-1 susvisé. Si cette réforme esquisse un pas en avant, il est tôt de prendre une position catégorique sur son efficacité économique, laquelle apparaîtra certainement au fur et à mesure de l'évaluation de son application judiciaire au regard des objectifs poursuivis par le droit des procédures collectives en France.

309. Une solution traditionnelle en droit marocain. La deuxième position, prévue par le droit marocain[736], affermit considérablement les pouvoirs des juges dans la formation de l'accord de conciliation ou le plan de continuation. Ces juges peuvent, dès lors qu'un accord de redressement est conclu et qu'un créancier fiscal refuse de consentir de nouveaux délais de paiements, lui imposer de nouveaux délais de paiements. Le droit commun tiré de l'article 128 du Code des obligations et contrats marocain consacre cette solution : « *le juge ne peut accorder aucun terme ni délai de grâce, s'il ne résulte de la convention ou de la loi* ». Or, le délai de grâce est trouvé dans l'article 630 de la loi de l'insolvabilité n° 73-17 :

> « Le tribunal donne acte des délais et remises accordés par les créanciers au cours de la consultation. Ces délais et remises peuvent, le cas échéant, **être réduits par le tribunal. Pour les autres créanciers, le tribunal impose des délais uniformes de**

[733]Patrick SERLOOTEN, « Le recouvrement de la créance fiscale dans le droit des procédures collectives : bilan et perspectives », art. préc., p. 60. CA Paris, 21 oct. 1993, n° 14 740. - CA Douai, 19 mai 1994, n° 93-10 115. - CA Limoges, 4 oct. 1994, n° 328.

[734]V. La réponse précitée du Secrétaire d'Etat au budget à la question du Sénateur (M. Rémi HERMENT) *préc.,*

[735]C. com. France, art. L. 611-10-1 (modifié par l'ordonnance n° 2016 -131, 10 février 2016 art-6) ; C. com. France, art. L. 611-7.

[736]Bakary DIALLO, « Des procédures adaptées aux « petites » entreprises : les procédures simplifiées », art. préc.,

> **paiement** sous réserve, en ce qui concerne les créances à terme, des délais supérieurs stipulés par les parties avant l'ouverture de la procédure ».

De ce texte, une remarque se dégage : au regard du caractère général du texte, il découle que le juge civil peut imposer de nouveaux délais de paiement au Trésor. Ladite remarque est tirée de l'adage juridique *Specialia generalibus derogant :* dans la mesure où la nouvelle loi 73-17, comme le Code de commerce de 1996, n'instaure pas une règle spéciale en faveur du Trésor, la règle susvisée peut trouver à s'appliquer à son encontre[737]. Apparaît nettement ici l'idée que le créancier fiscal doit être impliqué dans l'opération de sauvegarde, car il s'agit d'un créancier dont le passif est souvent important. Sinon, la solution qu'est le redressement judiciaire n'a pas de grandes chances d'aboutir. C'est ainsi qu'un auteur, suivant une analyse économique de la question, a pu écrire à ce sujet : « [les créances d'impôts] *ne sauraient être soustraites à l'ordre public économique* »[738]. Cette analyse, appuyée par la majorité de la doctrine[739], est confortée par la jurisprudence. Ainsi, pour ne prendre qu'un exemple, en date du 18 décembre 2018, le Tribunal du commerce d'Agadir rend un jugement[740] dans lequel il précise les modalités de paiement des créances fiscales. En l'espèce, à la lumière du jugement arrêtant l'ouverture du redressement judiciaire à l'encontre d'un hôtel domicilié à Agadir, et du rapport financier et économique fait par le syndic, le tribunal a pu homologuer, à une date récente, le projet du plan de continuation et juger qu'il est réalisable et est de nature à sauvegarder l'activité économique de l'hôtel de façon à ne pas porter atteinte aux intérêts des créanciers. En l'espèce, on distingue cinq créanciers. Parmi lesquels figurent trois Percepteurs d'impôts : il y a le Percepteur *La nouvelle ville*, lequel a déclaré à titre privilégié le montant de 603.633,38 Dh au passif (soit 55.656,29*€)*. Le deuxième créancier fiscal est le Percepteur Quartier Ennahda avec un montant déclaré à titre privilégié : 2.634,00 Dh (242, 86 *€)*. Le dernier est le Percepteur Quartier Eddakhla lequel a déclaré à titre chirographaire le montant

---

[737]Cass. com., France, 16 juin 1998, *Receveur des impôts de Rennes-Nord*, pourvois nos G 96-15.525 et D 96-16.349.

[738]Ch. GAVALDA, « Le délai de grâce de l'article 1244 et s. du Code civil », in Droit *et Patrimoine* 1997, n° 48, p. 62 et s.

[739]Hayat HAJJI, « Le privilège du Trésor public face aux procédures des difficultés de l'entreprise », [En langue arabe], *Revue Marocaine du droit des affaires et des entreprises,* n° 14-15, mai.-sep. 2008, p. 54.

[740]Trib. com., Agadir, 18 déc. 2018, n° 95, doss. n° 103 / 8306 / 2017.

de 868.527,00 Dh (79.936,00 €). A ces trois créanciers fiscaux s'ajoutent l'Organisme social et une Agence des multiservices. Dans cette affaire, les consultations portant sur les remises des dettes fiscales et sociales n'ont rien donné. Si le tribunal a respecté la volonté des créanciers fiscaux pour ce qui est des propositions de remises refusées, il a pu ordonner au contraire et ce, en application de l'article 630 précité, des moratoires selon le schéma suivant :

- « Le paiement des créances inférieures à 100.000,00 Dh [9.220, 21 *€]* dans le délai de trois 3 ans à partir du prononcé du jugement » rendu en décembre 2018.
- « Le paiement des créances dont le montant est compris entre 100. 000,00 Dh [9.220, 21 *€]* et 200 .000, 00 Dh [18.440, 43 *€]* doit se faire dans le délai de cinq ans à partir du prononcé du jugement ».
- « Le paiement des créances dont le montant est compris entre 200. 000,00 Dh [18.440, 43 *€]* et 500. 000, 00 Dh [46.101, 07 *€]* doit se faire dans le délai de sept ans à partir du prononcé du jugement ».
- « Le paiement des créances supérieures à 500. 000,00 Dh [46.101, 07 *€]* dans le délai de 10 ans à partir du prononcé du jugement ».
- « Le paiement doit se faire à titre périodique tous les quatre mois à condition que le premier paiement doive être fixé au premier janvier 2020 », soit un an après le prononcé du jugement arrêtant le plan de continuation.

Apparaissent nettement ici le caractère uniforme et celui imposé des délais de paiements[741]. Dans cette perspective, et sauf que la vérification des créances rejette ou diminue les créances déclarées, les deux percepteurs *La nouvelle ville et Quartier Eddakhla* seront payés dans le délai de 10 ans et le percepteur *Quartier Ennahda* le sera dans le délai de trois ans. Cette affaire illustre très bien la pratique judiciaire marocaine en la matière. Cependant, cette jurisprudence est contrecarrée par une autre dissidente. En poussant la recherche sur question dans son volet pratique, nous avons pu trouver la seule citation d'un jugement[742] rendu en 2001 par le Tribunal du commerce de Casablanca dans lequel le juge « *a ordonné le paiement des créances fiscales, alors que pour la CNSS* [la Caisse nationale de la sécurité sociale], *il a imposé un délai* »[743]. S'agit-il d'une décision judiciaire isolée ? Quoi qu'il en soit, ce

[741]Trib. com., Casablanca, n° 4734 / 1999, 02 août 1999, doss. 10 / 99 / 5016.
[742]Trib. com., Casablanca, n° 354 / 2001, 10 déc. 2001, doss. 304 / 2001 / 10.
[743]Mustapha BENTAHAR, art. préc., p. 85.

dernier jugement ne relève pas d'une jurisprudence constante[744]. En plus, sa motivation n'est pas concluante, car à un créancier public, il a imposé un délai et à un autre, il ne l'a pas fait. Cette dernière décision judiciaire semble donc ambiguë, sauf à y voir un effort du juge commercial de distinguer entre les créanciers non pas en fonction du montant de la créance mais en fonction de la nature de la créance - ici il a privilégié la créance fiscale-.

310. En définitive, et pour les besoins de notre démonstration, il est instructif de reprendre les enseignements rapportés par la doctrine administrative française, lesquels restent valables pour le contexte marocain : si le Trésor peut être soumis à la décision du juge du redressement judiciaire dans ce sens, celle-ci devait être suffisamment motivée. Dans cette perspective, le Fisc devait être éclairé sur des éléments comme celui de « *la santé financière* »[745] et économique de l'entreprise, celui de « *la moralité* »[746] du débiteur, celui de « *l'importance des arriérés* »[747]et encore celui de l'existence ou de « *l'absence des garanties* »[748] de paiement. On le voit, on revient là sur le caractère justifié de l'avantage économique. Sinon, nous estimons que le Trésor ferait bien d'initier des recours judiciaires[749] pour contester l'abus de l'imposition des délais de grâce. A ce jour, aucune décision judiciaire n'est rendue, à notre connaissance, dans ce sens.

311. Une solution originale en droit sénégalais. La troisième position, associée au droit sénégalais, est à mi-chemin entre les deux premières positions. Mais, elle s'apparente plus au droit français qu'au droit marocain. En fait, la lecture conjointe de l'alinéa 1 de l'article 134 précité et de l'article 173 du Code sénégalais des obligations civiles et commerciales fait comprendre que le Trésor, bien qu'il soit créancier antérieur, se voit accorder une situation exceptionnelle par rapport aux autres créanciers. Pour la bonne explication de cette position, rappelons l'esprit de l'article 134 de l'AUPC révisé : le concordat de redressement homologué s'impose à tous les créanciers antérieurs à moins d'une règle législative qui

---

[744]Trib. com., Casablanca, 03 mai 2010, n° 10 / 119, doss. n° 95 / 25 / 2010.

[745]V. La réponse précitée du Secrétaire d'Etat français au budget à la question du Sénateur M. Rémi HERMENT. *préc.*,

[746]*ibid.*

[747]*ibid.*

[748] *Ibid.*

[749]*Ibidem.*

interdit « *à l'administration* » d'accorder des remises et de nouveaux délais de paiement. L'emploi du mot « *administration* » tout court par le législateur OHADA est ici sujet à une interprétation extensive. Dès lors, il permet d'inclure le créancier fiscal dans le cercle des « *administrations* ». Par ailleurs, en scrutant le droit commun fondé sur la base de l'article 173 précité, on trouve rapidement la même volonté de placer le Trésor dans une situation particulière :

> « [Malgré l'exigibilité de la créance et] en dehors de la volonté du créancier et quelle que soit la nature de l'obligation, le débiteur peut bénéficier de délais de paiement par suite d'un moratoire légal ou d'un délai de grâce que lui accorde le juge.
>
> En dehors du recouvrement des dettes fiscales et sauf dispositions contraires de la loi, les juges peuvent, en considération de la situation du débiteur, en usant de ce pouvoir avec une grande réserve, accorder des délais modérés ne pouvant jamais excéder une année, pour le paiement de n'importe quelle obligation et surseoir à la continuation des poursuites ».

Clair, le dispositif juridique afférent à l'application du délai de grâce en droit interne sénégalais peut être interprété comme une règle qui, si elle n'interdit pas formellement au Trésor d'accorder de nouveaux délais de paiement, elle le fait au juge civil c'est-à-dire que ce dernier n'est pas fondé à lui en imposer. Force est de constater que rien dans le texte n'empêche le Trésor de consentir de nouveaux délais de paiement, condition prévue par l'article 134 précité. Du coup, « *les délais concordataires sont laissés à la libre appréciation[s] individuelle[s]* »[750] du Trésor. Pour bien préciser, l'Administration des impôts n'est pas exonérée du fait de consentir de nouveaux délais de paiements, car si cela était la volonté du législateur OHADA, il l'aurait exprimé clairement comme il l'a fait pour les salariés[751]. Un autre texte de loi interne, mais cette fois-ci spécial, conforte cette tendance, celui appliqué sur la base de l'article 653 du Code général des impôts au Sénégal. Ce texte fait observer que « *le comptable public compétent peut accorder, sous sa propre responsabilité, un moratoire de paiement au contribuable qui en formule la demande* ». Dans le contexte du règlement préventif ou du redressement judiciaire, c'est le syndic qui a la qualité de faire une telle demande. Perçue comme une règle qui hésite d'interdire au

---

[750]Alassane KANTE, « Réflexions sur le principe de l'égalité entre les créanciers ..., art. préc.,

[751]AUPCAP révisé, al. 6, art. 15 ; AUPCAP révisé, al. 3, art.134.

Trésor de consentir au débiteur de nouveaux délais de paiements, la règle ne paraît pas apporter de secours aux entités économiques en difficulté. Si cette règle favorise[752] apparemment le créancier fiscal, il n'y a là qu'une règle dont il faut formellement nuancer la portée économique. En effet, dans un contexte marqué par la quête du redressement des entreprises, le Trésor doit accepter le rééchelonnement des créances fiscales de sorte qu'il facilite le redressement de l'entreprise en difficulté. La formulation de l'article 653 susmentionné ne finit-elle pas par décourager la logique économique dans la mesure où le comptable s'avère enfermé dans l'engrenage de l'expression : « *sous sa propre responsabilité* » ? Qui serait le comptable public qui prend à la fois une telle décision et accepte d'engager sa propre responsabilité dans un contexte de défaillance économique ? Une conclusion s'impose : la position du droit sénégalais interne et celle du droit OHADA sont à revoir[753].

312. Le poids de la jurisprudence. A la croisée de ces trois positions, il n'y a pas lieu ici de donner la préférence d'une thèse par rapport à une autre : chaque régime juridique poursuit des objectifs déterminés et ordonnés et chaque position doctrinale s'inscrit dans ce cadre. Reste que l'avis de la jurisprudence est concluant dans un tel cadre et permet de changer la donne et de faire évoluer la loi. Si le juge de cassation en droit français s'est donné l'occasion de se prononcer en 1998 sur la compétence du juge judiciaire de suspendre l'exigibilité des créances d'impôts, une telle question ne s'est posée pas, à notre connaissance, en jurisprudence au Maroc. Pourquoi évoquer cette comparaison ? Car, on se souvient de la position de la Cour de cassation marocaine[754] concernant par exemple la contestation des créances fiscales au stade de la vérification des créances. En plus, une série d'arrêts prouve que le juge marocain est attaché à la compétence du juge administratif pour ce qui est des autres contestations portant sur les créances fiscales[755] dans le contexte des procédures collectives. Admettons que demain un Percepteur conteste devant le juge administratif l'imposition par le juge commercial de nouveaux délais de paiement, quelle en sera sa position ? Ce point précis conduit à nuancer un petit peu la position du droit marocain. Une telle décision est fort attendue.

---

[752]Alassane KANTE, Réflexions sur le principe de l'égalité…, art. préc., p. 85.
[753]Cf., *infra* n° 692, 704 et s.
[754]Cf., *supra* n° 135.
[755] Cass. adm. Maroc, n° 290, 25 avr. 2002, doss. 206 / 2002.

313. En conclusion, il s'avère que les droits des créanciers fiscaux sont plus atteints par le plan de continuation au droit marocain que par le concordat de redressement en droit OHADA, car le droit marocain, contrairement au droit uniforme africain, accentue les pouvoirs des juges en ce domaine. Mais, force est de constater que ce n'est pas en favorisant le Trésor à ce niveau précis qu'on le protège. La vraie protection passe par le redressement des entités économiques en difficulté. La vraie protection passe par la création de la richesse. En conséquence, pour une protection effective du Fisc, une certaine souplesse est exigée au moment de la formation du plan de redressement, souplesse adaptée, bien entendu, à la philosophie de chaque régime juridique.

314. Plus qu'un instrument de restructuration des créances d'impôts, le redressement judiciaire, pourtant limité dans son application, est en soi une illustration de la protection effective du créancier fiscal.

B. L'intérêt limité du redressement par voie de continuation

315. Les statistiques. Dans une thèse de Doctorat français soutenue en 1988 et consacrée au « *redressement des entreprises en droit marocain* », un auteur tire le bilan suivant : le redressement des entités économiques en difficulté *« n'est pas une tâche facile »*[756]. Trente années plus tard, peut-on dire que le redressement des entreprises, cher au Fisc, a été facilité par les pouvoirs publics, voire les opérateurs économiques privés ? La question mérite d'être posée, car les règles de droit n'ont depuis cessé de se rénover : de l'abrogation du droit de la faillite classique à l'entrée en vigueur de la nouvelle loi n° 73-17 en passant par l'introduction du Livre 5 du Code de commerce de 1996 et la rénovation des autres branches du droit de l'entreprise. Il est vrai que les contextes économiques, sociaux et politiques des années quatre-vingt ne sont pas ceux existants quarante ans plus tard. Mais, les statistiques[757] présentées par *inforisk* donnent le vertige : l'évolution des faillites au Maroc suit une croissance exponentielle. En effet, plus les années passent, plus le nombre de faillites augmente. De l'évolution des faillites de

[756] Ahmed EL HAJJAMI, *Le redressement des entreprises en difficultés en droit marocain,* Thèse, Metz 1988, p. 334.
[757]Hassan EL ARIF, *« Difficultés d'entreprises : prévenir la crise cardiaque », L'économiste, Éd., n° 5217, 26 fév. 2018.*

2009 à 2019[758], il découle que le nombre des faillites des entités économiques a triplé en une décennie. En 2010, ce sont quelques 2760 entreprises qui sont tombées en faillite. En 2015, le nombre a doublé : 5783 est le nombre des faillites enregistrées[759]. En 2016, le nombre est passé à 7069. En 2017, 8020 entreprises sont placées en procédure collective dont 90 % sont des mises en liquidation judiciaire. Une triste conséquence crève les yeux : les procédures de redressement judiciaire visant à éviter la liquidation ne représentent que 10 % du nombre d'entreprises en difficulté. Les chiffres existants indiquent aussi que la très petite entreprise (TPE) est largement en tête représentant 96, 6 % ; la faillite des petites et moyennes entreprises (PME) représente 3,2% ; tandis que le taux de défaillance des grandes entreprises est dans l'ordre de 0,2%. C'est dire que sur leur chemin d'exploitation économique, ce sont les petites unités qui sont le plus confrontées aux difficultés[760]. Ceci dit, une toute première baisse est constatée[761] en 2018 : le nombre de faillite est passé à 7941. Certes, c'est un recul. Mais, il reste, à notre sens, limité et révocable. Limité, en ce sens que le redressement des entreprises est toujours en baisse. Révocable, car ce recul n'est pas significatif tant qu'il ne s'inscrit pas sur la durée. Nous pensons qu'il faudra attendre les cinq prochaines années pour pouvoir reconnaître que le recul des faillites est la suite d'un processus irréversible.

316. Manifestation de la protection imparfaite du Trésor, cette situation désavantageuse est plus ou moins identique dans l'espace OHADA. Un commentateur avisé relève même à ce propos : *« Les entreprises en difficultés, on en trouve un peu partout en Afrique ; des entreprises en difficulté qui se redressent, on en cherche »*[762]. Cette affirmation, bien connue chez les privatistes en Afrique, met en avant la régression de la sauvegarde des entités économiques dans l'espace communautaire OHADA. En effet, le redressement judiciaire dans les Etats de l'Afrique francophone n'est pas très

---

758 Fatima - Zahra TOHRY, « Défaillances d'entreprises : Une situation toujours critique au Maroc », *L'économiste, É*d., n° 5223, 06 mars 2018.

759 Franck FAGNON, « Plus de 5.700 faillites d'entreprises en 2015 », L'économiste, Ed., n° 4687, 15 jan. 2016.

760 Cf. *infra* n° 233.

761 Franck FAGNON, « Défaillances d'entreprises : Première baisse en dix ans », L'économiste, 01 fév. 2019, Éd., n° 5444.

762 Filiga SAWADOGO, Commentaire de l'Acte uniforme OHADA du 10 avril 1998 portant organisation des procédures collectives d'apurement du passif, OHADA et actes uniformes commentés et annotés, juriscope 2002, p. 811.

souvent « *au rendez-vous* »[763]. Les statistiques le prouvent. Sur ce dernier point, une donnée est partagée par plusieurs Etats membres : la liquidation touche les entreprises nouvellement créées. Au Cameroun, le Think-thank *Camercap* révèle que « *72,24%, des entreprises créées depuis 2010 sont inexistantes dans les fichiers de la direction générale des Impôts au mois de mai 2016* »[764]. A un degré moindre, un constat similaire est relevé au Maroc : plus de 40 % des faillites enregistrées au Maroc[765] en 2016 concernent des entreprises n'ayant pas dépassé la cinquième année[766]. Du coup, « [Seulement les] *60% des sociétés créées en 2010 sont toujours en activité* [en 2016] [...]. *C'est une moyenne bien plus élevée que ce qu'on observe au niveau international* »[767]. Ces statistiques confirment que ce sont les jeunes entreprises qui ne peuvent pas assurer la continuité de l'activité économique. C'est une véritable déception pour le Trésor, car il n'a droit ici qu'à une relation limitée dans le temps avec le contribuable. Pour les besoins de notre démonstration visant à établir l'intérêt limité du redressement par voie de continuation, une seconde question mérite d'être posée : le problème a-t-il été identifié et peut-il être surmonté ? Les recherches menées sur le terrain pointent du doigt la question centrale du financement[768]. Mais d'autres paramètres méritent aussi d'être discutés. Nous aurons l'occasion d'y revenir[769].

317. En définitive, ces données chiffrées, appelées à s'accroître au fil des années[770], permettent donc d'y voir clair. Si elles nous permettent d'apprécier avec objectivité la santé des entités économiques en Afrique, elles sont aussi le reflet de la protection défectueuse du Trésor.

---

[763]Liliane TCHAKOTEU MESSABIEM, thèse préc., p. 183.

[764][En ligne] www.investiraucameroun.com.

[765]Tilila EL GHOUARI, « Défaillances d'entreprises : Hécatombe dans le commerce », *L'économiste,* Ed., 5197, 29 jan. 2018.

[766]Franck FAGNON, « Défaillances d'entreprises : Première baisse en dix ans », art. préc.,

[767] Franck FAGNON, « Les TPE marocaines résistantes, mais...», L'économiste, 22 avr. 2016, Éd., n° 4757.

[768] Franck FAGNON, « Défaillances d'entreprises : Première baisse en dix ans », art. préc., .

[769]Cf. *infra* n° 541 et s.

[770]Tant que la loi sur les délais de paiement n'est pas modifiée, tant que la question du financement n'est pas réglée, les liquidations des TPE et des PME vont continuer.

318. Une illustration judiciaire : l'affaire *Kinka Al Maghreb*. Le problème n'est pas seulement quantitatif, il est aussi qualitatif : en 2015, un rapport de l'Agence des Etats-Unis d'Amérique pour le développement international (*U.S.A.I.D*) montre que le taux d'échec des plans de continuation au Maroc s'établit à 70 %[771]. En d'autres termes, et quand bien même un redressement judiciaire serait prononcé, il ne se passe pas une grande durée pour que l'on voie cette dernière procédure se transformer en liquidation judiciaire. En effet, la durée légale et commune des deux systèmes juridiques OHADA et marocain est de 10 ans. Mais, au niveau de la pratique judiciaire marocaine, la durée moyenne est de 7 ans[772]. *« Après ce délai, plus de la moitié des entreprises passent à la trappe et sont liquidées »*[773]. Cette situation se dégage de plusieurs décisions judiciaires tant au Maroc que dans l'espace OHADA. Et l'on se souvient de l'effet désastreux de la transformation sur la condition du Trésor. Pour ne citer qu'un exemple, l'arrêt *Kinka* en est une parfaite illustration. En l'espèce, la société *Kinka Al Maghreb* est placée en redressement judiciaire. Le 23 février 2004, le Tribunal du commerce de Casablanca arrête le plan de continuation pour une durée de 8 ans. Dans le cadre de son devoir relatif au contrôle de l'exécution dudit plan, le syndic, nommé dans cette affaire, dépose son rapport. Au vu de ce rapport et de celui du juge-commissaire, le tribunal décide de prononcer la résolution du plan de continuation et l'ouverture de la liquidation judiciaire. La motivation est bien connue : la société n'a pas exécuté ses engagements envers ses créanciers dont ceux envers le Trésor identifié par la Perception de *Derb Omar*[774]. En effet, d'après le rapport du syndic, l'entreprise n'a pas payé certaines mensualités d'impôts inscrites dans le plan de continuation. Mécontente du jugement, la société précitée interjette appel au motif qu'il y a une violation des articles 568 et 619 du Code de commerce. La Cour d'appel de commerce de Casablanca confirme le jugement de première instance. L'affaire est transférée à la Cour de cassation[775]. La société invoque pour sa défense le fait

---

[771]Abdessamad NAIMI, « Redressement judiciaire : les plans de cession privilégiés », *La vie éco*, 22 déc. 2016.

[772] Anonyme, « Redressement judiciaire : les juges serrent la vis », *La vie éco*, 17 mai 2010.

[773]Anonyme, « Redressement judiciaire : les juges serrent la vis », art. préc., *ibid.*

[774]En 1993 déjà, la Cour de cassation française a pu affirmer que le défaut de paiement d'une créance fiscale incluse dans le plan de continuation est un motif valable de la résolution dudit plan. V. Cass. com, France, 2 fév. 1993 - n° 89-14. 999.

[775]Cass. com. Maroc, n° 334, 29 mars 2012, doss. com., n° 524 / 3 / 3 / 2011.

que le tribunal a mal appliqué l'article 602 du Code de commerce de 1996. L'on pourrait reprendre ici l'argumentation de la société :

> « (.....) L'article 602 note deux choses différentes : premièrement, la possibilité de la résolution du plan continuation si jamais l'entreprise n'exécute pas les engagements contenus dans le plan. Deuxièmement, ordonner la liquidation de l'entreprise si les conditions prévues par les articles 568 et 619 du Code de commerce sont remplies. Au rang de ces conditions, il faut que l'entreprise soit placée dans une situation irrémédiablement compromise. Toutefois, l'arrêt ne fait aucune allusion à la situation de l'entreprise : est-ce qu'elle est vraiment arrivée à un déséquilibre [financier] si bien qu'elle lui est inespérable de s'en sortir ? s'interroge la société. De ce fait, la société demande que soit cassé l'arrêt de la cour »[776].

Cet argumentaire n'a pas convaincu la haute cour, laquelle a pu estimer que la cour d'appel a légalement motivé son arrêt[777] pour ce qui est de la résolution du plan de continuation. L'application de la liquidation judiciaire n'est autre chose qu'une conséquence directe de ladite résolution, ajoute la cour. En conséquence, la cour n'y voit aucune violation des articles 568[778] et 619[779] du Code de commerce. La leçon tirée de cet arrêt est que la protection du Trésor fondée sur la poursuite de l'activité économique s'arrête une fois décidée la résolution du plan de continuation. Autrement dit, il n'y a pas une protection médiane entre la résolution du plan de redressement et la liquidation judiciaire. Pas question de miser sur une seconde chance !

319. En définitive, le constat du départ s'impose : il est difficile de pouvoir relever le défi inhérent à la continuation de l'activité économique. Dans ces conditions, si la procédure du redressement judiciaire arrange le Trésor par rapport à la liquidation judiciaire, il faut reconnaître qu'au regard des statistiques, le Fisc ne peut en tirer qu'un intérêt très limité. La protection du Trésor est à rechercher dans un pourcentage restreint des redressements judiciaires réussis. Dès lors, nous pouvons conclure que la régression du nombre de redressements judiciaires des entités économiques tant au Maroc que dans l'espace OHADA incarne la protection inefficace de l'Administration fiscale. Outre qu'elle affecte[780] mal le créancier

---

[776] *Ibid.*
[777] C. com. L. n° 15-95, Maroc, art. 602.
[778] C. com. L. n° 15-95, Maroc, art. 568.
[779] C. com. L. n° 15-95, Maroc, art. 619.
[780] Liliane TCHAKOTEU MESSABIEM, Thèse préc., p. 187.

fiscal, cette triste conséquence impacte négativement sur la liquidité des créanciers chirographaires. Pourtant, outre le redressement, le tribunal dispose d'autres alternatives : le choix du plan de cession permet-il alors de mieux protéger le Trésor ?

§ 2. La combinaison des intérêts par voie de cession

320. Généralités. Les auteurs de la nouvelle loi marocaine n° 73-17 se sont assignés un objectif prioritaire : la protection de l'entité économique. La cession de l'entreprise en est une parfaite manifestation. Inscrite à l'article 635 du nouveau Code de commerce[781], la cession de l'entreprise se donne pour objectif d'assurer principalement la continuité de l'activité économique. A cet objectif principal s'ajoutent deux autres : le maintien des emplois en deuxième position et l'apurement du passif en dernière position. C'est de la combinaison des intérêts par voie de cession. Elle est citée comme la seconde solution du redressement judiciaire : si le plan de redressement par voie de continuation n'a pas de grandes chances d'aboutir, le juge privilégie un plan de cession. En ce cas, le tribunal arrête le plan de cession après avoir choisi l'offre la plus adéquate[782]. De cette définition, il apparaît clairement que cette solution procédurale arrange le créancier fiscal à double titre. En ce sens, la continuation de l'activité économique tient une priorité avérée. Ainsi, le droit marocain consacre la suprématie de la survie de l'entité économique sur le paiement collectif des créanciers. La logique économique en droit marocain de l'insolvabilité est poussée ici à son paroxysme. Non seulement elle est consacrée par la loi, mais aussi, la jurisprudence y semble extensivement favorable. Ainsi, pour ne citer qu'un exemple, un arrêt de la Cour d'appel du commerce de Casablanca conforte cette tendance ; on peut y lire le passage significatif suivant :

> « Dans le cadre des procédures collectives, le législateur a tenu compte de l'intérêt de l'entreprise et non de celui de l'entrepreneur, preuve en est qu'il a réglementé la procédure de cession de

[781]C. com. L. n° 73-17, Maroc, art. 635.

[782]Hayat HAJJI, « Le privilège du Trésor public face aux procédures des difficultés de l'entreprise », (En langue arabe), *Revue Marocaine du droit des affaires et des entreprises,* n° 14-15, mai. Sep. 2008, p. 54.

> l'entreprise aux tiers et a considéré la cession comme une solution de traitement »[783].

Aussi, cette solution arrange le Trésor en tant qu'il peut recouvrer tout ou partie des créances d'impôts [antérieures] après la répartition du prix de cession. Sur le terrain, on constate néanmoins que la pratique est parfois différente. En cas de cession d'entreprise il y a, ses effets restent limités quant au paiement du Trésor dans le cadre collectif, car le prix de cession est souvent insuffisant**(B).** Une autre forme de l'inefficacité est relevée par les critiques de la solution quant à la dimension économique **(A).**

A. Les critiques de la solution quant à la dimension économique

321. La cession de l'entreprise est une véritable solution économique instaurée conjointement par le droit OHADA et le marocain. Elle poursuit principalement la poursuite de l'exploitation économique. Dans le cadre de notre démonstration, la continuation de l'activité économique mérite d'être analysée en premier, car contrairement au paiement collectif des créances d'impôts, c'est la poursuite de la création de richesse qui sert au mieux le Trésor. Dans cette perspective, s'il arrive que le Trésor soit totalement ou partiellement payé après la répartition du prix de cession, ce n'est pas terminé pour ce créancier en ce qu'il y a une autre facette de protection qui se profile, celle tenant à la continuation de l'activité économique[784]. Vu sous cet angle, le plan de cession est une démarche « *plus tournée vers le futur* [plutôt] *que vers le passé de l'entreprise* »[785]. De la sorte, on permet au Fisc de pouvoir miser sur une alternative qui s'inscrit sur la durée, car il faut encore rappeler qu'une entreprise qui reprend son activité économique aura les moyens de fournir des recettes à la trésorerie de l'Etat[786] via les différents impôts et taxes qu'elle serait amenée à payer. Encore faut-il ne pas trop exagérer la portée économique de cette solution. Une série de difficultés remet en cause l'effectivité de la solution. Le point de départ de la démonstration est de considérer le plan de

---

783CA, Casablanca, n° 273, 22 déc. 2000, doss. 2048 / 2000 / 11.

784Mohammed IDRISSI ALAMI MACHICHI, *op. cit.*, p. 590.

785Gaël COUTURIER, « Le plan de cession, instrument de restructuration des entreprises défaillantes », *BJS* févr. 2008, n° 2, p. 142.

786Mohamed CHAOUI, « Entreprises en difficulté : attention aux faces cachées du dirham symbolique », art. préc.,

cession comme un véritable mécanisme de protection de l'Administration fiscale. Il est adopté pour sauvegarder l'entité économique. Les organes de la procédure et les partenaires privés et publics de l'entreprise sont donc invités à s'impliquer dans cette logique. Tout le monde doit être mobilisé pour accompagner cette solution y compris l'Etat. Sinon, son échec remet en cause la logique économique : il impacte négativement sur la poursuite de la création de richesse et partant sur la condition du Trésor.

322. Une solution limitée dans son volet quantitatif. Comme pour le plan de continuation ou le concordat de redressement, le plan de cession, dans l'état actuel des choses, est limité dans son application. Au Maroc, les chiffres officiels relatifs à son application ne sont pas publiés. Toutefois, la presse et la doctrine abordent brièvement la question des statistiques. En 2016, un hebdomadaire[787] francophone indique que sur les années 2014 et 2015, cette technique de redressement économique représente plus de 62 % de l'ensemble des plans de redressement[788]. Au regard des précédentes statistiques[789], il ne faut pas trop se fier à la grandeur du chiffre : les plans de redressement au Maroc ne représentent déjà que 10 % de l'ensemble des procédures de traitement des difficultés de l'entreprise. L'on peut en déduire que les plans de cession représentent approximativement 6,2 % des toutes les procédures collectives ouvertes durant les deux années précitées. Pour conforter ce chiffre, on peut rapprocher cette approximation d'une autre citée par la doctrine[790] cette fois-ci, laquelle affirme que la procédure de la cession est très rare dans la pratique judiciaire : « *moins de 5% des demandes de redressement débouchent sur une cession car il est très difficile de céder une société en redressement* »[791]. En élargissant la recherche au niveau de l'espace OHADA, les chiffres officiels ne sont pas ainsi disponibles. Mais, l'opinion dominante appuie l'idée selon laquelle les plans de cession sont limités en pratique. Le même constat peut être fait à propos de la pratique judiciaire en France. En 2016, pour ne prendre que le Tribunal du commerce de Bordeaux, « *14 jugements ayant accepté un plan de*

---

787 Abdessamad NAIMI, « Redressement judiciaire : les plans de cession privilégiés », art. préc.,

788 *ibid.*

789 Cf. *supra* n° 315.

790 Abdelkrim AABAD, « Le plan de cession entre les textes juridiques et les difficultés de son application par la justice », *Rev. rihab mahakim*, n° 8, oct. 2010, p. 39.

791 Anonyme, « Redressement judiciaire : les juges serrent la vis », art. préc., *ibid.*

cession [...] pour 995 jugements d'ouverture d'une procédure de liquidation judiciaire »[792]. Ce qui fait moins de 2%, encore plus en-deçà des chiffres marocains. Et l'on pourrait encore multiplier les exemples. Cette solution est donc d'application limitée d'un point de vue quantitatif. Est-elle efficace du point de vue procédural ?

323. Une solution inefficace dans son volet procédural. Le volet quantitatif n'est en effet pas le seul à devoir être ici analysé, les difficultés tenant à la procédure s'imposent aussi. Ainsi, pour les organes de la procédure, l'élaboration et l'exécution de la solution ne sont pas toujours aisées.

324. Pour l'élaboration du plan de cession, un principe, consacré par les deux lois africaines dans les développements ci-après, trouve à s'appliquer ici. C'est celui relatif à la conciliation des différents intérêts en la matière. Pour arriver à cette fin, la démarche en pratique n'est pas facile. Commençons d'abord par la présentation du principe avant d'enchaîner avec les difficultés qui s'imposent dans ce cadre. En effet, l'enjeu est clair à la lecture des textes de loi : le tribunal retient l'offre qui permet « *d'assurer le plus durablement l'emploi attaché à l'ensemble cédé* »[793] et de payer les créanciers antérieurs dans les meilleures conditions, précisent l'article 637 de la loi n° 73-17 et l'article 131 de l'AUPC[794] révisé. A ces deux intérêts, il faut joindre bien entendu l'intérêt lié à la continuation de l'activité économique. Préserver l'emploi va en effet de pair avec son corollaire qu'est la préservation de l'activité économique. D'où le principe de la conciliation des intérêts. Autrement dit, on façonne une solution qui tente tant bien que mal de combiner tous les intérêts en présence tout en faisant primer celui inhérent à la sauvegarde de l'entreprise. La jurisprudence au Maroc, peu restreinte sur ce sujet, apporte davantage d'éclaircissements. Il ressort du jugement[795] rendu le 20 avril 2000 par le Tribunal du commerce de Marrakech que les juges ont poursuivi en priorité la continuation de l'activité économique. En l'espèce, *Irabik,* société spécialisée dans le tourisme des 4 et 5 étoiles et des congrès, est placée en redressement judiciaire par voie de cession. S'en est suivi la communication des offres au syndic. Remplissant son devoir, ce syndic a éclairé le

---

[792]Bernard SAINTOURENS, « Cession d'actif », *Dr. patrimoine*, n° 279, 1er avr. 2018.
[793]C. com. L. n° 73-17, Maroc, art. 637.
[794]AUPC, 2015, al. 3, art. 131.
[795]Trib. com. Marrakech, n° 1 / 98, 20 avr. 2000.

tribunal sur la question relative au caractère sérieux des offres reçues. A la lumière de ce travail, le jugement arrêtant le plan de cession les compare en les analysant tant du point de vue de la similarité de certaines de leurs clauses que de leurs différences. Dès lors, pour privilégier l'offre qui est plus sérieuse que l'autre, il faut se référer à « *un critère objectif* »[796] qui cumule les trois intérêts précités, poursuit le jugement. En premier, il faut retenir l'offre qui satisfait le plus « *aux besoins de l'entreprise du point de vue de la restructuration et de la constitution du capital tout en mettant en place une stratégie pratique susceptible de dépasser les difficultés* »[797]. En second lieu, l'offre sérieuse serait celle qui permet de répondre au mieux aux difficultés liées au paiement du passif tant actuel que futur[798]. On reviendra sur cette classification au niveau de l'analyse du paiement collectif. Mais ce qui nous intéresse ici, est de relever le caractère limité du dispositif légal quant à la dimension économique. Aussi optimale dans son principe qu'elle soit, la préservation de l'activité économique est souvent remise en cause sur le terrain, car quoique la dimension économique figure au premier plan, la réalisation de cet objectif, véritable défi pour les organes de la procédure, demeure difficile. Comme pour la cession des unités économiques autonomes[799], les offres de rachat des entreprises en difficulté sont très rares sur le plan pratique. En réalité, les juges sont parfois contraints d'accepter une seule offre, sans choix possible, et sans véritable vérification qu'il s'agit de l'offre permettant de réaliser la synthèse des intérêts susvisés. Sans oublier les cas où l'offre serait totalement ou partiellement dénudée de caractère sérieux[800], voire présentée hors délais. C'est qu'il faut attendre un certain temps pour tomber sur une bonne offre. Enfin, il faut citer que le mécanisme de la location gérance est occulté par le livre cinq du Code de commerce marocain[801]. Dès lors, l'état actuel de la pratique ne permet pas aux organes de choisir l'offre optimale à même de concilier les différents intérêts en général et d'assurer, en particulier, la continuation de l'activité économique.

---

[796] Trib. com. Marrakech, n° 1 / 98, 20 avr. 2000, (jugement préc.,).

[797] *Ibid.*

[798] Soumia ERRAISSE, Amina TOUZANI, « Fiscalité et investissements touristiques », in revue d'études et finance d'organisation° 6 oct. 2017, p. 19.

[799] Cf. *supra* n° 249.

[800] Fatiha MECHMACHI, « La crise du traitement des difficultés de l'entreprise », Thèse [En langue arabe], Rabat, 2007, p. 232

[801] AUPC révisé, art. 115.

325. La cession de l'entreprise, manifestation de la protection du Trésor, ne cède pas que devant les difficultés relatives à l'élaboration du plan de cession. Admettons que le tribunal arrive à relever cette mission, il reste d'autres obstacles à surmonter : en particulier, rien n'est dit que l'exécution du plan de cession soit toujours menée à son terme. Le volet exécution pose effectivement des difficultés. C'est vrai que l'article 645[802] de la loi 73-17 et l'article 137 de l'AUPC[803] disposent que le syndic se voit accorder de larges prérogatives pour veiller à l'exécution dudit plan, reste que sur le plan pratique, ce syndic est loin de satisfaire à son devoir. A ce titre, une partie de la doctrine va plus loin en citant « *l'inexistence des mécanismes de contrôle et de suivi* »[804]. En effet, il faut reconnaître qu'il est ardu de contrôler l'exécution des plans de cession en Afrique : manque de moyens de l'enquête et le fait que le travail du syndic n'est pas exclusivement consacré à cette seule tâche sont les principaux freins[805] qui ne permettent pas de mieux suivre l'exécution de la reprise de l'entreprise en difficulté.

326. Dans le même ordre d'idées, et précisément sur l'aspect de l'accompagnement externe, il est reproché aux deux systèmes juridiques OHADA et marocain de ne pas être en harmonie avec les autres branches du droit qui se trouvent à s'appliquer ici. En ce sens, l'exécution des plans de cession est freinée par d'autres obstacles et spécialement par ceux liés au financement : l'absence d'un régime fiscal adapté aux entreprises qui font l'objet d'un plan de cession[806]. Cela veut dire que le Fisc n'est pas impliqué là-dedans. A cela s'ajoute l'absence des aides publiques directes à l'attention des mêmes entreprises. Sous cette rubrique, il faut, enfin, citer la difficulté d'obtenir du financement de la part des banques, lequel est nécessaire pour la poursuite de l'activité économique[807]. Pour toutes ces raisons, la portée économique de la solution reste inéluctablement limitée.

327. Cette analyse étant faite, on quittera le terrain des limites de l'analyse économique pour s'interroger sur celles qui atteignent le paiement collectif.

---

802 C. com., Maroc, art. 645.

803 AUPC, al. 1, art. 137.

804 Abdelkarim AABAD, art. préc., p. 39.

805 Abdelkarim AABAD, art. préc., p. 40.

806 Cf. *supra* n° 40.

807 Cf. *supra* n° 37.

B. Les limites de la logique quant au paiement du Trésor

328. L'une des principales incidences du plan de cession est le paiement collectif du Trésor et des autres créanciers. Cette incidence est très importante du point de vue du montant des créances d'impôts à recouvrer. Compte tenu du principe de la déchéance du terme[808] des créances d'impôts, cette solution est favorable pour le Trésor. Dès lors, contrairement au plan de continuation et au concordat de redressement, le plan de cession ne peut pas imposer de nouveaux délais de paiement. De même, l'hypothèse de la remise des dettes fiscales est totalement écartée[809]. Malgré ces avantages, le paiement collectif du Fisc reste fortement lié au prix de cession, lequel est très souvent insuffisant et partant insatisfaisant. L'on est tenté de savoir pourquoi. En effet, un certain nombre de causes, aussi bien externes qu'internes à l'entité économique, fait que le marché des entreprises en difficulté ne soit pas suffisamment rentable. Visibles au stade de l'examen des offres et à celui du paiement collectif, les facteurs rendant le prix de cession insuffisant sont très nombreux. L'on sera amené à les évoquer au fur et à mesure du développement suivant.

329. Raisons expliquant l'insuffisance du prix de cession. Pour creuser la recherche et bien comprendre pourquoi les prix de cession des entreprises en difficulté sont souvent très bas, un regard sur le terrain s'impose. Les quelques auteurs et praticiens qui se sont attelés à cette question au Maroc tentent d'expliquer pourquoi le rachat d'une entreprise en difficulté est plus difficile et moins rentable. Un praticien constate qu'il « *est difficile d'appréhender une entreprise* »[810] placée en cet état. La raison, déjà mise en relief[811], est beaucoup plus subjective qu'objective : comme pour la vente aux enchères publiques des biens à titre isolé, la mentalité des entrepreneurs au Maroc ne reconnaît pas facilement ce statut[812]. La situation est identique en Afrique subsaharienne. Ensuite, parce que son passif est excessif, on ne veut pas acheter une entreprise en difficulté. L'insuffisance du prix de cession peut donc se comprendre quand on sait que le débiteur en difficulté n'est pas

---

[808] C. com. Maroc, al. 2, art. 647.

[809] Hayat HAJJI, « Le privilège du Trésor public face aux procédures des difficultés de l'entreprise », art. préc., p. 55.

[810] Abdelkader BOUKHRISS, « Rachat d'entreprises malades, le business « new âge » », *Challenge.com*, interviewé par Saloua MANSOUR, 08 mars 2008.

[811] Cf. *supra* n° 245- 247.

[812] Fatiha MECHMACHI, Thèse préc., p. 233.

placé en bonne situation pour négocier[813], situation marquée très souvent par « *l'importance du passif* »[814]. Un autre auteur oriente le débat vers l'absence des règles fiscales de « *faveur* »[815] : le repreneur pourrait être encouragé de proposer un prix plus élevé s'il savait qu'il bénéficierait d'un taux réduit pour le paiement des droits d'enregistrement et de mutation[816]. Malheureusement, le régime fiscal autant au Maroc que dans la plupart des Etats membres de l'OHADA ignore cette dimension.

330. Dans le prolongement des idées précédentes, un autre élément aggravant le paiement du Fisc tient à ce qu'on peut appeler le marché des entreprises en difficulté. Du point de vue de la transparence, ce marché est le terrain des pratiques malsaines. C'est vrai que la procédure, décrite par les articles 636 du Code de commerce marocain[817] et 160 de l'AUPC[818] révisé, « *garant[it] une véritable compétition* »[819] entre les acquéreurs. Mais, il faut se rendre à l'évidence que « *la pratique faussera toujours la concurrence* »[820]. Une partie de la doctrine a tendance à y voir un problème de *« moralisation des plans de cession »*[821]. D'autres auteurs y voient la conséquence de l'absence des règles procédurales spéciales de vente[822]. Ceci dit, tous les auteurs s'accordent pour affirmer que la situation n'est pas sans conséquence sur le prix de cession. L'avis des praticiens judiciaires et celui de la société civile clarifient davantage ce constat. Un juge rattaché au Tribunal du commerce de Casablanca a pu affirmer à ce sujet : *« L'attrait principal de l'investissement dans une société en difficulté est de bénéficier d'un*

[813]Abdessamad NAIMI, « Redressement judiciaire : les plans de cession privilégiés », art. préc., *ibid.*
[814]Charles GORINS, « Évolution de la cession judiciaire d'entreprise en prévention et en procédure collective », *Bull. Jol.Entre. diff.,* 01 mai 2015, n° 3, p. 185.
[815]Yves GUYON, *Entreprises en difficultés... op. cit.,* n° 1287, p. 320.
[816] Mohamed KESRAOUI, *Gestion fiscale de l'entreprise marocaine, conseils et pratiques*, Éd., Cabinet Kesraoui, 2003, p. 413, 176, 138.
[817]C. com. L. n° 73-17, Maroc, al. 1, art. 636.
[818]AUPC, 2015, al. 2, art. 160.
[819]Mohamed ABOULHOUCINE, « La pratique de la cession d'une entreprise en difficulté », Dix ans d'application du système des difficultés des entreprises, quel bilan ? *Revue marocaine de droit, d'économie et de gestion,* n°53, Najah El Jadida, Ed., 2008, p. 96.
[820]Mohamed ABOULHOUCINE, « La pratique de la cession d'une entreprise en difficulté », art. préc., p. 96. A rapprocher de : Fatiha MECHMACHI, Thèse préc., p. 233.
[821]Abdelkrim AABAD, art. préc., p. 32.
[822]Mohamed ABOULHOUCINE, « La pratique de la cession d'une entreprise en difficulté », art. préc., p. 95 ; Abdelkrim AABAD, art. préc., p. 32, *ibid.*

prix à la casse »[823]. Ce que l'investisseur poursuit comme objectif prioritaire est de s'approprier « *dans une bonne logique économique une exploitation équilibrée et bénéficiaire* »[824]. La société civile, par la voix de *l'Association marocaine des investisseurs en capital*, est encore plus pointue : « *les investisseurs payent en moyenne 20 à 50% du prix réel d'une société »*[825]. Ainsi, admettons que la valeur liquidative réelle d'une très petite entreprise soit estimée à 1.000 000 dirhams marocains (92.487, 95 €) et qu'elle soit cédée à 200.000 Dh (18.440, 21 €) ou à 500 000 dirhams[826](46.243, 98 €). Dans ces deux cas, le prix de cession reste certainement insuffisant. Mais, c'est sans doute la suite du constat de l'association qui est encore surprenante : « (...) *le jour où la société se remet de ses difficultés [...], l'investisseur pourra dégager des rendements supérieurs à 100%, contre 25% généralement dans le capital-investissement »*[827]. En explicitant son propos, un auteur a été amené à soutenir que « *le souci de l'équité* [...] *trouve*[r] [ici] *sa limite* »[828].L'entreprise mérite assurément qu'elle soit cédée à un prix beaucoup plus élevé. Dans cette perspective, l'investisseur ne peut pas par le prix indiqué régler tout le passif fiscal et les autres composantes du passif social de l'entreprise. Le paiement des créanciers chirographaires sera certainement écarté.

331. Toutes ces raisons font que « *le prix de cession* [soit très] *souvent insuffisant* »[829] pour payer intégralement le créancier fiscal[830]. La nécessité de préserver l'emploi aggrave encore l'insuffisance du prix de cession.

---

[823]Abdessamad NAIMI, « Redressement judiciaire : les plans de cession privilégiés », art. préc.,

[824]Mohamed ABOULHOUCINE, « La pratique de la cession d'une entreprise en difficulté », art. préc., p. 95.

[825]Abdessamad NAIMI, « Redressement judiciaire : les plans de cession privilégiés », art. préc.,

[826] 500 000 dirhams représentent 50 % du prix réel.

[827]Abdessamad NAIMI, « Redressement judiciaire : les plans de cession privilégiés », art. préc.,

[828]Mohamed ABOULHOUCINE, « La pratique de la cession d'une entreprise en difficulté », art. préc., p. 95.

[829]Mohamed ABOULHOUCINE, « La pratique de la cession d'une entreprise en difficulté », art. préc., p. 95, *ibid.*

[830]Noureddine LAARAJ, « Procédures des difficultés de l'entreprises », Ed., 2016, p. 208.

332. Le souci de la préservation de l'emploi. Pour bien expliquer ce point, il faut de nouveau citer l'affaire *irabik*[831], laquelle place en seconde position le paiement du Trésor et des autres créanciers antérieurs. En effet, au stade de l'examen des offres, l'enjeu inhérent au paiement collectif des créanciers ne vient qu'en dernière position. Le paiement des créanciers n'est pas un critère concluant en la matière. Certes, le tribunal du commerce au Maroc ne fait qu'appliquer l'ordre établi par la lettre et l'esprit de la loi. Mais, la dimension sociale inhérente à la préservation de l'emploi affaiblit encore le paiement des créances fiscales dans le cadre collectif. Cette situation a conduit la doctrine à plaider en faveur de la quête de l'équilibre. A cet égard, un courant de pensée ne cesse d'appeler de ses vœux[832] que le tribunal doit chercher à équilibrer les intérêts susmentionnés et que c'est cet équilibre souhaité qui doit être le critère concluant dans un tel cadre. Malheureusement, le gap est grandiose entre ce que prône ce courant doctrinal et ce que livre le terrain comme solutions. Si ces solutions privilégient la cession de l'entreprise et son corollaire la protection des emplois, elles ne s'intéressent pas assez au prix de cession. C'est pourquoi un auteur[833] reste réservé quant à l'aboutissement de la conciliation des intérêts et estime que l'équilibre recherché est loin d'être atteint en pratique. Le juge a en effet un souci : il faut transférer l'entreprise au repreneur qui s'engage de maintenir le plus grand nombre d'emploi, quoique le prix de cession inclus dans l'offre soit inférieur par rapport à la valeur réelle des biens cédés[834]. L'idée est qu'une partie du prix, du point de vue économique, correspond à la reprise des emplois. Abondant dans le même sens mais centrant davantage son propos sur le Trésor, un autre auteur reprend la même idée et soutient que cette démarche « *impacte négativement* »[835] sur le montant des droits d'enregistrement. En réalité, l'on ne peut pas aller intégralement à contre-courant de cette démarche. Si cette solution ne favorise pas à première vue le Trésor, la préservation des emplois donnera certainement naissance aux créances fiscales relatives à l'impôt sur le revenu. La position du Trésor est donc nécessairement prise en considération, au moins indirectement. Quoi que la perte soit compensée par le recouvrement futur de l'impôt sur le revenu,

---

[831]Trib. com. Marrakech, n° 1 / 98, 20 avr. 2000, (jugement préc.,).
[832]Abdelkarim AABAD, art. préc., p. 32, *ibid.*
[833]Noureddine LAARAJ, « Procédures des difficultés de l'entreprise », Ed., 2016, p. 208.
[834]Gaël COUTURIER, art. préc., p. 142.
[835]Noureddine LAARAJ, *op. cit.,*

cela n'empêche pas que l'on aboutit à un cadre juridique pour le moins paradoxal : le juge peine à concilier entre la nécessité de préserver l'emploi et l'impératif de payer le Trésor et les autres créanciers.

333. Un paiement menacé. Sur le plan du paiement, le prix de cession fait l'objet d'une répartition entre les créanciers antérieurs. Dans un tel cadre, il faut impérativement relever la question des modalités du paiement du Trésor. Certaines de ces modalités ne diffèrent pas de celles appliquées en cas de liquidation judiciaire. Si la similitude de traitement est évidente en ce qui concerne la structure du privilège fiscal, le paiement des créances en application du plan de cession est soumis à une règle particulière. Ainsi, au stade du paiement, le rang de l'Administration fiscale est celui qui lui est accordé en cas de la liquidation judiciaire[836], rang qui est, faut-il le rappeler, tout à fait réduit[837]. Étant ainsi, un point fait la particularité de la procédure du plan de cession et affaiblit davantage le paiement des créances fiscales. C'est que la banque, en sa qualité de créancier titulaire de sûreté spéciale, se retrouve souvent privilégiée par rapport aux autres créanciers y compris le Trésor[838]. Empruntée au droit français[839], partagée par les deux systèmes juridiques africains, une classique règle juridique prévoit que : « *Lorsque la cession porte sur des biens grevés d'un privilège spécial, d'un nantissement ou d'une hypothèque, une quote-part du prix est affectée par le tribunal à chacun de ces biens pour la répartition du prix et l'exercice du droit de préférence* »[840]. Un prix de cession, très souvent dérisoire et auquel on soustrait la quote-part précitée, relègue à la portion congrue la part du Trésor quand il n'est pas nanti sur le fonds de commerce ? Dans cette perspective, le paiement de la créance fiscale demeure menacé.

---

[836]Philippe PETEL, « La réforme des plans de redressement », *LPA*, 10 juin 2004, n° 116, p. 34.
[837] Cf. *supra* n° 262-267.
[838]Abderrahim CHMIAA, *Commentaire des règles du régime des procédures de traitement des difficultés de l'entreprise à la lumière de la loi 73-17,* (En langue arabe), Ed. Dar Afaq Maghribia, 2018, p. 249.
[839] L., France, 25 jan. 1985, art. 93; C. com. France, art. L621-96.
[840]C. com. Maroc, art. 648 ; Françoise PEROCHON, Régine BONHOMME, *Entreprises en difficulté-... op. cit.*. p. 383.

334. En conclusion, si l'analyse économique du droit implique qu'il est efficace que « *la propriété du capital change de main* »[841], c'est bien pour poursuivre de façon cumulative trois objectifs que sont la survie de l'entreprise, le maintien de l'emploi et l'apurement du passif. Mais, dans un contexte où les exigences de l'économie priment sur les dispositions du droit, la protection de l'entité économique et l'impératif du paiement du Trésor dans le cadre collectif ne saurait être égalitaire. A ce titre, la priorité donnée à la sauvegarde de l'entreprise fait que l'on ne peut pas assurer à l'Administration fiscale un paiement satisfaisant. C'est cette réalité, combinée aux critiques apportées à la logique économique, qui fait que le Trésor est bien loin de se voir accorder une condition juridique à même de le bien protéger. Sans oublier bien évidemment le vide juridique flagrant en la matière. Ainsi, pour mettre fin à cette situation qui risque de remettre en cause l'analyse économique des règles établies au Maroc et dans l'espace OHADA, une réforme intégrée doit intervenir.

[841]Abdessamad NAIMI, « Redressement judiciaire : les plans de cession privilégiés », art. préc., *ibid.*

335. Que ce soit par voie de continuation ou par voie de cession, le redressement judiciaire, s'il est mené à bien, poursuit trois objectifs principaux : le sauvetage de l'entreprise, la préservation de l'emploi et la protection des créanciers au rang desquels figure le Trésor. En pratique, on constate que ce créancier public n'est pas bien protégé en application de cette procédure. La protection actuelle est insatisfaisante tant dans son volet quantitatif que dans son volet qualitatif. D'abord, les procédures collectives étant essentiellement centrées sur les procédures liquidatives, les procédures de redressement n'en représentent qu'une frange très limitée. Les procédures de redressement des entités économiques constituent l'exception en Afrique. Ensuite, s'agissant du paiement des créances fiscales antérieures, il faut évoquer la problématique liée au taux dérisoire de recouvrement. La raison est beaucoup plus économique que juridique : le manque de fonds. Cela étant, la dimension juridique n'accompagne pas bien le Trésor à ce niveau. En ce sens, une chose est évidente : la restructuration des créances n'est pas suffisamment encadrée par les deux systèmes juridiques OHADA et marocain. Cette situation entrave, dans une certaine mesure, le recouvrement des créances fiscales dans les meilleures conditions. Enfin, les délais de recouvrement sont très longs. Cette protection défectueuse du Trésor à ce stade est aujourd'hui source de controverse. Un élément de solution reste cependant tributaire du fait de combler ces lacunes juridiques et de mettre en place des institutions à même de remettre sur pied les entités économiques en difficulté.

336. Le choix de se référer à la discipline collective reflète la volonté d'apporter une protection aux créanciers au rang desquels figure le Trésor. Cet objectif s'ajoute au sauvetage de l'entreprise et à la préservation de l'emploi. La recherche de cet équilibre fait du Trésor un créancier ordinaire, créancier qui se retrouve, sans le vouloir, détaché momentanément de ses prérogatives traditionnelles. Ainsi, soumettre le Trésor aux règles contraignantes des procédures collectives revient à délimiter l'impact qu'exerce l'ordre collectif sur sa condition juridique. Loin de se résumer en un mot, l'impact est multidimensionnel et mitigé. Restrictive, l'ouverture de la procédure collective entraîne la suspension des poursuites individuelles du Fisc, l'arrêt du cours des intérêts, l'arrêt du cours de l'inscription des privilèges attachés aux impôts, l'extinction des créances fiscales et l'interdiction de payer les créances d'impôts antérieures. Présentant un aspect protecteur, l'ouverture de la procédure collective permet au Trésor, comme aux autres créanciers antérieurs, de faire connaître sa qualité de créancier par le biais de la procédure du dévoilement des créances. Un droit contre cinq mesures restrictives. Régime pro-débiteur par excellence, la procédure collective en droits marocain et OHADA marque le départ d'une période déséquilibrée. Ceci dit, en raison du lien permanent qu'il entretient avec l'entreprise, le Trésor y trouve parfois son compte. Reste que la fiabilité de ce régime est tributaire de l'efficacité de la procédure collective et de la compétence de la justice économique.

337. Définir la condition juridique du Trésor dans le contexte des procédures collectives implique d'étudier aussi les autres raisons de l'ordre collectif. Au nombre de ces raisons figure la logique de la conciliation des intérêts. Cette logique regroupe un ensemble de techniques ayant pour objectif de concilier les intérêts antagonistes (créanciers, salariés, débiteur). En application du redressement judiciaire, les créances fiscales font l'objet d'une nouvelle restructuration qui s'étale sur la durée et ce, en fonction du montant des créances. Ce faisant malheureusement, cette restructuration des créances fiscales est remise en cause et la procédure de redressement bascule en liquidation judiciaire. Dans ce cas, le Trésor est payé, sous réserve de la réalisation de l'actif, suivant un rang inférieur par rapport à celui des autres créanciers privilégiés. Ce rang n'est pas sans conséquences sur le paiement du créancier fiscal. La même remarque est faite en ce qui concerne l'assiette du privilège attaché aux impôts, assiette limitée aux biens meubles en droits marocain et sénégalais. Le tout influe négativement sur la préservation de l'activité économique et sur le paiement des créances fiscales.

338. Autant pour le redressement judiciaire que pour la liquidation judiciaire, exécuter sur les biens détenus par le dirigeant de la personne morale est une caractéristique essentielle des procédures collectives. Le Trésor, comme les autres créanciers antérieurs, peut se prévaloir de ce passage en cas de la faute de gestion et des cas limitativement énumérés par les deux systèmes africains. A ce titre, le Trésor est en droit de se retrouver créancier du dirigeant de la personne morale. Cela dit, cette solution reste dépourvue de portée pratique en Afrique subsaharienne. La pratique fait ressortir que les sanctions patrimoniales sont inapplicables dans certains Etats membres de l'OHADA. Et si elles sont appliquées, il reste difficile d’exécuter sur les biens des dirigeants. Qu’en est-il du cadre extra-collectif, cadre qui s’opère en dehors du cadre collectif ?

TITRE II. LES RAISONS DE L'ORDRE EXTRA-COLLECTIF

339. Tous les auteurs qui se sont attelés à l'analyse du principe de l'égalité des créanciers s'accordent sur le fait que ce principe cardinal n'est pas absolu ; il reste relatif dans son volet autant théorique que pratique. Ce sont les raisons de l'ordre extra-collectif qui poussent, entre autres, à relativiser sa portée et son fondement. Ces raisons sont consacrées autant par le droit marocain que par le droit OHADA. Ainsi, si l'examen de ces deux droits permet d'affirmer que la protection des créanciers présente une vocation égalitaire à dimension collective, la protection du Trésor à titre individuel (en dehors de la procédure collective) n'est pas pour autant écartée.

340. L'ordre qui s'opère en dehors de la procédure collective repose sur deux raisons essentielles. Celles-ci peuvent se résumer en deux mots : l'incitation et la sanction. La première raison a pour objectif d'encourager les créanciers à soutenir l'entreprise sous cessation des paiements en vue de poursuivre son activité économique. C'est le fameux régime des créances postérieures ou contre la masse (**Chapitre I**). La seconde raison tend à constituer une véritable punition du débiteur ou son représentant pour avoir porté atteinte à leurs intérêts. Dans cet esprit, Le Trésor, comme les autres créanciers, est fondé à poursuivre individuellement le débiteur (**Chapitre II**).

CHAPITRE I. LE TRAITEMENT DES CREANCES FISCALES POSTERIEURES

341. Prises à la lettre, les créances postérieures ou contre la masse sont des créances nées après le jugement d'ouverture de la procédure. Elles se distinguent des créances antérieures ou dans la masse. En principe, l'entreprise est devenue sous procédure collective à cause de l'accumulation des seules créances antérieures non encore payées. Les créances postérieures naissent pour assurer le bon fonctionnement de cette procédure collective[842]. Quand le redressement est possible, l'objectif principal reste de réussir le rétablissement de l'entreprise durant cette phase critique[843]. Pour la tradition civiliste, c'est l'article 40 de la loi française du 25 janvier de 1985 qui a consacré ce régime pour la première fois. En raison de son effectivité économique, le législateur marocain n'a pas hésité à le reproduire dans le livre 5 du Code de commerce de 1996[844]. Animé par la même logique, le législateur communautaire africain a introduit ce régime dans l'Acte uniforme des procédures collectives de 1998 et dans celui de 2015. D'une seule voix, le législateur marocain et son homologue OHADA prévoient que le traitement des créances postérieures doit donc trouver son fondement dans un régime spécial. Au soutien de cette règle générale, les créances postérieures doivent être privilégiées : un régime spécial axé sur le paiement à l'échéance doit être appliqué. Reste qu'il y a un décalage entre la pratique et la théorie. La lecture du bilan de 20 ans d'application permet de se rendre compte qu'il n'est pas à même de faire taire les critiques. Celles-ci atteignent à la fois les critères d'application du régime et sa mise en œuvre.

---

[842] Hassania CHERKAOUI, *op. cit.*,p. 287.

[843]Karim AIT BELLA, *La continuité de l'entreprise dans le cadre du redressement judiciaire à la lumière de la jurisprudence : Etude analytique, critique, approfondie à la lumière des jugements et des arrêts rendus par les tribunaux de commerce au Maroc et des jugements récents de la Cour de cassation française*, (En langue arabe), 1ère éd., Dar Es-Salam, 2008, p. 103 ; Abdelhaq BOUQBICH, *La continuité l'activité de l'entreprise soumise au redressement judiciaire,* (En langue arabe), Dar Es-Salam. Ed., 2007, p. 203.

[844] V. *infra* n° 741 et s.

342. Après avoir procédé à l'analyse du contenu général de la règle **(Section I)**, il conviendra de s'attaquer à la mise en œuvre incertaine de ce régime **(Section II)**.

Section I. Une règle au contenu général

343. En droit OHADA, la règle qui consacre l'éligibilité au traitement préférentiel des créances contre la masse est contenue dans une seule règle. Elle est identiquement calquée sur l'AUPC de 1998. A s'en tenir à l'article 117 de l'ancien et du nouvel AUPC, sont considérées des créances contre la masse, toutes les dettes qui sont nées de manière régulière, après le prononcé du jugement d'ouverture, de la continuation de l'activité économique et de toute activité du syndic ou du débiteur à condition que cette activité soit régulière. Comme précisé en propos introductif, le Code de commerce marocain de 1996 n'est pas en reste. La première consécration est trouvée sur le fondement de l'article 575 : « *Les créances nées régulièrement après le jugement d'ouverture du redressement sont payées par priorité à toutes autres créances assorties ou non de privilèges ou de sûretés* ». Apparaissent nettement deux idées. La première est que, sans le vouloir, les rédacteurs des deux lois africaines se sont mis d'accord d'édicter une règle générale susceptible de se plier à toutes les créances. Il en découle qu'il est permis d'affirmer que les créances d'impôts sont incluses. Le régime en question leur est donc applicable. La seconde idée est que le fait générateur des créances joue ici à fond. La conception traditionnelle du fait générateur des créances d'impôts est ici dépassée. Pour pouvoir bénéficier du traitement préférentiel, la créance fiscale doit répondre non seulement au critère chronologique – comme cela se fait en temps normal – mais aussi, au critère de la régularité. Reste que l'analyse économique va encore plus loin pour défendre l'adjonction d'un troisième critère : l'utilité[845] des créances postérieures. L'on se retrouve donc en face d'un fait générateur spécial. Avant d'exposer l'insuffisance des critères **(§ 2)** d'application, il convient, au préalable, de tenter de donner une présentation préliminaire **(§ 1)** de la notion du fait générateur dans le contexte des procédures collectives.

---

[845] *infra* n° 719 - 725.

§ 1. Présentation préliminaire

344. Définition. Créée par la doctrine[846], la notion du fait générateur est l'événement spécifique qui donne naissance à la créance d'impôt[847]. Sans le fait générateur, il n'est pas possible de rendre exigible cette créance publique et de passer par la suite à son recouvrement. Un auteur a pu estimer que c'est « *le fait par lequel sont réalisées les conditions légales nécessaires pour l'exigibilité de la taxe* »[848]. Se prévalant de cette analyse, d'autres auteurs soumettent le fait générateur de la créance fiscale à la double condition économique et de la légalité : dès lors que le débiteur « [...] *a réalisé une opération économique que la loi déclare sujette à prélèvement* »[849], il y a naissance d'une créance d'impôt. Et comme les opérations économiques sont diversifiées, l'on se retrouvera certainement en face de plusieurs faits générateurs. Il y a autant de faits générateurs qu'il y a d'impôts. En ce sens, on peut distinguer le fait générateur de la TVA de celui de l'IS et de celui de la taxe foncière.

345. Réception par le droit des procédures collectives ? A la question de savoir comment est fixé le fait générateur de chaque créance fiscale, la réponse est toujours introuvable en droit de l'insolvabilité aussi bien en régimes africains qu'en droit français. A notre sens, si le Code de commerce marocain et l'AUPC de 2015 comme celui de 1998 n'abordent point cette question, c'est bien parce que la fixation du fait générateur est trouvée dans l'articulation entre les règles du droit des procédures collectives et celles spéciales établies par le droit fiscal. Dans l'attente de creuser la recherche sur ce point, illustrons succinctement cette articulation par un exemple concret : l'interaction entre le principe de l'annualité

---

[846] Cass. com., France, 12 juillet 1994, D. 1995, somm. 9, obs. DERRIDA ; JCP E 1995. 1. 417,

[847] Harouna SALEY SIDIBÉ, *Le sort des créances postérieures en droit français et droit de l'organisation pour l'Harmonisation en Afrique du droit des affaires (OHADA)*, Thèse, Nice, 2013, p. 29.

[848] Y. GUILLOU, « Fait générateur, origine, exigibilité de l'impôt dans les procédures collectives », *Rev. proc. coll.*, 1999, p. 57.

[849] V. E. PUTMAN, *La formation des créances*, Thèse, Aix-Marseille III, 1987, t. II, n° 32 ; Célia CAVALIER, « Le paiement des créances fiscales dans le droit des procédures collectives », art. préc., n° 3.

de l'impôt et la date de l'ouverture de la procédure[850] pour ce qui est des impositions assises sur le bénéfice.

346. Intérêt. Il faut ici rappeler l'intérêt de la fixation du fait générateur. Ce n'est pas pour rien que tant la doctrine que la jurisprudence portent leurs regards sur la fixation du fait générateur des créances d'impôts. Il est le critère décisif pour décider de la modalité du paiement des créances d'impôts, compte tenu de la distinction des impositions antérieures et des impositions postérieures. Une règle générale trouve à s'appliquer aux créances fiscales. Admettons que le fait générateur de l'impôt soit antérieur au jugement d'ouverture, la créance d'impôt est qualifiée de créance antérieure même si la date d'exigibilité est postérieure audit jugement. Suivant la même logique, si la date de naissance de la créance d'impôt est postérieure au jugement d'ouverture, la créance d'impôt est qualifiée de postérieure. Mais, la question devient parfois équivoque et la référence littérale à la règle générale demeure sans intérêt du point de vue de l'analyse économique. Du coup, si la loi fiscale met en place des règles à suivre en temps normal, nous pensons que les juges, s'ils sont saisis, doivent lever le brouillard qui existe en la matière afin de protéger le Fisc sans contrarier les objectifs poursuivis par le droit des procédures collectives.

347. Dans son travail de fixer le fait générateur des créances fiscales dans le contexte des procédures collectives, le juge doit soumettre ces créances aux critères d'application prévus par les articles 575 et 117 précités, lesquels restent insuffisants.

§ 2. Critères insuffisants

348. La lecture littérale de l'article 575 du Code de commerce marocain de 1996 et de l'article 117 de l'AUPC révisé[851]enseigne que les critères chronologique et organique sont les deux critères cumulatifs qui permettent de passer au crible les créances postérieures ou contre la masse. Armée de ces deux critères, la créance fiscale peut-elle être qualifiée de

---

[850] Cf. *infra* n° 351-355 ; 751-752 et 758.
[851]AUPCAP révisé, art. 117.

créance privilégiée ? La question mérite d'être posée. Comme il a été souligné, la logique économique des procédures collectives recommande la mise en place du critère de l'utilité[852]. Pour avoir une position éclairée sur ce dernier point, il convient donc de démontrer la portée économique limitée du critère chronologique (**A**) avant de confronter la créance fiscale au critère organique (**B**).

A. La portée économique limitée du critère chronologique

349. Critère temporel, critère chronologique, postériorité formelle au jugement d'ouverture, les termes ne manquent pas pour désigner un des critères les plus importants dans la détermination des créances fiscales privilégiées[853]. Comme ce critère renvoie à la notion du temps, deux dates encadrent sa mise en œuvre : le jour du prononcé du jugement d'ouverture et la date de naissance de la créance fiscale[854]. Limitée, la portée économique du critère chronologique se dégage nettement de la jurisprudence. Ce constat est aussi confirmé par la doctrine. Dans ces conditions, la portée économique du fait générateur est à analyser. En effet, l'ambition de cette présente section ne consiste pas seulement à analyser dans quelle mesure cet exercice permet de protéger les droits du Trésor. Elle vise aussi à évaluer s'il est de nature à constituer ou pas une entrave au redressement des entités économiques. Une solution assurant cette combinaison mérite donc d'être trouvée.

350. Il sera successivement question du critère chronologique des impôts directs assis sur le bénéfice **(1)**, de celui de la TVA **(2)**, de ceux des droits d'enregistrement et des sanctions pécuniaires **(3)** et enfin de ceux des créances fiscales nées au premier janvier[855]**(4)**.

---

[852] Sur la réforme proposée concernant l'utilité des créances fiscales, cf. *infra* n° 753- 764.

[853]Harouna SALEY SIDIBÉ, Thèse préc., n° 34, p. 26.

[854]Cf. *infra* n° 731-737.

[855]Abdelhak BOUQBICH, *op. cit.*, p. 212.

1. Les impôts directs assis sur le bénéfice

351. La convergence du cadre normatif. Les faits générateurs de l'impôt sur le revenu et de l'impôt sur les sociétés se rejoignent dans le fait qu'ils sont soumis, tous les deux, au principe de l'annualité de l'impôt. A ce titre, le contribuable n'est tenu envers l'Administration fiscale qu'en fonction du profit qu'il a réalisé pendant une année donnée. Ainsi, pour l'impôt sur le revenu, l'article 71 du CGI au Maroc dispose que l'IGR « *est établi chaque année en raison du revenu global acquis par le contribuable au cours de l'année précédente* »[856]. Certes, la définition ne fait pas expressément allusion au fait générateur, mais elle retient deux éléments essentiels y relatifs. *Primo*, la période d'imposition est ramenée à une année civile. *Secundo*, l'acquisition du revenu doit avoir lieu au cours de l'année expirée. En partant de cette analyse, la Cour de cassation française[857] a pu juger clairement en 1994 que l'IR naît « *à la date de l'expiration de l'année civile pendant laquelle les revenus imposables ont été perçus par le contribuable* »[858]. D'après la cour, pour fixer le fait générateur de l'IGR, il faut exclure le jour de la perception de cet impôt et ne retenir que le jour de l'expiration de l'année civile[859]. C'est la même logique que reprennent les rédacteurs des codes généraux des impôts en Afrique pour ce qui est de l'impôt sur les sociétés[860]. Pour ne prendre que le cas du Maroc[861], l'article 8 du CGI définit le bénéfice net imposable comme étant :

> « Le résultat fiscal de chaque exercice comptable est déterminé d'après l'excédent des produits sur les charges de l'exercice, engagées ou supportées pour les besoins de l'activité imposable, en application de la législation et de la réglementation comptable en vigueur, modifié, le cas

---

[856] CGI, Maroc, art. 71.

[857] Cass. com., France, 12 juill. 1994, D. 1995, somm. 9, obs. DERRIDA ; JCP E 1995. 1. 417, obs. PETEL ; RJDA 1995.

[858] Harouna SALEY SIDIBÉ, Thèse préc., n° 117.

[859] Bernard HATOUX, « L'incidence des procédures collectives sur le recouvrement des impôts », *RJF*, 1995, p. 87.

[860] CGI, Sénégal, 2013, art. 7.

[861] Hayat HAJJI, *La déclaration des créances fiscales et les procédures des difficultés de l'entreprise*, *op. cit.*, p. 29.

échéant, conformément à la législation et à la réglementation fiscale en vigueur »[862].

De son côté, la définition du résultat fiscal établie par l'article 13 de la loi marocaine n° 24-86 portant l'impôt sur les sociétés[863] vient nous éclairer davantage sur l'article 8 précité. Cette définition enseigne, sans surprise, que le résultat fiscal est le bénéfice réalisé par l'entreprise de sorte que l'exercice comptable ne dépasse pas douze mois. La lecture combinée de ces deux articles permet donc d'affirmer que le fait générateur de l'IS est fixé par la clôture de l'exercice comptable.

352. Une ambiguïté levée par l'arrêt *Network music group*. En dépit de la clarté des textes de loi précités, le critère chronologique de l'IS pose parfois de sérieuses difficultés d'interprétation. Ainsi, il est prévu que le paiement de l'IS se fait par voie des acomptes. Mais, malgré la distinction entre les deux notions de la perception des acomptes et de la clôture de l'exercice comptable, cette dualité demeure source d'ambiguïté. Se pose très raisonnablement la question de savoir si la date relative à la perception des acomptes peut constituer un fait générateur de l'IS. L'éclairage est apporté par la jurisprudence en France. L'arrêt *Network music group*[864] rendu par la Haute juridiction française apporte une réponse. Les faits revêtent une grande importance pour notre démonstration et méritent dès lors d'être rapportés. La société *Network music group* est mise en redressement judiciaire en août 1997. Comme son exercice comptable est clôturé le 31 décembre 1997, le Fisc met en recouvrement[865], au mois de mai 1998, les acomptes dus au titre de l'année 1997. Le Fisc considère ces acomptes comme étant des créances postérieures privilégiées et doivent être payés à l'échéance. Chose que la société et le commissaire à l'exécution du plan contestent, car – d'après ces derniers – ces acomptes sont des créances fiscales antérieures et doivent dès lors être déclarées

---

[862] CGI, Maroc, 2018, art. 8.

[863] Abdelhaq BOUQBICH, *op. cit.*, p. 21 3.

[864] Cass, com., Ch. Comm., France, 16 déc. 2008, arrêt n° 1307 F-P B, *Network music group c./Trésor public*.

[865] Corinne SAINT-ALARY-HOUIN, « Fait générateur des créances fiscales », *Rev. proc. coll.* n° 5, sep. 2009, comm. 120, note sous cass. com., France, 16 déc. 2008, n° 08-12.142.

dans le passif de la procédure. Toute la question est donc de savoir si ces acomptes sont qualifiés de créances antérieures ou de créances postérieures. Devant les juges du fond, la société débitrice, demanderesse dans cette affaire, demande le remboursement de la somme recouvrée. La cour d'appel de Versailles déboute le débiteur-contribuable de son action : la date de naissance de l'IS est l'expiration de l'année au cours de laquelle les bénéfices ont été réalisés. La société se pourvoit devant la Cour de cassation, laquelle donne raison à la cour d'appel. La Haute cour revient sur la définition du départ : il convient d'écarter la date de la perception des impôts[866] (les acomptes) et de ne retenir que celle relative à la clôture de l'exercice comptable. Dans cette espèce, la créance d'impôt en question est née au 31 décembre 1997, soit après l'ouverture du redressement judiciaire. Approuvant le caractère privilégié des acomptes, cette cour édicte la règle jurisprudentielle suivante : « *Le fait que le paiement de l'impôt se fasse par voie d'acomptes ne conduit pas à faire de la créance d'impôt une créance antérieure ; ceci parce que son montant définitif ne sera connu qu'au jour de la clôture de l'exercice comptable, laquelle, en l'espèce, était postérieure au jugement d'ouverture* »[867]. L'Administration fiscale voit donc ici sa position admise par la Cour de cassation : la perception des acomptes ne peut en aucune manière être considérée comme un fait générateur de l'IS.

353. Enseignements à tirer. Au-delà du caractère décalé de la date de la perception des acomptes, l'arrêt *network music group* est instructif à plus d'un titre et surtout sur la question des modalités du paiement des impositions. En raison de l'identité des règles régissant l'IS, la solution dégagée par cet arrêt est transposable dans le contexte africain. A ce titre, le raisonnement dégagé de cette affaire reste valable aussi bien pour le contexte marocain que dans les Etats de l'Afrique francophone. Compte tenu de la conclusion de cette

---

[866]Arlette MARTIN-SERF, « Le fait générateur de l'impôt sur les sociétés est la clôture de l'exercice comptable », note sous cass. com., Ch. com, France, 16 déc. 2008, arrêt n° 1307 F-P B, *Network music group c./Trésor public*, in RTD com. 2009, p. 618.

[867] Patrick SERLOOTEN, « De la date de naissance des créances fiscales », *Lettre d'actualité des procédures collectives civiles et commerciales*, n° 5, mars 2009, repère 75.

jurisprudence, nul ne peut douter que ce raisonnement soit venu préserver les droits de l'Administration fiscale. En règle générale, cette jurisprudence offre une réponse à la question de la qualification des créances fiscales relatives à l'IS dans l'hypothèse de l'ouverture des procédures collectives. Ainsi, de deux choses l'une : soit que l'année civile expire avant l'ouverture de la procédure collective, soit que l'année civile expire après l'ouverture de la procédure collective. Dans le premier cas où la procédure collective est ouverte postérieurement à la fin de l'année civile, la créance d'impôt due au titre de l'IS doit être vue comme une créance antérieure. De ce fait, elle reste soumise au principe de la déclaration ou de la production des créances au passif de la procédure[868]. Le propos mérite d'être développé par un exemple. Revenons à l'arrêt *Network music group* précité, comme l'ouverture du redressement judiciaire est survenue le mois d'août 1997, le profit assis sur le bénéfice se rattachant à l'année 1996 est à dévoiler au passif de la procédure. Mais, si l'année civile se termine après l'ouverture de la procédure collective, la date de naissance de l'IS se positionne après l'ouverture de la procédure. Dès lors, c'est une créance fiscale postérieure ou contre de la masse[869].

354. Une suite légale mais illogique. Comme la date de l'ouverture de la procédure collective est le fruit du hasard, l'application du raisonnement précédent conduit, certes, à une suite légale mais elle se révèle tout à fait illogique. Une partie de la doctrine a pu considérer que l'application littérale du principe de l'annualité de l'impôt est injustifiée[870]. L'idée est que c'est comme si on fait privilégier de force une fraction d'impôt qui ne remplit pas les critères requis à cet effet. C'est là où se manifeste l'insuffisance des critères d'accès au privilège des créances postérieures. Qu'en est-il de la taxe sur la valeur ajoutée ?

---

[868]Bernard LAGARDE, *Entreprises en difficultés, Traité économique et fiscal*, *op. cit.* §. 111.3.a, p. 340.

[869] Gérard JAZOTTES, « Les créanciers de l'article 40 », *LPA.*, 2000, n° 178, p. 36 ; Corinne SAINT-ALARY-HOUIN, « La date de naissance des créances en droit des procédures collectives », in « la date de naissance des créances », Behar-Touchais M. (dir) CEDAG, 25 mars 2004, *L.P.A*, n° 224, 09 nov. 2004, p. 5, n° spéc.

[870] Cf. *infra* n° 752.

2. La Taxe sur la valeur ajoutée

355. La divergence du cadre normatif. La TVA est une taxe qui frappe les prestations réalisées et les opérations de vente[871] conclues par le débiteur placé en cessation des paiements. Cette créance permet à l'Administration fiscale de recouvrer un rendement très important[872], car elle se base sur le mécanisme de la déduction : le débiteur « *calcule la taxe sur le prix des biens et services vendus et déduit la taxe qui a grevé les éléments achetés* »[873]. Cela dit, cette efficacité dépend largement de son fait générateur, lequel change suivant le régime des débits ou le régime des encaissements. Pour ce qui est du régime de l'encaissement, si le droit français et le droit camerounais fixent le fait générateur de la TVA à la date de la livraison du bien ou de la réalisation de la prestation ou des travaux immobiliers[874], le CGI au Maroc prévoit que le fait générateur « *est constitué par l'encaissement total ou partiel du prix des marchandises, des travaux ou des services* »[875]. La divergence du cadre normatif tient au fait qu'on peut livrer un bien à une date et que l'encaissement du prix a lieu à une autre date.

356. Cette divergence mise à part, la TVA relative à la créance sur le client non encore encaissée à la date du prononcé du redressement judiciaire, est-elle une créance antérieure ou une créance postérieure à la procédure ? Dans le contexte marocain, nous pouvons estimer qu'elle est une créance postérieure. Tant que la TVA sur le client n'est pas encore encaissée à la date du jugement d'ouverture, son fait générateur n'est pas encore enclenché. Dans cette hypothèse, l'encaissement ne pourra avoir lieu qu'après. S'il intervient pendant que la période de la préparation de la solution a lieu, la TVA doit être qualifiée de postérieure. Ceci dit, il arrive

---

[871]Mohamed KESRAOUI, *Gestion fiscale de l'entreprise marocaine, conseils et pratiques*, Éd., Cabinet Kesraoui, 2003, p. 101.
[872] Mohamed KESRAOUI, *op. cit.*, p. 101, *ibid.*
[873]*Ibidem.*
[874] CGI, Cameroun, art. 133 ; CGI, France, art. 256 ; Michel DI MARTINO, « TVA sur encaissements et procédures collectives », *RF compt.* mai 2015, n° 487, p. 7.
[875]CGI, Maroc, 2017, al. 1, art. 95. V. Abdelhaq BOUQBICH, *op. cit.*, p. 214.

souvent que la TVA ne soit pas payée du tout, surtout en liquidation judiciaire.

357. Ce sont donc les régimes principaux de la fixation de la date de naissance de la TVA[876]. Mais, au regard de la pratique, le régime de l'encaissement reste largement applicable au Maroc par les entreprises y compris par celles placées en état de cessation des paiements.

358. L'inadéquation à l'analyse économique du droit. Si la divergence des cadres normatifs en la matière se révèle évidente, l'adéquation à l'analyse économique doit être un objectif commun. D'où la question de savoir dans quelle mesure la fixation du fait générateur de la TVA est neutre au regard de l'analyse économique du droit de l'insolvabilité en Afrique ? Optimales en apparence, les règles juridiques précédentes confrontées à la pratique judiciaire se révèlent pourtant délaissées. C'est sans doute au niveau du régime de l'encaissement que l'on perçoit cette ambiguïté. En réalité, il est difficile de comprendre que le traitement du fait générateur de la TVA ne se fait pas au cas par cas. Pour préciser, le juge commercial au Maroc ne se réfère pas à l'origine de la TVA, c'est-à-dire à une date précise correspondant à un quelconque encaissement du prix. En revanche, il compte sur la date de l'exigibilité[877] des créances de TVA figurant sur l'extrait du rôle[878]. A cette difficulté s'ajoute une autre : la jurisprudence retient la date de la décision émanant des commissions de recours fiscal[879] dans l'hypothèse où les créances de TVA font l'objet de la procédure du contrôle fiscal. Qu'en est-il des droits d'enregistrement et des sanctions pécuniaires ?

---

[876] Sur la livraison à soi-même, *Cf. infra* n° 754.

[877] Hayat HAJJI, « Le privilège du Trésor public face aux procédures des difficultés de l'entreprise », art. préc., p. 57.

[878] V. Une illustration judiciaire de la cour d'appel de commerce de Marrakech, *infra* n° 745.

[879] V. Une illustration judiciaire du Tribunal du commerce de Marrakech, *infra* n° 746.

3. Des droits d'enregistrement aux sanctions pécuniaires

359. Présentation. Il est instructif de déterminer respectivement le fait générateur des droits d'enregistrement et celui des sanctions pécuniaires.

360. Droits d'enregistrement. Pour les droits d'enregistrement, il est admis que les actes et les décisions judiciaires portant mutation de propriété de biens immeubles et de biens meubles sont soumis aux droits d'enregistrement en application des règles générales[880]. Le fait générateur est enclenché par la date du transfert de propriété et de jouissance[881]. Ainsi, si la date de l'acte de mutation est postérieure à l'ouverture de la procédure collective, il y a naissance d'une dette fiscale privilégiée[882].

361. La neutralité au regard de l'analyse économique. Si le dispositif légal est clair en la matière, le critère chronologique suscite dans certains cas des difficultés délicates[883]. Nous ne pouvons mieux citer que le cas du non-respect par le débiteur « *d'un engagement fiscal* »[884]. L'arrêt *Espaces fonciers* rendu par la Haute juridiction française le 22 mars 2011 en est un exemple clair. Les faits de l'affaire revêtent une grande importance pour notre démonstration. C'est pourquoi, ils doivent être rappelés. Une société a acquis un programme immobilier le 22 décembre 1992. Pour se prévaloir de l'exonération des droits d'enregistrement instituée par l'article 1015 du Code général des impôts[885], elle s'est engagée à le revendre dans le délai de 4 ans. Chose qu'elle n'a pas faite. La raison pour laquelle l'Administration

---

880 Bernard SOINNE, *Traité théorique et pratique des procédures collectives*, *op. cit.*, n° 525, p. 452.

881 Célia CAVALIER, « Le paiement des créances fiscales dans le droit des procédures collectives », art. préc., n° 13.

882 Yvon GUILLOU, « Fait générateur, origine, exigibilité de l'impôt dans les procédures collectives », art. préc.,

883 Bernard HATOUX, « L'incidence des procédures collectives sur le recouvrement des impôts », art. préc., p. 87.

884 Gilles DEDEURWAERDER, « Le fait générateur de l'impôt en cas de non-respect par le contribuable d'un engagement fiscal », *Bull. Joly Entrep. Diff.*, 2012.

885 CGI, France, art. 1115 (modifié par Décret n°2011-645 du 9 juin 2011 - art. 1).

fiscale lui a notifié un redressement fiscal pour les droits d'enregistrement qui n'ont pas été payés. Dans ces conditions, quelle est la qualification juridique de la créance fiscale due au titre des droits d'enregistrement ? Faut-il retenir la date de départ qui correspond au jour où l'acte de mutation a été signé ou bien le jour de la violation[886] de l'entité économique à son engagement ? Affirmons au passage qu'il n'est pas exclu que ce cas tiré de la jurisprudence française puisse se reproduire en Afrique. Certes, le droit marocain ne consacre pas cette exonération fiscale. Mais, cette situation est reprise par la législation interne au Cameroun – qui est un membre de l'OHADA-. Ainsi, à s'en tenir à l'article 546 du Code général des impôts :

> « […] sont enregistrés gratis : […] Les actes et jugements portant mutations des propriétés d'immeubles et de droits immobiliers passés au profit des banques, des établissements de crédit et de micro finance, à l'occasion de la réalisation de leurs hypothèques sous réserve que :
>
> - l'engagement de revendre l'immeuble soit pris par la banque dans l'acte d'adjudication ou dans un acte séparé ;
>
> - la revente effective intervienne dans un délai de cinq (5) ans ».

Pour revenir à l'arrêt, notons que la réponse à cette question a divisé les juges du fond et les juges de cassation. Sachant que la procédure est ouverte le 23 septembre 1998 et bien que l'acte de mutation soit signé près de 6 ans plus tôt, la cour d'appel de Nîmes[887] a pu décider que la créance fiscale relative aux droits d'enregistrement n'a pas à être dévoilée dans le passif de la procédure du redressement judiciaire. Selon les juges nîmois, le fait générateur de cette créance est l'expiration du délai de 4 ans, combiné à la prorogation légale soit le 31 décembre 1998. Dès lors, il s'agit, d'après eux, d'une créance postérieure[888]. Mais, cette logique n'a pas été

---

[886] Pierre-Michel LE CORRE, « La discussion sur la nature de créance postérieure éligible au traitement préférentiel », *Gaz. Pal.* 16 avr. 2019, n° 351, p. 49.
[887]CA Nîmes, 1re ch. civ., sect. B, 2 févr. 2010 n° 05/02639.
[888] CA Aix-en-Provence, 1re ch., sect. A, arrêt, 7 sept. 2010, n° 09/13346, 2010/397, D. c/ E.

reprise par la Cour de cassation[889]. Estimant que les magistrats de Nîmes ont violé les articles 1015 du CGI, L. 621-43[890] et L. 621-46[891] du Code de commerce, la Cour de cassation défend que la date de naissance qu'il faut retenir en l'espèce est celle qui coïncide avec la date de l'acte de mutation. De la sorte, comme l'acte de mutation est signé en 1992, la créance fiscale relative aux droits d'enregistrement est qualifiée de créance antérieure. De tous les commentaires doctrinaux de cet arrêt[892], une note s'avère comme étant la réflexion qui a le mieux expliqué la neutralité du fait générateur des droits d'enregistrement en la matière. L'auteur de la note a pu écrire à ce sujet :

> « Le non-respect de l'engagement de revente de l'immeuble dans les cinq ans entraîne la déchéance de l'exonération de droits d'enregistrement dus à l'occasion de son achat par le marchand de biens. Le manquement à l'engagement a alors pour effet de rendre exigible cette imposition primitivement exonérée, en sorte que la créance fiscale qui en résulte doit être considérée comme née depuis l'intervention de son fait générateur, en l'occurrence l'achat de l'immeuble »[893].

Au soutien de cet éclairage, nous nous rangeons à l'estimation de la Cour de cassation française et pensons que le juge camerounais ferait bien de la reprendre, car outre le fait qu'elle protège le Trésor, cette solution reste neutre au regard des autres objectifs poursuivis par le droit des procédures collectives[894].

362. L'impartialité du fait générateur des sanctions pécuniaires au regard de l'analyse économique. S'agissant de la créance fiscale qui affiche un caractère de sanction pécuniaire, sa date de naissance est enclenchée par la date du

---

[889]Cass. com., France, 22 mars 2011, n° 10-16.822, D, SARL Espaces fonciers c/ d'A., ès qual. : JurisData n° 2011-004389

[890]C. com. France, art. L 621-43.

[891]C. com. France, art. L 621- 46.

[892]Olivier DEBAT, « L'inobservation d'un engagement fiscal ne constitue pas un fait générateur autonome du droit de mutation », note sous le même arrêt, in *revue fiscale du patrimoine* n° 12, déc. 2011, comm. 61.

[893] Gilles DEDEURWAERDER, « Le fait générateur de l'impôt en cas de non-respect par le contribuable d'un engagement fiscal », Bull. *Joly Entre.diff.* 01 jan 2012 n° 01 p. 47

[894] Florence REILLE, « Fait générateur et utilité des créances publiques », *rev. proc. coll.*, juill. 2019, doss. 29, n° 8.

prononcé de la décision de l'autorité habilitée à prononcer de sanction pareille[895]. Dans cette perspective, dénotant d'une remarquable ponctualité, le fait générateur des sanctions pécuniaires se conforme à l'analyse économique. Est-ce que c'est aussi le cas pour les impositions nées au premier janvier ?

4. Les impositions nées au 1 janvier

363. L'on sera amené, à ce niveau, à déterminer différemment les faits générateurs de la taxe professionnelle et de la taxe foncière.

364. La taxe professionnelle. Pour la taxe professionnelle[896], il faut mentionner qu'elle est, au Maroc, le résultat de la réforme de la patente[897]. Le principe de l'annualité de la patente implique que cette taxe tient compte de la situation du débiteur au début de l'année[898]. Ainsi, selon l'article 13 de la loi marocaine n° 1- 61 – 442, l'impôt des patentes est établi et dû pour l'année entière à raison des faits existants au mois de janvier. La même logique est reprise par l'article C 18 du Code général des impôts au Cameroun[899].

365. La taxe foncière. En ce qui concerne la taxe foncière, cette créance fiscale frappe généralement le débiteur en raison du fait qu'il est propriétaire d'un immeuble destiné à l'exploitation de l'activité de l'entreprise. Dans le contexte marocain, on parle de la Taxe urbaine. A s'en tenir à l'article 1 de la loi n° 89-37, il ressort qu'elle porte annuellement sur « [...] *les immeubles bâtis affectés, par leurs propriétaires, à une activité professionnelle ou à toute forme d'exploitation* [...] ». La solution est identique en droit fiscal interne au Cameroun en ce que la date de naissance, « est *constitué[e] par la propriété de droit ou de fait d'un immeuble ». «* [Elle

---

[895] Cass. com., France, 14 jan. 2004, n° 01-10.107, *Lamyline*.
[896] Abdelhaq BOUQBICH, *La continuité de l'activité de l'entreprise soumise au redressement judiciaire,* (en langue arabe) Dar Es-Salam. Ed., 2007, p. 212.
[897] Mohamed NMILI, *Les impôts au Maroc, techniques et procédures*, *op. cit.*, p. 404.
[898] Mohamed NMILI, *op. cit.,* p. 417.
[899] CGI, Cameroun, 2017, art. C 18.

est] *exigible le premier janvier de l'année d'imposition* »[900], ajoute l'article 579 du CGI du Cameroun. Dans un tel cadre, un auteur en a pu déduire que « *l'année du jugement d'ouverture, la taxe foncière sera nécessairement une créance antérieure, à déclarer en intégralité au passif. La taxe foncière ne pourra être considérée comme une créance postérieure au jugement d'ouverture que l'année N+1 par rapport à celle du jugement d'ouverture* »[901]. Ainsi, si une procédure de redressement judiciaire est ouverte à l'encontre d'une PME le 31 janvier 2019, la taxe foncière, née le premier janvier 2019, est déclarée en totalité au passif de la procédure. En application du seul critère temporel, la taxe foncière ou la taxe urbaine ne doit être éligible au traitement de faveur que si elle naît après la décision d'ouverture de la procédure. Dictée par une interprétation littérale des textes susvisés, la solution écarte sans raison les mensualités inhérentes à la procédure collective ; c'est-à-dire la période allant du 1 février au 30 décembre 2019. Mais, en revenant à l'exemple cité là-haut, l'on peut se demander si la taxe foncière de 2019 pouvait être découpée en deux fractions [902] ? De la sorte, les mensualités qui s'étalent du premier février au 30 décembre 2019 seront privilégiées. Une autre question persiste : si l'immeuble n'est pas destiné à l'activité professionnelle de l'entreprise, y a-t-il de raison que la taxe la frappant soit privilégiée[903] ?

366. Fondée sur une obligation légale, la créance fiscale est-elle aussi soumise au critère organique ?

B. La créance fiscale face au critère organique

367. Généralités. Le deuxième critère a trait à la régularité de la créance. Il est appelé autrement le critère organique. En effet, à la lecture de l'article 590 du Code de commerce marocain et de l'article 117 du nouvel AUPC, il ressort que pour accéder au rang des créances privilégiées, la créance née

---

900 CGI, Cameroun, art. 579.

901 Pierre-Michel LE CORRE, « La taxe foncière, une créance postérieure méritante ? », *Gaz. Pal.*, Ed., n° 288 à 289, 2010, p.12.

902 Cf. *infra* n° 760.

903 Pierre-Michel LE CORRE, « La Taxe foncière, une créance postérieure méritante ? », art. préc., p. 12. Cf. *infra* n° 761.

après le jugement d'ouverture doit être régulière. En pratique, ce critère suppose que la créance postérieure soit née en conformité avec les règles guidant les pouvoirs du syndic et ceux du débiteur[904] durant la période de la préparation de la solution. Régulièrement réaffirmée, la jurisprudence de la cour d'appel de commerce de Fès [905] est venue pour rappeler que : « […] *Pour qu'une créance ait la priorité prévue à l'article 575 du Code de commerce* [de 1996], *il faut [...] qu'elle fut née régulièrement* […] ».

368. La régularité de la créance fiscale tirée de l'obligation légale. Si l'on quitte la sphère du caractère général de ce critère au terrain de son application à la créance fiscale, on trouve que la question est discutée en doctrine. Sachant que la régularité de la créance fiscale est tirée de son obligation légale, toute la question est de savoir est-ce que le critère organique s'impose aussi pour la créance d'impôt ? Ou au contraire, cette créance publique n'a pas à être comparée aux autres créances privées dans la mesure où la régularité de l'imposition découle seulement des règles obligatoires établies par le droit fiscal ? Autant l'AUPC révisé que le Code de commerce au Maroc n'apporte une réponse claire à cette question. Seule la doctrine française semble donner une piste de réflexion. Ceci dit, la réponse à cette question a divisé les auteurs. Pour certains, le critère organique ne peut pas s'appliquer à l'Administration fiscale dans la mesure où la créance d'impôt est réputée naître régulièrement[906] du fait qu'elle est la résultante stricte de la loi fiscale[907]. Une autre partie de la doctrine[908] a pu faire valoir l'opinion inverse : la généralité des termes de l'article 117 de l'AUPC et de l'article 590 du Code de commerce conduit à nuancer ce

[904] Françoise PEROCHON, « Les créanciers postérieurs et la réforme du 26 juillet 2005 », *Gaz. Pal.,* 8 sept. 2005, n° 251, n° 13 à 15.
[905] CA., com, Fès, n° 58, 06 oct. 2004, doss. 84/03.
[906] Pierre-Michel LE CORRE, « La Taxe foncière, une créance postérieure méritante ? », art. préc., p. 12-13.
[907] Patrick SERLOOTEN, *La défaillance d'entreprise, aspects fiscaux, op. cit.*, n° 307, p. 116.
[908]Omar ESSAKTANI, « La situation des créances d'impôts après l'ouverture des procédures des difficultés de l'entreprise », art. préc.,p. 120; Michel DOUAY, « Créance de taxe foncière et procédures collectives », note sous cass. com., France, 14 oct. 2014, n° 13-24.555, FS-P+B, *Sté Odile Stutz*, in *Droit fiscal,* n° 50, 11 déc. 2014, comm. 689, n° 5.

raisonnement. C'est une nuance raisonnablement inspirée de l'adage juridique « *il n'y a pas à distinguer là où la loi ne distingue pas* »[909]. Dans cet esprit, tant que les articles 590 et 117 susvisés sont applicables à toutes les créances, les créances fiscales y sont aussi soumises. Par la suite, elles doivent, elles aussi, remplir le critère inhérent à la régularité. Il faut citer ici une auteure française qui a sans doute exprimé le plus clairement possible la seconde opinion : « [...] *le fait d'affirmer [la] singularité [des créances fiscales] lors de la mise en œuvre de ce[s] critère[s] conduit à des solutions inappropriées* »[910]. Par prudence, nous ne pouvons que rejoindre les auteurs du second courant doctrinal, car c'est une thèse qui, tout en ne négligeant pas les droits du Fisc, reste en même temps cohérente au regard du redressement de l'entreprise. En ce sens, faire privilégier des créances fiscales irrégulières est de nature à gonfler le passif postérieur, chose qui n'est pas bien pour le redressement des entités économiques. En outre, c'est une thèse tout à fait logique où la créance fiscale, malgré son fondement tiré de son obligation légale, se retrouve sur la même lignée que tous les créanciers postérieurs de l'entreprise. Bien que située en dehors du cadre collectif, l'Administration fiscale doit céder, par souci de transparence, devant le principe de l'égalité des créanciers. En définitive, après avoir rempli le critère chronologique, la créance fiscale postérieure doit aussi se conformer au critère de la régularité.

369. La créance fiscale est soumise au critère organique. Si l'application de ce critère aux créances fiscales semble être délaissée par la doctrine au Maroc et dans l'espace OHADA, le constat dressé par une auteure marocaine apporte un élément décisif de la réponse : « *Le Trésor intervient pour les différentes impositions qui se rattachent à la poursuite de l'activité et dont le fait générateur est postérieur au jugement déclaratif* »[911]. En effet, si l'activité est poursuivie spécialement pendant la période de la préparation de la

---

[909] Patrick SERLOOTEN, *La défaillance d'entreprise, aspects fiscaux, op. cit.*,n°307,p.116,*ibid.*

[910] Célia CAVALIER, « Le paiement des créances fiscales dans le droit des procédures collectives », art. préc., n° 4.
[911] Hassania CHERKAOUI, *op. cit.*,p. 287.

solution, l'opération économique qui génère la créance fiscale, ne peut être qualifiée d'opération régulière [912] que si elle est entreprise soit par le syndic, soit par le débiteur conformément aux règles régissant la répartition des compétences[913]. L'un comme l'autre doit donc se conformer aux règles prévues à son encontre en matière de gestion pendant que soit fait le diagnostic de l'entreprise. Si cette condition est respectée, le créancier fiscal semble répondre au critère de la régularité tel qu'il est institué par la loi. Pas de meilleure illustration que de citer l'exemple tiré de l'application de la TVA. Dans cette optique, la TVA afférente à des opérations économiques régulières est inéluctablement éligible au traitement préférentiel. Il s'agit du cas du débiteur placé en redressement judiciaire qui passe un contrat de vente des marchandises produites par l'entreprise. C'est un acte régulier générateur d'une créance de TVA[914]. De ce point de vue, la créance d'impôt due au titre de la TVA est privilégiée. Le raisonnement implique à investiguer maintenant le cas contraire, celui des créances fiscales irrégulières. A cet égard, l'on doit beaucoup à la doctrine[915] d'avoir jeté un regard sur cette hypothèse. Prenant le dessaisissement comme le principe du départ[916], un auteur a pu soutenir que le critère de la régularité « *doit s'apprécier par rapport à l'interdit* »[917]. Si donc, après la constatation de la cessation des paiements, le débiteur a procédé à la vente d'un bien immeuble appartenant à l'entreprise, la créance de TVA qui en résulte ne peut être qualifiée de créance postérieure méritante[918], car portant préjudice aux intérêts des créanciers, étant annulée de plein droit, l'opération de vente ne peut pas être régulière[919]. On le voit, le critère organique ne peut se réaliser ici. Dans cette

---

[912] Hayat HAJJI, « Le privilège du Trésor public face aux procédures des difficultés de l'entreprise », art. préc., p. 57.
[913]C. com. Maroc, L. n° 73-17, art. 592.
[914]Evelyne DROIN, *Les personnes morales du droit public dans les procédures collectives,* Thèse, Paris Dauphine, p. 344.
[915]Mohamed ELFROUJI, *op. cit.,* p. 164.
[916]Ghizlane HAMIDI, Condition des créanciers après l'ouverture de la procédure de redressement, art. préc., p. 216.
[917]Harouna SALEY SIDIBÉ, Thèse préc., n° 181, p. 91.
[918]Mohamed EL FROUJI, « La condition des créanciers dont les créances sont postérieures au jugement arrêtant l'ouverture de la procédure de redressement judiciaire », *Revue Marocaine du droit des affaires et des entreprise,* n° 2, mai 2003, p. 12.
[919]C. com. Maroc, L. n° 73-17, art. 715.

perspective, bien que la TVA remplisse le critère chronologique, son fait générateur ne peut en aucune manière prendre naissance.

370. Perspectives d'évolution. Étant précisé, le fait générateur change en fonction de l'impôt. La postériorité du fait générateur de la créance fiscale par rapport au prononcé du jugement d'ouverture et son caractère régulier sont primordiaux pour accéder au traitement de faveur. En application du régime des créances postérieures aux créances fiscales, se profilent deux catégories de solutions : une solution qui, tout en protégeant le Trésor, reste neutre au regard de l'analyse économique. La raison tient à la ponctualité du fait générateur. On peut penser aux droits d'enregistrement et aux sanctions pécuniaires. Compte tenu de l'influence exercée par le droit fiscal français sur les régimes fiscaux internes de la plupart des États de l'Afrique, les juges en Afrique seront fondés à s'inspirer des solutions arrêtées par les tribunaux français en la matière. La seconde solution qui serait de nature à préserver outre mesure les droits de l'Administration fiscale, se dresse comme étant un obstacle au redressement des entreprises. L'IS est cité comme une illustration idoine en la matière. Compte tenu de ce constat, l'on serait tenté de croire que les deux critères susvisés ne sont plus adaptés à la situation d'une entreprise qui aspire à son redressement judiciaire. Pour bien cerner les impôts privilégiés, ne conviendrait-il pas d'ajouter d'autres critères qui tiennent compte de la condition de l'opérateur économique privé en difficulté et du principe de l'annualité de l'impôt [920] ?

371. Une fois ces critères remplis, le Trésor pourra prétendre à la mise en œuvre du régime du traitement préférentiel en sa faveur. Cette mise en œuvre reste cependant incertaine au niveau pratique.

Section 2. Une mise en œuvre incertaine

372. La mise en œuvre du régime du traitement préférentiel est incertaine. En effet, le paiement à l'échéance et son

---

[920] Sur cette question, cf. *infra* n° 761.

corollaire le recouvrement forcé des créances d'impôts restent hypothétiques dès lors que les fonds sont souvent insuffisants ou inexistants. Cette situation ouvre la voie au paiement par priorité dont la mise en œuvre n'est fortement critiquable qu'au niveau du classement des créanciers postérieurs. Après avoir évoqué l'attractivité conditionnée **(§ 1)** et traduite par les prérogatives consacrées en faveur du créancier fiscal postérieur, nous serons conduits à aborder la problématique inhérente à la pluralité du classement **(§ 2)** du Trésor au sein des autres créanciers postérieurs.

§ 1. Une attractivité conditionnée

373. L'analyse de la nature de la créance fiscale postérieure ou contre la masse conduit à affirmer qu'elle est une créance spéciale. Si les créances fiscales antérieures sont sujettes à de nombreuses restrictions, le recouvrement des créances fiscales privilégiées se fait selon les règles du droit commun. Consacrées par le cadre normatif, rappelées par la jurisprudence[921], les règles de faveur permettent aux créances fiscales de bénéficier de prérogatives séduisantes. Reste que cette situation est conditionnée par l'existence des fonds.

374. Une caractéristique essentielle. La principale des garanties est le paiement à l'échéance. Instituée expressément par le nouvel article 590 du nouveau Code de commerce marocain, étrangement occultée par l'article 117 de l'AUPC révisé[922], la règle du paiement à l'échéance est une importante référence du cadre extra- collectif[923]. Les créanciers postérieurs au rang desquels figure l'Administration fiscale doivent s'y référer, car à partir du moment où les fonds existent, l'échéance des créances est le critère que les organes de la procédure doivent retenir pour payer tel ou tel créancier. Le Trésor, comme tout autre créancier postérieur, est donc en

[921] CA. Marrakech, n° 1238, 03 juill. 2012, doss. com. n° 11 / 06 / 1759.
[922] En droit OHADA, l'impact du classement non attractif des créanciers contre la masse sur le financement de l'entreprise sous cessation de paiements est évident. Sur cette question, V. AUPC révisé, art. 166 et 167.
[923] Bernard LAGARDE, « Le Trésor public : un créancier comme les autres », *Gaz. Pal.* 10 sept. 2005, n° 253, p. 33.

droit de demander le recouvrement de sa créance quand elle devient échue[924].

375. Conséquences subsidiaires. En réalité, le paiement à l'échéance n'est pas la seule garantie à être citée dans un tel cadre. D'autres conséquences s'en suivent. « *Soins attentifs* »[925], ces garanties viennent consolider la condition juridique du Trésor et des autres créanciers postérieurs. Ainsi, les percepteurs estiment avec raison, parfois appuyés par les enseignements de la doctrine[926] et les solutions de la jurisprudence[927], que les créances d'impôts privilégiées échappent aux sacrifices normatifs régissant l'ordre collectif. En toute logique, si la créance postérieure sort du traitement collectif, toutes les restrictions se retrouvent ici inapplicables. Vu sous ce prisme, plus question ici de la restriction qui interdit le débiteur de payer les dettes fiscales antérieures. En plus, le Percepteur n'a donc pas à se mettre en peine de dévoiler la créance fiscale privilégiée[928]. Et s'il le fait, le juge-commissaire, à son tour, n'aura pas à la faire introduire dans le plan de continuation ou le concordat de redressement ou encore dans le projet de la répartition des deniers issus de la réalisation de l'actif de l'entreprise en cas de liquidation judiciaire. De même, les intérêts générés par le paiement tardif des impôts postérieurs suivent leurs cours. Sur ce point, l'Administration fiscale est en droit de se prévaloir de tous genres d'intérêts : les intérêts légaux, les intérêts de retard, ou encore les majorations[929]. Dans le même ordre des mesures qui sous-tendent ce traitement préférentiel, le Trésor est fondé dans le contexte OHADA à inscrire le privilège attaché à l'impôt contre la masse dont le

---

[924] Célia CAVALIER, « Le paiement des créances fiscales dans le droit des procédures collectives », art. préc., n° 21.

[925] Pierre-Michel LE CORRE, « Premiers regards sur la loi de sauvegarde des entreprises (L. n° 2005 - 845 du 26 juillet 2005) », *Dalloz,* 2005, supplément n° 33, p. 2312, n° 44.

[926] Karim AIT BELLA, *op. cit.,*p. 103.

[927] C.A. Marrakech, n° 1238, 03 juil. 2012, doss. 1759-6-11 (arrêt précité).

[928] Cass. com., Maroc, n° 1588, 03 déc. 2008, doss. com. 961 / 3 / 2 / 2005 ; CA.com, Casablanca, n°1428 / 2013, 12 mars. 2013, doss. 11 / 2012 / 3546.

[929] Mohamed EL FROUJI, *La situation des créanciers dans les procédures des difficultés des entreprises, étude analytique critique à la lumière du droit marocain et du droit comparé*, (En langue arabe), coll. études juridiques approfondies, 1ère éd., Najah El Jadida, 2006, p. 28.

montant devance la somme fixée légalement pour l'exécution provisoire des décisions judiciaires dans les États parties à l'OHADA. Enfin, ces créances privilégiées ne sont pas soumises à de nouveaux délais de paiement. Elles ne peuvent pas non plus faire l'objet d'une demande de remise de dettes, comme c'est le cas des créances fiscales antérieures[930]. Au total, les effets du paiement à l'échéance peuvent être résumés de manière assez simple : on ramène le Trésor à l'avant ouverture de la procédure collective, période marquée par l'application des règles du droit commun fixées par le Code de recouvrement des créances publiques au Maroc et l'Acte uniforme relatif au recouvrement et aux voies d'exécution dans l'espace OHADA. Mais, en dépit de toutes ces prérogatives séduisantes, la pratique nous enseigne que le régime des créances fiscales postérieures reste parfois dépourvu de portée pratique, car faut-il le rappeler, la question tient au manque des fonds[931]. Pour cette dernière raison, une des principales raisons du régime des créances postérieures implique que si le paiement à l'échéance ne peut pas recevoir application, le Trésor - comme tout autre créancier postérieur - peut initier des poursuites individuelles à l'encontre du redevable[932], y compris le recouvrement forcé. Reste que l'effectivité du recouvrement forcé des créances d'impôts n'est pas non plus une chose « *absolu*[e] »[933]. Parfois, cette situation donne lieu au paiement par priorité. Ce constat devait nous conduire à rechercher à quel rang est positionné le Trésor à l'effet du paiement.

§ 2. Pluralité du classement

376. Un classement dans le classement. Quelle est la position du Trésor parmi les créanciers postérieurs ? Que penser du rang du Trésor se retrouvant en concours sur les

---

[930]Hayat HAJJI, « Le privilège du Trésor public face aux procédures des difficultés de l'entreprise », art. préc., 58.
[931] CRCP, Maroc, al. 2, art. 29.
[932] Sur cette question, Cf. *infra* n° 424 - 426.
[933]Célia CAVALIER, art. préc., n° 20. Sur cette question, cf. *infra* n° 428.

mêmes biens avec d'autres créanciers postérieurs [934] ? Rien n'est moins sûr à la lecture des deux lois africaines des procédures collectives. En effet, contrairement au droit français[935], le Code de commerce au Maroc de 1996 n'instaure pas un ordre de paiement permettant de classer clairement les créanciers postérieurs. Un pas timide est franchi par le législateur marocain de 2018 : l'œuvre législative entreprise par la nouvelle loi n° 73-17 se contente d'affirmer qu'en cas de concurrence, les créanciers postérieurs privilégiés sont payés suivant les textes de lois en vigueur[936]. L'emploi du pluriel est suffisant pour caractériser les difficultés rencontrées à ce niveau, car les textes de loi qui s'attaquent au classement des créanciers sont très nombreux. Du coup, la portée de cette règle est à relativiser. Dans cette perspective, la situation des créanciers postérieurs suscite un embarras qui, du point de vue de l'analyse économique, est gênant. Cette analyse n'est pas sans rappeler celle d'un auteur burkinabé qui, critiquant l'AUPC de 1998, a pu faire observer que tout système des entreprises en difficulté ne peut être jugé efficace qu'à partir du moment où il établit un ordre précis des créances garanties et celles non garanties[937]. Malgré cette analyse pertinente, cette critique n'a pas trouvé une oreille attentive auprès du législateur OHADA de 2015. D'après les articles 166 et 167 de l'AUPC -le nouveau comme l'ancien-, comme tout autre créancier contre la masse, le créancier fiscal est toujours classé en cinquième position quand il s'agit de distribuer le produit de la vente des biens meubles et en septième position lors de la distribution du produit des biens immeubles vendus. Au-delà de cette position défavorable réservée aux créanciers fiscaux et non fiscaux, qu'en est-il du classement que les organes de la procédure doivent suivre pour payer les seuls créanciers contre la masse ? Plus aucune réponse n'est trouvée dans l'AUPC.

377. Quel que soit le régime juridique considéré, le vide est si flagrant qu'on ne peut pas savoir précisément le rang du

---

[934] G. RIPERT et R. ROBLOT par P. DELEBECQUE et M. GERMAIN, *op. cit.*, n° 3066, p. 1000.

[935] Célia CAVALIER, art. préc., n° 22.

[936]C. com, L. n° 73-17, Maroc, al. 3, art. 590.

[937]Filiga Michel SAWADOGO, « Les procédures de prévention dans l'AUPC révisé : la conciliation et le règlement préventif », art. préc.,

Trésor lorsqu' il figure parmi les seuls créanciers postérieurs. Heureusement, « le silence » du législateur marocain de 1996 et l'hésitation de son successeur de 2018 sont venus alimenter les réflexions doctrinales et conduire la Cour de cassation à contribuer à apporter une solution.

378. Les solutions de la doctrine. Si cette question est occultée par le cadre normatif, elle est au cœur de la pensée d'une partie de la doctrine au Maroc. Ainsi, l'on doit à quelques auteurs[938] d'avoir tenté de combler le vide juridique en la matière par quatre solutions pratiques. Une première solution consiste à se référer au jour correspondant à la date d'échéance de la créance[939]. Autrement dit, les créanciers ne peuvent être ordonnés qu'au regard de la date d'échéance de leurs créances. Dès lors que la créance d'impôt est venue à échéance, elle doit être honorée. La même solution est applicable à la créance bancaire, à la créance sociale, et autres créances. Si une créance fiscale et une créance bancaire - citée à titre d'exemple - sont exigibles à une date identique, une deuxième solution doctrinale consiste à se référer aux règles du droit commun relatives aux privilèges accordés à chacun de ces deux créanciers sur les immeubles et les meubles du débiteur. Dès lors, il faut opérer un paiement suivant le rang de chacune de ces deux créances. Que faire si une créance fiscale et une autre créance ont la même date d'échéance et sont dans le même rang ? Cette situation peut se rencontrer en cas de double créance fiscale et douanière. Dans cette hypothèse, une troisième solution[940] recommande d'appliquer l'article 1245 du Code des obligations et contrats : « *Les créanciers privilégiés qui sont dans le même rang sont payés par concurrence* »[941]. Mais, pour séduisante qu'elle puisse paraître, cette solution est loin de répondre à tous les conflits qui puissent surgir si les créanciers postérieurs passent à

---

[938]Mohamed EL FROUJI, « La condition des créanciers dont les créances sont postérieures au jugement arrêtant l'ouverture de la procédure du redressement judiciaire », *Revue marocaine du droit des affaires et des entreprises,* n° 2, mai 2003, p. 15.

[939] Abdeljalil EL HAMMOUMI, *Droit des difficultés... op. cit.,* p. 100, n° 39-5-3.

[940]Mohamed EL FROUJI, « La condition des créanciers dont les créances sont postérieures au jugement arrêtant l'ouverture de la procédure du redressement judiciaire », art. préc., p. 169.

[941] D.O.C, Maroc, art. 1245.

l'exécution forcée, et surtout s'ils franchissent l'étape de la vente des biens du débiteur. En ce sens, se présente un cas de figure particulier qui peut être illustré de la sorte : l'un ou plusieurs créanciers postérieurs se pourvoient, en plus du privilège posé par les articles 117 et 590 précités, d'une hypothèque ou d'un nantissement sur des biens appartenant à l'entreprise. Dans cette perspective, une éventuelle contestation peut opposer le Trésor aux créanciers susvisés et surtout l'établissement du crédit. Devant le silence des textes de loi, quelques auteurs ont été amenés à établir une quatrième solution : c'est la stricte référence aux autres garanties attachées aux créances postérieures. Pour ces auteurs, si jamais la banque, créancier postérieur, se pourvoit d'une hypothèque sur un bien immobilier appartenant à l'entreprise, elle aura droit à « *un droit de préférence sur le prix de vente du bien qui en est grevé* »[942]. Le produit de la vente restant sera réparti entre le Trésor et les autres créanciers postérieurs au marc le franc. Compte tenu de la faiblesse souvent constatée du produit de la vente, il s'ensuit que cette solution est de nature à ne pas bien protéger le Trésor. En pratique, soit le Fisc reçoit un paiement dérisoire[943] ; soit il ne recouvre plus rien[944].

379. Les enseignements de la jurisprudence. L'imaginaire des spécialistes des procédures collectives n'a pas pu frapper toutes les situations de fait. C'est que malgré les solutions doctrinales susmentionnées, de nombreuses questions restent en suspens, notamment en cas de l'insuffisance ou de l'inexistence des fonds. En effet, le classement des créanciers postérieurs n'a pas encore révélé tous ses secrets, et ce, bien que les juridictions tentent, directement ou indirectement, de temps à autre, de lever le voile sur cette question. Ainsi, l'arrêt *Atlantic Danchois Sata* rendu par la Cour de cassation marocaine en 2009 en est un exemple. Les faits qui servent notre démonstration peuvent se résumer à la naissance régulière des créances publiques et privées après l'ouverture de la liquidation judiciaire. L'embarras résulte de l'absence d'argent liquide pour les honorer à temps. Pour trouver une

---

942 Abdeljalil EL HAMMOUMI, *op. cit.*, p. 100.
943 Trib. com., Rabat, ord., 16 mai 2008, doss., 65/ 21/ 2008, (ord. préc.,).
944 Trib. com., Casablanca, ord. n° 773 / 2013, 6 août 2013, doss. Com, 185 / 19 / 2012, *affaire Somacof précitée.*

solution à cette question, la Haute juridiction marocaine[945] n'a pas pu faire autre chose que de se référer à un mécanisme traditionnel du cadre collectif : la répartition du produit de la vente de l'actif liquidé. L'effort jurisprudentiel apporté par l'arrêt est allé dans le sens de vendre les biens appartenant à la société en vue de désintéresser non pas les créanciers antérieurs - comme cela se fait habituellement- mais les créanciers postérieurs. D'après les juges de cassation, si la loi établit le droit de priorité, c'est bien pour privilégier les créanciers postérieurs au détriment des créanciers antérieurs. Alors que si les créanciers postérieurs sont nombreux et que le produit de la vente de l'actif existant est insuffisant pour les désintéresser, ces créanciers postérieurs sont soumis au mécanisme de la répartition du produit de la vente conformément au rang et à l'assiette de chaque créance, concluent les juges de cassation. A notre sens, cette jurisprudence a les atouts d'être érigée au rang des arrêts de principe, car aucune autre solution logique ne viendra remettre en cause l'esprit de l'arrêt : l'impératif de l'équité. Cet impératif a conduit ici les juges à écarter tous les créanciers antérieurs pour ne payer que les seuls créanciers postérieurs. Dans cette logique, tout en pensant en premier aux créanciers privilégiés, les juges sont convaincus qu'il ne faut pas favoriser certains créanciers sur d'autres. En définitive, l'esprit protecteur du créancier fiscal postérieur est ici évident. Cela dit, il n'y a là qu'une solution qu'elle convient de nuancer la portée : le Trésor cède encore une fois devant le principe de l'égalité des créanciers, quand bien même c'est du cadre extra-collectif dont il s'agit. Bien que créancier postérieur, le Trésor est ramené ici au cadre collectif, cadre qui, faut-il le rappeler, ne lui assure qu'un paiement dérisoire.

380. En définitive, la mise en œuvre du régime des créances postérieures s'affronte à deux grands problèmes. Un premier obstacle est juridique : ce régime n'est fortement critiquable qu'au niveau du classement des créanciers postérieurs. Un second obstacle est plutôt économique ; il concerne l'insuffisance ou l'inexistence des fonds.

[945] Cass. com. Maroc, n° 118, 21 jan. 2010, doss. com., n° 865 / 3 / 3 / 2009.

381. En conclusion de cette section, nous pouvons affirmer que le régime des créances fiscales postérieures reste dans les deux systèmes juridiques africains un régime critiquable à plusieurs égards. Incertain dans son fondement, ce régime l'est aussi dans sa mise en œuvre. Le vide juridique et la généralité du régime sont à l'origine de cette incertitude. Ce constat n'est pas sans conséquences sur l'ambiguïté des solutions mises en place. Si l'ambiguïté se dégage des solutions jurisprudentielles inhérentes au fait générateur des créances d'impôts, beaucoup de questions restent sans réponse au niveau de la mise en œuvre dudit régime. Un élément de solution se trouve dans les propositions d'amélioration qui seront faites du cadre juridique actuel[946].

---

[946] Cf. *infra* n° 711 – 764.

CHAPITRE II. L'EXERCICE DES POURSUITES INDIVIDUELLES, QUELLE PROTECTION ?

382. Dans nos développements précédents, il a été souligné que la suspension des poursuites individuelles est un principe traditionnel du droit des procédures collectives. Cela étant, il n'en demeure pas moins que ce principe souffre de plusieurs exceptions. Ainsi, par souci d'assurer la sécurité juridique du Trésor et du reste des créanciers, le législateur OHADA et le législateur marocain ordonnent des dérogations à ce principe. Dans cette perspective, l'exercice des poursuites individuelles est cité comme étant le deuxième avantage du cadre extra-collectif. Elle s'entend de la faculté offerte au Trésor de reprendre les actions individuelles suspendues ou arrêtées à l'encontre du débiteur-redevable. De même, le Fisc pourrait être tenté d'exercer ce droit traditionnel pour le recouvrement des créances d'impôts postérieures. Dans ces conditions, se pose très raisonnablement la question de savoir si le Trésor pourrait pratiquement tirer une protection complémentaire et concrète sur ce terrain-là.

383. En réalité, l'actif appartenant à l'entreprise placée en liquidation est l'objet de toutes les convoitises. Dans l'hypothèse de l'inertie du syndic lors de la réalisation de l'actif, la reprise des poursuites individuelles peut-être décidée par les créanciers privilégiés - à titre individuel- **(Section I)**. Si cet actif est réalisé et que la liquidation est clôturée du fait que le produit de la vente est insuffisant pour désintéresser les créanciers publics et privés. En ce cas, il y a place aux poursuites du fait de clôture pour insuffisance d'actif **(Section II)**. A ces deux cas de figure, s'ajoute le cas de l'exercice des poursuites en raison de la qualité postérieure de la créance d'imposition **(Section III)**.

Section I- Poursuites pour inertie lors de la réalisation de l'actif

384. Le caractère collectif de la procédure implique que ce sont les organes de la procédure qui procèdent à la réalisation de l'actif. Cette tâche est confiée principalement aussi bien en droit marocain qu'en droit OHADA au syndic-liquidateur. Ce dernier doit donc remplir son office et procéder à la liquidation de l'actif. A défaut, « *son absence d'initiative peut trouver un palliatif dans l'action individuelle* »[947]des créanciers au rang desquels figure le Trésor. Cette solution est instaurée par les articles des articles 150 et 661 de l'AUPC et de la loi marocaine n°73–17. Le Trésor est fondé à reprendre ses actions individuelles si le syndic n'entreprend pas la vente de l'actif dans le délai de trois mois suivant le prononcé de la liquidation judiciaire. A cette solution, s'ajoute la reprise des poursuites individuelles fondée sur l'alinéa 3 de l'article 33 de l'AUPC révisé. En pratique, l'une ou l'autre solution n'échappe pas à la critique.

385. La lecture critique **(§ 1)** des articles 150 et 661 de l'AUPC révisé et de la loi marocaine n° 73-17, précédera celle de l'alinéa 3 de l'article 33 de l'AUPC révisé **(§ 2).**

§ 1. Lecture critique des articles 150 de l'AUPC et 661 de la loi n°73 - 17

386. Cadre théorique. Par renvoi aux articles 150 du nouvel AUPC et 661 du nouveau Code de commerce marocain, dès lors que le syndic renonce à la liquidation des biens immeubles grevés d'une hypothèque légale ou du privilège fiscal et ce, dans le délai de trois mois du prononcé de la décision de liquidation judiciaire, le Trésor (comme les créanciers hypothécaires, nantis et les autres créanciers publics) peut recouvrer son droit de poursuite individuelle[948].

---

[947]Pierre Michel LE CORRE, « Les difficultés pratiques de réalisation des actifs en liquidation judiciaire », Supplément, *Rev. Lamy. Dr. Aff.* n° 80, 2005, p. 61, n° 30.

[948]Alassane KANTE, art. préc., p. 85.

Tirée du droit français[949], cette règle est une norme classique du droit des entreprises en difficulté. Elle marque donc la volonté des législateurs de la tradition civiliste d'établir un palliatif dans l'hypothèse de la défaillance du syndic ou du mandataire judiciaire. En lisant cette règle, deux enseignements prévalent, du moins en théorie. *Primo*, par souci du recouvrement des créances antérieures privilégiées - dont les créances fiscales -, les trois systèmes juridiques susvisés édictent cette règle dérogatoire d'une seule voix, car le mot « reprise » implique que sont concernées les seules dettes antérieures. *Secundo*, combinée aux règles postérieurement citées[950], cette règle s'inscrit dans la volonté de ces trois législateurs d'accélérer les opérations de liquidation. Dans cette perspective, l'intérêt est évident. Reste qu'en pratique, cet intérêt est nuancé en droit marocain et en droit OHADA.

387. Intérêt nuancé. En réalité, la lecture critique des articles 150 et 661 de l'AUPC et de la loi n° 73 – 17 invite toutefois à la prudence : il ne faut pas croire que ce palliatif permettra au créancier fiscal de recouvrer facilement et rapidement les créances d'impôts dévoilées dans le passif. Cette règle peut susciter cinq sortes de difficultés qui, du point de vue pratique, sont loin d'être négligeables. L'on est tenté de les mettre en exergue une par une.

388. Vide juridique et silence jurisprudentiel. Expliquant la portée limitée de cette mesure spéciale, un auteur[951] français a alerté dès les années quatre-vingt-dix sur son inapplicabilité. Il a pu être très clair : la règle « *reste souvent lettre morte* »[952], car elle n'est pas suffisamment encadrée pour être appliquée. Transposable, la même critique peut être formulée pour ce qui est des régimes africains. Cette appréciation, émise dans le cadre de la loi française du 25 janvier 1985, n'est pas désuète si bien qu'elle peut être reprise pour ce qui est du droit marocain et du droit OHADA en vigueur. En effet, les rédacteurs de l'AUPC révisé et de la nouvelle loi marocaine n° 73-17, n'ont pas pris position sur

---

[949] C. com. France, art. L.643-2, al. 1.

[950] Cf. *infra* n° 447 - 473.

[951] Yves GUYON, *Entreprises ...*, *op. cit.*, n° 1299, p. 333.

[952] *Ibid.*

des questions aussi importantes que celles-ci : quel est le formalisme que le Trésor doit respecter pour déclencher ce régime ? Faut-il que le Trésor en droit marocain mette en demeure le syndic avant d'agir individuellement à cet effet[953] ? Le juge-commissaire doit-il intervenir dans ce cas de figure par le biais d'une ordonnance ? Est-ce que la reprise d'une poursuite par le Fisc lui permet « *la captation du produit de la vente* »[954] du bien qui arrive à être vendu[955] ? Ce formalisme, très fondamental, est inexistant et les textes de loi en question ne livrent plus aucun éclairage sur ce point. À notre connaissance, plus aucune jurisprudence n'est venue combler ces lacunes en droit marocain.

389. Imprécision terminologique. Dans le prolongement du vide juridique, une deuxième difficulté entrave l'action du Fisc et résulte de l'imprécision terminologique. La jurisprudence en France est intervenue pour apporter un éclairage, lequel reste valable en Afrique. En effet, « *l'inaction du syndic* »[956], condition préalable pour déclencher les poursuites individuelles, est sujette à interrogations. Il serait instructif de s'interroger sur le sens à donner à cette condition et sur l'influence qu'elle peut exercer sur le droit du Trésor. Pour cela, il faut de nouveau revenir aux termes des articles précités : « *si le syndic n'a pas entrepris la procédure de la réalisation des biens* ...». Que faut-il entendre par le mot « entreprendre »[957] ? En 1990, cette question est transférée à la Haute juridiction française[958]. Les juges de la chambre commerciale adoptent l'analyse suivante : le texte de loi y relatif, source d'inspiration pour les droits africains, n'oblige pas le mandataire liquidateur à ce qu'il parvienne à la vente effective du bien grevé du privilège fiscal. En d'autres termes, il suffit que le syndic commence juste l'exécution pour qu'il soit considéré comme ayant

---

[953] AUPC révisé, al. 3 art. 150 ; AUPC révisé, al. 4 art. 150.

[954] Louis René MBALEMAKEN EUGENE, Thèse préc., n° 1024, p. 400.

[955] Cf. Cass. com., France, 19 déc. 1995, n° 92-19.525, Bull. civ. IV, n° 305; D. 1996, p. 145, note CAMPANA.

[956] Pierre Michel LE CORRE, « Les difficultés pratiques de réalisation des actifs en liquidation judiciaire », art. préc., p. 61.

[957] *Ibid.*

[958] Cass. com., France, 28 mai 1991, n° 89-20.532, Bull. civ. IV, n° 186, p. 132, D. 1991, som., p. 333, obs. Honorat A., JCP éd. E 1991, I, 100, n° 6, obs. Cabrillac M., *Rev. proc. coll.* 1992, p. 110, obs. Dureuil B.

entrepris la procédure de la réalisation de l'actif[959]. Dans le même sens, une doctrine avisée livre une panoplie d'hypothèses, rendant ainsi impossible le droit du Trésor de reprendre les poursuites individuelles :

> « Le liquidateur peut avoir recherché des acquéreurs par notaire, agent immobilier ou autres intermédiaires. Il peut s'être fait autoriser par le juge-commissaire à vendre les actifs, selon une forme déterminée [...] Il peut avoir déposé une requête aux fins d'être autorisé par le juge-commissaire à procéder à toutes expertises et à toutes recherches pour déterminer la consistance et l'évaluation des immeubles du débiteur »[960].

En agissant de la sorte, le syndic est considéré, aux yeux des juges de cassation, comme ayant entrepris une action préparatoire à l'effet de vendre le bien grevé du privilège fiscal, l'hypothèse retenue ici. Critère vague, il peut se résumer en une action préparatoire faite par le syndic à cet effet. Cette éventuelle action est tellement suffisante pour déjouer la règle précédente.

390. La complexité de la saisie immobilière. Dans le même ordre d'idées, tous les auteurs s'accordent sur la troisième difficulté qui entrave l'aboutissement de ce palliatif : la complexité de la saisie immobilière. Surtout, quand il s'agit de céder un immeuble hypothéqué ou grevé d'autres sûretés. À ce propos, il faut de nouveau citer l'auteur déjà convoqué pour chiffrer la difficulté : « [...] *une saisie immobilière demande dix ans* »[961]. Quoique « *la constatation [soit] sans doute exagérée* »[962], l'avis de l'auteur n'est pas isolé. Sa position est reprise par la majorité de la doctrine et confirmée par la jurisprudence[963] : la réalisation des immeubles grevés, en l'occurrence du privilège fiscal, est une procédure qui s'inscrit sur la durée. Non seulement, la saisie immobilière est

---

959 Voy. Filiga Michel SAWADOGO, *op.cit.*, n° 311, p. 298 ; Fatoma THERA, Thèse préc., n° 411, p. 267.

960 Pierre Michel LE CORRE, « Les difficultés pratiques de réalisation des actifs en liquidation judiciaire », art. préc.,

961 Yves GUYON, *Entreprises ...*, *op. cit.*, n° 1299. p. 333.

962 *Ibid*

963 V. une illustration de la jurisprudence au Maroc : l'affaire *Général Tire* (Supra n° 246).

très longue, mais elle est aussi « *émaillée d'incidents* »[964]. Actif immobilier très difficile à réaliser[965], « *contentieux en cours* »[966], « [contentieux] *préexistant mais sous-estimé à l'ouverture de la procédure* »[967] sont autant d'éléments qui empêchent le Trésor, s'il venait à reprendre les poursuites individuelles, de se faire payer rapidement. À cela s'ajoute la concurrence des autres créanciers privilégiés inscrits sur le même bien immobilier.

391. La nécessaire déclaration des créances fiscales. Le Trésor public ne peut pas reprendre ses poursuites individuelles s'il ne satisfait pas à l'obligation inhérente à la déclaration de ses créances d'impôts. Quoi que cette condition puisse paraître infondée dans le contexte OHADA, elle est formellement prévue par l'article 628 du Code de commerce marocain de 1996. La jurisprudence marocaine a pu approuver, par la voix des juges de la Cour de cassation marocaine, cette solution en 2006. L'arrêt *Hala Fishriz*[968]est strictement venu rappeler la substance de l'article 628 précité[969]. En l'espèce, le Percepteur *Derb omar* est un créancier de la société *Hala Fishriz,* laquelle est placée en état de redressement judiciaire. Un scénario habituel se répète dans cette affaire : le Percepteur n'a pas dévoilé sa créance dont le montant total est de la somme de 6 812 371, 40 Dirhams (635.079,68 €). De ce fait, il est frappé de forclusion. Cette situation le pousse à demander qu'il soit relevé de sa forclusion. Pour soutenir sa thèse, le Percepteur *Derb Omar* invoque les différentes prérogatives mises en place en sa faveur pour le recouvrement des créances d'impôts privilégiées. Au titre desquelles, il cite la reprise de l'action individuelle consacrée par l'article 628 susvisé. L'argumentaire du percepteur n'a pas convaincu les juges des

---

[964]Filiga Michel SAWADOGO, OHADA, *Droit des entreprises en difficulté, op. cit.*, n° 311, p. 298.

[965]Bakary DIALLO, « Des procédures adaptées aux « petites » entreprises : les procédures simplifiées », *droit & patrimoine*, n° 253, doss. spéc. 8 déc. 2015.

[966]Bakary DIALLO, « Des procédures adaptées aux « petites » entreprises : les procédures simplifiées », art. préc.,

[967]*Ibid.*

[968]Cass. com., Maroc, n° 722, 28 juin 2006, doss. com. n° 391 / 3 / 2 / 2003 (arrêt préc.,).

[969]C. com. Maroc, art. 628.

trois degrés de juridiction. Ainsi, l'ordonnance du juge-commissaire fait observer que l'assignation du percepteur est hors sujet. A son tour, la cour d'appel de commerce de Casablanca rejette sa demande. La réponse des juges de cassation est tout aussi claire : le Trésor doit déclarer ses créances pour pouvoir reprendre ses poursuites individuelles. Considérant que l'article 628 précité conditionne la reprise des poursuites individuelles par la déclaration préalable de la créance, la Cour de cassation rejette le pourvoi et approuve l'arrêt de l'appel.

392. Enfin, pour séduisante qu'elle soit, la règle susvisée n'a pas de grandes chances de s'appliquer pour le Trésor. Elle est beaucoup plus théorique que pratique, surtout dans le contexte OHADA. Comme les opérations liquidatives s'inscrivent dans le cadre de l'intérêt collectif de tous les créanciers, la règle précédente se retrouve contrecarrée par la règle établie par l'article 72 de l'AUPC révisé : « [...] *en cas de carence du syndic, tout créancier contrôleur peut agir dans l'intérêt collectif, après une mise en demeure du syndic restée infructueuse pendant une période de vingt et un (21) jours* [...] ».

393. Voici donc les principales difficultés qui invalident la reprise de l'action individuelle par le Fisc. Additionnée à l'inapplication judiciaire, la critique du dispositif légal précité autorise à penser qu'on est en face d'une norme juridique dépourvue d'effectivité pour le Fisc. Réaliste est le palliatif établi pour contourner la carence du syndic lors de la réalisation de l'actif. Mais, sa portée reste très limitée.

394. Autant pour l'article 150 de l'AUPC, l'article 33 du même Acte uniforme a aussi fait l'objet d'une lecture critique.

§2. Lecture critique de l'article 33 de l'AUPC révisé

395. Autorisant la reprise des poursuites individuelles, l'alinéa 3 de l'article 33 de l'AUPC révisé appelle, lui aussi, une lecture critique. En effet, le Fisc, comme les autres créanciers de la masse, est en droit de se prévaloir de la reprise de l'action individuelle. Issue de l'alinéa 3 de l'article 33 de l'AUPC révisé, empreinte de rigueur, la mesure qui tend à limiter la durée des opérations liquidatives à 18 mois reste sans doute la plus courageuse : elle oblige le syndic, après ce dernier délai, de rendre ses comptes au juge-commissaire[970]. Chose assez novatrice, ladite mesure tend aussi à ce que le Trésor et les autres créanciers privilégiés recouvrent leurs actions individuelles à l'effet de réaliser les éléments de l'actif restant. L'originalité du droit uniforme africain atteint ici son paroxysme. Force est de constater que la règle établie par l'alinéa 3 de l'article 33 de l'AUPC révisé est, dans une certaine mesure, le parallèle de celle posée par l'article 150 précité. Envisagée du point de vue du temps, la différence ne réside que dans les termes de la durée : trois mois pour la première contre 18 mois pour la seconde. Dès lors, certaines des critiques susmentionnées sont transposables ici, comme la complexité de la saisie immobilière. A ces critiques, la lecture de l'alinéa 3 de l'article 33 en appelle une autre : la règle « *rétablit le prix de la course* »[971]. Cette solution innovante a pu faire l'objet d'une virulente critique. Un auteur a considéré que l'établissement de cette dernière règle vide la procédure de liquidation des biens de son objectif en tant que cette dernière procédure est initialement ouverte pour éviter le prix de la course. Bien que parée de vertus[972], un autre auteur a pu faire valoir la même réflexion : « *la méthode est assez originale mais elle a pour objectif d'éviter des liquidations des biens qui s'étalent dans le temps sans répartitions* »[973]. Les applications judiciaires en la matière ne sont pas encore disponibles. On ne sait pas encore en quel sens se prononceront les juges. Cela dit, on est tenté de donner une piste de réflexion à ce niveau. Parce que le droit des procédures collectives est un droit d'équilibre, une solution peut être apportée à cette critique ; laquelle doit consister à ce que le créancier qui reprend les actions personnelles -Trésor ou autre - agisse dans le seul but de poursuivre le déroulement

---

[970] Al. 3, art. 33 AUPC révisé.

[971]Philippe ROUSSEL GALLE, « Les débiteurs dans l'AUPC révisé : la modernisation du droit de l'insolvabilité dans la continuité », art. préc.,

[972] Cf. *infra* n° 462 et s.

[973]Mamadou KONATE, « Le redressement et la liquidation mieux encadrés et plus rapides », *Droit & Patrimoine*, n° 253, doss. spéc., 8 déc. 2015.

normal de la procédure d'apurement collectif du passif. De la sorte, le prix de la vente sera partagé sur tous les créanciers, y compris le Trésor et sans écarter les créanciers chirographaires.

396. L'inertie du syndic au moment de la réalisation de l'actif mise à part, le débat sur la reprise des poursuites individuelles se joue aussi sur le terrain de la liquidation judiciaire clôturée pour insuffisance d'actif.

Section II. Poursuites du fait de la clôture de la liquidation

397. La clôture de la liquidation judiciaire est décidée en deux cas : l'absence du passif [974] et l'insuffisance de l'actif. Visée aux articles 669 du Code de commerce marocain et 174 du nouvel AUPC, cette seconde forme de clôture a pour effet d'empêcher le Fisc de se faire payer sur la totalité des créances fiscales déclarées ou produites dans le passif de la liquidation[975]. En effet, la lecture la lecture de ces deux articles 669 et 174 permet d'affirmer que la clôture pour insuffisance d'actif doit avoir lieu après la constatation de l'une de ces deux hypothèses suivantes : la première, associée au droit OHADA, renvoie au cas où les fonds manquent soit pour entreprendre les opérations de liquidation judiciaire soit pour les terminer. Il en est ainsi quand les frais de la vente des biens dépassent considérablement le produit escompté[976]. Conséquence de la première hypothèse, associée au droit marocain cette fois-ci, la seconde hypothèse a lieu lorsque le produit de la vente des biens est manifestement insuffisant pour désintéresser les créanciers[977]. Hors cette différence de formulation, la pratique judiciaire au Maroc et dans l'espace OHADA s'accorde sur un constat : l'Administration fiscale se retrouve souvent dans ce schéma[978]. Reste que ce

---

[974]Trib. rég. hr. cla. Dakar, jug. com. n° 113, 12 nov. 2004, *affaire société industrielle de confection sénégalaise).* Cf., Hubert TSAGUE DONKENG, « Le régime de l'insuffisance d'actif en droit OHADA des procédures collectives », *Revue de l'Ersuma*, n° 2, sep. 2014, p. 319.

[975]C. com. L. n° 73-17, Maroc, art. 669.

[976]Jean Claude JAMES, « La liquidation des biens dans les procédures collectives d'apurement de passif »,in *Encyclopédie du droit OHADA*, sous la (dir) de Paul-Gérard POUGOUE, éd. *Lamy*, 2011, n° 53, p. 1116.

[977] Trib. Gran. inst. Wourri, jug. civ. n° 372, 4 mai 2000, *affaire liquidation Forako Cameroun*, OHADATA J-05-26 ; Trib. rég. hr. cla. Dakar, Jug. comm. n° 081, 09 avril 2008, OHADATA-J-09-325 ; Trib. gran. inst., Ouagadougou, jug. n° 156 / 2008, 03 sep. 2008, *Liquidation judiciaire de l'administrateur provisoire SOREMIB*, Ohadata j- 09 -391.

[978]Trib. com., Rabat, n° 157, 03 août 2010, doss. com. n° 5 / 33 / 2003(jugement préc.,) ; Trib. com., Casablanca, ord. n° 773 / 2013, 6 août 2013, doss. com, 185/19/2012 , *affaire Somacof précitée* (ord. préc.,).

« *préjudice* »[979] n'est pas une fatalité. A cet égard, une première solution peut être recherchée sur le terrain de la vente des anciens biens du débiteur : la réouverture de la liquidation judiciaire[980] pour réaliser les biens non encore réalisés. Très loin d'être négligeable, cette solution est à évoquer brièvement ici puisqu'elle met encore le Trésor au cœur du traitement collectif. Une seconde solution est traduite par la reprise des poursuites individuelles. Touchant de plus près à la problématique abordée dans ce chapitre, cette dernière solution mérite d'être discutée. Elle peut être définie comme étant le droit permettant au Trésor et autres créanciers d'agir en paiement contre le débiteur au cas où ce dernier redeviendrait fortuné[981] plus tard. Une autre particularité de ce régime tient au fait que sont aussi concernés les nouveaux biens du débiteur.

398. S'il est clair que la clôture pour insuffisance d'actif conduit à une condition défectueuse de l'Administration fiscale, la question de savoir si ce créancier public peut ou non reprendre ses actions individuelles contre le débiteur suscite un débat séduisant. En règle générale, la réponse change suivant les régimes juridiques. Au niveau africain, le droit OHADA et le droit marocain ont une approche totalement éloignée. De l'ambiguïté du droit marocain **(§1)** à un encadrement dépourvu de portée pratique en droit OHADA **(§2)**, la protection effective du Trésor n'est pas bien placée au cœur de la théorie et de la pratique de ces deux régimes juridiques. Il convient donc de les étudier séparément et de laisser à la conclusion de cette section le soin de présenter la piste à même de mieux protéger le Trésor.

---

[979]Arlette MARTIN-SERF, *Effets à l'égard des dirigeants sociaux. – Sanction patrimoniale. Conditions d'exercice et résultats de l'action en responsabilité pour insuffisance d'actif*, Fasc. 41-52, JCL, 28 mai 2018, n° 6.

[980] Cf. *infra* n° 484.

[981]Alain DELFOSSE, Jean-François PENIGUEL, « La liquidation judiciaire », La Semaine Juridique Notariale et Immobilière, n° 42, 21 oct. 2005, 1427, n° 43.

§ 1. Ambiguïté du droit marocain

399. En droit marocain, la reprise des poursuites individuelles après la clôture de liquidation pour insuffisance d'actif, si elle n'est pas clairement affirmée, n'est pas non plus formellement évincée : le dispositif légal est silencieux. Poussé au-delà, le silence tourne à l'ambiguïté. Celle-ci est confirmée par la conjonction de deux autres éléments : une doctrine divisée et une position jurisprudentielle dépassée.

400. Silence du dispositif légal. Longtemps consacrée par l'article 279 issu du Code de commerce de 1913[982], la reprise des poursuites individuelles après la clôture de liquidation pour insuffisance d'actif est, à présent, occultée par le droit marocain. Rompant donc avec la législation antérieure, le Code de commerce de 1996 ainsi que la loi n° 73-17 n'instituent pas en leur sein cette prérogative en faveur du Trésor. Après y avoir vu une régression du cadre juridique[983], un auteur semble en finir par inviter la doctrine et la jurisprudence à trouver une solution. Solution qui doit rester bien entendu cohérente à l'ensemble des raisons poursuivies par le droit marocain des entreprises en difficulté. Est-ce que le pari est gagné ?

401. Une doctrine divisée. En doctrine marocaine, la question est relativement discutée et les avis sont partagés. Ainsi, la reprise des poursuites individuelles est nécessairement dictée par le besoin de créer un équilibre entre la protection du Trésor – et des autres créanciers – et le rebond du débiteur[984]. Tant que la reprise des poursuites n'est pas ici formellement interdite[985] par un texte clair en la matière, le Trésor est en droit d'initier des actions individuelles contre le redevable. Un autre argument est cité pour conforter cette thèse : tant que le débiteur est libéré du dessaisissement après la clôture de la liquidation, le créancier fiscal doit avoir aussi le droit de reprendre son droit axé sur la reprise des actions

---

[982] Ahmed CHOUKRI SBAAI, *Al Wassit dans ..... op. cit.*, Tome III, p. 151.
[983] *Ibid.*
[984] Cf. *infra* n° 486 et s.
[985] Ahmed CHOUKRI SBAAI, *Al Wassit dans ..... op. cit.*, Tome III, p. 152.

individuelles[986], avis que défendent un certain nombre d'auteurs marocains[987]. Toutefois, d'autres, plus hostiles à cette interprétation, partant de l'analyse économique du droit [988], ont pu estimer que la clôture de la liquidation pour insuffisance d'actif ne fait pas recouvrer au Trésor et aux autres créanciers le droit d'assigner individuellement le débiteur. Pour ce courant de la doctrine, l'article 635 du Code de commerce de 1996, devenu 669 après l'entrée en vigueur de la loi n° 73-17, entraîne l'extinction du droit de poursuite. En conséquence, cela donne lieu à la purge du passif social en général et du passif fiscal en particulier. Ce courant de doctrine est conforté dans son propos par l'absence des applications judiciaires en la matière.

402. On le voit, les auteurs se sont donc trouvés divisés sur ce point. A ce jour, la querelle doctrinale demeure. Cela doit nous conduire à nous interroger : en quel sens s'est prononcée la jurisprudence ?

403. Une solution jurisprudentielle dépassée. En jurisprudence, la question s'est directement posée de savoir si le Trésor peut reprendre les poursuites individuelles ? Comment est-ce possible en pratique ? Contre qui l'action individuelle doit-elle être dirigée ? Ces questions ont été posées aux magistrats de la Cour de cassation française. Pour prendre connaissance de l'analyse suivie par la haute cour, il faut remonter à l'arrêt *Grandval* rendu en 1989. Donnant une motivation qui met de côté l'ambiguïté pouvant survenir à ce niveau, cet arrêt est tout à fait catégorique :

> « la clôture pour insuffisance d'actif, qui est une simple suspension des opérations de la liquidation des biens et ne met fin ni au dessaisissement du débiteur ni aux fonctions du syndic, ne supprime pas la personnalité juridique du débiteur et rend à chaque créancier l'exercice individuel de

---

[986] Hayat HAJJI, *Le régime des sûretés et le droit des entreprises en difficulté*, *op. cit.*, p. 443.

[987] *Ibid*; Ahmed CHOUKRI SBAAI,*Al Wassit dans ..... op. cit.*, Tome III, p. 151 ; Mohamed LAFROUJI, *op. cit.*, p. 157-158.

[988] MONSERIE-BON M.-H, « L'effacement des dettes dans le droit des entreprises en difficulté », *Dr.& Patr.* 2009, n° 184, p. 53.

ses actions qu'il peut diriger, soit contre le débiteur qui peut défendre seul, soit contre le syndic »[989].

Une question similaire s'est posée en 2007 devant la Cour de cassation marocaine[990], laquelle a opté pour un raisonnement différent. Ainsi, les juges ont pu estimer que la clôture de la liquidation judiciaire pour insuffisance d'actif supprime la personnalité juridique du débiteur. En raison de l' « [in]*existence juridique* »[991] du débiteur, le Trésor ne peut en aucune manière agir en paiement contre ce dernier à moins d'une action individuelle dirigée contre le dirigeant. Mais, force est de constater que cette dernière hypothèse est aussi à écarter. En ce sens, elle n'est basée sur rien en droit marocain. Pour ces raisons, la solution établie par la Haute cour marocaine prête le flanc à une implacable critique relevée par le terrain : le recours répandu à la fraude par les débiteurs de mauvaise foi[992] pour se soustraire à leurs obligations légales et contractuelles. Face à cette fraude, les créanciers dont le Trésor se réduisent à des simples spectateurs[993]. A ce propos, il faut attendre la réforme du livre 5 du Code de commerce de 1996 pour que cette solution jurisprudentielle devienne dépassée. En effet, à partir du 18 avril 2018, date de l'entrée en vigueur de la loi n° 73-17, cette solution jurisprudentielle n'a pas de fondement juridique. Innovation marquante de la loi précitée, l'alinéa 2 de l'article 669 est venu instituer la règle suivante : la réouverture de la liquidation judiciaire à l'encontre de l'ancien débiteur est possible dès lors qu'il est établi qu'il y a encore des biens au nom de ce dernier, lesquels n'ont pas été réalisés. Au mieux, le syndic n'était pas à même de les réaliser. Dans cette perspective, dès lors qu'une

---

[989]Cass. 3e civ., France, 11 oct. 1989, n° 88-14 324, *Grandval et a. c/ Syndicat des Copropriétaires de l'immeuble ABC et parking PII, PIB, PIC et a.* : Bull. civ. III, n° 190. - Cass. 2e civ., France, 16 févr. 1994, n° 90-19 090, *Mutuelle générale française accidents (MGFA) c/M. Dumont et a.* : Bull. civ. I, n° 72.

[990]Cass. com. Maroc, n° 1/ 1067, 10/ 31/ 2007, doss. com., n° 019 / 3 / 1 /2006. Allal FALI, *commentaire sur la loi relative aux difficultés des entreprises à la lumière de 20 ans de la justice commerciale 1998-2018,* 1ère Ed. nov. 2018. p. 187, [en langue arabe].

[991]Michel DOUAY, « Jurisprudence récente de la Cour de cassation en matière de recouvrement », in *Droit fiscal*, n° 43- 44, 26 oct. 2017, 520, n° 17.

[992] Cf. *infra* n° 481

[993] Cf. *infra* n° 483.

liquidation judiciaire est réouverte, le débiteur récupère son existence juridique. A ce titre, la jurisprudence susmentionnée est dorénavant désuète.

404. Cela étant, dans le souci de rester le plus proche possible de la démonstration défendue dans le présent paragraphe, il faut affirmer que l'alinéa 2 de l'article 669, s'il fait comprendre que la personnalité juridique du débiteur peut être préservée, n'est pas clair du tout sur la question inhérente au droit du Trésor de reprendre individuellement les poursuites après la clôture de liquidation pour insuffisance d'actif. On revient, encore une fois, sur l'ambiguïté de la position du droit marocain. La recherche de l'intention du législateur n'est pas ici un exercice facile puisque, dans l'exposé des motifs, il ne révèle pas ses intentions. De même, les travaux préparatoires n'y font nullement allusion. Cela dit, une lecture *a contrario* du même alinéa permet de s'approcher de l'intention du législateur : il faut y voir, à notre sens, un refus implicite du législateur marocain d'aller sur cette voie qu'est la reprise des poursuites individuelles. Si l'on considère cette règle comme une innovation de la loi n° 73-17, le législateur marocain fait comprendre implicitement que c'est le plafond maximum auquel il a pu être arrivé. Estimant que le débiteur doit avoir un droit au rebond[994], il n'a pas pu aller au-delà. Autrement dit, après un jeu d'équilibre, la seule réouverture de la liquidation est l'ingrédient de la solution que le législateur marocain a pu façonner.

405. Le temps où la reprise des poursuites individuelles est consacrée semble révolu. En l'état actuel du droit marocain, la reprise de l'action individuelle par le Fisc est enveloppée de brouillard ; elle n'a plus aucun fondement légal. A moins que cette incertitude soit levée par une jurisprudence claire et constante.

406. Si en droit marocain, la question est ambiguë, la lecture au contraire des versions (1998 et 2015) de l'AUPC permet de dire que cette question fait l'objet d'un encadrement strict. Reste qu'il est dépourvu de portée pratique dans de nombreux Etats de l'espace OHADA.

---

[994]Cf. *infra* n° 451 et s.

§ 2. Un encadrement dépourvu de portée pratique en droit OHADA

407. Rejoignant la position initiale de la loi française du 13 juillet 1967, le législateur communautaire africain de 2015 a pris soin d'encadrer de manière stricte la question de la reprise des actions personnelles. Par rapport au silence et à l'ambiguïté du droit marocain, on est tenté d'affirmer que la position claire du droit OHADA est à saluer. Compréhensible, cette position s'explique par l'intérêt prioritaire porté aux investisseurs et aux créanciers publics.

408. Cette approche comparative mise à part, il faut reconnaître que le droit OHADA est vu comme un dispositif légal orienté vers la protection du Trésor **(A).** Reste qu'en pratique, les critiques **(B)** sont nombreuses.

A. Un dispositif légal tourné vers la protection du Trésor

409. La position du droit OHADA en la matière peut être résumée de la façon la plus claire : l'interdiction des actions individuelles est maintenue. Mais, ce principe souffre de quelques exceptions[995] de sorte que le Trésor peut s'en prévaloir. Confirmée en doctrine[996], la reprise des poursuites individuelles par le Trésor et les créanciers chirographaires est une très bonne réponse à l'insécurité juridique. Elle permet d'éviter la suppression des créances non encore payées. Ainsi, en application de l'alinéa 2 de l'article 174 de l'AUPC révisé, comme tout autre créancier, le Fisc est fondé à recouvrer son droit relatif à l'exercice des actions individuelles en cas de la constatation d'une fraude fiscale[997], de la condamnation du redevable à la banqueroute, ou à la faillite personnelle. De même, la reprise desdites actions est permise suite au

[995]Agnès VIOTTOLO, « Sauvegarde des entreprises : suite et fin », *Les Cahiers Lamy du CE*, n° 43, 1er nov. 2005.

[996]Didier TAKAFO-KENFACK, « Le jeu de funambule dans la réglementation du rebond en droit OHADA des entreprises en difficulté », *Bull. Joly Entr. Diff.*, 01 oct. 2017, p. 50.

[997] *infra* n° 493 et s.

prononcé des sanctions patrimoniales[998] ou suite à « la récidive » du dirigeant[999]. Reste que le législateur OHADA conditionne la mise en œuvre de ce régime par la production préalable et l'admission des créances fiscales ainsi que par l'obtention du titre exécutoire[1000].

410. Un cadre juridique poussé à sa logique extrême. Toutefois, le droit uniforme africain se montre flexible à ce niveau. En effet, dans sa logique de protection du Trésor et des autres créanciers, le législateur OHADA va plus loin. C'est ici qu'il convient d'évoquer l'innovation introduite par le droit uniforme africain en 2015 : le Trésor, quoique non admis ou n'ayant pas produit ses créances d'impôts dans le passif, peut, en théorie, reprendre ses recours contre le débiteur-redevable. Dans un tel cadre, il est fait application des règles du droit commun, précise le dernier alinéa de l'article 174 précité. Ainsi, le Percepteur peut se voir donner une deuxième chance en initiant cette fois-ci des recours individuels contre le débiteur – devenu fortuné -. En théorie, cette solution s'avère très importante surtout quand on sait que la production des créances fiscales n'est pas toujours réalisée et que la plupart des procédures liquidatives se soldent par la clôture pour insuffisance d'actif.

411. « *Mais à quoi cela va-t-il leur servir concrètement* ? »[1001] En posant cette question, un spécialiste des procédures collectives a voulu faire entendre que le régime en question n'est pas efficace en termes de paiement pratique des créanciers dont le Trésor. Ainsi, se retrouvant confronté à plusieurs obstacles, le dispositif légal issu du droit OHADA n'est pas exempt des critiques.

B. Les critiques

412. En règle générale, la reprise des poursuites individuelles par le Trésor n'est pas toujours une chose certaine. La réalité

---

998 *supra* n° 282 et s.
999 *infra* n° 418 et s.
1000 C. com., France, art. L. 643-11, V. Cass. com. France, 24 mars 2004, n° 00-18.532, Bull. civ. 2004, n° 59 ; RJF 7/2004, n° 796.
1001 Filiga Michel Sawadogo, *op.cit.*, n° 328, p. 310.

africaine et les enseignements tirés de l'affaire *Batifor 44*(**1**) amènent à affirmer que des « *contraintes procédurales* »[1002] et de faits rendent inapplicables les exceptions de poursuite fondées sur le prononcé préalable des sanctions civiles et pénales. A cela, il faut ajouter la transposition inadaptée (**2**) au contexte OHADA de l'exception de poursuite tirée de « la récidive » du dirigeant.

1. Les enseignements de l'affaire Batifor 44

413. La présentation de l'affaire. Le débat entourant les difficultés rencontrées par le Trésor à ce niveau ne peut être pleinement compris sans présenter les applications judiciaires rendues à cette occasion. Alors que la jurisprudence disponible dans l'espace OHADA est muette sur cette question, les applications judiciaires en France sont instructives. Lancée dans la discussion devant la cour d'appel de Rennes[1003], la reprise des poursuites individuelles après la condamnation du dirigeant à la banqueroute prête à confusion. Illustrant cette confusion, l'arrêt *Batifor 44* aborde les conditions de la reprise des actions individuelles par le Trésor contre le dirigeant d'une société placée en liquidation et clôturée pour insuffisance d'actif. En l'espèce, la société *Batifor 44* est déclarée en liquidation judiciaire[1004]. Le Service des Impôts de *Saint Nazaire Sud Est* déclare ses créances fiscales. Leur vérification s'en suit, laquelle donne lieu à l'admission de la somme de 234 065 €[1005]due par la personne morale. Trois années après l'ouverture de la liquidation judiciaire, le tribunal rend le jugement de la clôture de la procédure pour insuffisance d'actif. Parallèlement à la procédure collective, une procédure d'ordre pénal est engagée à l'encontre du dirigeant de la personne morale, laquelle se solde par sa condamnation à la banqueroute[1006]. Par suite de cette condamnation, le Trésor de Saint-Nazaire veut tirer

[1002]Michel DOUAY, « Jurisprudence récente de la Cour de cassation en matière de recouvrement », art. préc., n° 16.
[1003]CA. Rennes, 16 sept. 2014, RG n° 12/08672
[1004] Jugement rendu le 24 avril 2007 par le Tribunal du commerce de Saint-Nazaire.
[1005] Cette dette est due au titre de la TVA et de l'impôt sur les sociétés.
[1006] Jugement rendu le 26 juin 2012 par le Tribunal correctionnel de Saint-Nazaire.

profit de l'exception prévue par l'article L. 643-11 du Code de commerce pour obtenir le titre exécutoire lui permettant de reprendre une action individuelle contre le dirigeant condamné. Donnant gain de cause au Fisc[1007], le Président du tribunal condamne le dirigeant à payer à titre personnel la somme définitivement admise. Insatisfait de cette décision judiciaire, le dirigeant en interjette appel en invoquant le fait *« qu'il n'a pas la qualité de débiteur de la créance »*[1008]. Saisie de cette question, la cour d'appel de Rennes a pu estimer que l'article L. 643-11 du Code de commerce[1009] qui correspond partiellement à l'article 174 de l'AUPC révisé doit être interprété de la sorte :

> « Il résulte de ces dispositions que la reprise des poursuites individuelles n'est possible que contre le débiteur lui-même et non, faute de texte le permettant, contre le dirigeant de droit ou de fait qui le représentaient, fussent-ils condamnés à titre personnel pour faillite ou banqueroute. Dès lors, le débiteur des impôts en cause étant la société Batifor 44 et non monsieur Y, lequel n'a pas fait l'objet à titre personnel d'une procédure de liquidation judiciaire clôturée pour insuffisance d'actif, les dispositions sus-visées ne permettent pas de délivrer à son encontre un titre exécutoire pour le recouvrement des sommes dues par la société Batifor 44 »[1010].

414. La confrontation de la solution au contexte OHADA. Dans le sillage de la solution établie par la cour d'appel, une conclusion ressort : la condamnation du dirigeant à la banqueroute et le fait que ce dirigeant soit frappé personnellement d'une liquidation judiciaire clôturée pour insuffisance d'actif sont deux conditions cumulatives pour permettre la reprise des poursuites individuelles. Le formalisme est si contraignant pour le créancier fiscal en droit

---

[1007]Ord. Présidentielle, trib. Saint-Nazaire, 5 déc. 2012 RG n° 2012003020.

[1008]CA, Rennes, 16 sept. 2014, RG n° 12/08672 (arrêt préc.,).

[1009]C. com., France, art. L.643-11-III.

[1010] Cf. Christophe DELATTRE, « La reprise des poursuites individuelles est bien souvent un leurre », *La Semaine Juridique Entreprise et Affaires* n° 24, 11 juin 2015, 1275. Cass. com., France, 9 avr. 2013, n° 12-14.264 : JurisData n° 2013-006739 ; *BJE* juill. Août 2013, p. 233, note J.-P. Sortais. Cass. com., France, 16 janv. 2007, n° 05-16.235, FS-P+B, *DGI de Sèvres c/ Prévost* : Juris-Data n° 2007-036939 ; *D.* 2007, p. 312, obs. A. Lienhard ; RJDA 3/2007, n° 277, p. 272.

français qu'un auteur a été amené à déclarer avec sans déception que *« la reprise des poursuites individuelles est bien souvent un leurre »*[1011].

415. Si les enseignements tirés de cette affaire sont instructifs en droit français, ils permettent aussi de nous éclairer davantage sur la position du droit OHADA. Ainsi, pour les besoins de notre démonstration, nous sommes conduits à nous interroger : est-ce que ce raisonnement peut rester valable aussi dans le contexte OHADA ? Saisi d'une identique affaire, est-ce que le juge dans l'espace OHADA pourrait s'inspirer de cette solution ? Pour donner une réponse à ces questions, il faut rappeler que le législateur OHADA de 2015 a encadré la reprise des poursuites individuelles dans l'article 174 de l'AUPC en ces termes :

> « Tous les créanciers [dont le Trésor], admis ou non, recouvrent leurs droits de poursuite individuelle :
> . [1] en cas de prononcé de la faillite personnelle du débiteur ; en cas de condamnation du débiteur en banqueroute ;
> . [2] si la juridiction compétente constate une fraude du débiteur à l'égard d'un ou plusieurs créanciers ;
> . [3] [....]
> . [4] si la procédure est une liquidation des biens prononcée à l'encontre du dirigeant condamné en comblement de passif ;
> . [5] si la procédure collective a été ouverte par application de l'article 189 de l'AUPC, [article qui régit l'extension de la liquidation aux dirigeants] »[1012].

En parcourant cet article, il faut reprendre la question précédente relative aux conditions de la reprise des poursuites en posant la question suivante : Les deux conditions un et cinq, logées dans l'article 174, sont-elles alternatives ou cumulatives ? La réponse est dépourvue de nuance : compte tenu de la formulation du texte, et plus précisément de l'utilisation du mot « en cas de », on peut affirmer sans contestation que ces conditions ne sont pas cumulatives en droit uniforme africain ; elles sont alternatives. A cette fin, un

---

[1011]Christophe DELATTRE, « La reprise des poursuites individuelles est bien souvent un leurre », note préc.,

[1012] AUPC révisé, al. 2, art. 174. La condition numéro 3 est occultée ici. Mais, elle sera traitée dans le développement suivant.

seul cas est largement suffisant pour rendre opérationnelles les poursuites individuelles. Le juge africain serait donc infondé, s'il s'inspire de son homologue français en l'espèce.

416. Décalage entre le droit et la pratique. Si en raison de son formalisme contraignant, l'affaire *Batifor* 44 paraît être une jurisprudence dépassée dans l'espace OHADA, la reprise des poursuites par le Trésor reste cependant difficile à mettre en œuvre dans le même espace. En plus des exigences procédurales précédemment citées[1013], « *il faut espérer que le débiteur reviendra rapidement à meilleure fortune* »[1014]. Ce qui n'est pas toujours réalisable. Enfin, une importante donnée vient ici noircir le tableau : la pauvreté des décisions judiciaires impliquant la responsabilité civile ou pénale du débiteur et des dirigeants. On se souvient que les sanctions civiles sont rarement ou jamais prononcées dans certains Etats membres[1015]. Et l'on verra que, dans ces mêmes Etats, les sanctions pénales de banqueroute et de faillite personnelle n'ont jamais été prononcées du temps de l'AUPC de 1998[1016]. Pour s'en convaincre, il suffit de savoir que le Code pénal OHADA des affaires n'est entré en vigueur au Niger qu'en 2015. Dès lors, les chances de la reprise des poursuites individuelles restent très minimes pour le Fisc.

417. Non distincte des difficultés tirées de l'affaire *Batifor* 44, la transposition inadaptée d'une autre exception de poursuites a pour effet de rendre aussi la reprise des poursuites inapplicable.

2. Une transposition inadaptée

418. La transposition inadaptée s'entend ici de la référence irréfléchie au droit français pour l'encadrement de la reprise des poursuites individuelles en droit OHADA. Il s'agit de la troisième hypothèse insérée[1017]dans l'article 174 de l'AUPC révisé. Ainsi, le point de départ de la démonstration est de considérer que cette règle a évolué pour se conformer à la

[1013] Cf. *supra* n° 415.
[1014]Filiga Michel SAWADOGO, *op.cit.*, n° 328, p. 310.
[1015]Cf. *supra* n° 286.
[1016]Cf. *infra* n° 530.
[1017]AUPC révisé, art. 174, al. 2-3.

réalité actuelle du contexte français. Ce qui n'est pas obligatoirement le cas pour le contexte OHADA.

419. La portée de l'arrêt *Sotrabat-Decatoire*. En réalité, en quittant l'affaire *Batifor* 44 précitée, il faut reconnaître que ce n'est pas la première fois que le Trésor est confronté aux interprétations restrictives devant les juges. Déjà en 1998, une affaire est venue devant la Cour de cassation française. Mais, cette fois-ci, un autre motif de reprise des poursuites est exposé : le débiteur ou la personne morale dont il a été le dirigeant a été placé en liquidation judiciaire clôturée pour insuffisance d'actif. Ce motif, affiné par l'arrêt *Sotrabat-Decatoire*[1018], est l'objet d'un développement jurisprudentiel créatif. N'étant pas alignés sur l'affaire précédente, servant la démonstration traitée, les faits de l'espèce méritent d'être rapportés : la société *Sotrabat* est placée en liquidation judiciaire et clôturée pour insuffisance d'actif. Son dirigeant est frappé lui aussi de liquidation judiciaire clôturée également pour insuffisance d'actif. De ce fait, pour opérer les poursuites contre le gérant, *le Receveur principal des impôts de Clermont* demande sur le fondement de l'alinéa 3 de l'article 169 de la loi du 25 janvier 1985 un titre exécutoire[1019]. Le Président du Tribunal de première instance qualifie cette demande d'irrecevable. Déçu également en appel, le Receveur des impôts se pourvoit en cassation. La cour rejette son pourvoi « *par un motif de pur droit* »[1020]. En raison de la subtilité du raisonnement, on pourrait reprendre ici la solution finale :

> « Les créanciers ne recouvrent pas leur droit de poursuite individuelle à l'égard du dirigeant d'une personne morale dont la liquidation judiciaire a été clôturée pour insuffisance d'actif lorsque ce dirigeant n'avait pas lui-même antérieurement fait l'objet d'une procédure de liquidation judiciaire avec clôture pour insuffisance d'actif ou été le dirigeant d'une personne morale dont la liquidation judiciaire avait connu la même fin »[1021].

[1018]Cass. com., France, 9 juin 1998 [R.] ; *DGI et a. c/ Decatoire, ès qual.*, pourvoi n° 95-21.620 c/ CA, Amiens, 17 oct. 1995.
[1019] L., 25 jan. 1985, France, al. 4, art. 169.
[1020]Cass. com., France, 9 juin 1998 [R.] ; *DGI et a. c/ Decatoire, ès qual.*, pourvoi n° 95-21.620 (arrêt préc.,).
[1021]Cass. com., France, 9 juin 1998 [R.], (arrêt préc.,).

420. Ne s'inscrivant pas dans le respect de la lettre de l'alinéa 3 de l'article 169 de la loi du 25 janvier 1985[1022] - cette ancienne version est dépassée -, la solution jurisprudentielle semble avoir été expliquée davantage par une partie de la doctrine. A en croire un auteur, pour que le Receveur des impôts puisse poursuivre individuellement le dirigeant de la personne morale, il faut que ce dernier soit « *à l'origine de deux insuffisances d'actif successives et totalement distinctes* »[1023]. Sinon, il doit bénéficier de la faveur de la loi[1024]. Là, honnête, le dirigeant n'est condamné ni à une banqueroute ni à une sanction patrimoniale. Mais, il est frappé deux fois de liquidation judiciaire avec, à chaque fois, une insuffisance d'actif. Abondant dans ce sens, les autres commentaires doctrinaux de cet arrêt font allusion à une conception tirée de la législation pénale : « *la récidive* »[1025]. En ce sens, est dirigeant « récidiviste », celui qui s'est trouvé à la tête de deux sociétés frappées toutes les deux de liquidation judiciaire et clôturées pour insuffisance d'actif[1026]. Ce qui est tout à fait différent de la situation présentée dans l'affaire *Sotrabat- Decatoire*. D'après les juges, le gérant n'a été placé en liquidation judiciaire clôturée pour insuffisance d'actif qu'une seule fois. A ce titre, le Trésor n'est pas fondé à exercer une action individuelle à l'encontre du gérant, conclut la cour.

421. Évolution. Ce n'est pas là le seul enseignement qu'on a pu tirer de l'arrêt *Sotrabat- Decatoire*. Il est instructif à un autre égard. Bien que le Receveur des impôts de Clermont soit la seule partie au litige, remarquons que, pour élaborer la solution jurisprudentielle, les juges optent pour le mot « les créanciers ». Énoncée de manière abstraite, la règle jurisprudentielle semble ériger l'arrêt au rang des arrêts de principe. Preuve en est que le temps donnera raison aux juges de cassation : sept ans plus tard, l'arrêt *Sotrabat- Decatoire* est repris par la loi de sauvegarde du 26 juillet 2005. Encore,

---

[1022] L., 25 jan. 1985, France, al. 3, art. 169.

[1023] Cass. com. France, 9 juin 1998, A.P.C 1998-5, n° 76, (arrêt préc.,), obs. Béhar-TOUCHAIS.

[1024] *Ibid.*

[1025] Michel CABRILLAC, Philippe PÉTEL, « Redressement et liquidation judiciaires des entreprises », *La Semaine Juridique Entreprise et Affaires*, n° 52, 24 déc. 1998, n° 49, p. 2063.

[1026] Michel CABRILLAC, Philippe PÉTEL, art. préc.,

au-delà de cette première amélioration, l'évolution du texte de loi ne s'arrête pas là ; il est affiné davantage au fil des années. Alors que le texte issu de l'article 169 de la loi du 25 janvier 1985 ne fixe aucun délai, la reprise des poursuites individuelles n'est devenue juridiquement réalisable que si la deuxième clôture a lieu dans le délai de cinq ans à compter de la première clôture[1027]. Ainsi, une fois passé ce délai, *« les compteurs sont remis à zéro »*[1028] pour le Trésor. Un dernier affinement : le texte de loi est réformé pour tenir compte du statut EIRL[1029] soumis à une procédure de rétablissement professionnel. Parce que le produit de cette évolution législative semble « *favorable* »[1030] au dirigeant, il est clair que la chance de la reprise des poursuites par le Trésor s'est rétrécie au fil des réformes précitées. Mais, on peut en conclure que le législateur français espère que cette règle s'adapte le mieux au contexte français, contexte qui, certes court derrière l'équilibre. Mais, la priorité semble être donnée au droit du débiteur au rebond[1031].

422. Adéquation au contexte OHADA ? De cette conception, le législateur OHADA en a fait littéralement application en 2015. Ainsi, à s'en tenir à la troisième condition énoncée dans l'article 174 de l'AUPC révisé, on comprend que tous les créanciers dont le Trésor peuvent reprendre leurs actions individuelles « *si le débiteur ou la personne morale dont il a été le dirigeant a été soumis à une procédure de liquidation des biens clôturée pour insuffisance d'actif moins de cinq (05) ans avant l'ouverture de celle à laquelle il est soumis* »[1032]. Est-ce que le Trésor est en droit de réunir cette condition en sa faveur ? Deux insuffisances

---

[1027] Jean-Jacques ANSAULT, Augustin AYNES, Sophia BEKHEDDA, et d'autres auteurs, *Causes de reprise des poursuites de l'ensemble des créanciers, in Lamy Droit de l'exécution forcée, n° 332-120.*

[1028] Philippe PÉTEL, *Le nouveau droit des entreprises en difficulté* : JCP E 2005, 1509, spéc. n° 50.

[1029] C. com. France, art. L643-11, III- 3°.

[1030] André JACQUEMONT, *Droit des entreprises en difficulté, op. cit.*, n° 1041, p. 574.

[1031] Martineau -BOURGNINAUD V., « Les remèdes à la souffrance du chef d'entreprise en difficulté », *D.* 2016, chron., p. 2529 ; HENRY L.-C., « La directive relative aux restructurations préventives… et la seconde chance de l'entrepreneur », *BJE,* mars 2019, n° 116t8, p. 9

[1032] AUPC révisé, art. 174, al. 2-3.

d'actifs constatées par la justice est une condition draconienne dans l'espace OHADA. A ce titre, nous pouvons supposer que la règle en question soit loin de recevoir application dans cet espace. Elle fait figure d'une transposition inadaptée. A notre sens, il s'agit d'une erreur législative : le législateur communautaire africain a opté pour la voie de la facilité en faisant introduire une telle règle dans le corpus juridique OHADA, alors que la prudence aurait dû commander de s'éviter la ou les conditions qui sont loin de s'adapter à la réalité africaine. A notre avis, combinée à la fraude, la constatation d'une seule insuffisance d'actif aurait été suffisante dans ce territoire juridique africain.

423. De là à la reprise effective des poursuites individuelles par le Trésor et les créanciers chirographaires, le pas, s'il est franchi en théorie, ne l'est pas en pratique. Ce constat persiste tant que les sanctions civiles et pénales ne sont pas appliquées. Les mêmes causes produisent les mêmes effets. Comme évoqué en propos introductif à cette section, l'heure est à la proposition de la piste à suivre. Face à la fraude qui gangrène ce système, la piste n'est rien d'autre que celle de la réforme[1033].

424. Si la reprise des poursuites est difficile à mettre en œuvre en cas de clôture de la liquidation pour insuffisance d'actif, elle l'est moins pour ce qui est de l'exercice des actions individuelles du fait de la postériorité de l'imposition.

[1033] Cf. *infra* n° 486 et s.

Section III. Poursuites du fait de la postériorité de l'imposition

425. En matière de créances fiscales postérieures, si le principe **(§1)** est de consacrer la reprise des poursuites individuelles, des contraintes **(§2)** se dressent comme de véritables obstacles à ce niveau.

§ 1. Principe

426. Comme il a été souligné, le paiement des créances fiscales à leur échéance est un principe cardinal du régime des créances postérieures. Mais, que peuvent faire le Trésor et les autres créanciers postérieurs si le redevable ne veut pas, de son propre chef, se plier à ce principe ? La question a toute sa portée car il est fréquent qu'un redevable mette de côté ses obligations fiscales au moment où l'entreprise traverse des difficultés. La réponse à la question posée est simple : le Percepteur est fondé à initier des poursuites individuelles à l'encontre du contribuable. Sur ce point, les procédures d'exécution ne se verront certainement pas appliquer la suspension ou l'interruption. Si l'arrêt des poursuites individuelles s'applique aux créances antérieures, il reste en effet inapplicable aux créances fiscales postérieures. Conséquence directe du paiement à l'échéance, la reprise des poursuites individuelles sert donc de fil conducteur pour le recouvrement des créances d'impôts postérieures. La jurisprudence des deux côtés de la méditerranée a consacré cette solution. Centré sur les créances d'impôts, l'arrêt de la Haute juridiction française est plus précis. Quoi qu'il ait été rendu sous l'empire de la loi du 25 janvier 1985, cet arrêt garde toute sa portée. Ainsi, on peut reprendre sa motivation :

> « Si la créance d'impôt est née de façon légale après le jugement d'ouverture de la procédure judiciaire et qu'elle n'a pas été payée à l'échéance, les articles 40, 47 et 49 de la

loi 25 janvier 1985 n'empêchent pas le Percepteur du Trésor d'exercer son droit de poursuites individuelles »[1034].

427. La position de la Cour de cassation marocaine. A son tour, dans un arrêt[1035] rendu au sujet des créances postérieures - dettes cambiaires -, la Cour de cassation marocaine a pu confirmer que les créances nées après le jugement d'ouverture de la procédure ne sont pas soumises à la règle de la suspension des poursuites individuelles[1036]. Associé à la jurisprudence française précitée, plus rien n'empêche que le raisonnement soit transposable aux créances d'impôts. Du coup, quand l'exploitation économique est poursuivie de façon régulière, le Fisc est fondé, comme n'importe quel autre créancier postérieur[1037], à se tourner vers « [l'] *exécution forcée* »[1038]. A ce niveau, le Percepteur doit suivre l'ordre suivant : la notification du commandement, « *la saisie sur les biens* »[1039] -meuble et immeuble -, et éventuellement la vente de ces biens y compris le fonds de commerce. Le Trésor peut, le cas échéant, émettre un ATD ou pratiquer la saisie sur tiers. Reste que la contrainte par corps n'est pas exclue dans un tel cadre[1040]. Néanmoins, il faut relever qu'à part l'arrêt relatif aux dettes cambiaires, aucune jurisprudence marocaine n'existe à propos de l'exercice des actions fiscales dans un tel cadre. Au mieux, aucune enquête n'est faite sur le terrain pour étayer ce propos. Cela dit, des contraintes, bien connues, surgissent parfois et limitent la portée des poursuites individuelles.

§2. Contraintes

428. La reprise des poursuites individuelles, véritable prérogative du Fisc en la matière, est battue en brèche en

---

[1034] Cass. com., France, 20 juin 1989 JCP, éd., E 1989.

[1035] Cass. com. Maroc, n° 1000, 09 juil. 2008, doss. com., n° 800 / 3 / 1 / 2006.

[1036]Hassania CHERKAOUI, *op. cit.*, p. 288

[1037] Sur cette question, cf. *supra* n° 343 ; *infra* n° 719.

[1038]Céline BAS, *Le fait générateur de l'impôt, op. cit.*, p. 220.

[1039]*Ibid.*

[1040]V. Omar ESSAKTANI, « La situation des créances d'impôts après l'ouverture des procédures des difficultés de l'entreprise », art. préc., p. 120.

pratique. Ainsi, comme il a été souligné, le problème n'est pas seulement d'ordre juridique, il est aussi « *d'origine économique* »[1041] : on se retrouve souvent en face de la carence de fonds sur lequel le Trésor est en droit de se faire payer. En plus, les contraintes liées à la volonté de préserver le redressement de l'entreprise sont citées comme étant un deuxième obstacle. Dès lors que le plan de continuation est arrêté, on conviendra avec une auteure que le déclenchement des poursuites individuelles par le Trésor est de nature à susciter l'hésitation pour certains des biens *: « il en est ainsi pour les biens que le tribunal déclare inaliénables lorsqu'il ordonne un plan de continuation* [...] »[1042]. Là, les fonds existent. Mais, c'est l'exercice des poursuites qui doit être exercé avec mesure : il ne doit pas remettre en cause le redressement de l'entité économique, objectif poursuivi principalement en instituant le régime des créances postérieures.

429. En somme, pour ce qui est des créances fiscales postérieures, la reprise des poursuites individuelles est possible. Ceci dit, cette prérogative s'affronte à deux contraintes au point que le Trésor se retrouve, ici encore, face à une protection défectueuse.

430. En conclusion de ce chapitre, nous pouvons affirmer qu'en Afrique, la protection du Trésor axée sur la reprise des poursuites individuelles est davantage un mythe qu'une réalité. Motif pris de ce que la quête de cette protection s'affronte à plusieurs difficultés, sinon à des obstacles qui tantôt anéantissent ce droit, tantôt en atténuent sa portée. Ce constat se dégage nettement de la rareté des applications judiciaires, toutes hypothèses confondues.

431. Dans l'hypothèse de l'inertie du syndic lors de la vente de l'actif, les deux lois africaines semblent avoir une approche presque commune : La reprise des poursuites est rendue inapplicable parce que les conditions sont draconiennes et le vide juridique est flagrant. Et si les conditions susvisées sont

---

[1041]Céline BAS, *Le fait générateur de l'impôt*, *op. cit.*, p. 218.
[1042]Hassania CHERKAOUI, *op. cit.*, p. 288 ; C. com. L. n° 73 - 17, al. 1, art. 626.

remplies, le Trésor est ramené aux raisons de l'ordre collectif, précise l'effort jurisprudentiel précité de la Cour de cassation française[1043]. Si cette solution judiciaire venait à être reprise par les juges en Afrique, le Trésor sera payé selon le rang et l'assiette du privilège attaché aux créances fiscales. On est donc très loin de la « protection » à caractère individuel. Le recours à la reprise des poursuites individuelles est vu ici comme un moyen pour assurer le but traditionnel qu'est le paiement collectif. On revient toujours à cette question de la persistance de l'ordre collectif.

432. La présentation d'une approche commune atteint aussi la position des deux systèmes juridiques africains en ce qui concerne la reprise des poursuites individuelles pour recouvrer les créances d'impôts postérieures. Toutefois, faut-il le rappeler, le manque des fonds et le souci du redressement de l'entité économique restent les deux grands obstacles en la matière.

433. Enfin, en ce qui concerne la reprise des poursuites du fait de la clôture de liquidation pour insuffisance d'actif, la protection est très faible pour ne pas dire inexistante. Bien que le législateur OHADA soit allé plus loin et établisse des exceptions en faveur du créancier fiscal, l'enthousiasme n'est pas le même s'agissant de l'incidence dudit cadre sur le recouvrement du total des créances fiscales ou le restant dû.

434. Le droit OHADA et le droit marocain ont une approche espacée quant à la protection du Trésor dans le cadre extra-collectif des procédures collectives. Alors qu'en droit OHADA la tendance est à une plus grande consécration de la reprise des poursuites individuelles, le droit marocain s'avère hostile à une telle approche. Mais, cette hostilité est compensée, si l'on ose dire, par la consécration poussée[1044] du régime des créances fiscales postérieures. Régime qui reste, dans une certaine mesure, attentif au recouvrement des créances fiscales postérieures, car le Fisc est fondé à intervenir tant que l'imposition prend naissance après la décision d'ouverture et se rattache à l'activité de

[1043]Cass. com., France, 19 déc. 1995, n° 92-19.525 (arrêt préc.,).
[1044] Cf. *infra* n° 741 et s.

l'entreprise[1045]. Dans cette éventuelle approche, il faut garder à l'esprit l'évidence qu'il serait irréfléchi d'affirmer que toutes sortes d'impositions peuvent être recouvrées. L'IS et l'IGR en sont un exemple clair. La raison tient au fait qu'au Maroc et à l'échelon communautaire africain, le Trésor est très souvent malmené par les déclarations déficitaires présentées par les entreprises en temps normal. En temps de crise, le paiement des impôts postérieurs assis sur le bénéfice est donc fort improbable pour une grande partie des entreprises en difficulté, si ce n'est toutes.

435. En droit OHADA, il faut inverser la tendance. Si l'on peut mettre à son actif l'encadrement de la reprise des poursuites individuelles, le régime des créances contre la masse pâtit d'une grande ambiguïté. En réalité, contrairement à la loi marocaine n° 73-17, l'on reproche au droit OHADA un vide juridique flagrant au niveau des créances contre la masse : critères d'application insuffisants, domaine d'application imprécis, un classement des créances garanties inexistant, flou au niveau de la modalité du paiement. A ces lacunes juridiques, il faut ajouter la pauvreté de la pratique judiciaire en la matière : aucune décision judiciaire traitant les créances contre la masse n'est trouvée dans les cinq rapports quinquennaux relatifs à la jurisprudence OHADA. Est-ce une omission de *Joseph Issa-Sayegh,* qui a été l'auteur des cinq rapports précités ? Est-ce une évidence qui reflète une réalité du terrain ? En effet, « *le droit des procédures collectives est le parent pauvre du débat judiciaire dans l'espace OHADA* »[1046]. Dans cette perspective, l'AUPC est si délaissé par les opérateurs économiques privés[1047] que les décisions judiciaires portant sur le régime des créances contre la masse - Fiscales et non fiscales - sont inexistantes. Le même constat est fait pour ce qui est des décisions judiciaires portant sur la reprise des poursuites individuelles. En définitive, l'encadrement normatif à lui seul n'est pas suffisant pour parler d'une protection effective du Trésor à ce niveau. Seule l'application judiciaire permet de dire si oui ou non le Trésor

---

[1045] G. RIPERT et R. ROBLOT, *op. cit.,* n° 3063, p. 997.

[1046] Sahabi OUMAROU, *Redressement de l'entreprise ou paiement des créanciers : quelle finalité pour les procédures collectives du droit OHADA* ? Thèse, Dakar, 2007.

[1047] Harouna SALEY SIDIBÉ., Thèse préc., n° 831.

est protégé. Il n'est pas question de minimiser l'importance de l'action de légiférer. Cette action reste primordiale. Mais, la justice doit accompagner la production législative par une production judiciaire. Et c'est d'ailleurs l'objectif derrière l'élaboration des lois. Il faut donc miser sur l'application judiciaire. De la sorte, toutes les parties y compris le Fisc seront, dans une certaine mesure, protégées et la loi elle-même se verra évoluer au fil du temps rien que dans l'intérêt desdites parties.

Conclusion de la première partie

436. La condition du Trésor dans les deux lois africaines du traitement des difficultés des entreprises demeure fortement défectueuse au regard des raisons classiques de ce système. En effet, les raisons de l'ordre collectif font en sorte que le Trésor se retrouve impliqué dans la recherche, la défense et la préservation d'un intérêt collectif. Du coup, ce créancier public, fort de ses prérogatives individuelles en temps normal, devient astreint à une discipline collective à la fois limitée et compliquée. En effet, la pratique judiciaire africaine montre l'incapacité de ce système à remplir les principaux objectifs poursuivis : ni un désintéressement satisfaisant du Trésor n'est assuré, ni une sauvegarde des entreprises n'est garantie. La conséquence, déjà mise en relief, casse l'opérateur économique privé qui aspire à son redressement et déçoit le Trésor et les autres parties en présence.

437. La condition du Trésor au regard des raisons extra-collectif de ce système, si elle est moins défectueuse, drague d'une certaine incertitude. Ainsi, la reprise des poursuites individuelles et le paiement des créances fiscales postérieures ou contre la masse sont très loin d'être considérés comme de véritables mécanismes de protection du Trésor. Autant le cadre juridique que sa mise en œuvre sont incertains. A cela s'ajoutent le manque de fonds, la persistance de l'ordre collectif, les contraintes procédurales, l'inapplication et le détournement du cadre légal, le vide juridique en matière pénale, et « *le laxisme* »[1048] voire « *la complicité* » de la justice économique. Ce sont donc les principales raisons qui atténuent la portée et l'avancement du dispositif légal.

438. En partant de cette conclusion, une nécessité s'impose : la condition du Trésor dans le système des procédures collectives est à repenser en Afrique.

[1048] Souleymane TOE, Thèse préc., V. plan de la thèse (note préc.) ; Saad BENMANSOUR, « Redressement judiciaire, la fin du laxisme ?», art. préc.,

SECONDE PARTIE : UNE PROTECTION À REPENSER

439. Avec l'entrée en vigueur de la loi n° 73-17 et du nouvel AUPC, il ne fait pas de doute qu'un vent nouveau, plus intense que par le passé[1049], a soufflé sur le paysage juridique en Afrique. Quel que soit le régime juridique considéré, il s'agit d'une réforme qui touche aux principaux objectifs poursuivis par le droit de l'insolvabilité. Réforme, qui tout en s'inscrivant dans la continuité, apporte plusieurs innovations. Ainsi, le redressement de l'entité économique est au centre de la réforme. La protection des créanciers n'est pas en reste. C'est dans ce sillage que la condition juridique du Fisc s'est vue offrir un certain nombre d'améliorations d'ordre normatif.

440. Cela dit, au regard de la pratique judiciaire produite depuis lors, au regard des critiques doctrinales, au regard de la lecture des dernières statistiques, au regard de tout cela, des voix s'élèvent déjà pour faire observer que les créanciers restent « *peu protégés* »[1050] et que le redressement tant espéré des entreprises est encore loin d'être atteint. A cela, s'ajoute le fait que la situation du Trésor, en tant que créancier spécial, n'est pas suffisamment prise en compte par les deux systèmes juridiques africains. En règle générale, un goût d'inachevé se dégage de ces deux réformes. Il en découle que la protection du Fisc pâtit toujours d'une certaine incertitude. Dans ces conditions, on ne peut que formuler l'espoir que le

---

[1049] Entrée en vigueur sur la base de la loi n°81-14, une réforme du droit des procédures collectives marocain a eu lieu en 2014. Mais, elle n'a pas apporté grand-chose en la matière. Elle est venue modifier deux éléments : la dénomination du livre cinq du Code de commerce, devenu désormais « mesures de prévention et de traitement des difficultés de l'entreprise ». La seconde modification concerne l'article 546 encadrant la prévention interne. Cf. Allal FALI, *Commentaire sur la loi relative aux difficultés des entreprises à la lumière de 20 ans de la justice commerciale 1998-2018, op. cit.*, p. 11.

[1050] Naoufel DARIF, « Insolvabilité : pourquoi les créanciers se sentent peu protégés », *La vie éco*, 23 avr. 2019.

cheminement de réforme puisse continuer d'évoluer pour l'amélioration du dispositif existant **(Titre 1)**. En second lieu, la redéfinition de la protection spéciale du Trésor **(Titre II)** dans les deux systèmes juridiques est une chose à instaurer.

TITRE I. DE LA NÉCESSAIRE AMÉLIORATION DU DISPOSITIF GÉNÉRAL

441. La nécessaire amélioration du dispositif légal a pour objectif de rendre encore plus efficaces et attractives les règles juridiques établies aussi bien par le nouvel AUPC que par la loi marocaine n° 73-17. Cette amélioration législative est indispensable, car l'état actuel coûte beaucoup pour le créancier fiscal et les autres parties en présence. Le taux de recouvrement des créances fiscales reste toujours faible. A son tour, la survie des entités économiques n'est pas assurée autant qu'on l'espère. De l'optimisation des procédures (Chapitre I), à la valorisation de la protection fondée sur le financement et le redressement des entités économiques (Chapitre II), ladite amélioration est à même de repenser la protection des créanciers en général et du Trésor en particulier dans les systèmes des procédures collectives en Afrique.

CHAPITRE I. VERS L'OPTIMISATION DES PROCÉDURES

442. Par « optimisation[1051] des procédures », il faut entendre maximiser le rendement des procédures collectives et individuelles en termes du redressement des entreprises et du paiement substantiel du Trésor et des autres créanciers. Autrement dit, optimiser les procédures, c'est à la fois apporter des aménagements et instaurer des palliatifs pour dépasser les difficultés précédemment citées. Cette optimisation est à même de pousser vers l'atteinte de deux objectifs qualifiés d'intérêt général : maximiser à la fois le taux de recouvrement des créances d'impôts et celui des entreprises qui réussissent leur redressement judiciaire.

443. A cette fin, la correspondance de la liquidation aux exigences économiques est citée par la doctrine comme l'une des mesures qui doivent être instaurées pour asseoir une protection effective du Trésor. L'objectif est d'aller donc plus loin dans l'esprit de la « *simplification* »[1052] de façon à rendre la liquidation judiciaire « *plus économique* »[1053]. La procédure du redressement judiciaire n'est pas étrangère à cette logique. Et c'est autant bénéfique pour le Trésor que pour toutes les autres parties en présence. Dans cet esprit, il s'agit de l'optimisation de la protection fondée sur l'affirmation du principe de l'égalité des créanciers **(Section I).**

444. Conscient du fait que le Trésor est un créancier à part, la prise en compte de sa situation spéciale est une question qui a grandement préoccupé le législateur français. Certes, les législateurs OHADA et marocain ont pu élaborer des règles y

---

[1051] Selon le nouveau petit robert (Ed. 1993), p. 1729 : optimiser signifie « *donner à une entreprise les meilleures conditions de fonctionnement et de rendement* ».

[1052]Arlette MARTIN-SERF, « La liquidation judiciaire simplifiée : encore plus simplifiée mais en concurrence avec le rétablissement professionnel ? », *in* doss. « Le nouveau droit des entreprises en difficulté », Gaz. *Pal.* 3 janv. 2015, n° 203, p. 23

[1053]Arlette MARTIN-SERF, La liquidation judiciaire simplifiée ..., art. préc.,

relatives. Mais, ils ne sont pas au rendez-vous sur un certain nombre de questions. Parce qu'il ne porte pas atteinte aux droits des autres parties, l'encadrement de la condition spéciale du Fisc est une nécessité. Dans cette conception, il est question de l'optimisation de la protection tournée vers des exceptions au principe de l'égalité des créanciers **(Section II)**.

Section I. Optimisation fondée sur l'affirmation de l'égalité des créanciers

445. Le principe de l'égalité des créanciers est un principe traditionnel des procédures collectives. Il puise primitivement son fondement juridique au sein du droit commun. D'une seule voix, les articles 1241 du Code marocain des obligations et contrats et 2093 du Code ivoirien des biens et des obligations prévoient que : « *Les biens du débiteur sont le gage commun de ses créanciers, et le prix s'en distribue entre eux par contribution, à moins qu'il n'y ait entre les créanciers des causes légitimes de préférence* »[1054]. Les créances antérieures au rang desquelles figurent les créances fiscales ne constituent pas, par leur nature, une cause légitime de préférence. Comme on l'a vu, les créances fiscales restent largement soumises à ce principe[1055]. Dans cette perspective, l'application du principe de l'égalité des créanciers est vue comme une précieuse question à laquelle on doit se référer pour optimiser les illustrations de la protection du Trésor.

446. Parce que les procédures du redressement judiciaire et liquidatives n'ont pas donné, jusqu'à présent, les résultats escomptés, les deux législateurs africains doivent agir dans la direction de rationaliser la protection tirée de l'affirmation du principe précité. Autrement dit, il convient d'optimiser l'intérêt collectif sans pour autant négliger l'intérêt individuel, lequel doit s'appliquer à titre exceptionnel. Il s'agit en premier de l'optimisation de la liquidation judiciaire **(sous-section.1)**. Identiquement, rendre efficaces des plans de redressement judiciaire et promouvoir la justice économique **(sous-section. 2)** sont un autre volet dont la discussion est fortement nécessaire pour optimiser la protection dudit créancier.

1054 DOC, Maroc, art. 1241. V. aussi Code des biens et des obligations, Côte d'Ivoire, art. 2093.

1055 Le premier titre de la première partie de cette thèse est réservé aux raisons de l'ordre collectif. Cf. supra : partie I, Titre I.

Sous-section 1. L'optimisation de la liquidation judiciaire

447. L'optimisation de la liquidation judiciaire est une question qui revêt une grande importance dans les systèmes des procédures collectives en Afrique. Elle passe par plusieurs mesures. Pour préciser, le droit au rebond du débiteur et la reprise des poursuites individuelles **(§1)** sont deux mesures procédurales à même de rendre meilleure et attractive la condition du Fisc après le prononcé de la liquidation judiciaire. Mais, ces deux mécanismes ne peuvent fonctionner que si et seulement si on arrive à dépasser les défaillances du régime actuel des sanctions pénales et civiles. Il est question de la valorisation du régime des sanctions **(§2).**

§ 1. Du droit au rebond à la reprise des poursuites individuelles

448. Déjà présentées[1056], deux difficultés se révèlent inquiétantes en application de la liquidation judiciaire : la longueur de la procédure et le taux dérisoire de recouvrement des créances fiscales[1057]. Face à la première difficulté, une solution contemporaine du système des procédures collectives est conjointement établie par les droits OHADA et français. Mais, elle reste toujours occultée par le droit marocain. Il s'agit du choix d'opter pour l'accélération de la liquidation, laquelle n'est pas une fin en soi en ce qu'il faut y voir une première grande étape vers le rebond du débiteur (**A**). Face à la deuxième difficulté, une autre solution est également partagée par les droits français et OHADA : la reprise des actions individuelles. Autorisé à reprendre ces actions, le Trésor se retrouve dans une situation confortable. En ce sens, ladite reprise permet de remédier au taux insignifiant des créances fiscales payées. Toute la question est de savoir si l'encadrement de la reprise des actions individuelles **(B)**

[1056] Cf. *supra* n° 246 ; 278-280.

[1057] Ce sont d'ailleurs les deux des trois indices relevés par le fameux rapport *doing business* de la banque mondiale.

permet-il de repenser la protection du Trésor dans le contexte marocain ?

A. Droit au rebond : du principe à la consécration

449. Le droit du débiteur au rebond suppose de pousser davantage vers la logique qu'est la création de la richesse. C'est une solution qui arrange toutes les parties en présence en particulier l'Administration fiscale. Cependant, en dépit de son effectivité économique, de nombreux Etats en Afrique ne lui accordent pas la place qu'il mérite.

450. Avant d'aborder les éléments de la solution de nature à consacrer le droit au rebond sur le terrain **(2),** il convient d'en préciser le principe **(1).**

1. Le principe

451. Peut-on apporter une protection au Fisc après la clôture de la liquidation judiciaire ? A première vue, l'interrogation peut surprendre surtout que l'on se situe au stade de la phase post-liquidative. Cependant, l'analyse économique du droit des procédures collectives s'attache à la logique de la création de la richesse. Il s'agit de permettre au débiteur de rebondir en se plongeant dans un autre projet économique.

452. Un palliatif tout à fait original. Pour bien assimiler le droit au rebond, et par souci de cohérence, il vaut mieux raisonner à partir des statistiques. Le nombre des entreprises qui ont été créées en 2018 au Maroc est 91 909. Sur ce point, on ne cesse de se poser la question de savoir comment faire pour favoriser davantage la création des entités économiques. Soyons plus précis : au titre de l'année précitée, y a-t-il un moyen de faire passer le nombre à 100 000 unités économiques ? Une hausse de l'ordre de 10 % est-elle possible ? Dans ce domaine, il y a plusieurs recettes. Mais, une méthode reste significative en la matière. En ce sens, on ne sort pas du cadre des débiteurs frappés de liquidation. Comment ? On se souvient que le nombre des entreprises liquidées en 2017 est à 8020[1058]. Qu'est-ce qui empêche que ces anciens débiteurs aillent se lancer dans de nouveaux projets économiques ? Une politique étatique favorable, additionnée à une volonté de leur part, est à même d'assurer le rebond de cette catégorie de débiteurs. L'idée est tellement attrayante qu'elle s'apparente à un redressement judiciaire rattrapé, car si plusieurs difficultés se dressent comme une barrière au redressement d'une entreprise, le rebond du débiteur liquidé devait être une solution alternative.

453. Loin d'être envisagée comme un calcul arithmétique, la démarche est mise en application sous d'autres cieux. Droit au rebond, pour les uns ; *fresh start*, pour les autres, les deux formules ciblent un but traditionnel : encourager l'initiative privée en créant de nouvelles entreprises[1059]. Confirmé en doctrine[1060], le droit au rebond implique de donner une deuxième chance au débiteur de bonne foi[1061]. Une auteure l'a bien exprimé : après la clôture de la liquidation judiciaire, le débiteur doit jouir de la « *liberté de réentreprendre* »[1062]. N'étant pas du tout étonnée de cette logique, une autre auteure a pu penser que : « *L'établissement du passif représente un enjeu majeur de la procédure collective dans un système politico-économique où l'attachement à une philosophie du nouveau départ (fresh strat) est aussi fort que le souci de protection du crédit* »[1063]. Partant de ces constatations, une troisième auteure a pu conclure que : « *La logique*

[1058] Cf. *supra* n° 315.

[1059] Françoise PEROCHON, Régine BONHOMME, *op.cit.*, n° 414, p. 456.

[1060]En plus des articles susmentionnés, V. P. Roussel GALLE, « Débiteur personne physique : du dessaisissement au Rebond », *BJE,* sept. 2018, n° 116g 6, p. 389 ; S. SCHILLER, « Le Rebond des entreprises dans la phase postérieure à l'effacement de leurs dettes », *Dr. & patr.* 2009, p. 8 ; C. SAINT-ALARY-HOUIN, « Le " Rebond" du débiteur en liquidation : vrai ou faux départ ? », in Mélanges en l'honneur de Daniel Tricot, 2011, Dalloz-Litec, p. 579 ; V. MARTINEAU-BOURGNINAUD, « Le Rebond du débiteur », in Pour un droit des PME ! 2018, Connaissances & Savoirs, p. 319.

[1061] GALOKHO C., « Le Rebond du débiteur de mauvaise foi », *RTD com.* 2017, p. 783.

[1062] Corinne SAINT-ALARY-HOUIN, « Le " rebond" du débiteur en Liquidation : vrai ou faux départ ? », art. préc., p. 579.

[1063]Margaret TANGER, « L'établissement du passif antérieur selon la législation fédérale des Etats-Unis sur la faillite », L.P.A, 19 août 2003, n° 165, p. 3.

économique ne peut admettre que ces personnes [débiteurs faillis] se cantonnent dans l'économie souterraine et restent un poids pour la société. Il faut au contraire les réintégrer dans le système économique et social en leur permettant de prendre un nouveau départ »[1064]. L'on ne peut pas être plus clair.

454. Un mécanisme tout à fait logique. Au-delà de la consécration de ce mécanisme en droit comparé, l'on est tenté d'en présenter le fondement. A ce propos, deux raisons justifient la consécration du droit au rebond en Afrique. Animée par la quête de la création de la richesse, l'effectivité économique du rebond du débiteur ne souffre d'aucune contestation. L'on peut y voir ainsi un facteur de naissance future et éventuelle des créances fiscales. L'enthousiasme perceptible par l'analyse économique est conforté par des considérations humaines et sociales. Ainsi, on a pu soutenir que le débiteur de bonne foi[1065] doit trouver les moyens de rebondir. Ce n'est pas parce qu'il est frappé de liquidation judiciaire que les portes des affaires devront être fermées devant lui une fois pour toutes. Le rebond du débiteur trouve son fondement dans l'expérience pratique que le débiteur a accumulée. Certes, c'est un échec. Mais, armé de son passé, le débiteur frappé de liquidation peut trouver le succès dans un autre projet économique. Les expériences humaines vécues le confirment[1066]. Le rebond du débiteur est donc tout à fait logique ; et l'on peut conclure qu'il permet d'apporter une certaine protection au Fisc.

455. Le principe du droit au rebond étant clair, c'est sa consécration sur le terrain qui fait de ce mécanisme une solution économiquement efficace.

[1064] Cf. Martine GERBER-LEMAIRE, « Nouveau départ et traitement des difficultés des entreprises au Luxembourg », LPA, 27 nov. 2009, n° 237, p. 86.

[1065] Autre condition : il ne faut pas qu'il y ait d'éléments de nature à entraîner l'application des sanctions pénales et civiles.

[1066] Cf. https://www.60000rebonds.com

456. La volonté de consacrer le droit au rebond sur le terrain implique de mener une réflexion en deux temps. Dans un premier temps, il est indispensable d'analyser l'accélération de la liquidation judiciaire **(a)** et son double impact sur le paiement rapide du Trésor et sur le rebond du débiteur. Dans un deuxième temps, il faut que les législateurs africains internes ainsi que toutes les autres forces vives de l'Etat agissent dans la même direction, celle qui tend à favoriser ce rebond à travers l'adoption d'une politique intégrée **(b).**

a. L'accélération de la liquidation judiciaire

457. L'accélération de la liquidation est la première étape sur le chemin du rebond du débiteur. Cette accélération peut être appréhendée soit à travers l'instauration de la liquidation judiciaire simplifiée **(α)** soit à travers le dépassement du dessaisissement du débiteur **(β)** pour ce qui est de la liquidation judiciaire ordinaire. Ceci dit, si l'efficacité de l'introduction du régime simplifié en droit marocain ne fait aucun doute, sa mise en œuvre dans l'espace OHADA fait déjà observer qu'on est encore très loin de dépasser le caractère long et compliqué des opérations liquidatives. D'où la nécessité d'optimiser les résultats en termes d'accélération de ladite procédure **(γ).**

α. L'instauration de la liquidation judiciaire simplifiée

458. *« Une liquidation rapide est bien sûr de leur intérêt puisque s'ils sont en rang utile, [les créanciers] percevront tout ou partie de leurs créances rapidement, et dans le cas contraire, il ne sert à rien d'attendre »*[1067]. Compte tenu du caractère privilégié d'une partie importante des créances

---

[1067]Philippe ROUSSEL GALLE, « Les débiteurs dans l'AUPC révisé : la modernisation du droit de l'insolvabilité dans la continuité », *droit & patrimoine*, n° 253, doss. spéc. 8 déc. 2015.

fiscales, il est permis d'affirmer que le Trésor peut, dans une certaine mesure, y trouver son compte. Ce constat, attribué à l'un des rédacteurs de l'AUPC révisé, résume la place de choix que le droit uniforme africain consacre à la rapidité des opérations liquidatives. En effet, le législateur communautaire africain a eu la sagesse de se focaliser sur ce qui est de nature à retarder la liquidation des biens. Le rédacteur précité ne s'arrête pas là : il a mis sa plume à l'éclairage et à l'illustration de cette question. Une mesure originale a pu être rapidement identifiée : la liquidation simplifiée des biens.

459. La consécration de la liquidation simplifiée des biens en droit OHADA. Très développée en doctrine[1068], tirée de la loi française de sauvegarde de 2005, la liquidation simplifiée des biens est une excellente réponse aux critiques susvisées. Autant pour le redressement judiciaire que pour la liquidation des biens, le droit uniforme africain innove en matière de règles procédurales. L'AUPC de 2015 introduit, pour la première fois, la procédure de la liquidation simplifiée. Elle concerne les petites entreprises dont l'actif ne comprend pas de biens immobiliers.

460. Une solution, quelle portée ? Cette solution novatrice est-elle à même de servir les intérêts des créanciers en général et du Trésor en particulier ? La réponse est affirmative. Bien

[1068]Pierre Michel LE CORRE, « Le nouveau visage de la liquidation judiciaire simplifiée », *D.* 2009, doss. « Réforme du droit des entreprises en difficulté », p. 677 ; Françoise PÉROCHON, « La liquidation judiciaire simplifiée », *Rev. proc. coll* 2006, p. 191 ; Françoise PÉROCHON, « À propos de la réforme de la liquidation judiciaire par l'ordonnance du 18 décembre 2008 », *Gaz. Pal,* 8 au 10 mars 2009, p. 3 ; Philippe ROUSSEL GALLE, « Les débiteurs dans l'AUPC révisé : la modernisation du droit de l'insolvabilité dans la continuité », art. préc., ; Philippe FROEHLICH, « La liquidation judiciaire dans la loi de sauvegarde des entreprises », *Rev. Lamy. dr. aff., n° 88, 1er déc. 2005 ;* Arlette MARTIN-SERF, « La liquidation judiciaire simplifiée : encore plus simplifiée mais en concurrence avec le rétablissement professionnel ?», art. préc., ; *Stéphane GORRIAS, « Liquidation judiciaire -La liquidation judiciaire simplifiée », in Cahiers de droit de l' entreprise, n° 2, mars 2007, doss. n° 10 ;* Stéphane GORRIAS, « Recours sur le jugement de liquidation judiciaire simplifiée - L'application des règles de la liquidation judiciaire simplifiée est une mesure d'administration judiciaire non susceptible de recours », *Rev. proc. coll.* n° 2, avril 2008, comm. 52, note sous, Cass. com., France, 4 mars 2008, n° 07-10.033, FS-P+B : JurisData n° 2008-043008.

qu'une partie de la doctrine ait été amenée à nuancer l'intérêt d'une telle procédure[1069], reste que son atout économique n'est plus à démontrer. La seule lecture de l'article 179-9 du nouvel AUPC permet d'en saisir la portée. En effet, par application de l'article précité, la juridiction compétente prononce sa décision relative à la clôture de la liquidation dans le délai de 120 jours à compter du prononcé de la décision d'ouverture de la liquidation simplifiée des biens. Faisant d'une pierre deux coups, la liquidation simplifiée des biens, non seulement elle permet de payer les créanciers dans les meilleurs délais. Mais aussi, elle concourt à assurer aussi rapidement au débiteur un droit au rebond. Le créancier fiscal en est donc concerné pour ses créances d'impôts antérieures et celles éventuellement générées par l'activité économique dans l'hypothèse du rebond du débiteur.

461. Une procédure toujours occultée par le droit marocain. La procédure de liquidation judiciaire simplifiée figure parmi l'une des recommandations du rapport de l'U.S.A.I.D sur l'évaluation du droit marocain des entreprises en difficulté[1070]. Les travaux préparatoires du projet de réforme du livre 5 du Code de commerce marocain y font aussi allusion. Néanmoins, cette solution n'a pas été reprise par les rédacteurs de la loi marocaine n° 73-17. L'occasion fut malheureusement donnée au législateur marocain pour agir dans ce sens, car comme il a été souligné, de toutes les faillites enregistrées au Maroc en 2017, 91 %[1071] touchent les très petites entreprises[1072]. Vue sous ce prisme, la loi marocaine n° 73-17, loin d'être subtile, fait figure d'un cadre juridique inachevé. Dès lors, le législateur marocain gagnerait à

[1069] Bakary DIALLO, « Des procédures adaptées aux « petites » entreprises : les procédures simplifiées », *droit & patrimoine*, n° 253, doss. spéc. 8 déc. 2015.

[1070] Ahmed El HAJJAMI, *Entreprises en Difficultés : Propositions d'amendements du Livre V du Code de Commerce,* Publication du programme amélioration du climat des affaires au Maroc : l'U.S.A.I.D (2007). (Rapport préc.,) p. 24.

[1071] Franck FAGNON, « Faillite des mécanismes de procédure collective », art. préc.,

[1072] D'ailleurs, la donnée n'est pas nouvelle : le tissu économique au Maroc est principalement composé des TPE et des PME dont la plupart sont des entreprises familiales.

introduire prochainement cette procédure[1073]. Bien plus, ce législateur doit aller plus loin. Il faut apporter d'autres réponses pour assurer la rapidité des procédures collectives[1074]. Le dépassement du dessaisissement prolongé dans le temps en est une.

β. Le nécessaire dépassement du dessaisissement prolongé

462. Retour sur l'article 33 de l'AUPC révisé. Le souci de faciliter le rebond du débiteur implique de dépasser le dessaisissement prolongé. Là, il est question des entreprises auxquelles on ne peut pas appliquer la liquidation judiciaire simplifiée. Sur ce point, il faut rappeler le problème inhérent à l'« *éternisa*[tion] »[1075] des opérations liquidatives. Les exemples pratiques sont nombreux. L'affaire *Général Tire*, déjà citée, en est un exemple[1076]. Dans une telle situation, le rebond de ce genre de débiteurs s'apparente plus à une illusion plutôt qu'à la réalité. Il est alors intéressant de se demander quelle serait la solution si la liquidation judiciaire simplifiée avait été dépassée en l'espèce.

463. Ici, c'est la référence à un auteur dont la pensée nous permet de présenter un début de réponse. « *Une réorganisation des délais [écrit-il, est] nécessaire afin d'accélérer le déroulement [...] de la liquidation des biens dans l'intérêt de toutes les parties* »[1077] y compris l'Administration fiscale. Pour expliquer ce propos, notons que l'encadrement des délais doit aller dans le sens de la clôture anticipée de liquidation pour les entreprises, y compris celles disposant d'un patrimoine immobilier. Pour revenir à l'affaire *Général Tire,* cette réorganisation des délais implique de

---

1073Didier TAKAFO-KENFACK, « La rationalisation des procédures collectives de l'OHADA : un modèle prometteur ? », art. préc.,

1074 Cf. *infra* n° 567 et s.

1075Philippe ROUSSEL GALLE, « Les débiteurs dans l'AUPC révisé : la modernisation du droit de l'insolvabilité dans la continuité », art. préc., :

1076 La liquidation de *Général Tire* est en train d'amorcer sa troisième décennie. Sur cet exemple, Cf. *supra* n° 246.

1077Didier TAKAFO-KENFACK, « La rationalisation des procédures collectives de l'OHADA : un modèle prometteur ? », art. préc.,

clôturer cette liquidation au terme d'un délai raisonnable et non pas attendre jusqu' à ce que tous les biens immobiliers soient vendus. Certaines décisions judiciaires rendues en France semblent présenter une piste de réflexion[1078]. On le comprend, si la clôture de la procédure judiciaire simplifiée est prévue par un texte de loi, raccourcir de force le dessaisissement du débiteur (soumis à une procédure de liquidation normale) est l'œuvre du juge. Mais, le point commun est de favoriser, entre autres, le rebond du débiteur. Si cette position doctrinale se révèle pragmatique, la solution établie par le droit OHADA associe ce pragmatisme à la rigueur juridique. Que dit précisément la loi sur ce point ?

464. En règle générale, les droits français et OHADA donnent corps à ce défi. Ainsi, pour s'éviter une sanction de la part de la Cour européenne des droits de l'homme du fait de la longueur outre mesure des opérations liquidatives, le législateur français « *s'efforce d'en limiter la durée* »[1079]. La motivation est très claire : « *[c'est] afin de ne pas compromettre le rebond du débiteur* »[1080]. A ce propos, ce n'est pas pour rien que l'article L643-9 du Code de commerce français prévoit que la juridiction doit fixer un délai dans le jugement prononçant la liquidation au terme duquel la liquidation est clôturée[1081]. Cette dernière règle rejoint celle instituée par le législateur OHADA[1082] dans l'article 33 précité du nouvel AUPC. Ainsi, guidé par le même souci de l'accélération des opérations liquidatives, le nouvel AUPC a tenu à mettre au cœur de son dispositif cette mesure originale : le dessaisissement du débiteur ne peut pas aller au-delà de 24 mois[1083]. Hormis la différence de formulation, les deux règles 33 et L.643-9 susmentionnées ont, avec des nuances, pour ambition la clôture anticipée des opérations liquidatives. Autrement dit, les législateurs OHADA et français l'ont bien

---

[1078] Cass. com., France, 22 janv.2008, n° 06-20766 ; CA Caen, 4 nov. 2010, n° 08/01735 ; CA Nancy 17 avr. 2013, n° 11/02817)

[1079] Véronique MARTINEAU-BOURGNINAUD, « Le rebond du débiteur dans la loi PACTE », *BJE juill.* 2019, n° 04, p. 50.

[1080] Véronique MARTINEAU-BOURGNINAUD, art. préc.,

[1081] Bernard LAGARDE, *Entreprises en difficultés, Traité économique et fiscal*, *op. cit.*§.23, p. 126.

[1082] AUPC révisé, al. 3, art. 33 (art. préc.,)

[1083] Cf. *supra* n° 395.

compris, le rebond du débiteur est moins compliqué si le délai du dessaisissement est limité dans le temps[1084].

465. Perspective d'une solution identique en droit marocain. Contrairement aux droits français et OHADA, un mutisme se constate à l'examen du livre 5 du Code de commerce marocain révisé. Considérant que la lenteur de la liquidation est une véritable plaie économique, convaincu que cette plaie entrave la création de la richesse, conscient du fait que l'article L643-9 précité est plus proche de l'esprit du droit marocain, il est suggéré au législateur marocain de suivre l'exemple établi par cet article. Ainsi, l'esprit de cette règle est à transposer dans le contexte marocain. On pourrait reprendre l'article en ces termes :

> « Dans le jugement qui ouvre ou prononce la liquidation judiciaire, le tribunal fixe le délai au terme duquel la clôture de la procédure devra être examinée. Si la clôture ne peut être prononcée au terme de ce délai, le tribunal peut proroger le terme par une décision motivée. [...] Lorsque l'intérêt de la poursuite des opérations de liquidation judiciaire est disproportionné par rapport aux difficultés de réalisation des actifs résiduels la clôture de la liquidation judiciaire est prononcée par le tribunal, le débiteur entendu ou dûment appelé ».

466. Malgré la portée économique de la règle 33 de l'AUPC, les rapports de la banque mondiale se suivent et nous enseignent qu'il y a un gap entre le droit et la pratique. Le choix d'optimiser l'accélération de la liquidation judiciaire est donc une nécessité.

γ. La nécessité d'optimiser l'accélération de la liquidation judiciaire

467. Les statistiques décevantes de la Banque mondiale. La procédure de liquidation simplifiée des biens est un procédé

1084 Bruno CAMBON, Pascaline GOUBARD, Véronique LEGRAND, « Le traitement des difficultés, un outil de rebond du débiteur », *rev. proc. coll.* n° 4, Juill. 2017, doss. 8, n° 9. Cass. com., France, 22 mars 2017, n° 15-21146.

efficace. Pourtant, elle donne lieu à des résultats décevants dans l'espace OHADA. En effet, si l'on quitte le cadre théorique vers le cadre pratique, un paradoxe saute aux yeux. Un regard sur les délais de paiement tels qu'ils ressortent des rapports *Doing Business* (Section OHADA) permet de constater que le Trésor - en tant que créancier antérieur - ne peut être payé qu'après l'écoulement de plusieurs années[1085]. Or, c'est au niveau surtout de la liquidation judiciaire que se réalise l'efficience d'un tel ou tel régime juridique, car s'agissant du redressement judiciaire, il y a un accord des parties sur l'étalement des délais de paiement. Mais, pour ce qui est de la liquidation judiciaire, les créanciers, il faut le rappeler, sont bien protégés si l'apurement du passif ne s'étale pas beaucoup sur le temps. Ce n'est malheureusement pas le cas pour le Trésor en droit OHADA, droit qui donne d'ailleurs pour objectif de protéger les créanciers en premier lieu. Ainsi, les chiffres à ce niveau sont décevants. Le délai est de 4 années au Burkina Faso, au Bénin, et au Tchad. Plus long encore, le délai de paiement au Niger est de 5 ans. Et malgré l'entrée en vigueur du nouvel AUPC, plus aucune évolution n'est constatée à ce niveau.

468. Si ces chiffres sont cités, c'est pour prouver que l'accélération des procédures en droit OHADA est à nuancer : si la limitation de la durée des opérations liquidatives est une règle que l'on met à l'actif du droit uniforme africain, il faut affirmer que sa portée économique reste limitée. Sans y voir une mesure magique, le mécanisme ne permet pas au Trésor de passer à la vitesse supérieure. En même temps, le débiteur reste enfermé dans le dessaisissement. Dans cette perspective, le rebond du débiteur et son retour à meilleure fortune achoppent. Dès lors, la création de la richesse, tant souhaitée par le Fisc et les autres créanciers, est loin d'être atteinte.

469. Un cas qui nourrit de l'espoir. Les limites susmentionnées ne sauraient cacher le bilan relativement positif établi dans certains des Etats de l'OHADA. Par exemple, la Côte d'Ivoire fait figure d'exception en zone OHADA. Selon les rapports *Doing Business* de 2012 et de 2017, le créancier fiscal en Côte d'Ivoire est le « *mieux*

[1085] Banque mondiale, *Doing Business dans les Etats membres de l'OHADA 2012*, Washington, p. 78.

loti »[1086]. Ainsi, il peut s'attendre à recouvrer ses créances fiscales dans un délai un peu supérieur à 2 ans, délai proche du plafonnement prévu par l'article 33 précité de l'AUPC révisé. L'enseignement tiré de ce cas est instructif : un même dispositif légal (l'AUPC) qui s'applique dans plusieurs Etats. Mais, les résultats en termes du délai de paiement et de la possibilité du rebond du débiteur sont pourtant différents. On le sait, ce même dispositif légal n'est appliqué que par les organes de la procédure collective. La divergence des statistiques nous rappelle donc l'un des grands maux du système des procédures collectives OHADA : la défaillance de la justice économique[1087] en Afrique. Pour optimiser les deux objectifs susmentionnés, c'est aussi sur la promotion de la justice économique qu'il faut travailler. Nous aurons l'occasion d'y revenir. Pour les mêmes raisons, l'adoption d'une politique intégrée est aussi indispensable.

b. L'adoption d'une politique intégrée

470. Il ne fait plus aucun doute que le rebond du débiteur est une véritable illustration de la protection du Fisc. Cela dit, si la portée économique de ce mécanisme s'avère facile à cerner, sa consécration pratique sur le terrain est loin d'être considérée comme une priorité chez les pouvoirs publics en Afrique. Certes, le rebond du débiteur failli n'est pas absent des lois qui encouragent l'investissement. Mais, il n'en demeure pas moins que ce rebond reste à l'image du départ de ceux qui franchissent le pas des affaires pour la première fois. En fait, abstraction faite de ce qui est établi pour les nouveaux entrepreneurs, plus rien n'est fait pour aider les débiteurs faillis à rebondir. Mais, ne faut-il pas favoriser cette catégorie de débiteurs par des dispositions attractives ?

471. Parce que le débiteur liquidé est vulnérable, parce que le rebond du débiteur est toujours freiné par des obstacles de tous ordres. Pour ces deux raisons, un régime spécial doit être instauré à cet effet. En d'autres termes, le retour du débiteur à

[1086] Banque mondiale, *Doing Business dans les Etats membres de l'OHADA 2017*, Washington, p. 71 et s.
[1087] Cf. *supra* n° 189 – 213.

meilleure fortune, conséquence du rebond du débiteur, ne doit pas être laissé au hasard ou confiné à l'effort personnel du débiteur. Dès lors, couplé avec une politique globale mise en place dans un tel cadre, un texte spécial consacrant ce droit est absolument un pas en avant.

472. La consécration juridique. La question du rebond du débiteur n'est pas seulement ignorée par les décideurs en Afrique, elle est aussi absente dans les recherches scientifiques. Tenant compte de son effectivité économique, il est surprenant de savoir que cette question est complètement occultée par la doctrine au Maroc. A notre sens, la non-consécration législative peut expliquer ce silence doctrinal. Que ce soit en droit marocain ou en droit sénégalais interne, plus aucun texte de loi ne parle du droit du débiteur (frappé de liquidation) ou celui du dirigeant au rebond. Une objection peut être formulée à l'encontre de ce dernier constat : le débiteur failli est toujours libre de « ré-entreprendre » et plus rien n'empêche en pratique ce dernier d'explorer à nouveau le chemin des affaires. Reste qu'il ne faut pas oublier que la règle du droit présente aussi une dimension pédagogique. Une telle consécration peut aider à changer les mentalités[1088]. Malheureusement, plus aucune mesure juridique ou action politique n'est entreprise en ce sens. Au contraire, l'idée est tellement séduisante que la récente loi Pacte[1089] en France est venue affirmer ce droit. Bien plus, elle a mis en place toute une section qui s'intitule « *Faciliter le rebond des entrepreneurs et des entreprises* »[1090]. Pour cela, l'objection précitée s'en trouve privée d'effet ; et la consécration légale de ce droit est une donnée à prendre en considération par les législateurs internes en Afrique.

473. Mettre en place des politiques sectorielles. A elle seule, la consécration légale ne peut pas relever ce grand défi qu'est le rebond du débiteur. Pour cette raison, elle doit être

---

[1088]Annabelle PANDO, « Les notaires proposent de contractualiser les risques entrepreneuriaux », *LPA*, 4 juill. 2014, n° 133, p. 4.

[1089] L. France, n° 2019 – 486, 22 mai 2019 (Loi relative à la croissance et à la transformation des entreprises, dite loi PACTE).

[1090]Francine MACORIG-VENIER, « Loi PACTE : Débiteur, « manche 1 », créanciers « manche 2 » ? Ou l'équilibre enfin ? », *BJE* juill. 2019, p. 1. Il s'agit de la section 3 de la loi Pacte.

complétée par d'autres mesures. En clair, à la règle normative consacrant ce rebond, il faut ajouter l'élément inhérent à l'adoption des politiques publiques y relatives. Sur ce point, il faut revoir les modalités de la publicité du privilège du Trésor dans un tel cadre[1091], et celles de la déclaration des créances fiscales à titre provisionnel[1092]. Une autre mesure peut également être proposée : instaurer une procédure de liquidation spéciale aux auto-entrepreneurs en Afrique[1093]. Abondant dans le même sens, on peut penser à l'effacement des dettes fiscales en particulier, lequel va de pair avec la non-reprise des poursuites individuelles[1094]. Cependant, contrairement à la tradition américaine[1095], il faut bien se mettre dans la tête l'idée que « *la menace* »[1096] de la reprise des poursuites n'est pas le véritable obstacle à la création des nouvelles entités économiques en Afrique. Ladite création est entravée beaucoup plus par les trois F : fiscalité[1097], formation[1098]et financement[1099].

474. L'accompagnement de la société civile. Le rebond du débiteur, cher au Fisc, reste une démarche très compliquée pour autant. De ce fait, il convient d'accompagner le débiteur du point de vue non seulement financier mais aussi psychologique[1100]. C'est à la question culturelle qu'il faut

---

[1091] Cf. *infra* n° 646.
[1092]Cf. *infra* n° 628 - 631.
[1093] ROUSSEL GALLE P., « Le rétablissement professionnel : de l'effacement des dettes au rebond », *Gaz. Pal.* 8 avr. 2014, n° 174c5, p. 32 et s.
[1094]Cf. *infra* n° 487.
[1095] Françoise PEROCHON, Régine BONHOMME, *op.cit.*, n° 414, p. 456.
[1096]*ibid.*
[1097]Hicham ZOUBAIRI, « Au Maroc, il subsiste beaucoup d'obstacles à l'acte d'entreprendre... », interviewé par Pierre-olivier ROUAUD, www.usinenouvelle.com, 19 nov. 2014, consulté le 19 oct. 2019.
[1098]Cf. Martine GERBER-LEMAIRE, Nouveau départ..., art. préc., Tribunal de commerce de Paris, 5e ch., 5 juin 2018, n° 2018010735 ; Tribunal de commerce de Paris, 18e ch., 21 mai 2014, n° 2014016060. Ces deux jurisprudences illustrent l'idée que le rebond du débiteur failli doit être encouragé même s'il est condamné pour fraude fiscale ou pour toute autre condamnation pénale.
[1099]Cf. *infra* n° 642 ; 765 et s.
[1100] V. MARTINEAU-BOURGNINAU, « Les remèdes à la souffrance du chef d'entreprise en difficulté », *D.* 2016, chron., p. 2529.

davantage s'attaquer[1101]. Sous cette rubrique, on peut également ranger l'accompagnement de la société civile. A ce niveau, on n'est pas étonné en France par le domaine d'activité des associations 60 000 rebonds[1102] et APESA[1103], lesquelles cherchent à aider les entrepreneurs frappés de liquidation afin qu'ils dépassent cette dure expérience. Le bilan partiel de leurs activités a donné lieu à des résultats satisfaisants.

475. Pour conclure, parce qu'il est présenté comme un « *impératif économique d'intérêt général* »[1104], le droit du débiteur au rebond doit faire l'objet d'une politique intégrée en Afrique. A cette fin, il faut franchir le premier pas : rendre les opérations liquidatives plus rapides.

476. En terminant de traiter la question du rebond du débiteur, on glisse vers le traitement de l'une des questions qui y touchent directement : l'encadrement de la reprise des poursuites individuelles.

B. Encadrement de la reprise des actions individuelles

477. La reprise encadrée des actions individuelles s'inscrit dans le cadre des mesures ayant pour objectif de repenser la protection du Trésor et des autres créanciers après la clôture de liquidation judiciaire pour insuffisance d'actif[1105]. Toute la question est de savoir est-ce que le législateur marocain a intérêt à s'en inspirer ? Pour pouvoir répondre à cette question, il convient d'analyser la solution retenue par les droits français et OHADA et chercher par la suite si elle peut répondre aux difficultés révélées par la réalité marocaine. Après avoir présenté l'hypothèse **(1)** et la position du problème **(2)**, ce travail d'analyse doit permettre de proposer une solution **(3)** adaptée au contexte marocain.

[1101] MULLIEZ G., « Contribuer à faire changer le regard stigmatisant de notre société sur l'échec », Entretien, *BJE,* nov. 2018, n° 116, p. 420.
[1102] Cf. https://60000rebonds.com/, (site préc.,).
[1103] Cf. https://www.apesa-france.com/.
[1104] Véronique MARTINEAU-BOURGNINAUD, « Le rebond du débiteur dans la loi PACTE », art. préc.,
[1105] Cf. *supra* n° 407 et s.

1. Hypothèse

478. Présentation. Qui lit l'alinéa 2 de l'article 91 de la loi française du 13 juillet 1967, ne manquera pas de relever qu'il s'agit d'un dispositif légal excessivement orienté vers la protection immédiate du Trésor et des autres créanciers. Le texte est clair : la seule clôture des opérations liquidatives pour insuffisance d'actifs entraîne la reprise des poursuites individuelles. Comme tout autre créancier, le Trésor peut donc reprendre ce droit. Droit qui est absolu[1106] en la matière. En ce sens, le débiteur ne peut absolument pas prétendre à l'effacement des dettes fiscales et non fiscales. 18 années plus tard, la donne a changé. Ainsi, placée au cœur de la réforme intervenue en 1985, la reprise des actions individuelles contre le débiteur est tempérée ; elle est devenue strictement encadrée. A s'en tenir à l'article 169 de la loi française du 25 janvier 1985, il ressort que : *« Le jugement de clôture de liquidation judiciaire pour insuffisance d'actif ne fait pas recouvrer* [au Trésor] *l'exercice individuel* de [ses] *actions contre le débiteur »*. A l'examen de la première phrase de cet article, on comprend que le Trésor n'est pas fondé à poursuivre individuellement le débiteur et que ce mode de clôture de liquidation donne lieu à un effacement des dettes d'impôts restées jusque-là impayées[1107]. Remarquons que même s'il n'est pas formellement exprimé, le droit du débiteur au rebond semble être la raison de ce revirement législatif. Toutefois, le législateur français de 1985 s'est rattrapé et a institué des exceptions dont il faut tenir compte. Autrement dit, tous les créanciers antérieurs dont le créancier fiscal, ont une bonne raison, sur le fondement d'un certain nombre d'exceptions, d'assigner à titre individuel le débiteur en justice. Force est de constater qu'un mouvement identique s'observe à propos du droit OHADA (à travers le passage de l'AUPC de 1998 à celui de 2015). Mais, quel que soit l'ordre juridique considéré, ce mouvement vient exprimer un certain équilibre entre le droit du débiteur à la seconde chance[1108] et

---

[1106] Cf., L. n° 67-563, France, 13 juill. 1967, art. 91; AUPC révisé, art. 174 (art. préc.,).

[1107]Christophe DELATTRE, « La reprise des poursuites individuelles est bien souvent un leurre », note préc.,

[1108] Cf. *infra* n° 409 et s.

la protection du Trésor (et des autres créanciers) à travers la reprise des actions individuelles. Quelle belle combinaison !

479. Énoncé de l'hypothèse. Modérément tourné vers la protection du Trésor, le dispositif légal fondé sur l'article 169 de la loi française du 25 janvier de 1985 n'envisage que deux principales hypothèses permettant au Trésor de mettre en œuvre l'action individuelle[1109] contre le débiteur-contribuable : soit la survenance d'une fraude fiscale, soit la constatation d'une faute de gestion. Pour le législateur marocain, il s'agit d'une question d'une extrême importance : la règle, telle qu'elle est formulée par l'article 169 précité, est-elle valable pour le contexte marocain ? Pour le savoir, il faut aussi revenir au contexte marocain pour comprendre la position du problème.

2. Position du problème

480. En scrutant la pratique, trois raisons paraissent militer en faveur de l'encadrement de la reprise des poursuites individuelles par le Fisc dans le contexte marocain.

481. Le recours fréquent des débiteurs à la fraude. Une première raison consiste à affirmer que le Trésor peut être sujet à un préjudice individuel. Deux formes de fraudes peuvent être citées dans ce cas. Parce qu'elle est générale, une forme de fraude peut toucher le Trésor comme elle peut toucher n'importe quel autre créancier. Il n'y a pas mieux que d'évoquer l'éventuelle omission du créancier fiscal de la liste des créances[1110] au moment de l'ouverture de la procédure collective par le débiteur[1111]. Une autre forme de fraude ne touche que le créancier fiscal. La fraude fiscale en est une belle illustration. Il s'agit de la contravention aux propres règles du droit fiscal. Avant comme après le prononcé de la liquidation judiciaire, le débiteur pourrait être amené à commettre des actes déloyaux et frauduleux pour se dérober

[1109] C. com., L. 25 jan. 1985, France, al. 2, art. 169.
[1110] C. com. L. n° 73-17, Maroc, art. 577.
[1111] Cass. com., France, 26 juin 2019, n° 17-31236 ; CA. Paris, 3 juin 2014, n° 13/2261, ch. 5-8.

au paiement des seules créances d'impôts[1112]. Pour étayer ce propos, les exemples pratiques ne manquent pas. Les sociétés de promotion immobilière en sont un exemple parmi tant d'autres. C'est le cas par exemple d'une entreprise qui aurait bâti des immeubles en vue de les revendre. Une fois les locaux vendus, l'entreprise est liquidée[1113] (soit à l'amiable soit par voie judiciaire avec clôture pour insuffisance d'actif). La fraude fiscale est ici traduite par la *déclaration d'« un chiffre d'affaires nul »*[1114]. Les choses auraient pu s'arrêter là. Mais, « une réponse » est souvent préparée pour qu'il soit un « motif » à opposer aux créanciers dont le Fic. Ces derniers ont pris l'habitude d'entendre dans telle situation : le débiteur a une existence juridique sur le marché mais il affiche une autre dénomination sociale. Il crée une nouvelle entreprise immobilière. Cette pratique est si largement suivie par certains promoteurs immobiliers que l'on y voit « *de grands fraudeurs* »[1115]. Ironie du sort : le Trésor se retrouve devant le fait accompli. Plus aucune poursuite ne peut être diligentée contre ce nouveau débiteur quand bien même il y a une condamnation pénale pour fraude fiscale[1116]. Du fait de la non-reprise des actions individuelles, c'est à l'inaction du Fisc que l'on assiste toujours. En résumé : le créancier fiscal est ruiné dans ses droits légitimes rien que par l'inefficacité de la phase post-liquidation.

482. Le préjudice collectif causé par la faute de gestion. Une seconde raison consiste à soutenir que le Trésor peut être objet d'un préjudice collectif. En ce sens, le gel des actions conduit les débiteurs de mauvaise foi à se tourner vers la procédure de liquidation judiciaire pour en faire usage « *comme un mode de gestion* »[1117]. C'est un peu dans les

---

[1112] Sur une illustration judiciaire de la fraude fiscale, V. l'affaire Joël VAN W (*infra* n° 493).

[1113] Zouhir BOUNAAMIA, Les possibilités de recouvrement de créances…, art. préc., p. 108.

[1114] Mohamed CHAOUI, « Fraude fiscale : l'incroyable industrie des fausses factures ! », in *l'économiste*, n° 5407, Éd. 07 déc. 2018

[1115] Mohamed CHAOUI, « Fraude fiscale : l'incroyable … », art. préc.,

[1116] CGI, Maroc, 2017, art. 192 ;

[1117] Alain DELFOSSE, Jean-François PENIGUEL, « La liquidation judiciaire », art. préc., n° 43.

termes de l'exemple précédent. Mais là, la faute du débiteur touche le Trésor pris collectivement. Ainsi, au regard des données du terrain, on comprend que le débiteur organise son insolvabilité pour créer ailleurs une nouvelle entreprise. On peut revenir là sur les fautes de gestion[1118] : du débiteur qui dispose des biens de l'entité économique comme des siens propres à celui dont la faute consiste à favoriser une autre entité économique par laquelle il est séduit en passant par celui qui détourne une partie de l'actif ou encore celui qui poursuit de façon outrée une exploitation déficitaire dans un seul intérêt intime. Et l'on pourrait ajouter d'autres manœuvres frauduleuses[1119].

483. On le voit, il y a là une activité économique apparente et une autre cachée. La liquidation judiciaire sciemment voulue frappe la première. Et c'est sur la seconde que le débiteur compte frauduleusement « rebondir ». C'est vrai qu'une fois ces fautes sont constatées, la liquidation est étendue au dirigeant. Mais, on se souvient que les difficultés fabriquées sont nombreuses[1120]. Encore une fois, l'existence d'un dirigeant à la tête d'une nouvelle entreprise avec une autre raison sociale reste sans doute la difficulté qui entrave l'action du Fisc et des autres créanciers à ce niveau. La conséquence est la même : les créances fiscales et non fiscales restant dues ne peuvent pas être payées et le Percepteur ne peut pas se retourner contre ce nouvel entrepreneur.

484. La réouverture de la liquidation judiciaire : une solution limitée. En plus de ces deux raisons, une donnée législative conforte le choix d'encadrer la reprise des poursuites individuelles au Maroc. En effet, au stade de la clôture de liquidation pour insuffisance d'actif, il a été souligné que le législateur marocain de 2018 a instauré la réouverture de la liquidation judiciaire pour les éléments de l'actif qui n'ont pas pu être réalisés[1121]. On comprend bien que la réouverture de liquidation permet de protéger le Trésor et

---

[1118] C. com. Maroc, 1996, art. 706, (art. préc.,).

[1119]Ahmed El HAJJAMI, *Entreprises en Difficultés : Propositions d'amendements du Livre V du Code de Commerce,* Rapport préc., p. 20.

[1120] Khaled ABOU HOUDA, « Réflexions sur l'ouverture de la procédure des difficultés de l'entreprise à travers la notion de la cessation de paiements », [En langue arabe], *Revue des tribunaux marocains*, n°116, sep. oct. 2008, p. 100.

[1121] C. com. L. n° 73-17, Maroc, art. 669 (préc.,).

les autres créanciers en cas de la dissimulation de certains éléments de l'actif. Mais, on ne voit pas comment ladite réouverture pourrait apporter une solution dans l'hypothèse de la fraude. Illustrons cela par un exemple concret : supposons qu'une fraude fiscale (ou une faute de gestion) soit constatée et que l'auteur en soit l'entreprise **X** liquidée (avec clôture pour insuffisance d'actif). Pour recouvrer les créances dues à cause de la fraude, est-ce qu'on peut passer à la réouverture de la liquidation judiciaire à l'encontre de l'entreprise **Y** (la nouvelle entreprise créée sans aucune considération de son ancien passif fiscal et non fiscal) ? La réponse de principe est négative. Car, l'entreprise **Y** n'a pas fait l'objet de liquidation judiciaire pour qu'on puisse rouvrir à son encontre cette dernière procédure ; c'est une entreprise qui vient d'être créée. En revanche, si la reprise des poursuites individuelles est admise, le Fisc, comme tout autre créancier, peut reprendre son action individuelle et aller exécuter sur les biens appartenant à l'entreprise Y et ce, en vertu du principe de l'unicité du patrimoine[1122].

485. De ce qui précède, il découle que l'impossibilité pour le Trésor d'actionner le débiteur à titre individuel après la clôture de la liquidation pour insuffisance d'actif est une faille du droit marocain des entreprises en difficulté. Reste à savoir quel est l'ingrédient de la solution convenable au contexte marocain.

3. Proposition de solution

486. Au bénéfice des raisons invoquées, une amélioration pourrait être retranscrite en ces termes : le principe de l'effacement des dettes fiscales doit être un principe flexible. En ce sens, une exception inhérente au droit du Trésor (et des autres créanciers) de reprendre les actions individuelles est à instaurer. La solution consiste donc dans l'équilibre à établir entre l'encouragement de la liberté de réentreprendre et la protection des créanciers dont le Trésor.

487. L'affirmation du principe. Il a été précisé dans les lignes qui précèdent que la position du droit marocain est

---

[1122] Alain DELFOSSE, « La liquidation judiciaire », *JCP N,* n° 42, 21 oct. 2005, 1427, n° 43.

ambiguë[1123] sur la question de la reprise des poursuites individuelles. Le législateur marocain doit lever cette ambiguïté par une règle claire. Ainsi, le jugement de clôture de liquidation pour insuffisance d'actif ne doit pas faire recouvrer au Trésor et aux autres créanciers la reprise des actions individuelles[1124]. Sans être absolue, cette proposition doit s'ajouter aux autres sacrifices[1125] que les services fiscaux doivent consentir en faveur des débiteurs. Ici, le souci d'encourager « *la liberté de ré-entreprendre* » implique d'interdire les actions individuelles des grands créanciers - dont le Fisc -. Partant de ce principe, bien qu'il soit de nouveau « *remis à la tête de ses affaires* »[1126] dans le cadre d'une nouvelle entreprise, le débiteur honnête doit se retrouver libéré de ses anciennes dettes fiscales. En réalité, s'il y a une question qui fait l'unanimité des spécialistes des procédures collectives, c'est bien celle de favoriser le rebond justifié du débiteur. Soulignant l'utilité de ce mécanisme, la pensée d'un universitaire rejoint celle des praticiens pour confirmer qu'« *il n'est pas souhaitable que le débiteur traîne indéfiniment un chapelet de dettes qu'il ne parviendra pas à rembourser et qui l'empêcheront de reprendre une activité indépendante* »[1127]. Formulant cette idée autrement, un autre auteur a eu raison d'écrire que le débiteur n'est pas du tout motivé à se lancer dans un autre projet économique s'il savait que le fruit de son rebond sera avalé par le Trésor et les autres créanciers[1128]. La suppression des dettes doit donc s'inscrire comme l'une des mesures entreprises par les pouvoirs publics

---

1123 Cf. *supra* n° 399.

1124 DUREUIL B. et MESTRE J., « La purge des dettes par l'article 169 de la loi du 25 janvier 1985 », *Rev. proc. coll.* 1989, p. 389 ; VALLENS J.-L., « L'effacement des dettes du débiteur en liquidation judiciaire », *LPA,* 19 sept. 1997, p. 4 ; Macorig-VERNIER F., « Le devenir du chef d'entreprise. Le poids du passé : le poids du passif impayé après la clôture de la procédure », *Rev. proc. coll.* 2003, p. 186 ; MONSERIE-BON M.-H, « L'effacement des dettes dans le droit des entreprises en difficulté », *Dr. & Patr.* 2009, n° 184, p. 53.

1125 Cf. *supra* n° 161 et s.

1126 Corinne SAINT-ALARY-HOUIN, *Droit des entreprises en difficultés, op. cit.,* n° 789, p. 1248.

1127 Bruno CAMBON, Pascaline GOUBARD, Véronique LEGRAND, art. préc., n° 2.

1128 Messan Agbo FOLLY, « L'application des procédures collectives simplifiées aux petites entreprises individuelles », p. 23, in Ohadata D-18-07.

« *pour favoriser le rebond du failli* »[1129]. Pour cette raison, le créancier fiscal en particulier doit accompagner cette catégorie des entrepreneurs et des entreprises par la non-reprise des actions individuelles.

488. L'instauration des exceptions. Le principe. Cependant, appliqué avec excès, l'effacement des dettes en général et des dettes fiscales en particulier peut se retourner contre le Fisc lui-même. En ce sens, il fausse le jeu de la concurrence entre les entreprises. Bien plus, il crée l'impression chez les acteurs économiques privés que c'est la fraude, plus que la transparence, qui conduit au succès et à la performance. Et c'est là, la gravité du maintien de la législation actuelle. Cette idée a été défendue par la doctrine en France. Une auteure a pu écrire à ce sujet : « *déjà choquante pour certains, la libération pour cause d'insuffisance d'actif serait intolérable si tous les débiteurs, quelle que soit leur honnêteté, étaient appelés à en bénéficier* »[1130]. On peut lire ce constat au sens large et affirmer qu'il vise le débiteur voyou qui ne veut pas, par fraude ou tout autre moyen, honorer ses obligations fiscales. Dans ces conditions, l'effacement des dettes doit se présenter comme une règle relative qui laisse place à une exception : la reprise des actions individuelles d'ordre fiscal.

489. Une règle relative, quelles exceptions ? Ceci dit, quand est-ce que le créancier fiscal doit avoir recours précisément aux actions individuelles ? La reprise des poursuites individuelles, source de protection complémentaire pour le Trésor, doit se fonder sur les exceptions tirées du comportement passé du redevable. En se référant aux données du problème citées plus haut, sa résolution est simple. Deux hypothèses doivent profiter au Fisc pour poursuivre individuellement le débiteur malhonnête :

[1129]Pascal RUBELLIN, « Reprise des poursuites après clôture de la liquidation judiciaire », note sous cass. com., France, 26 juin 2019, n° 17-31236, *LEDEN*, sept. 2019, n° 08, p. 5.

[1130] Vallansan J., JCl. Commercial, fasc. 2770 : Liquidation judiciaire - Clôture de la procédure, n° 88. V. Antoine DIESBECQ, « Loi Pacte : une occasion manquée pour les personnes physiques en liquidation judiciaire », *rev. pro. coll.* n° 5, sep. 2018, étude 23, n° *9*.

490. Le prononcé des sanctions civiles et pénales. De ces exceptions, on entend les situations traduites par le prolongement du système des sanctions patrimoniales et pénales en droit des procédures collectives. La ligne directrice de la réforme prochaine du droit marocain est de subordonner la reprise des poursuites par l'existence préalable des décisions judiciaires ordonnant des sanctions civiles et pénales. Parce qu'« *il a triché* »[1131], parce qu'il a créé une nouvelle entreprise au grand dam du Trésor et des autres créanciers, parce qu'il est condamné à cet effet, le débiteur ou le dirigeant de la personne morale, ne mérite pas la protection légale consacrée en faveur du rebond du débiteur[1132]. Ainsi, comme tout autre créancier, le Trésor doit recouvrer exceptionnellement son action individuelle contre le débiteur-contribuable en cas de sa condamnation en banqueroute, et dans le cas où il est généralement condamné à réparer le préjudice civil du Fisc pris collectivement.

491. La constatation de la fraude fiscale. La fraude fiscale doit également être un autre motif de la reprise des poursuites individuelles contre le débiteur-contribuable après la clôture de liquidation pour insuffisance d'actif. Définie comme l'acte volontaire[1133] et illégal de celui qui utilise des procédés déloyaux dans le but de [1134] se dérober au paiement de la créance d'impôt ou d'en diminuer l'assiette[1135],la fraude fiscale doit ouvrir la porte au seul créancier fiscal pour exercer son droit tiré de la reprise des actions individuelles. Parce que l'Administration fiscale se retrouve souvent dans ce schéma, l'encadrement de cette situation répond à un impératif économique basé sur la poursuite de l'intérêt général : le recouvrement des créances fiscales fraudées. Mais, une condition est à respecter : rendre effectif le système des sanctions pénales spéciales frappant les fraudes commises en

---

[1131] Françoise PEROCHON, Régine BONHOMME, *op. cit.* n° 420, p. 462.
[1132] Ladite protection est identiquement prévue par le premier alinéa de l'article 174 de l'AUPC et l'article L643-11 du Code de commerce français.
[1133] Tariq ES-SLOUMI, *La pénalisation de la fraude en matière fiscale*, (En arabe), Al Oumniya, 2014, p. 27.
[1134]Didier TAKAFO-KENFACK, « Le jeu de funambule dans la réglementation du rebond en droit OHADA des entreprises en difficulté », art. préc., p. 50.
[1135] Tariq ES-SLOUMI, *op. cit.*, p. 27.

dérogation au droit fiscal[1136]. L'exercice de l'action individuelle contre le débiteur-contribuable n'est admis qu'à la constatation judiciaire de la fraude fiscale.

492. La condamnation pénale pour fraude fiscale au Maroc est très difficile à mettre en œuvre. De ce point de vue, la réforme peut échouer si l'on ne prend pas en compte cette question. En ce sens, la reprise des actions individuelles, si elle venait à être introduite dans le droit marocain de l'insolvabilité, ne peut être qu'hypothétique dès lors que le passage à la condamnation est toujours semé d'embûches. Rares sont les applications judiciaires pour fraude fiscale. La formulation de l'article 192 du Code marocain des impôts[1137] explique en partie cette inapplication judiciaire. L'article précité n'arrive que rarement à remplir les objectifs qui lui sont assignés. A ce titre, le système des actions individuelles ne peut pas faire une rupture avec l'ancien régime que si et seulement si le législateur marocain pousse plus loin dans cet esprit protecteur du Trésor ; il doit se montrer plus dur au niveau l'incrimination de la fraude fiscale. Il faut qu'il y ait aussi des applications judiciaires sur le terrain.

493. L'affaire M. Joël VAN W. Présentation. Dépassant le cadre théorique, l'importance de cette règle sur le plan pratique n'est plus à démontrer. Pour en avoir le cœur net, on pourrait citer l'affaire tranchée par la cour d'appel de Douai[1138] en 2010. S'agissant des faits, M. Joël VAN W., est un commerçant qui exploite un commerce de matériels de travaux publics d'occasion. En janvier 1996, il est placé en redressement judiciaire. Le comptable des impôts de Tourcoing Sud déclare à titre privilégié la somme de ce qu'est, à l'époque, 1 640 988 Francs français (250 167,01 €), somme qui est définitivement admise au passif du débiteur. Mais, il ne se passe que neuf mois pour constater la conversion du redressement en liquidation judiciaire. En 2007, la clôture de la liquidation judiciaire pour insuffisance d'actif est constatée par le tribunal. Un détail intéressant mérite d'être rapporté : au titre des années 1993-1994, le débiteur s'est soustrait de manière frauduleuse au paiement

---

[1136] CGI, Maroc, art.192 préc.,

[1137]CGI, Maroc, art 192 préc.,

[1138]CA, Douai, 2e cham., 1re sect, 25 mars 2010 – n° 09 / 02893.

partiel de la TVA exigible. Invoquant la condamnation pénale dont le débiteur fait l'objet en 1998, le créancier fiscal demande un titre exécutoire à l'effet de reprendre les poursuites individuelles contre M. Joël VAN W, à concurrence de la somme de 66. 168 €. Ladite demande est rejetée par le président du Tribunal de commerce de Roubaix Tourcoing. Le comptable des impôts de Tourcoing Sud interjette appel. La cour d'appel de Douai infirme l'ordonnance du président du tribunal de commerce de Roubaix-Tourcoing et « *constate que le comptable des impôts de Tourcoing Sud est créancier de M. Joël VAN W. à hauteur de 66. 168 €* [...] »[1139]. Un titre exécutoire lui est donc donné ; l'habilitant ainsi à reprendre ses poursuites contre le débiteur précité. Les juges ont motivé le montant de 66. 168 €, car il répond à deux conditions : ce montant, outre le fait qu'il est déclaré et définitivement admis par le juge-commissaire, est retenu par le tribunal correctionnel pour fonder la condamnation du débiteur pour fraude fiscale.

494. Leçons à tirer. L'arrêt de la cour de Douai est tellement instructif qu'il donne lieu à des enseignements éclairés, également valables dans le contexte africain. D'abord, remarquons que la fraude est commise en 1993 et que l'action individuelle n'est diligentée à l'encontre du contribuable qu'en 2007, à savoir 14 ans après. Prévaudrait clairement l'idée que le contribuable ne peut opposer la prescription pour contester la reprise de l'action individuelle du Trésor. L'autre leçon tirée de cette jurisprudence est que la condamnation du débiteur pour fraude fiscale n'est pas suffisante en elle-même. C'est vrai que la répression est de nature à dissuader les fraudeurs et considérée comme un mécanisme protecteur du Fisc. Mais, elle doit être suivie d'une autre étape : le recouvrement des créances d'impôts. Là, on peut se demander pourquoi le Fisc ne s'est pas constitué partie civile au moment où la procédure pénale était en cours durant l'année 1998. A notre sens, la raison tient au fait que cette créance revient à l'exercice 1993/1994 ; il s'agit d'une créance antérieure. Dès lors, son traitement doit s'opérer dans le cadre collectif[1140]. En

---

[1139]CA, Douai, 2ème ch., 1re sect., 25 mars 2010 – n° 09 / 02893, (arrêt précité).

[1140] CA, Douai, 15 Mars 2011 – n° 10/07247, *Monsieur Joël VAN W/ avoués associés près la cour d'appel de Douai.*

plus, le Trésor a la prérogative d'obtenir un titre exécutoire après la clôture de liquidation pour insuffisance d'actif. Si l'on transpose cet enseignement en droit marocain, c'est bien pour approuver ce raisonnement. Équivalent de l'article L232 du Livre des procédures fiscales français, l'article 89 du Code marocain de recouvrement des créances publiques[1141] ne peut pas recevoir application en la matière. Si le débiteur est poursuivi par exemple pour organisation d'insolvabilité[1142], le Trésor ne peut pas se constituer partie civile du moment où la procédure collective est ouverte. La logique de l'ordre collectif fait que cette prérogative ne puisse jouer qu'en faveur du Trésor pris individuellement. Ces enseignements nous conduisent donc à affirmer avec force que l'encadrement de la reprise des poursuites individuelles dans un tel cadre est une nécessité. On ne peut pas se contenter de cette dernière prérogative dont dispose le Fisc pour ne pas instaurer le régime de la reprise des poursuites individuelles.

495. Pour autant, l'enthousiasme pour cette solution ne doit pas nous faire oublier la principale difficulté rencontrée : le fait que le contribuable se retrouve incapable de payer. Cette difficulté est actée par l'exécution de l'arrêt M. Joël VAN W. C'est tellement évident au point que le contribuable a opposé son incapacité de payer les dettes fiscales précitées pour contester le paiement des frais de justice. Ainsi, dans un arrêt rendu par la même cour d'appel[1143], opposant cette fois-ci des avoués près de la cour de Douai et M. Joël VAN W, ce dernier « *fait valoir qu'il est dans l'incapacité de payer ladite somme correspondant à une affaire ancienne de quatorze années, étant au chômage depuis deux années, sans perspective d'emploi compte tenu de son âge, et devant faire face à des charges élevées et à une dette fiscale* »[1144]. Pour remédier à cette difficulté, il faut miser, comme on l'a déjà soutenu, sur le rebond du débiteur[1145]. Du coup, bien qu'elles soient fraudées, seul le rebond du débiteur et son retour à meilleure

[1141] C.R.C.P, Maroc, art. 89.
[1142]Anonyme, « Organisation d'insolvabilité : la législation est trop souple pour les fraudeurs », *La vie éco*, art. préc.,
[1143] CA, Douai, 15 Mars 2011 – n° 10/07247, *Monsieur Joël VAN W/ avoués associés près la cour d'appel de Douai* (préc.,).
[1144]CA, Douai, 15 Mars 2011 – n° 10/07247 (préc.,).
[1145] Cf. *supra* 449.

fortune peuvent assurer le paiement des dettes fiscales et non fiscales. On le voit, la relation est étroite entre l'efficacité de la reprise des actions individuelles et le rebond du débiteur. On aboutit à la conclusion suivante : le régime relatif à la reprise des poursuites individuelles et le rebond du débiteur peuvent être appelés à se compléter. L'un peut servir l'autre.

496. De ce qui précède, il nous semble qu'il convient d'encadrer la reprise des actions individuelles en droit marocain à travers un texte clair. Ainsi, au cas où il y aurait une fraude fiscale ou une tricherie à l'encontre de l'ensemble des créanciers, au cas où « le rebond » du débiteur serait fondé sur la corruption, il doit y avoir place à l'application des poursuites individuelles. Reste que cette reprise ne peut profiter au Trésor que si l'on arrive à valoriser de la protection tirée des régimes des sanctions.

§2. Valorisation de la protection tirée des régimes des sanctions

497. La valorisation des régimes des sanctions est l'un des éléments susceptibles de repenser la protection du Trésor dans le système des procédures collectives en Afrique. La principale raison qui justifie cette instauration est l'impératif de « *la moralisation* »[1146] des procédures. En appliquant des sanctions, le juge augmente les chances de protection du Trésor. Cette application répond à « *une exigence de morale des affaires fondée sur le respect du [redevable] de ses engagements* »[1147] envers l'Administration fiscale et les opérateurs économiques privés. Ladite application permet aussi l'assainissement du monde des affaires des grands fraudeurs et des dirigeants dépourvus de compétence. Il se

---

[1146]Corinne MASCALA, « Sanctions applicables aux dirigeants », art. préc., p. 50 et s. Juana PULGAR EZQUERRA, « Les obligations et la responsabilité des dirigeants de sociétés de capitaux soumises à une procédure collective espagnole », *Rev. proc. coll.* n° 3, juill. 2008, doss. 16, n° 13.

[1147] Jean Claude JAMES, « La liquidation des biens dans les procédures collectives d'apurement de passif », art. préc., n° 55, p. 1116.

trouve souvent que ces fraudeurs sont de très mauvais payeurs d'impôts.

498. Or, les deux régimes africains de sanctions sont critiquables. Leurs réformes fragmentaires laissent subsister un certain nombre de défauts. Pour cette raison, le perfectionnement du régime des sanctions civiles (**A**) et la nécessaire application des sanctions d'ordre pénal(**B**) sont deux mesures à même d'améliorer la situation du Trésor dans le système des entreprises en difficulté en droits marocain et OHADA.

A. Perfectionnement du régime des sanctions civiles

499. En droit marocain, la protection axée sur la sanction patrimoniale voit le jour pour la première fois avec l'entrée en vigueur du Code de commerce de 1996. Tout un chapitre y est dédié et 18 articles sont consacrés à la mise en œuvre de ce régime. Calquée sur ce chapitre, apportant quelques améliorations, la nouvelle loi n° 73-17 réaffirme cette orientation. Le même constat est fait à propos du passage de l'AUPC de 1998 à celui de 2015. De ce point de vue, le droit uniforme africain et le droit marocain de l'insolvabilité se veulent, comme on l'a vu[1148], clairement sanctionnateurs[1149]. Seulement, quel que soit l'ordre juridique considéré, l'œuvre législative reste inachevée. L'effectivité et la cohérence des règles juridiques établies à cet effet s'en trouvent affectées. Les créanciers dont le Trésor n'en sortent pas bien protégés.

500. Le perfectionnement du régime de la responsabilité civile peut se faire à travers l'amélioration du régime des sanctions pour fautes de gestion **(1)** et l'introduction de l'extension de la procédure collective pour confusion des patrimoines **(2)**.

[1148] Cf. *supra* n° 282.

[1149] Mohamed JAOUHAR, « Les sanctions applicables aux dirigeants des entreprises en difficulté », art. préc., p. 102.

1. Améliorer le régime des sanctions pour fautes de gestion

501. Améliorer le régime des sanctions civiles réside dans le fait de combler le vide juridique constaté en la matière. Cette amélioration consiste aussi à rendre ce régime à la fois plus efficace et davantage en harmonie avec la finalité économique des procédures collectives. Pour y parvenir, deux démarches sont recommandées : la séduction opérée par le recours à la jurisprudence interne (**a**) et celle opérée par la référence au droit français (**b**).

a. La séduction opérée par le recours à la jurisprudence interne

502. Le droit marocain des entreprises en difficulté est naissant. Et c'est parce qu'il en est ainsi que son amélioration doit dépendre de ce que la jurisprudence interne livre comme solutions. En ce sens, il ne faut pas que ce droit hautement technique vienne d'en haut. Ce constat vaut pour le Trésor en tant que créancier. Le législateur marocain de 2018 en a pris acte : nombreuses sont les solutions jurisprudentielles favorisant la position du Fisc et qui ont été prises en compte par la nouvelle loi n° 73-17.

503. C'est dans cette logique que l'amélioration de la position du Trésor en application des sanctions civiles doit être recherchée. Ainsi, rendre efficace l'action en comblement du passif nécessite deux mesures d'une grande importance : une première mesure consiste à permettre à tous les organes de la procédure collective de déclencher cette action ; la seconde mesure part du principe qu'il faut impliquer le Fisc et les autres créanciers à ce niveau.

504. L'élargissement du cercle des titulaires pouvant déclencher la procédure. En réalité, il convient de reconnaître que l'on ne peut pas évoquer l'action en comblement du passif sans parler de la question relative à son déclenchement. En droit marocain, la liste des personnes en droit de saisir le tribunal à l'effet de la condamnation du dirigeant en comblement du passif est limitative. Il ressort de l'article 738 de la loi marocaine n° 73-17 que le déclenchement de cette action n'est possible que par la saisine d'office du tribunal. Pour le créancier qui nous intéresse ici et qu'est le Trésor, ce point est particulièrement sensible. En témoigne l'arrêt[1150] *Société Kazimir île des enfants* rendu par la Cour de cassation marocaine le 07 mai 2008. Cet arrêt affirme que le déclenchement de l'action en comblement du passif est une prérogative reconnue au tribunal et non aux associés. Cette logique permet-elle de bien protéger le Fisc et les autres créanciers ? C'est l'une des questions soumises à la Haute cour marocaine. Concernant les faits, il s'agit d'une société de fait dont l'activité porte sur l'éducation et la formation des écoliers, activité qui s'est élargie au point de créer une autre société avec comme dénomination sociale : *Ecole Sir Amin*. La liquidation judiciaire frappe cette société en vertu de l'arrêt de la cour d'appel de Fès en date du 26 octobre 2000. Parmi les créanciers, deux créanciers fiscaux sont présents dans cette affaire : l'Administration des impôts avec 122 620. 90 Dh (soit 11364, 98 €) et la collectivité locale avec un montant de 753.37 Dh (69, 83€). A ces deux créances, l'on doit ajouter le montant de la créance admis et revenant à l'associée Mme *HilaneGolit* : 159 459,91 Dh (14 346,47 €). Dans cette affaire, on note que le rapport déposé par le syndic indique que l'évaluation des biens meubles vendus est estimée à 9420.04 Dh (873, 09 €). Prétendant que c'est la faute de gestion commise par son associée (Mme AMARA) qui a donné lieu à la liquidation de la société, l'associée *Hilane Golit,* demanderesse à l'instance, demande au Tribunal du commerce de Fès que son associée soit condamnée à combler le passif. Selon la demanderesse, la qualification de faute de gestion résulterait des faits suivants : Mme Amara a ouvert une autre école qui porte une dénomination sociale similaire « *Secteur scolaire Amin* ». Saisi de l'affaire, le Tribunal du commerce rend son jugement arrêtant la clôture de la liquidation et déboute la demanderesse pour ce qui est de la sanction patrimoniale demandée. La cour d'appel de commerce de Fès approuve le jugement précité. L'affaire est transférée à la Haute cour de Rabat. Par un arrêt de cassation, les juges décident de valider l'arrêt d'appel au motif que la cour de Fès a bien motivé son arrêt. La motivation retenue est que le droit de déclencher l'action en

[1150] Cass. com., Maroc, n° 614, 07 mai 2008, doss. com. 2006 / 1 / 3 / 936.

comblement du passif est reconnu au tribunal via la saisine d'office et non pas aux associés. Il ressort de l'arrêt que tant que l'action en comblement du passif n'est pas initiée par le tribunal, le juge n'a pas à examiner le bien-fondé des fautes de gestion alléguées à l'associée défenderesse. Au regard de la valeur totale du produit de la vente des biens, il apparaît clairement que l'Administration des impôts et les autres créanciers sont très loin de se faire payer de façon intégrale ; les créances fiscales admises dans cette affaire sont définitivement perdues. L'enseignement que l'on peut tirer de cette affaire est que le fait de limiter le déclenchement de l'action précitée au seul tribunal est dépassé et ne permet pas de bien protéger le Fisc et les autres créanciers. Comme l'a fait le législateur communautaire africain en 2015[1151], le législateur marocain a tenté de réparer cette erreur législative en 2018 et ce, en permettant au syndic et au Ministère public de déclencher l'action visant la condamnation du dirigeant au comblement du passif. Cette évolution est à saluer. Mais, elle dénote de la timidité du législateur marocain du seul fait qu'il n'a pas permis aux contrôleurs d'initier cette action. Preuve en est que toutes les fois que la position du syndic peut paraître au désavantage des créanciers ou des associés, comme c'est le cas de l'affaire précitée, il faut placer entre les créanciers et le syndic, un autre organe pourvu de pouvoirs exorbitants. Les contrôleurs sont bien placés pour jouer ce rôle. Plus pointue est la raison présentée par un auteur : « *il convient d'élargir le cercle des titulaires de la saisine aux fins de la responsabilité patrimoniale pour englober [outre]le ministère public [,] les contrôleurs* »[1152], car l'hypothèse de la complicité du syndic avec les associés fautifs est bien présente, explique l'auteur. En somme, si la nouvelle loi n° 73-17 est venue réhabiliter le Parquet dans ses droits et lui permettre d'initier cette action, les contrôleurs ne peuvent toujours pas intervenir à ce niveau.

505. L'implication des créanciers dans l'action patrimoniale. Au-delà de l'élargissement du cercle de la saisine de l'action civile, l'aboutissement de cette action suppose aussi l'implication du Fisc et des autres principaux

[1151]AUPC révisé, al. 1, art. 183 (art. préc.,).

[1152]Allal FALI, *op. cit.*, p. 346.

créanciers là-dedans. Instructive affaire que celle dans laquelle a statué le Tribunal de commerce d'Agadir le 04 mars 2008. Les juges du fond ont pu considérer que la non-déclaration de l'opération de la vente au niveau de l'Administration fiscale (pour atteindre un intérêt personnel) constitue une faute de gestion du gérant, faute qui motive la condamnation des dirigeants au comblement du passif. Les faits sont comme suit[1153] : mi-novembre 2000, trois associés procèdent à la conclusion de deux ventes. Tandis que la première porte sur la cession de six appartements pour un montant de 3. 394. 500 Dirhams (314. 723,18 €), la seconde a pour objet la cession aussi de six appartements mais, pour un montant un peu plus élevé : 3. 566. 550 Dirhams (330. 674, 91 €). Élément aggravant dans ces deux opérations : les ventes sont passées loin du contrôle et des services du notaire. Les trois associés disent que la société a reçu les prix de vente, alors qu'en se référant à la déclaration annuelle déposée à l'Administration des impôts, il s'avère que les prix de vente n'ont pas été déposés et qu'aucune opération de vente n'est déclarée. Le Tribunal de commerce d'Agadir a pu qualifier ce comportement d'une faute de gestion flagrante : en ne versant pas les prix de ventes dans les comptes de la société, les associés ont « *disposé des biens de la société comme des siens propres* »[1154]. Même s'il n'est pas clairement exprimé dans l'ouvrage[1155] duquel cette décision judiciaire est extraite, cette faute de gestion, combinée aux autres éléments, a placé l'entreprise en difficulté financière. En toute logique, à la lumière des faits et de la motivation du jugement, se référant à l'article 704 du Code de commerce de 1996, le tribunal a décidé de condamner les trois associés de combler en totalité l'insuffisance enregistrée au niveau de l'actif pour un montant de 581. 381. 110 Dirhams (53. 903. 112,22 €). Instructif, ce jugement l'est par l'enseignement consacré. Au-delà de la fraude fiscale constituée par la non-déclaration des mutations à l'Administration des impôts, l'enseignement tiré de cette affaire est que c'est grâce au Fisc que le tribunal est arrivé à révéler et à prouver la faute de gestion. De cet enseignement, se dégagent deux remarques. La première est que le Trésor

---

[1153]Trib. com, Agadir, jug., n° 419, 04 mars 2008, doss. n° 1640/10/2006.
[1154] cf. *supra* n° 284.
[1155]Allal FALI, *Les procédures de traitement des ... op. cit.*, p. 358.

devait y voir aussi un dommage individuel[1156]. La seconde remarque nous conduit à affirmer avec force que l'implication explicite du créancier fiscal peut jouer un rôle très important au stade de la responsabilité patrimoniale du gérant. Cette implication est regrettablement toujours méconnue par le droit marocain et le droit OHADA. Dans cette perspective, il est facile de comprendre la raison de son introduction par l'article L651- 4 de la loi de sauvegarde de 2005 en France. L'ayant bien compris, le législateur français élargit le cercle des créanciers à impliquer à ce niveau. A n'en pas douter, la position du droit français est le fruit d'une logique allant de l'unique et simple implication du Fisc à l'implication d'un ensemble déterminé de créanciers. La règle est formulée en ces termes :

> « Pour l'application des dispositions [...][relatives à la condamnation du dirigeant fautif au comblement du passif], le président du tribunal peut charger le juge-commissaire ou, à défaut, un membre de la juridiction qu'il désigne d'obtenir, nonobstant toute disposition législative contraire, communication de tout document ou information sur la situation patrimoniale des dirigeants et des représentants permanents des dirigeants personnes morales mentionnées à l'article L. 651-1 ou encore sur les revenus et le patrimoine non affecté de l'entrepreneur individuel à responsabilité limitée de la part des administrations et organismes publics, des organismes de prévoyance et de sécurité sociale, des établissements de paiement, des sociétés de financement, des établissements de monnaie électronique et des établissements de crédit [...]».

506. De ce qui précède, il est suggéré au législateur OHADA et à son homologue marocain d'introduire une règle juridique allant dans ce sens dans leurs lois respectives.

507. A la séduction traduite par la référence à la jurisprudence interne, s'ajoute une autre séduction, celle opérée par la référence au droit français.

[1156] Code de recouvrement des créances publiques, Maroc, art. 98 ; CGI, art. L89, Cameroun. En France, V. La pratique judiciaire fondée sur le LPF, France, art. 267. Pour une étude détaillée, Cf., seconde partie, titre 2, Chap. 2, sect. 2.

b. La séduction opérée par la référence au droit français

508. Plus que les législateurs OHADA et marocain, la question relative au perfectionnement du régime de la responsabilité civile a bien préoccupé le législateur français. Du coup, nombreux sont les éléments innovants qui sont établis par le droit français et discutés par la doctrine. Globalement, dans le but d'améliorer la condition du Trésor pris collectivement, deux logiques doivent guider les deux législateurs africains.

509. Vers le dépassement des difficultés. Une première logique peut s'inscrire dans le cadre de la volonté de dépasser les difficultés précédemment citées[1157]. Ainsi, comme l'a fait exprimer un syndic rattaché au Tribunal de commerce de Casablanca, le déclenchement des actions patrimoniales en droit marocain, étant très souvent compliqué, doit être revu. A titre d'exemple, le déclenchement de cette action doit être facilité par la suppression des taxes que le syndic doit payer pour en garantir la recevabilité. Le syndic doit en être libéré.

510. L'amélioration de la condition du Trésor et des autres créanciers ne concerne pas seulement le stade de la saisine du tribunal, elle touche aussi à celui de l'exécution des sanctions civiles rendues par les juges. Comme il a été souligné, le syndic se retrouve souvent confronté à la fraude et à l'organisation de l'insolvabilité par les débiteurs. Ladite fraude invalide bien entendu le paiement du Trésor[1158]. Face à cette situation, *l'Association des professionnels du contentieux économique et financier* en France recommande de créer deux fichiers au niveau national sur lesquels sont transcrits les biens meubles et immeubles des débiteurs et les actes de disposition « *qu'ils auraient pu faire pour éviter qu'ils ne dissimulent une partie de leur patrimoine* »[1159]. Non encore instaurée par le droit français, découlant du bon sens, cette proposition doctrinale est à transposer en droits marocain et OHADA. Elle répond au double impératif de

---

[1157]Cf. *supra* n° 285.
[1158]Cf. *infra* n° 285.
[1159]Corinne SAINT-ALARY-HOUIN, « Un vent de réforme souffle aussi sur les sanctions… ! », *BJE* janv. 2020, n° 117, p. 10.

moraliser les procédures collectives et de protéger directement le Fisc et les autres créanciers.

511. Consacrer la finalité économique des sanctions. En quittant la première logique, il faut souligner que la conception actuelle du régime des sanctions civiles doit être redéfinie afin d'être cohérente avec la volonté d'encourager le redressement du débiteur et le rebond du débiteur failli. L'idée est de réaffirmer « *la finalité économique* »[1160] des procédures de traitement des difficultés de l'entreprise en ce qui concerne le volet « sanctions ». Les améliorations sont ici nombreuses. Ainsi, un des « *objectif[s] est de faire reculer la sanction et d'en limiter les effets* »[1161]. Dans cette perspective, ne doit être sanctionné que le débiteur fraudeur, auteur d'une faute avérée[1162] qui porte grandement préjudice aux créanciers dont le Fisc[1163]. Absente dans les droits OHADA et marocain, une règle consacrant cette logique est trouvée sur le fondement de l'alinéa 1 de l'article L651-2 du Code de commerce français. Cette règle prévoit qu'« *en cas de simple négligence du dirigeant de droit ou de fait dans la gestion de la société, sa responsabilité au titre de l'insuffisance d'actif ne peut être engagée* ». Dans le prolongement de l'idée précédente, *le Mouvement des entreprises* en France part de cette tendance pour proposer que si poursuites il y a, les sanctions prononcées soient proportionnées aux fautes commises[1164]. Dans cette rubrique, on peut aussi ranger la nécessité d'instaurer une conception des sanctions qui distingue entre le débiteur de bonne foi et celui de mauvaise foi. En réalité, c'est la pratique judiciaire qui doit s'attaquer à ce défi, car si l'on venait à appliquer une même sanction à la

---

[1160]Irina PARACHKEVOVA, « La nouvelle responsabilité des dirigeants dans les procédures collectives : révolution ou évolution ? », *LPA*, 19 déc. 2006, n° 252, p. 4, n° 13.

[1161]Corinne MASCALA, « Les sanctions en droit des entreprises en difficulté : flux, reflux et incohérences », *Droit et Patrimoine*, n° 223, 1er mars 2013.

[1162]Corinne MASCALA, Les sanctions en droit ..., art. préc.,

[1163] La même remarque doit valoir pour les sanctions pénales. Cf. Jean-Philippe HAEHL, « La réforme mesurée du droit des sanctions », *LPA,* n° 110, 14 sept. 1994, n° 16.

[1164] Arnaud REYGROBELLET, Joëlle SIMON, « Vers une approche plus économique des procédures collectives ? Le point de vue du Medef », *LPA*, 17 févr. 2006, n° 35, p. 56.

fois au débiteur fraudeur susmentionné et à celui « *victime d'un retournement de marché* »[1165], ce serait une aberration. Dotée d'une évidente utilité, la solution doctrinale qui consiste à ce que le juge soit guidé dans son travail par les analyses des techniciens et des experts[1166] est pertinente à ce niveau. Dans ces conditions, le juge pourra distinguer entre les deux débiteurs-contribuables susmentionnés. Enfin, il est également suggéré au législateur marocain de supprimer les sanctions patrimoniales au stade des procédures de sauvegarde et du redressement judiciaire et de ne les appliquer qu'en cas de liquidation judiciaire[1167]. L'idée est de mettre toutes les chances du côté de la solution qu'est le redressement de l'entité économique.

512. On le voit, la réflexion menée jusque-là va dans le sens de ne pas entraver le rebond et le redressement du débiteur de bonne foi. C'est ce schéma de propositions qui reste beaucoup plus cohérent avec la dimension économique des procédures collectives. Dès lors, elles méritent d'être discutées davantage par la doctrine en Afrique et ce, pour élaborer et affiner les textes de loi en la matière.

513. Après ces propositions à même de repenser la condition du Fisc, viendra alors la question inhérente à l'introduction de l'extension des procédures collectives pour confusion des patrimoines.

2. Introduire l'extension pour confusion des patrimoines

514. Introduire l'extension de la procédure collective pour confusion des patrimoines est un pas en avant sur le chemin de la protection du Trésor. En effet, cette introduction permet d'étendre la liquidation ou le redressement judiciaire à une autre personne morale ou physique. Comme son nom l'indique, le jugement d'extension est prononcé par suite de

---

[1165] Arnaud REYGROBELLET, Joelle SIMON, art. préc.,

[1166] Corinne SAINT-ALARY-HOUIN, « Un vent de réforme souffle aussi sur les sanctions… ! », art. préc.,

[1167] En lisant l'article 738 de la loi marocaine n° 73-17 (art. préc.,), il ressort que les sanctions patrimoniales s'appliquent même en cas de redressement judiciaire.

la confusion préalable des actifs et des passifs[1168]. Dans cet esprit, cette extension permet l'accès à un patrimoine[1169] autre que celui appartenant à l'entreprise placée en procédure collective. Tel est le principal objectif de la règle logée dans l'article 585 du Code de commerce marocain[1170]. Cela dit, si l'intention du législateur marocain est louable, la mise en application engendre des difficultés d'application. En ce sens, cette technique protectrice du créancier fiscal, telle qu'elle est encadrée par l'article 585 précitée, est imprécise quant au critère sur lequel il faut se baser pour décider de la confusion des patrimoines. Une autre question, moins imprécise, est aussi soulevée par ce mécanisme : l'apport que peut accorder cette extension au Fisc : en quoi l'extension de la procédure collective pour confusion des patrimoines est-il à même d'apporter une certaine protection au Trésor ? Ces deux interrogations constitueront l'essentiel de notre analyse dans ce paragraphe.

515. L'apport du mécanisme pour le Trésor pris collectivement. Cette solution juridique est citée comme une réponse à une réalité du terrain qui fait qu'un débiteur de mauvaise foi arrive à appauvrir une société (qui allait se retrouver en cessation des paiements) en faisant privilégier une autre. La conséquence est claire : cela porte nettement préjudice au Trésor et aux autres créanciers[1171] de la société placée en cessation des paiements dans la mesure où le Trésor sera partiellement ou pas du tout désintéressé. Le propos n'est nullement exagéré : cette technique est une véritable barrière à la fraude du débiteur. En d'autres termes, si le débiteur arrive à soustraire une partie du patrimoine aux créanciers, la raison d'être de ce mécanisme est d'éviter qu'une partie du

---

1168 Cass. com. France, 16 juin 2004, n° 01-17. 234 ; Voy. Le rapport annuel de la Cour de cassation française de 2004.

*1169*François LEGRAND, Olivier BOURU, Christophe DELATTRE, « Quelle place pour les sanctions civiles et pénales en droit des procédures collectives ?», art. préc., *ibid.*

1170 C. com. L. n° 73-17, Maroc, art. 585, al. 1.

1171Eugénie AMRI, Sami JEBBOUR, « L'incompatibilité du mécanisme d'extension de procédure collective pour cause de confusion des patrimoines avec le règlement n° 1346 / 2000 », note sous CJUE, 15 déc. 2011, aff. C-191/10, *Rastelli* Davide c/ Hidoux, in *rev. lamy dr. aff.* n ° 69, 1 mars, 2012.

patrimoine « *ne disparaisse* »[1172]. Si après l'ouverture d'une liquidation judiciaire, les juges admettent la confusion des patrimoines, il y a place à une « *unicité de la procédure* »[1173], unicité qui fait que le montant de l'actif se verra augmenter. Dans cette perspective, c'est ce nouveau montant qui sera réparti entre les créanciers dont le Trésor[1174]. Cela garantit un paiement satisfaisant du passif fiscal et non fiscal.

516. Dégagées par la jurisprudence, des solutions viennent nous éclairer davantage sur le principe et l'intérêt de ce mécanisme. L'affaire *Fidon c/Buisson*, tranchée par la cour d'appel d'Orléans le 11 mars 2004, montre le risque que pourraient courir le Trésor et les autres créanciers de l'entreprise si la confusion des patrimoines aboutit sans qu'aucune extension ne puisse être prononcée plus tard. Les juges orléanais ont pu clairement conclure qu'il y a matière à l'extension de la liquidation pour confusion des patrimoines,

> « Lorsqu'il existe entre une société civile et une société commerciale des mouvements anormaux de fonds qui traduisent globalement un détournement des ressources de la société commerciale vers la société civile, uniquement constituée pour soustraire l'immeuble au droit de poursuite des créanciers de la société commerciale »[1175].

Si la protection du Trésor pris collectivement est évidente, le critère de ce mécanisme protecteur reste discutable devant le juge. On le voit, la jurisprudence *Fidon c/Buisson*, suivie de la doctrine, évoque les relations financières anormales établies entre deux entreprises ou plus[1176]. C'est ce que la Cour de cassation française a retenu dans un arrêt rendu en

---

[1172]Emilie GICQUIAUD, « L'extension de procédure pour cause de confusion des patrimoines suppose des faits antérieurs à l'ouverture de la procédure collective », note sous cass. com., France, 16 oct. 2012, in *LPA*, 8 mars 2013, n° 49, p. 6.
[1173]Emilie GICQUIAUD, note préc.,
[1174]*ibid.*
[1175] CA Orléans, 11 mars 2004, *Fidon c/Buisson*, RJDA 2004, n° 854) ; A rapprocher de cass. com., France, 28 mars 1995, n° 92-20.316, BRDA 1995, n° 7, p. 5, JCP E 1995, pan., 569, Quot. jur. 25 avr. 1995, p. 3, D. 1995, I.R., p. 268 ; V. aussi cass. com., France, 1er oct. 1997, n° 95-14.578, BRDA 1997, n° 19, p. 3, Bull. Joly Sociétés 1997, p. 1089, note Daigre, RJDA 1997, n° 1497 ; cass. com., France, 17 mars 1998, n° 95-22.213 et 96-10.224.
[1176]CA. com., Casablanca, n° 5209, 10 nov. 2006.

1993 ; elle a pu juger[1177] que les relations financières entre la société mère et la filiale doivent être considérées comme étant anormales pour qu'on puisse décider de la confusion des patrimoines. Dans un autre arrêt rendu deux années plus tard, les juges ont pu confirmer cette logique en exposant ce qui est considéré comme le second critère : il faut justifier la « *confusion des comptes* »[1178]; c'est-à-dire « *un état d'imbrication inextricable* »[1179] entre les sociétés du groupe de manière qu'il n'est pas possible de différencier leurs passifs et leurs actifs[1180]. Ce raisonnement est suivi autant par la doctrine que par les juges en droit marocain. C'est que du temps du Code de commerce de 1996, et en raison de la définition légale imprécise de cette technique[1181], une partie de la doctrine[1182] se tourne vers l'analyse suivante : la confusion des patrimoines existe dès lors qu'il y a entre les sociétés « *des flux financi[ers] sans aucune justification réelle* »[1183]. En d'autres termes, si c'est le cas, on est fondé à qualifier d'anormales ces relations financières. Côté jurisprudence, ce critère est repris par la cour d'appel de commerce de Casablanca dans l'affaire *société Cari Confort plus - société Cari confort*. S'agissant des faits, la liquidation judiciaire est initialement ouverte à l'encontre de la société *Cari confort*. En date du 28 mars 2005, un jugement du Tribunal de commerce de Casablanca ordonne que soit étendue la liquidation judiciaire à la société *Cari confort plus*. Contestant cette extension, cette dernière société interjette appel du jugement ordonnant ladite extension. Elle avance

---

1177Cass. com., France, numéro non cité, 11 mai 1993, *rev. proc. coll.* 1994, p. 372, obs. J.-M. CALENDINI, cité par Corinne SAINT-ALARY-HOUIN, *Droit des entreprises en difficultés*, *op. cit.*, n° 384, p. 229, *ibid.*

1178Fatoma THERA, Thèse préc., p. 77.

1179Cass. com., France, n° 266, 24 oct. 1995, cité par Corinne SAINT-ALARY-HOUIN, *Droit des entreprises en difficultés*, *op. cit.*, n° 384, p. 229, *ibid.*

1180Corinne SAINT-ALARY-HOUIN, *Droit des entreprises en difficultés*, *op. cit.*, n° 384, p. 229, *ibid.*

1181 C. com. Maroc, 1996, art. 570.

1182Abdelhafid CHENTOUF, « Confusion des patrimoines des entreprises : un mode de gestion à bannir », *Challenge.com*, 31 oct. 2018.

1183Abdelhafid CHENTOUF, art. préc., Dans un constat partagé, le chroniqueur livre des exemples des relations financières anormales : « *loyers trop bas, locaux partagés dans des conditions non justifiées, mouvements de fonds inexpliqués, des frais imputés à une entreprise sans fondement, travaux gratuits etc* ».

l'absence de toute relation commerciale entre elle et l'autre société ; elle invoque aussi pour sa défense le fait qu'elle exerce son activité commerciale dans un local qui est le sien avec un siège indépendant, et qu'elle a un compte bancaire indépendant. Toutefois, faute de preuves, cette argumentation n'a pas convaincu les juges de la cour d'appel de commerce de Casablanca. En effet, l'arrêt de la cour a pu soutenir que : « *Le Tribunal peut décider que la procédure de redressement ou de liquidation soit étendue à d'autres sociétés en raison d'une confusion de patrimoine* »[1184]. Parce qu'il y a un vide juridique en la matière, les juges se contentent de ne citer que la doctrine et la jurisprudence pour motiver cette extension. « *Selon la doctrine et la jurisprudence* »[1185], ajoute l'arrêt précité, « *il y a confusion des patrimoines lorsque les sociétés en question ont les mêmes dirigeants, le même siège social et des procédés de gestion identiques* »[1186]. Ici, l'arrêt donne des illustrations des relations financières dites anormales.

517. L'apport du mécanisme pour le Trésor pris individuellement. A la protection collective s'ajoute la protection individuelle. En réalité, l'extension de la liquidation judiciaire pour confusion des patrimoines est à même d'apporter une certaine protection au seul créancier fiscal. En témoigne la jurisprudence.

518. La portée de l'affaire *Thierry Trillard-La Snc*. A ce sujet, la jurisprudence, dégagée par l'affaire *Thierry Trillard-La Snc*, est une parfaite illustration de la protection individuelle du Fisc. Par souci de bien comprendre le raisonnement, et tant qu'ils sont différents de l'affaire précédente, les faits doivent être ici rapportés. En l'espèce, la Sarl *Expertises Thierry Trillard* et *la Snc* sont deux entreprises dont le domaine d'activité est respectivement l'expertise en cas de sinistre et la location des biens immeubles et meubles. A un moment donné, seule la Sarl *Thierry Trillard* est placée en liquidation judiciaire. Après

[1184]CA. com., Casablanca, n° 5209, 10 nov. 2006 (arrêt préc.,).
[1185]Dans cette espèce, pour motiver sa décision, la cour d'appel de commerce de Casablanca s'est référée à un arrêt de la cour d'appel de Nancy, rendu en date du 22 juillet 1997.
[1186]CA. com., Casablanca, n° 5209, 10 nov. 2006 (arrêt préc.,).

avoir constaté la confusion des patrimoines, le Tribunal de commerce de Nanterre[1187] a étendu la liquidation à l'encontre de la *Snc*. Un élément central dans cette affaire : cinq mois avant le prononcé de ladite extension, la sarl *Expertises Thierry Trillard* a fait l'objet d'une procédure de redressement fiscal, procédure qui a donné lieu à la naissance d'une créance fiscale. Laquelle est produite au passif de la liquidation. Cette nouvelle situation pousse la *Snc* à interjeter appel du jugement et à demander de ne pas être concernée par le paiement de la créance fiscale précitée. L'appelante a en effet pu signaler que :

> « la demande d'extension a été formée à la suite de la connaissance par le liquidateur de la proposition de rectification notifiée le 5 juillet 2013 à la Sarl, que le vérificateur a constaté que le produit de l'actif de la Sarl avait été transféré sur le compte courant de M. Trillard dans la Snc et qu'il résulte de cette proposition de rectification que le vérificateur a taxé uniquement M. Trillard au titre de l'impôt sur le revenu, lequel a fait l'objet d'avis de mise en recouvrement pour les années 2010 et 2011. Il en déduit que la mise en recouvrement de cet impôt libère la Sarl de la créance fiscale, que la Snc n'est pas concernée, même indirectement, par le redressement fiscal et que la décision d'extension n'est pas justifiée »[1188].

Insensible à cette argumentation, la cour d'appel de Versailles a pu juger que la confusion des patrimoines est ici fondée. Dès lors, la société *Snc* doit aussi supporter la créance fiscale née de la procédure du redressement fiscal, précise l'arrêt. L'on pourrait reprendre ici ce passage pertinent :

> « Considérant qu'il résulte de la proposition de rectification à la suite de la vérification de comptabilité de la Sarl effectuée entre le 6 mars et le 14 mai 2013 portant sur la période comprise entre le 1er janvier 2010 et le 31 décembre 2012, dont les conclusions ne sont pas discutées par l'appelante, que des expertises réalisées par M. Trillard pour le compte de la Sarl ont été facturées aux sociétés d'assurances clientes par la Snc et payées par elles sur le compte bancaire de cette société avant que les encaissements soient portés au crédit du compte courant d'associé de M. Trillard dans les livres de la Snc ; qu'il en est résulté pour la Sarl un détournement injustifié et sans contre-partie de chiffre d'affaires au profit de la Snc à

[1187]Trib. com. Nanterre, Cham. 6, numéro non cité, 12 déc. 2013.
[1188]CA, Versailles, 15 mai 2014, n° 13 / 09389.

concurrence de 80 217 euros au titre de l'exercice 2010 et de 306 693,39 euros au titre de l'exercice 2011; que ces relations financières anormales pendant deux années, qui ont eu pour effet de priver la Sarl du produit de son activité, démontrent l'existence d'une confusion des patrimoines respectifs des deux sociétés de nature à entraîner l'extension de la liquidation judiciaire de la Sarl à la Snc, peu important que la situation se traduise pour M. Trillard par un redressement fiscal personnel et des poursuites aux fins de recouvrement ; que le jugement dont appel sera confirmé en toutes ses dispositions »[1189].

De ce qui précède, il en découle que l'existence des relations financières anormales entre deux entreprises a pour effet d'entraîner la confusion de leurs patrimoines. Encore une fois, c'est dans l'intérêt du créancier fiscal à titre individuel comme à titre collectif que soit « *gommée la distinction artificielle de [...] patrimoines* »[1190]. Pragmatique, la démarche l'est en ce qu'elle vise la lutte contre la fraude et l'instauration de la transparence.

519. Voilà ce que peut apporter la moralisation des procédures pour le Trésor.

520. Les précisions sur l'apport et le critère de la confusion des patrimoines étant livrés, la question qui se pose, à présent, est celle relative à sa réception par les deux lois africaines. En réalité, la réponse change suivant les régimes juridiques. Bien que l'encadrement de ce critère soit encore absent dans le Code de commerce au Maroc, force est de constater que la position du droit marocain a évolué. En fait, elle semble constituer une réponse à une doctrine[1191] critique quant au vide juridique constaté en la matière. Sur cette question précise, il est fort intéressant de rappeler une recommandation, celle actée par de nombreux auteurs et professionnels de la justice lors du colloque international organisé en 2017 par la Faculté du droit de Settat. Estimant

---

[1189] *Ibid.* (arrêt préc.,).

[1190] Corinne SAINT-ALARY-HOUIN, *Droit des entreprises en difficultés*, *op. cit.*, n° 384, p. 227 ; F. REILLE, « La notion de confusion des patrimoines, cause d'extension des procédures collectives », Thèse, Montpellier, 2005.

[1191] Abdelhafid CHENTOUF, « Confusion des patrimoines des entreprises : un mode de gestion à bannir », art. préc.,

que cette forme d'extension n'est pas assez encadrée par la loi, les conférenciers ont invité le législateur marocain à « *prendre une position claire et précise* »[1192] sur cette notion. Le message est si bien passé que les incertitudes sont, à présent, levées. Abstraction faite de cette question du critère, le mécanisme est relativement encadré. Mais, contrairement au droit marocain, plus aucun article de l'AUPC de 1998 ou de l'AUPC révisé ne régit explicitement cette question. En raison de la fréquence des confusions des patrimoines dans l'espace OHADA[1193], et en raison de l'intérêt prioritaire porté aux droits des créanciers dans ledit espace, pour ces deux raisons, la position du droit uniforme africain est paradoxale.

521. Les enseignements de la jurisprudence et la conclusion tirée de la réalité du terrain africain conduisent à la nécessité d'introduire explicitement l'extension des procédures collectives pour confusion des patrimoines dans l'AUPC. Par souci de protéger les créanciers dont le Trésor, le législateur communautaire africain gagnerait à instaurer formellement cette procédure.

522. En conclusion, envisager l'amélioration du régime de la responsabilité civile en Afrique, c'est contribuer à rendre effective la condition du Trésor dans le contexte des procédures collectives.

523. Fort de l'objectif affiché par la loi, repenser la protection du Trésor peut être déterminé sous un autre jour : l'application des sanctions d'ordre pénal. Cette application reste nécessaire.

B. La nécessaire application des sanctions d'ordre pénal

524. L'occasion de l'ouverture des procédures collectives s'accompagne souvent de la consommation d'infractions

---

1192 Ali TOUIR, « La réforme des dispositions régissant les procédures des difficultés de l'entreprise : nouveautés et enjeux », rapport final du colloque international organisé par le laboratoire du droit des affaires rattaché à la Faculté de droit de Settat, 27 nov. 2017, *revue droit et entreprise*, n° spéc., « Procédures des difficultés de l'entreprise », 2018, p. 248.
1193 Filiga Michel SAWADOGO, Droit des entreprises en difficulté, *op. cit.*, n° 33.

pénales. Ces infractions mettent à mal la finalité attachée au paiement du Trésor et des autres créanciers. Plus grave, ces infractions constituent souvent une véritable menace pour « *la stabilité du système économique* »[1194]. Dans ces conditions, ayant pour vocation la punition des agissements fautifs les plus graves du dirigeant, l'application des sanctions pénales se révèle être une solution logique[1195]. Bien plus, elle est nécessaire. Pourtant, en pratique, ces sanctions sont presque inexistantes dans certains Etats en Afrique et trop peu nombreuses dans d'autres.

525. Le but de notre recherche n'est pas de faire une démonstration sur les sanctions pénales en droit des entreprises en difficulté. Il s'agit de mettre en avant la valeur ajoutée que pourrait apporter ces sanctions pour le Trésor. Méthodologiquement, il convient de présenter, en premier, les difficultés **(1)** qui rendent inapplicables ces normes pénales, avant de proposer les éléments de la solution **(2)** qui sont de nature à atténuer la portée très limitée du régime répressif.

1. Difficultés

526. En instituant les sanctions pénales, le législateur marocain et son homologue OHADA ont eu l'ambition d'apporter une certaine protection aux « *victimes* »[1196] des infractions pénales que sont l'entité économique et les créanciers. Or, si nous dressons un bilan de ce régime depuis la fin des années 90, nous débouchons sur un constat : l'inapplication des sanctions pénales. Un point est hors de discussion : la norme pénale ne peut, dans ces conditions, remplir l'objectif qui est derrière son adoption. Elle ne peut se révéler protectrice de l'entité économique et des créanciers

---

[1194]Hubert TSAGUE DONKENG, *Le traitement de l'insuffisance d'actif en droit des procédures collectives OHADA*, DEA en droit privé, Yaoundé II, 2006, p. 64. Selon un autre auteur (Yao K. ELOI, « Uniformisation et droit pénal : esquisse d'un droit pénal des affaires dans l'espace Ohada », in *rev. int. Dr. comp.* vol. 63 n° 3, 2011. p. 664).

[1195] Emmanuel DREYER, « La sécurité juridique et le droit pénal économique », *Droit pénal,* n° 12, déc. 2006, étude 20, n° 4.

[1196]Liliane TCHAKOTEU MESSABIEM, Thèse préc., p. 112 ; Souleymane TOE, Thèse préc., n° 361, p. 330 ; Filiga Michel SAWADOGO, OHADA *Droit des ... op. cit.,* n° 368, p. 346.

dont le Fisc. Un auteur ne vise pas autre chose quand il écrit que « *les mauvaises pistes ne peuvent rendre service aux différents intérêts en jeu et notamment à l'ordre public économique* »[1197]. Les recherches doctrinales, plus étendues dans l'espace OHADA, font ressortir les difficultés qui invalident l'application des sanctions pénales. Notons que de chaque régime juridique émergent des difficultés qui lui sont propres. Néanmoins, la divergence constatée à ce niveau ne fait pas taire les obstacles communs.

527. Le problème relatif à l'actualisation du droit pénal interne. Écrivons-le sans détour : l'inapplication du droit pénal OHADA trouve en partie sa source dans une injustifiable inaction du législateur interne. Par l'effet de cette inaction, les règles d'ordre pénal contenues dans l'AUPC se retrouvent vidées de leurs contenus. En effet, du temps de l'AUPC de 1998 et sous l'empire de l'AUPC révisé, un examen de la plupart des codes pénaux nationaux permet de constater qu'un grand nombre des Etats ne sont toujours pas en phase avec le législateur communautaire africain. L'infraction de banqueroute, telle qu'elle est conçue par l'AUPC, n'est toujours pas consacrée par les législateurs internes des Etats membres de l'OHADA. N'ayant pas « *transposé* »[1198] la dimension pénale de l'AUPC dans les codes pénaux, nombreux sont les Etats qui n'ont pas encore actualisé leurs droits internes en la matière. A cet égard, les règles sanctionnant la banqueroute existent. Mais, suivant une autre qualification pénale. Nous soutiendrons ce propos à l'aide de deux exemples. Les comportements qui constituent le délit de banqueroute en application des articles 226 et suivants de l'AUPC révisé sont déjà trouvés dans le Code pénal de la Guinée mais suivant la qualification de « *l'organisation frauduleuse de l'insolvabilité* »[1199]. Au Sénégal, le législateur interne punit la banqueroute frauduleuse d'un emprisonnement allant d'un an à cinq

[1197]Mohamed JAOUHAR, « Les sanctions applicables aux dirigeants des entreprises en difficulté », art. préc., p. 124.
[1198]Hervé Magloire MONEBOULOU MINKADA, « L'expression de la souveraineté des Etats membres de l'OHADA (l'Organisation pour l'Harmonisation en Afrique du Droit des Affaires): une solution-problème à l'intégration juridique », *juridical Tribune*, vol. 3, déc. 2013, p. 100.
[1199] C. pén. Guinée, art. 448.

ans[1200]. Mais, il ne renvoie toujours pas le juge pénal à l'article 229 de l'AUPC révisé. Autrement dit, le Code pénal au Sénégal ne précise pas les actes constitutifs de la banqueroute frauduleuse. N'est-ce pas une protection injustifiée pour le débiteur ? N'est-ce pas un vide juridique évident pour le juge pénal ? N'est-ce pas l'incarnation d'une protection défectueuse des créanciers dont le Fisc ?

528. Ce ne sont donc pas les normes juridiques d'ordre pénal qui manquent en la matière. Mais, la volonté du législateur interne de légiférer suivant la méthode de renvoi. Un auteur a pu oser employer le mot « *indolence des Etats de l'OHADA* »[1201] pour désigner cet état de renonciation. Excepté les Etats du Sénégal[1202], du Cameroun[1203], de la Centrafrique[1204], du Bénin[1205] et du Congo[1206], il y a des Etats qui n'ont entrepris cette harmonisation d'ordre pénal que très récemment. Ainsi, la Côte d'Ivoire ne le fait qu'en novembre 2017, soit 19 ans après l'entrée en vigueur de l'AUPC de 1998. Force est de constater que si une harmonisation de ce genre est opérée, elle reste limitée à certains actes uniformes ; elle ne touche pas à l'AUPC. Ainsi, la loi sénégalaise n° 98 / 22 du 26 mars 1998 ne porte que sur les sanctions pénales applicables aux infractions logées dans l'Acte uniforme sur les sociétés commerciales et les groupements d'intérêt économique.

529. Non encore actualisées dans certains Etats, mises en œuvre tardivement dans d'autres, les dispositions d'ordre pénal prévues par l'AUPC se révèlent alors contre productives. Elles passent pour de simples recommandations. En conséquence générale, le juge national se retrouve

---

[1200] C. pén. Sénégal, art. 376, al. 3.

[1201] Bachir TALFI IDRISSA, « Niger : le nouveau droit pénal OHADA est arrivé ! », *Ess. dr. afr. aff.*, n° 8, 2017, p. 1.

[1202] L. Sénégal, n° 98 / 22, 26 mars 1998.

[1203] L. Cameroun, n° 2003 / 008, 10 juil. 2003. (Loi portant répression des infractions contenues dans certains actes uniformes OHADA).

[1204] C. pén., L. Centrafrique, 10. 001, 6 jan. 2010. MOUKOKO C., « L'état de l'application du droit pénal des affaires OHADA dans les Etats parties », [En ligne] : www.ohada.org.

[1205] L. Bénin, n° 2011/20, 12 oct. 2011.

[1206] L. Congo, n°12/2013, 28 juin 2013.

désarmé quand il est saisi d'une affaire et qu'il est tenu à prononcer une peine pénale[1207].

530. Les autres causes expliquant l'inexistence des sanctions pénales. L'inapplication des sanctions pénales ne trouve pas sa source dans le seul fait du législateur interne. Elle est aussi liée à d'autres causes. En effet, le paradoxe de l'inapplication de banqueroute en Afrique ne se comprend pas sans se référer à la réalité du terrain. A ce sujet précis, un auteur est arrivé à attirer l'attention sur un constat : le « *fonctionnement* »[1208] des entités économiques dans l'espace OHADA s'accompagne souvent de la consommation des infractions de banqueroute[1209]. Cela ne veut pas dire pour autant que les condamnations sont régulièrement prononcées ; il n'en est rien en pratique[1210]. A l'examen des cinq rapports quinquennaux de la jurisprudence OHADA, seules trois décisions sont citées[1211]. Lesquelles ne concernent que le Tribunal hors classe de Dakar. A ce titre, la doctrine s'est employée à savoir pourquoi les sanctions pénales ne sont pas appliquées suivant même le Code pénal classique. Ainsi, pour en expliquer l'inexistence, un des rédacteurs de l'AUPC révisé revient sur les principales causes : « *l'inertie* », « *l'indulgence* », voire même la complicité de certains magistrats. Encore une fois, s'il faut se garder de ne pas généraliser, il faut confirmer qu'une partie du corps de la justice reste un handicap à l'application des sanctions pénales en la matière. Preuve en est que le rédacteur précité est rejoint dans cette idée par la majorité de la doctrine dont un spécialiste du droit de la faillite[1212]. Allant plus loin dans l'analyse, ce spécialiste a pu estimer que le problème est

---

[1207]Abel Henri BILLONG BILLONG, *La sécurisation du commerce électronique dans l'espace OHADA*, Thèse, Lyon 3, Douala, 2017, p. 370.
[1208]Souleymane TOE, Thèse préc., n° 361. p. 330.
[1209] *ibid.*
[1210] Cf. *supra* n° 222.
[1211]Trib. h. c. Dakar, jug. Correctionnel, n° 5992 / 2001, 4 déc. 2001, ministère public et héritiers de feu Yally Fall c/ Cheikh Talibouya Diba et autres ; Trib. h. c. Dakar, numéro non cité août 2001, ministère public et société toutelectric contre pape Aly GUEYE (Ohadata n° 03-101) : dans cette affaire, le prévenu a été relaxé. Car, la banqueroute n'a pas pu être établie. Trib. rég. ho. c. de Dakar, 27/08/2002, jug. n° 4025, Ohadata J-05-272.
[1212]Souleymane TOE, Thèse préc., n° 363. p. 333.

beaucoup plus sociétal que judiciaire. Effectivement, si l'on veut vraiment comprendre les causes de cette inapplication, il ne faut pas se limiter à raisonner sur le seul terrain du droit des procédures collectives. Beaucoup de difficultés prennent forme quand on se situe dans le contexte plus général de la société et de la vie des affaires. Et il ne faut pas y voir une dérive à notre recherche. L'impact de ces difficultés sur les chances de protection du Fisc n'est pas négligeable. Ainsi, plusieurs raisons s'ajoutent à ce qui a été déjà avancé. Une raison d'ordre politique est citée : le pouvoir politique est quelquefois utilisé pour apporter de l'impunité à certains dirigeants, qui étant des responsables politiques, n'hésitent pas à « *entraîner des pressions sur l'appareil judiciaire* »[1213]. Autre raison de l'inapplication de banqueroute tient au « *poids* »[1214] de la culture dominante en Afrique : tantôt par fierté, tantôt par manque de confiance, certains entrepreneurs ne veulent pas saisir la justice. Plus grave, une partie des syndics, qui, quoiqu'ils détiennent l'information, ne saisissent pas le parquet à cet effet[1215]. C'est pourquoi, les débiteurs ne sont pas fréquemment poursuivis devant la justice pénale et ce, malgré la fraude et le non-paiement de leurs dettes. Si nous souscrivons à ces raisons, nous pouvons estimer que la dernière raison ne doit pas rester valable pour l'Administration fiscale. Cette administration publique représente l'intérêt général. Il n'y a aucune raison que le Fisc reste les bras croisés en découvrant un des comportements constitutifs de banqueroute. La référence est aussi faite à la sanction de fraude fiscale. D'ailleurs, il a les moyens puisqu'il peut vérifier les comptes de l'entreprise placée en procédure collective[1216].

531. Une application timide en droit marocain. Dans ce système juridique, il est aussi permis de s'interroger : quel accueil réservent les juges aux normes pénales instituées par le livre 5 du Code de commerce ? Si la lecture des règles juridiques en la matière « *fait peur* »[1217], cette dissuasion

[1213] *Ibid.*

[1214] *Ibidem*

[1215] TGI, Bobo-Dioulasso, n° 298, 29 déc. 2004, (jug. préc.,).

[1216] AUPC révisé, art. 65, al. 2 (art. préc.,).

[1217] Mohamed JAOUHAR, « Les sanctions applicables aux dirigeants des entreprises en difficulté », art. préc., p. 124.

s'arrête au niveau théorique ; elle ne va pas au-delà pour réprimer les grands fraudeurs qui sont souvent de mauvais payeurs d'impôts. Remarquons que le constat n'est pas de l'inapplication totale. Les juges rendent des décisions dans ce sens. Mais, l'application judiciaire ne va pas aussi loin qu'on l'espère. La répression des fraudeurs reste limitée. En ce sens, la pratique reste largement timide en la matière. De 1997 à 2008, la recherche faite par une doctrine avisée dresse un bilan insatisfaisant. Les condamnations pour banqueroute se comptent sur les doigts d'une main. De 2008 à 2018, les chiffres disponibles au Maroc remontent aux années 2013-2014. Le rapport d'activité du Ministère de la justice et des libertés parle de 32 condamnations en 2013. Le nombre est passé à 58 en 2014[1218]. Si les chiffres récents en la matière ne sont pas disponibles, un article doctrinal de fond[1219], réalisé fin 2018, confirme le constat de l'application relative desdites sanctions. Cela nous amène à poser une seconde question : quelles en sont les raisons ? L'exigence de l'explication a aussi conduit la doctrine marocaine à exposer ses réflexions sur cette question. En un mot : La stérilité. « *Stérile* »[1220] est le qualificatif qu'on a pu coller à la politique criminelle suivie dans le cadre de la faillite. Il n'y a pour s'en convaincre que de savoir combien il est difficile de dévoiler les infractions consommées dans ce contexte[1221]. C'est ce qui peut expliquer en partie la rareté de plaintes déposées par les créanciers dont le Fisc[1222]. Si en droit français, on a dépassé cette difficulté par l'obligation faite au commissaire aux comptes et au syndic de prévenir le Parquet des infractions pénales, ce n'est toujours pas le cas pour le droit marocain[1223]. Il en résulte très peu de poursuites pénales en la matière[1224]. Un autre

---

[1218] Abdessamad NAIMI, « Le nombre de faillites frauduleuses a presque doublé cette année !», *La vie éco*, 31 déc. 2014.

[1219]Omar ESSKTANI, « Rôle du droit pénal dans le redressement des difficultés de l'entreprise », [En langue arabe], *in rev. Métiers juridiques et judiciaires,* doss. spéc., « Les procédures des difficultés de l'entreprise : les innovations et les enjeux, lectures à la lumière des innovations de la loi n° 73-17 portant substitution du livre 5 du Code de commerce », nov. 2018, p. 427.

[1220]Omar ESSKTANI, Rôle du droit pénal..., art. préc., p. 427.

[1221]*Ibid.* p. 421.

[1222]*Ibid.*

[1223] Cf. *infra* n° 576

[1224] Mohamed JAOUHAR, « Les sanctions applicables aux dirigeants des entreprises en difficulté », art. préc., p. 123.

éclaircissement est donné en doctrine consistant à considérer les régimes « *de poursuites et de l'instruction* »[1225] (soumis au droit commun) comme étant inadéquats à la spécificité des infractions inhérentes aux entreprises en difficulté. « *La rapidité et la technicité* » [1226] marquent grandement lesdites infractions[1227].

532. Comme dans l'espace OHADA, le système judiciaire marocain y est pour quelque chose. Une partie de la justice assise et une partie de la justice debout ne sont pas assez compétentes dans un tel cadre[1228]. Pourquoi ? Les juges qui connaissent des infractions de banqueroutes relèvent, non pas des tribunaux de commerce, mais des tribunaux de première instance. Or, ces derniers, étant généralistes, ne sont pas suffisamment formés pour s'attaquer à cette mission combien difficile.

533. En tout cas, si le juge du droit commun est saisi, il continue de se référer aux sanctions de banqueroute prévues par le Code pénal de 1961, chose non admise par une partie de la doctrine. A ce propos, on a pu parler de la « *référence erronée à la loi applicable* »[1229]. La critique tient du fait que ce sont les dispositions pénales consacrées par le livre 5 - entré en vigueur en 1996 - qui doivent ici recevoir application. Le texte spécial et postérieur doit prévaloir. On le voit, c'est un peu dans les mêmes termes du droit pénal OHADA, sauf que là, le conflit est entre le Code pénal et le dispositif pénal (incriminations et sanctions) instauré par le Code de commerce.

534. Enfin, il faut mentionner que les difficultés sont aussi trouvables au dernier stade. Quand les juges retiennent l'infraction de la banqueroute, un reproche encore plus vif leur est adressé : en dépit du caractère grave de cette

---

[1225] Omar ESSKTANI, Rôle du droit pénal…, art. préc., p. 425.
[1226] *Ibid.*
[1227] Sur les éléments de solution, Cf. *infra* n° 576 ; 543 et s.
[1228] *Ibidem.*
[1229] TPI, Casablanca, Anfa, n° 4229, 15 déc. 2000 ; TPI, Casablanca, Ain Chok, n° 8879 / 98, 26 jan. 2000 ; CA, Casablanca, n° 9455, 21 juil. 2004 ; TPI, Casablanca, Hay Mohammadi, Aïn Sebaâ, n° 07 / 2001, 10 avr. 2004 ; TPI, Beni Mellal, n° 01 / 03, 25 mars 2003 ; CA, Beni Mellal, n° 2140, 08 avr. 2004.

infraction[1230], les sanctions trouvées dans les décisions judiciaires restent très faibles. Motif pris de ce que les juges s'en remettent « *au minimum des sanctions prévues* »[1231]. Dans cette conception, l'on ne peut pas, encore une fois, relever l'objectif derrière l'instauration des sanctions[1232].

535. L'on aboutit à la conclusion que la neutralisation de la banqueroute et des autres sanctions pénales prive les créanciers dont le Trésor d'une protection avérée, celle basée sur la répression. Les solutions, issues de la jurisprudence, illustrent très clairement cette protection[1233].

536. Après le bilan, vient alors le temps de la proposition des éléments de solution.

2. Eléments de la solution

537. La cohérence recherchée en droit interne **(a)** est citée comme une solution cardinale ; elle doit être retenue pour pouvoir accroître les chances de protection du Trésor. Ceci dit, ce pas décisif n'est pas suffisant en soi. Afin d'accompagner cette cohérence par une application judiciaire régulière, l'implication des juges africains est requise. C'est l'épineuse question de l'efficacité que l'on attend du système judiciaire. Des solutions issues de la jurisprudence**(b)** sont donc nécessaires.

a. La cohérence recherchée en droit interne

538. La cohérence recherchée en droit interne s'entend de l'instauration du droit pénal OHADA par les Etats membres. Est nécessaire cette cohérence pour dépasser la double insécurité juridique et judiciaire.

[1230] Deen GIBIRILA, « Les responsabilités et les sanctions du débiteur dans la loi de sauvegarde des entreprises », *Defrénois*, n°12, 30 juin 2006, p. 989.
[1231] Souleymane TOE, Thèse préc., n° 363, p. 334. Ce constat reste partagé dans l'espace OHADA.
[1232] C. com. Maroc, 1996, art. 722.
[1233] Cf. *infra* n° 543.

539. Vers une interprétation unique de la banqueroute. Cette interprétation unique implique l'utilisation d'une technique particulière : le renvoi. « *Résultante d'une dualité législative* »[1234] pour certains, « *illustration d'un dialogue entre le supranational et le national* »[1235] pour d'autres, cette technique de renvoi est originale dans son principe. Il implique que les incriminations pénales soient instituées par les différents actes uniformes et que les sanctions y relatives soient établies par les Etats membres de l'OHADA[1236]. Parce que légiférer en matière pénale relève de la souveraineté des Etats, l'article 5 du traité OHADA opte pour le choix de demander aux Etats membres de déterminer leurs propres politiques pénales. Ces politiques doivent normalement répondre à la lettre et à l'esprit des incriminations contenues dans les actes uniformes[1237]. Notons donc qu'en application de la méthode de renvoi[1238], l'ancien AUPC et l'AUPC révisé doivent se limiter à prévoir « les comportements constitutifs » de l'infraction de banqueroute, infraction qui nous intéresse ici, et à renvoyer aux législateurs internes de fixer les sanctions correspondantes. Or, si le fondement de ce choix ne fait aucun doute pour ce qui est de la souveraineté des Etats, il a pu être discuté s'agissant des résultats obtenus. Le point du départ de la discussion est le fait que cette technique, très imprécise, laisse une trop grande marge de manœuvre aux Etats membres à tel point qu'on est arrivé à une politique criminelle incohérente dans cet espace.

540. La question a préoccupé les spécialistes du droit OHADA qui se sont intéressés aux conséquences de cette

---

[1234]Thérèse BETICKA, « Guinée : nouveau code pénal, spécifiquement pour les infractions prévues par les actes uniformes OHADA », *Ess. dr. afr. aff.*,n° 6, p. 7.

[1235]Akodah AYEWOUADAN, « Le Code pénal togolais sanctionne les infractions relatives au droit OHADA », *Ess. dr. afr. aff.*,n°1, p. 5.

[1236]Corneille MOUKALA-MOUKOKO, « Le fondement juridique de la responsabilité pénale du dirigeant social : incidences entre droit pénal interne et droit pénal des affaires OHADA », acte du colloque international de Douala sur « la responsabilité du dirigeant social en droit OHADA », 19-20 mars 2015 ; V. Ohadata D-15-16, p. 3.

[1237]Ndiaw DIOUF, « Actes ùniformes et droit pénal des États signataires du Traité de l'OHADA : la difficile émergence d'un droit pénal communautaire dans l'espace OHADA », *Revue burkinabé de droit*, n° 39-40, n° spécial, p. 63 ; Ohadata D-05- 41.

[1238]Traité OHADA, art. 5, al. 2.

incohérence. En réalité, cette ambiguïté rédactionnelle[1239] donne lieu à deux problèmes. Le premier est l'émergence de plusieurs sanctions pénales pour la seule infraction de la banqueroute[1240]. Une doctrine est allée à y voir le « *risque d'hétérogénéité des sanctions* »[1241]. Si l'on s'accorde à reconnaître que la sanction pénale de la banqueroute, telle qu'elle est trouvée dans l'esprit des rédacteurs de l'AUPC, apporte une protection aux créanciers, le Trésor n'est pas du tout protégé dans l'Etat qui néglige d'établir des sanctions dans un tel cadre[1242]. Des plus dures sanctions aux moins sévères[1243], la condition des créanciers (dont le Fisc) axée sur la répression est changeante. Reste qu'elle est fragile dans le régime qui est moins sévère ou pas sévère du tout. Ici, la rigueur s'impose pour les fraudeurs. Mais, c'est sans doute le second problème, celui traduit par l'apparition de ce que l'on appelle « *paradis pénaux* »[1244], qui cache une anormalité à ce niveau. Là, il peut arriver qu'un État donné ne fasse rien juste pour séduire les investisseurs.

541. Face à ce constat, une question se pose : faut-il toujours s'attacher à cette technique du renvoi ? Une partie de la doctrine s'est tournée vers l'affirmation de la méthode de renvoi[1245]. Une autre frange de la doctrine[1246] s'en démarque :

[1239] Ndiaw DIOUF, Actes uniformes et droit pénal des États signataires.... art. préc., p. 12.

[1240] Céline NDOUNGO, *La prévention des difficultés des entreprises dans l'AUPC révisé*, Thèse, Paris 1, n° 327, p. 138.

[1241]Abdoullah CISSE, « L'harmonisation du droit des affaires en Afrique : L'expérience de l'OHADA à l'épreuve de sa première décennie », in *rev. inter. dr. éco.*, 2004, p. 224.

[1242] Hervé Magloire MONEBOULOU MINKADA, art. préc., p. 99.

[1243] Hervé Magloire MONEBOULOU MINKADA, « L'expression de la souveraineté des Etats membres de l'OHADA (l'Organisation pour l'Harmonisation en Afrique du Droit des Affaires) : une solution-problème à l'intégration juridique », *juridical Tribune*, vol. 3, déc. 2013, p. 99.

[1244] Cf., Bachir TALFI IDRISSA, « Niger : le nouveau droit pénal OHADA est arrivé ! », art. préc.,

[1245]Henri TCHANTCHOU et Michel AKOUETE AKUE, « L'état du droit pénal dans l'espace OHADA », *L'ersuma*, déc. 2011, p. 20.

[1246]Corneille MOUKALA-MOUKOKO, *l'état de l'application du droit pénal des affaires OHADA dans les Etats-parties*, p. 47, [En ligne] : http://www.ohada.com,(consulté le 17 mars 2020) ; J. A. NDIAYE, « L'OHADA et la problématique de l'harmonisation du droit pénal des affaires: bilan et perspectives d'un modèle de politique criminelle

les pouvoirs publics dans l'espace OHADA doivent dépasser la question de la souveraineté et aller dans la voie de l'harmonisation combinée des infractions et des peines[1247]. Entre les deux voies, une solution médiane, à laquelle nous souscrivons, est trouvée dans le sens **d'obliger** les Etats membres de sanctionner mais en prenant comme référence **les intentions du législateur** communautaire OHADA[1248]. Notons que la souveraineté des Etats est ici assurée. Pour ce faire, le Conseil des ministres des Etats membres[1249] est invité à prévoir un cadre réglementaire à ce niveau[1250]. Dans cette mesure, sera certainement réalisée une interprétation unique des textes incriminant la banqueroute. Du coup, il y aura de la convergence entre les peines instaurées. Une autre conséquence de cette solution mérite d'être citée : l'actualisation du droit pénal interne. Les règles pénales, issues du droit interne qui sanctionnent déjà ce qui est l'équivalent de la banqueroute -incriminée par l'AUPC-, se retrouveront « *neutralis*[ées] »[1251]. Nous voilà, en présence de ce que peut apporter la solution médiane à l'effet d'assurer la cohérence des régimes pénaux dans l'espace OHADA.

542. Reste que mettre en place des sanctions pénales aux banqueroutes ne serait d'aucune utilité si les juges africains ne prennent pas le relais. Les solutions jurisprudentielles le confirment.

b. Solutions jurisprudentielles

543. Pour des sanctions pénales au service du Fisc. Le connaisseur et lecteur attentif des articles 229 de l'AUPC révisé et 754 du nouveau Code de commerce marocain se rend compte rapidement que la banqueroute est venue réprimer le débiteur parce qu'il porte préjudice essentiellement aux créanciers. A y regarder de plus près, il s'avère clairement que

---

communautaire», *Bulletin d'information de la Cour suprême,* n° 3, décembre 2011, p. 79 ; G. Kenfack DOUAJNI, «L'abandon de souveraineté dans le Traité OHADA», *rev. penant*, n° 830 mai-août 1999.

1247Abel Henri BILLONG BILLONG, Thèse préc., p. 369.

1248Ndiaw DIOUF, Actes uniformes et droit pénal des États signataires…, art. préc., p. 14.

1249 *ibid.*

1250 Hervé Magloire MONEBOULOU MINKADA, art. préc., p. 104.

1251Ndiaw DIOUF, Actes uniformes et droit pénal…, art. préc., p. 14, *ibid.*

les incriminations pénales instituées par les deux articles précités trouvent un écho particulier concernant la condition du créancier qu'est le Trésor. Cette conclusion se vérifie dans les illustrations ci-après.

544. Les sanctions pénales : source du paiement satisfaisant pour le Trésor. *« Le droit pénal apporte très souvent l'appui de ses sanctions aux autres disciplines du droit surtout lorsque les sanctions de ces disciplines se révèlent insuffisantes pour prévenir et réparer convenablement la violation des règles prévues »*[1252]. Ce constat prend tout son sens quand il est appliqué au créancier fiscal. En effet, il est permis de considérer que la banqueroute est un véritable mécanisme qui peut apporter une réelle garantie pour le créancier fiscal de l'entreprise en difficulté, car on le sait, aussi bien au Maroc que dans les Etats membres de l'OHADA, les codes des impôts n'instituent pas des sanctions pénales pour protéger le Trésor dans le contexte des procédures collectives. Un exemple, déjà mis en relief, est suffisant pour illustrer ce propos. C'est celui relatif aux entreprises mises en *stand-by*[1253]. Ici, il faut rappeler que les créances fiscales sont frappées par la prescription quadriennale en raison du retard accusé dans l'ouverture de la procédure collective. Si le Code général des impôts au Maroc n'établit aucune sanction pénale pour réprimer le débiteur qui retarde par fraude l'ouverture d'une procédure collective, l'AUPC révisé et le Code de commerce au Maroc apporte une sanction pénale de banqueroute à l'encontre des personnes qui évitent ou retardent sciemment l'ouverture de ladite procédure[1254]. Dans cette optique, le Trésor en particulier est mieux protégé quand la banqueroute reçoit régulièrement application. En agissant de la sorte, le juge crée chez le débiteur l'impression que le retard susmentionné équivaut à une sanction pénale.

545. Le paiement insatisfaisant du Trésor et des autres créanciers est aussi la résultante du détournement d'actif par le débiteur. Ce détournement ne fait qu'appauvrir le produit

---

[1252] Dieunedort NZOUABETH, « L'activité de l'entreprise saisie par le droit pénal », art. préc., p. 202.

[1253] Cf. *supra* n° 82.

[1254] C. com. L. n° 73-17, Maroc, art. 754.

de la vente des biens. Dès lors, il impacte négativement sur le paiement des créanciers. Dans cette hypothèse, le débiteur est frappé du chef de banqueroute. Cette logique, consacrée par l'article 754 du Code de commerce marocain, est actée par la Cour de cassation marocaine[1255]. A s'en tenir aux juges, le délit de banqueroute est constitué à partir du moment où la cession d'un élément de l'actif est dissimulée au Trésor et aux autres créanciers. Une autre solution, confirmée aussi en jurisprudence, permet de se dresser comme une intimidation face aux fraudeurs : lutte contre l'augmentation frauduleuse du passif. Cette fois-ci, ce n'est pas la responsabilité pénale du débiteur qui est engagée[1256]. Mais, celle des tiers étrangers à la procédure collective. A cet égard, après avoir cité l'article 563 du Code pénal marocain[1257], les juges de cassation[1258] approuvent la condamnation de la femme et de la fille d'un débiteur. Lesquelles ont déclaré des créances fictives dans le passif à l'aide des lettres de change infondées, précise l'arrêt. Ce qui a eu pour conséquence d'augmenter le passif et de diminuer les chances de paiement satisfaisant du Fisc et des autres vrais créanciers. Des décisions judiciaires de ce genre sont nécessaires en Afrique, car la protection apportée au Fisc ne souffre d'aucune contestation. Reste que la protection traduite par la répression des irrégularités enregistrées au niveau de la comptabilité n'est pas moins importante.

546. Une comptabilité bien tenue, source de protection effective pour le Fisc. Effectivement, l'hypothèse de l'application de la banqueroute est aussi envisageable au stade de l'examen de la comptabilité de l'entreprise. Les deux législateurs africains estiment que la tenue irrégulière de la comptabilité est sanctionnée par la banqueroute[1259]. Pourquoi une sanction pénale ici ? Pour illustrer ce propos, supposons qu'un débiteur tienne une comptabilité erronée ou fictive et qu'il ne soit pas puni. Sans en dresser ici tous les effets dévastateurs, il faut affirmer que là, les chances de protection

---

[1255] Abdessamad NAIMI, « Le nombre de faillites frauduleuses a presque doublé cette année !», art. préc.,

[1256] Ceci dit, le débiteur ou le dirigeant de la personne morale est aussi poursuivi de la banqueroute s'il augmente de manière frauduleuse le passif. Cf. C. com. L. 73-17, Maroc, art. 754.

[1257] C. pén. Maroc, al. 2, art. 563.

[1258] Cass. crim. Maroc, n° 05/ 3/ 6/ 22378, 28 mars 2007.

[1259] AUPC révisé, art. 231.

du Fisc sont très minimes[1260]. L'on ne voit pas comment on peut parler dans ce contexte, marqué par l'impunité totale, de la protection du Fisc et des autres créanciers. Au contraire, tenir une comptabilité régulière est digne d'être une fin attachée à l'instauration de la banqueroute.

547. Cerner les chances d'une protection effective du Trésor suppose d'expliquer en premier l'importance d'une comptabilité régulièrement tenue, avant d'aborder la question relative à l'application de la sanction(s) due(s) à cause de la violation des règles en la matière.

548. La jurisprudence française livre une illustration claire de ce que représente la tenue régulière de la comptabilité pour le Trésor. Un arrêt [1261] de la cour administrative d'appel de Nantes présente bien l'effectivité de ce dispositif dans le contexte de la liquidation judiciaire. Début juin 1987, "*Procédés Cailbault*", entreprise individuelle dirigée par M. CAILBAULT, est placée en état de liquidation judiciaire par un jugement du Tribunal de commerce de la Roche-sur-Yon et dont la clôture pour insuffisance d'actif est prononcée le 5 septembre 1991. En même temps, M. CAILBAULT est salarié au sein de la SARL *ANO*. En raison de sa dernière qualité, en dates du 22 juin et du 30 août 1990, l'Administration fiscale lui adresse deux mises en demeure à son nom personnel. Fin novembre 1990, elle lui adresse aussi une notification de redressement[1262]. Le tout pour l'inciter à déclarer ses revenus salariés de la *SARLA.N.O.* Début octobre 1993, le Fisc lui envoie enfin une notification de redressement dans laquelle, il « *mentionne le montant et la nature des redressements envisagés* ». Mr. CAILBAULT invoque pour sa défense un moyen de pur droit et un autre tiré des faits. Le texte à l'appui du moyen de pur droit est l'article 156 du code général des impôts français[1263] qui correspond en principe aux articles 37, 12 du Code général des impôts au Maroc ou encore à l'article 49 du Code général des impôts au Cameroun et 31 précités. Des faits, on comprend qu'il détient en 1987

[1260] Ce qui est le cas très souvent au Maroc et dans l'espace OHADA. Cf. *supra* n° 83.
[1261] CAA, Nantes, Ch. 1, 25 avr. 2000, n° 97 NT 01081.
[1262]Cf. *infra* n° 617- 625.
[1263]CGI, France, art. 156.

un compte créditeur ouvert à son nom personnel dans les écritures comptables de la société *Seramac* placée elle-même en liquidation judiciaire par un jugement datant du 4 avril 1987. La perte de cette créance, ajoute M. CAILBAULT, a donné lieu à un déficit de 1 390 894 Franc français, déficit imputable sur son résultat global et reporté jusqu'en 1992. Pour ces raisons, M. CAILBAULT demande et réclame être déchargé des cotisations supplémentaires d'impôt sur le revenu et des pénalités afférentes mises à sa charge au titre de 1987 à 1992. Le tribunal administratif de Nantes rejette sa demande. La cour administrative d'appel de Nantes lui emboîte le pas. Pour les juges de l'impôt, le contribuable n'ayant pas établi l'existence du déficit apparu, selon ses dires, à la clôture de l'exercice comptable au titre de l'année 1987, il n'est pas fondé à tirer profit d'un report déficitaire sur les revenus des années 1987, 1988, 1989, 1990, 1991, et 1992. On pourrait reprendre ici, la motivation de l'arrêt :

> « Considérant [...] qu'il est toutefois constant que le liquidateur de l'entreprise individuelle du contribuable a souscrit, au titre de cette même année 1987, une déclaration de BIC en portant seulement la mention "néant", sans faire état d'une quelconque perte ou provision ; que M. CAILBAULT ne justifie pas que la comptabilité de son entreprise individuelle aurait retracé une telle perte ou provision ; qu'ainsi, l'existence du déficit allégué n'est pas établie et l'administration a pu, dès lors, à bon droit refuser d'en tenir compte ».

549. On le voit, cet arrêt met en avant l'importance de la tenue d'une comptabilité régulière pour la protection de l'Administration fiscale. Si la recherche faite via les différentes bases de données n'a pas conduit à mettre la main sur une condamnation du débiteur précité pour banqueroute, il se trouve que d'autres jurisprudences rendues enseignent clairement que la sanction de banqueroute frappe la comptabilité irrégulièrement tenue. En réalité, la question de la découverte d'une irrégularité comptable mérite d'être discutée davantage dans un tel cadre. En confirmant que les Codes des impôts au Maroc et dans les Etats de l'Afrique francophone sanctionnent les manquements aux normes de la comptabilité, des questions importantes se posent : pourrait-on s'attendre à une protection pénale propre au Trésor dans le contexte des procédures collectives ? La protection collective traduite par l'application de la banqueroute est-elle suffisante ? Un seul fait peut-il donner lieu à deux qualifications : une pour banqueroute et une autre pour fraude fiscale ? La jurisprudence disponible en Afrique n'apporte aucune réponse. Sans équivoque, l'arrêt rendu en 2006 par la chambre criminelle de la Haute juridiction française admet l'idée de la double protection en la matière. En l'espèce, une entreprise est placée en liquidation judiciaire. L'ouverture de cette procédure collective dévoile des irrégularités au niveau de la comptabilité. Approuvant la cour d'appel de Limoges, les juges de cassation ont pu estimer que ces irrégularités comptables sont constitutives à la fois de banqueroute[1264] et de fraude fiscale[1265]. Longtemps dégagée par la Cour de cassation[1266], la solution de cet arrêt est assise sur le « *critère de l'intérêt protégé* »[1267], critère qui signifie que le cumul de deux qualifications[1268] est admis à partir du moment où elles « *sanctionnent la violation d'intérêts distincts* »[1269]. Prévaudrait ici l'idée que la protection de l'intérêt général traduite par la sanction de la fraude fiscale est admise quoique le débiteur-contribuable soit déjà condamné pour banqueroute[1270]. Dès lors, on peut s'attendre à une protection propre au Fisc. Il faut y voir un double succès pour ce dernier. Seulement, la reconnaissance du cumul de qualifications doit écarter le cumul des sanctions[1271]. Une seule sanction pénale doit être infligée au débiteur-contribuable. Ce qui semble cohérent, à notre avis, avec la logique inhérente au rebond du débiteur.

550. Qu'on le veuille ou non, on peut innover tant que l'on veut dans les règles protégeant les créanciers (dont le Trésor),

---

1264 C. com. France, art. L. 654-2 5°.

1265 CGI, France, art. 1743.

1266 Cass. crim., France, arrêt Ben Haddadi, 3 mars 1960, Cf. J. PRADEL, A. VARINARD, *Les grands arrêts du droit pénal général,* 5e éd. 2005, n° 19.

1267 Corinne ROBACZEWSKI, « Cumul de qualifications de banqueroute et de fraude fiscale », note sous cass. crim., France, 4 mai 2006, pourvoi n° 05-84786, in *Gaz. Pal.* n° 280, 7 oct. 2006, p. 42.

1268 Renaud SALOMON, « Cumul idéal d'infractions comptables », in *rev. Droit des sociétés* n° 3, Mars 2008, comm. 64.

1269 Cass. crim., France, 4 mai 2006, pourvoi n° 05-84786 (arrêt préc.,).

1270 CA, Paris, Ch. 1, 7 fév. 2012, n° doss. 10 / 2949.

1271 Cass. crim., France, 4 mai 2006, pourvoi n° 05-84786 (arrêt préc.,).

mais si l'on ne prend pas en compte les deux questions relatives à la sanction pénale et à la réparation civile de la faute, tous les efforts aménagés se trouveront limités, sinon totalement négligeables. Pour cela, partant du fait que les sanctions pénales en droit marocain n'ont pas donné, jusqu'alors, les résultats escomptés, estimant que l'OHADA est une communauté juridique spacieuse, les juges en Afrique peuvent, dans cette vision des choses, trouver dans les solutions jurisprudentielles susvisées une piste de réflexion.

551. L'esprit de la rationalisation de la liquidation judiciaire peut être résumé en trois grandes mesures : garantir au débiteur le droit au rebond, rendre applicable la reprise des poursuites individuelles pour insuffisance d'actif et valoriser la protection tirée des régimes des sanctions civiles et pénales. Placé dans une situation pareille, le Trésor pourrait se targuer, dans une certaine mesure, d'une protection effective.

Sous-section II. Optimisation du redressement judiciaire

552. Le caractère collectif des procédures relatives aux difficultés de l'entreprise « *commande de traiter tous les créanciers sur un même plan* »[1272]. Ce traitement se traduit par le fait que l'intérêt de la collectivité des créanciers passe au premier plan par rapport aux intérêts individuels. Contrairement à l'enseignement prévu par le droit civil qui implique que le paiement est le prix de la course, les créanciers sont ici nécessairement regroupés pour poursuivre des objectifs prioritaires. Alors que la priorité est donnée au paiement des créanciers en droit uniforme africain, l'objectif prioritaire en droit marocain est le traitement de la défaillance économique et financière. Appliqué au Trésor, et afin de pouvoir recouvrer ses créances d'impôts, ce créancier public se libère de la simple relation juridique *vinculum juris* avec le

[1272] Philippe ROUSSEL GALLE, « Les entreprises en difficulté : terre de conflits - Synthèse des intérêts contraires », art. préc., p. 60.

débiteur-contribuable[1273] et se retrouve obligé de faire partie de la collectivité des créanciers.

553. Ainsi défini, l'intérêt collectif est marqué cependant à la fois d'une certaine faiblesse et d'une certaine complexité. Effectivement, la protection du Trésor puisant son fondement de l'intérêt collectif n'échappe pas aux critiques. Pour ce qui est du redressement judiciaire précisément, celles-ci sont, à vrai dire, très nombreuses. Elles tiennent beaucoup aux prestations pas toujours qualitatives fournies par les organes de la procédure[1274]. L'on est en face des choix judiciaires discutables **(§1).** Une réflexion centrée sur les seules critiques rendrait cette réflexion insuffisamment constructive. C'est pourquoi, il convient d'élargir la recherche et de passer à la présentation de la principale solution, celle liée à la qualification de la justice économique **(§2).**

§ 1. Choix judiciaires discutables

554. Retour sur la problématique. Que ce soit en droit marocain ou en droit OHADA, l'application de la procédure de redressement judiciaire souffre de nombreuses critiques. On se souvient de la conclusion d'après laquelle le redressement judiciaire des entités économiques en Afrique n'est pas une chose facile et qu'il est limité en son nombre. On se souvient aussi que le Trésor ne peut en tirer qu'un intérêt très restreint[1275]. Une question, déjà posée mais laissée en suspens, doit être reprise ici : quelles en sont les raisons ? La place nous permet ici d'aller au-delà des statistiques[1276] et d'entrer dans des explications exhaustives.

555. Cadre théorique. En droit marocain, la préparation de la solution est une tâche qui est principalement confiée au syndic. A cette fin, il est fait un diagnostic. Au vu duquel, il

---

[1273] Corinne SAINT-ALARY-HOUIN, « Le périmètre du droit de la défaillance économique, propos introductifs », *rev. proc. coll.* n° 1, janv. 2011, doss. 1.

[1274] Cf. *supra* n° 191 et s.

[1275]Cf. *supra* n° 316 – 319.

[1276] Cf. *supra* n° 315.

est dressé le bilan économique et social dans un délai maximum de 4 mois. Bilan qui doit déterminer de façon précise l'origine de la difficulté, son importance ainsi que les perspectives de redressement de l'entreprise. Dans ce rapport, le syndic propose la solution procédurale qu'il juge conforme au cas d'espèce. À ce niveau, l'information joue un rôle très important. S'il n'est pas bien informé, le syndic ne peut rien faire et tout travail de sa part serait inutile. Le législateur marocain en a pris acte. Le syndic peut, abstraction faite de toute règle juridique contraire, obtenir des informations de la part du commissaire aux comptes, de l'Administration fiscale, de l'Organisme social ou encore de toute autre personne en mesure de lui éclairer sur la situation réelle du débiteur. Ce régime est partiellement reproduit en droit OHADA. En ce sens, si le droit uniforme africain ignore la période d'observation, il s'attache au diagnostic de la situation de l'entreprise.

556. Cette étape de la procédure revêt donc une grande importance pour l'Administration fiscale (et les autres créanciers) dans la mesure où elle dirige le tribunal vers la solution la plus appropriée.

557. En pratique, plusieurs difficultés se profilent, de nombreuses défaillances sont constatées rendant ainsi le redressement judiciaire une chose difficile.

558. Explications. Des rapports « de complaisance ». La principale défaillance peut se résumer à l'erreur. En fait, de nombreux « *professionnels promettent [le] plus souvent aux débiteurs, en difficulté financière, des redressements imaginaires voire impossibles* »[1277].Un auteur a pu affirmer à ce sujet que : « *L'étape préliminaire, la plus importante de la procédure, qui consiste à statuer sur l'éligibilité de l'entreprise pour un redressement, est souvent bâclée* »[1278]. De ce fait, « *des entreprises inéligibles au redressement, continuent d'en profiter en toute impunité* », poursuit l'auteur précité. En pratique, l'on arrive à une situation où le juge

[1277]Bakr Anas BENNANI, *op. cit.*, p. 408.

[1278]Adil BOUTDA, « Redressements judiciaires : les troublantes statistiques d'Agadir et de Marrakech »,*medias24.com*, jeudi 1 fév. 2018, [En ligne], consulté le 03 août 2018.

accorde le redressement judiciaire à des entreprises qui ne le méritent pas. Encore, il en fait de même pour des entreprises fermées ou inactives[1279]. En fait, il ne s'agit pas d'un avis doctrinal isolé ou d'une seule pratique judiciaire. Cette situation se dégage de plusieurs décisions judiciaires[1280]. Le rapport fait au nom de l'U.S.A.I. D l'a déjà signalé en 2008 : le rapport du syndic surévalue la capacité financière de l'entreprise, car il se révèle plus tard que l'entreprise n'offre pas de sérieuses possibilités de redressement[1281].

559. Des plans de redressement décalés. Dans le prolongement de l'idée précédente, la formulation des plans de redressement et les informations contenues dedans sont citées comme une autre cause de l'échec des plans de redressement. Là, l'entreprise peut être éligible au redressement judiciaire. Mais, le plan de redressement est décalé par rapport à la réalité. Longtemps mis au centre du débat entre les juristes et les pouvoirs publics, les plans de redressement, tels qu'ils sont élaborés, sont pointés du doigt comme étant une source de la conversion du redressement en liquidation judiciaire. Lors de la rencontre organisée conjointement par le Ministère de la justice et le G.P.B.M (Groupement professionnel des banques du Maroc) en 2004, les participants se sont attelés à cette question. De cette rencontre, une idée centrale se dégage : il y a un décalage entre les plans de continuation et la réalité économique. Ces plans sont « *trop entachés de généralités* »[1282]. Ils le sont ainsi au motif que les rédacteurs ne prennent pas le soin de tenir compte précisément de la réalité économique, financière, sociale et de l'environnement de l'entreprise. Ces plans s'écartent aussi de « *l'analyse du marché et de l'évolution du secteur d'activité de l'entreprise* »[1283]. Parce qu'il est

---

[1279]Faiçal FAQUIHI, « Entreprises en difficulté : que cachent ces « cadavres » abandonnés au tribunal ? », *L'économiste*, n° 5241, 30 mars 2018.

[1280]Karim AIT BELLA, *op. cit.*, p. 146 - 147.

[1281]Ahmed El HAJJAMI, *Entreprises en Difficultés : Propositions d'amendements du Livre V du Code de Commerce,* rapport préc., p. 13.

[1282]Naoufal BELGHAZI, « Redressement judiciaire, des plans de continuation décalés », *in l'économiste*, Ed., n° 1780, 07 oct. 2004. V. aussi Fatiha MECHMACHI, Thèse préc., p. 233.

[1283]Naoufal BELGHAZI, « Redressement judiciaire, des plans de continuation décalés », art. préc.,

« *décalé* »[1284], le plan de continuation ne peut pas avoir de grande chance d'aboutir. Dans ces conditions, il ne peut pas combler les espoirs du contribuable de voir son entreprise se redresser. C'est qu'il ne suffit pas d'avoir un plan de redressement pour réussir la sauvegarde de l'entité économique en difficulté. Des conditions sont à respecter et des consignes sont à suivre. En règle générale, la solution qu'est le plan de redressement doit figurer sous forme d'une réflexion globale qui tient compte de tous les paramètres.

560. Redressement judiciaire raté : un autre visage de l'excès. Sur ce chapitre d'erreurs judiciaires, on déplore aussi la solution de liquidation judiciaire pas suffisamment réfléchie. Comme l'a signalé un juriste d'affaires au Maroc, la pratique judiciaire « *pèche par la rapidité dans la déclaration des liquidations judiciaires* »[1285]. Sans verser dans la généralisation, les juges donnent alors l'impression de passer en quelque sorte d'un excès à un autre. On a vu les redressements de complaisance. Là, le redressement judiciaire est mérité. Mais, il est raté. Une entreprise en difficulté aurait les moyens de recouvrer sa force économique. Pourtant, elle se retrouve placée en liquidation judiciaire rien que par l'appréciation démesurée des juges. Dénoncée par la doctrine, clairement trouvée dans la jurisprudence, cette erreur rompt abusivement la relation légale qui lie le Trésor au contribuable. N'admettant pas cette situation, un auteur est allé plus loin dans sa critique : « *L'intolérable est qu'une entreprise disparaisse alors que sa survie était possible* »[1286]. Lorsqu'on commente une jurisprudence, « intolérable » semble être un mot fort qu'il convient d'éviter. Mais, il devient facile de s'y ranger après avoir lu les faits de l'affaire tranchée par la Cour de cassation marocaine en 2012[1287]. Ces faits sont les suivants : la société *Lkhdar* est placée en redressement judiciaire. Début janvier 2006, le Tribunal de commerce de Casablanca rend son jugement arrêtant le plan de continuation. Néanmoins, cette lueur d'espoir est vite éteinte. Ainsi, se basant sur le rapport du syndic, le même

---

[1284] *Ibid.*

[1285] Naoufel DARIF, « Difficultés d'entreprises : un nouveau projet de loi en préparation », *La vie éco*, 29 jan. 2014.

[1286] Yves GUYON, *Entreprises en difficultés... op. cit.*, n° 1004, p. 3.

[1287] Cass. com. Maroc, n° 41, 29 jan. 2015, doss. com., n° 909 / 3 / 1 / 2015

tribunal prononce la résolution dudit plan et place la société en liquidation judiciaire. La société *Lkhdar* se pourvoit en cassation en invoquant pour sa défense la violation de l'article 602 du Code de commerce[1288]. Pour appuyer sa thèse, cette société a présenté des documents inhérents à la période de l'exécution du plan de continuation. Le bilan économique et financier de la société, identifié précisément par les états de synthèse, fait observer que la société a réalisé un chiffre d'affaires très positif pendant cette période. Quant aux bénéfices, ils augmentent de façon progressive. Sans doute, le plus important est que la société a respecté ses engagements contenus dans le plan en payant 75 % de ses dettes. Les dettes fiscales sont-elles incluses ? Représenté par la Perception *Hay Mohammadi,* le Trésor est devenu le créancier principal avec un montant de 408. 557, 00 Dirhams (37 516,04 €) définitivement admis. Sur ce point précis, le rapport du syndic indique que le chef d'entreprise a convenu avec le dirigeant sur la façon dont doit être payée cette dette fiscale. Autre moyen de preuve : après l'arrêté du plan de continuation, la société n'est jamais tombée en cessation de paiements. En plus, sa situation n'a jamais été déclarée, à un moment donné, irrémédiablement compromise. Enfin, une attestation administrative et le témoignage des salariés lui sont d'un grand secours. Ils ont confirmé que l'entreprise poursuit son activité économique de façon normale. Comme on peut s'y attendre, l'arrêt de la cour d'appel de commerce est cassé, sans surprise, par la Cour de cassation. Les juges ont retenu la fausse application de l'article 602 du Code de commerce. N'est-ce pas un excès de la part du juge du fond ? Pour le Trésor, n'est-ce pas de la perte injustifiée d'un contribuable ?

561. La situation n'est pas seulement propre au Maroc. Rater un redressement judiciaire mérité se mesure aussi à l'aune de la jurisprudence rendue dans l'espace OHADA. Un regard sur cette jurisprudence permet de conforter ce qualificatif d'intolérance. Ici, c'est le désintérêt du syndic qui est cité comme un motif de l'excès en question. Pour étayer cette idée[1289], les chercheurs n'hésitent pas à citer l'affaire *Armement Ribeiro.* Cette société fait l'objet d'une procédure

---

[1288] C. com. L. n° 15-95, Maroc, art. 602 (art. préc.,).

[1289] Souleymane TOE, Thèse préc., n° 354, p. 318 ; Liliane TCHAKOTEU MESSABIEM, Thèse préc., p. 107.

de redressement judiciaire. Reste que le syndic nommé n'est pas à la hauteur de cette solution procédurale : il ne donne pas suite à cette décision et plus aucune proposition concordataire n'est finalisée. Désespérés, le Trésor et les autres créanciers sollicitent le dépassement de cette situation. En leur donnant gain de cause, le Tribunal hors classe de Dakar rend son jugement[1290] ordonnant la conversion du redressement en liquidation des biens. La motivation du tribunal est sans nuance : le passage à la liquidation des biens trouve son origine dans ce que « *le redressement judiciaire de la société Armement Ribeiro n'a nullement évolué depuis près de trois ans* »[1291]. Cette affaire montre clairement que la conversion du redressement en liquidation judiciaire trouve son origine dans ce que les organes de la procédure nommés ne peuvent pas ou ne veulent pas remplir leur mission. Ils ne peuvent pas non plus assurer une bonne gestion de l'entreprise en difficulté économique[1292].

562. En sa qualité de gérant, le débiteur peut-il en être tenu pour responsable ?

563. Pratiques malsaines des débiteurs de mauvaise foi. Une fois homologué, le plan de continuation en droit marocain et le concordat de redressement en droit OHADA sont sujets à exécution. Dans les faits, ce n'est pas sans poser des difficultés d'application. En ne sortant pas du cadre de la gestion de l'entreprise, il convient de reconnaître que les créanciers -dont le Trésor- peuvent être victimes des pratiques malsaines des débiteurs de mauvaise foi. Encore une fois, le redressement judiciaire est ici mérité et peut aboutir. Mais, il n'échoue que parce qu'il y a des malversations de la part du débiteur de mauvaise foi. Ce constat se dégage de plusieurs décisions judiciaires rendues tant au Maroc que dans l'espace communautaire OHADA. A titre d'exemple, dans l'affaire[1293] de la société *SOPAGRI-SA* déjà citée, les comportements frauduleux du débiteur-contribuable, combinés au désintérêt

---

[1290] Trib. rég. hr. cla. Dakar, jug. com. n° 348, 26 fév. 2003.
[1291] *Ibid.*
[1292] Adam BERRADA, « Droit des faillites : une loi « détournée par les escrocs », *L'économiste*, Ed., n° 2953, 30 jan. 2009.
[1293] TGI, Bobo-Dioulasso, n° 298, 29 déc. 2004 (jug. préc.,). Cf. *supra* n° 222.

du mandataire judiciaire, ont entraîné la conversion du redressement judiciaire en liquidation des biens.

564. A la réflexion, ce gros problème s'inscrit dans le cadre d'une batterie de manœuvres frauduleuses entreprises par les dirigeants de mauvaise foi. Ces manœuvres[1294] vident le redressement judiciaire de son contenu. En général, le drame du redressement judiciaire au Maroc et dans l'espace OHADA est qu'il est considéré comme un subterfuge pour ne pas payer le Trésor et les autres créanciers. Chose décrite non sans humour par un praticien il y a quatorze ans : « *le redressement judiciaire est devenu un mode de gestion purement et simplement. On remet les compteurs à zéro et on s'offre une bouffée d'air frais* »[1295]. Un débiteur de mauvaise foi ne se sert de ce « *mode de gestion* » que parce qu'il lui est profitable. Ainsi, en demandant le redressement judiciaire, ce débiteur veut tirer profit de l'arrêt du cours des intérêts -fiscaux et non fiscaux-, de la suspension des poursuites judiciaires[1296], de l'octroi de nouveaux délais de paiement et éventuellement de la remise des dettes fiscales et non fiscales. Bien plus, placé à la tête de la direction, le débiteur « *scrupuleux en profite pour mieux organiser son insolvabilité et désagréger l'entreprise* »[1297]. Comme on l'a vu, la sanction pénale est certainement la meilleure réponse à ces agissements. Cela dit, l'enthousiasme n'est malheureusement pas le même s'agissant de la pratique. Les débiteurs de mauvaise foi ne sont pas des gens stupides. Ils préparent un dossier de sorte qu'ils écartent la responsabilité pénale. Ceci dit, on ne peut s'empêcher de penser que cette situation constitue un élément permettant de conforter la thèse selon laquelle il faut établir une politique criminelle appropriée au régime des entreprises en difficulté[1298].

1294 Yvette RACHELLE KALIEU ELONGO, Réflexions à partir du droit des entreprises en difficulté, [En ligne] : http://kalieu-elongo.com .

1295 Fadel AGOUMI, « Justice commerciale : une locomotive … bringuebalante », art. préc.,

1296 Bakr Anas BENNANI, *op. cit.*, p. 390.

1297 Christian GAMALEU KAMENI, « Le contrôle de l'exécution du concordat de redressement d'une entreprise en difficulté en droit de l'OHADA », in *revue internationale de droit comparé*, vol. 63 n° 3, 2011. pp. 697-713.

1298 Cf. *Supra* n° 531.

565. On le voit, les choix judiciaires dans les affaires précitées sont discutables, voire contestés. Cette conclusion autorise à penser que le Trésor en sort mal protégé. Rater un redressement mérité, c'est de la rupture abusive de la relation légale qu'entretient le Trésor avec le débiteur- contribuable. Le Fisc perd indûment un partenaire. Contrairement au redressement judiciaire, la liquidation judiciaire dresse étrangement l'acte de décès du contribuable. Tel est le message qui résume notre réflexion.

566. Après cet examen, vient alors le temps de la proposition des éléments de solution. Un élément central réside dans la promotion de la justice économique.

§ 2. La promotion de la justice économique

567. Qui lit les rapports de *Doing Business* des Etats de l'OHADA, comprend très bien que le rôle de la justice est des plus importants dans la bonne application de l'acte uniforme des procédures collectives. Pour ne prendre que le taux de recouvrement des créances fiscales, alors que ce taux est estimé à 39,0 en Côte d'Ivoire, il est frappant de constater que ledit taux est ramené à 15,0 au Gabon. Un texte de loi, des résultats différents.

568. La redéfinition de la protection du Trésor et la sauvegarde de l'entité économique sont fortement liées à la promotion de la justice économique. Pour y arriver, il faut, d'une part, aller vers une justice spéciale dotée d'une formation en profondeur. Une justice plus en harmonie avec les exigences des procédures collectives (**A**) est nécessaire. D'autre part, il convient d'améliorer les prestations du syndic et des contrôleurs (**B**).

A. Vers une justice plus en harmonie avec les exigences des procédures collectives

569. Disposer d'une justice plus en phase avec les exigences des procédures collectives est la condition *sine qua non* pour optimiser lesdites procédures. Il permet aussi d'atteindre les objectifs poursuivis dans ce cadre dont la protection du Fisc. Il est question des trois principales exigences ; elles sont les suivantes.

570. L'exigence relative à la spécialisation des juges. La première exigence a trait à la spécialisation des tribunaux[1299]. En effet, par souci d'efficacité, les juridictions traitant l'insolvabilité des entreprises doivent être spécialisées. Cette spécialisation, bien que touchant tout le contentieux commercial au Maroc, est plus marquée que dans l'espace OHADA. Notons, néanmoins, que certains pays de l'Afrique subsaharienne ont évolué à ce sujet précis. Le Sénégal s'est doté, tout dernièrement, d'une justice commerciale spéciale[1300]. Un peu avant, en 2015, le Niger, réformant le Code de la procédure civile, a créé un tribunal commercial à Niamey. Convaincu que c'est la connaissance personnelle du commerce qui fonde la compétence du juge commercial, le législateur nigérien a doté ce tribunal de magistrats de carrière et de magistrats consulaires. D'après le rapport *Doing Business de* 2017, le Niger a gagné deux points en termes de la qualité des procédures judiciaires et ce, grâce à cette réforme[1301]. Cette tendance est-elle recommandée au Maroc en ce que les juges consulaires connaissent beaucoup plus les rouages de la pratique des affaires que les juges de carrière [1302] ?

571. Avant de répondre à cette question, notons que le profil du juge-commissaire en droit marocain ne dispose pas des qualités et de la compétence d'un manager. Dans ces conditions, il ne peut toujours pas relever le défi du redressement des entreprises en difficulté. Si la réforme s'impose, il reste à déterminer dans quels termes ?

1299Ayoub NAÏM, « Les magistrats mal formés et peu spécialisés », *L'économiste,* n° 3807, 18 juin 2012.

1300L. n° 2017-24, Sénégal, loi portant création, organisation et fonctionnement des tribunaux de commerce et des chambres commerciales d'appel.

1301Banque mondiale, Rapport Doing business OHADA 2017, p. 63. Cf., http://www.doingbusiness.org/.

1302Abashi SHAMAMBA, Franck FAGNON, *« Recouvrement judiciaire : « Il faut mettre les tribunaux de commerce en liquidation », L'économiste, Éd., n° 4954, 06 fév. 2017.*

572. L'exigence liée à l'intégration des économistes. Un auteur a été très bien inspiré pour dire que : « *Le juge-commissaire doit avoir les qualités d'un homme d'affaires* »[1303]. Si cette affirmation se vérifie dans les années 60, elle est toujours d'actualité. L'on s'accordera sur sa pertinence dans le temps présent. Pour que cette affirmation ne soit pas juste un emblème, pour ne pas en faire une coquille vide, il convient de s'y référer pour réfléchir aux éléments de solution. Elle doit être le point de départ à toute réforme à ce niveau.

573. Tous les auteurs s'accordent sur la question relative à la formation des magistrats[1304]. Faut-il le rappeler, bien que ceux-ci soient amenés à prendre des décisions judiciaires à caractère économique et financier, ils n'ont pas reçu une formation approfondie dans ces domaines. C'est pourquoi, il faut repenser la formation initiale des juges commissaires dans l'Institut supérieur de la magistrature. Originale, une autre piste est à suivre : l'intégration des économistes. Sur ce point, et pour que les juges soient rodés au droit des procédures collectives, il serait souhaitable de sélectionner les juges commissaires parmi les lauréats des facultés de droit section sciences économiques. En ce sens, ces derniers sont formés dans la gestion des entreprises. Ils sont plus aptes à relever le défi lié à la réussite du redressement judiciaire des entreprises. C'est la solution que nous préconisons pour le droit marocain. Facile à mettre en œuvre, cette solution est tout aussi réaliste pour le contexte marocain.

574. L'exigence de la formation des juges en droit OHADA. Si on revient au rapport *Doing Business*[1305] des États de l'OHADA de 2017, on trouve qu'il affirme aussi que l'AUPC révisé fait preuve d'harmonisation. Il est aligné sur les bonnes pratiques internationales. Mais, son application se heurte encore au coût de la procédure, estimé à des taux élevés par rapport à la valeur du patrimoine du débiteur. Les délais de traitement sont plus longs. Les taux de recouvrement des

---

1303 Serge Dominique CASTELAN, « Le juge-commissaire dans la faillite et le règlement judiciaire », Sirey, 1965.

1304 Cf. *supra* n° 194 et s.

1305 Banque mondiale, Doing Business dans les Etats membres de l'OHADA 2017.

créances ne sont pas, à leur tour, satisfaisants. Fidèle à sa méthodologie, le rapport précité recommande que l'amélioration du régime du traitement des difficultés de l'entreprise soit tributaire au renforcement des capacités des juges. Et si le recours à l'AUPC est limité, poursuit le rapport cité, c'est parce que, d'abord, les procédures sont complexes et qu'ensuite, les professionnels dont les juges sont mal formés ; ils n'ont pas reçu la formation qui leur permette d'avoir convenablement recours à ces procédures. Là aussi, l'élément de solution ne déroge pas à la formation des juges. Ici, l'allusion est autant faite à la formation initiale qu'à la formation continue. Pour que cette dernière soit effective, il vaut mieux la rendre institutionnelle. A cet égard, nous ne pouvons que saluer la démarche suivie par de l'Ecole régionale supérieure de la magistrature (L'Ersuma). Démarche qui consiste à organiser des modules de formation à l'attention des praticiens des procédures collectives. Ces formations permettent certainement d'aider les juges à mieux comprendre et à maîtriser cette matière[1306]. L'institut supérieur des études judiciaires de Rabat ferait bien d'en faire de même. Un module dédié au traitement de créances fiscales dans le contexte des procédures collectives est incontournable. La même formation doit également bénéficier aux percepteurs. En ce sens, la critique de la condition du Trésor trouve une ramification sur le plan de responsabilité personnelle de ces derniers. Sur ce point, la doctrine[1307] a pu estimer que le non recouvrement des créances fiscales est parfois le fait de l'Administration fiscale en ce que les percepteurs « négligent » souvent l'initiation des poursuites individuelles et la déclaration des créances fiscales. En conséquence, ces créances d'impôts privilégiées seront frappées de la prescription quadriennale ou forcloses. Il ne sera alors plus possible de procéder au recouvrement desdites créances. Pour cette raison, il est nécessaire de penser à la qualification des professionnels relevant de l'Administration fiscale. La même remarque vaut pour les juges et les autres organes de la procédure collective.

[1306]Liliane TCHAKOTEU MESSABIEM, Thèse préc., p. 97.

[1307]Hayat HAJJI, « Le privilège du Trésor public face aux procédures des difficultés de l'entreprise », art. préc., p. 58.

575. Retour sur la réforme relative à l'intervention du Parquet. Pour ce qui est du Parquet, nous renvoyons le lecteur à la réforme déjà proposée[1308]. Le nœud de cette réforme est comme suit : repenser la protection du Trésor réside dans l'intervention du Ministère public en tant que partie principale dans toutes les causes présentant un intérêt général[1309]. L'idée se renforce avec le cadre du redressement judiciaire. Le Parquet est donc fondé à intervenir pour donner son avis concernant les actions touchant à la procédure de redressement judiciaire. C'est autant profitable au Trésor qu'aux autres parties en présence. À cette fin, un substitut du Procureur général du Roi auprès de la cour d'appel de commerce de Fès propose que soient communicables au Parquet les actions suivantes : « *l'action tendant à l'ouverture d'une procédure de redressement judiciaire* »[1310], « *Le renouvellement de la période d'observation* »[1311], « *l'action au cours de laquelle le tribunal arrête le plan de continuation* »[1312], « *l'action tendant à la résolution ou la modification du plan de continuation* »[1313], « *l'action au cours de laquelle le tribunal arrête le plan de cession* »[1314], « *l'action tendant à la résolution du plan de cession* »[1315], « *l'action tendant au remplacement du syndic et celle relative à la modification de sa mission* »[1316]. Nous souscrivons à cet avis doctrinal. Cette adhésion est justifiée par le fait que le rapport fait par le syndic et celui du juge-commissaire peuvent être infondés. Ils peuvent induire le tribunal en erreur. Par contre, le parquet peut rectifier le tir par ses conclusions. Les exemples précédents le confirment. Ceci dit, le Parquet ne peut remplir cette mission que s'il dispose de l'information.

576. L'intervention du Parquet ne doit pas s'arrêter à ce niveau. Redéfinir la protection du Trésor réside, comme on

---

[1308] Cf. *supra* n° 208.
[1309] Cf. *supra* n° 208.
[1310] Mustapha BAAJ, La communication…, art. préc., p. 17 et suivants.
[1311] Mustapha BAAJ, La communication…, art. préc., p. ibid.
[1312] Trib. com. Meknès, n° 13 / 06 / 6, 16 mars 2003, cité par Mustapha BAAJ, La communication…., art. préc.,p. 23.
[1313] *Ibid.*
[1314] *Ibid.*
[1315] *Ibid.*
[1316] *Ibidem.*

l'a vu, dans la moralisation des procédures[1317]. Si c'est déjà consacré par le législateur marocain, certaines difficultés persistent et entravent l'atteinte de cet objectif. Parmi ces difficultés, il faut rappeler qu'il y a très peu de poursuites pénales en la matière. Sur cette question, l'information peut toujours jouer un rôle très important pour dépasser cette difficulté. Ici, il faut mentionner que l'article 760 du Code de commerce marocain est la seule disposition juridique qui consacre ce droit. Il prévoit que le Ministère public peut exiger la remise de tous les actes et documents qui se retrouvent entre les mains du syndic[1318]. Pour ce qui est des questions jointes à la vérification du passif, à la réalisation de l'actif, et aux possibilités de désintéressement des créanciers, l'utilisation du verbe pouvoir (peut) dans l'article susvisé cadre avec ce schéma d'informations. Mais, la formulation de cet article laisse entendre que le syndic n'est pas obligé de transférer les documents qu'il détient notamment lorsqu'il s'agit des infractions pénales. Cela doit nous interroger comment le parquet peut s'acquitter de son rôle répressif si les moyens d'informations font défaut[1319]. Or, si l'on veut donner force à cet organe en termes de poursuites pénales, il faut opérer une inversion des rôles dans le texte de l'article en ajoutant un alinéa supplémentaire de sorte que le syndic doit tenir informé le Parquet de ces faits. Pour bien préciser, afin que le Ministère public agisse convenablement à l'effet de déclencher les poursuites, il faut qu'il soit soigneusement informé. Le législateur français l'a bien saisi. L'article R. 653-1 du Code de commerce français établit une obligation d'information spéciale[1320]. Il dispose que : *« Lorsque les mandataires de justice* […] *ont connaissance de faits* [à caractère pénal]*, ils en informent le procureur de la République et le juge-commissaire* ».

[1317]Cf. *supra* n°497.

[1318] C. com. L. n° 73-17, Maroc, art. 760 : « *Le ministère public* ***peut*** *requérir du syndic la remise de tous les actes et documents détenus par celui-ci* ».

[1319]Mustapha EL BAAJ, « Pourquoi un ministère public en matière de procédures de redressement et de liquidation judiciaires ? » art. préc.,

[1320]Christophe DELATTRE, « Les relations entre le ministère public et les administrateurs et mandataires judiciaires », *rev.proc. coll.* n° 6, nov. 2012, doss. 29, n° 7.

577. En définitive, le principal enjeu est celui de parvenir à des prestations qualitatives. Si la justice économique est plus en phase avec les exigences des procédures collectives, le redressement de l'entité économique et la protection du Fisc (en sa qualité de créancier) seront, dans une certaine mesure, atteints.

578. Reste que pour pouvoir dépasser les critiques précitées[1321] et contribuer à assurer une véritable protection au Trésor, il faut aussi tenir compte de la condition des organes que sont le syndic et les contrôleurs. Légiférer dans le sens d'améliorer leurs prestations est tout aussi une exigence.

B. Améliorer les prestations du syndic et des contrôleurs

579. Quel que soit l'ordre juridique considéré, le syndic et le contrôleur sont irrévocablement chargés d'exécuter plusieurs tâches en faveur du Trésor. Ils sont là pour le protéger à titre collectif. Mais, compte tenu des conditions de leur travail[1322] et de l'absence et de la timidité du cadre juridique qui devait respectivement régir le travail de chacun des deux en droit marocain, il faut reconnaître qu'ils ne peuvent pas assurer cette mission. Parfois, le syndic constitue même un véritable obstacle à la mise en œuvre efficiente du système de procédures collectives[1323]. Pour dépasser cette situation, la réforme s'impose aussi à ce niveau. Quoique inachevée, une voie est déjà tracée par l'AUPC révisé (**1**). Elle peut constituer un modèle pour le cadre juridique tant attendu au Maroc. Pour l'organe qu'est le contrôleur, il faut procéder au renforcement de ses pouvoirs (**2**).

1. La voie tracée par l'AUPC révisé

580. Conscient de la nécessité de doter l'institution du mandataire judiciaire d'une réglementation à même d'améliorer l'efficacité des procédures collectives, le

---

[1321]Cf. *supra* n° 192 et s.

[1322] Cf. *supra* n° 218 et s.

[1323]Anonyme, « Difficultés de l'entreprise : la justice a finalisé ses amendements du livre V du Code de commerce », *La vie éco.* 24 oct. 2014.

législateur communautaire africain a fixé un cadre juridique au Titre 1 de l'AUPC révisé. Cette évolution est dictée par la volonté du législateur OHADA de s'aligner à la fois sur les bonnes pratiques à l'échelle internationale et sur les recommandations de l'analyse économique du droit. Ladite évolution est une étape qui est venue après le processus de l'évaluation qui a duré presque huit ans. Sans oublier bien entendu les faveurs de la doctrine[1324] et de la jurisprudence. Lesquelles ont pointé du doigt les défaillances dues à l'absence de l'organisation du statut du mandataire judiciaire. Nous allons à présent mettre en exergue les grandes lignes de cette avancée.

581. L'inscription sur une liste nationale. Importante innovation, l'accès à cette profession est subordonné à l'inscription à une liste nationale, laquelle est soumise aux conditions de moralité, de compétence, de déontologie et de professionnalisme. Le droit uniforme africain a voulu assurément faire de l'institution du mandataire judiciaire un foyer « *de verre* »[1325] de sorte que les postulants n'en rentrent que s'ils sont éclatants par leur typicité[1326].

582. L'encadrement de la responsabilité civile du syndic. Il faut bien rappeler qu'il s'agit d'une évolution en ce que nombre de mesures instituées par le Titre 1 de l'AUPC révisé existaient déjà dans l'AUPC de 1998. Le nouvel AUPC les a donc réaffirmées[1327]. En fait, c'est une évolution remarquable. Au nombre de ces mesures, il y a l'instauration du principe de la responsabilité civile hébergé désormais dans l'article 4-12. Les modalités de l'action de la responsabilité civile sont prévues par l'article 4-13. Dans un tel cadre, l'AUPC révisé innove en demandant que tout mandataire judiciaire doive

[1324] Alain FENEON, « Le règlement préventif, analyse critique », in *penant,* n° 870, 2010, p. 15-27.

[1325] VIDAL D, *Le commissaire aux comptes dans la société anonyme*, 1985, LGDJ, Paris, n° 346, p. 268 ; Didier TAKAFO-KENFACK, « La moralisation de la fonction de mandataire judiciaire en droit OHADA », *Bull. Joly Entre. Diff.* 01 juil. 2016, n° 04, p. 292.

[1326] Didier TAKAFO-KENFACK, « La moralisation de la fonction de mandataire judiciaire en droit OHADA », art. préc.,

[1327] Céline NDONGO, « Le nouvel encadrement des mandataires judiciaires dans l'espace OHADA », *Revue du droit des affaires en Afrique*, févr. 2016, p. 4.

souscrire une police d'assurance couvrant sa responsabilité civile pour ses éventuelles fautes professionnelles.

583. Une rémunération bien encadrée. Soucieux d'établir la transparence dans le système des procédures collectives et préventives, le législateur communautaire africain n'a pas manqué d'insérer dans le nouvel AUPC des dispositions[1328] détaillées. Flexibles par choix, pertinentes par vocation, ces dispositions doivent être complétées et suivies à l'effet de la rémunération[1329] du mandataire judiciaire pour les prestations faites par lui dans la procédure dans laquelle il est désigné[1330]. Dorénavant, la rémunération du syndic doit se faire en suivant un barème que chaque État partie à l'espace communautaire doit réglementer, précise l'article 4-19 de l'acte uniforme. Ce barème doit tenir compte de plusieurs éléments[1331] dont « *la célérité des diligences accomplies* »[1332] par le syndic. Dans cet esprit, cette solution de principe aura le mérite de dépasser les problèmes posés auparavant par la prolongation expresse de la procédure par les syndics de mauvaise foi[1333]. En cas de liquidation des biens, le nouvel acte est allé jusqu'à plafonner le montant intégral de la rémunération ; il ne peut devancer les 20% du montant intégral obtenu par la réalisation des éléments de l'actif[1334]. Bien plus, ce dispositif légal est venu pour préserver autant les droits du mandataire judiciaire que ceux des parties en présence dont le Trésor. Vu sous ce prisme, le tribunal compétent peut, par la décision de désignation, octroyer au syndic une provision sur sa rémunération qui ne pourrait devancer les 40 % du montant prévisionnel[1335]. Toutefois, le syndic semble, après sa désignation, être tenu d'une obligation de résultat dans la mesure où il n'a droit à percevoir l'autre partie de sa rémunération qu'après l'homologation du concordat de redressement judiciaire ou après la clôture de la phase

---

1328 V. Chapitre VI de l'art. 4-16 à l'art. 4-21 de l'AUPC révisé.

1329 cf. *supra* n° 221.

1330 AUPC révisé, art. 4 -16.

1331 AUPC révisé, art. 4-19.

1332 Cf. *supra* n° 451 - 460.

1333 Céline NDONGO, « Le nouvel encadrement des mandataires judiciaires dans l'espace OHADA », art. préc.,p. 6.

1334 AUPCAP révisé, al. 4, art. 4-19.

1335 AUPCAP révisé, art. 4-20.

liquidative[1336]. Ladite décision est susceptible d'appel à la requête du débiteur, du mandataire judiciaire lui-même ou encore du Ministère public[1337]. La batterie de mesures dédiées à établir la transparence de la procédure collective est bien chargée. En ce sens, il y a allusion à l'obligation d'ouvrir un compte bancaire spécial pour y domicilier les opérations rattachées à la procédure collective[1338]. De la sorte, *« les produits financiers engendrés par le compte seront affectés au sauvetage de l'entreprise ou au paiement des créanciers »*[1339] dont l'Administration fiscale.

584. Les mesures disciplinaires. Dans un souci général d'assainir la pratique des entreprises en difficulté, et dans la seule optique d'instaurer la transparence de la procédure et de préserver les droits des parties en présence (dont le Trésor), le nouvel AUPC a trop détaillé la réglementation du mandataire judiciaire. Au mieux, il a instauré un système disciplinaire allant jusqu'à la radiation. Le nouveau dispositif a mis en place donc un système de contrôle et des mesures disciplinaires. Le débiteur et les créanciers sont impliqués dedans en leur permettant de communiquer à l'autorité compétente les faits de nature à déclencher les poursuites disciplinaires[1340].

585. Ces quatre éléments de solution constituent, à coup sûr, une réponse communautaire aux difficultés qui mettent à mal en particulier le déroulement efficace du redressement judiciaire. A son tour, le Trésor ne peut qu'en tirer un certain profit si ces solutions venaient à être appliquées régulièrement.

586. Enfin, il convient de mentionner que le législateur communautaire africain a bien fait d'inviter chaque Etat partie à l'espace OHADA d'adopter les textes d'application des règles relevant du Titre 1 du nouvel AUPC. Dans ce même esprit, la mise en place d'une autorité nationale est

---

1336 *Ibid.*
1337 AUPCAP révisé, art. 4 -21.
1338 AUPCAP révisé, art. 4 -22.
1339 AUPCAP révisé, art. 4 -23.
1340 AUPCAP révisé, art.4 -8.

recommandée[1341]. L'intervention des législateurs internes est attendue dans ce domaine au risque de ne pas voir l'évolution du droit OHADA sur cette question bafouée. Du coup, si l'Acte uniforme des procédures collectives a encadré le statut des mandataires judiciaires, les Etats de l'espace OHADA sont appelés, comme l'ont fait le Sénégal[1342], la Côte d'Ivoire[1343] et le Burkina Faso[1344], à prendre le relais pour parfaire les règles en la matière par des dispositions locales et ce, pour éviter que les règles novatrices de l'acte uniforme ne soient vidées de leurs sens.

587. Même constat vaut pour le droit marocain. En effet, le juge commercial est convaincu du r*ô*le que peut jouer le syndic pour réussir le redressement de l'entreprise. Contrairement à la liquidation judiciaire[1345], chaque fois qu'il y a une procédure de redressement judiciaire, le syndic est désigné parmi les seuls experts comptables. La raison est que ceux-ci ont reçu une formation transversale, formation qui touche à la fiscalité, aux sciences de gestion, au droit, à l'économie générale et à bien d'autres matières. Ceci dit, plus aucun texte réglementaire ne régit cette fonction. Un projet de décret en préparation devrait encadrer le statut du syndic. Mais, il tarde à voir le jour. Ce décret est donc fort attendu.

588. Afin d'apporter une protection efficace autant à l'entité économique qu'au Trésor (et les autres créanciers), les syndics sont donc invités à se conformer à ce nouveau dispositif. Ce n'est qu'à la pratique quotidienne qu'il sera instructif de remarquer comment ces derniers assimileront et appliqueront ces règles innovantes. Il faut miser sur son application sur le terrain. Pour atteindre le même objectif, il est exigeant de renforcer le pouvoir des contrôleurs.

[1341] AUPCAP révisé, art. 4.

[1342] Décret du 26 avr. 2016 relatif au statut des mandataires judiciaires.

[1343] Décret du 10 fév. 2016 portant, création, attributions et fonctionnement de la Commission nationale de contrôle des mandataires judiciaires.

[1344] Décret du 7 août 2016 portant barème des honoraires des mandataires judiciaires et loi du 15 nov. 2016 portant statut des mandataires dans les procédures collectives d'apurement du passif.

[1345]En cas de liquidation judiciaire, le syndic est désigné parmi le greffier en droit marocain. Sur ce point, cf. *supra* n° 219.

2. Renforcement du pouvoir des contrôleurs

589. L'institution des contrôleurs est forte ancienne. Elle est en vigueur en droit français[1346] depuis la loi du 4 mars 1889 jusqu' à celle de 2005[1347]. Le législateur marocain, contrairement à son homologue communautaire africain, s'en est inspiré et n'a pas modifié la mesure du rôle du contrôleur[1348]. Nous regrettons que le droit marocain n'ait pas évolué sur ce sujet. Cependant, nous saluons l'évolution du droit OHADA traduite par le nouvel article 72 de l'AUPCAP révisé.

590. Ainsi qu'il a été précisé ci-dessus[1349], les contrôleurs sont chargés d'assister le syndic dans ses fonctions et le juge-commissaire dans sa mission de la gestion de l'entreprise placée en redressement judiciaire. En pratique, ils ne font parfois rien à ce niveau. L'affaire *Lkhdar* précitée en est une parfaite illustration. Dans cette affaire, le syndic s'est trompé sur la situation réelle de l'entreprise. Pire encore, le tribunal de second degré l'a suivi en se référant à sa position pour décider de la conversion de la procédure du redressement en liquidation judiciaire. Cependant, les contrôleurs auraient dû avoir ici une position. En réalité, les contrôleurs doivent avoir un contre-pouvoir. Lesquels peuvent éclairer davantage le tribunal avant qu'il ne se prononce sur ce point qui, comme on l'a vu, touche directement aux intérêts en présence dont celui de l'Administration fiscale. Un autre paradoxe s'observe au niveau de la fameuse question de l'intérêt collectif des créanciers.

591. Un véritable paradoxe. Mécanisme traditionnel de la protection du Trésor, l'intérêt collectif dans les ordres juridiques OHADA et marocain n'échappe pourtant pas aux critiques. Celles-ci sont, à vrai dire, très nombreuses. La principale critique est que le rôle des contrôleurs est limité en

---

[1346] Phillipe ROUSSEL-GALLE, « Les contrôleurs, gardiens de l'intérêt collectif », *Gaz. Pal.* 9-10 sept. 2005, n° 4, p. 3.

[1347] Cf. *supra* n° 228.

[1348] Christian GAMALEU KAMENI, « Le contrôle de l'exécution du concordat de redressement d'une entreprise en difficulté en droit de l'OHADA », art. préc, p. 704.

[1349] Cf. *supra* n° 225.

droit marocain. En effet, sous l'empire de l'article 53 de l'AUPCAP de 1998 tout comme sous l'empire du même article du nouvel AUPCAP, il est prévu que si le syndic liquidateur n'admet pas d'effectuer un acte ou d'exercer une action dans l'optique de **préserver le patrimoine** du débiteur, le contrôleur (...) peut le forcer à le faire par voie d'une ordonnance rendue par le juge-commissaire à cet effet. Quelle est l'alternative face aux créanciers et aux contrôleurs si l'ordonnance du Juge-commissaire reste lettre morte ? L'Acte uniforme des procédures collectives de 2015 apporte, à travers la nouvelle formulation de l'article 72, une réponse à cette question : « *Toutefois, en cas de carence du syndic, tout créancier contrôleur peut agir dans l'intérêt collectif, après une mise en demeure du syndic restée infructueuse pendant une période de vingt et un (21) jours* [...]». Au contraire, il semble que la législation marocaine n'apporte pas de solutions à des questions qui peuvent se poser par la pratique judiciaire. Sous l'empire du Code de commerce de 1996 tout comme sous l'empire de la nouvelle loi n° 73-17, il est prévu que le syndic liquidateur prend place du débiteur pour effectuer tout acte ou d'exercer toute action dans l'optique de **préserver le patrimoine** du débiteur[1350]. Faute de quoi, tout créancier ou contrôleur (...) peut le forcer à le faire par voie d'une ordonnance rendue par le juge-commissaire en application de l'esprit de l'article 672. La question, citée plus haut, a le mérite de se reposer en l'occurrence : quelle est l'alternative face aux créanciers et contrôleurs si le syndic venait à ne plus prêter attention à l'ordonnance du juge-commissaire ? A part la destitution du syndic, le Code de commerce marocain révisé ne répond pas à cette question. Alors que dans l'hypothèse où le syndic n'entreprend pas **la réalisation des actifs** dans le délai de trois mois de la date du prononcé de la décision de la liquidation judiciaire, les créanciers ou les contrôleurs peuvent reprendre les poursuites individuelles[1351]. Il en découle que face à la presque même situation juridique, tantôt, le contrôleur se retrouve bras croisés ; tantôt, il y a une marge de manœuvre en sa faveur. La préservation du patrimoine du débiteur n'est pas moins

---

[1350] C. com. L. n° 73-17, Maroc, al. 4, art. 651.

[1351]Reprise du droit français, cette règle est partagée par les droits OHADA et marocain. Cf. AUPC révisé, al. 4 art. 150 (art. préc.,). C. com. Maroc, L. n° 73-17, art. 661.

importante que la réalisation des actifs. En conséquence, l'on est en face d'un véritable paradoxe qui nuit aux intérêts du Trésor et des autres créanciers.

592. Proposition de réforme. En pratique, il arrive que le syndic ne fasse rien pour protéger l'intérêt collectif. Face à cette inaction, l'initiative des contrôleurs ne peut porter que sur la contrainte du syndic par décision du juge-commissaire. Dans pareille condition, n'est-il pas nécessaire de les faire impliquer à ce niveau pour « *pallier l'inaction* »[1352] du syndic ? A cet égard, il n'est pas anodin de rappeler la critique dégagée par l'affaire *Kasimir* école[1353]. Dans cette affaire, si les contr*ô*leurs avaient pu avoir la possibilité de déclencher l'action en comblement du passif, les créances fiscales ne seraient pas perdues. Ou au moins, l'action en comblement du passif serait recevable par le tribunal. Effectivement, le contrôleur paraît le mieux placé pour ce faire[1354]. Comme dans l'article 72 de l'AUPCAP tiré de la loi française du 26 juillet 2005, les contrôleurs en droit marocain devraient prendre le relais à partir du moment où le syndic n'agit pas après sa mise en demeure. La prérogative de défendre l'intérêt collectif des créanciers doit donc être partagée entre le syndic et les créanciers nommés contrôleurs. Le législateur marocain doit suivre son homologue OHADA et réaliser ce partage.

593. En définitive, la position paradoxale du législateur marocain est à dépasser. A notre avis, elle constitue une barrière à reconnaître aux contrôleurs le droit de défendre l'intérêt collectif des créanciers. La volonté de défendre de l'intérêt du Trésor dans un tel cadre et le souci de réussir le redressement des entreprises exigent qu'il faille cesser avec cette pratique. La même remarque vaut pour le syndic. L'exercice de ce métier doit être régi par un texte clair.

594. A la question de savoir pourquoi le Trésor n'en tire qu'un intérêt limité du redressement judiciaire[1355], les raisons

---

[1352]Corinne SAINT-ALARY-HOUIN, *Droit des entreprises en difficultés*, *op. cit.*, n° 478, p. 280.
[1353] Cf. *supra* n° 504.
[1354]P. ROUSSEL-GALLE, « Les contrôleurs, gardiens de l'intérêt collectif », Gaz. Pal., 10 sept. 2005, p. 3.
[1355]Cf. *supra* n° 315 - 319.

sont nombreuses : les erreurs judiciaires, les manœuvres frauduleuses des débiteurs, le désintérêt d'une partie des organes de la procédure sans oublier la fameuse question du financement[1356]. Ces raisons sont aussi valables pour expliquer pourquoi l'intérêt collectif n'est pas bien défendu. Si l'actif de plus de vingt ans d'expérience a permis à la justice commerciale de dépasser quelques erreurs et d'améliorer ses prestations[1357], certains problèmes persistent. Preuve est que l'on n'est pas encore arrivé aux résultats escomptés. Ici encore, une très bonne maîtrise des règles précitées par la justice économique, additionnée à une application courageuse, est incontournable. Cela est de nature à arriver à l'équilibre souhaité et à la préservation des intérêts du Fisc et des autres parties en présence.

595. Dans cette section, il a été démontré que l'optimisation des procédures de redressement et de liquidation judiciaire concourt à l'optimisation de la protection du Trésor.

596. En droit marocain, la reprise des poursuites individuelles après la clôture pour insuffisance d'actif n'est pas permise. Les créanciers dont le Trésor ne peuvent pas l'appliquer en leur faveur. Illogique, incohérente est la position du droit marocain sur ce point. En ce sens, on punit le syndic du fait de son inertie et l'on autorise la reprise des poursuites[1358]. Mais, face à la fraude du débiteur, face aux fautes de gestion, rien n'est prévu à la grande surprise, pour saisir à titre individuel les biens potentiels de ce débiteur. En poussant l'analyse plus loin, une doctrine avisée a pu tirer la conclusion suivante : il s'agit de la « *consécration à grande échelle du droit de ne pas payer ses dettes* »[1359]. En d'autres termes, un certain « *déséquilibre* »[1360] est rendu institutionnel : appuyer le débiteur fraudeur par l'effacement de ses dettes - fiscales et

---

[1356] Cf. *infra* n° 642 ; 671 et s.

[1357] V. Mohamed NACHAT, « Quelques applications des tendances contemporaines de la justice commerciale dans les procédures de traitement des difficultés de l'entreprise », [En langue arabe], *in rev. Métiers juridiques et judiciaires,* n° 2, p. 71-85.

[1358] C.com. L. n° 73-17, Maroc, art. 661 (art. préc.,).

[1359] Françoise PEROCHON, Régine BONHOMME, *op. cit.* n° 413.

[1360] J.-L. VALLENS, « Après la clôture de la liquidation judiciaire, le débiteur peut recouvrer une créance antérieure », *RTDcom.* 2001, p. 243, note sous cass., com. France, 17 oct. 2000, rejet n° 98-10.955.

non fiscales - et porter atteinte aux droits du Trésor et des autres créanciers par la suppression abusive de leurs créances. Pour ne pas dire qu'elle encourage le non-paiement des créances fiscales, la position du droit marocain interdit au Trésor d'assigner le débiteur à cet effet. C'est pourquoi, cette position est à dépasser. Une réforme s'impose. Il faut instaurer la reprise des poursuites individuelles après la clôture pour insuffisance d'actif. Présentée comme un atout à l'attention du Trésor en droits OHADA et français, le législateur marocain a aussi intérêt à s'en inspirer. La reprise des poursuites est conforme à l'esprit du droit marocain, esprit qui s'articule autour la protection du seul débiteur de bonne foi.

597. Reste que l'efficacité de la reprise des poursuites individuelles est tributaire de l'application des sanctions pénales et civiles. Cette application constitue certainement un mécanisme « *nécessaire à la moralisation des affaires* »[1361]. Cependant, la pratique judiciaire en matière de sanctions pénales et civiles est très pauvre. Si on s'accorde à dire que les sanctions sont inapplicables dans de nombreux Etats de l'espace OHADA, c'est un non-sens que de prétendre à la protection du Trésor à ce niveau. Une double insécurité se crée : un sentiment d'insécurité juridique et une atmosphère d'insécurité judiciaire. A ce titre, deux solutions doivent être mises en application : établir le droit pénal des affaires OHADA et promouvoir la justice économique.

598. La procédure de redressement judiciaire n'est pas étrangère à cette logique. Sa rationalisation passe par un certain nombre d'actions dont cette promotion de la justice. A cette fin, il faut aussi accélérer autant que possible les procédures et donner une seconde chance au débiteur défaillant. Ce n'est qu'à ces conditions qu'on contribue à faire revivre le débiteur-contribuable. La reprise de la relation légale entre le Trésor et ce dernier en dépend largement.

[1361] Réponse de M. le garde des sceaux, ministre de la justice en France à la question écrite de M. André Delattre n° 56710 : JO déb. Ass. nat., 30 nov. 1992, p. 5456, cité par *la semaine juridique notariale et immobilière* n° 19, 14 mai 1993, 100634.

599. Étant précisée, l'optimisation de la protection fondée sur l'affirmation du principe de l'égalité des créanciers doit s'ajouter à celle tirée de l'exclusion dudit principe. L'objectif étant de pouvoir assurer la cohérence et redéfinir la protection du Trésor.

Section II. Redéfinition de la protection tirée de l'exclusion du principe de l'égalité

600. Le Trésor figure parmi l'un des créanciers centraux de l'entreprise. Sa condition juridique dans le système des procédures collectives reste largement dominée par l'application du principe de l'égalité des créanciers[1362]. Si l'affirmation de ce principe ne fait plus aucun doute, le souci de lui accorder une protection sur mesure impose d'en relativiser[1363] l'étendue. Guidés par ce but, les deux législateurs africains se sont, peu à peu, détachés de l'application générale dudit principe. Ils ont pu opérer une rupture avec certaines dispositions antérieures en instaurant des exceptions en faveur du Trésor. Mais, cette démarche reste inachevée. Dès lors, il faut asseoir une réforme qui tient compte de la situation particulière du Trésor à tous les niveaux. Il s'agit ici des réaménagements communs[1364].

601. Avant de présenter la réforme **(§2)**, il convient d'en exposer le fondement **(§1).**

§ 1. Le fondement de la réforme

602. Au regard du caractère spécial de la créance d'impôt, des exceptions sont depuis longtemps mises en place par les législateurs en Europe et en Afrique. En favorisant le Trésor, la jurisprudence incarne aussi le reflet du caractère « *contrasté* »[1365] du principe de l'égalité entre les créanciers.

[1362] Alassane KANTE, « Réflexions sur le principe de l'égalité entre les créanciers dans le droit des procédures d'apurement du passif (OHADA) », *Rev. Sénégalaise ...*, art. préc., p. 85.

[1363] Alassane KANTE, art. préc.,

[1364] Pour une étude détaillée des réaménagements spécifiques au Trésor, cf. *infra* Partie II, Titre II.

[1365] Philippe DELMOTTE, « L'égalité des créanciers dans les procédures collectives », art. préc.,

603. La protection tirée de l'exclusion du principe de l'égalité des créanciers tient à deux fondements. Alors que le premier fondement est assis sur le choix de la jurisprudence interne (**A**), le second est assis sur les choix de la pratique étrangère (**B**).

A. Un fondement assis sur le choix de la jurisprudence interne

604. Le principe de l'égalité des créanciers est un principe évolutif. L'effort jurisprudentiel a joué et continue de jouer un r*ô*le très important dans l'évolution dudit principe. Il s'agit d'une évolution justifiée. Les exemples sont nombreux[1366]. Mais, l'on va se limiter ici, à l'analyse d'une solution jurisprudentielle qui a été posée par les juges au Maroc. Si nous la citons, c'est bien pour montrer que la protection du Trésor tirée de l'effacement du principe en question est fondée.

605. Le titre exécutoire n'est contestable devant le juge administratif que par le débiteur. Que ce soit en droit OHADA[1367] ou en droit marocain, si le tribunal compétent en matière de procédures collectives constate que la contestation de la créance relève de la compétence d'un autre tribunal, il se déclare incompétent et admet provisoirement ladite créance. Comme on l'a vu, la contestation de la matière fiscale relève sans équivoque de la compétence de la juridiction administrative[1368]. Dans cette situation, « *la notification de la décision d'incompétence prononcée par le juge-commissaire fait courir un délai de deux mois, au cours duquel* »[1369] le demandeur doit saisir la juridiction susvisée à peine de forclusion. Dans ces conditions, le Trésor pourrait-il être demandeur ? Est-il aussi concerné par la saisine du Tribunal administratif ? L'Acte uniforme portant organisation des procédures collectives d'apurement du passif et les régimes fiscaux internes des Etats membres de l'OHADA, restant silencieux sur cette question, notre réflexion sera menée en

[1366] Cf. *infra* n° 117 et 135.
[1367] AUPC révisé, art. 90.
[1368] Cf. *supra* n° 134 et 135.
[1369] C. com. Maroc, 1996, art. 697; al.3; L. n° 73 - 17, Maroc, art. 731.

fonction de la solution adoptée au Maroc. Dans ce système juridique, c'est la jurisprudence qui a eu le mérite de franchir le premier pas. Ainsi, un arrêt relativement récent de la cour d'appel[1370]de commerce de Fès a pu édicter la règle suivante :

> « Les créances fiscales étant véridiques, certaines et fondées sur des titres exécutoires, c'est le redevable qui doit prétendre au contraire. De ce fait, c'est lui qui est censé saisir le Tribunal compétent [...] »[1371].

Formulant cette règle dans des termes encore plus clairs, le juge de l'impôt relevant du Tribunal administratif de Casablanca a pu confirmer cette solution[1372]. L'on pourrait reprendre ici la formulation de la juridiction administrative :

> « la décision d'incompétence est notifiée aussi bien à l'Administration fiscale qu' au débiteur, mais en partant du fait que le créancier fiscal ne peut contester un titre qu'il a lui-même émis et qui est d'ailleurs couvert de la formule exécutoire[1373], l'administration [fiscale] ne peut être que défenderesse dans l'instance, et le seul concerné en est donc le débiteur »[1374].

606. Une règle jurisprudentielle entérinée par la loi. A la clé, c'est une question sur laquelle, le juge judiciaire et le juge administratif de l'impôt sont tombés d'accord. Les deux décisions précédentes montrent la relativité du principe de l'égalité des créanciers. Bien que très attachés à ce principe, les juges marocains sont convaincus qu'en matière de la contestation des créances fiscales, il faut réserver un sort spécial au Trésor. Tout à fait logique, cette solution a inspiré le législateur. C'est ainsi que le législateur marocain de 2018

1370 CA., com, Fès, n° 7, 05 déc. 2012, doss. n° 23 / 2011 ; CA., com, Fès, 03 oct. 2007, doss. n° 19 / 2007.

1371 La doctrine s'est ralliée à cette thèse. V. Soumaya HAMIDI, « Problématiques du recouvrement de la créance publique : le cas de l'entreprise en difficulté », (en langue arabe), *La tribune juridique*, n° 6, avr. 2014, p. 171.

1372 Trib. adm., Casablanca, n° 9 / 6 / 130, 09 oct. 2009. Mohamed KASRI, « Les problématiques suscitées lors du recouvrement de la créance publique dans le cadre de la difficulté de l'entreprise » (en langue arabe), *REMALD*, n° 128, mai - juin, 2016, p. 52.

1373 Trib. adm., Agadir, n° 310 / 04, 17 juin 2004.

1374 Notons que la jurisprudence est divisée en la matière. CA., adm, Agadir, n° 350, 03 avr. 2008, doss. n° 08 / 01 / 4 / 306.

fut amené à reprendre cette règle dans le dispositif de la loi n° 73-17[1375].

607. Marocaine d'inspiration et de construction, cette règle jurisprudentielle montre que le juge est favorable à l'exclusion du principe de l'égalité des créanciers. Cette règle s'ajoute à d'autres consacrées par le droit comparé. Une autre série de règles découle directement de la volonté du législateur. L'approche initiée par les législateurs en Europe et en Afrique le démontre.

B. Une approche initiée par la tendance contemporaine du législateur

608. Le principe de l'égalité des créanciers est tempéré par de nombreuses exceptions. Non seulement, ces exceptions sont dégagées par la jurisprudence. Mais, elles sont aussi directement instaurées par la loi.

609. Dans les procédures collectives *stricto sensu* survenues après la cessation des paiements, le Trésor se positionne comme un créancier comme les autres. En ce sens, il est presque tout à fait sur la même ligne que les autres créanciers. Il est soumis aux mêmes règles que les autres créanciers publics et privés.

610. Bien que ramenée par la doctrine à un statut de créancier ordinaire[1376], la condition du Trésor en droit français présente une limite au principe de l'égalité entre les créanciers. Ainsi, une série de règles est établie à sa seule faveur en raison de sa double qualité de créancier public et de créancier fiscal[1377]. On dressera ici une liste non limitative de ces exceptions. D'abord, la déclaration des impôts à titre provisionnel est consacrée. Ensuite, il lui est seul possible de reprendre la

---

[1375]C. com., L. n° 73-17, Maroc, al. 3, art. 731. Trib. com. Casablanca, ord. n° 830, 14 mai 2018, doss. com., 363 / 8304 / 2018.

[1376]Bernard LAGARDE, « Le Trésor public : un créancier comme les autres », *Gaz. Pal.* 10 sept. 2005, n° 253, p. 28 ; du même auteur, V. « Les administrations financières : des créanciers enfin comme tous les autres », *Gaz. Pal.*, 19 mars 2009, n° 78, p. 5.

[1377]Christophe LEGUEVAQUES, « L'égalité des créanciers dans les procédures collectives : flux et reflux », art. préc., p. 7.

poursuite individuelle après la clôture pour insuffisance d'actif en cas de fraude fiscale[1378]. Dans le même ordre de pensée, le Trésor peut inscrire son privilège après l'ouverture de la procédure collective en dérogation au principe de l'arrêt du cours des inscriptions. Et encore, « *les articles L. 266 et 267 du Livre de procédure fiscale* [français] *autorisent l'administration à se retourner contre les dirigeants de l'entreprise [...] »*[1379]. Enfin, est autorisé le paiement des créances connexes en dérogation au principe *de l'*interdiction de payer les dettes antérieures. Audacieuses, ces restrictions ne sont pas une exception française. Pour ne prendre que la dernière dérogation, une règle similaire est trouvée en droit belge. Ce droit est allé même plus loin : bien que la créance fiscale et la dette fiscale ne soient pas connexes, le Fisc peut opérer la compensation en sa faveur[1380].

611. Ce sont donc les quelques illustrations des exceptions qui ont pour effet de relativiser le principe de l'égalité des créanciers en faveur du Trésor. Et l'on pourrait rajouter d'autres.

612. Comme évoqué en propos introductif, le droit OHADA n'est pas insensible au fait d'accorder des dérogations en faveur du Fisc. Il en est de même pour le droit marocain. La rupture de l'égalité des créanciers existe dans les deux systèmes juridiques. Reste que ce n'est pas dans les mêmes termes que dans le droit français. L'étendue de ces exceptions est plus étendue en droit français qu'en droits marocain et OHADA.

613. La transposition des exceptions susvisées dans le corpus juridique des deux régimes africains, objet de notre recherche, est une question digne d'être discutée. Dans quelle mesure, les raisons qui motivent le particularisme de la créance d'impôt en Europe sont compréhensibles dans le contexte africain ? Le principe de l'égalité des créanciers en Afrique peut-il s'influencer directement de pratiques étrangères ? La rupture de l'égalité ne risque-t-elle pas de placer le Trésor dans une situation exorbitante ? Les réponses seront données

---

[1378] C. com., France, art. L. 622-32.
[1379]Cf. *infra* n° 838 ; 842 et s.
[1380] Cf. *infra* n° 659.

au fur et à mesure des propositions de réforme qui seront présentées dans le paragraphe suivant.

§ 2. La présentation de la réforme

614. En privilégiant le Trésor, la rupture de l'égalité entre les créanciers peut s'exprimer à travers la mise en place des solutions spécifiques[1381]. Ladite expression peut se traduire au sujet du traitement efficace des créances fiscales **(A)** et de la nouvelle conception des contraintes normatives **(B)**.

A. Une protection commandée par le traitement efficace des impôts

615. Depuis l'AUPC de 1998, l'idée s'est ancrée de vouloir poser un régime spécial de la déclaration des créances fiscales. L'intention du législateur OHADA d'instaurer ce régime est louable. Mais, cette œuvre législative n'est pas bien ficelée. Il en est de même pour l'actuel droit marocain. Parce que ce régime coexiste souvent avec les procédures du contrôle et du redressement fiscal, la démarche est source de complexité, d'ambiguïté[1382], voire parfois de dérives[1383].

616. Pour dépasser cette situation, revoir l'encadrement de la procédure d'imposition **(1)** et affiner le régime des délais de la production des créances fiscales au passif des procédures collectives ordinaires et internationales **(2)** sont nécessaires.

1. Revoir l'encadrement de la procédure d'imposition

617. L'encadrement de la procédure d'imposition implique d'asseoir un équilibre entre les prérogatives du Trésor et les garanties du contribuable. Pour cela, la nécessité du retour à

[1381]Patrick SERLOOTEN, Gilles DEDEURWAERDER, *Entreprises en difficulté (Droit fiscal), op. cit.*, n° 67.

[1382] Les délais de la déclaration définitive des créances fiscales ne sont pas préalablement fixés ; ils sont laissés au pouvoir discrétionnaire du juge.

[1383] La procédure du contrôle fiscal appliquée au Maroc est accélérée. Elle est indifférente aux droits des contribuables.

la procédure d'imposition normale (**a**) est recommandée. L'encadrement en question exige aussi d'éclaircir la question relative au destinataire des actes de la procédure d'imposition. Pour cela, la nécessité de s'adresser au syndic est tout aussi recommandée (**b**).

a. La nécessité du retour à la procédure normale

618. L'ouverture de la liquidation judiciaire peut-elle empêcher l'application des procédures du contrôle et du redressement fiscal ? « *Tout ce qui n'est pas formellement interdit est autorisé* ». C'est au respect de cet adage juridique que le contrôle fiscal peut être opérationnel après le prononcé de la procédure collective. Autrement dit, l'ouverture du redressement ou de liquidation judiciaire ne protège pas le contribuable contre l'éventualité d'un contrôle fiscal[1384]. À l'analyse, le contrôle fiscal de l'entreprise débitrice ne peut pas être qualifié de poursuite individuelle que l'on doit suspendre ou arrêter. Après avoir déclaré momentanément sa créance, le Percepteur est en droit de s'assurer de la sincérité des déclarations fiscales[1385] déposées par le contribuable[1386].

619. Une procédure bicéphale. En Afrique, la procédure du contrôle fiscal affiche un visage à deux faces. Si à cette question, la plupart des droits fiscaux internes en Afrique entretiennent un mutisme et que plus rien n'empêche l'application de la procédure ordinaire du contrôle fiscal[1387], une procédure accélérée du contrôle est consacrée par l'article 221 du CGI au Maroc. En somme, pour les deux Etats que sont le Sénégal et le Maroc, on distingue deux procédures différentes.

[1384]Frédéric NAÏM, « Contrôle fiscal lors d'un redressement ou d'une liquidation judiciaire », *village-justice.com*, 15 mai 2012.

[1385] Bernard LAGARDE, « Le Trésor public : un créancier comme les autres », *Gaz. Pal.* 10 sept. 2005, n° 253, p. 28.

[1386] Ketty LEROUX, « Déposer le bilan en cas de contrôle fiscal », [en ligne] : http://www.depotdebilanparis.com).

[1387] V. El Hadji Cheikh Gueye BA, *L'imposition du bénéfice en France et au Sénégal*, Thèse, Lyon 3, 2017, p. 268 et s.

620. Qu'elle soit normale ou accélérée, la procédure du contrôle fiscal a pour objectif de permettre au Trésor de s'assurer de l'exactitude des déclarations fiscales[1388]. Remarquons que sont concernées autant les créances d'impôts antérieures que celles postérieures[1389]. Dans cette perspective, le débiteur-contribuable y est soumis tant que la liquidation n'est pas clôturée pour quelque cause que ce soit.

621. Un regard critique. Au Maroc, la procédure du contrôle accéléré suscite une virulente critique quant à son régime. La lecture conjointe des articles 221 du CGI et 12, III du LPF fait ressortir que l'Inspecteur des impôts est fondé, sur la base d'une procédure accélérée, à rectifier en matière d'impôts assis sur le bénéfice et de TVA, *« le résultat fiscal de la dernière période d'activité* [...] *en cas de* [...] *redressement ou de liquidation judiciaire* [...] »[1390]. En profondeur, la logique qui guide le législateur fiscal marocain est la suivante : une procédure normale de rectification des impositions serait de nature à ne pas « protéger » les créances de l'État sur l'entreprise placée en procédure collective. Pour cela, l'on a instauré une procédure spéciale qui est la cible des critiques. En effet, la procédure accélérée de rectification des impositions a lieu en notifiant deux lettres au redevable. Ce n'est pas là que le bât blesse puisqu'elle présente un point commun avec la procédure normale[1391]. Mais, elle s'en différencie par le fait que le législateur fiscal marocain n'a pas accordé suffisamment de garanties au contribuable : *« l'avis de recouvrement est émis avant la fin de la procédure contradictoire »*[1392]. En ce cas, *« l'inspecteur établit les impositions sur les bases adressées au contribuable dans la deuxième lettre de notification »*[1393] et ce, sans attendre les réponses qui seront éventuellement émises par la commission

---

[1388]Gilles DEDEURWAERDER, « Les entreprises en difficulté face au droit fiscal », art. préc., n° 12.

[1389]*Ibid.*

[1390]Une condition est à respecter : le Fisc doit respecter le délai de reprise sous peine de prescription.

[1391] Fouad EL OTMANI, *Les procédures du contrôle fiscal en droit marocain, rappel et essai d'analyse*, Master, Casablanca, 2015. p. 75.

[1392]Souleymane BOUMZOURG, *Le contrôle fiscal de l'entreprise au Maroc*, 1ere Éd., Dar Es-Salaam. 2016, p. 109.

[1393] CGI, Maroc, art. 221 ; note circulaire n° 717, T. 3, Direction générale des impôts, Maroc, 2011, p. 210.

locale et la commission nationale de recours fiscal en cas de leur saisine par le débiteur[1394]. Et si jamais elles sont rendues, le Trésor n'y prête aucune attention. C'est à ce niveau que la procédure accélérée s'avère critiquable. Dans ce contexte, une frange de la doctrine s'interroge sur la portée des décisions des commissions de recours fiscal[1395]. Est-ce la situation exceptionnelle du contribuable traduite par l'application de la liquidation judiciaire qui justifie le comportement du Trésor ? Quoi qu'il en soit, une chose est sûre : « *Les règles procédurales s'avèrent particulièrement contraignantes pour le contribuable* »[1396]. C'est vrai que cette situation est dans l'intérêt du Trésor. Mais, il ne faut pas oublier que ce déséquilibre n'est pas de nature à toujours servir l'entreprise en difficulté. Et à la manière de l'adage : « trop d'impôt tue l'impôt », on pourrait dire ici : trop de prérogative tue *la* prérogative. En ce sens, l'abus peut se retourner contre l'entité économique. Ce n'est pas ce que cherche le tribunal à ce stade. Ainsi, il pourrait arriver qu'on soit devant un débiteur placé en redressement judiciaire et que les chances de son redressement puissent être remises en cause du fait de cette procédure accélérée. C'est que le redressement judiciaire est souvent battu en brèche par la survenance de petits détails. Qualifiée de dérive, la procédure accélérée peut être un de ces détails[1397]. En plus, la procédure, telle qu'elle est décrite par l'article 222 du CGI, ne peut être que source de contentieux. En ce sens, le débiteur estimera ne pas avoir eu le temps et la possibilité de faire entendre sa voix face aux fautes commises lors de la procédure d'imposition accélérée. Un contentieux donne lieu parfois à une ou plusieurs procédures qui s'étalent sur le temps. Personne ne soutient cela à ce stade de la procédure. Pour ces raisons, il est suggéré de supprimer cette dérive qu'est la procédure accélérée du contrôle fiscal ; il faut toujours miser sur la « conciliation des prérogatives de

---

1394 Omar ESSAKTANI, La situation des créances d'impôts après …, art. préc., p. 123.

1395 Souleymane BOUMZOURG, *Le contrôle fiscal de l'entreprise au Maroc*, *op. cit.*, p. 111.

1396 Khalil HALOUI, *Les garanties du contribuable dans le cadre du contrôle fiscal en droit marocain*, Thèse, Grenoble, 2011, p. 222.

1397 Hassan EL ARIF, « Contrôle fiscal : Le débat contradictoire formalisé », *L'économiste*, Ed. n° 5642, 27 nov. 2019.

l'administration et des garanties des contribuables »[1398]. C'est autant bénéfique pour le Trésor que pour le débiteur placé en procédure collective. Dès lors, les procédures normales du contrôle et du redressement fiscal doivent être maintenues dans le contexte des procédures collectives. Mais, en les autorisant, des délais précis doivent être instaurés pour l'établissement définitif des créances d'impôts[1399].

622. Cette dérive mise à part, une certaine *ambiguïté* viendrait de la question relative au(x) destinataire(s) des actes de la procédure d'imposition. A qui faut-il s'adresser ? Est-il nécessaire de s'adresser au syndic ? Dans le même souci de redéfinir la protection du Trésor, il faut éclaircir cette question technique.

b. La nécessité de s'adresser au syndic

623. Déterminer le destinataire des actes de la procédure d'imposition. Qui est en bonne position pour recevoir les actes de la procédure en matière de contrôle ou de redressement fiscal ? En principe, les actes de la procédure fiscale sont adressés au contribuable. Mais, en cas de la survenance de la liquidation judiciaire, c'est le liquidateur qui doit en être le destinataire. Il est devenu le nouveau représentant légal de l'entreprise. Il en est ainsi de la mise en demeure de souscrire une déclaration ; de l'avis de vérification de comptabilité[1400], de la proposition de rectification des bases d'imposition, ou encore de la notification du redressement[1401]. Ce formalisme est d'une grande importance et dont le non-respect aboutit à une procédure d'imposition « *entaché*[e] *d'irrégularité et doit être sanctionnée par la* ***décharge*** *des sommes réclamées par*

[1398] Khalil HALOUI, Thèse préc., p. 1. Pour une étude détaillée, V. Jean Claude DRIE, *Procédures de contrôle fiscal : la voie de l'équilibre*, Thèse, Paris 13, 2004.

[1399] Cf. *infra* n° 628 et s.

[1400] CE, France, 6 oct. 2000 : *Dr. fisc.* 2000, n° 49, comm. 975, concl. G. Bachelier ; *RJF* 2000, n° 1497. CAA, Lyon, 2e ch., 4 févr. 1993, n° 92-187 : RJF 1993, n° 870 ; CAA, Nantes, 2 févr. 1999, n° 96-30 : RJF 1999, n° 624.

[1401] CE, France, 3e et 8e ss-sect., 7 août 2008, n° 289929, Trombone : BF 11/2008, inf. 1043. – CE, France, sect., 14 mars 2008, n° 290591, Me Moyrand : RJF 2008, n° 702, concl. N. Escaut ; BDCF 6/2008, n° 78.

l'Administration fiscale »[1402], estime le Conseil d'Etat français. Cette logique est-elle transposable au droits marocain et OHADA ?

624. Confirmation de la solution. Dans le contexte africain, aucun texte de loi ne régit explicitement cette question. Aucune jurisprudence et aucun avis doctrinal ne sont venus clarifier la question en droit marocain. Ceci dit, une lecture *a contrario* des articles 65 du nouvel AUPC et 673 du Code de commerce marocain permet d'affirmer cette transposition. Ainsi, sur l'impact du dessaisissement sur la responsabilité fiscale du syndic, l'article 65 du nouvel AUPC dispose que :

> « En cas de liquidation des biens, le syndic doit immédiatement requérir le débiteur de lui fournir tous les éléments d'information ne résultant pas des livres de commerce, nécessaires à la détermination de tous impôts [...] dus. Le syndic transmet aux administrations fiscales, douanières et de sécurité sociale les éléments d'information fournis par le débiteur et ceux qu'il a à sa disposition ».

Il est clair que cette règle incite le syndic à demander de l'information nécessaire à l'établissement des dettes fiscales. Mais, une autre idée transparaît de la règle précédente : le syndic devient le nouvel interlocuteur de l'Administration fiscale. De même, la lecture de la disposition contenue dans l'alinéa 4 de l'article 673 du nouveau Code de commerce marocain fait comprendre que le syndic est tenu au respect des obligations fiscales incombant au chef de l'entreprise[1403]. De ces deux règles, il ressort que le syndic paraît être le mieux placé pour recevoir les actes des procédures du contrôle et du redressement fiscal. Ceci dit, cette solution peut-elle résister aux complications du terrain ? Admettons que l'Administration fiscale entame la procédure du redressement fiscal avec le débiteur-contribuable et que la liquidation judiciaire soit intervenue dans le délai de 30 jours imparti à ce dernier pour répondre, toute la question est de savoir si le Trésor doit réitérer la procédure avec le liquidateur. Un

---

[1402] Hélène PATTE, « L'incidence du contrôle fiscal sur la procédure collective », [En ligne] : www.avocats-picovschi.com, consulté le 17 sep. 2017.

[1403] C. com. L.n° 73-17, Maroc, al. 4, art. 673. Joseph BRANDEAU, « La procédure d'imposition dans les procédures collectives d'apurement du passif », LPA, 06 mars 2001, n° 46. p. 4.

arrêt[1404] du Conseil d'Etat français lève l'ambiguïté autour de cette question. La motivation du conseil d'Etat semble trouver une assise dans l'article L. 622-6 du Code de commerce français[1405] : le débiteur-contribuable doit informer le liquidateur des instances en cours auxquelles il est partie. « *Ce qu'a été fait n'est plus à refaire* »[1406] : le créancier fiscal n'a pas à recommencer la procédure avec le liquidateur en envoyant de nouveau les actes régulièrement et préalablement adressés au débiteur-contribuable. Le délai de trente jours, prévu par le livre des procédures fiscales français, « *continue de courir à l'égard du liquidateur qui se trouve substitué au contribuable* »[1407]. Parce qu'elle contribue au traitement rapide des créances d'impôts, nous nous rangeons aussi à la dernière solution dégagée par le Conseil d'Etat français. Les juges en Afrique pourraient s'en inspirer.

625. L'encadrement de la procédure d'imposition permet de dépasser la dérive survenue à ce niveau. Il permet aussi de lever l'ambiguïté et les complications constatées là-dessus. Ce dépassement est non seulement une fin en soi, mais il permet aussi d'être cohérent avec les délais de la production des créances d'impôts admises à titre provisionnel. Ces délais doivent aussi être encadrés par des règles claires.

2. Affiner la déclaration des impôts par provision et dans les procédures internationales

626. Compte tenu de l'état actuel du droit marocain et du droit OHADA, affiner la déclaration des impôts implique d'encadrer davantage les délais (**a**) et d'établir une solution assise sur la coopération internationale (**b**).

[1404]CE, France, 20 déc. 2017, n° 403267 : Juris Data n° 2017-025994, *Lettre d'actualité des Procédures collectives civiles et commerciales,* n° 2, janvier 2018, alerte 27.

[1405] C. com. France, al. art. L.622 - 6.

[1406]Gilles DEDEURWAERDER, « Dessaisissement du débiteur en liquidation judiciaire et redressement fiscal : ce qui a été fait n'est plus à refaire », *Bull. Joly. Entr. Diff.*, n° 03, p. 220.

[1407]Gilles DEDEURWAERDER, Dessaisissement du débiteur en liquidation judiciaire et redressement fiscal…art. préc.,

a. Encadrer les délais de la déclaration des impôts par provision

627. Considérant qu'une grande partie des créances fiscales sont perdues au stade de la déclaration des créances[1408], constatant que le vide juridique constaté en la matière en est une cause parmi tant d'autres[1409], repenser la protection du Trésor implique d'instaurer trois délais clairs à cet effet[1410].

628. Quel délai pour les créances d'impôts non munies d'un titre exécutoire ? Pour éviter la forclusion, quel délai, le Trésor doit-il respecter pour présenter la déclaration rectificative ? Sous l'empire du Code de commerce de 1996, la Cour de cassation marocaine[1411] a tranché la réponse de la façon la plus claire qui soit en 2004. Elle affirme : « *La déclaration de la créance principale et celle des créances postérieures* [rectificatives] *doivent être présentées dans le délai prévu par la loi* ». C'est-à-dire que le dévoilement rectificatif fait après l'expiration du délai de 60 jours n'est pas recevable[1412]. C'est ce qui faisait de l'ancien régime marocain en la matière un régime inapte à protéger les droits de l'Administration fiscale au stade de la déclaration des créances. Cette solution n'a pas désormais de fondement en raison de l'institution de la déclaration provisionnelle des créances fiscales par la loi n° 73-17. Mais, à moins d'une jurisprudence non définitive[1413], cette loi n'instaure pas un délai raisonnable pour la déclaration définitive des créances d'impôts non munies d'un titre exécutoire[1414]. Elle ne fixe pas un délai butoir au-delà duquel la déclaration complémentaire n'est plus acceptable. L'Acte uniforme portant organisation des procédures collectives d'apurement du passif révisé ne dit pas non plus un mot sur cette question. Dans le cadre de cette étude prospective, le législateur OHADA gagnerait à combler ce vide juridique en s'inspirant de son homologue français qui a institué ce délai. À s'en tenir à l'alinéa 4 de l'article L.624-

[1408] Hayat HAJJI, *La déclaration des créances fiscales et ...*, *op. cit.*, p. 36.
[1409] Cf. *supra* n° 113.
[1410] Cf., André JACQUEMONT, *Droit des entreprises en difficulté*, *op. cit.*, n° 601, p. 353.
[1411] Cass. com., Maroc, n° 10, 07 jan. 2004, doss. com., n° 735 / 3 / 2 / 2003.
[1412] CA. Marrakech, n° 178, 24 fév. 2004.
[1413] Trib. com., Marrakech., ord. n° 266 / 2012, 03 avr. 2012 (préc.,).
[1414] C. com., L. n° 73-17, Maroc, al. 2, art. 729.

1 du Code de commerce français, l'établissement définitif des créances fiscales doit se produire dans le délai fixé par le juge[1415] pour la vérification des créances[1416]. Ce délai est variablement déterminé par la juridiction commerciale[1417] au mandataire judiciaire pour établir la liste des créances dévoilées, laquelle sera transmise au juge-commissaire pour sa vérification.

629. Si ce délai doit être respecté par le Trésor, il paraît parfois « *trop court* »[1418]. Il en est ainsi si ce créancier public justifie qu'une procédure de redressement fiscal est mise en application.

630. Les créances d'impôts se prévalant d'un allongement significatif du délai. L'Administration fiscale doit avoir droit à un délai beaucoup long dans l'hypothèse de la procédure du redressement fiscal. Dans ce cas, le créancier fiscal peut demander de ne pas être concerné par le délai institué par l'alinéa 1 de l'article L.624-1 susvisé. La longueur de la procédure du redressement fiscal l'oblige. Quel délai faut-il donc appliquer si une procédure administrative d'établissement d'impôt est mise en œuvre empêchant ainsi le Trésor de dévoiler sa créance de manière définitive ? Là encore, le droit français a eu le mérite d'encadrer cette question. Ici, on est devant deux solutions selon qu'il s'agit de l'ordonnance du 12 mars 2014 ou de la loi Pacte. Pour la première hypothèse, à s'en tenir à l'ancien alinéa 4 de l'article L.622-24 du Code de commerce français[1419], « l'établissement *définitif des créances* [...] *doit être effectué* », au cas où une procédure du redressement fiscal aurait été mise en œuvre, « *avant le dépôt au Greffe du compte rendu de fin*

[1415] Cass. com., France, n° 08-10.002, 12 mai. 2009, *Dr. Fisc.* 2009, n° 25, comm. 381, *Rev. pro. coll.* 2/2010, p.78, n° 89, obs Ph. NEAU-LEDUC et M. HUBERT.

[1416] C. com. France, al. 1, art. L624-1.

[1417] Bernard LAGARDE, *Entreprises en difficultés, Traité économique et fiscal*, *op. cit.*§. 104.5. a,p. 314.

[1418]Nicolas PELLETIER, « Importantes précisions sur la définition des procédures administratives d'établissement de l'impôt », note sous cass. com., France, 25 oct. 2017, n° 16-18938, in *LDED*, n° 11, p. 5.

[1419]Cass. com., France, 25 oct. 2017, n° 16-18.938, F-P+B.

de mission par le mandataire judiciaire »[1420]. Pour ce qui est de la loi Pacte, la logique est différente. Dans ce cas, le délai est précisément fixé. La solution est logée dans l'article 63 de cette loi : *« si la détermination de l'assiette et du calcul de l'impôt est en cours, l'établissement définitif des créances admises à titre provisionnel doit être effectué par l'émission du titre exécutoire dans un délai de douze mois à compter de la publication du jugement d'ouverture »*[1421]. Ici, le texte de loi n'évoque pas expressément de la procédure du redressement fiscal. Reste que le choix d'accorder un délai d'un an au Fisc y renvoie. Pour comprendre ce choix, l'arrêt de la Cour de cassation française rendu le 25 octobre 2017 nous est d'un grand secours. L'exposé des deux solutions françaises étant fait, la question est de savoir laquelle des deux règles est la plus adaptée au contexte africain. Nous pensons que c'est l'esprit de la seconde démarche qui est plus appropriée aux droits OHADA et marocain. Cette seconde solution n'est en effet pas compliquée à mettre en œuvre. Là, il y a une obligation qui doit être remplie dans un délai précis. Au cours duquel, le Trésor doit entreprendre les opérations nécessaires à cet effet. En plus, cette solution est de nature à « *accélérer le traitement du passif* »[1422] fiscal et non fiscal. Et quelle que soit la procédure collective ouverte, cette accélération reste cohérente avec l'objectif lié au rebond du débiteur[1423].

631. Quel délai en cas de la contestation d'une créance d'impôt par le débiteur ? Les créances fiscales contestées par le débiteur doivent être aussi admises par provision. Si l'Administration fiscale est fondée à appliquer le contrôle fiscal pour établir la véracité des déclarations, le contribuable peut, lui, contester la créance d'impôt établie après le redressement fiscal. En pratique, il formule une

---

1420 Bernard LAGARDE, *Entreprises en difficultés, Traité économique et fiscal*, *op. cit.*§. 104.3. a,p. 310-311.

1421 L. Pacte, France, art. 63.

1422 Régis VABRES, Julia RUTH, « La déclaration au passif des créances publiques », *rev. proc. coll.* n° 4, juil. 2019, doss. 31, n° 22.

1423 Adil BOUTDA, « Redressements judiciaires : les troublantes statistiques d'Agadir et de Marrakech », jeudi 1 fév. 2018, [En ligne], https://www.medias24.com, consulté le 03 août 2018.

réclamation[1424] contre une créance définitivement déclarée[1425]. En effet, c'est le titre exécutoire qui est ici l'objet de la contestation. Là encore, l'Acte uniforme portant procédures collectives d'apurement du passif n'apporte pas une solution claire ; il se contente de livrer une réponse au contenu général : « la créance est admise par provision ». Après, il renvoie le lecteur aux droits nationaux des États formant l'espace OHADA[1426]. Or, les Codes généraux des impôts du Cameroun, du Bénin et du Sénégal sont silencieux sur cette question. Nous touchons à la question attendue : quel délai faut-il appliquer ici ? Depuis longtemps, le droit français a apporté à cette question, à travers la loi du 25 janvier de 1985, une solution. Elle prévoit que l'admission définitive de la créance d'impôt admise par provision[1427] doit intervenir une fois rendue la décision de la juridiction compétente, en l'occurrence le Tribunal administratif. C'est vrai que la solution est mue par le souci d'apporter une garantie pour le débiteur. Mais, prévaudrait aussi l'idée que cette solution favorise le Percepteur. En ce sens, il peut se prévaloir d'un délai supplémentaire pour dévoiler les créances d'impôts à titre définitif sans redouter de la forclusion. L'existence d'une procédure judiciaire a pour avantage de suspendre le délai qui court à compter de la publication de la décision d'ouverture[1428]. Sans surprise, le législateur marocain de 2018 a suivi la voie tracée par le législateur français en prévoyant que : « *Lorsque la créance fait l'objet d'une contestation devant* ***une autorité*** *administrative ou* ***judiciaire****, le juge-commissaire reporte sa décision jusqu'à ce que la*

[1424] CGI, Cameroun, 2017, art. L.115 ; CGI, Maroc, 2017, al. 1, art. 235; CGI, Bénin, 2017, art. 1108; CGI, Sénégal, 2012, al. 1, art. 692. Pour une étude détaillée, V. Éric DESMORIEUX, Jocelyne VALLANSAN, « La contestation des créances publiques déclarées », *rev. proc. coll.* n° 4, juil. 2019, doss. 32.

[1425] Régis VABRES, Julia RUTH, « La déclaration au passif des créances publiques », art. préc.,

[1426] AUPC révisé, al. 3, art. 81 (art. préc.,).

[1427]Céline BAS, *Le fait générateur de l'impôt*, coll. « Finances Publiques ». Éd., L'Harmattan, 2007, n° 375, p. 216.

[1428] Cass. com, France, 10 mars 2004, n° 489, FS-D : RJF 08 - 9 / 04, n° 943. Voy. Gérard LEGRAND, « L'Administration fiscale et la loi de sauvegarde des entreprises », *Les Nouvelles Fiscales*, n° 964, 15 sep. 2006.

contestation soit tranchée »[1429]. En revanche, les deux actes uniformes des procédures collectives de 1998 et de 2015 ne contiennent aucune trace de cette règle. L'AUPC révisé est certainement une occasion manquée. Mais, il ne faut pas trop la regretter, car l'omission peut se corriger sans attendre la future réforme de l'AUPC. Ainsi, considérant que le législateur OHADA renvoie aux textes nationaux en ce qui concerne la contestation des créances fiscales, les législateurs nationaux des Etats parties à l'OHADA pourraient plus facilement se rallier à cette solution dans le cadre des lois de finances.

632. Voilà les trois délais qui doivent être introduits dans le Code de commerce marocain et dans l'AUPC révisé. On le voit, ces délais sont sur mesure ; ils sont progressifs. C'est tout à fait logique dans la mesure où il faut tenir compte de toutes les hypothèses de l'établissement de l'impôt. Il faut aussi tenir compte du degré de la difficulté rencontrée par l'Administration fiscale pour fixer de façon définitive le montant de la créance d'impôt.

633. Déclarer les créances fiscales dans une procédure collective internationale peut déroger au principe de l'égalité des créanciers. Preuve en est que la solution est assise sur la coopération internationale entre les Etats.

b. Une solution assise sur la coopération internationale

634. Une solution d'ordre conventionnel en droit marocain. En cas de l'ouverture d'une procédure collective internationale, le Trésor, a-t-il la possibilité de recouvrer ses créances ? A l'instar du droit marocain[1430], le droit uniforme africain encadre, à travers l'article 253 du nouvel AUPCAP,

---

[1429] C. com., L. n° 73-17, Maroc, al. 2, art. 729. Guy AMLON, « La vérification des créances fiscales dans les procédures collectives », *LPA*, 25 jan. 2001, n° 18, p. 6.

[1430] Noureddine ERRAHALI, « Les procédures transfrontalières des difficultés de l'entreprise : quel régime juridique pour quels objectifs économiques », [En langue arabe], *in rev. Métiers juridiques et judiciaires,* doss. spéc., (préc.,) « Les procédures des difficultés de l'entreprise : les innovations ... », p. 445.

la production des créances après l'ouverture d'une procédure collective internationale[1431]. Le droit de produire ses créances est affirmé pour tous les créanciers. Mais, est-ce que cette règle peut aussi recevoir application en faveur de l'Administration fiscale ? La situation est délicate en ce sens que la créance d'impôt présente, à la différence des créances privées, un caractère politique. Caractère qui fait que le tribunal de l'État qui a ouvert la procédure collective internationale n'est pas compétent pour traiter la créance d'impôt d'un autre État. N'ayant pas été déclarée par un créancier fiscal local, le tribunal qui a ouvert la procédure collective internationale n'est même pas compétent pour se prononcer sur le sort de cette créance[1432]. Aussi n'est-ce pas un effet discriminatoire[1433] à l'égard du Trésor. Sur ce point, une solution peut être retenue par le droit marocain : les conventions internationales bilatérales prévoyant l'assistance mutuelle peuvent être d'une grande importance pour préserver les droits du Trésor[1434]. On peut penser à la convention franco-marocaine[1435] tendant à établir des règles d'assistance mutuelle en matière fiscale. Aujourd'hui, si la méthode est déjà appliquée par l'Etat marocain, elle ne concerne que quelques Etats. Ensuite, l'hypothèse du recouvrement des créances d'impôts en cas de la faillite des entreprises n'est pas clairement affichée[1436] dans cette convention. Dès lors, il serait souhaitable de faire un amendement pour dépasser cette difficulté.

635. Est-il possible de faire la même remarque pour ce qui est des Etats formant l'espace OHADA ?

[1431] François MELIN, « L'OHADA et le droit de la faillite internationale », *D.* 2005, p. 1568 et s.

[1432] Cass. civ. I, France, 2 mai 1990, R.C.D.I.P. 1991, p. 378, note Audit et cass. civ. I, France, 29 mai 1990, id. note Bischoff.

[1433] Jean-Luc VALLENS, « La faillite internationale : vers une loi-modèle ?», *LPA*, 14 juin 1996, n° 72, p. 21.

[1434] A.E.F, « Samir, extension de la liquidation aux dirigeants : vers un dénouement en appel », *medias24.com,* 01 oct. 2019.

[1435] Convention signée à Paris le 29 mai 1970 et modifiée par l'Avenant signé à Rabat le 18 août 1989. Cet avenant est approuvé par la loi n° 90-353 du 20 avril 1990 (JO du 22 avril 1990), entré en vigueur le 1er décembre 1990 et publié par le décret n° 90-1135 du 18 décembre 1990 (JO du 22 décembre 1990) (Rectificatif au JO du 28 janvier 1991).

[1436] Convention franco-marocaine d'assistance mutuelle, *préc.,* art. 24.

636. Une disposition juridique spéciale en droit OHADA. Le droit uniforme africain est plus en avance que le droit marocain sur cette question. L'AUPC révisé a consacré toute une section à cet effet : « *Accès des représentants étrangers et des créanciers étrangers aux juridictions compétentes des États parties* ». Ainsi, deux solutions sont clairement citées pour lutter contre la discrimination susvisée. D'abord, il faut noter que le nouvel AUPC a essayé d'apporter, à travers l'article 251, une solution à cette discrimination par le procédé de l'ouverture de la procédure collective secondaire « *dans le territoire d'un Etat-partie où le débiteur n'a pas son principal établissement ou la personne morale son siège* »[1437]. Reste que les effets de la seconde procédure sont limités seulement aux biens (du redevable) fixés sur le territoire de l'État partie dans lequel la procédure secondaire est ouverte. A titre d'exemple : une procédure collective principale (internationale) est ouverte à Abidjan. Rien n'empêche qu'une procédure secondaire soit ouverte à Dakar. A cette occasion, le créancier fiscal sénégalais peut produire ses créances d'impôts. La liquidation de la compagnie multinationale *Air Afrique* qui a défrayé la chronique en est une illustration[1438]. Plus claire est l'autre solution logée dans l'alinéa 1 de l'article 256-12 de l'AUPC révisé :

> « Sous réserve des dispositions de l'alinéa 2 du présent article, les créanciers domiciliés dans un État étranger, en ce qui concerne l'ouverture d'une procédure collective et leur participation à cette procédure en application du présent Acte uniforme, ont les mêmes droits que les créanciers résidant dans tout État partie.
>
> L'alinéa 1er du présent article ne porte pas atteinte au rang de priorité des créances visées aux articles 166 et 167 ci-dessus dans une procédure collective ouverte en application du présent Acte uniforme, **ni à l'exclusion d'une telle procédure des créances fiscales et sociales étrangères** ».

Etant générale, la formulation de l'alinéa 1er de l'article précédent permet d'inclure le Trésor dans le cercle des créanciers participant à la faillite étrangère. Et pour lever toute ambiguïté pouvant exclure le Trésor, le second alinéa du

[1437] Ancien AUPC, art. 251.

[1438] Cf. Trib. rég. hors classe, Dakar, jug. com. n° 95, 11 juin 2004, OHADATA-J-09-330.

même article renchérit en ajoutant que l'ouverture de la procédure collective étrangère n'entraîne pas l'exclusion des créances d'impôts étrangères et celles revenant aux organismes sociaux étrangers. Il faut donc miser sur l'application de ces deux solutions pour préserver les droits du Trésor.

637. La rupture de l'égalité en faveur du Trésor peut aussi s'exprimer à travers une nouvelle conception des contraintes normatives. Cette conception est susceptible de donner lieu à une rupture d'égalité.

B. Les contraintes normatives : la rupture d'égalité ?

638. Le droit des procédures collectives est un droit d'équilibre par excellence. Il cherche à concilier les différents intérêts en présence. Dès lors, toute aspiration à améliorer la condition du Trésor sans tenir compte de l'intérêt de l'entreprise serait utopique. La rupture de l'égalité doit profiter aussi bien aux créanciers (dont le Trésor) qu'à l'entreprise. Cette logique vaut pour les contraintes normatives précédemment analysées. Les enseignements tirés du droit comparé, les incohérences constatées entre les règles juridiques en Afrique, et les leçons tirées des pratiques judiciaires enseignent qu'il faut adapter ces contraintes au statut particulier du créancier fiscal.

639. Pour ces raisons, il convient de repenser la règle de l'arrêt du cours des intérêts (**1**). Il faut aussi asseoir une solution prudente pour ce qui est de la compensation fiscale (**3**). La prudence s'impose aussi en matière de l'inscription du privilège fiscal. En ce sens, il convient d'asseoir des règles spéciales de façon à ce que l'inscription du privilège fiscal soit au service autant du Trésor que de l'entité économique. Dès lors, il faut se diriger vers une nouvelle approche concernant l'inscription du privilège fiscal (**2**).

1. Repenser la règle de l'arrêt du cours des intérêts

640. Nous avons pu présenter dans les lignes qui précèdent que le Trésor est soumis à la règle de l'arrêt du cours des intérêts après le prononcé du jugement d'ouverture. Il lui est formellement « *interdit d'appliquer des majorations pour retard de paiement des impôts* »[1439]. Si cette règle doit être affirmée dans son principe, elle soulève trois séries d'ambiguïtés, qui du point de vue de la démonstration défendue ici, doivent être dépassées.

641. La reprise exceptionnelle du cours des intérêts. En droit marocain, l'application de la règle de l'arrêt du cours des intérêts est limitée dans le temps. Elle commence dès le prononcé du jugement d'ouverture de la procédure de redressement judiciaire ou celui de sauvegarde et prend fin à la date du jugement arrêtant le plan de continuation ou celle de sauvegarde. Appliquée aux créances d'impôts, la règle implique qu'après l'adoption desdits plans, les intérêts de l'Administration fiscale « *reprennent leur cours* »[1440]. Au contraire, le droit OHADA ne dit pas un mot sur le délai dans lequel ladite règle reçoit application. À notre avis, compte tenu des objectifs que se sont fixés le législateur marocain et son homologue communautaire africain, cette différence de logique est ambiguë. En droit OHADA, l'AUPC révisé étant axé sur la priorité donnée aux droits des créanciers, il paraît peu anormal qu'il n'ait pas limité l'application de ladite règle dans le temps. Au Maroc, le redressement économique de l'entreprise étant l'objectif prioritaire qui devance celui de la protection des créanciers, le droit marocain a institué une limite dans le temps au-delà de laquelle il n'est pas possible de l'appliquer. Si le droit marocain paraît ici plus protecteur des créanciers, le droit OHADA est ambigu. Y a-t-il une raison de priver le Trésor de la reprise du cours des intérêts après l'adoption du concordat de redressement ? L'on ne sait pas s'il s'agit d'une négligence du législateur OHADA, mais une chose est certaine : il est suggéré au législateur communautaire africain de combler ce vide.

1439 Patrick SERLOOTEN, « Le recouvrement de la créance fiscale dans le droit des procédures collectives : bilan et perspectives », art. préc.,

1440 C. com, L. n° 73-17, Maroc, art. 693.

642. Encourager le financement de l'entreprise en cessation des paiements[1441]. Si le droit OHADA se montre ici moins protecteur des créanciers, il consacre néanmoins la protection d'une catégorie des créanciers, celle des établissements bancaires. En effet, une exception siège à l'article 77 du nouvel AUPC[1442] duquel il ressort qu'en dépit de l'ouverture du redressement judiciaire, les intérêts d'un prêt continuent de courir. Le cours des intérêts ne s'arrête pas pour un prêt bien qu'il soit qualifié de créance antérieure. Précisément, cette exception est établie en faveur de l'établissement du crédit qui a conclu, soit un contrat de prêt « *pour une durée égale ou supérieure à un an* »[1443], soit un contrat assorti « *d'un paiement différé d'un an ou plus* »[1444]. On peut se réjouir que le législateur communautaire africain ait le mérite d'instituer cette mesure. Ce choix est dicté par le fait que la dérogation en question est motivante. Elle aura certainement un effet bénéfique pour le financement des opérateurs économiques en difficulté[1445]. A ce niveau, l'effacement du principe de l'égalité des créanciers est ici commandé par un motif d'ordre économique, motif tiré de la volonté du législateur OHADA de préserver la création de la richesse. Par cette mesure, l'on protège aussi bien l'entreprise que le Fisc. En conséquence, en raison de son efficacité économique, il serait souhaitable que le législateur marocain puisse tirer de ce qui précède un enseignement de haute portée. La raison est bien connue : au Maroc, l'état actuel du soutien bancaire aux entreprises en difficulté est insatisfaisant. Un même constat peut être dressé pour ce qui est du rebond du débiteur.

643. Enfin, une imprécision nous amène à soulever une interrogation : le jugement ouvrant la procédure collective empêche-t-il le prononcé de sanctions en matière d'assiette comme la sanction pour défaut ou retard dans le dépôt de la déclaration du résultat fiscal ? Le CGI marocain et les textes

---

1441 Sur cette question, cf. *supra* n° 473.

1442 AUPC révisé, art. 77.

1443 *Ibid.*

1444 *Ibidem.*

1445 Marie-Pierre DUMONT, Cécile LISANTI, « Le principe d'égalité des créanciers : fondements et remise en cause », *BJE* nov. 2019, p. 43 : « *Cette* [...] *règle* [...] tend [...] *à ne pas dissuader les établissements bancaires de soutenir une entreprise en difficulté* ».

nationaux internes des Etats membres de l'OHADA sont muets sur cette question. Ceci dit, l'interprétation de la règle permet de donner une piste de solution. Il faut rappeler que la règle de l'arrêt du cours des intérêts signifie que le redevable est exonéré des seuls intérêts légaux et des seules majorations de retard occasionnés par le non-paiement des créances fiscales antérieures. Dès lors, ladite règle exclut automatiquement les pénalités et les amendes fiscales en matière d'assiette telles qu'elles sont prévues par les articles 184 et suivants du CGI marocain[1446].

644. Une autre illustration de la portée relative du principe de l'égalité des créanciers est donnée par l'inscription du privilège attaché aux créances fiscales.

2. L'inscription du privilège fiscal : vers une nouvelle approche

645. A la question de savoir si le sacrifice lié à l'arrêt du cours des inscriptions doit être nuancé de sorte que le Trésor est fondé à inscrire son privilège après l'ouverture d'une procédure collective, le droit français livre une réponse claire. L'alinéa 2 de l'article L.622-30 du Code de commerce français prévoit que : *« le Trésor public conserve son privilège pour les créances qu'il n'était pas tenu d'inscrire à la date du jugement d'ouverture et pour les créances mises en recouvrement après cette date si ces créances sont déclarées dans les conditions prévues à l'article L. 622-24 ».* Aussi protectrice qu'elle puisse paraître, la mise en œuvre de cette règle après l'ouverture d'une liquidation judiciaire est ineffective du point de vue économique. Si elle sert momentanément les intérêts du Trésor, elle est préjudiciable voire mortelle à long terme surtout à l'égard des créanciers chirographaires. Pour cette raison, le législateur marocain n'a pas intérêt à s'en inspirer. La protection des créanciers chirographaires qui sont d'ailleurs des contribuables est aussi importante que le recouvrement des dettes fiscales privilégiées en cas d'une liquidation judiciaire. En clair, la suppression du privilège fiscal est souhaitable. L'on

---

[1446] L'équivalent des articles 95 et suivants du Code général des impôts camerounais de 2017.

démontrera que cette suppression est bénéfique pour le Trésor[1447].

646. Réussir la détection précoce des difficultés en droit marocain. Au-delà de ce que l'inscription du privilège représente pour le Fisc en termes de recouvrement, la publicité des créances fiscales peut-elle jouer un rôle en faveur cette fois-ci du débiteur ? Pourrait-on protéger l'entité économique par l'effet de l'inscription du privilège du Trésor ? La question étonne assurément. Mais, en scrutant le droit comparé, la réponse semble être affirmative. Comme pour la publicité des dettes sociales, la publicité des créances d'impôts est vue en droit français comme étant un mécanisme de détection précoce des difficultés de l'entreprise. En ce sens, s'il y a un retard de la part du contribuable dans le paiement des impôts et que le privilège est inscrit par la suite, n'est-ce pas le signe que ce contribuable traverse des difficultés[1448]. L'idée est que le président du tribunal est informé au fur et à mesure de la situation de l'entreprise. Si jamais il y a une difficulté de quelque nature qu'elle soit, il est fait application des procédures amiables de traitement des difficultés de l'entreprise. En dépit de son atout économique, le droit marocain n'établit aucune publicité des créances fiscales impayées au greffe du tribunal de commerce. L'information du président du tribunal sur l'état de la situation financière de l'entreprise n'arrive qu'au moment de la demande d'ouverture de la procédure collective[1449]. Pour cette raison, il est recommandé d'instaurer la publicité des créances fiscales et sociales impayées. L'introduction dans le droit marocain d'une telle disposition est justifiée. Elle trouve aussi son fondement dans le fait que les procédures amiables sont très peu appliquées au Maroc. Il en est de même dans l'espace OHADA[1450]. Les dirigeants n'y prêtent aucune attention malgré la survenance des difficultés. L'objectif est qu'il faut favoriser le modèle anglo-saxon. Modèle qui

---

[1447] Cf. *infra* n° 800 et s.

[1448] Saida BACHLOUCH, *La prévention et le règlement amiable des difficultés des entreprises en droit comparé franco-marocain*, Thèse, Paris Est Créteil, 2012. p. 91.

[1449] C. com. L. n° 73-17, Maroc, al. 1 art. 578.

[1450] Céline NDOUNGO, Thèse préc.,

converge davantage vers les négociations pré-judiciaires. Celles-ci encouragent le traitement des difficultés avant que l'état de la cessation des paiements n'apparaisse, car il faut avouer que souvent, l'entreprise en difficulté franchit le pas de la justice dans un état vraiment délabré. Quelle que soit la compétence des acteurs de la procédure, la liquidation judiciaire impose ses règles à ces derniers.

647. En résumé, l'on ose écrire que la publicité des créances fiscales peut être vue comme une solution à double tranchant : elle contribue à la continuation de l'activité économique et partant, à la naissance future des créances fiscales. Le Trésor protège l'entreprise et se protège lui-même. Y a-t-il une raison qui peut contredire cette première conclusion ?

648. L'inscription du privilège fiscal permet de surmonter les obstacles générés par l'application littérale de la règle relative à l'arrêt du cours des inscriptions. Pour autant, la technique de la compensation des créances fiscales doit-elle être étrangère à cette logique ? Doit-elle échapper à l'application littérale du principe de l'interdiction de payer les dettes fiscales antérieures ? Ou au mieux faut-il une solution médiane et prudente à ce niveau ?

3. La compensation fiscale : la nécessité d'une solution prudente

649. La compensation des créances connexes a fait l'objet d'un développement doctrinal et juridictionnel considérable. Entre une interdiction manifeste **(α)** et une autorisation justifiée **(β)**, la compensation fiscale balance. Certes, la divergence de la jurisprudence est source d'imprécision et d'incertitude. Mais, l'examen de ce mouvement de balancier, ajouté à l'analyse des données du terrain, peut nous permettre de lever ladite incertitude et de dégager la solution la plus appropriée aux contextes OHADA et marocain.

α. Une interdiction manifeste

650. Que ce soit en France ou au Maroc, plusieurs arrêts définitifs ont été rendus au sujet de la compensation des créances. A la seule lecture de ces arrêts, un point commun transparaît : si les juges sont parfois favorables à la compensation des créances contractuelles connexes, la compensation fiscale s'avère toujours écartée.

651. La compensation fiscale appréhendée par la jurisprudence en France. La jurisprudence en France admet la compensation[1451] des créances contractuelles après l'ouverture de la procédure collective sous réserve de l'existence du lien de connexité[1452]. Qu'en est-il de la compensation fiscale ? La réponse à cette interrogation fera l'objet du développement suivant.

652. Raisonnement dégagé par les arrêts de la Cour de cassation française. En France, la compensation fiscale a été l'objet de plusieurs décisions judiciaires. À plusieurs reprises, la Haute juridiction française a eu l'occasion de se prononcer sur cette question. Les arrêts montrent que l'application de la technique de la compensation fiscale est très limitée. En 1993, la Cour de cassation française[1453] n'a pas admis « *la compensation entre une créance de TVA du débiteur et sa dette de taxe sur les céréales* »[1454]. Cinq ans plus tard, la même juridiction a maintenu sa position restrictive : « *la compensation entre la créance du Trésor et les garanties offertes pour l'obtention du sursis de paiement a pu être refusée en raison du défaut d'exigibilité de la créance du Trésor avant l'ouverture du redressement judiciaire* »[1455]. En 2009, l'effort jurisprudentiel précité est confirmé par la même

---

[1451] Raymond GUILLIEN, Jean VINCENT, « Lexique des termes juridiques » *op. cit.*, p. 122.

[1452] *Cass. com.*, France, 19 mars 1991, Bull. civ. IV, no 105, p. 73.

[1453] Cass. com., France, R., 26 oct. 1993 ; Receveur principal des impôts de Fontenay-le-Comte c. Dutour ès qual. et SARL Moulin Maret. (Pourvoi c. Poitiers, ch. civ., 2e sect., 22 janv. 1992).

[1454] Bernard HATOUX, « L'incidence des procédures collectives sur le recouvrement des impôts », art. préc., p. 87.

[1455] Cass. com., France, 27 octobre 1998, pourvoi no 96-12188, Dr. fisc. 1999, comm. 48. Cf. Patrick SERLOOTEN, « Le recouvrement de la créance fiscale dans le droit des procédures collectives : bilan et perspectives » art. préc., note en bas de page n° 10. Pour plus de détails, voyez : Jacques Buisson, *Le sursis au paiement de l'impôt,* LGDJ. Déc. 1996.

juridiction[1456] : les juges de cassation n'ont pas non plus admis la compensation entre l'excédent de l'IS et la créance de TVA que l'assujetti doit au Trésor. Dans ces trois exemples, la compensation ne peut pas jouer en raison de l'inexistence du fondement légal qui permette la compensation entre dettes au titre d'impôts différents. En d'autres termes, le fait que les créances d'impôts ne soient pas de la même nature et la diversité des faits générateurs[1457] empêchent l'aboutissement de la compensation fiscale.

653. Une autre zone d'incertitude. L'analyse de ces jurisprudences nous amène directement à nous interroger sur les chances de l'application de la compensation entre deux créances de même nature. La compensation entre un crédit de TVA et un rappel de TVA par exemple est-elle possible ? Existe-t-elle une relation de connexité entre les deux créances ? Ces deux questions ont été transmises à la Cour de cassation française.

654. L'arrêt *Digital Design*. En 1999, les magistrats de la Haute juridiction française ont traité une affaire relevant de la compensation de recouvrement[1458]. Il s'agit du fameux arrêt *Digital Design*[1459]. En l'espèce, l'Administration fiscale est créancière d'un rappel de TVA né avant l'ouverture du redressement judiciaire. En revanche, la société sous redressement judiciaire dispose d'un crédit de TVA relatif à des opérations postérieures au jugement d'ouverture. Cherchant à alimenter la trésorerie de l'entreprise, le commissaire de l'exécution du plan n'a pas hésité à en demander le remboursement. A cette demande, le Fisc sort la carte de l'avis de compensation, avis contesté par le commissaire de l'exécution du plan. Parce que c'est une question de l'appréciation de l'existence ou non de connexité, deux réponses ont pu être citées. A la suite de l'examen de l'affaire, le juge de l'exécution n'admet pas la compensation

---

1456 Cass. com., France, 29 sep. 2009, n° 8-13724. V. Michel DI MARTINO, « TVA sur encaissements et procédures collectives », *RF compt.* mai 2015, n° 487, p. 7.

1457 Bernard HATOUX, art. préc., p. 87.

1458 Joseph BRANDEAU, « Le problème de la compensation de la TVA dans les procédures collectives », note sous cass. com, France, 19 janv. 1999, n° 95-22136.

1459 Cass. com., France, 19 janv. 1999, n° 95-22136.

au motif que le rappel de TVA et le crédit de TVA en question ne sont pas connexes. Au contraire, la cour d'appel de Paris n'a pas accepté de se ranger à cet effort jurisprudentiel. En donnant raison au Trésor, la cour reconnaît l'existence du rapport de connexité entre le crédit et le rappel de TVA[1460]. La chambre commerciale de la Cour de cassation a cassé l'arrêt de la cour d'appel par un attendu très ferme ; elle a pu soutenir l'inverse de ce qu'ont pu penser les juges de l'appel. La position du juge de l'exécution prévaut : « *attendu que* [...] *une dette de T.V.A antérieure au jugement d'ouverture et un crédit de T.V.A. afférent à des opérations postérieures à ce jugement, n'ont aucun lien de connexité et ne peuvent être compensées entre elles* »[1461]. Ici encore, les juges de cassation ont envisagé le lien de connexité avec tellement de précautions qu'ils ont adopté une lecture restrictive du dispositif légal, celui basé sur l'article 271 du CGI[1462] . Cet article n'établit aucun rapport de connexité en matière de la déductibilité de la TVA. Il en découle que l'identité de la nature de l'imposition n'est pas suffisante à elle seule[1463]. La compensation de la créance fiscale et de la dette fiscale n'est possible que si elles ont un même fait générateur[1464].

655. Attachement très fort du juge marocain au principe de l'égalité des créanciers. Plus radicale est la position de la jurisprudence marocaine à ce niveau. En dépit de l'existence du critère de connexité, la compensation n'est pas du tout admise après l'ouverture de la procédure collective. L'arrêt *Levy Simon* rendu par la Cour de cassation[1465] marocaine en 2009 mérite d'être invoqué ici. Bien qu'il ne soit pas centré sur la créance d'impôt, le raisonnement dégagé lui est transposable. Dans cet arrêt, les juges ont pu poser la règle suivante : lorsqu'une banque se porte caution de l'entreprise

---

1460 Joseph BRANDEAU, « Le problème de la compensation de la TVA dans les procédures collectives », note préc.,

1461 Cass. com., France, 19 janv. 1999, n° 95-22136 (arrêt préc.,).

1462Joseph BRANDEAU, « Le problème de la compensation de la TVA dans les procédures collectives », note préc.,

1463 Gérard DUQUESNOY, « La TVA et les procédures collectives », *Gaz. Pal.*, 03 mars 2001, n° 062, p. 2.

1464 Rép. droit comm. *Dalloz,* n° 207. Gérard DUQUESNOY, « La TVA et les procédures collectives », art. préc.,

1465 Cass. com., Maroc, n° 557, 15 avr. 2009, doss. com. n° 914 / 3 / 3 / 2007.

en difficulté, et qu'elle paye le créancier principal de cette dernière, elle n'est pas fondée pour autant à procéder à la compensation entre sa créance sur son débiteur (l'entreprise en difficulté) et le montant créditeur du compte courant ouvert après l'ouverture de la procédure par le même débiteur.

656. En France, la doctrine n'a pas laissé passer ces jurisprudences sans exposer ses réflexions. En commentant l'arrêt Digital *Design*, un auteur a pu estimer que la Cour de cassation s'attache à confirmer le statut ordinaire du Trésor[1466] dans le système des entreprises en difficulté. Sans doute, la Haute juridiction réaffirme indirectement la suprématie du principe de l'égalité des créanciers. C'est la motivation qu'a retenue explicitement la Cour de cassation marocaine. L'arrêt *Levy Simon* s'appuie sur deux arguments. Le premier argument tient au fait que les sommes d'argent tirées en application de la compensation constituent le gage commun des créanciers. Corollaire du premier argument, le second a trait au respect du principe de l'égalité des créanciers. En admettant la compensation, on remet en cause le principe de l'égalité des créanciers, précisent les juges.

657. L'exposé de ces jurisprudences illustre la restriction de la technique de la compensation fiscale. Cependant, la logique est différente sous d'autres cieux. L'application de la compensation fiscale est autorisée au sein même de l'Europe et de l'Afrique.

β. Une autorisation possible

658. La compensation des créances fiscales peut être autorisée lorsqu'elle est consacrée expressément par la loi ou encore lorsque les juges l'admettent même en l'absence de la base légale.

659. Un cadre normatif spécial en Belgique. Le législateur belge a instauré en 2004 un texte qui consacre la compensation fiscale après le prononcé du jugement

---

[1466] Patrick SERLOOTEN, art. préc., p. 58.

déclaratif de la faillite. A s'en tenir à l'article 334 de la loi-programme du 27 décembre 2004, modifiée en 2008,

> « Toute somme à restituer ou à payer à une personne, soit dans le cadre de l'application des lois d'impôts qui relèvent de la compétence du Service public fédéral Finances ou pour lesquelles la perception et le recouvrement sont assurés par ce Service public fédéral, soit en vertu des dispositions du droit civil relatives à la répétition de l'indu, peut être affectée sans formalités et au choix du fonctionnaire compétent, au paiement des sommes dues par cette personne en application des lois d'impôts concernées ou au règlement de créances fiscales ou non-fiscales dont la perception et le recouvrement sont assurés par le Service public fédéral Finances par ou en vertu d'une disposition ayant force de loi. Cette affectation est limitée à la partie non contestée des créances à l'égard de cette personne.
>
> L'alinéa précédent reste applicable en cas de saisie, de cession, de situation de concours ou de procédure d'insolvabilité ».

660. La jurisprudence rendue en France. A la question de savoir si une créance fiscale antérieure et une dette fiscale postérieure peuvent être des créances connexes et donner lieu par la suite à la compensation, les juridictions en France oscillent entre le rejet[1467] et l'admission[1468]. Ceci dit, la Cour constitutionnelle s'est prononcée sur la constitutionnalité d'une question similaire en 2012[1469]. Les faits de l'espèce concernent un commerçant failli qui a pu exercer une nouvelle activité entre le jugement prononçant la faillite et celui la clôturant. Cette activité a fait naître un remboursement de TVA en sa faveur. Se servant de l'article 334, l'Administration des impôts demande la mise en œuvre de la technique de la compensation fiscale. Ici, la compensation concerne les dettes d'impôts (relatives aux revenus) nées avant le prononcé de la procédure de la faillite et le crédit de

[1467] Cass., Belgique, 24 juin 2010, *T.G.R.* – T.W.V.R., 2010, liv. 4, p. 265, et note P. VAN CAENEGEM, "Compensatie fiscale schuldvoorafgaand aan faillite verklaring en fiscale schuldvordering ontstaan uit bekendmaking aan curator opgelegd".

[1468] Trib. Mons, 27 mai 2013, J.L.M.B., 2014/16, p. 773 ; Trib. civ. Namur, 18 mai 2005, R.G. n° 187-2004.

[1469] C. const. Belgique, n° 151/2012, 13 déc. 2012. F. LEDAIN, « La Cour constitutionnelle revient à nouveau sur l'article 334 de la loi programme du 27 décembre 2004 », *Hebdo Fiscal Net*, 9 fév. 2013, [en ligne] : www.fiscalnet.be.

TVA précité. Pour les juges, la compensation peut recevoir application du moment où ces créances résultent d'une nouvelle activité du débiteur. La Cour constitutionnelle en a fini par conclure que la mise en œuvre de la compensation en faveur du Fisc ne viole pas les articles 10 et 11 de la Constitution[1470].

661. La jurisprudence rendue en Côte d'Ivoire. Un constat similaire peut être dressé pour ce qui est de la jurisprudence OHADA. Dans cet espace, la jurisprudence admet la compensation entre les créances connexes en dépit de l'absence de l'assise légale. Notons tout de même que cette absence a partagé les juges en la matière. Quoi qu'il en soit, l'on se limitera à ne citer ici que la jurisprudence qui autorise la compensation. L'arrêt SGBCI[1471]de la Cour suprême de la Côte d'Ivoire en est une illustration. Les juges ont pu estimer que l'interdiction de payer les dettes antérieures ne fait pas « *obstacle au paiement par compensation des créances connexes* ». « *Est régulière, la compensation opérée par la SGBCI entre sa créance qui est connexe à celle de la société en liquidation des biens* », ajoute l'arrêt précité[1472].

662. En se basant sur cette jurisprudence, on peut avancer que la compensation fiscale a une grande chance de s'appliquer en droit ivoirien.

663. Quelle est la solution la plus appropriée au contexte africain ? Après avoir mis en exergue ces courants jurisprudentiels, la question est de savoir faut-il introduire cette technique en droits marocain et OHADA. La question mérite d'être posée en ce que l'absence de l'assise légale ouvre la porte aux appréciations différentes des juges. Avant de répondre à cette question, il convient de revenir à l'expérience belge. Le choix du droit belge s'explique par le fait qu'il a instauré le mécanisme de la compensation fiscale

---

[1470] Constitution, Belge, art. 10.

[1471] Cour suprême, Côte d'Ivoire, n° 383, 6 juil. 2006, *Affaire Liquidation SID Trading / La société générale des banques* en Côte d'Ivoire dite la SGBCI et la Banque internationale pour l'Afrique occidentale (BIAO). OHADATA J-08-281.

[1472] Cour suprême, pays non cité, n° 402 / 09, 12 juin 2009, *Actualité juridique*, n° 68-69 / 2010, p. 40, OHADATA J-12-78.

par une disposition juridique spéciale. Quelle est l'intention du législateur belge ? La lecture des travaux préparatoires de l'article 334 laisse penser que le législateur a mis en place la compensation fiscale afin de « *résorber l'arriéré fiscal et d'assurer une meilleure perception des impôts* »[1473]. Pour le législateur belge, il faut éviter que le crédit de TVA -par exemple- soit remboursé à un débiteur-contribuable qui est encore débiteur d'une autre créance fiscale. Une troisième raison est aussi à citer : « *La différence de traitement repose sur un critère objectif, à savoir la qualité du créancier* »[1474]. On le voit, le législateur belge nuance ici l'application du principe de l'égalité des créanciers.

664. Proposition de réforme. On se souvient que la TVA est l'impôt le plus fraudé au Maroc. La situation est identique au Burkina Faso. Le constat s'applique aussi pour les autres créances fiscales comme l'IS. C'est pourquoi, l'expérience belge, marquée par les considérations précitées, autorise à suggérer au législateur marocain et à son homologue OHADA la prise en compte de la compensation fiscale après l'ouverture de la procédure collective. Ainsi, l'article 690 du Code commerce marocain doit être complété par l'ajout du troisième alinéa :

> « Le jugement ouvrant la procédure emporte, de plein droit, interdiction de payer toute créance née antérieurement au jugement d'ouverture.
>
> Le juge-commissaire peut autoriser le syndic à payer des créances antérieures au jugement, pour retirer le gage ou une chose légitimement retenue, lorsque ce retrait est nécessaire à la poursuite de l'activité de l'entreprise.
>
> **Le juge-commissaire peut aussi autoriser le syndic à payer des créances connexes** ».

665. La raison d'être de cette réforme tient à une considération occultée par l'expérience belge. C'est que la proposition de réforme en question est venue poser un équilibre entre les droits du Fisc et la volonté de préserver l'activité économique. On le voit, le deuxième alinéa est du côté de la poursuite de l'activité économique. On peut dire

---

1473Christian ANDRÉ, *Les plans de règlement judiciaire*, in « Le fil d'Ariane du règlement collectif de dettes : les dessous de la dette », sous la coordination de Christophe Bedoret, n° 78.

1474Christian ANDRÉ, *op. cit.*, n° 78.

qu'il favorise le débiteur. C'est pourquoi, il serait souhaitable d'instaurer un équilibre de sorte qu'il favorise les créanciers ; en l'occurrence le Fisc. Ceci dit, l'application de cette règle doit se faire de manière prudente. Ainsi, la solution que nous voulons pour le droit marocain doit être attentive et réfléchie suivant le cas d'espèce. Attentive, car elle doit tenir compte de l'intérêt des créanciers. Autrement dit, la compensation fiscale est possible dès lors qu'elle ne remet pas en cause le paiement des créanciers. Le juge-commissaire doit y être attentif. Réfléchie, en ce sens que la compensation ne doit jouer en faveur de l'Administration des impôts que dans le cas où elle n'est pas susceptible de battre en brèche le redressement de l'entreprise. Sinon, elle doit être repoussée en se prononçant sur son inapplicabilité. On craint que le Fisc, fort de cette technique, étende son influence et perturbe le processus du redressement des entités économiques, ou encore annule totalement les chances du paiement de petits créanciers.

666. Cette solution vaut aussi pour le droit OHADA. Pour cela, il est recommandé de combler un vide juridique flagrant en la matière[1475]. On se souvient que la règle de l'interdiction de payer les dettes antérieures est introuvable dans l'AUPC révisé. Doivent donc être incorporés dans l'AUPC révisé le principe et l'exception relative à la compensation fiscale et non fiscale.

667. Dans cette section, il a été question de montrer que la protection du Trésor tirée de l'exclusion du principe de l'égalité des créanciers est justifiée. Bien plus, elle répond à un impératif de « *réalisme* »[1476]. Elle repose sur deux idées de bases. La première est fonction de la qualité du créancier : la créance d'impôt diffère des autres créances privées. En même temps, et c'est la seconde idée de base, il s'agit d'assurer la continuation de l'activité économique. On le voit, la dérogation audit principe profite autant au Trésor qu'à l'entreprise en difficulté. Si l'attention portée par ces propositions de réforme à la condition du Trésor est évidente, les droits du débiteur ne sont pas oubliés pour autant. Dès lors,

---

1475 Cf. *supra* n° 154.

1476 Philippe DELMOTTE, « L'égalité des créanciers dans les procédures collectives », art. préc.,

la réponse à la question de départ semble être négative : la rupture de l'égalité ne risque pas de placer le Trésor dans une situation exorbitante. Dans cette perspective, il est permis de terminer en formulant un souhait : il semble très important que la Cour de cassation au Maroc et la CCJA dans l'espace OHADA, ainsi que les autres juridictions nationales, puissent arrêter des solutions pratiques qui tiennent compte du particularisme de la créance d'impôt suivant ladite logique.

668. L'examen des articles de l'AUPC révisé et ceux de la loi marocaine n° 73-17 permet de dire qu'ils ont une vocation égalitaire à dimension collective. En pratique, la protection des créanciers dont le Trésor est décevante dans ce cadre. Source d'inquiétude, le sort pas du tout enviable du Trésor, reste avec des nuances un point commun entre le droit OHADA et le droit marocain. En effet, malgré le fait que ce droit communautaire semble en avance sur la loi n° 73-17, la pratique en la matière reste presque la même, pratique marquée par l'inapplication des poursuites individuelles, par la lenteur des procédures, par le faible taux de recouvrement des créances fiscales et par l'échec des plans de redressement judiciaire. Le présent chapitre est venu présenter une réflexion à même de dépasser ces difficultés. Réflexion qui tourne autour de quatre maîtres-mots : moralisation, rebond du débiteur, simplification et promotion de la justice économique.

669. En analysant l'AUPC révisé et la loi n° 73-17, on comprend que les rédacteurs de ces deux lois ont eu la sagesse de poser les jalons d'une protection individuelle du Trésor. La protection individuelle du Fisc trouve ainsi place au sein des deux régimes juridiques africains. Les deux législateurs africains ont donc réalisé des progrès louables pour améliorer la condition juridique des créanciers en général et du Trésor en particulier. Cette démarche, si elle est à saluer, reste inachevée. Comme la protection à dimension collective, celle tirée de l'exclusion du principe de l'égalité des créanciers n'est pas performante. Elle est incomplète dans son volet théorique. Pour cela, cette forme de protection ne doit pas non plus échapper à la réforme. Ici, deux éléments doivent être pris en considération : il faut que le législateur soit réaliste et tienne compte de la spécificité de la créance d'impôt. Une seconde considération doit être prise, celle liée à la prise en compte de l'intérêt de l'entité économique. Sur cette dernière question, la valorisation de la protection fondée sur le financement et le redressement des entités économiques est une nécessité.

CHAPITRE II. LA VALORISATION DE LA PROTECTION FONDÉE SUR LE REDRESSEMENT DES ENTITES ECONOMIQUES

670. Le Trésor est un créancier public. Pour assurer le recouvrement des créances fiscales, il jouit de plusieurs garanties instituées par la loi. On pense au privilège général, au privilège spécial, à l'hypothèque légale[1477] et à d'autres prérogatives. La justification de cette protection peut être résumée et expliquée comme suit : le Trésor est un créancier qui représente l'intérêt général. Depuis longtemps, la doctrine classique affirme cette tendance. Une célèbre citation fait observer que : « *La loi fiscale vise essentiellement à procurer des ressources ; elle suit une morale d'efficacité* »[1478]. Pothier, lui, n'a-t-il pas dit qu'« *il est de l'intérêt de tous et de chacun que le fisc soit le plus riche possible pour soutenir les charges de l'État* »[1479]. Loin d'être un simple souhait, les deux citations alertent sur la nécessité d'entourer le Fisc d'une évidente protection ; elles incitent à ce que cette protection soit confortée par des règles d'ordre normatif. Si nous devions reprendre, pour établir une transposition, ces deux citations précitées, la tradition contemporaine des procédures collectives change la donne : la loi fiscale doit suivre une morale d'accompagnement et une approche futuriste. Morale d'accompagnement, car il faut donner un coup de main au débiteur-contribuable en cessation des paiements de crainte qu'il disparaisse. Approche futuriste en ce qu'il est de l'intérêt de tous et du Trésor lui-même de miser sur la préservation de l'activité économique.

[1477] Cf. *supra* n° 268 et s.

[1478] Conclusion Corneille, arrêt du 21 janvier 1921, cité par Nicolas PRAQUIN, *Comptabilité et protection des créanciers (1807-1942) : une analyse de la fonction technico-sociale de la comptabilité,* Thèse (Gestion et management), Paris-Dauphine, 2003, p. 596.

[1479] Célia CAVALIER, « Le paiement des créances fiscales dans le droit des procédures collectives », *JCP E* 2015, 1029, n° 1.

671. Sans entrer dans une longue énumération des mesures prévues à cet effet, ce coup de main peut se traduire tantôt par des remises fiscales - et non fiscales- tantôt par l'instauration des privilèges en faveur des créanciers, lesquels optent pour le soutien de l'entreprise pendant cette phase critique. Pour ne rien laisser au hasard, il est exigé l'encadrement affiné de la remise des dettes fiscales (**Section I**) et non fiscales. L'objectif est de miser sur la continuation de l'activité économique et ce pour « *plus de recouvrement futur et potentiel* » des impôts. A ce titre, l'une des importantes mesures à prendre en compte est le choix de la réforme des privilèges (**Section II**). Dans cette perspective, la valorisation de la protection du Trésor fondée sur le financement et le redressement des entités économiques est une nécessité.

Section I. Vers un encadrement affiné de la remise des dettes fiscales

672. Redéfinir la protection de l'Administration fiscale nécessite de tenir compte de sa condition spéciale notamment lorsqu'elle se retrouve appelée à faire des sacrifices. L'allusion est ici faite à la remise des dettes fiscales. L'on ne sait pas quand ; combien et à quelles conditions. A ce titre, il est nécessaire d'introduire des règles spéciales pour encadrer davantage la remise des dettes fiscales en droit marocain **(§1)**. La situation n'est pas non plus exempte d'incertitudes dans les Etats membres de l'OHADA. Pour cet espace, encadrer la remise des dettes fiscales doit être guidé par un souci : la compatibilité entre le droit fiscal interne avec l'AUPC révisé **(§2)**.

§ 1. La nécessaire introduction d'un dispositif légal spécial

673. S'inspirant de l'article 24 de la loi française du 25 janvier 1985, l'Administration fiscale, comme les autres créanciers publics, n'est autorisée à accorder des remises de dettes en droit marocain qu'à partir de 1997, année de l'entrée en vigueur du livre cinq de la loi n° 15-95 portant Code de commerce marocain. Reste que le bilan dressé depuis ces vingt dernières années renseigne que la règle qui encadre ladite remise reste inachevée.

674. Un encadrement inachevé. La remise des dettes fiscales et non fiscales est dictée par une considération qui puise sa logique dans l'analyse économique du droit : il est illogique que le Fisc soit vu comme un créancier spectateur en ne voulant pas consentir une remise de ses dettes. En ce sens, le refus de faire des remises est de nature à dresser un obstacle au redressement de beaucoup d'entités économiques en difficulté[1480]. La remise des dettes est une étape importante sur le chemin du redressement des entreprises. D'ailleurs, la

[1480] Yves GUYON, *Entreprises en difficultés... op. cit.*, n° 1346, p. 385.

crise économique liée au Covid 19 conforte cette thèse[1481]. En cela, la majorité de la doctrine n'y voit pas « *une perte de recette* »[1482] ou une « *diminution de recettes* »[1483]. Mais, faut-il le rappeler, une participation louable à la survie d'une entité économique qui, dès lors que replacée en bonne santé financière, sera apte à payer de créances d'impôts[1484]. La formulation d'un auteur à propos de l'implication directe du Fisc dans le redressement des entreprises peut résumer cette logique : « [...], *le Trésor a compris qu'il n'était pas de bonne politique de tuer la poule aux œufs d'or* »[1485]. Comme le Fisc et les autres créanciers publics, les opérateurs économiques privés l'ont aussi compris. Du coup, ils sont parfois amenés à prendre part directement au sauvetage de l'entreprise débitrice en accordant des remises. Par cette facette de l'implication des créanciers privés, on déroge au raisonnement à la base de la pratique des affaires : entre commerçants, plus question de l'assistance gratuite. Mais là, par souci à la fois de pouvoir recouvrer leurs créances et d'assurer le redressement d'un client qui traverse des difficultés, les créanciers privés sont en réalité contraints de lui prêter main forte.

675. Facile en apparence, la restructuration des dettes, confrontée à la pratique judiciaire, se révèle compliquée et difficile à mettre en œuvre. Après avoir exposé les données du problème **(A)**, il convient d'en dresser une solution **(B)**.

A. Les données du problème

676. Les données du problème peuvent être illustrées par la situation au Maroc : la question de la restructuration des dettes fiscales a alimenté le débat et continue de l'être. Le problème est le suivant : les solutions à donner à ce problème divergent en doctrine et dans la pratique.

1481 MaximeGAUTHIER,« Coronavirus : mesures fiscales exceptionnelles de soutien aux entreprises », in *Droit fiscal* n° 14, 2 avr. 2020, act. 114.
1482 Yves GUYON, *Entreprises en difficultés... op. cit.*, n° 1346, p. 385.
1483 *Ibid.*
1484 Cf. *supra* n° 301.
1485 Yves GUYON, *Entreprises en difficultés... op. cit.*, n° 1346, p. 385.

677. Une position doctrinale isolée. En 2014, lors du débat national sur la réforme de la justice au Maroc, un auteur a pu estimer que, faute d'encadrement, ce sont les opérateurs économiques privés qui supportent la remise des créances plus que les agents de l'État. Reste que cet avis doctrinal est isolé ; il n'est basé sur rien. Les chiffres ne le prouvent absolument pas.

678. France du problème. En revanche, la Douane, la Caisse nationale de la sécurité sociale et l'Administration fiscale déplorent être les seules à devoir consentir des remises de dettes[1486]. L'une des raisons avancées et qui peut expliquer cette situation est le fait que la dette publique est une dette pesante qu'il faut écarter, au moins, partiellement. Approuvant ce constat, un juge-commissaire rattaché au Tribunal du commerce de Casablanca a pu estimer que *«L'État est supposé être le plus bienveillant des créanciers, il est totalement normal de lui imposer plus d'efforts qu'à ceux dont l'activité est intimement liée à celle de l'entreprise en difficulté»*[1487]. Les statistiques disponibles permettent de nuancer cette dernière affirmation. D'après une donnée chiffrée fournie par le tribunal de Casablanca, la reconsidération des dettes à l'effet du sauvetage de l'entreprise est essentiellement « *le fait de l'État* [dans] *82% des cas* »[1488]. Voyant d'un mauvais œil ce système, le Trésor et les autres créanciers publics n'acceptent pas ce *« favoritisme »*[1489] qui fonctionne, -selon eux- dans l'intérêt des créanciers privés. Cette condition a poussé une juriste relevant de la Direction de la douane à aller jusqu'à dire que des affinités se créent entre les opérateurs économiques privés et le juge-commissaire. Une solution radicale est citée : une frange des créanciers publics réclame un autre organe que le juge-commissaire pour le traitement des remises fiscales et non fiscales. La défense de leurs intérêts l'oblige. Est-ce une solution réaliste ? Quoi qu'il en soit, une chose est sûre : ce n'est pas en écartant les juges de la gestion de ce dossier qu'on

---

1486 Abdessamad NAIMI, « Difficultés d'entreprises : les créanciers privés privilégiés ? », *La vie éco*, 15 sept. 2016.

1487 Abdessamad NAIMI, « Difficultés d'entreprises : les créanciers privés privilégiés ? », art. préc.

1488 *Ibid.*

1489 *Ibidem.*

peut arriver à apporter une véritable protection au Fisc et aux autres créanciers publics. A notre sens, la solution se trouve ailleurs : l'exact encadrement juridique de cette question. Le caractère à la fois général et obligatoire de la règle juridique peut certainement contribuer à relever ce défi.

679. Énoncé de la problématique. En effet, ce stade de la procédure est le terrain « *d'un bras de fer tendu entre les créanciers* »[1490] au point que l'on ne sait vraiment pas qui fait le plus d'efforts et de remises pour aider l'entreprise à se redresser : l'Etat ou les créanciers privés ? Autrement dit, il n'y a pas un critère sur lequel le Trésor p ut se baser pour remettre ses créances, s'il décide de le faire. Ce vide juridique entraîne une autre faiblesse : le silence du créancier fiscal à la demande du syndic équivaut à l'admission de la proposition qui lui est faite[1491]. Ne faut-il pas que ce vide juridique soit dépassé ?

680. Faute d'une étude poussée à ce niveau, la question reste sans réponse. Il faut donc que le législateur marocain intervienne pour bien encadrer la remise des dettes fiscales[1492] en particulier. Pour que ce législateur soit orienté sur la bonne voie, l'appréhension des solutions instaurées en France est un exercice pédagogique.

B. Explication des solutions

681. Posées par le droit français, deux solutions sont à distinguer et expliquer selon qu'il s'agit de l'approche initiale adoptée en 2007 ou de sa réforme admise en 2009.

682. Une solution adoptée par le droit français en 2007. Le Trésor doit remettre ses créances fiscales « *concomitamment à l'effort consenti par d'autres créanciers, et dans des conditions similaires à celles que lui octroierait, dans des conditions normales de marché, un opérateur économique*

[1490] *Ibidem.*

[1491] Paul LE CANNU, David ROBINE, « Droit des entreprises en difficulté », 8ème. Dalloz, n° 982, p. 610. C. com. Maroc, al. 2, art. 601 (art. préc.,) Sur ce point, cf. *supra* n° 302.

[1492] Cf. *supra* n° 303.

privé placé dans la même situation »[1493]. Telle est la règle phare qui a été instituée par le législateur français pour réglementer la remise des dettes publiques. Il s'agit du décret n° 2007-153 du 5 février 2007, adopté en application de l'article L. 626-6 du Code de commerce. C'est le principe de la concomitance qui est au centre de ce décret[1494].

683. Deux critères de base. Pour bien comprendre ce principe élémentaire, il faut se référer aux articles 7 et 8 du décret n° 2007-153 du 5 février 2007. Articles qui posent deux critères[1495]. Le premier critère induit que le montant des remises de dettes publiques ne peut excéder trois fois celui des remises de dettes privées[1496]. Le second critère implique que le taux de remise consenti par l'Administration fiscale ne peut dépasser « le taux moyen pondéré » de remises des dettes privées. Ce dernier taux est défini comme étant le résultat de la division du montant total des remises consenties par les créanciers privés sur le montant intégral des dettes détenues par eux.

684. Cas pratique. La portée de cette solution peut être très bien précisée à l'occasion de son application. L'exemple pratique proposé permettra d'expliquer davantage la solution en question. Le tableau ci-dessous présente les éléments d'un théorique passif produit après l'ouverture d'une procédure du redressement judiciaire.

Prêt bancaire n° 1	140 000 €
Prêt bancaire n° 2	250 000 €
Loyer	10 000 €
Compte courant d'associé	8 000 €
Dette d'un fournisseur	2 000 €
Dettes fournisseurs	95 000 €
Impôt sur les sociétés	17000 €

1493 André JACQUEMENT, Régis VABRES, droit des entreprises en difficulté, 9 ème Ed., n° 114, p. 75.
1494 Sur ce décret, voy.J.-F. Tognaccioli, « Les remises de dettes consenties par les créanciers publics : une procédure dans la procédure », *Rev. proc. coll.* 2008, étude 2.
1495 Bernard LAGARDE, « Le fabuleux destin des dettes publiques », *Gaz. Pal.* 14 avr. 2007, p. 3.
1496 C. com. France, art. R. 626 -16.

Taxe professionnelle	20 000 €
TVA	50 000 €
Intérêts de retard TVA	9 000 €
Cotisation salariale (URSSAF)	14 000 €
Cotisation patronale (URSSAF)	42 000 €
Total	657 000 €

685. Présentation du processus technique. En application du décret de 2007, la procédure de la remise des dettes publiques suivant le principe de la concomitance induit cinq étapes.

Étape 1. La première étape consiste donc à fixer les dettes (privées) éligibles aux termes de l'article R. 626-16 du Code de commerce français. Ainsi, l'alinéa 2 de cet article prévoit que : « *Si le total des créances d'un fournisseur représente moins de 5 % du total des créances des fournisseurs, les créances de ce fournisseur en sont exclues, sauf demande contraire du débiteur, du conciliateur, de l'administrateur judiciaire ou du mandataire judiciaire* ». De même, les comptes courants d'associés sont exclus[1497].

Prêt bancaire n° 1	140 000 €
Prêt bancaire n° 2	250 000 €
Loyer	10 000 €
Dettes fournisseurs	95 000 €
Total	495 000 €

Étape 2. La deuxième étape consiste à déterminer les dettes fiscales et les autres dettes publiques éligibles au décret de 2007. A s'en tenir aux termes de l'article L. 626-10 du Code de commerce français, les dettes fiscales et les autres dettes publiques qui peuvent être remises en l'espèce sont les suivantes :

Impôt sur les sociétés	17000 €
Taxe professionnelle	20 000 €
TVA	50 000 €
Intérêts de retard TVA	9 000 €
Cotisation salariale (URSSAF)	14 000 €

[1497]C. com. France, art. R. 626 -16 : Les comptes courant d'associé sont exclus.

Cotisation patronale (URSSAF)	42 000 €
Total	152 000 €

Étape 3. Négociation de la remise des dettes privées. La détermination des dettes privées et publiques éligibles étant faite, vient en premier alors l'étape de la négociation des remises des dettes privées. Supposons qu'en ce cas le débiteur-contribuable ambitionne d'obtenir une remise de 20 % de dettes fournisseurs, de 30 % des dettes bancaires et de 15 % de la dette de loyer[1498]. En pratique, des demandes sont adressées aux créanciers privés.

Étape 4. Application. Comme on l'a vu, le montant de la remise privée est un critère qui permet de fixer le plafond de la remise publique. Pour déterminer ce plafond, il faut commencer par fixer le montant des remises des dettes privées. Pour cela, les pourcentages précités seront appliqués. D'abord, **30 %** du passif bancaire, soit (250 000 + 140 000) × 30 % = 117 000 €. Ensuite, **20 %** du passif des fournisseurs, soit 95 000 €× 20 % = 1900 €. Enfin, **15 %** du passif du loyer soit 10 000 € × 15 % = 1500 €. Le total des remises privées est comme suit : 117 000 € + 1900 € + 1500 € = 120 400 €. Pour ce qui est du taux moyen pondéré, il est de : 120 400 € / 495 000 € = 0, 24 soit 24 %. Rappelons que 495 000 € est le montant total des dettes privées.

Étape 5. Fixation du montant maximum de la remise publique. Comme cela a été précisé, le montant maximum de la remise des dettes publiques ne peut excéder trois fois le montant total des remises privées. S'agissant de ce cas pratique, il est de : 120 400 € × 3 = 361 200 €. Appliquons le taux moyen pondéré aux créances publiques précitées. Ainsi, pour les intérêts de retard sur TVA, le taux est de : 9 000 € × 24 % = 2160 €. Pour la taxe professionnelle, il est de : 20 000 € × 24 % = 4800 €. Pour l'impôt sur les sociétés, il est de : 17 000 € × 24 % = 4080 €. Pour les créances de l'URSSAF, le taux est de (14 000 € + 42 000 €) × 24 % = 13 440 €. En l'espèce, le total de la remise globale

[1498] Bernard LAGARDE, « Le fabuleux destin des dettes publiques », art. préc., *ibid.*

possible : 2160 € + 4800 € + 4080 € + 13 440 € = 24 480 €. Apparaît très clairement qu'en l'espèce, le montant maximum de la remise publique qu'est 361 200 € reste très loin du total de la remise accordée ici par le Fisc et l'organisme social : 24 480 €.

686. Nous voilà en présence de ce que peut apporter le principe de la concomitance pour le Trésor en matière de remise des dettes fiscales. Est-ce à dire que le régime établi en 2007 ne souffre d'aucune faiblesse ? Il suffit de lire quelques articles doctrinaux y relatifs, il suffit de parcourir quelques statistiques pour être sûr du contraire.

687. Critiques de l'ancienne solution. En France, le régime des remises de dettes des créanciers publics établi par le décret précité de 2007, aujourd'hui modifié par le décret n° 2009-385 du 6 avril 2009, est très critiqué par la doctrine. C'est cette exigence de concomitance qui est au centre de la critique. Un auteur s'est montré très critique envers ce dispositif légal. S'il souscrit au fait que le recouvrement des finances publiques ne doit pas être menacé, il ne voit pas comment cette concomitance peut donner lieu à des remises et aider à relever le défi de la sauvegarde des entreprises en difficulté. Sauvegarde qui représente aussi un intérêt pour le Trésor même s'il est un intérêt indirect. Pour l'auteur, la remise publique fondée sur la concomitance *« apparaît comme exagérément paralysante dans la mesure où l'État n'est pas libre de sa négociation »*[1499]. Pour appuyer sa pensée, cet auteur cite des statistiques : En 2007, ce sont seulement douze dossiers relatifs aux procédures collectives qui ont pu donner lieu à des remises publiques[1500]. C'est cette exigence de concomitance qui en est la principale cause. En l'absence de remises des dettes de nature privée, le Trésor et les autres créanciers publics ne seront pas fondés à accorder des remises.

688. Emergence d'une nouvelle logique : tendance vers « l'assouplissement ». Tenant compte de cette critique, le

---

[1499] Patrick SERLOOTEN, « Remises des dettes par les créanciers publics. Une libéralisation efficace ? », *rev. proc. coll.* n° 3, mai 2009, n° 7.
[1500] Patrick SERLOOTEN, Remises des dettes par les créanciers publics…, art. préc., n° 7.

législateur français a très vite tiré la leçon. Il s'est appliqué à changer la solution logée dans le décret de 2007. Ainsi, avec l'avènement du décret du 6 avril 2009, une importante modification a lieu : la condition de « concomitance »[1501] est supprimée. En contrepartie, les rédacteurs dudit décret optent pour la formulation de base suivante : « *Les efforts des créanciers publics sont coordonnés avec ceux des autres créanciers en vue de faciliter le redressement durable de l'entreprise et* ***permettre le recouvrement de recettes publiques futures*** »[1502]. Là aussi, l'attention portée à la protection du Trésor est évidente. Reste que les rédacteurs ne s'arrêtent pas là ; ils guident la commission se prononçant sur la remise publique par des mesures concrètes. Ici, ladite commission devait avoir une vision globale à cet effet. Ainsi, l'examen de la demande des remises publiques doit prendre en considération plusieurs autres éléments. Outre l'effort aménagé par les créanciers privés, la commission compétente doit être au courant de la moralité du débiteur-contribuable, de l'effort financier fait par les actionnaires et les dirigeants dans un tel cadre, de l'effort fait par les créanciers en matière de délais de paiements, de la santé financière du débiteur et enfin des chances de son redressement. On le voit, « *l'assouplissement* »[1503] du dispositif légal tient donc au fait que la remise fiscale est envisageable même en l'absence de remises privées[1504].

689. L'on peut dire que l'évolution de la remise des créances publiques qui est celle des créances fiscales est le passage d'une vision limitée à une vision globale. Autrement dit, il y a eu un passage de l'exigence de la concomitance à une logique beaucoup plus équilibrée qui tient compte à la fois de la protection des créances fiscales et de l'assistance des entreprises placées en conciliation, en redressement ou encore en sauvegarde judiciaire.

690. Interrogations. Ces deux solutions étant maintenant présentées, des interrogations continuent de se poser avec une

---

[1501] Nahid LYAZAMI, Thèse préc., p. 66.

[1502] Décret, France, n° 2009-385, 6 avr. 2009, art. 1.

[1503] Jean Gabriel SORBARA, « Aides publiques et droit des entreprises en difficultés », art. préc., n° 1471, p. 655

[1504] André JACQUEMENT, Régis VABRES, *op. cit.*, n° 114, p. 76.

acuité. Dès lors que l'encadrement affiné de la remise des dettes fiscales répond à un besoin sociétal et économique, le législateur marocain, pourrait-il s'inspirer ici des solutions instaurées par le droit français ? Si oui, quelle est la solution la plus adaptée au contexte marocain ?

691. Réponses et démonstration. En principe, compte tenu des données de problèmes précitées, l'encadrement des remises fiscales est une nécessité. Le dépassement de ces problèmes n'est possible que par un encadrement juridique affiné. Cette réponse de principe mise à part, une chose est sûre : la première solution, fondée sur le principe de la concomitance, ne peut en aucun cas, répondre aux difficultés trouvées dans le contexte marocain. Comme on vient d'en rendre compte, les créanciers privés ne sont pas déjà assez motivés pour la remise de leurs dettes. L'application stricte du principe dit de la concomitance ne fera qu'empêcher certainement l'Administration fiscale au Maroc d'octroyer une remise de ses créances[1505]. Pourquoi ? D'abord, les ingrédients qui ont justifié l'évolution de la position française sont présents au Maroc. Présentée par une doctrine avisée, une observation fait comprendre que le principe de la concomitance est de nature à empêcher les TPE et les PME de se prévaloir des remises fiscales (et les autres remises publiques). La cause est connue de spécialistes : les petites entités économiques n'entretiennent que très peu de relations avec les créanciers privés[1506]. De la sorte, la remise publique ne sera pas possible. Et s'il y a des remises de la part des créanciers privés, elles seront minimes. Dès lors, la remise publique ne sera pas efficace. Ce constat est transposable dans le contexte marocain. De toutes les entreprises placées en procédures collectives en 2017, les TPE sont largement en tête avec un taux de 96, 6 %. Ensuite, il est des cas où les créanciers publics en général et l'Administration fiscale en particulier s'avèrent rigides sur la remise de leurs dettes. Les exemples pratiques ne manquent pas. Dans l'affaire tranchée par le tribunal de commerce d'Agadir en décembre 2018[1507],

---

[1505] V. Bernard LAGARDE, le Trésor public : « Un créancier comme les autres », *Gaz. Pal.* 10 sep. 2005, n° 253.

[1506] Patrick SERLOOTEN, Remises des dettes par les créanciers publics…, art. préc., *ibid.*

[1507] Cf. *supra* n° 309.

une entreprise exploitant un hôtel est débitrice de trois créanciers fiscaux. Cet hôtel est débiteur d'un autre créancier public qui est l'organisme social et de deux créanciers privés. Les négociations du syndic à l'effet de remettre tout ou une partie des créances privées et publiques n'ont rien donné[1508]. Plus aucune remise fiscale n'est alors accordée par les trois créanciers fiscaux. Cependant, dans cette affaire, on retient plusieurs points qui devaient encourager les créanciers publics à faire des remises. Autrement dit, les remises paraissent être ici méritées. Premièrement, le tribunal considère que le projet de plan de redressement est à la fois sérieux et réalisable. Deuxièmement, le représentant légal de l'hôtel a fait preuve de bonne foi : un grand effort est fait par lui à travers la réalisation des achats et des aménagements ; le tout pour préserver l'activité économique. De surcroît, le financement de toutes ces opérations trouve son origine dans l'argent personnel du dirigeant. Enfin, bien que rien ne soit signalé expressément dans le jugement à propos de la moralité du débiteur, on ne cesse de défendre l'idée que les hôtels classés au Maroc sont inscrits au rang des entreprises citoyennes qui payent continuellement leurs impôts[1509]. Notons que ces faits ne sont pas isolés ; ils trouvent un écho dans de nombreuses affaires. Si nous les rapportons, c'est pour bien montrer que la solution française instaurée en 2009 qui exige la prise en considération de tous les éléments précités est la plus adaptée au contexte marocain[1510]. Elle l'est ainsi d'autant plus que ce choix est conforté par ce que nous avons déjà pu proposer en matière de délais de paiements[1511].

692. Vers un rééchelonnement spécial des dettes fiscales. A ce niveau, il faut mentionner que le soutien du Trésor à travers la remise fiscale ne peut être efficace que s'il est associé à un encadrement courageux en matière de délais de paiements. Sur ce dernier point, il faut rappeler l'essentiel de la solution. Le Trésor ferait bien d'accorder de nouveaux délais de paiements s'il est devant des débiteurs-contribuables

[1508]Trib. com., Agadir, 18 déc. 2018, n° 95, doss. n° 103 / 8306 / 2017 (jug préc.,), cité par Youssef HANANE, Saad BAHTI, *op. cit.*, p. 257.
[1509] Badra BERRISSOULE, « Reprise du tourisme : les propositions des hôteliers », *L'économiste*, n° 5741, 15 avr. 2020.
[1510] Astrid MILSAN, art. préc., n° 29.
[1511] Cf. *supra* n° 310.

du genre de celui traité par le tribunal de commerce d'Agadir dans l'affaire précitée. Ainsi, en plus de ce qui a été proposé, il serait souhaitable que le législateur et le juge aillent plus loin[1512] en instaurant un étalement spécial des impôts qui serait moins contraignant pour les entreprises en difficulté. On est tenté d'apporter quelques propositions dans un tel cadre. Quel que soit le montant de la créance fiscale déclarée, peu importe qu'il soit grand ou petit (à moins qu'il s'agisse d'un montant dérisoire), il vaut mieux qu'il soit étalé sur toute la durée du plan. Autre proposition : comme l'année première de l'exécution du plan de redressement est toujours difficile pour l'entreprise, il faut plafonner le versement initial à un pourcentage plus bas, par exemple à 5 % du montant de la dette. Les deux propositions se rejoignent dans le fait qu'« *en retardant l'impôt, l'entreprise en redressement bénéficierait d'une trésorerie qui lui fait généralement cruellement défaut* »[1513]. La jurisprudence pourrait certainement dégager d'autres solutions.

693. Au regard du problème déjà décrit[1514], au regard des enseignements qui ressortent de la jurisprudence marocaine, au regard de la proposition préconisée en matière de délais de paiements. Pour toutes ces raisons, l'esprit de la réforme introduite en 2009 par le droit français est digne d'être transposable au contexte marocain. Dès lors, il serait souhaitable que le législateur marocain en tienne compte. « *Si l'État peut abandonner ses créances, ce doit être dans un cadre juridique destiné à concilier l'intérêt général de l'État créancier et son intérêt plus indirect au sauvetage des entreprises en difficulté* »[1515]. Voici bien résumé le fil conducteur de la solution que pourrait adopter le législateur marocain.

694. Si en droit marocain, la remise des dettes privées et publiques est difficile à mettre en œuvre, un problème

---

1512 Imene A, « Règlement des dettes fiscales : Les précisions de la DGI », *Algérie éco*, 18 mai 2017. [En ligne] : https://www.algerie-eco.com consulté le 05 aout 2018.

1513 Patrick SERLOOTEN, « Un statut fiscal pour l'entreprise en difficulté ? », *rev. Lamy dtr. Aff.*, n° 18, 1 juill. 1999.

1514 Cf. *supra* n° 676 et s.

1515 Patrick SERLOOTEN, Remises des dettes par les créanciers publics…, art. préc., n° 10.

d'incompatibilité entre les régimes juridiques internes et l'AUPC révisé est constaté dans l'espace OHADA.

§ 2. Vers la compatibilité du régime fiscal interne avec l'AUPC révisé

695. Dans l'espace OHADA, si un opérateur économique privé peut remettre tout ou une partie de sa créance sur le débiteur, il est posé, au contraire, des difficultés d'application **(A)** pour les créances fiscales. Pour y remédier, l'étude des solutions **(B)** issues du droit comparé est aussi d'une grande utilité pour savoir ce qui pourrait convenir pour le droit uniforme africain OHADA.

A. Principales difficultés d'application

696. Une première incohérence : le principal de l'impôt. Une incohérence vient de l'existence de deux approches divergentes : une approche nationale et une autre communautaire. La remise ou non du principal de l'impôt en est une traduction parfaite. Ainsi, si on prend la première approche clairement identifiée par les règles établies par les droits internes en Afrique, on trouve que la remise du principal de la dette fiscale n'est pas fondée. A titre d'exemple, les articles 571 et 410 du CGI camerounais de 2017 font comprendre que la remise ne peut porter que sur les pénalités[1516] et les amendes. La seconde approche est un peu définie par le droit uniforme OHADA. Qu'en est-il de cette approche ? Est-ce que la volonté du législateur communautaire vise la créance en principal ? Ou seulement les accessoires de la créance ? Ambiguë, la seconde approche est tirée de l'interprétation des règles posées par l'AUPC révisé. De ce point de vue, il faut mentionner que le législateur OHADA n'est pas tout-à-fait clair sur la remise du principal des créances fiscales. Mais, en considérant que le mot dette « *a pour signification [...] la créance en principal* »[1517], et à

[1516] CGG, Cameroun, art 410 ; CGG, Cameroun, art 571.
[1517] Bernard LAGARDE, « Les entreprises en difficulté : terre de conflits - Synthèse des intérêts contraires », *Gaz. Pal.* 26 juin 2008, p. 57.

la lecture extensive de la plupart des règles de l'AUPC révisé y relatives, il est permis de conclure que la remise du principal de la dette fiscale est autorisée. Effectivement, pour pouvoir apporter une réponse à cette question, combien importante, il convient de revenir à l'analyse des dispositions de l'AUPC révisé régissant la remise des dettes. Ainsi, l'AUPC[1518] s'étant limité au mot « remises » tout court, l'expression « remises de dettes » est absente. Reste que le législateur OHADA est très clair lorsqu'il a voulu encadrer la formation du concordat de redressement simplifié. Ainsi, l'article 145 – 4 de l'AUPC révisé prévoit que : « *Le projet de concordat de redressement judiciaire peut se limiter à des délais de paiement,* ***des remises de dettes*** *ainsi qu'aux garanties éventuelles que le chef d'entreprise doit souscrire pour en assurer l'exécution* ». S'agit-il d'une omission du législateur OHADA ? Un constat est sans nuance : En admettant la remise en principal de la dette fiscale en l'occurrence, le législateur OHADA s'attache à ce que la formation et la mise en œuvre du concordat de redressement simplifié aboutissent. L'aboutissement du concordat de redressement normal n'est pas moins important que celui du concordat simplifié. Dès lors, il est permis de déduire que le mot « dette » est transposable dans les autres articles de l'AUPC révisé encadrant les remises. L'AUPC révisé semble viser les dettes de l'entreprise débitrice, en l'occurrence les dettes fiscales, qui comprennent à la fois les créances en principal et en accessoire.

697. De la comparaison de ces deux approches, il est permis de conclure qu'une certaine incompatibilité est constatée en matière de la remise du principal des créances fiscales entre l'AUPC révisé et les régimes fiscaux nationaux en Afrique.

698. Une seconde incohérence : la dérive de l'article 134 de l'AUPC révisé. Comme cela a été précisé, une certaine confusion réside dans la formulation adoptée par le législateur OHADA dans l'alinéa 1 de l'article 134 de l'AUPC révisé[1519]. Cet alinéa renvoie aux droits internes pour ce qui est des remises fiscales[1520]. Il en est de même pour la remise des

---

[1518] AUPC révisé, al. 1, art. 7 ; AUPC révisé, art. 7 ; AUPC révisé, al. 1, art. 8 ; AUPC révisé, al. 1, art. 15 ; AUPC révisé, art. 119.
[1519] AUPC révisé, al. 1, art. 134 (art. préc.,).
[1520] Cf. *supra* n° 304.

autres créances publiques. A la lecture de cet alinéa, il faut y voir une source de conflit entre le droit interne et le droit communautaire. L'alinéa 1 de l'article 134 est voire même une véritable dérive rédactionnelle. En ce sens, nous avons pu examiner la majorité des textes fiscaux internes des Etats membres de l'OHADA, mais plus aucune interdiction n'est trouvée sur cette question. Au contraire, le principe des remises fiscales est admis. Parce que les régimes fiscaux internes autorisent la remise des dettes fiscales que le législateur communautaire africain a eu tort d'opter pour cette formulation.

699. Face à ce tableau, la recherche et l'instauration des solutions s'avèrent être une nécessité.

B. Présentation des solutions

700. Quelle solution faudrait-il adopter dans l'espace OHADA ? Avant de répondre à cette question, nous passerons en revue les solutions instaurées par le droit marocain et le droit français.

701. Une solution adoptée par le Code de commerce marocain. Comme cela a été précisé, le Trésor est appelé à concéder des remises de dettes[1521] en droit marocain. S'il convient de confirmer que l'emploi du mot « dette » induit la créance fiscale en principal, le principe est que quelle que soit la nature de la créance fiscale, les remises gracieuses ne sont fondées qu'en matière d'amendes fiscales et des majorations de retard[1522]. Cette règle se déduit de plusieurs textes juridiques. Ainsi, par une lecture de l'article 122 du Code marocain de recouvrement des créances publiques, il ressort que *« le principal de l'impôt régulièrement dû ne peut faire l'objet de demande de remise ou de modération de la part du débiteur »*[1523]. Cette logique rejoint la position du droit camerounais. Toutefois, le principe est tempéré par des exceptions prévues par la loi au Maroc. La première

[1521] Cf. *supra* n° 302 et 303.

[1522] Les majorations de retard s'appliquent aux créances fiscales qui n'ont pas été versées à la date prescrite. C.R.C.P, Maroc, al. 2, art. 23.

[1523] Hassania CHERKAOUI, *op. cit.*, n° 374, p. 253.

hypothèse renvoie à l'article 126 du Code de recouvrement des créances publiques, qui prévoit l'admission en non-valeur de créances quand elles deviennent irrécouvrables[1524]. Il n'y a pas mieux pour illustrer cette question que de citer le cas du non-paiement des créances fiscales suite à la clôture de la procédure de liquidation judiciaire pour insuffisance d'actif. Parce qu'il devient irrécouvrable, le principal de la dette fiscale est effacé. La seconde hypothèse est trouvée dans l'article 76 du décret royal du 21 avril 1967 portant règlement général de la comptabilité publique, article qui prévoit que : « *Les remises gracieuses de dette, en principal ou en intérêt sont prononcés par décret sur proposition du ministre de finances* ». On le voit, l'hypothèse du placement de l'entreprise en redressement judiciaire est occultée. Ceci dit, ce mutisme textuel incline à penser que ce texte puisse s'appliquer au contexte des procédures de traitement des difficultés de l'entreprise. Il a fallu attendre l'entrée en vigueur de la réforme du livre cinq du Code de commerce pour voir cette problématique résolue par un texte dépourvu de nuance. La nouvelle loi marocaine n° 73-17 consacre, à travers l'alinéa 3 de l'article 616, cette solution : « *Ne peut faire l'objet d'une remise le principal des créances publiques telles que fixées à l'article 2 de la loi n° 15-97 formant code de recouvrement des créances publiques* »[1525]. Dès lors, la remise du principal de l'impôt n'a plus d'assise juridique suivant le nouveau livre cinq du Code de commerce marocain.

702. Dettes révisables en droit français. Contrairement à la solution posée par le droit marocain, le droit français est allé plus loin en fixant en détail les dettes pouvant être remises. A travers le décret n° 2007-153 du 5 février 2007, le législateur français a pris soin d'encadrer cette question. Ainsi, sont visées par l'article 2 dudit décret : les créances fiscales, les créances douanières, les cotisations sociales et les autres créances publiques[1526]. Au nombre des créances fiscales, les impôts directs sont concernés. Là, il y a un ordre qu'il faut respecter : « *par priorité sur les frais de poursuite, les majorations et amendes, puis sur les intérêts de retard et les*

[1524] C.R.C.P, Maroc, art. 126.
[1525] C. com. L. n° 73-17, Maroc, al. 3, art. 616. C.R.C.P, art. 2, Maroc.
[1526] D. n° 2007-153, France, 5 février 2007, art. 2.

intérêts moratoires, et enfin sur les droits et les sommes dues au principal »[1527]. Les impôts indirects ne sont pas écartés pour autant. Mais, à la différence des impôts directs, la somme de la TVA[1528] par exemple due en principal est exclue[1529]. Seuls les intérêts de retard, les pénalités, les majorations et les amendes sont remisables.

703. Interrogations. Les éléments de solution, issus du droit français, peuvent-ils recevoir application en Afrique ? La solution marocaine peut-elle inspirer le législateur OHADA ? Ou enfin la solution adaptée au contexte OHADA doit-elle être trouvée ailleurs ?

704. Vers une double réponse dans l'espace OHADA. Que ce soit sous l'empire de l'ancien AUPC ou en application du nouveau AUPC, le constat général est que le concordat de redressement est privé de moyens effectifs pour assurer cet objectif qu'est le redressement de l'entité économique[1530]. Ici, il faut rappeler que la remise de dettes fiscales est difficile à mettre en œuvre[1531]. Si l'on veut vraiment aller jusqu' au bout de la logique de la conciliation des intérêts, le sort réservé au Trésor n'est pas du tout justifié. Comme il a été indiqué, cette protection démesurée faite au Trésor doit être dépassée. Encore une fois, trop de prérogatives tuent les prérogatives[1532]. La grande question de la remise des créances publiques doit être repensée. La quête de l'équilibre l'oblige. Dès lors, une intervention du législateur OHADA à ce niveau est nécessaire. A notre sens, l'encadrement de cette question doit se faire à travers deux solutions : une réponse communautaire et une réponse nationale.

705. Une réponse communautaire. Par souci de cohérence, la première mesure consiste tout simplement à supprimer la dérive posée par l'alinéa 1 de l'article 134 de l'AUPC révisé.

[1527] D. n° 2007-153, France, 5 février 2007, art. 7-5.

[1528] La somme de la TVA due au principal n'est pas remisable. Cela est justifié par le fait que le débiteur-contribuable « n'en *est que le collecteur pour le compte d'autrui* ». Cf. André JACQUEMENT, Régis VABRES, *op. cit.*, n° 114, p. 76.

[1529] D. n° 2007-153, France, 5 février 2007, art. 2.

[1530] Fatoma THERA, Thèse préc., n° 367, p. 247.

[1531] *ibid.* Cf. *supra* n°304.

[1532] AUPC révisé, al. 1, art. 134.

A ce niveau, l'implication du Trésor et des autres créanciers publics est une nécessité. Compte tenu du montant important des créances fiscales, la position de l'Administration fiscale conditionne le redressement de l'entité économique[1533]. « *Les chances de réussite d'un tel accord exige ....le plus souvent la participation des créanciers les plus importants (Trésor-URSSAF- Banques)* »[1534]. Est donc nécessaire une disposition légale qui autorise le Trésor à accorder des remises. L'alinéa 1 de l'article 134 précité doit être remplacé par un texte qui va dans ce sens. Il est suggéré au législateur OHADA d'instaurer cette règle au sein de l'AUPC révisé :

> « Les créanciers publics peuvent accepter de remettre tout ou partie de leurs dettes au débiteur. Chaque État partie adopte, en tant que de besoin, les règles d'application des dispositions afférentes à la remise des dettes. Il prévoit, selon des modalités appropriées, l'encadrement de la remise des dettes publiques ».

706. La première solution consiste donc à ce que le législateur OHADA doit demander à ce que des règles nationales soient établies à cet effet. Ceci dit, si ces règles doivent être établies conformément à l'intention du législateur OHADA, il est permis de tenir compte de la spécificité de chaque contexte local.

707. Une réponse nationale. Face à l'absence d'harmonisation des régimes fiscaux en Afrique, des réponses nationales s'imposent en la matière. Ici, nous retouchons à la question précédemment posée : faut-il que la remise porte sur le principal de l'impôt dans l'espace OHADA ou seulement sur l'accessoire ? Si on prend l'exemple du droit camerounais, on trouve que le législateur fiscal est catégorique sur ce point. A s'en tenir à la loi de finances de 2020, il ressort qu : « *aucune remise ou modération ne peut être accordée sur le principal des impôts collectés auprès des tiers ou retenus à la source pour le compte du Trésor. Toutefois, les amendes, majorations et intérêts de retard y relatifs, peuvent faire l'objet de remise ou d'une modération* »[1535]. A notre avis,

---

1533 André JACQUEMENT, Régis VABRES, *op. cit.*, n° 114, p. 75.
1534 *ibid.* n° 111.
1535 L. n° 2019/023, 24 déc. 2019 (portant loi de finances), Cameroun, 2020, art. L. 142.

cette solution peut être adéquate pour les entreprises qui n'ont pas encore franchi le pas de la justice commerciale. Par exemple, celles qui n'ont pas pu s'acquitter du paiement des créances d'impôts par suite de gêne ou d'indigence comme le souligne l'article 247 du LPF français[1536]. Mais, en ce qui concerne les entreprises en état de cessation des paiements, il faut relever que la condition particulière des entreprises placées en redressement judiciaire implique que la remise des dettes fiscales doit dépasser le cadre des accessoires pour englober le principal de la créance d'impôt[1537]. Cette solution peut être expliquée par deux raisons. D'abord, l'idée centrale du dispositif légal que nous voulons pour les Etats membres de l'OHADA consiste à donner une certaine liberté aux créanciers publics dans leurs actions de soutenir les entités économiques. Si les dettes fiscales dues au principal ne sont pas remisables, le Percepteur ne serait pas assez libre à ce niveau. Autre raison : le taux de redressement des entreprises en difficulté en Afrique en général est des moins bas[1538]. Dans cette perspective, l'accompagnement du Trésor à travers la remise du principal[1539] et de l'accessoire de la dette fiscale peut contribuer à relever ce défi. Cela est d'autant plus vrai que dans la plupart des Etats en Afrique y compris le Cameroun et le Maroc, les aides de l'Etat en faveur des entreprises en difficulté sont inexistantes.

708. Pour les mêmes raisons, le législateur marocain ferait également bien de s'inspirer de cette solution. La solution précitée, récemment posée à travers la loi n° 73-17, est à dépasser. La remise fiscale doit toucher aussi bien l'accessoire de l'impôt que le principal. Ceci étant, on revient toujours à cette question de l'équilibre : La remise de la dette due au principal ne doit en aucune manière être totale.

709. On ne cesse de le répéter, la parfaite protection du Trésor passe par l'aboutissement des concordats de redressement et des plans de continuation. Aboutissement qui induit la

---

[1536] LPF, France, art. L.247.

[1537]Bernard LAGARDE, « Le fabuleux destin des dettes publiques », art. préc.,

[1538] Cf. *supra* n° 315 et 316.

[1539] C. com. France, al. 2, art. D. 626-10 : « [...] *Les dettes dues au principal ne peuvent pas faire l'objet d'une remise totale* ».

création de la richesse. Et la remise des créances fiscales et non fiscales[1540] et l'octroi de nouveaux délais de paiements sont deux facteurs, parmi tant d'autres, qui peuvent permettre de relever ce défi. Ainsi, si le brouillard entoure toujours la remise des dettes fiscales en particulier et celle des dettes publiques en général, c'est bien parce qu'il y a un vide juridique partiel à ce niveau. Ce qui rend urgent l'encadrement de la remise de dettes publiques. Un besoin économique se fait ressentir à ce sujet.

710. En plus de l'affinement de la remise des dettes fiscales, la valorisation de la protection du Trésor fondée sur le redressement des entités économiques peut aussi se traduire à travers un autre choix, celui de la réforme des régimes des privilèges.

[1540] Paul LE CANNU, David ROBINE, *op. cit.*, n° 1063, p. 649.

Section II. Le choix de la réforme des régimes des privilèges

711. Le choix de réformer les régimes des privilèges s'inscrit dans le cadre de la valorisation de la protection fondée sur le redressement des entités économiques. Pour que la protection du Fisc et celle de l'entité économique aillent de pair, il faut repenser le régime des créances fiscales – et non fiscales – postérieures **(§1)**. Sans minimiser son impact sur la protection de ce créancier public, l'extension du régime du privilège de *l'argent frais* (appelé encore privilège de « new money ») peut aussi aider à relever ce double objectif **(§2).**

§1. Repenser le régime des créances fiscales postérieures

712. Comme analysée en première partie, la créance d'impôt en droit marocain et en droit français est concernée par le régime des créances postérieures. Reste que pour accéder au traitement préférentiel, la créance fiscale doit, comme toutes les autres créances, remplir les critères instaurés par la loi n° 73-17. En droit marocain, bien que cette loi constitue une réponse aux critiques apportées par la doctrine, de nombreuses questions sont à corriger. D'autres restent sans réponse. D'où la question de l'affinement du régime des créances fiscales postérieures **(B).**

713. En droit OHADA, l'accès de la créance fiscale au traitement préférentiel est incertain. Plus aucun avis doctrinal et plus aucune jurisprudence ne sont venus, jusqu' alors, alimenter cette réflexion. Malgré l'amélioration qu'a connue l'AUPC en 2015, l'article 117 du nouvel AUPC reste toujours partiellement plongé dans l'incertitude et la confusion. En toute logique, cela amène à affirmer que la refonte du droit OHADA est une nécessité **(A).**

A. la nécessaire refonte du droit OHADA

714. Mutisme partiel de la loi : une logique floue. Voici plus de 20 ans que le régime des créances contre la masse est apparu sur la scène juridique OHADA. Soucieux d'assurer la poursuite de l'activité économique, l'AUPC de 1998 a institué une nouvelle catégorie de créances, celle des créances contre la masse. Contre toute attente, le droit OHADA est resté figé et n'a pas évolué comme il aurait pu. Bien que l'AUPC de 2015 ait innové en un grand nombre de points, il n'affiche aucune progression en matière de créances contre la masse. Il est calqué sur la formulation générale contenue dans l'article 117 de l'AUPC de 1998. Or, la rédaction de cet article souffre de plusieurs incertitudes. A s'en tenir à cet article, il est prévu que : « *Toutes les dettes nées régulièrement, après la décision d'ouverture, de la continuation de l'activité et de toute activité régulière du débiteur ou du syndic sont des créances de la masse* ».

715. En réalité, si l'article 117 de l'AUPC révisé se vérifiait du temps de l'ancien AUPC, il est à présent dépassé. Sur ce point, il est permis de mentionner qu'une partie de la doctrine renseigne, sans surprise, que cet article est à contre-courant des enseignements tirés de l'analyse économique du droit[1541]. Une première lecture permet de conclure qu'il entretient un mutisme sur des questions aussi importantes que le critère de la finalité, les modalités de paiement des créances privilégiées, le domaine d'application et l'ordre de paiement des créanciers de la masse. En raison de l'impact de cette situation désavantageuse sur le recouvrement des créances fiscales et non fiscales, en raison de l'ineffectivité économique de ce régime, le législateur OHADA doit, plus que jamais, penser à entreprendre une refonte de ce régime.

716. Après avoir constaté **(1)** que le droit OHADA est silencieux sur un certain nombre de points, nous verrons que ce mutisme rejaillit sur la condition du Trésor. Tenant compte de ce constat, les grandes lignes de la solution appropriée au droit OHADA **(2)** doivent être explicitement introduites au sein de l'AUPC révisé.

[1541]Filiga Michel SAWADOGO, « Les procédures de prévention dans l'AUPC révisé : la conciliation et le règlement préventif », art. préc., note en bas de page n° 3.

1. Le constat

717. Contrairement aux droits français et marocain, l'application du régime des créances postérieures au Trésor en droit OHADA est ambiguë. La règle, issue de l'article 117 du nouvel AUPC, reste toujours imprécise. Il y a un vide juridique partiel en la matière. Surtout ce fameux critère de l'utilité des créances contre la masse. Pour les besoins de notre démonstration, le législateur OHADA est invité, plus aujourd'hui qu'hier, à faire une refonte de ce régime.

718. En Europe, l'accès de la créance d'impôt au traitement préférentiel a fait l'objet d'une certaine attention doctrinale. Ceci dit, elle n'emporte aucune unanimité, si bien qu'il faut présenter les deux thèses en présence (**b**). Avant de le faire, et par souci de clarté, il convient de procéder à une lecture analytique de l'article 117 de l'AUPC révisé (**a**).

a. Lecture analytique de l'article 117 de l'AUPC révisé

719. Un régime imprécis. La finalité des créances postérieures est un critère pas formellement institué en droit OHADA. En effet, l'une des principales lacunes de l'AUPC concerne le troisième critère : l'utilité ou la finalité de la créance postérieure. Ce critère peut être défini comme étant un véritable mécanisme « *au service du sauvetage de l'entreprise* »[1542], en ce qu'il faut y voir une solution pratique au problème de l'exorbitance du passif privilégié. Il s'opère de manière à faire une présélection parmi les créances postérieures. Ainsi, pour être qualifiée de créance privilégiée, la créance postérieure, - et la créance fiscale en particulier -, doit être une créance utile ; elle devait avoir une finalité. En pratique, elle doit répondre à l'une des conditions établies par les trois hypothèses suivantes. Une première hypothèse exige que la créance postérieure soit indispensable à la poursuite de l'activité économique de l'entreprise pendant le temps de la préparation de la solution. Un deuxième cas de figure implique que la créance postérieure doit être indispensable à

[1542]Diane BOUSTANI, Thèse préc., n° 143, p. 80.

la poursuite de la procédure collective elle-même[1543]. La troisième et la dernière hypothèse réside dans le fait que la créance postérieure doit être née en contrepartie d'une prestation fournie au débiteur pendant le temps précité. Un crédit bancaire, les frais du syndic, et la fourniture d'un bien ou d'un service, sont respectivement cités comme des exemples pour illustrer l'utilité de la créance postérieure. Utilité qui reflète que cette créance poursuit une fin. Elle doit avoir une finalité. Sinon, elle ne doit pas accéder au traitement privilégié.

720. Exercice d'interprétation. Le silence partiel du législateur OHADA implique de mener à bien l'exercice d'interprétation de l'article 117 de l'AUPC révisé. Le sens à lui accorder doit être recherché du côté de la volonté du législateur. Notons que l'exposé de motifs est introuvable pour l'AUCP révisé. En plus, les travaux préparatoires ne sont pas publiés. Reste que l'interprétation de cet article permet de déduire que le critère de l'utilité des créances de la masse s'ajoute aux deux critères chronologiques et de la régularité[1544]. L'emploi du mot régulier deux fois n'est pas abstrait. L'esprit se dégageant de la lecture de cet article induit donc que la finalité des créances postérieures a été présente dans les calculs du législateur OHADA.

721. Interrogations. Ceci dit, si l'article 117 de l'AUPC révisé paraît être un cadre juridique qui consacre le critère de l'utilité, une deuxième question reste sans réponse pour ce droit uniforme : la créance fiscale peut-elle répondre à l'un des cas de figure relevés ci-dessus ? Est-ce que la créance fiscale postérieure est digne d'être privilégiée ? Ou au contraire, ne faut-il réserver le régime des créances postérieures qu'aux créanciers contractuels, lesquels financent directement l'entreprise placée en redressement ou en sauvegarde judiciaire ? Face à cette situation, il convient de raisonner à partir du texte de départ tout en se référant au débat relevé en France et en Belgique.

[1543] C. com. Maroc, L. n° 73-17, al. 1 art. 590.

[1544] Cf. *supra* n°348 et s.

b. Débat doctrinal

722. Au cœur d'un débat doctrinal, au centre des décisions judiciaires contradictoires, le privilège – de la procédure – attaché à l'impôt est une question qui a fait couler beaucoup d'encre parmi les auteurs en Europe. Elle les a partagés de sorte que l'on est en face de deux thèses doctrinales :

723. La première thèse doctrinale. Suivi par la jurisprudence[1545], un courant de la doctrine[1546] soutient que certaines (pas toutes) créances fiscales peuvent répondre au critère de l'utilité. A ce titre, si la créance fiscale postérieure est utile, elle doit bénéficier du traitement préférentiel. Précisément, elle doit être payée à son échéance. Cette thèse s'appuie sur plusieurs raisons. Une première raison tient au fait que la créance fiscale a un statut très particulier. Elle naît d'une décision unilatérale des pouvoirs publics. Ainsi, « *l'origine légale* »[1547] des impôts implique leur paiement à l'échéance. Corollaire de la première raison, la deuxième raison a trait au caractère obligatoire du paiement des dettes fiscales. Une chose est simple : tant que l'entreprise sous procédure collective arrive à réaliser du bénéfice, elle doit se soumettre, elle aussi, à ses obligations fiscales. Comme l'a exprimé un auteur, « *les compteurs fiscaux* »[1548] ne doivent pas cesser de fonctionner pour le redevable quoi qu'il soit sous procédure collective. Abondant dans ce sens, ce courant de pensée prend en compte un impératif : il ne faut pas que l'ouverture des procédures de traitement des difficultés de l'entreprise soit « *une technique pour ne pas payer ses impôts* »[1549]. Penser le contraire serait ériger la procédure de

[1545] Cf. *infra* n° 753 et s.

[1546] M. JEANTIN et P. LE CANNU, *Droit commercial. Entreprises en difficulté*, *Dalloz,* 7e éd., 2007, n° 770.

[1547] Corinne SAINT-ALARY-HOUIN, « « Utilité » de la créance - Créance fiscale », note sous CA Limoges, 4 févr. 2010, n° 8 / 01716, *SARL Vallancée et Me Gladel c/ Service des impôts d'Épinal*, in *rev. proc. coll.* n° 2, mars 2012.

[1548] Gilles DEDEURWAERDER, « Les entreprises en difficulté face au droit fiscal », art. préc., n° 9.

[1549] Fabrice GREAU, « Pour un véritable privilège de procédure », *LPA*, 12 juin 2008, p. 4 et s., p. 7, n° 14 ; Geoffroy BERTHELOT, « De l'avènement d'un critère téléologique ou l'art du divinatoire pour le créancier postérieur méritant », *Cahiers de droit de l'entreprise*, n° 4, juil. 2016, dossier 34, n° 65.

redressement judiciaire – par exemple – comme un « *moyen précieux d'évasion fiscale* »[1550]. Enfin, un dernier argument repose sur les enseignements du droit de la concurrence[1551] : la créance d'impôt générée par la continuation de l'activité économique est à inclure au cercle des créances privilégiées. Dès lors, elle doit être payée à son échéance comme c'est le cas des autres entreprises.

724. La seconde thèse doctrinale. Un autre courant doctrinal réfute la première thèse. D'après les partisans de ce courant, la créance fiscale est très loin de remplir le critère de l'utilité. Elle ne peut en aucune manière être utile. Comment le paiement de la TVA postérieure à son échéance peut être indispensable à la poursuite de la procédure ? Comment ce paiement peut être bénéfique pour la poursuite de l'activité économique pendant la période de la préparation de la solution ? Pour étayer son propos, une partie de la doctrine se retourne à l'interprétation stricte des privilèges. Le privilège n'est considéré comme tel que s'il est au service de l'entité économique[1552]. Le privilège des créances postérieures est institué au départ pour encourager les partenaires contractuels à aider l'entreprise en difficulté pendant cette phase critique. Solution inapplicable aux créances d'impôts. A ce sujet, la jurisprudence rendue en Belgique adopte un raisonnement identique[1553]. En 2017, la Cour constitutionnelle[1554] belge a pu juger que les garanties établies en faveur des créanciers de la masse ne doivent pas profiter à l'Administration fiscale. Pour les juges, ce traitement préférentiel ne doit profiter qu'aux créanciers contractuels ; lesquels aident l'entreprise à continuer son activité économique. Ce qui ne peut être pas le

---

[1550]M. JEANTIN, P. LE CANNU, *op. cit.*, n° 770, p. 529.
[1551] S. Thomas Steve KARFO, Thèse préc., p. 206.
[1552] Corinne SAINT-ALARY-HOUIN, « Les privilèges de la procédure », *LPA.*, 14 juin 2007, n° 1, p. 70.
[1553] Liège, 22 mai 2012, T.B.H., 2013/3, p. 205 ; Comm. Bruges, 1 octobre 2012, T.B.H., 2013/3, p. 205 ; Bruxelles, 14 novembre 2012, T.B.H., 2013/3, p. 204 ; Comm. Turnhout, 31 octobre 2013, R.W., 2013-14, p. 1112 (Le précompte professionnel n'est pas une dette de masse) ; Comm. Anvers, 11 décembre 2013, R.W., 2013-14, p. 1633.
[1554]C.const., Belgique, arrêt n°47/2017 du 27 avril 2017.

cas pour le Trésor pour ces créances fiscales dues au titre de la TVA[1555], précisent les juges.

725. Couplée avec l'interprétation susmentionnée de l'article 117, l'appréhension de ces deux thèses doctrinales est un exercice indispensable avant de préciser les grandes lignes de la solution appropriée au droit OHADA.

2. Les grandes lignes de la solution appropriée au droit OHADA

726. Énoncé de la solution de base. « *Toutes les dettes nées régulièrement, entre la date de la décision d'ouverture et celle de l'homologation du redressement judiciaire et qui sont indispensables à la poursuite de cette procédure ou à l'activité de l'entreprise sont des créances de la masse. Elles sont payées à leur échéance.* [...] ». Telle est la proposition de la réforme qui pourrait être introduite dans l'AUPC révisé. Cette règle générale vaut tant pour son domaine d'application **(b)** que pour les garanties attachées à l'impôt postérieur **(a).**

a. Quant aux garanties attachées à l'impôt postérieur

727. Le principe. Le traitement préférentiel des créances fiscales trouve son fondement en droit OHADA. Notre choix pour cette solution s'explique par plusieurs considérations. D'abord, l'interprétation extensive de l'article 117 de l'AUPC révisé convainc et doit être maintenue. Ensuite, les arguments de la première thèse doctrinale sont convaincants d'autant plus que certains Etats de l'Afrique se retrouvent actuellement dans une situation du déficit budgétaire[1556]. Enfin, il faut rappeler une chose très intéressante : l'on ne cesse d'écrire que le Trésor est un créancier comme les autres. Pourquoi à ce niveau faudrait-il l'exclure et le priver du traitement préférentiel. Cela dit, accorder le privilège de la procédure aux créances fiscales est subordonné au fait que ces créances

---

[1555] Rafaël JAFFERALI, Fanny LAUNE, « Le sort des créances de l'Administration fiscale en cas de réorganisation judiciaire suivie d'une faillite », *simontbraun.eu*, 23 janvier 2019.

[1556] Diane BOUSTANI, Thèse préc., n° 462, p. 253.

répondent aux stricts critères d'application. Aux deux critères précédemment cités[1557], la créance fiscale postérieure doit remplir le critère de l'utilité[1558]. Si c'est le cas, la créance fiscale est qualifiée de créance privilégiée et doit être payée à son échéance.

728. La nécessité d'instituer le paiement à l'échéance. Effectivement, la deuxième grande lacune de l'article 117 du nouvel AUPC est le paiement à l'échéance des créances privilégiées en général et des créances fiscales en particulier. En réalité, occulter le principe du paiement à l'échéance laisse penser que le régime des créances de la masse est très loin de protéger les créanciers et de réaliser l'objectif tiré de l'analyse économique. Ainsi, ni le Trésor en tant que créancier de la masse n'est mieux protégé, ni la poursuite de l'activité économique ne semble pouvoir être assurée. En ce sens, un établissement bancaire aura du mal à financer l'activité de l'entreprise si le paiement de sa créance ne se fera pas à son échéance. C'est pourquoi, il est suggéré aussi au législateur OHADA d'instituer formellement le paiement à l'échéance des créances privilégiées.

729. Au paiement à l'échéance des créances fiscales, s'ajoutent les autres garanties consacrées pour cette classe des créances. Par souci d'éviter la répétition, nous renvoyons le lecteur à ce qui a été déjà écrit sur cette question[1559].

730. La réforme doit aussi atteindre le domaine d'application du régime des créances contre la masse.

b. Quant à l'encadrement strict du domaine d'application

731. Contours de la problématique. Le domaine d'application du privilège attaché aux créances postérieures est bien délimité en droit français. Mais, il en est autrement dans les deux lois africaines. Ce domaine prête toujours à

1557 Cf. *supra* n°349 et 367.

1558 Cf. *infra* n° 754, 757 et 761.

1559 Cf. *supra* n° 373 et s.

confusion en droit OHADA. Il en est de même pour le droit marocain de 1996. Le silence des articles 575 du Code de commerce de 1996 et 117 du nouvel AUPC laisse paraître une imprécision à ce niveau. En effet, si le début du domaine d'application du privilège en question est constitué par la date qui coïncide avec le jour du prononcé du jugement ouvrant le redressement judiciaire, le terme de la période au cours de laquelle la règle susvisée reçoit application n'est pas précisé. Centrée sur la créance fiscale, la problématique peut être formulée comme suit : quel est le cercle des dettes fiscales dignes d'être privilégiées ? Quand est-ce que la mise en œuvre du privilège attaché à la créance fiscale postérieure prend fin ?

732. La portée économique. En réalité, cette question revêt une grande importance dans le cadre de notre recherche. Pour s'en rendre compte, il suffit de savoir que l'analyse économique[1560] recommande cette délimitation. Il doit être déterminé strictement le domaine d'application de cette règle car c'est de la sécurité juridique du Trésor (et des autres créanciers) dont il s'agit. C'est aussi de l'efficacité économique de la règle dont il est question. En ce sens, la délimitation du domaine d'application avec exactitude est de nature à ne pas gonfler le passif privilégié. En revanche, si cette délimitation n'est pas prise en compte par le juge au moment de la vérification des créances postérieures, le passif privilégié sera certainement important. Et qui dit passif privilégié, dit la nécessité du paiement à l'échéance et l'ouverture de la porte aux poursuites individuelles. Ce qui n'est pas très bien pour l'entité économique pendant cette phase sensible.

733. Controverse doctrinale en droit marocain. La délimitation du domaine d'application a fait l'objet d'un processus évolutif en droit marocain. Sous l'empire du Code de commerce de 1996, un débat s'est centré sur la question de savoir s'il faut tenir compte seulement de la juste période de la préparation de la solution, ou s'il faut aller au-delà pour inclure aussi la période qui se situe après le prononcé du jugement arrêtant le plan de continuation[1561]. Le débat a

---

[1560] Georges TEBOUL, « Le casse-tête des créances utiles méritantes : une tentative d'éclaircissement », art. préc.,

[1561] Cass. com. Maroc, n° 1 / 736, 5 mai 2010, doss. 55 / 3 /1/ 2009.

donné lieu à deux thèses doctrinales dont nous allons exposer les contours.

734. La première thèse. Cette thèse doctrinale soutient que le privilège institué par l'ancien article 575 est limité dans le temps. En ce sens, il prend fin avec le terme de la période de la préparation de la solution. Appliqué aux impôts, ce courant exclut les créances fiscales engendrées par l'activité de l'entreprise exercée après le jugement arrêtant le plan de continuation. Dès lors, le Percepteur n'est pas fondé à revendiquer l'application dudit privilège pour les impositions occasionnées par la poursuite de l'activité pendant la mise en œuvre des plans de continuation ou de cession. Cette thèse a reçu non seulement les faveurs de la doctrine[1562] mais aussi celles de la jurisprudence. On peut citer ici l'arrêt de la cour d'appel de commerce de Fès rendu sous l'empire du Code de commerce de 1996. Certes, ce sont les créances sociales qui sont au centre de cet arrêt, mais plus rien ne paraît empêcher la transposition de sa logique aux créances d'impôts. Pour motiver sa décision, la juridiction du second degré a fait une classification des créances sociales en trois catégories : les créances dont la naissance se situe avant le jugement d'ouverture de la procédure, celles nées après l'arrêté du plan de continuation, et enfin, celles dont la naissance trouve place dans la phase transitoire correspondante à la préparation de la solution. Résumant la logique de cette thèse doctrinale, la cour en est arrivée à soutenir que :

> « […] la créance privilégiée de la Caisse nationale de la sécurité sociale en application de l'article 575 du Code de commerce est celle qui est née dans la phase transitoire. […] Et c'est ce qu'a été proposé par le syndic et prévu par l'ordonnance interjetée en appel »[1563].

735. La seconde thèse. Ce courant doctrinal a pu faire valoir une autre interprétation[1564]. Pour réfuter l'argumentaire de la première thèse, certains auteurs admettent que devant le silence du législateur marocain de 1996 sur cette question, la mise en œuvre du privilège de la procédure peut aller au-delà de la phase transitoire. Selon les tenants de ce courant, c'est

---

1562 Ahmed CHOUKRI SBAAI, *Al Wassit* ... Tome III, p. 354.
1563 CA, Fès, arrêt n° 49, 16 juil. 2008, n° 07/188.
1564 Karim AIT BELLA, *op. cit.*, p. 110.

cette interprétation qui est de nature à protéger les droits des créanciers qui optent pour le financement de l'entreprise. Parce que supposons même que l'entreprise soit arrivée à être soumise au plan de continuation, cela ne veut pas dire pour autant qu'elle a dépassé le seuil critique. Dès lors, le besoin de financement se fait toujours sentir. À cet effet, convaincre les créanciers postérieurs ne peut être possible que par l'application prolongée de cette règle essentiellement attractive. Ici, la créance d'impôt, bien que née après le jugement arrêtant le plan de continuation, serait qualifiée de créance privilégiée. En cela, Il y a une application judiciaire rendue par la cour d'appel de commerce de Marrakech[1565]. Dans cette affaire, la créance de la TVA est privilégiée bien qu'elle soit née deux années après le prononcé du jugement d'ouverture. Ici, il faut rappeler le domaine d'application de ce régime. L'on est en droit de s'interroger s'il ne faut pas découper la créance de TVA privilégiée par la cour en deux fractions : une fraction de TVA née dans la période de la préparation de la solution s'étalant du 30 avril 2002 au 30 août 2002 et une autre née dans la période s'étalant du 1 septembre 2002 à l'année 2004. C'est vrai que le critère chronologique doit recevoir ici application. Mais, ce critère doit être limité dans le temps. Née après le prononcé du jugement arrêtant le plan de continuation[1566], la créance de TVA correspondante ne doit pas être privilégiée comme une créance postérieure. Elle est née en dehors de la période de la préparation de la solution[1567].

736. Le choix de la solution appropriée au droit OHADA. De ces deux courants de pensée, il semble que la réponse à la question posée change en fonction des hypothèses.

[1565] CA. Marrakech, n° 1238, 03 juill. 2012, doss. com. n° 11/ 06 / 1759.

[1566] Ghizlane HAMIDI, « Condition des créanciers après l'ouverture de la procédure de redressement et de liquidation judiciaire, lecture à la lumière des innovations de la nouvelle loi n° 73-17 relative aux procédures des difficultés de l'entreprise », (En langue arabe), *in rev. Métiers juridiques et judiciaires,* doss. spéc., « Les procédures des difficultés de l'entreprise : les innovations et les enjeux, lectures à la lumière des innovations de la loi n° 73-17 portant substitution du livre 5 du Code de commerce », nov. 2018, p. 216.

[1567] C. com. Maroc, L. n° 73-17, al. 1 art. 590 (art. préc.,).

737. Pour ce qui est du droit marocain, le législateur clôt le débat en avril 2018 en ce qu'il a pu trancher cette question à travers l'article 590 issu de la nouvelle loi n° 73-17. Cet article est venu consacrer la première thèse. En conséquence, la mise en œuvre du privilège attachée aux créances fiscales méritantes est limitée dans les termes de la période de la préparation de la solution.

738. Pour le droit OHADA, il faut mentionner que cette question est oubliée par le législateur de 2015. Avant de déterminer laquelle des deux solutions doit prévaloir dans cet espace communautaire, il faut préciser un point qui fait la particularité du droit OHADA. La période de la préparation de la solution est inexistante dans l'AUPC révisé. C'est un régime qui semble s'attacher beaucoup plus à la rapidité[1568] des opérations de redressement. Dans cet esprit, l'on ne fait pas attendre le débiteur pour qu'il sache le sort que retiendra le tribunal pour l'entreprise. La décision d'ouverture ouvre la porte directement soit au redressement judiciaire soit à la liquidation des biens. Cependant, bien que la période de la préparation de la solution soit occultée par le droit OHADA, il faut affirmer que les trois phases précitées, celles fixées par la cour d'appel de commerce de Fès, sont aussi trouvables au sein du système juridique OHADA. Il y a la période antérieure au jugement d'ouverture ; celle située entre l'ouverture du redressement judiciaire et l'homologation du concordat de redressement ; et enfin celle trouvée après l'homologation du concordat de redressement. Cette précision étant faite, il faut reconnaître que la solution adéquate au droit OHADA doit s'aligner sur l'esprit de celle adoptée en droits marocain et français, car le souci de cohérence entre les privilèges l'oblige. Ainsi, en raison de l'institution du privilège de *new money*[1569], nous recommandons qu'il soit pris en compte de la formule suivante : « *Toutes les dettes nées régulièrement, entre la date de la décision d'ouverture et celle de l'homologation du redressement judiciaire [...] sont des créances de la masse*, [...] ».

[1568] Harouna SALEY SIDIBÉ., Thèse préc., n° 177.
[1569] Cf. *Infra* n° 765.

739. On a raison de regretter que le législateur OHADA n'ait pas remédié aux imperfections de l'article 117 de l'AUPC de 1998. Aucune perfection, aucune amélioration, aucune modification, l'AUPC révisé semble avoir consacré la non-réforme des créances contre la masse. Comme les autres créances, le traitement de la créance fiscale de la masse reste largement ambigu. Cette situation rejaillit sur la sauvegarde de l'entité économique et sur la protection des créanciers. Le Trésor en est un. Est donc nécessaire la refonte du régime des créances de la masse prévu par l'article 117 de l'AUPC révisé. Refonte qui doit s'opérer dans le cadre de l'équilibre.

740. Quoique le droit marocain se soit distingué sur ce point, quoique la nouvelle loi n° 73-17 ait corrigé les erreurs législatives du passé, beaucoup de questions restent en suspens. D'où la nécessité de l'affinement de ce système juridique.

B. Le nécessaire affinement du droit marocain

741. En droit marocain, les imperfections de l'article 575 du Code de commerce de 1996 ont poussé et la doctrine[1570] et la jurisprudence[1571] à souhaiter l'avènement d'une règle juridique attractive aux contours clairs. Ce souhait est pris en considération par le législateur marocain de 2018. La formulation actuelle de l'article de 590 de la loi n° 73-17 est venue établir clairement le critère téléologique. Bien plus, elle instaure le droit des créanciers postérieurs au paiement à l'échéance[1572]. Il reste que le bilan de la jurisprudence commerciale en la matière est révélateur de quelques malfaçons ; il paraît être à contre-courant de la lettre et de l'esprit du droit des entreprises en difficulté. Les errements tenant à la fixation des faits générateurs des créances fiscales sont au centre de ces imperfections.

[1570]Mohamed EL FROUJI, « La condition des créanciers dont les créances sont postérieures au jugement arrêtant l'ouverture de la procédure du redressement judiciaire », art. préc., p. 15.

[1571]Cass. com., Maroc, n° 1588, 03 déc. 2008, doss. com. 961 / 3 / 2 / 2005 (arrêt précité).

[1572] C. com. Maroc, L. n° 73-17, al. 1, art. 590.

742. L'aspiration d'établir une nouvelle conception des faits générateurs en matière fiscale est dénuée d'intérêt sans l'évaluation de la pratique judiciaire rendue depuis 1998, année de l'entrée en vigueur pour la première fois du régime des créances postérieures. Pour cela, il faut identifier préalablement les errements **(1)** et évoquer par la suite les remèdes **(2)** qui sont susceptibles d'y être rapportés.

1. Errements

743. En pratique, la question de la date de naissance des impôts dans le contexte des procédures collectives est un peu moins creusée en jurisprudence marocaine. A ce sujet, il y a quelques décisions judiciaires éparpillées dans les ouvrages juridiques[1573]. L'examen de ces décisions dénote que de réelles erreurs sont commises à ce niveau. Une distinction doit être faite selon que les difficultés sont la conséquence du rejet injustifié du vrai fait générateur **(a)** ou de l'imposition injustifiée du principe de l'annualité de l'impôt **(b).**

a. Le rejet injustifié du vrai fait générateur

744. Le rejet injustifié du cadre normatif se comprend de la remise en cause de la règle juridique qui fixe le fait générateur de la créance TVA, règle qui retient l'encaissement du prix[1574] comme critère. Si cette règle fiscale permet de fixer précisément[1575] la date de naissance de la TVA, on constate que la pratique judiciaire s'éloigne de cette logique. Cela conduit à plusieurs errements : les faits générateurs retenus par le juge commercial ne correspondent pas aux véritables dates de naissance de l'impôt. Ce juge se trompe lorsqu'il opte pour le jour correspondant à l'exigibilité de la créance fiscale due au titre de la TVA. Il se trompe une seconde fois dès lors

---

[1573]Omar AZOUGAR, *Le guide pratique dans le Code de recouvrement des créances publiques, op. cit.*, Hayat HAJJI, *La déclaration des créances fiscales et les procédures de difficultés de l'entreprise, op. cit.*,

[1574] Cf. *supra* n° 355 et s.

[1575] Florence REILLE, « Fait générateur et utilité des créances publiques », art. préc., n° 7.

qu'il retient le jour où est arrêtée la décision émanant des commissions du recours fiscal.

745. Référence erronée à la date de l'exigibilité de l'impôt. Pour illustrer cette difficulté, il faut commencer par exposer la dualité suivante : fait générateur et date d'exigibilité. Notion fonctionnelle, technique typique, le fait générateur s'entend de la date à partir de laquelle le débiteur-contribuable est rendu « *redevable de l'imposition avant toute intervention administration* »[1576]. Il ne se confond pas avec l'exigibilité de l'impôt[1577]. Dans la mesure où cette dernière notion « *correspond* [...] *à la date à compter de laquelle l'administration peut user de voies de droit pour contraindre le contribuable* »[1578]. Comme il a été souligné, le fait générateur est le critère retenu pour cribler les créances fiscales privilégiées et celles non privilégiées. La date de l'exigibilité de l'impôt est à écarter. Cette thèse a reçu non seulement les faveurs de la doctrine[1579]. Mais, aussi celles de la jurisprudence de cassation. Dans un arrêt rendu en 2004, la Cour suprême marocaine[1580] a pu affirmer sans équivoque que le fait générateur de l'impôt est la seule référence en la matière et non pas la date relative à son recouvrement. Toutefois, les juges du fond ne sont malheureusement pas fidèles à cette logique. Ils donnent raison aux Percepteurs ; lesquels invoquent la date de l'exigibilité des créances fiscales pour bénéficier du paiement privilégié[1581]. Portés devant les juridictions du fond, les contentieux qui continuent de naître en raison de ce brouillard entourant la distinction entre les deux notions sont nombreux. Plutôt que de se référer au jour correspondant au vrai fait générateur de la créance de TVA, une frange de la jurisprudence commerciale au Maroc se tourne vers la date de son exigibilité. Afin de rendre visible l'œuvre judiciaire en la matière, l'arrêt numéro 1238 rendu

---

[1576]Bernard Lagarde, *Traité économique et fiscal,.... op. cit.*, 2018, n°s 110 et s.

[1577]Y. GUILLOU, art. préc.,

[1578]Régis Vabres, « Aspects fiscaux des entreprises en difficulté », *BJE* sept. 2018, n° 05, p. 403.

[1579]Hassan AIT MOUH, « La déclaration et la vérification des créances fiscales dans les entreprises en difficulté », art. préc., p. 54.

[1580] Cass. com., Maroc, n° 10, 07 jan. 2004, doss. com. 735 / 3 / 2 / 2003.

[1581] Régis Vabres, « Aspects fiscaux des entreprises en difficulté », art. préc.,

par la cour d'appel de commerce de Marrakech[1582] en est une illustration. Cet arrêt confirme une ordonnance du juge-commissaire parce qu'il s'est référé à l'extrait du rôle pour faire accéder les créances de TVA au périmètre des créances privilégiées. Considéré comme un titre exécutoire, l'extrait du rôle fait apparaître que la date de naissance de ladite créance revient à 2004. Elle est postérieure à la date d'ouverture du redressement judiciaire établie au 30 avril 2002. Or, si le fait générateur de la TVA est le seul critère qu'il faut retenir, le juge doit se référer à la date de l'encaissement du prix, date considérée par le législateur fiscal comme la vraie date de naissance[1583].

746. Référence erronée au jour de l'intervention des commissions du recours fiscal. Les erreurs liées à la fixation du fait générateur de la TVA méritante n'en finissent pas. Ainsi, pour les impôts établis par voie de contrôle fiscal, le juge commercial se trompe également sur le vrai fait générateur de la TVA. Il retient le jour du prononcé de la décision émanant de la commission du recours fiscal. La jurisprudence marocaine[1584], bien que non définitive, illustre cette question. En l'espèce, *la société Palais de Grenade* est placée en redressement judiciaire. Le jour de l'ouverture de la procédure est fixé au 30 avril 2001. Parce qu'elles n'ont pas été déclarées dans le passif, parce qu'elles sont prescrites, le débiteur-contribuable sollicite l'extinction des dettes fiscales dues au titre de la TVA. La version de la Direction des impôts de Marrakech est différente : un redressement fiscal a été mis en œuvre et que toute la période s'étalant de 1998 à 2004 est concernée. Ce redressement conclut que le débiteur est redevable d'un montant 462.558,70 Dirhams (42771,17 €). Pour trancher ce contentieux, le juge-commissaire adopte le raisonnement suivant :

> « Attendu que […] la dette, objet de la demande, concerne la TVA dont le fait générateur est fixé à 2004, c'est-à-dire après l'ouverture de la procédure […] et qu'elle sera mise en recouvrement le 31 mars 2004. Dès lors, c'est une

---

1582 CA. Marrakech, n° 1238, 03 juill. 2012, doss. com. n° 11/ 06 / 1759 (arrêt précité).

1583 CGI, Maroc, 2017, al. 1, art. 95 (art. préc.,).

1584 Trib. Com. Marrakech, ord. n° 950 / 2011, 23 sep. 2011, doss. com., 35 / 15 / 2001.

créance postérieure dont le recouvrement se fait selon les règles de droit commun et en dehors de la procédure de redressement judiciaire [...] »[1585].

747. Plus compliqué que la précédente affaire, le contentieux *Palais de Grenade* laisse planer une autre ambiguïté. Il appelle de ce fait des questions. Pour fixer le véritable fait générateur de la TVA, laquelle des trois dates doit prévaloir ? Est-ce la date de naissance de la TVA telle qu'elle est prévue suivant le régime de l'encaissement du prix ? Ou bien la date qui coïncide avec le prononcé de l'arrêté de la commission nationale du recours fiscal ? Ou encore celle inhérente à son recouvrement ? Apparemment, le juge s'est référé à la date de l'exigibilité de la TVA. Comme mentionné dans l'attendu précité, il a retenu la date de la mise en recouvrement de la TVA. Là aussi, le juge s'est trompé.

748. Ici, il n'est pas mentionné si le débiteur-contribuable a saisi la commission de recours fiscal. A supposer que ce soit le cas, peut-on retenir la date du prononcé de l'arrêté émanant de ladite commission ? Cette question a eu le mérite de faire réagir la doctrine au Maroc. Une auteure a pu estimer que les procédures de contrôle et de redressement fiscal ne font pas naître de nouvelles créances fiscales[1586]. Ces procédures ne font que dévoiler des créances souvent antérieures, lesquelles étaient non encore établies au moment de l'ouverture de la procédure. C'est la solution pour laquelle opte la jurisprudence commerciale au Maroc. Ainsi, la réponse à la question précitée est au centre d'une décision judiciaire, pourtant non définitive. Un juge-commissaire, agissant par la voie d'une ordonnance, a pu affirmer que la date de l'arrêté de la Commission nationale de recours fiscal est à écarter, car elle ne fait que révéler une situation juridique[1587] qui existe déjà. À ce titre, si dans l'affaire *Palais de Grenade,* le juge-commissaire s'était référé à la date de l'arrêté de la commission de recours fiscal, il se serait trompé.

[1585] Pour ce qui est de la question de la prescription, le tribunal s'est déclaré incompétent.

[1586] Hayat HAJJI, *La déclaration des créances fiscales et* ... p. 40.

[1587] Trib. com., Marrakech, ord. n° 478 / 2012, 25 mai 2012, doss. com., n° 646 / 2011.

749. Le rejet injustifié du cadre normatif mis à part, une autre erreur se traduit par l'imposition injustifiée du principe de l'annualité de l'impôt.

b. L'imposition injustifiée du principe de l'annualité de l'impôt

750. L'imposition injustifiée du cadre normatif se comprend de l'inadéquation partielle du principe de l'annualité de l'impôt[1588] pour la détermination du fait générateur de l'IS. En ce sens, sans le vouloir, une lecture littérale dudit principe s'impose. Elle ne laisse aucune marge de manœuvre au juge pour sélectionner la fraction de l'IS[1589] vraiment méritante. Cette grande question a été l'objet de développement doctrinal et juridictionnel en France.

751. Dérive d'une partie de la jurisprudence. Nous l'avons souligné, le principe de l'annualité de l'impôt sert de fil conducteur pour la fixation du fait générateur de l'IS et de celui de l'IGR. Mais, à y regarder de plus près, il apparaît que son articulation avec la règle édictant le privilège des créances postérieures est sujette à interrogations. Une plus grande confusion entoure cette question. Source d'incertitudes, l'application littérale du principe de l'annualité de l'impôt est de nature à gonfler le passif privilégié. Pour expliquer cette idée, nous la soutiendrons à l'aide de deux exemples, car à l'occasion des affaires pratiques, la critique s'est franchement exprimée. Supposons qu'un redressement judiciaire soit ouvert le 20 décembre 2018. Dans cette hypothèse, on sera surpris de constater qu'est privilégié tout le bénéfice réalisé pendant l'année 2018. Bien que « *les revenus imposés* [aient] *été réalisés [en grande] partie [...] avant le prononcé du jugement d'ouverture et* [soient] *donc sans lien avec la poursuite de l'activité* »[1590], ils sont considérés illogiquement comme des créances fiscales privilégiées. Si cet exemple est seulement théorique, d'autres sont relevés par le terrain. Souvenons-nous de l'arrêt *Network music group*[1591]. En application de cet arrêt, la totalité du bénéfice imposé au titre

---

[1588] Mohamed NMILI, *op. cit.*, p. 541.
[1589] Diane BOUSTANI, Thèse préc., n° 104, p. 58.
[1590] Gérard JAZOTTES, « Les créanciers de l'article 40 », art. préc., p. 36.
[1591] Cf. *supra* n° 352.

de l'année 1997 constitue une créance fiscale privilégiée. Au-delà de son esprit protecteur, une question persiste : si l'ouverture du redressement est fixée au mois d'août 1997, n'est-il pas logique de découper le bénéfice de l'année de 1997 en deux fractions ? La fraction réalisée avant août 1997 et l'autre réalisée après août 1997. Les impôts frappant les bénéfices réalisés après la date du jugement d'ouverture, étant liés à la procédure, méritent d'être élus au traitement préférentiel. Mais, la première fraction est complètement étrangère à la procédure du redressement judiciaire. « *Peu importe l'unicité de la créance fiscale* »[1592], ne faut-il pas ne retenir que la seconde fraction ? Un profit étranger à la procédure collective, serait-il économiquement utile qu'il soit rattaché au passif postérieur privilégié ?

752. Appréciation critique de la doctrine. En réalité, la détermination du fait générateur des créances fiscales soumises au principe de l'annualité de l'impôt « *n'est pas sans conséquence discutable* »[1593]. Une partie de la doctrine[1594] s'est montrée surprise par la solution retenue par la Cour de cassation française dans l'arrêt *network music*. Elle a dénoncé son caractère général. Comme l'a justement remarqué un auteur, la conjonction du droit des procédures collectives avec le droit fiscal permet d'accorder ici des faveurs à l'Administration fiscale. « *Un régime de faveur* »[1595] exorbitant lui est clairement réservé. Il n'est pas du tout approprié au regard des objectifs du droit des procédures collectives. Gonflant le passif privilégié, la pratique de la fixation du fait générateur de l'IS n'est pas « *neutre* »[1596] au regard de l'objectif inhérent au redressement des entités économiques. De ce fait, le souci de diminuer les créances postérieures privilégiées exige de tempérer ce principe. Pour ce faire, il faut établir des remèdes à l'effet

---

1592 Françoise PEROCHON, « Les créanciers postérieurs et la réforme du 26 juillet 2005 », *Gaz..Pal.* 8 sept. 2005, n° 251, (note en bas de page n ° 57), p. 57.

1593 Florence REILLE, « Fait générateur et utilité des créances publiques », art. préc., n° 17.

1594 Gérard JAZOTTES, « Les créanciers de l'article 40 », art. préc., p. 36 ; Diane BOUSTANI, Thèse préc., p. 58, 254.

1595 Florence REILLE, « Fait générateur et utilité des créances publiques », art. préc., n° 17.

1596 *Ibid*, n° 1.

d'une application mesurée[1597] et d'une protection rationnelle du Trésor.

2. Remèdes

753. Zone frontière entre le droit des procédures collectives et le droit fiscal, le fait générateur des créances d'impôts doit être déterminé de manière à préserver les droits du Trésor tout en ne portant pas atteinte aux autres intérêts. Le redressement de l'entité économique en est un. Suivi de la doctrine, un courant de la jurisprudence française s'est chargé d'élaborer des solutions pratiques pour assurer cette combinaison. On distingue trois solutions : le choix pour un événement ponctuel dans le temps **(a)**, le choix pour un critère spécifique en matière fiscale **(b)** et le choix pour la créance fiscale en lien étroit avec l'activité économique poursuivie **(c)**.

a. Le choix pour un événement ponctuel dans le temps

754. Le choix pour un événement ponctuel induit la nécessité de se conformer aux règles du droit fiscal afin de déterminer le véritable fait générateur de certaines créances fiscales. Ainsi, le fait générateur des droits d'enregistrement se situe par la référence à un événement ponctuel : la date de la conclusion de l'acte de mutation[1598]. En dépassant la lettre de cette solution, il convient d'affirmer que son esprit doit s'appliquer pour la créance fiscale due au titre de la TVA. L'affaire tranchée par la Cour de cassation française en 2008 permet d'affirmer la finesse de la solution. Est au centre de cette affaire une hypothèse particulière : la date de naissance de la TVA grevant l'acquisition d'un immeuble destiné à la vente mais resté invendu après le délai prévu pour sa revente[1599]. Cette hypothèse est prévue par l'article 258-8-1 du CGI en France. Son équivalent peut être trouvé dans l'article 371 du CGI au Sénégal. Cela dit, le dispositif légal ne donne aucune réponse à la date de naissance de la TVA en cas

[1597]Diane BOUSTANI, Thèse préc., n° 463, p. 253.
[1598] Cf. *supra n°* 361.
[1599]Corinne SAINT-ALARY-HOUIN, *Droit des entreprises en difficulté*, *op. cit.*, p. 366, n° 603.

de l'application du redressement judiciaire. Toute la question est de savoir quand est-ce que le fait générateur de la TVA est enclenché en cas de cette dernière hypothèse. La Cour de cassation française apporte une réponse à cette question. Si le fait générateur de la TVA en droits français et sénégalais est déclenché par le moment de la livraison de biens immeubles[1600], la logique est différente dans l'arrêt *le cap martin*. En l'espèce, la société *le cap martin* a acquis un programme immobilier sous le régime des marchands de biens[1601]. Pour se prévaloir de la déductibilité de la TVA, elle s'est engagée à revendre les biens qu'elle a achetés le 15 mai 1995 dans le délai de cinq ans. Mi-novembre 1996, cette société fait l'objet d'une procédure de redressement judiciaire. Parallèlement à cette procédure, la société est soumise à un contrôle fiscal. Il ressort de la vérification de la comptabilité que certains biens immobiliers n'ont pas été vendus dans le délai quinquennal. L'Administration fiscale conclut que les biens invendus doivent changer d'affectation pour être qualifiés d'une livraison à soi-même[1602]. Un redressement de TVA est jugé justifié[1603]. Quelle date de naissance faut-il retenir en ce cas ? La Cour de cassation a pu estimer qu'au regard de l'article 258-8-1[1604] du CGI, le fait générateur est l'expiration du délai quinquennal. Expiration qui coïncide avec le « *15 mai 2000* »[1605]. L'article précité indique aussi qu'à défaut de reversement de la TVA, cette créance est due au titre d'une livraison à soi-même[1606]. Dès lors, la créance de TVA est qualifiée de postérieure car ce 15 mai est situé après l'ouverture du redressement judiciaire. Cet arrêt a suscité plusieurs commentaires doctrinaux. Un commentaire semble confirmer l'idée selon laquelle on est en

---

[1600]CGI, France, art. 256; CGI, Cameroun, art. 133.

[1601]A rapprocher de : CGI, Sénégal, art. 371-1 : « *Est négociant en biens d'occasion, tout assujetti qui, dans le cadre de son activité économique achète en vue de leur revente des biens d'occasion* ».

[1602] Mohamed KESRAOUI, *op. cit.*, p. 263.

[1603]Cass. com., France, 16 déc. 2008, n° 08-13081, note Laurence-Caroline HENRY, *Gaz. Pal.*, 28 avr. 2009, n° 118, p. 22.

[1604] CGI, France, art. 258-8-1.

[1605]Corinne SAINT-ALARY-HOUIN, « Fait générateur des créances fiscales », note préc.,

[1606] Jocelyne VALLANSAN, « Sauvegarde, redressement et liquidation judiciaires, déclaration et admission des créances », *jcl. Procédures collectives*, fasc. 2352, 28 juil. 2017, n° 49.

face d'une « *nouvelle créance fiscale* »[1607] dont l'origine est l'expiration du délai légal de cinq ans[1608]. Pour bien comprendre le raisonnement dégagé de l'arrêt de la haute cour, il faut connaître la position inverse. Cette position est actée par la cour d'appel. Dans cette affaire, les juges de l'appel ont pu considérer que la date de naissance de la TVA est repérée « *dans la première opération ouvrant droit au versement de la TVA déductible, c'est-à-dire la date d'acquisition du programme immobilier* »[1609]à savoir le 15 mai 1996. Pour les juges de l'appel, la TVA due est une créance antérieure et ne mérite pas qu'elle soit privilégiée. Quoi qu'il en soit, le remède qui nous intéresse à ce niveau semble être partagé par les deux juridictions : le choix pour une date ponctuelle.

755. La portée de cet arrêt est très intéressante dans le cadre de la naissance des créances fiscales, spécialement la TVA. Contrairement à la pratique marocaine qui consiste à ramener la naissance de la TVA à la date d'exigibilité, la solution tirée de cet arrêt favorise l'origine de la créance de TVA. L'arrêt *le cap martin* innove en faisant rattacher le fait générateur de *la* TVA *à « un événement ponctuel »*[1610]. Nous nous rangeons à cette position. Plus que la date d'exigibilité, le choix pour un événement ponctuel garantit les droits du Fisc. Ce choix reste en même temps neutre au regard des autres objectifs poursuivis par le droit des procédures collectives notamment le redressement judiciaire des entreprises. Cette branche de droit n'est-elle pas décrite comme un droit d'équilibre par excellence ?

756. Le choix pour un événement ponctuel dans le temps étant précisé, un autre remède se traduit par la création d'un critère spécifique en matière fiscale.

[1607]Deen GIBIRILA, « Les faits générateurs d'une créance de TVA et le privilège des créances postérieures », *Gaz. Pal.*, 03 oct. 2009, n° 276, p. 6, note sous cass. com, France, 16 déc. 2008, n° 07-1 308 1.

[1608] Gilles DEDEURWAERDER, « Le fait générateur de l'impôt en cas de non-respect par le contribuable d'un engagement fiscal, *Bull. Joly Entre. diff.* 01 *jan* 2012 n° 01 p. 47.

[1609] Deen GIBIRILA, « Les faits générateurs d'une créance de TVA et le privilège des créances postérieures », note préc.,

[1610] Florence REILLE, « Fait générateur et utilité des créances publiques », art. préc., n° 7.

b. Le choix pour un critère spécifique en matière fiscale

757. Le choix pour la création d'un critère spécifique en matière fiscale se justifie par la nécessité de soumettre à l'examen les créances fiscales assises sur le bénéfice et celles nées au premier janvier.

758. Si cette question est passée sous silence dans les contextes marocain et OHADA, une telle solution a été appuyée par la doctrine en France. De même, la jurisprudence française en a fait application depuis les années 1990. Ainsi, consciente des conséquences f*â*cheuses en termes du gonflement du passif privilégié, une auteure a pu affirmer qu'il faut dépasser la conception « *formelle* »[1611] du fait générateur de l'IS pour adopter une approche « *plus substantielle* »[1612]. Cette approche consiste à cesser partiellement avec la pratique établie par l'arrêt *network music* à travers la création d'un critère spécifique aux créances d'impôts soumises au principe de l'annualité. Pour bien expliquer ce point, il faut revenir, encore une fois, à cet arrêt[1613]. En lisant la solution qui s'en dégage, un constat persiste : comme l'ouverture du redressement est fixée au mois d'août 1997, n'est-il pas logique de découper le bénéfice de l'année de 1997 en deux fractions ?

759. Fractionnement *prorata temporis* de la créance fiscale. En réalité, les organes de la procédure doivent accorder une importance primordiale à la « *cause et [l]a raison d'être* »[1614] du fait générateur de la créance fiscale. Pour pousser cette solution à son extr*ê*me, le critère téléologique spécial doit jouer de manière à fractionner *prorata temporis* la créance

---

[1611]Laura SAUTONIE-LAGUIONIE, « Fait générateur d'une créance de TVA et privilège des créances postérieures »,*La Semaine Juridique Entreprise et Affaires* n° 11, 12 mars 2009, 1267, note sous Cass. com., France, 16 déc. 2008, n° 07-13.081, FS-P+B, *Comptable*.
[1612]Laura SAUTONIE-LAGUIONIE, « Fait générateur d'une créance de TVA et privilège des créances postérieures », note préc.,
[1613]Cf. *supra* n° 352.
[1614]Laura SAUTONIE-LAGUIONIE, « Fait générateur d'une créance de TVA et privilège des créances postérieures », note préc., *ibid.*

fiscale[1615]. Dans cette perspective, ne sera privilégiée que la fraction du bénéfice dégagée par l'effet de la poursuite de l'activité économique pendant la période de la préparation de la solution[1616]. Si l'on raisonne à partir du cas de l'IS, ce critère doit jouer de sorte qu'on ne retient que la parcelle de l'IS réalisée pendant la période de la préparation de la solution[1617]. Il s'agit d'un « *fractionnement chronologique* »[1618]. L'ayant bien compris, les juges du Tribunal de grande instance de Toulouse[1619] se sont ralliés à cette solution doctrinale. Remarquablement motivée, marquée de créativité, une décision judiciaire remontant à 2009 n'a retenu que juste la fraction qui correspond à la poursuite de l'activité économique après l'ouverture du redressement judiciaire.

760. Une logique identique dans son principe doit s'appliquer pour ce qui est de la taxe foncière. Comme il a été précisé dans les lignes qui précèdent, dès lors que cette taxe est née au premier janvier de l'année N, le passif correspondant à cette créance n'est considéré comme privilégié que pour l'année suivante N+1[1620]. Toutefois, cette solution n'est pas pointue du point de vue de l'analyse économique du droit. Preuve en est qu'elle n'est pas intégralement préconisée par la jurisprudence. La Cour de cassation française a rendu un arrêt[1621] y relatif. Quoi qu'il se soit produit sous l'empire de la loi du 25 janvier 1985, il reste toujours de référence. En ce sens qu'il répond à une problématique non encore résolue par les textes de loi après plus de trente années de son prononcé. Empreint de fermeté, l'arrêt confirme que la taxe foncière doit être divisible en fractions mensuelles[1622]. Cette jurisprudence

---

[1615]Célia CAVALIER, « Le paiement des créances fiscales dans le droit des procédures collectives », art. préc., n° 19.

[1616]Françoise PEROCHON ; Régine BONHOMME, *op. cit.*, n° 314-1.

[1617] Georges TEBOUL, « Le casse-tête des créances utiles méritantes : une tentative d'éclaircissement », *Gaz. Pal.* 01 sep. 2011, n° 244, p. 7.

[1618]Florence REILLE, « Fait générateur et utilité des créances publiques », art. préc., n° 34.

[1619]TGI, Toulouse, 2 mars 2009, RG n° 08/03085, *Gaz. pro. coll.*, 2009 n° 4. p. 15, note Henry.

[1620] Cf. *supra* n° 365.

[1621] Cass. com., France, 9 mai 1985, *rev. proc. coll.* 1987, n° 3, p. 60.

[1622] Patrick SERLOOTEN, *La défaillance d'entreprise, aspects fiscaux*, *op. cit.*, n° 307, p. 118.

rejoint celle de la décision du Tribunal de Grande instance de Toulouse. Poussant cette idée à son paroxysme, la cour a pu estimer que c'est la seule quote-part postérieure au jugement qui doit être retenue comme privilégiée. Par souci de la clarté, la reprise de l'exemple précédent est une chose nécessaire[1623]. Si le redressement judiciaire est ouvert le premier septembre 2019, il ne faut pas attendre l'arrivée de l'année 2020 (année N+1) pour pouvoir retenir la taxe foncière privilégiée. La fraction de la taxe foncière correspondant aux mois de septembre, d'octobre, de novembre et de décembre est élue au traitement préférentiel. Ce n'est qu'en cas de la prolongation de la période de la préparation de la solution qu'on peut privilégier la fraction de cette taxe qui correspond aux quatre premiers mois de 2020. Par contre, il faut exclure les mois qui précèdent le mois de septembre 2019. La finesse de la solution tient à sa précision. Les juges de la Haute juridiction française ont innové en matière de la sélection de la taxe foncière méritante. Ils ont fourni une jurisprudence qui apprécie minutieusement le caractère privilégié de l'impôt. Caractère qui s'observe aussi au niveau du lien strict avec l'activité économique poursuivie.

c. L'examen strict du lien avec l'activité économique poursuivie

761. Encore du filtrage jurisprudentiel. En dépit de la pertinence des solutions doctrinales et jurisprudentielles précitées, force est de constater que beaucoup d'autres questions restent en suspens. Ici, nous partons du principe que les créances fiscales peuvent accéder au traitement préférentiel. Mais, il doit y avoir une sélection ; il doit y avoir un examen strict du critère de l'utilité. Le principe est que la créance fiscale est due puisque l'entité économique continue à poursuivre son activité après le jugement déclaratif[1624]. L'IS en est un exemple parmi tant d'autres. Les problématiques soulevées dans ce domaine sont nombreuses et compliquées. Nous touchons ici à un exemple qui se produit souvent : est-ce que la TVA issue de la vente du stock est nécessaire pour

---

[1623] Cf. *supra* n° 365.

[1624] André JACQUEMONT, Nicolas BORGA, Thomas MASTRULLO, *op. cit.*, n° 1350, p. 819.

la poursuite de l'activité de l'entreprise ? Si la TVA remplit le critère chronologique de façon ponctuelle et qu'elle répond aussi au critère de la régularité[1625], est-ce qu'elle remplit ici forcément le critère de l'utilité ? La jurisprudence disponible ne s'est pas prononcée sur cette question. Un auteur a pu considérer que la TVA en l'espèce « *ne résulte pas pour autant d'une opération réalisée pour la poursuite de l'activité. Il s'agit au contraire d'une régularisation dans le cadre d'une cessation d'activité* »[1626]. La question ne concerne pas que la TVA ; l'utilité de plusieurs autres créances fiscales a été largement discutée en doctrine comme en jurisprudence. Ainsi, la Haute juridiction française s'est vue soumettre en 2014 la question suivante : si l'immeuble n'est pas destiné à l'activité professionnelle de l'entreprise, y a-t-il une raison que la taxe foncière soit privilégiée[1627] ? Pour les juges de cassation, avant de penser à appliquer la technique du fractionnement, il faut revenir au principe : la question de la finalité ou de l'utilité de la créance fiscale postérieure. La logique suppose donc de sélectionner les seules créances fiscales en lien avec l'activité professionnelle du débiteur. Pour revenir à la question ci-dessus posée, la Cour de cassation française[1628] a pu juger que « *la Taxe foncière n'est pas née* [ici] *pour les besoins du déroulement de la procédure au sens de l'article L 641-13 du Code de commerce* […] ». Dans cette affaire, l'immeuble, servant d'assiette à la taxe foncière, est occupé non pas par l'entreprise placée en liquidation judiciaire mais par une société locataire. Dès lors, l'immeuble en question n'est pas destiné à l'activité économique de l'entreprise, précise la Cour de cassation française[1629]. Cet arrêt a fait couler beaucoup d'encre parmi la doctrine en France[1630]. Les avis oscillent entre l'admission et la critique de cette solution jurisprudentielle. Si notre position se range derrière l'admission de cette solution, ce qui importe est de confirmer

1625 Cf. *supra* n° 367.

1626 Evelyne DROIN, Thèse préc., p. 345.

1627 Pierre-Michel LE CORRE, « La Taxe foncière, une créance postérieure méritante ? », *Gaz. Pal.*, Ed., n° 288 à 289, 2010, p. 12.

1628 Cass. com., France, 14 oct. 2014, n° 13-24555, PB.

1629 André JACQUEMONT, Nicols BORGA, Thomas MASTRULLO, *op. cit.*, n° 1350, p. 819.

1630 Philippe SIMLER, Philippe DELEBECQUE, « Droit des sûretés », *JCP G* 2015, doctr. 604.

que l'arrêt précité conforte l'idée relative au rôle très important de la justice dans l'interprétation de la règle de droit en matière de la sélection des créances fiscales méritantes. La jurisprudence est un véritable instrument de filtrage des créances fiscales – et non fiscales – privilégiées. Une créance fiscale, pour être parfaitement étrangère à la procédure collective, son exclusion de la sphère des créances privilégiées s'impose avec force. La remarque vaut pour les autres créances. Cette logique que nous défendons est mue par le souci de redéfinir la protection du Trésor dans le cadre de l'équilibre. C'est ce qui est réaliste et raisonnable. La balle est donc dans le camp des praticiens et des tribunaux. Et ce n'est pas nouveau ; on l'a déjà mentionné : la protection du Trésor et des différents intérêts en présence passe par la promotion de la justice économique[1631].

762. En droit OHADA, la notion la plus ambigüe, la plus incertaine et qui continue toujours de prêter à confusion est la créance fiscale de la masse (ou contre la masse). Il en est de même pour la créance contractuelle contre la masse. C'est vrai qu'en raison de son efficacité économique, le régime des créances de la masse a inspiré le législateur communautaire africain depuis 1998. Reste que ce régime est toujours affecté par des lacunes considérables. Lacunes qui vident ce régime de son contenu. Du coup, cette situation est à dépasser. Il semble donc indispensable que le législateur communautaire africain soit à la fois clair et exigeant sur l'encadrement de ce régime. La pratique judiciaire doit aussi trouver des solutions pour les différentes problématiques soulevées à ce niveau. Sur ce dernier point, le droit marocain en est aussi concerné. Le juge doit s'inspirer de l'exposé de motifs de la nouvelle loi marocaine n° 73-17 ; il est sans nuance en la matière : il faut écarter les créances postérieures n'ayant aucune relation avec la poursuite de l'activité économique de l'entreprise. À l'intérieur des créances fiscales, l'appréhension du lien d'utilité doit être changeable en fonction de la créance fiscale. Elle mérite une pensée au cas par cas. L'idée est qu'il faut être très sélectif dans le choix des créances fiscales postérieures. Aussi, n'est-ce pas la voie médiane entre l'exclusion totale et

[1631] Cf. *supra* n° 567 et s.

l'admission intégrale de toutes les créances fiscales postérieures ?

763. La quête de l'équilibre induit que la logique soit appliquée aux autres créances. C'est pourquoi, des recherches poussées portant sur la sélection des autres créances postérieures sont une nécessité. Lesquelles viendront clarifier davantage la logique et contribuer à trouver l'équilibre recherché.

764. L'on quittera le domaine du privilège attaché aux créances postérieures pour tenter de montrer la nécessité d'étendre le régime du privilège de l'argent frais aux procédures de sauvegarde et redressement judiciaire.

§ 2. Etendre le champ d'application du privilège de l'argent frais

765. Posé par la loi[1632], le privilège de l'argent frais peut être défini comme étant la garantie donnée aux personnes, qui après l'homologation des accords de conciliation ou de redressement judiciaire, ont consenti au débiteur-contribuable un nouvel apport en trésorerie. La fourniture d'un nouveau bien ou service est également citée comme étant une cause permettant de se prévaloir de cette garantie[1633]. Cette garantie se traduit par un droit de priorité lors du paiement.

766. La création d'un privilège de post procédure[1634], tant recommandée, peut-elle contribuer à redéfinir la protection du Trésor en application de la procédure de redressement judiciaire ? L'évocation de cette question technique peut paraître surprenante dans le cadre de la démonstration défendue. Mais, à y regarder de plus près, on peut conclure

[1632] AUPC révisé, arts 5-11,11-1 et 33-1 ; C. com. L. 73-17, Maroc, art. 558.

[1633] Pierre-Michel LE CORRE, « De quelques difficultés intéressant le privilège de la conciliation », *Rev. proc. coll.* n° 1, jan. 2014, doss. 10, n° 1.

[1634] Georges TEBOUL, « Le droit des entreprises en difficulté en réforme permanente : quelques pistes pour renforcer la prévention et la sauvegarde », *Gaz. Pal.,* 29 oct. 2015, n° 302, p. 4.

que l'application effective de ce nouveau privilège permet de favoriser le Trésor. Non seulement, la doctrine l'a approuvé. Mais, la jurisprudence y semble favorable. Pour être plus clair, la jurisprudence rendue au Maroc prouve l'intérêt d'une telle technique pour sauvegarder l'entité économique et protéger indirectement le Trésor. Si particulièrement par la sauvegarde de l'entité économique, l'institution et l'application du privilège des créances postérieures permettent d'assurer une certaine protection au Trésor, un autre privilège – complémentaire du premier – poursuit le même objectif. C'est le privilège de *new money* appelé autrement le privilège de l'argent frais.

767. Une logique poussée à son point extrême en droit OHADA. L'analyse économique du droit[1635] recommande la création du privilège de *new money* en ce que son application est de nature à contribuer à la réhabilitation des entités économiques convalescentes[1636]. Par conséquent, des créanciers comme les banques ou certains fournisseurs sont seuls en droit de s'en prévaloir. C'est le cas d'une entreprise qui poursuit son activité économique après l'arrêté du plan de continuation. La pratique révèle que pendant ce temps-là, l'entreprise a très souvent besoin de liquidités. Dans cette hypothèse, comme le soutien modéré de la banque est toujours nécessaire, la créance de la banque devrait être privilégiée même après l'arrêté du plan de redressement. Il s'agit d'un financement dont le fait générateur est né après l'homologation du plan de redressement juste pour que l'entreprise assure son redressement. Comme on l'a vu, cette créance bancaire ne peut être qualifiée de créance postérieure[1637]. Du coup, il faut imaginer un nouveau privilège. Privilège qui sera complémentaire de celui attaché aux créances postérieures méritantes. Le législateur OHADA l'a bien compris : le privilège de *new money*, institué explicitement dans l'AUPC révisé à travers les articles 5-11, 11-1 et 33-1[1638], est un privilège étendu à toutes les

[1635]Filiga Michel SAWADOGO, « Les procédures de prévention dans l'AUPC révisé : la conciliation et le règlement préventif », art. préc.,

[1636] Georges TEBOUL, Le droit des entreprises en difficulté en réforme permanente…, art. préc.,

[1637] Cf. *supra* n° 731.

[1638] AUPC, art. 33-11.

procédures collectives. Il s'agit d'un privilège post-procédure. La lecture combinée des articles précités indique que le fournisseur ou la banque qui a pu consentir dans le concordat de redressement ou dans le concordat préventif ou encore dans l'accord de conciliation un nouveau bien, un nouveau service, ou finalement un nouvel apport en trésorerie à la société débitrice et ce, dans le seul but d'assurer la poursuite de l'activité économique, ce fournisseur ou cette banque sera payé en premier et ce, en conformité avec les rangs prévus par les articles 166[1639] et 167[1640] de l'AUPC révisé[1641]. Le privilège précité joue au cas où l'entreprise serait placée en état de liquidation de biens après l'échec du redressement préventif ou curatif. Un grand pas est franchi par le législateur communautaire africain. Cette évolution est à saluer, car outre le fait que ce privilège encourage les fournisseurs et les banques à donner un coup de main aux entités économiques, il est de nature à apporter une protection à l'entreprise en difficulté pour qu'il assure la poursuite de l'exploitation économique. Il contribue à éviter à l'entreprise la conversion du redressement en liquidation judiciaire. Dans cet esprit, le paiement des créances fiscales et non fiscales inscrites dans le plan sera assuré. Au mieux, le Trésor aura de grandes chances de percevoir le reste de ses créances logées dans ledit plan.

768. Une démarche à améliorer en droit marocain. Comme le droit OHADA, le droit marocain n'est pas resté en marge de cette évolution. Guidé par la même logique, le législateur marocain a institué le privilège de l'argent frais pour la première fois dans la loi n° 73-17. A s'en tenir à l'alinéa 1 l'article 558 de cette loi : « *Les personnes qui avaient consenti, dans le cadre de la procédure de conciliation* […] *un nouvel apport en trésorerie à l'entreprise* ***en vue*** *d'assurer la poursuite de son activité et sa pérennité sont payées, pour le montant de cet apport, par privilège avant toutes créances* […] ». En parcourant l'exposé de motifs de la loi n° 73-17, on comprend très rapidement que cette mesure poursuit deux objectifs principaux. D'abord, faciliter le financement de l'entreprise en état de conciliation. Ensuite, encourager les

1639 AUPC révisé, art. 166.
1640 AUPC révisé, art. 167.
1641 Cf. *supra* n ° 263 et s.

créanciers à s'impliquer là-dedans. On le voit, les mots sont bien choisis par le législateur marocain : l'emploi du mot « les personnes » tout court est significatif et va au-delà de l'établissement bancaire. Sans doute, cet emploi est un aveu du législateur marocain de la difficulté que rencontrent les chefs des entreprises auprès des banquiers pour le financement de l'activité économique. Cet emploi est aussi une prise de conscience de la part du législateur de la réalité des affaires au Maroc. Tout le monde le sait, la majorité des entreprises du secteur formel sont des entreprises familiales. En conséquence, la formulation de l'article peut jouer un rôle pédagogique. C'est une invitation adressée aux chefs d'entreprises de solliciter le financement aussi bien auprès des banques qu'auprès des personnes physiques que sont les membres de la famille. A ceux-ci s'ajoutent les fournisseurs. Effectivement, au stade des difficultés économiques et financières, l'entreprise n'a pas besoin que de la banque. L'alinéa 2 de l'article 558 précité accrédite cette idée : « *Dans les mêmes conditions, les personnes qui fournissent, dans l'accord* [de conciliation] *homologué, un nouveau bien ou service en vue d'assurer la poursuite d'activité de l'entreprise et sa pérennité sont payées, pour le prix de ce bien ou de ce service, par privilège avant toutes créances* ».

769. Dans le cadre de cette recherche située dans une perspective comparative, une observation mérite d'être mise en avant. La démarche établie en droit OHADA est transversale dans la mesure où le privilège du *new money* est trouvable au niveau de toutes les procédures, qu'elles soient préventives ou curatives. Logique qu'on ne trouve pas en droit marocain. Dès lors, le législateur marocain fait preuve de timidité à ce sujet : le privilège de *new money* est limité à la seule procédure préventive qu'est la conciliation. C'est donc ici pour la loi n° 73-17 une occasion manquée de résoudre le grand obstacle lié au financement de l'entreprise placé en redressement judiciaire[1642]. Nous pouvons reprocher au législateur marocain de ne pas aller aussi loin dans ce cadre : le privilège de *new money*, mécanisme encourageant le financement de l'entreprise, est absent dans le cadre des procédures de sauvegarde et de redressement judiciaires.

[1642] Cf. *supra* n° 37 et 473.

Toutefois, son utilité économique dans le cadre desdites procédures est évidente. En quoi cela intéresse-t-il notre réflexion ? On l'a déjà signalé, le financement de l'entreprise placé en redressement judiciaire apporte indirectement une certaine protection au Trésor. La pratique judiciaire le confirme. L'on va montrer comment le Trésor a perdu un contribuable à cause de ce grand problème qu'est l'absence de financement.

770. Une solution confortée par les enseignements de la jurisprudence. L'arrêt *société Assaghir Frères les grands moulins*[1643] en est une parfaite illustration. Les faits de l'affaire valent d'être cités pour mieux expliquer notre réflexion. En l'espèce, la société *Assaghir Frères les grands moulins,* spécialiste de la transformation des céréales, traverse quelques difficultés économiques et financières. De ce fait, le président du Tribunal de commerce d'Agadir rend une ordonnance par laquelle il ouvre ce qu'on appelle à l'époque la procédure de règlement amiable[1644]. Un conciliateur[1645] est désigné ; il est chargé de trouver un compromis entre la société et ses créanciers. Le créancier fiscal est représenté dans cette affaire par la Perception *Taroudant.* Cependant, le conciliateur n'arrive pas à trouver un accord entre le débiteur et les créanciers. Il n'est pas précisé dans l'arrêt si le défaut de financement en est la cause. En tout cas, l'affaire est transférée à la cour d'appel de commerce de Marrakech, laquelle arrête l'ouverture de la procédure de redressement judiciaire. S'en est suivi le jugement arrêtant le plan de continuation. Deux données très importantes se dégagent du rapport du syndic chargé du contrôle de l'exécution dudit plan : l'activité de l'entreprise au cours de l'année de 2002 est « quasi nulle ». La société *Ismaali,* fournisseur de la société précitée, n'a pas voulu accéder à sa demande de lui fournir les céréales, biens nécessaires pour la continuation de l'activité économique. Ce refus donne lieu à la résolution du plan de continuation et la conversion du redressement en liquidation judiciaire. La décision est confirmée en appel. En l'espèce, la Cour de cassation a eu l'occasion de donner son avis ; elle est

---

1643 Cass. com. Maroc, n° 838, 11 juin 2008, doss. com., n° 172 / 3 / 1 / 2008.

1644 C. com. Maroc, 1996, art. 553.

1645 C. com. Maroc, 1996, art. 554.

arrivée à la conclusion suivante : le fait que l'entreprise n'arrive pas à trouver un fournisseur est considéré comme étant une inexécution de sa part des engagements contenus dans le plan de continuation. Effectivement, la société s'est retrouvée incapable de payer à l'échéance les créances fiscales et les autres créances. L'examen de cette affaire illustre très bien l'importance du privilège de *new money* pour la protection des différents intérêts en présence. Ainsi, l'entreprise placée en redressement judiciaire pourra poursuivre son activité économique. Les emplois seront protégés. Le Trésor et les autres créanciers ne sont pas en reste. Pour le créancier fiscal en particulier, sa relation avec le contribuable sera maintenue et le paiement des créances fiscales inscrites dans le plan de continuation sera assuré. Autrement dit, l'entreprise ne serait pas liquidée, si le fournisseur x avait accepté de contribuer à la continuation de l'activité. Or, ladite acceptation aurait été possible si le paiement du fournisseur était mieux garanti. Un autre arrêt[1646] rendu cette fois-ci par la cour d'appel de commerce de Casablanca accrédite cette idée. L'entreprise A est en redressement judiciaire. Comme il est prévu par les textes, le contrôle de l'exécution du plan de continuation est confié au syndic. A la lecture du rapport de ce dernier, il ressort que « *la situation financière et commerciale de l'entreprise connaît une régression. Ce qui n'a pas permis la réalisation des résultats attendus au cours de l'année 2005. La cause tient [...] à l'absence des financements bancaires nécessaires pour aider l'entreprise* ». Là aussi, l'acceptation de l'établissement bancaire aurait été possible si son paiement était mieux garanti.

771. Présentation de la réforme. Il faut se rendre à l'évidence que les deux derniers arrêts ne sont pas des décisions judiciaires isolées. De nombreuses autres décisions[1647] judiciaires sont calquées sur la motivation

---

[1646]CA, com, Casablanca, n° 953 / 2009, 13 fév. 2009, doss. 11 / 2008 / 4581.

[1647]Trib. com., Casablanca, jug. n° 89, 20 mars 2006, doss. com., n° 7 / 24 / 2006 ; Trib. com., Casablanca, jug. n° 109, 28 avr. 2008, doss. com., n° 38 / 10 / 2008 ; Trib. com., Casablanca, jug. n° 180 / 2002, 06 mai 2002, doss. com., n° 322 / 2001 / 10 ; Trib. com., Casablanca, jug. n° 34, 23 jan. 2006, doss. com., n° 202 / 24 / 2005.

susmentionnée. D'où la nécessité de poser une solution à cette difficulté qui entrave la création de la richesse et par la suite nuit au Trésor. En fait, parmi les enseignements tirés de ces deux affaires, figure un très important : l'institution du privilège du *new money* est justifiée. La portée pratique de cette mesure est très importante sur le plan économique. Elle est à même de contribuer à la poursuite de l'activité économique. Au même titre qu'un banquier gardera son client, la relation légale qui lie le Trésor avec ce débiteur sera maintenue. Aussi, la solution n'arrange-t-elle pas tout le monde.

772. Si la crise sanitaire de Covid 19 a conduit le législateur français à améliorer le régime de l'argent frais[1648], ce n'est toujours pas le cas pour son homologue marocain. En dépit des avancées positives qui marquent la nouvelle loi marocaine n° 73-17 en la matière, l'encadrement juridique de ce nouveau privilège reste incomplet. Son efficacité économique est limitée. C'est pourquoi, l'amélioration de ce privilège est une nécessité. Il faut étendre le privilège de l'argent frais aux procédures de sauvegarde et de redressement judiciaire. Par souci de clarté, deux articles devraient voir le jour. Le premier pourrait être formulé comme suit :

> « Les personnes qui avaient consenti, dans le cadre **de la procédure de sauvegarde judiciaire** un nouvel apport en trésorerie à l'entreprise en vue d'assurer la poursuite de son activité et sa pérennité sont payées, pour le montant de cet apport, par privilège avant toutes créances. Dans les mêmes conditions, les personnes qui fournissent, dans l'accord homologué, un nouveau bien ou service en vue d'assurer la poursuite d'activité de l'entreprise et sa pérennité sont payées, pour le prix de ce bien ou de ce service, par privilège avant toutes créances ».

773. Le second article pourrait s'inspirer de la précédente formulation en y apportant toutefois les modifications ci-après en gras : c'est la procédure de redressement judiciaire qui est ici concernée :

> « Les personnes qui avaient consenti, dans le cadre **de la procédure de redressement judiciaire** un nouvel apport

[1648]Ord. n° 2020-596, 20 mai 2020, art. 5, IV, al. 1.

> en trésorerie à l'entreprise en vue d'assurer la poursuite de son activité et sa pérennité sont payées, pour le montant de cet apport, par privilège avant toutes créances. Dans les mêmes conditions, les personnes qui fournissent, dans l'accord homologué, un nouveau bien ou service en vue d'assurer la poursuite d'activité de l'entreprise et sa pérennité sont payées, pour le prix de ce bien ou de ce service, par privilège avant toutes créances ».

774. La redéfinition de la protection du Trésor passe par l'instauration des techniques qui favorisent la poursuite de l'activité économique. Ladite poursuite ne peut être assurée sur le terrain que par un système de financement cohérent. Dès lors, le régime du privilège des créances postérieures ne peut être efficace que s'il est associé à celui de *new money. Une autre* condition suppose que ce dernier privilège soit étendu à toutes les procédures de sauvegarde et de redressement judiciaires. Les deux privilèges tendent au même objectif : le redressement de l'entreprise en difficulté. C'est pourquoi dans le cadre des mesures et des techniques qui contribuent au sauvetage de l'entité économique, il est suggéré au législateur marocain d'instaurer un privilège après l'adoption des plans de sauvegarde et de redressement judiciaire[1649].

775. Ainsi, fondée sur le redressement des entités économiques, la valorisation de la protection du Trésor trouve sa justification dans la naissance future et certaine des créances fiscales. Il faut conclure en confirmant que la véritable protection se joue sur le terrain du redressement des entités économiques. Ainsi, de nombreuses mesures et techniques nous semblent devoir être instaurées ou perfectionnées. Dans cette perspective, deux principales réformes doivent être opérées dans l'espace OHADA et au Maroc : l'encadrement affiné de la remise des dettes fiscales et non fiscales et la réforme ou la refonte des régimes des privilèges.

776. En conclusion, l'amélioration du dispositif général est une condition essentielle pour assurer l'efficacité des

---

[1649]Françoise PEROCHON, « Le financement de la restructuration : morceaux choisis », art. préc.,

procédures collectives. C'est dans ce cadre que la protection offerte au Trésor peut être redéfinie. Ainsi, l'amélioration de la condition juridique du Trésor se joue sur le terrain de l'optimisation des procédures collectives. La simplification, la moralisation, relativiser le principe de l'égalité des créanciers, sont les mesures communes à toutes les procédures. En outre, pour optimiser davantage la procédure de redressement judiciaire, des techniques spécifiques doivent être instaurées. On pense principalement à l'encadrement affiné des remises fiscales – et non fiscales -, et à la redéfinition des régimes des privilèges. Pour rendre concrète cette amélioration, une dualité traditionnelle doit se concrétiser sur le terrain : le travail réfléchi du législateur et son accompagnement par un effort jurisprudentiel. Ceci dit, pour repenser la protection du Trésor, l'amélioration du dispositif général, à elle seule, n'est pas suffisante. Les aménagements spécifiques sont aussi nécessaires.

TITRE II. LES RÉAMÉNAGEMENTS FISCAUX SPÉCIFIQUES

777. L'autonomie du droit fiscal par rapport au droit des entreprises en difficulté est considérée comme étant l'une des grandes failles du droit marocain et du droit sénégalais. En ce sens, cette autonomie ne contribue pas à ce que le législateur et le juge atteignent les objectifs poursuivis dans le cadre des procédures collectives. Dès lors, pour une protection efficace du Trésor, ces deux disciplines ont un grand intérêt à mieux se concilier[1650]. Ainsi, eu égard à l'absence d'exonérations fiscales, la reprise des entreprises en difficulté n'aboutit souvent pas[1651]. Et compte tenu de l'effet désastreux de la mise en œuvre du privilège fiscal lors du paiement collectif, les créanciers chirographaires n'arrivent souvent pas à recouvrer leurs créances. A cause de cela, la mortalité des petites entreprises est en nette augmentation. A ce niveau, l'action des deux législateurs africains est timide pour ne pas dire inexistante. Dans cette perspective, l'impératif de l'articulation et l'exigence de l'égalité **(Chapitre I)** sont deux aménagements spécifiques qui pourraient être introduire dans les régimes fiscaux internes en Afrique.

778. Par ailleurs, l'action en recouvrement[1652] joue un rôle très important dans la protection du Trésor dans le contexte des procédures collectives. Il y a lieu de distinguer selon que l'action en recouvrement est dirigée contre le débiteur ou contre le dirigeant. Dans le second cas de figure, si faute il y a, il est question de déclarer le dirigeant solidaire en matière du paiement des créances fiscales. De nos jours, ce régime reste imparfait. A ce titre, la valorisation de la protection basée sur la solidarité fiscale est indispensable. Par contre,

---

1650 Victor CALMETTE, Thèse préc., n° 726, p. 291.

1651 Cf. *supra* n° 40.

1652 Raymond GUILLIEN, Jean VINCENT, « Lexique des termes juridiques », *op. cit.*, p. 465.

toute voie d'exécution, quand elle est dirigée contre le débiteur du temps de la période suspecte, doit être sans effet. Il s'agit de permettre à l'entreprise en difficulté d'assurer son redressement. Le souci d'atteindre l'équilibre l'exige. Dès lors, l'incidence de la période suspecte doit être élargie pour englober les voies d'exécution exercées par le Trésor durant ladite période. Il faudrait redéfinir l'incidence de la période suspecte sur la prérogative spéciale qu'est la mise en œuvre de l'ATD. Dans cette perspective, ladite valorisation et ladite redéfinition sont deux autres aménagements spécifiques qu'il convient d'introduire dans les deux régimes juridiques africains objet de notre recherche. Là aussi, on va vers une meilleure articulation du droit fiscal et du droit des procédures collectives. Dès lors, la redéfinition de l'incidence des procédures collectives sur les prérogatives spéciales du Trésor est indispensable **(Chapitre II)**.

CHAPITRE I. DE L'EXIGENCE D'ÉGALITÉ À L'IMPÉRATIF DE L'ARTICULATION

779. Incarnation parfaite de la protection du Trésor, la poursuite régulière de l'activité économique est pourtant souvent remise en cause. Malgré les efforts déployés pour y parvenir, certains obstacles subsistent. Sur ce point, l'on constate l'absence de l'accompagnement de l'Etat. Au regard de la portée économique de la poursuite de l'activité, ne faudrait-il pas accompagner cette solution par des mesures fiscales incitatrices ? La réponse pourrait être affirmative. A cet égard, on ne peut que s'accorder avec un auteur[1653] qui s'est livré à ce thème[1654] pour confirmer que le cadre juridique actuel n'est pas tellement attractif pour encourager les investisseurs à reprendre des entreprises placées en redressement judiciaire. « *Peut-on sérieusement faire l'économie d'une réforme plus importante ?* »[1655], s'interroge l'auteur. Et d'ajouter qu'une telle réforme n'est pas un exercice très facile. Elle exige « *la conciliation* »[1656], combien difficile, entre le droit de l'insolvabilité avec les règles du droit commun et y compris celles du droit fiscal en particulier. Dans cette perspective, l'impératif de l'articulation **(Section II)** est une donnée importante à prendre en considération. Par ailleurs, la poursuite de l'activité économique ne concerne pas seulement l'entreprise destinée à être reprise, il est aussi question de petites entreprises en relation d'affaires avec ce débiteur en difficulté. Que ce soit au Maroc ou dans l'espace OHADA, il est constaté que les petits contribuables – dits créanciers chirographaires – n'arrivent pas à récupérer leurs dettes après la répartition du produit de l'actif vendu. Peu importe qu'ils se mettent sous la protection de la justice commerciale ou non, leur acte de décès ne tarde pas à être dressé. L'on aboutit à la conséquence que le Trésor perd des

---

[1653]Mohamed ABOULHOUCINE, « La pratique de la cession d'une entreprise en difficulté », art. préc., p. 98.

[1654]Mohamed ABOULHOUCINE, *La cession d'une entreprise en difficulté en tant que solution du redressement judiciaire,* Thèse, Casablanca, 2003.

[1655]Mohamed ABOULHOUCINE, « La pratique de la cession d'une entreprise en difficulté », art. préc., p. 99.

[1656]*Ibid.*

contribuables. Couplé avec les retards de paiement[1657], le privilège attaché aux créances fiscales est cité comme l'une des principales causes de la situation de cette catégorie de contribuables. Une partie de la solution consiste à aller vers la suppression du privilège attaché aux créances fiscales. Suppression qui est de nature à instaurer plus d'égalité **(Section I)** entre les créanciers. Sur cette exigence qu'il faut travailler.

[1657] Cf. Naoufel DARIF, « Plus de 75% des entreprises ne paient pas à temps ! », *La vie éco*, 2 fév. 2020.

Section I. L'exigence d'égalité

780. Précisions terminologiques. Le créancier chirographaire d'une entreprise en difficulté est défini comme celui « *ne bénéficiant d'aucune garantie particulière pour le recouvrement de son dû* »[1658]. Mener une réflexion préliminaire à ce niveau est d'autant plus nécessaire que les critiques qui sont adressées à sa condition sont vraiment virulentes. En effet, comme les autres créanciers, le créancier chirographaire est soumis à la discipline collective : il déclare sa créance au passif de la procédure ; sa créance est vérifiée. Il est consulté dans lors de la préparation du plan de continuation et du concordat de redressement. Sa créance est rééchelonnée dans le temps. Toutefois, en matière de liquidation judiciaire, le paiement de sa créance est synonyme de mythe. A ce stade de la procédure, l'application du principe d'égalité des créanciers devient ineffective[1659]. La doctrine, pratiquement unanime, a eu l'occasion de s'exprimer sur la condition défavorable des créanciers chirographaires. Un auteur a pu constater avec humour que : « *La condition des créanciers chirographaires-misérables fantassins par rapport aux blindés représentés par les créanciers munis des sûretés dans le combat pour les dividendes- devient souvent forte précaire* »[1660]. Une cause illogique entraîne une conséquence fatale. Parce qu'il se positionne au bas de l'ordre de paiement des créanciers, la condition de cette catégorie de créanciers, faut-il le reconnaître, est fortement vulnérable. Ce créancier tombe fréquemment « *dans la trappe de l'oubli* »[1661]. Son existence sur la scène économique est en jeu dans ces conditions.

781. Protéger un créancier chirographaire, c'est maintenir en vie un contribuable. D'emblée, faut-il rappeler que cette question revêt un enjeu extrêmement important pour l'Administration fiscale. Ainsi, comme on l'a vu, le créancier

---

[1658]Raymond GUILLIEN, Jean VINCENT, *op. cit.*, p. 169.
[1659]Christian GAMALEU KAMENI, *La cessation des paiements…, op. cit.*, p. 62.
[1660] C. GAVALDA, note sous Cass. com. France, 11 oct. 1972, JCP 1973, I, 1731.
[1661]Aldo RIZZI, *op. cit.*, p. 270.

chirographaire, qu'il soit personne physique ou morale, est considéré comme étant un contribuable. S'il n'est pas payé au terme de la procédure de liquidation, cette situation influe négativement sur la trésorerie de l'entreprise. Dans le pire des cas, il en résulte sa liquidation et, partant, sa disparition définitive du tissu économique. En définitive, c'est une perte pour le Fisc en ce que c'est un contribuable qui a disparu. A ce titre, l'exigence de l'égalité entre les créanciers paraît être une solution efficace. Pourtant, la doctrine oscille entre le maintien du privilège et sa suppression. Des arguments sont cités par les partisans de l'un ou de l'autre choix. Les apprécier suppose de poser, à notre sens, deux questions. La toute première question est de savoir si lors de la répartition du produit de l'actif vendu, les petits contribuables (dits créanciers chirographaires) peuvent vraiment tirer profit de la suppression du privilège fiscal. En renonçant à son privilège, le Trésor peut-il apporter un élément de solution dans un tel cadre ? La seconde question consiste à se demander si cette suppression ne va-t-elle pas placer le Trésor dans une situation défavorable. L'exigence de l'égalité est-elle une bonne option ? Les avis sont partagés.

782. La solution passe par la suppression du privilège du Trésor **(§ 2).** C'est l'idée que défend un courant de pensée. Se basant sur des justifications qui sont d'ailleurs discutables **(§ 1),** d'autres plus hostiles demandent le maintien dudit privilège.

§ 1. Des justifications discutables

783. L'encadrement de la condition juridique du privilège fiscal au Maroc remonte à l'ère du Protectorat français. Ladite condition, amorcée au début du XXème siècle, est marquée par la succession de plusieurs textes normatifs. Ce privilège est institué dès 1913[1662], année de l'introduction du Code des obligations et contrats. Il s'agit d'un privilège général portant uniquement sur les meubles du contribuable. À peine trois années plus tard, la structure du privilège du Trésor s'améliore

[1662] DOC, Maroc, art. 1244.

avec le Dahir du 6 janvier 1916[1663] : l'assiette du privilège fiscal porte non seulement sur les meubles du débiteur mais aussi sur les immeubles de ce dernier. De même, le rang du privilège devient classé juste après les frais de justice. Vient après le Dahir de 1935, mais il n'a rien changé à ce niveau. Instituant le Code de recouvrement des créances publiques, le législateur marocain de 1997 se tourne pourtant vers la logique de la loi de 1913 (article 1244 précité). Le Trésor a connu des moments de faste et des périodes de déclin, des hauts et des bas. L'histoire de la structure du privilège fiscal, normale puis rétablie et enfin abandonnée, marque le poids de ce privilège et confirme l'influence qu'il peut exercer sur les autres créanciers. Quoi qu'il en soit, l'application du privilège fiscal est toujours maintenue dans le contexte des procédures de traitement des difficultés de l'entreprise.

784. En France, le débat sur cette question n'est pas clos du tout. Pour défendre le maintien dudit privilège, des justifications sont exposées. Ces justifications restent pourtant fragiles.

785. Fragilité du fondement tenant à l'intérêt général. A s'en tenir à un courant majoritairement doctrinal, la protection de petits contribuables par l'effet de la suppression du privilège du Trésor serait une évidence[1664]. Très loin d'être partagée par tous les auteurs, cette analyse ne satisfait pas davantage certains acteurs politiques. Un secrétaire d'Etat français aux PME s'écarte de l'analyse précédente ; il a pu estimer que « *la suppression pure et simple du privilège du Trésor aurait des répercussions financières importantes sur le recouvrement des créances fiscales et sociales* »[1665]. Pour conforter son propos, ce responsable politique rapporte une donnée chiffrée : en 2007, le privilège fiscal avait permis de recouvrer dans le cadre des procédures collectives 330 millions d'euros[1666]. D'après lui, si ce privilège devait être

[1663]Mohamed EL HABIB SOUJOUD, *Le recouvrement des créances fiscales dans le cadre des procédures de traitement des difficultés de l'entreprise*, Mémoire du Master, Marrakech, 2011, p. 77.
[1664] Cf. *infra* n° 791 et s.
[1665][Enligne] :http://archives.institutentreprise.fr/reflexions/societal/blog/la-cellule-de-chiffrage/nicolas-sarkozy-ump/supprimer-le-privilege-du-tresor-public
[1666]*Ibid.*

supprimé, le taux de recouvrement des créances fiscales ne serait pas satisfaisant. Plus proche en Belgique, un scénario plus courageux a eu lieu en 2008. Un groupe de parlementaires belges sont allés beaucoup loin : ils ont soumis une proposition de loi visant à supprimer le privilège et l'hypothèque du Fisc[1667]. Consultée à cet effet, la Cour de compte en France a rendu son avis. Après avoir estimé que c'est difficile de déterminer avec précision le montant de la diminution des recettes fiscales, la cour belge en est arrivée à la même conclusion : l'abrogation des sûretés fiscales précitées occasionnerait certainement « *une diminution des recettes fiscales* »[1668]. Les juges nuancent pourtant leur propos : « *les causes de préférence ont un effet dissuasif sur les redevables* »[1669]. Remarquons qu'il est fait ici allusion aux créanciers chirographaires. Au final, la cour belge s'attache au maintien du privilège fiscal en ces termes : « *La raison en est assez évidente : les effets budgétaires d'une telle suppression sont incertains. Cet argument pèse lourdement dans la conjoncture actuelle dans laquelle les finances de l'État sont, en effet, sous forte pression* »[1670]. Convaincus par cette analyse, les parlementaires ont été amenés à abandonner cette proposition de loi[1671]. Que ce soit en France ou en Belgique, l'idée est que l'intérêt général, traduit ici par le recouvrement des créances fiscales, ne doit, en aucune manière, être sacrifié. Au nom de l'intérêt général, principe sur lequel se réfère l'Etat pour se prévaloir des privilèges dans le scénario de la défaillance économique, il est légitime que

---

1667 A. BLAFFART, « Proposition de loi visant à supprimer les privilèges et les hypothèques du fisc », *Idefisc*, juin 2009. [En ligne] sur : www.idefisc.be.

1668 Proposition de loi visant à supprimer les privilèges et les hypothèques du fisc en Belgique, avis de la Cour des comptes, Doc. parl., Chambre, 2008-2009, n° 52-1521/002, p. 6.

1669 Proposition de loi visant à supprimer les privilèges et les hypothèques du fisc, avis de la Cour des comptes…*ibid* ; Nicolas DAMIEN, *La position préférentielle du fisc en cas de concours*, Mémoire de Master, Faculté de droit et de criminologie, Université catholique de Louvain, 2016, p. 60.

1670 SAGAERT, V., « Le droit belge : vers un espace de sûretés flexibles et efficaces ? », in *Un recouvrement de créances sans frontières,* Bruxelles, Larcier, 2013, pp. 171.

1671 Damien NICOLAS, *La position préférentielle du fisc en cas de concours*, Master préc., p. 60.

l'encaissement des créances fiscales soit une priorité[1672]. Justification traditionnelle, la protection de l'intérêt général ne doit-elle pourtant pas être appréhendée avec une certaine relativité ?

786. En effet, en lui reprochant son manque de pertinence, la justification centrée sur l'intérêt général est vivement critiquée par la doctrine. A s'en tenir à un auteur : « [...] *la protection* [...] *du budget de l'Etat ne doit plus reposer sur le sacrifice des créanciers dans la masse mais sur une socialisation des risques de l'insolvabilité* »[1673]. Dans cet esprit, ce ne sont pas les créanciers privés et plus particulièrement les créanciers chirographaires qui doivent supporter le coût de la défaillance économique mais l'Etat[1674]. Deux raisons président à cette confirmation. Admettons que l'Administration fiscale n'arrive pas à recouvrer ses créances et subisse de ce fait une diminution des recettes, permettre à un ou plusieurs créanciers chirographaires de recouvrer leurs créances serait utile pour le Trésor lui-même. L'idée est que ces contribuables vont pouvoir continuer à payer les impôts[1675]. Dans le souci d'être plus clair, on pourrait citer une doctrine qui a, sans doute, exprimé le plus nettement possible l'idée en question : « *si l'Etat sort « perdant » en tant que créancier impayé d'un débiteur insolvable, il sort « gagnant » en raison du fait que, dans la procédure menée à rencontre de ce débiteur, l'absence d'un passif fiscal privilégié aura permis le remboursement des banques et des fournisseurs* »[1676]. Dans cette circonstance, le problème de trésorerie et le scénario du dépôt de bilan seraient écartés. Abondant dans le même sens, on a pu relever une seconde raison qui conforte la fragilité de la justification relative à la protection de l'intérêt général[1677]. Le point de départ de la réflexion est une règle qui est tout-à-fait logique : une entité

1672 V. « Extraits du rapport de M. Henry ROSSIGNOL », *Gazette du Palais*, 1978, p. 612.

1673 Borcan Daniela, « Les nouvelles procédures collectives d'apurement du passif en Europe centrale. De l'inspiration française, allemande et américaine et des tendances fortes régissant ces procédures », in *Revue d'études comparatives Est-Ouest,* vol.33, 2002, n° 4. p. 115.

1674 Damien NICOLAS, Mémoire précité, p. 64.

1675 *Ibid.*

1676 Borcan DANIELA, art. préc., p. 115.

1677 Justin MUSHAGALUSA NTAKOBAJIRA, Thèse préc., 2006.

économique paye régulièrement ses impôts ; plus elle réalise des bénéfices, plus le montant des impôts augmente. Deux grandes conséquences instructives peuvent en être tirées. La première est que c'est la Nation qui, au nom de l'intérêt général, bénéficie du paiement florissant des impôts. La Nation est en droit de se prévaloir du bon fonctionnement de l'entreprise. La seconde conséquence est qu'en toute logique, c'est la nation qui, au nom de cet intérêt général, doit supporter les conséquences désastreuses de la défaillance de l'entreprise. Dans les faits, ce n'est pas la Nation qui supporte le coût de la faillite mais le groupe de petits créanciers.

787. De ce qui précède, on a sans doute raison de conclure que la protection de l'intérêt général doit être ici nuancée. Est-il toujours pertinent que les petits contribuables soient les principales victimes de la faillite des entreprises ?

788. Fragilité du fondement tenant à la non-implication du Trésor. Des juristes français ont réfléchi à la question de la suppression du privilège fiscal. Après avoir qualifié cette suppression d'acte courageux, une auteure a pu souligner que ladite suppression présente des conséquences tragiques sur le processus de redressement des entités économiques. En ce sens, s'il venait à perdre son privilège, garantie qui lui permet de se faire payer, le Trésor serait « *un partenaire très difficile dans les négociations telles que le concordat forcé ou le règlement amiable* »[1678]. Autrement dit, le Fisc serait très tellement « *exigeant* »[1679] qu'il ne consentira plus aucun nouveau délai de paiement. Il serait si « *exigeant* » au point de ne plus accorder des remises de ses dettes. Cette opinion semble être partagée par la doctrine administrative[1680] en France. Cette doctrine est allée jusqu'à soutenir que la suppression des privilèges attachés aux créances publiques pourrait occasionner « *un comportement* »[1681] rigide si l'on

---

[1678] Jacqueline LAHMANI, « Faillite et liquidation des entreprises, aspects du droit commercial », art. préc., p. 421.
[1679] Yves Guyon, cité par Jacqueline LAHMANI, art. préc., p. 422.
[1680] Hervé NOVELLI, Secrétaire d'État français chargé du commerce, de l'artisanat, des petites et moyennes entreprises, du tourisme et des services, interrogé à l'Assemblée nationale par M. Michel ZUMKELLER relativement à l'ordre de paiement des créanciers chirographaires dans les procédures de liquidation judiciaire, mars 2009 (question n° 636).
[1681] *Ibid.*

ose dire. Un tel comportement serait hostile au redressement des entreprises. Il serait même de nature à dresser des obstacles sur la voie de la sauvegarde des entreprises en difficulté. Il irait, en général, à l'encontre des objectifs poursuivis par le législateur en la matière. C'est ainsi qu'on a pu évoquer, dans un raisonnement appliqué au contexte français, mais qui reste valable, dans une certaine mesure, au contexte marocain, que « *devenant chirographaires, les créanciers publics pourraient être tentés de mettre plus rapidement en recouvrement leurs impayés et, ce faisant, d'accélérer ainsi la chute des entreprises, qui ne seraient confrontées, pour certaines d'entre elles, qu'à une crise de trésorerie passagère* »[1682]. Suivant cette logique, il serait donc « *dangereux* » pour le redressement du débiteur si le Fisc, dépourvu de son privilège, optait pour un comportement « *brutal* ». Dans cette perspective, la solution qu'est la suppression du privilège fiscal fait alors figure d'un remède inefficace. « *Il ne faudrait pas que le remède soit pire que le mal »*[1683]. Jusque-là, l'argumentation dressée par ce courant de la doctrine peut paraître pertinente. Où réside la fragilité de cette position ? Où se manifeste la faiblesse du fondement tenant à l'absence de l'implication du Trésor ? Notre position sur cette argumentation change suivant les contextes et les hypothèses. Ceci est particulièrement vrai que dans le contexte actuel marocain où les remises fiscales ne sont pas suffisamment encadrées, où l'octroi des nouveaux délais de paiement n'est pas poussé à son paroxysme, où l'exercice des poursuites individuelles est mal appliqué dans certaines situations[1684]. Dans ce contexte, la suppression du privilège fiscal peut mettre à mal le redressement des entreprises. Mais, dans l'hypothèse où les réformes que nous avons déjà proposées en matière de remises fiscales et autres venaient à être adoptées au Maroc et dans l'espace OHADA, le problème serait, dans une certaine mesure, résolu. L'idée qui les sous-tend est que la redéfinition de la protection du Trésor lors des procédures collectives est un véritable « système », c'est-à-dire « une globalité de mesure ayant une cohérence les unes par rapport aux autres ». En ce sens, la seule suppression du

---

[1682]*Ibid.*

[1683]*Ibidem.*

[1684] Sur l'affaire *Samir*, cf. *supra* n° 235.

privilège fiscal, prise isolément, ne donnera pas les résultats escomptés. Pourtant, si cette suppression est associée aux autres réformes, elle devrait porter ses fruits en matière du redressement des entreprises et de la protection des créanciers chirographaires.

789. Pourquoi donc les petits contribuables doivent-ils souffrir au nom de l'intérêt général ? Si l'on s'en tient à la réfutation de cette hypothèse fondamentale, alors la solution de la suppression du privilège fiscal devient pertinente.

§ 2. Pertinence de la solution basée sur la suppression du privilège fiscal

790. La pertinence de la solution basée sur la suppression du privilège fiscal tient à trois fondements : un appui doctrinal convaincant (**A**), les enseignements tirés de la jurisprudence (**B**) et le choix de ladite solution en droit comparé (**C**). Après l'exposé de ses fondements, il convient de proposer l'énoncé de la solution adéquate au contexte africain (**D**).

A. Un appui doctrinal convaincant

791. Dans le contexte des procédures judiciaires du traitement des difficultés de l'entreprise, la remise en cause du privilège attaché aux impôts implique qu'il devient un créancier chirographaire. Cette solution s'appuie sur quatre justifications.

792. Première justification. Si la doctrine de l'Ecole française fait preuve d'une avancée relativement aboutie sur cette question, les recherches abordant ce sujet en Afrique sont balbutiantes[1685]. Pour ne prendre que le cas du Maroc, plus d'un siècle après l'institution du privilège attaché aux impôts, la question relative à son abrogation ou à son maintien reste toujours dans l'ombre. Les recherches de fond font défaut en la matière. Trouvée dans la presse, trop peu étendue sur cette question, une position doctrinale conforte la

---

[1685] Justin MUSHAGALUSA NTAKOBAJIRA, Thèse préc., 2006.

suppression du privilège fiscal. Selon un spécialiste des procédures collectives[1686], garder une marge de protection à l'Etat avant les autres créanciers relève de l'injustice. Pour cet universitaire, la protection devrait logiquement aller aux groupes de petits créanciers. Comme cela a été précisé, la vulnérabilité des contribuables ordinaires induit donc cette suppression. La motivation précitée reste un peu pauvre. La doctrine française permet de creuser davantage ce point précis. Pour le *Medef, Mouvement des entreprises de France*, il est indispensable que soit abrogé le privilège fiscal. Il soutient qu'il n'y a pas une raison objective d'accorder à l'Administration fiscale un rang privilégié. A s'en tenir à la logique du *Medef,* la suppression des privilèges du Fisc et de l'Organisme social s'inscrit dans une démarche motivée par « *l'amélioration des mécanismes de financement des PME* »[1687]. Plus qu'une affaire de l'ordre de paiement, c'est l'effet dissuasif de la mise en œuvre du privilège fiscal qui fait l'objet d'une âpre controverse. En effet, la condition actuelle des fournisseurs les pousse à ne pas faire confiance en leurs clients dès lors qu'ils ont la conviction de risquer de ne pas être payés après la survenance de la cessation des paiements. C'est un cadre de méfiance qui règne entre les acteurs économiques. Cette pensée est au cœur de la réflexion de la classe politique en France. Interrogé par la presse en 2012, un député du Loiret et membre de la commission des finances à l'Assemblée nationale a pu souligner l'intérêt que représente cette suppression pour les créanciers chirographaires et les banques[1688]. Le député explicite son propos en estimant qu'« *en se mettant en dernier rang des créanciers, l'Etat diminue le risque des fournisseurs et il améliore la confiance entre les acteurs économiques. Cette mesure a été expérimentée avec succès durant le plan de relance* »[1689]. A contrario, l'effet

---

[1686] Mohamed Abou El Houssain, cité par Ali ABJIOU, « Réforme de la justice, le Code du commerce essuie les tirs », L'économiste, Ed., n° 3960, 04 fév. 2013.

[1687]Mouvement des entreprises de France, 8 propositions pour soutenir et accompagner les TPE- PME- ETJ dans leur croissance, rapport préc.,

[1688] Cf. supra n° 264.

[1689]Olivier CARRE, « Suppression du privilège du Trésor : trois questions à Olivier Carré », interviewé par Fiscalonline, [En ligne] : http://www.fiscalonline.com.

dissuasif du maintien dudit privilège est qu'il entrave la création de la richesse. Là aussi, le Trésor est perdant[1690].

793. Deuxième justification. L'impact du maintien du privilège fiscal sur la création de la richesse ne s'arrête pas là. Ainsi, une autre raison avancée par la doctrine pour défendre la suppression du privilège fiscal est mue par le souci de protéger les entreprises modestes. Reste que là, c'est sous un autre angle que s'apprécie la protection des créanciers chirographaires. Ainsi, parmi les célèbres auteurs qui se sont attelés à cette question en France, figure aussi la Chambre du commerce et de l'industrie de Paris. Le rapport, fait au nom de cette chambre, livre de pertinentes argumentations. Bien que le rapport[1691] semble osciller entre la suppression du privilège et son maintien, il a tendance à recommander, à titre principal, son abrogation. Dans cette perspective, deux principales motivations ont pu être rapportées. Descriptive, la première motivation tient aux données des expériences étrangères en la matière. De nombreux pays en Europe ont opté pour la suppression du privilège du Trésor[1692]. Mais, c'est sans doute la seconde raison qui mérite l'attention : l'abrogation du privilège fiscal contribue à mettre fin à la faillite en chaîne des entreprises. *A contrario,* le maintien du privilège est l'un des facteurs qui accentue la faillite en chaîne des entreprises modestes. Dans cette perspective, cette abrogation semble se révéler protectrice des fournisseurs. Ce constat est conforté par les enseignements tirés de la jurisprudence. Nous aurons l'occasion d'y revenir.

794. Troisième justification. La suppression du privilège fiscal trouve une autre justification dans le fait que le maintien dudit privilège est de nature à « *saper l'esprit d'entreprise* »[1693]. Pour s'en convaincre, il faut se demander quel serait le sentiment du fournisseur qui n'arrive pas à se faire payer du fait que les agents de l'Etat ont absorbé le

---

1690 Cf. *supra* n° 321.

1691 J. FRANTZ, *Pour la suppression du privilège des créanciers fiscaux et sociaux*, Rapport préc.,

1692 Cf. *infra* n° 802.

1693 Voyez une proposition de loi visant à supprimer les privilèges et les hypothèques du fisc en Belgique. [En ligne] : https://www.dekamer.be/FLWB/PDF/52/1521/52K1521001.pdf

produit de l'actif restant. « *Y vo*[yant] *une forme d'abus de pouvoir inouïe de la part du fisc* »[1694], cela ne suscite-t-il pas un sentiment d'injustice chez ce fournisseur ? Cette expérience ne va-t-elle pas laisser un certain goût d'amertume chez lui ? Si jamais ce dernier tombe, à son tour, en liquidation, peut-il facilement se lancer dans un autre projet économique ? C'est vrai qu'on ne peut pas répondre dans l'absolu et dire qu'il lui sera difficile de créer une nouvelle entreprise. Mais, une chose est sûre : ce constat permet de conforter l'idée selon laquelle la remise en cause dudit privilège est utile, dans une certaine mesure, à l'esprit d'entreprendre. Elle joue un rôle stimulateur pour favoriser le rebond du débiteur de bonne foi. Et on n'a pas besoin de revenir sur l'importance de ce rebond sur la protection du Fisc lui- même[1695].

795. Quatrième justification : la pertinente leçon tirée de la crise sanitaire Covid 19. Faudra-t-il encore attendre des années pour que les législateurs en Afrique comprennent ce que leurs homologues en Europe et en Amérique ont compris depuis des décennies déjà ? Seul l'avenir nous le dira. Reste que c'est sans doute que la crise sanitaire Covid 19 peut être vue comme une occasion à ne pas manquer. Cette crise est aussi instructive en matière des procédures collectives. Elle est venue conforter ce que nous avons pu exposer jusque-là ; elle accrédite la suppression du privilège du Trésor. Cité par un auteur, un rapport récent de la Banque Mondiale fait observer que :

> « Le seul avantage de la crise sanitaire [...] est d'imposer une réflexion sur les différents outils existants et les procédés à imaginer pour permettre aux entreprises fragilisées et aux secteurs économiques concernés de reconstituer leurs réserves, retrouver un niveau d'activité, des marges suffisantes et maintenir l'emploi. Il ne faudrait rien exclure en termes d'aides publiques, **y compris une remise en cause des multiples privilèges légaux** qui grèvent la trésorerie des entreprises au détriment des créanciers privés » [1696].

[1694] *Ibid.*

[1695] Cf. *supra* n° 454.

[1696] Jean-Luc VALLENS, « L'adaptation du droit des entreprises en difficulté à l'épidémie du Covid-19 : l'Europe en ordre dispersé », *BJE*, mai

796. Face à la pertinence de la solution qu'est la suppression du privilège fiscal, on ne peut que se demander pourquoi cet attachement au maintien dudit privilège. Aucune explication n'est trouvée si ce n'est les raisons précédemment citées et dont les fondements sont fragiles. Cette situation a amené un praticien à déclarer avec une certaine déception que ledit maintien est arbitraire. Déclaration faite non sans référence au droit administratif français : « *c'est le fait du prince et rien d'autre qui explique le maintien du privilège du Trésor et de la sécurité sociale* »[1697].

797. La pertinence de la solution axée sur la suppression du privilège fiscal tient non seulement à l'appui doctrinal, elle tient aussi aux enseignements tirés de la jurisprudence.

B. Enseignements tirés de la jurisprudence

798. La cessation des paiements, condition *sine qua non* de l'ouverture des procédures collectives, entraîne un effet non moins important : l'égalité entre les créanciers antérieurs. Phare de la faillite, ce principe souffre cependant d'une exception au stade de paiement des créanciers. Si la situation des créanciers privilégiés est tant bien que mal admissible, celle de petits contribuables (dits les créanciers chirographaires) est bien « *critique* »[1698]. Quel que soit l'ordre juridique considéré, le paiement de ces contribuables est « *subsidiaire* »[1699]. Lequel intervient, dans les deux systèmes juridiques africains, en dernier ordre. Ainsi, un créancier chirographaire n'est payé que lorsque les créanciers bénéficiant du privilège de *new money,* les créanciers de frais de justice, les salariés, les créanciers munis de sûretés spéciales, les créanciers postérieurs et les créanciers publics

---

2020, n° 3, p. 93. Pour plus de détails, V. Insol International et World Bank Group, *Global Guide: Measures adopted to support distressed businesses through the Covid-19 Crisis. Report*, mai 2020.

1697 Charles VINCENTI, « Point de vue d'un avocat sur les créanciers », *rev. Lamy. dr. aff.*, n° 80, 1er mars, 2005 ; Furtuna A., Le fait du prince, thèse, Paris, 1924, p. 21.

1698 Christian GAMALEU KAMENI, *La cessation des paiements en droit ...op. cit.,* p. 59.

1699 *Ibid.* p. 61.

sont désintéressés[1700]. L'idée est que le rang attribué aux créances fiscales privilégiées perturbe ou entrave le paiement des créanciers chirographaires. Du fait de l'insuffisance du produit de la vente des biens, les petites entreprises se retrouvent souvent impayées. Un exemple peut confirmer ce propos : une telle petite entreprise a des engagements soit avec une banque, soit avec un autre fournisseur, soit encore avec les salariés ; elle n'arrive pas à les honorer parce qu'elle-même n'a pas été payée dans une liquidation judiciaire dans laquelle le Fisc et la CNSS ont absorbé ce qui reste du produit de la vente de l'actif. Au final, on pourrait se retrouver en face d'une nouvelle liquidation judiciaire. Mais, cette fois-ci, ce n'est pas la mauvaise gestion du dirigeant qui est derrière, c'est l'ordre de paiement établi qui en est partiellement la cause. De ce point de vue, le Trésor n'est-il pas perdant ? La jurisprudence livre une partie de la réponse.

799. Enseignements tirés des affaires *Fidralom,* Thomas Cook et *S.A.M.I.R.* En effet, les exemples pratiques ne manquent pas. Plusieurs jugements rendus par les juridictions commerciales au Maroc actent cette situation. À titre d'illustration, l'on peut rappeler l'ordonnance numéro 157 du 16 mars 2010 qui concerne la liquidation de la société *Fidralom*[1701]. Dans cette affaire, deux créanciers chirographaires n'ont rien reçu. Bien plus, bien qu'il détienne une créance privilégiée, un créancier privé n'est pas arrivé à recouvrer sa créance. Parmi les causes du non recouvrement des créances dont la loi est à l'origine, il y a le maintien du privilège attaché aux créances fiscales[1702]. D'autres jurisprudences confortent ce propos. Pour passer de l'autre côté de la méditerranée cette fois-ci, l'affaire Thomas Cook est un bon exemple. Thomas Cook est une compagnie aérienne britannique. Près de 180 ans après sa création, ce voyagiste est tombé en faillite. Le premier ministre Boris JOHNSON n'a pas voulu que l'Etat intervienne dans le sauvetage de cette compagnie aérienne. Cette position a pu

---

[1700] AUPC révisé, art. 166- 6, art. 167-9; CRCP, Maroc, art. 107.

[1701]Trib. com., Rabat, n° 157, 03 août 2010, doss. com. n° 5/33/2003 (ord. préc.,).

[1702] Cf. *supra* n° 280.

surprendre au regard du coût de cette faillite pour l'Etat[1703]. Ainsi, « *le coût de la mise en difficulté de ses fournisseurs ainsi que les futures recettes fiscales perdues dépasseront vraisemblablement les 150 millions de livres* »[1704]. En dépit de cela, le gouvernement est catégorique : il n'a pas accepté de s'immiscer dans cette affaire[1705]. Pour les besoins de notre démonstration, ce qu'il faut retenir de cette espèce est que la faillite des grandes entreprises entraîne la mise en difficulté ou la faillite des entreprises modestes. L'effet domino sur les créanciers chirographaires est indéniable. S'ensuit aussi une perte des recettes fiscales. Comme le privilège du Fisc est supprimé en droit anglais[1706], il y a une certaine chance que les fournisseurs et les autres créanciers ordinaires soient payés. Dans cet esprit, l'hypothèse de leur faillite serait, dans une certaine mesure, écartée. Au contraire, une conséquence s'impose après que l'on transpose les faits de cette affaire dans les contextes OHADA et marocain : si jamais il y a une liquidation judiciaire, les fournisseurs en difficulté ne seront payés qu'après que le Fisc ne sera payé. Chose qui aggraverait davantage leurs difficultés. Si une ou plusieurs faillites sont probables, la perte de plus d'impôts est certaine. Si l'on quitte l'affaire Thomas Cook pour revenir en Afrique, on constate qu'une conséquence similaire est trouvable à l'examen des affaires tranchées par les juridictions au Maroc. Dans l'affaire *S.A.M.I.R* déjà citée, la raffinerie est toujours fermée et les salariés sont sans emploi. Plusieurs entreprises qui travaillent avec *S.A.M.I.R* sont en difficulté. Bien plus, Mohammedia, ville où se trouve la raffinerie est un peu « paralysée », au point même que les petits commerçants du quotidien (les bouchers par exemple) déclarent être touchés par la cessation de l'activité économique de la raffinerie. La non-reprise de l'activité économique dépasse la société *S.A.M.I.R* pour perturber l'économie locale de toute une ville. Dans cette affaire, en tant que créanciers privilégiés, la Douane et les banques détiennent respectivement 14 MMDH (1,29 Milliard d'euros) et 8,5 MMDH (780 000 000 d'euros). En tant que

---

[1703] Jérôme CABY, « Thomas Cook, une faillite avant tout managériale », theconversation.com, 29 sep. 2019.
[1704] Jérôme CABY, art. préc., C'est l'équivalent de 166, 60 euros selon le cours de change appliqué le 09 déc. 2020.
[1705] *Ibid.*
[1706] Cf. *infra* n° 802.

créanciers chirographaires, les fournisseurs détiennent 9 MMDH (830 000 000 d'euros)[1707]. Parce que la répartition du produit de la vente de l'actif n'a pas encore eu lieu, ce n'est pas le privilège attaché aux créances douanières, fiscales et sociales qui a mis ces fournisseurs en difficulté. En fait, c'est l'arrêt de l'activité. Ceci dit, il faut le rappeler ici, du fait de la primauté dont jouissent les créanciers privilégiés en l'espèce, on peut affirmer, dès à présent, que le non-paiement ou le paiement incomplet des créanciers chirographaires accentuera leurs difficultés financières. Comme dans l'affaire Thomas Cook, l'effet désastreux sur la naissance et le recouvrement de nouveaux impôts est certain. Cela étant, tout l'enjeu est que ces fournisseurs gardent leurs places sur la scène économique où, leur qualité de payeurs d'impôts se maintienne[1708].

800. Démonstration. Dans le contexte marocain et dans l'espace OHADA, on se souvient que le taux de recouvrement des créances d'impôts est très faible. Il faut rappeler qu'au Maroc ce taux est de 25 %. Le Fisc est considéré comme étant le plus important et le plus influent des créanciers. Toutefois, il ne reçoit pas grand-chose en termes de recouvrement des impôts. « *Son privilège manque* [ici] *d'efficacité* »[1709]. Dès lors, la remise en cause du privilège fiscal ne fera pas perdre au Trésor des montants considérables. Maintenant, sur cette partie du montant que le Fisc arrive à recouvrer que la réflexion va être menée. Supposons qu'un Percepteur ait déclaré dans le passif d'une liquidation judiciaire, à titre privilégié, la somme de 100 000 Dirham marocain (9180, 61 €), qu'au moment de la répartition, il n'ait droit qu'à seulement 25 000 Dirhams marocains (2295,15 €) et que les créanciers chirographaires n'aient pas pu être payés. Ici, supprimer le privilège du Trésor implique que le montant de 25 000 Dirhams revient à tous les créanciers chirographaires. Sans aucun doute, c'est une perte pour le Trésor. Mais, une

[1707] Hicham EL MOUSSAOUI : « Aucun repreneur rationnel n'accepterait de racheter la Samir », *Challenge.ma,* 31 mai 2019.
[1708] D. BORCAN, « Les nouvelles procédures collectives d'apurement du passif en Europe centrale – De l'inspiration allemande, américaine et française et des tendances fortes des règles régissant ces procédures », *loc. cit.*, pp. 19-20.
[1709]Justin MUSHAGALUSA NTAKOBAJIRA, Thèse préc.,

question mérite d'être posée : est-ce que l'Etat est capable de supporter cette perte ? Une réponse affirmative s'impose. Ce constat nous amène à reposer la même question mais ce sont les petits contribuables qui sont au centre cette fois-ci : Est-ce que les petites entreprises sont toujours capables de supporter la perte au moment de la répartition du produit de la vente des biens liquidés ? Là, une réponse négative s'impose. « *Le coût social et économique est beaucoup moins lourd à supporter pour l'État que pour une TPE ou PME* »[1710]. Voilà, l'argumentation qui résume notre réflexion dans ce paragraphe. C'est pourquoi, la suppression du privilège fiscal est prédominante en droit comparé.

C. Le choix de la suppression du privilège fiscal en droit comparé

801. Au cœur d'une controverse politique, la suppression du privilège attaché aux impôts a plus divisé les acteurs politiques que les doctrinaires. Soulevé dans de nombreux pays de l'Europe, ce débat a connu son apogée en France lors de la campagne électorale des présidentielles en 2012. Le fait marquant est la proposition de M. Nicolas SARKOZY, candidat aux présidentielles françaises, de supprimer le privilège fiscal[1711]. Enfin, la solution n'a pas été adoptée. Plus de neuf années plus tard, le débat autour la suppression du privilège fiscal revient au-devant de l'actualité. Ainsi, un groupe de parlementaires français ont déposé un amendement visant à remettre en cause le privilège fiscal. Eu égard aux raisons précitées, on aurait pu avoir le droit d'être optimiste et s'attendre à ce que le droit français tourne la page et fasse un pas en avant en matière de la redéfinition de la protection des petits contribuables. Contre toute attente, la loi Pacte n'est pas allée dans ce sens. La France reste toujours une exception en Europe dans un tel cadre.

802. Si la démarche en France n'a pas abouti, elle l'est dans de nombreux pays en Europe et au Canada. Ainsi, un débat

---

[1710][Enligne] :http://www.assembleenationale.fr/dyn/15/textes/l15b1581_proposition-loi, consulté le 11 nov. 2020.

[1711] Marie VISOT, La fin du « privilège du Trésor », *lefigaro.fr*, 19 mars 2013.

similaire s'est posé dans certains pays de l'Union européenne et une évolution courageuse s'en est suivie. Dès 1999, adoptant un nouveau Code de l'insolvabilité (*Insolvenzordnung)*, l'Allemagne a supprimé le privilège attaché aux impôts et aux créances sociales. Exception faite des créances d'impôts nées entre la date du dépôt de bilan et celle de l'exécution du plan de redressement[1712]. L'exception concerne ici les créances fiscales postérieures[1713]. Le législateur allemand est parti des considérations précitées précisément celle relative à la nécessité d'éviter la liquidation en chaîne des entreprises. Trois années plus tard, pays très proche de l'Allemagne, le Royaume uni, guidé par la même logique, lui emboîte le pas. La loi dite *L'Entreprise Act*[1714]innove et marque une étape décisive en abrogeant « *les droits prioritaires de la Couronne* »[1715]. L'objectif affiché n'est rien d'autre que le souci d'assurer la survie de petits contribuables. Le même constat peut être fait à propos de l'expérience entamée par la Belgique en 2009. La loi sur la continuité des entreprises prévoit que les créances fiscales sont considérées comme des créances chirographaires. En ce sens, une Administration fiscale et un petit contribuable sont égaux au moment de la répartition du produit de l'actif vendu. Toujours en Europe, au Danemark, un des pays précurseurs dans ce domaine, l'Etat a retiré le privilège au Fisc[1716]. Bien qu'une partie de la doctrine ait estimé qu'il s'agit bien d'un système qui n'« *apaise* »[1717] pas le Trésor, cette qualification ne fait pas l'unanimité des auteurs et est démentie par la suite. Ainsi, lors des 6 èmes journées juridiques franco-nordiques tenues à Paris du 10 au 14 octobre 1984, un auteur[1718] évoque cette question en faisant observer que la mise en application de ladite suppression a occasionné des résultats très

---

[1712]J. FRANTZ, *Pour la suppression du privilège des créanciers fiscaux et sociaux*, 4 oct. 2012, [En ligne] : www.cci-paris-idf.fr, p. 5.

[1713] Cf. *supra* n° 341 et s.

[1714] La loi dite *L'Entreprise Act* est adoptée en 2002 et succède à *l'Insolvency Act* de 1986.

[1715]J. FRANTZ, *Pour la suppression du privilège des créanciers fiscaux et sociaux*, Rapport préc.,

[1716]Damien NICOLAS, mémoire préc., p. 59.

[1717]Jacqueline LAHMANI, « Faillite et liquidation des entreprises, aspects du droit commercial », art. préc., p. 422.

[1718]M. GOMARD, cité par Jacqueline LAHMANI, « Faillite et liquidation des entreprises, aspects du droit commercial », art. préc., p. 423, *ibid.*

satisfaisants. Outre le fait que les pertes de l'Etat danois sont légères à ce niveau, l'abrogation du privilège fiscal a entraîné le bonheur des opérateurs économiques privés en ce que la formation des concordats de redressement est devenue plus facile que par le passé. La liste des pays qui ont fait ce choix n'est pas limitative. D'autres pays ont suivi cette voie. On peut penser à la République Tchèque et au Canada.

803. Conclusion. Dans tous ces régimes juridiques, il convient de reconnaître que c'est un changement radical d'attitude qui fait passer le Trésor de simple créancier à un partenaire engagé. Il est impliqué, dans la mesure du possible, dans la préservation de la vie des entreprises. Implication qui contribue à améliorer le financement des PME et des TPE, qui contribue à améliorer la confiance entre les acteurs économiques et qui contribue à mettre une barrière à la faillite en chaîne de petites entreprises. L'atteinte de tous ces objectifs ne peut que contribuer à la création de la richesse et à la préservation des emplois. C'est cela l'essentiel. Et ce n'est que le vrai chemin qui mène vers la vraie protection du Trésor.

804. Maintenant que l'on a pu se convaincre de la pertinence de la solution basée sur la suppression du privilège fiscal, il reste à en fixer l'énoncé.

D. Énoncé de la solution

805. Vers l'adéquation du privilège attaché aux impôts avec la réalité économique et sociale en Afrique. Afin d'apporter une protection au Trésor sur le long terme, afin d'apporter un soutien aux petits redevables des entreprises en difficulté, il est proposé aux législateurs africains internes de supprimer le privilège fiscal en cas de l'application de la procédure de liquidation judiciaire. La solution peut être formulée comme suit :

> « En application de la liquidation judiciaire du redevable ou d'un tiers tenu légalement au paiement des sommes dues au titre de l'impôt sur le revenu, de l'impôt sur les bénéfices des sociétés et autres personnes morales, des taxes sur le

> chiffre d'affaires, et des contributions indirectes, le Trésor renonce à exercer son privilège »[1719].

Renoncer à exercer son privilège fiscal pousse à considérer le créancier fiscal comme étant un créancier chirographaire[1720]. Flexible, cette solution est conditionnée par l'existence des créanciers chirographaires dans la procédure. Sinon, le Trésor est fondé à exercer son privilège. Telle est la proposition de la règle juridique qui doit être introduite dans les lois internes des Etats africains. Le classement des créanciers prévu par les deux articles 166 et 167 de l'AUPC révisé est à revoir bien entendu et ce, pour éviter le manque de cohérence entre les textes de loi et assurer la cohésion entre eux. Cette dernière proposition reste valable pour le contexte marocain.

806. Cette solution est le passage d'un paiement prioritaire et instantané du créancier fiscal à d'autres priorités, beaucoup plus importantes, celle d'assurer la survie des créanciers ordinaires, celle d'encourager l'investissement et celle liée à la création de la richesse. Cet investissement peut être aussi encouragé à travers la diminution du taux et du montant de l'impôt. C'est la raison pour laquelle la question de la réception d'un régime fiscal incitatif en droits internes africains est digne aussi d'être discutée. L'impératif d'articulation est un autre aménagement spécifique qu'il faut envisager.

[1719] Assemblée nationale, France, 7 oct. 2020, Amendement n° I - 989.
[1720] Pierre-Michel LE CORRE, *Droit et pratique des procédures collectives*, 2e éd., *Dalloz*, Paris, 2003 ; 6e éd. 2011 ; 7e éd. 2013, n° 652. 11.

Section II. L'impératif d'articulation

807. L'un des principaux freins quant au succès du redressement des entreprises en difficulté est celui qui tient au régime fiscal applicable en la matière. En effet, à la grande différence du droit français[1721],il n'existe pas en droits marocain et sénégalais (à titre d'exemple), un régime fiscal qui donne un coup de main aux investisseurs intéressés par l'achat des entreprises en difficulté. Ledit régime est de nature à encourager l'investissement et aider l'entreprise en difficulté à se remettre sur pied. En dépit de son utilité économique, le droit fiscal dans ces deux pays, avec des nuances, « *ne s'engage que* [très] *timidement dans cette voie* »[1722].

808. En quoi la mise en place d'un régime fiscal adapté au contexte de la reprise des entreprises en difficulté garantit une protection efficace pour le Trésor ? La question mérite d'être posée d'autant plus que ce régime fiscal induit tantôt l'exonération des impôts, tantôt la diminution de leurs montants. « *Trop d'impôts tue l'impôt* ». C'est en référence de cette maxime que l'on peut affirmer que c'est nécessaire de compléter l'œuvre législative en la matière en instaurant des règles fiscales adaptées aux entreprises destinées à être reprises.

809. Au-delà des avancées positives (**§ 1**) certaines qu'il faut ici évoquer, il faut mettre en exergue les principales questions pour lesquelles une amélioration est possible (**§ 2**).

§ 1. Avancées positives

810. Des avancées positives ont été notamment réalisées en matière de la Taxe professionnelle, des droits de timbre et de la TVA pour les entreprises qui cessent temporairement leurs activités économiques.

[1721]CGI, France, art. 44.
[1722]Yves GUYON, *Entreprises en difficultés... op. cit.*, p. 320.

811. Le démembrement de la taxe professionnelle. Comme cela a été indiqué, le principe de l'annualité suppose que la taxe professionnelle[1723] doive tenir compte de la situation du débiteur au début de l'année[1724]. Autant en droit marocain qu'en droit sénégalais, la taxe professionnelle est établie et due pour l'année entière à raison des faits existants au premier janvier. Le législateur fiscal marocain et son homologue sénégalais se sont pourtant rattrapés et ont édicté un régime spécial à l'encontre de l'entreprise qui cesse son activité et dont la cause est une liquidation judiciaire[1725]. Dans cette situation, les droits du Fisc en la matière ne sont dus que jusqu'à l'expiration du mois en cours. Le Code général des impôts du Cameroun de 2017 s'inscrit dans le même raisonnement[1726]. Admettons qu'une liquidation judiciaire ait été prononcée avec cessation d'activité le 15 mai 2017, l'entreprise concernée n'est redevable envers le Trésor à titre de la patente ou de la taxe professionnelle que pour la période qui s'étale seulement du premier janvier à l'expiration du mois de mai. En ce cas, la patente est à dévoiler au passif de la procédure car elle est qualifiée de créance antérieure.

812. Une logique identique est applicable pour les créances fiscales dues aux collectivités locales. Ainsi, l'article 8 de loi n° 47- 06 relative à la fiscalité des collectivités locales au Maroc prévoit que :

> « En cas de cessation totale en cours d'année de l'exercice d'une profession, la taxe [professionnelle] est due pour l'année entière, à moins que la fermeture des établissements, magasins, boutiques ou ateliers ne résulte de décès, de liquidation judiciaire, d'expropriation ou d'expulsion. Dans ce cas, les droits sont dus pour la période antérieure et le mois courant ».

813. L'exonération des droits de timbre. Une autre exonération est établie pour ce qui est des droits de timbre. Au Maroc, la question de leur recouvrement ne se pose pas. Cette solution est identique en droit interne du Bénin. C'est qu'en

---

1723 Abdelhaq BOUQBICH, *La continuité de l'activité de l'entreprise soumise au redressement judiciaire,* (en langue arabe) *Dar* Es-Salam. Ed., 2007, p. 212.
1724 Mohamed NMILI, *op. cit.*, p. 417.
1725CGI, Sénégal, 2012, al. 2, art. 342.
1726CGI, Cameroun, 2017, art. C 18.

application des articles 250 du CGI au Maroc et 841 du CGI au Bénin, les actes établis en exécution des dispositions juridiques relatives aux difficultés de l'entreprise sont exonérés des droits de timbre. L'acte de vente d'un bien immobilier appartenant à l'entreprise placé en cession judiciaire est un bon exemple.

814. Régime fiscal spécial de TVA en cas de cessation temporaire d'activité. Dans le même ordre d'idées, une avancée remarquable a fait son entrée récemment au Maroc. Ainsi, pour remédier au phénomène des entreprises dites en « *stand by* »[1727], le législateur fiscal marocain a fait le choix en 2018 de mettre en place un régime fiscal spécial[1728]. Pour pouvoir en bénéficier, le contribuable en difficulté doit déposer une cessation temporaire d'activité auprès de la Direction générale des impôts[1729]. A l'examen de ce régime, deux mesures avantageuses en ressortent. Alors que la première mesure consiste à faire bénéficier le contribuable de l'exonération de la cotisation minimale[1730], la seconde a pour objectif de lui permettre de ne déclarer la TVA qu'une seule fois par an[1731]. En ce sens, il s'agit d'un allégement pour le contribuable en difficulté. Il faut reconnaître que l'instauration de ce régime spécial est l'illustration parfaite du fait que le rebond du débiteur dépend en grande partie de l'adaptation du droit fiscal à la situation des entreprises en difficulté[1732]. Au Maroc ou ailleurs en Afrique subsaharienne, une grande partie des entreprises modestes passe par des périodes difficiles. Plutôt que de les liquider judiciairement ou amiablement, le Trésor ferait bien de leur réserver une pause[1733]. Cette pause, accompagnée de mesures fiscales, encourage le rebond de ces entreprises.

[1727] Cf. *supra* n° 82 et 544.

[1728] Naoufel DARIF, « Cessation temporaire d'activité : un régime fiscal spécifique est instauré », *La vie éco*, 19 déc. 2017.

[1729] Khadija MASMOUDI, « La cessation temporaire d'activité fait son entrée », *L'économiste*, Ed. n° 5183, 05 jan. 2018.

[1730] CGI, Maroc, 2017, art. 144 - I – A.

[1731] CGI, Maroc, 2018, art. 150 - bis.

[1732] Cf. *supra* n° 473.

[1733] Khadija MASMOUDI, « La cessation temporaire d'activité fait son entrée », *L'économiste*, n° 5183, 05 oct. 2018.

815. Ceci dit, si ces exonérations sont à saluer, elles restent insuffisantes. La position du législateur marocain et celle de son homologue sénégalais sont timides en la matière. Possible, l'amélioration de ce régime est recommandée.

§ 2. Les principales améliorations possibles

816. Un régime ayant pour finalité l'encouragement de l'investissement et la redéfinition de la protection du Trésor doit, à notre sens, envisager en tant que règles minima, les deux créances fiscales que sont l'IS et les droits d'enregistrement. Du coup, pour pouvoir améliorer le régime fiscal en la matière, il faut prévoir l'exonération totale des droits d'enregistrement (**A**) de l'IS dans l'hypothèse de la reprise des entreprises en difficulté (**B**).

A. Exonération totale de droits de mutation

817. Quelle évaluation retenir : la valeur réelle ou la valeur fictive de la chose cédée ? En Afrique comme en Europe, et quel que soit le régime fiscal interne, il est prévu que la cession de tout élément de l'actif immobilier engendre la mutation de la propriété. En ce cas, il est fait application des règles relatives aux droits de mutation[1734]. Le fondement de cette obligation légale est déduit de l'article 126 du CGI marocain : tout acte constatant une vente d'immeuble et portant mutation de la propriété entre le cédant et le cessionnaire y est soumis. Dès lors qu'il y a mutation, il y a donc place aux droits d'enregistrement (de mutation). La cession de l'actif immobilier appartenant à l'entreprise placée en cession judiciaire ne déroge pas à cette règle. En fait, c'est l'acquéreur (le repreneur) qui doit s'acquitter des droits d'enregistrement et non pas l'entreprise cédée en la personne du syndic. Comment ces droits sont-ils calculés ? En principe, ils se calculent suivant la valeur réelle dite vénale de la chose cédée[1735]. A cet effet, il y a des procédures spéciales mises en

---

[1734] Patrick SERLOOTEN, « L'incidence du redressement judiciaire sur la situation fiscale de l'entreprise », art. préc., n° 23.

[1735] Gilles DEDEURWAERDER, « Les entreprises en difficulté face au droit fiscal », art. préc., n° 27.

place par les législateurs internes des différents Etats en Afrique. Procédures qui sont instaurées à l'effet de lutter contre le caractère symbolique du prix de cession. Ainsi, le Trésor peut demander de ne pas être tenu par le prix de cession arrêté par le tribunal de la procédure de cession judiciaire[1736].

818. Énoncé de la problématique. En effet, la cession de l'entreprise en difficulté à un prix symbolique s'inscrit dans le cadre de l'épineuse question relative à l'évaluation des biens détenus par elle. Pour le Trésor, céder un fonds de commerce à un prix symbolique diminue naturellement le montant correspondant aux droits d'enregistrement. Pour le repreneur, l'achat à un prix symbolique est de nature à alléger les charges fiscales de la cession. En contrepartie, ce repreneur prétend s'attaquer aux « *charges réelles* »[1737] relatives à la sauvegarde de l'entreprise, au maintien de l'emploi et au paiement du passif. Assurément, ce dernier choix tient compte de la recherche de l'équilibre entre les intérêts en présence. Mais, peut-on dire que le Trésor y trouve aussi son compte ? Quel est le choix qui est le plus protecteur du Fisc ? L'achat de l'entreprise à un prix symbolique, prix qui ne reflète pas réellement la valeur des actifs cédés, permet-il de servir les intérêts de l'Administration fiscale ? A part quelques avis éparpillés dans la presse, il n'y a pas au Maroc une étude qui permet vraiment d'approcher cette question. A s'en tenir aux recherches faites sur internet, on peut dire que le constat est identique au Sénégal. De même, la jurisprudence, disponible dans ces deux pays, ne s'est pas prononcée, à notre connaissance, sur cette question[1738].

819. Deux thèses opposées. En revanche, cette question a fait l'objet d'un développement jurisprudentiel si important en France au point que la question a divisé la jurisprudence.

820. La présentation de la première thèse. Cette thèse part de l'absence de l'autonomie de la cession de l'entreprise en

---

[1736] *Ibid.*

[1737] Patrick SERLOOTEN, « Un statut fiscal pour l'entreprise en difficulté ? », rev. *Lamy dtr. Aff.*, n° 18, 1 juill. 1999, n° 17.

[1738] La jurisprudence est disponible dans le site www.ohada.com.

difficulté en droit fiscal[1739]. Cette thèse rejoint la pratique au Maroc où il n'y a pas encore une assise fiscale spéciale relative aux droits de mutation à l'occasion de la reprise de l'entreprise en difficulté. Du coup, le prix symbolique, convenu entre les parties, est à écarter s'il est inférieur à la valeur vénale de l'entreprise[1740]. Là, l'Administration fiscale est fondée à appliquer la valeur réelle dans le calcul de l'assiette des droits d'enregistrement. Pour le Fisc, retenir le prix symbolique se révèle insignifiant. C'est la raison pour laquelle, il est permis de comprendre pourquoi le législateur fiscal marocain entoure cette hypothèse de grandes précautions. Par renvoi à l'article 131 du CGI de 2019, dès lors que la mutation se passe entre vifs et à titre gratuit, la base imposable est constituée, pour ce qui est de la cession du fonds de commerce, « *par l'évaluation de l'achalandage, du droit au bail, des objets mobiliers servant à l'exploitation du fonds et des marchandises en stock* »[1741]. Parce qu'il est rédigé de manière générale, ce traitement de faveur continue de recevoir application dans le cadre de la cession de l'entreprise en difficulté matérialisée par un plan de cession[1742]. Un régime similaire est trouvé en droit français. « *Les droits proportionnels ou progressifs d'enregistrement et la taxe proportionnelle de publicité foncière sont assis sur les valeurs* ». Tiré de l'article 666 du CGI français, ce dispositif légal ne doit pas surprendre. La jurisprudence française semble favorable à cette solution. En 1990, les arrêts *société Mosellane Automobile* et *société Garage Jacquot* ont pu accréditer cette thèse. Les deux arrêts[1743] de la Haute juridiction française méritent qu'on prête attention à l'un deux tant que la motivation est la même. En l'espèce, la société

[1739]Patrick SERLOOTEN, « Un statut fiscal pour l'entreprise en difficulté ? », art. préc., n° 19.

[1740]*Ibid.*

[1741] CGI, Maroc, 2019, art. 131.

[1742]Un autre texte de loi s'ajoute à l'article 131 du CGI. Il s'agit des articles 56 et 57 de la loi relative aux frais de justice. Ces deux articles instaurent la règle selon laquelle toute vente judiciaire des biens appartenant à l'entreprise en difficulté est soumise à un taux de 10 % du prix de vente. Dans l'affaire *Zlomatox*, la Cour de cassation marocaine a pu approuver cette dernière solution. Cf. Cass. adm. Maroc, n° 382, 30 avr. 2008, doss. adm., n° 2200 / 4 / 2 / 2005, [En langue arabe], cité par Omar AZOUGAR, *Les procédures fiscales entre la doctrine ... op. cit.*, . p. 193.

[1743]Cass. com, France, 3 juill. 1990, n° 89-12.784 ; Cass. com, France, 3 juill. 1990, n° 89-12.785.

Mosellane acquiert deux fonds de commerce de garage contre un prix énoncé à l'acte de vente : 1, 00 Franc français (0, 15 €) pour ce qui des éléments incorporels et 125 567, 00 Francs (19 142. 63 €) s'agissant des éléments corporels. Le Directeur général des impôts du premier arrondissement de Paris estime que le prix de cession est insuffisant. Pour cela, l'affaire est transférée à la commission départementale de conciliation, laquelle émet un avis établissant la valeur des fonds de commerce à 350 000 Francs (53357.34 €). Sur la base de cette nouvelle évaluation, un avis de mise en recouvrement est émis et validé par le tribunal. Mécontente de cette évaluation, la société *Mosellane* saisit le Tribunal de grande instance de Metz. Elle invoque, au soutien de sa thèse, l'existence de cessions similaires de fonds de commerce de garages localisés dans des zones en difficultés contre un Franc français symbolique. Ce raisonnement n'a pas convaincu les juges de Metz ; ils ont débouté la société susvisée. A son tour, la Cour de cassation rejette le pourvoi formé par la société et considère que le Tribunal de Metz a légalement motivé sa décision : « les *difficultés de l'entreprise ne peuvent justifier un prix symbolique d'un franc pour la vente d'un fonds de commerce dès lors que la situation financière de la société exploitant le fonds justifie un prix largement supérieur par référence à la valeur d'entreprises semblables* »[1744]. Faisant une lecture qui se détache de la lettre de l'article 17 du Livre des procédures fiscales français[1745] - qui correspond à l'article 217 du LPF marocain[1746]-, la Cour de cassation réserve donc une portée au dispositif de l'article 666 précité et admet la nécessité d'une évaluation du prix de cession de l'entreprise cédée dans le cadre du plan de cession[1747].

821. L'exposé de la seconde thèse. Le second courant jurisprudentiel part de l'idée que « *sans faire échec à la mise en œuvre du droit fiscal, le droit des procédures*

[1744]PatrickSERLOOTEN,sauvegarde, redressement etliquidation judiciaire s. – incidences fiscales sur l'entreprise, juris classeur préc., fasc. 3104, n ° 43.

[1745] LPF, France, art. 17.

[1746] CGI, Maroc, 2017, art. 217.

[1747]Patrick SERLOOTEN,sauvegarde, redressement et liquidation ……op. cit, n ° 42.

collectives le fait plier dans ses modalités d'application »[1748]. Selon cette thèse, la valeur réelle de l'entreprise, objet du plan de cession, ne peut être ici retenue. A ce titre, l'Administration fiscale se retrouve interdite de partir de la valeur réelle (dite vénale) des actifs cédés en faisant une comparaison avec des cessions qui ont porté sur des actifs dans des situations similaires[1749]. La jurisprudence disponible au Maroc et dans l'espace OHADA n'accompagne pas cette solution. En France, une affaire [1750] datant de 1987 aurait pu permettre à la Haute juridiction française de se prononcer sur cette question. Dans cette espèce, la société *Audax* et deux autres sociétés du même groupe ont fait l'objet d'un plan de cession partiel des actifs, plan qui a été homologué par le Tribunal de commerce de Paris. Par le jeu de cette cession, la société *Audax industries*, nouvellement créée, est autorisée en sa qualité de cessionnaire à acquérir des biens immeubles[1751] à un certain prix. En application de l'article L. 17 du Livre des procédures fiscales français, l'Administration fiscale s'est servie d'un redressement pour rectifier le prix de cession des biens acquis par *Audax industries*. Par un arrêt de 16 juin 1998, la Haute cour de Paris casse le jugement du tribunal de Mans en considérant que ce jugement a violé le texte de l'article L. 17 susvisé et l'article 81 de la loi du 25 janvier 1985[1752] :

> « Pour le calcul des droits de mutation dans le cadre d'un plan de cession d'une entreprise placée en redressement judiciaire, l'administration ne peut se baser sur la valeur vénale réelle des biens. L'opération est complexe, assortie de charges pour le cessionnaire (comme l'engagement de maintenir des emplois) ; elle a un caractère forfaitaire qui

---

[1748]Gilles DEDEURWAERDER, « Les entreprises en difficulté face au droit fiscal », art. préc., n° 27.

[1749]*Ibid.*

[1750]Cass. com., France, 16 juin 1998, n° 95-15.689 : JurisData n° 1998-002772 ; Dr. fisc. 1998, n° 44, comm. 967 ; LPA 5 mars 1999, n° 46, p. 4, obs. F. Derrida ; RJDA 1998, p. 684, concl. av.

[1751] Fernand DERRIDA, « Conséquence fiscale _ et autres ? _ du caractère aléatoire et forfaitaire de l'opération issue d'un plan de cession », in LPA, n° 46, 5 mars 1999, p. 4, note sous cass. com., France, 16 juin 1998, n° 95-15689.

[1752]L.25 jan. 1985, France, art. 81.

implique un aléa entraînant la réduction de la valeur des biens cédés »[1753].

822. La prévalence de l'impératif économique. L'enseignement tiré de cette dernière affaire est que le Trésor se retrouve amputé de sa prérogative traditionnelle axée sur l'exercice du droit de rectification du prix de cession. Le droit des entreprises en difficulté, dominé par la raison économique, a ses raisons que l'Administration fiscale doit s'y plier. En définitive, si la procédure de redressement fiscal est une prérogative classique du Trésor, en tant qu'elle constitue une arme redoutable pour la rectification du prix de vente, il n'en demeure pas moins qu'au regard des raisons liées au souci de préserver l'emploi, la mise en œuvre du redressement fiscal reste difficile. A y regarder de plus près, la préservation de l'emploi sert les droits du Fisc. Comme cela a été évoqué, si on maintient les emplois, on maintient aussi le recouvrement des créances d'impôts frappant les salaires de revenus[1754]. La suprématie de la préservation de l'emploi sur le prix de cession et par ricochet, sur le montant des droits de mutation est donc révélatrice d'une certaine protection pour l'Etat. Pour illustrer davantage cette situation, en 1996 déjà, un auteur explicite davantage ce raisonnement : « *pour créer un emploi stable dans le secteur industriel, il faut compter environ 750.000 DH. Si on considère les 350 salariés des trois entreprises cédées au DH symbolique, 262,5 millions de DH seront nécessaires. Ce montant représente l'économie que l'Etat a réalisée pour la création d'emplois* »[1755]. Si l'on s'accorde à dire que le Trésor représente l'Etat, la nouvelle logique qui doit guider le législateur africain en la matière doit s'inscrire dans cet esprit. La doctrine est rejointe dans cette idée par une conclusion du Ministère public dans l'affaire *Audax* :

> « Le droit peut rejoindre la réalité économique en prenant légalement en considération la situation globale faite au

---

[1753]En l'espèce, il y a 252 salariés. V. *Fernand DERRIDA, note préc., Anonyme, « Cession dans le cadre d'un redressement judiciaire et droit commun », in rev. lamy dr. affa.*, n° 9, 1er oct. 1998, note sous Cass. com., France, 16 juin 1998, n° 95-15689.

[1754] Cf. *supra* n° 332.

[1755]Cf. Mohamed CHAOUI, « Entreprises en difficulté : attention aux faces cachées du dirham symbolique », *L'économiste,* Ed. 254, 14 nov. 1996.

repreneur dans le cadre de ces cessions, avec ses contraintes, et en adaptant le droit commun fiscal, en l'espèce l'assiette des droits de mutation, aux caractéristiques juridiques et économiques de ces cessions »[1756].

823. Proposition de réforme. C'est pourquoi, nous recommandons que le juge et le législateur en Afrique s'inspirent de l'esprit de la seconde thèse. C'est cette solution qui permet de protéger au mieux le Trésor. « *Considérer la reprise d'une entreprise comme un outil économique et un organe de cohésion sociale* »[1757] doit être la référence. Dès lors, il est proposé de cesser avec la pratique qui cantonne le plan de cession judiciaire dans le seul aspect juridique[1758]. C'est essentiellement « *un phénomène économique que le droit doit prendre en considération* »[1759]. Un taux de 0 % des droits de mutation serait une prise en considération courageuse de la part du législateur au Maroc dans ce domaine. En ce sens, il faut libérer le repreneur de cette charge fiscale. Il n'est pas logique qu'un repreneur paie un impôt ou une taxe avant même qu'il démarre l'activité économique[1760]. Ce taux ne doit pas étonner. En ce sens, il est applicable en faveur des futurs entrepreneurs lors de la constitution des entreprises. La raison d'être de ce taux est de favoriser la création des entreprises.

824. Toujours sur la question relative à la reprise des entreprises en difficulté, l'exonération de l'IS, est-elle aussi adaptée à la réalité économique et sociale des Etats africains ? Le Trésor, pourrait-il aussi tirer un profit à long terme ?

[1756]Concl. avoc. gén. Piniot M.-C, cité par Patrick SERLOOTEN, « Un statut fiscal pour l'entreprise en difficulté ? », art. préc., n° 20.
[1757]Patrick SERLOOTEN, « Un statut fiscal pour l'entreprise en difficulté ? », art. préc., n° 20.
[1758]Mohamed ABOULHOUCINE, « La pratique de la cession d'une entreprise en difficulté », art. préc., p. 97.
[1759]*Ibid.*
[1760]Zakaria BOULAHYA, « PLF 2018 : l'impact de l'exonération de droits d'enregistrement sur les entreprises », *media24.com,* 23 oct. 2017

B. L'exonération de l'IS en cas de la reprise des entreprises en difficulté

825. Une articulation délicate mais nécessaire. Curieuse question que celle soulevée par la combinaison de deux concepts : le concept de l'exonération du paiement de l'impôt et celui de de la cession l'entreprise[1761]. L'exonération de l'IS dans l'hypothèse de la reprise de l'entreprise en difficulté s'inscrit dans ce cadre. Ainsi, sans entrer dans les détails qui n'apporteraient rien pour notre démonstration, il faut préciser que l'article 44 *septies* du CGI français[1762] est considéré comme étant incompatible avec le droit communautaire[1763]. Le motif est que l'exonération de l'IS dans un tel cadre est qualifiée d'aide d'Etat illégale. La situation est telle que la France a été condamnée pour ne pas avoir récupéré lesdites aides illégales. Si les faveurs d'une telle règle sont évidentes, les critiques formulées à son encontre méritent qu'on s'y arrête.

826. L'exposé et la critique de l'article 44 *septies* du CGI en France. Sur la base de l'article 44 *septies* du CGI en France, il est fait application d'un régime d'exonération de l'IS en faveur d'une société spécialement créée pour reprendre une entreprise industrielle en difficulté. En dépit de son effectivité économique, cet article est critiqué pour avoir posé des conditions « *pléthoriques* »[1764]. C'est pourquoi, la doctrine a pu considérer que ce dispositif légal est « *restricti*[f] »[1765]. Ainsi, pour pouvoir se prévaloir de ladite exonération, une première condition doit être remplie : la

---

[1761] Alexis SPIRE, « L'inégalité devant l'impôt, Différences sociales et ordre fiscal dans la France des Trente Glorieuses », *Revue d'histoire moderne & contemporaine,* 2009 / 2, n° 56 - 2, p. 164 - 187.

[1762] CGI, France, art. 44 *septies*.

[1763] Frédérique PERROTIN, « Récupération des aides d'Etat : insécurité juridique maximum pour les contribuables », *LPA*, 11 mai 2009, n° 93, p. 3.

[1764] Nicolas BORGA, L'attractivité *fiscale de l'entreprise en difficulté*, Ph. ROUSSEL GALLE (dir.), *in* Entreprises en difficulté, n° 1365.

[1765] Gilles DEDEURWAERDER, « Les habits neufs du régime fiscal de la reprise d'une entreprise en difficulté », *Dr. fisc*. 2015, n° 49, comm. 711, n° 12. Christophe HUBERT, Gillaume REMBRY, Guillaume EXERJEAN, « Stratégies d'assainissement du passif des entreprises en difficulté : l'assainissement du passif d'une entreprise en difficulté dans un contexte transactionnel 2e partie », *Dr. fiscal,* n° 21, 22 mai 2020, 243, n° 18.

nature industrielle de l'activité économique. Ce qui a pour effet d'exclure les autres activités économiques qui ne sont pas de nature industrielle, comme le bâtiment et les travaux publics, le transport, le tourisme et la promotion immobilière. Et l'on pourrait ajouter d'autres activités économiques. A cette première condition, s'ajoute une seconde, celle liée à la nécessaire création d'une entreprise nouvelle, laquelle doit être indépendante de l'entreprise reprise[1766]. Sans aucun doute, cette condition a pour objectif de s'assurer que le nouveau propriétaire est « *indépendant* »[1767] de l'ancienne entreprise. En ce sens, cette seconde condition va dans le sens d'exclure « *la reprise interne* »[1768] de l'entreprise en difficulté[1769].

827. Interrogation. Est-il fondé de s'inspirer de l'article 44 du CGI français ? Faut-il transposer ce régime tel qu'il est et l'appliquer au Maroc et dans les autres Etats formant l'espace OHADA ?

828. Réponse. Au Maroc, la réflexion sur l'exonération de l'IS en cas de la reprise des entreprises en difficulté est encore à ses débuts. Cette question anime peu la doctrine marocaine[1770]. Les quelques auteurs qui se sont penchés sur cette question alertent sur la nécessité d'instaurer un régime fiscal adapté aux entreprises en difficulté. Cette opinion est partagée par les économistes. À une époque plus récente, une recommandation, émise à l'occasion des assises nationales sur la fiscalité, conforte l'idée de mettre en place ce régime. Voulant corriger les errances du système actuel, défendant la mise en place d'un régime fiscal plus efficace, des économistes ont pu estimer qu'il faut faire bénéficier les entreprises en difficulté des mêmes avantages établis pour les

---

[1766]Gilles DEDEURWAERDER, « Les habits neufs du régime fiscal de la reprise d'une entreprise en difficulté », art. préc., n° 14.
[1767]*Ibid.*
[1768]*Ibidem.*
[1769]Adeline CERATI-GAUTHIER, « La promotion de la « reprise interne » dans l'ordonnance n° 2014-326 du 12 mars 2014 », *JCP E*, 2014, 1435.
[1770] Zouhir BOUNAAMIA, « Les possibilités de …. », art. préc., p. 125 ; Hayat HAJJI, « Le privilège du Trésor public face aux procédures des difficultés de l'entreprise », art. préc. p. 59.

entreprises nouvellement créées[1771]. Il faut établir un traitement égalitaire entre les nouveaux investisseurs et les repreneurs des entreprises en difficulté. L'importance de cette solution est certaine : elle permet de favoriser la reprise des entreprises en difficulté et partant, elle contribue à assurer le redressement d'une grande partie des entreprises en difficulté. Pour ne prendre que l'IS, une importante règle fiscale est connue : les entreprises industrielles, nouvellement créées, sont exonérées du paiement de l'IS pendant 5 ans. Pourquoi une règle comme celle-ci ne soit pas établie en faveur des entreprises placées en redressement judiciaire ? Au regard du rôle primordial que joue la règle fiscale dans la réussite de la reprise de l'entreprise en difficulté, au regard de l'impact positif de cette reprise sur la naissance future des créances fiscales[1772], nous souscrivons à l'opinion précitée. Reste que cette adhésion ne doit pas rejoindre complètement la position française traduite par l'article 44 *septies* du CGI. Sans exception, il faut s'inspirer de la rédaction de l'article précité tout en l'étendant à toutes les entreprises placées en cession judiciaire. Peu importe l'activité économique de l'entreprise, le repreneur doit bénéficier des avantages faits pour les entreprises nouvellement créées. En outre, ces mêmes avantages doivent aussi profiter au repreneur qui a acquis une branche complète et autonome d'activité économique en application de l'article 655 de la loi n° 73-17[1773].

829. Prudence. Si pour le contexte marocain, ce dispositif légal est nécessaire. Ce n'est pas le cas pour le contexte au Sénégal. Dans ce pays, le nombre des entreprises placées judiciairement en procédure collective est limité. Dès lors, il n'est pas sage d'introduire cette règle fiscale dans le corpus juridique interne. Elle risque de ne pas recevoir application. La même remarque est transposable pour les autres pays comme le Niger, pays où le nombre des procédures liquidatives judiciairement ouvertes n'a pas dépassé 6 procédures en 2007. A quoi sert donc de légiférer pour un nombre dérisoire d'entreprises qui annoncent leurs difficultés ? En définitive, copier cette règle et la transposer

---

[1771] Kenza KHALTA, « Assises de la fiscalité : les propositions des économistes istiqlaliens », *medias24.com*, 02 mai 2019.
[1772] Cf. *supra* n° 321.
[1773] C. com. L. n° 73 -17, Maroc, art. 655 (art. préc.,).

dans le corpus juridique de ce pays seraient une dérive législative.

830. Le débiteur-contribuable n'est pas au centre des préoccupations du législateur fiscal marocain[1774]. Tel est le message qui ressort de l'examen du cadre juridique actuel. A ce titre, la conception, l'élaboration et l'instauration des exonérations fiscales en cas de la reprise des entreprises en difficulté sont une nécessité. L'efficacité économique l'exige. Là aussi, l'atteinte de cette efficacité ne peut que contribuer à la création de la richesse et à la préservation des emplois. Le Trésor en sortira à long terme mieux protégé. Ici encore, le législateur fiscal marocain doit également saisir le contexte de la crise sanitaire Covid 19 pour instaurer un régime fiscal qui facilite le redressement des entreprises en difficulté[1775]. On peut reprendre ici les termes d'un auteur qui a pu résumer l'esprit de la réforme proposée :

> « Un droit fiscal des entreprises en difficulté qui participerait, par hypothèse sous le contrôle de la justice, au redressement des entreprises défaillantes ne serait-il pas en définitive un droit fiscal efficace, c'est-à dire celui qui permet d'assurer à l'Etat et aux collectivités territoriales les ressources financières nécessaires à leur action d'intérêt général ? Ici, comme ailleurs, il convient de ne pas oublier que l'impôt ou du moins trop d'impôt tue l'impôt »[1776].

On le voit, l'hypothèse de départ semble confirmée.

[1774]Patrick SERLOOTEN, « Un statut fiscal pour l'entreprise en difficulté ? », art. préc., n° 2.
[1775]Christophe HUBERT, Guillaume REMBRY, Guillaume EXERJEAN, art. préc., n° 18.
[1776]Patrick SERLOOTEN, Défaillance de l'entreprise, Aspects fiscaux, Dalloz, 1997, p. 185

831. Nul ne doute aujourd'hui que l'urgence est d'établir un régime fiscal adapté aux entreprises traversant des difficultés. La même remarque vaut pour la suppression du privilège attaché aux créances fiscales. Toutefois, urgence ne veut pas dire pour autant céder au régime de panique. La conception et l'élaboration d'un tel régime nécessitent, en effet, un processus de concertation et d'association des principaux intéressés que sont les fiscalistes, les privatistes, la Confédération générale des entreprises au Maroc (CGEM), les juges et les praticiens. Comme il a été signalé, un premier pas a été franchi. Une réflexion a été menée à l'occasion des assises fiscales organisées en 2019. Si l'on est conscient de l'importance d'un tel régime pour relancer l'économie et partant, pour améliorer les recettes fiscales, le législateur fiscal marocain aura-t-il la volonté d'aller jusqu'au bout et légiférer dans ce sens dans un proche avenir ? La balle serait alors dans le camp du législateur. Il reste que repenser la protection du Trésor nous conduit aussi à la redéfinition de l'incidence des procédures collectives sur certaines prérogatives spéciales du Trésor.

CHAPITRE II. LA REDÉFINITION DE L'INCIDENCE DE LA PROCÉDURE COLLECTIVE SUR LES PRÉROGATIVES SPÉCIALES DU TRÉSOR

832. Dès lors qu'il y a une manœuvre frauduleuse qui a rendu impossible le recouvrement des impositions, le dirigeant de l'entreprise se retrouve, lui-même, astreint à réparer le préjudice subi par l'Administration fiscale. Cette règle résume le régime de la solidarité fiscale[1777]. En théorie, ce régime témoigne de la dérogation faite au principe de l'égalité entre les créanciers : seul le Trésor est fondé à agir individuellement pour recouvrer sa créance du fait qu'elle est devenue irrécouvrable à la suite de la fraude du dirigeant. Les créanciers privés ne peuvent pas accéder à ce privilège. On est donc devant une prérogative spéciale établie en la seule faveur du Trésor. Cependant, depuis son instauration en droit marocain en 1999, ce régime n'a pas réalisé le succès escompté. D'où la nécessité de redéfinir la protection basée sur la solidarité fiscale **(Section II)**. A la lecture des décisions judiciaires rendues en France, il ressort que la solidarité fiscale est très souvent mise en œuvre suite au prononcé de la liquidation judiciaire. A ce niveau, il faut alerter sur un point très important : s'il est vrai que la solidarité fiscale est vue comme un mécanisme protecteur du Trésor au stade de la liquidation judiciaire, il faut néanmoins autant que possible éviter les causes qui y conduisent. Ces causes sont nombreuses. Ainsi, il est illogique que le Trésor puisse appliquer un avis à tiers détenteur ATD en connaissance de la cessation des paiements. Effectivement, la pratique judiciaire révèle que l'exercice des voies d'exécution pendant la période suspecte diminue les chances du redressement de l'entreprise en difficulté. D'où la nécessité d'élargir l'incidence de la période suspecte pour englober les voies d'exécution **(Section I)** mises en application pendant cette période.

[1777] Cf. *infra* n° 838.

Section I. L'élargissement de l'incidence de la période suspecte sur les voies d'exécution

833. Pour mettre toutes les chances du côté de l'objectif majeur qu'est le redressement du débiteur-contribuable, le législateur OHADA et son homologue marocain optent, entre autres, pour la sauvegarde du patrimoine appartenant à l'entreprise en difficulté. A cette fin, le principe de l'arrêt et de la suspension des voies d'exécution est instauré[1778]. A ce principe, on doit ajouter les nullités ou les inopposabilités de la période suspecte. Sur ce dernier point, la démarche des législateurs précités est inachevée. En ce sens, la voie d'exécution qu'est l'ATD n'est pas suffisamment encadrée par ces deux législateurs. Instituée par le Code de commerce français, occultée par l'AUPC révisé et le Code de commerce marocain, une solution consiste à ce que l'incidence de la période suspecte doit être élargie pour englober cette voie d'exécution.

834. Avant d'exposer l'amélioration trouvée en droit français **(§ 2)** en la matière, il serait instructif de présenter les règles dégagées par la jurisprudence **(§1).**

§ 1. Les règles dégagées par la jurisprudence

835. Comme il a été signalé, l'ouverture d'une procédure de sauvegarde ou de redressement judiciaire donne lieu, par principe, à l'arrêt et à l'interdiction des voies d'exécution tant sur les meubles que sur les immeubles du débiteur. En effet, cette dernière règle a un effet draconien en ce qu'elle entrave la continuation de toute procédure d'exécution. Bien qu'initiée avant le prononcé du jugement de la procédure et tant qu'elle « n'*[a] pas encore produit ses effets légaux* »[1779], la procédure d'exécution se retrouve remise en cause. En d'autres termes, si elle n'est pas menée à son terme, la procédure d'exécution reste sans effets juridiques. Les arrêts

---

[1778] Cf. *supra* n° 164 et 165.

[1779] Patrick SERLOOTEN, *La défaillance d'entreprise, aspects fiscaux*, Dalloz, 1997, n° 344, p. 128.

de la Cour de cassation française illustrent ce cas de figure. Ainsi, la saisie conservatoire n'est pas productive d'effet, si sa conversion en saisie attribution n'a pas eu lieu avant la date du prononcé du jugement d'ouverture[1780]. De même, la Cour de cassation française a pu affirmer que la poursuite de la procédure de saisie n'est plus possible si le tribunal compétent, à la date du jugement d'ouverture de la procédure collective, n'a pas rendu un jugement attaché de l'autorité de la chose jugée[1781]. Ce jugement, ajoute ladite cour, doit être dûment signifié avant le jugement d'ouverture. Au même titre que la saisie, la même juridiction a pu estimer, dans un autre arrêt[1782], que la poursuite de la procédure d'exécution qui est la vente n'est plus possible si, au jour du placement de l'entreprise en procédure collective, la vente des biens saisis ne s'est pas produite. Autrement dit, comme le cite un arrêt de la cour d'appel de Zinder au Niger, l'adjudication[1783] et la finalisation de la vente des biens saisis doivent avoir lieu avant l'ouverture de la procédure. En revanche, on peut affirmer à la suite d'un auteur que si une quelconque procédure d'exécution, initiée par le Trésor, lui avait permis l'obtention « *d'un droit acquis* » avant la constatation de la cessation de paiements, ladite procédure « ne *peut être remise en cause* ». Il n'y a pas mieux pour illustrer cette affirmation que de citer l'hypothèse où le Fisc arrive avant le prononcé du jugement d'ouverture, à se faire attribuer immédiatement les sommes saisies par l'effet de l'envoi de l'ATD[1784]. Qu'en est-il si le Trésor avait connaissance de la cessation des paiements au moment où il a délivré l'ATD ? Une réponse est trouvée en droit français. Cette réponse a pour objet d'améliorer le régime des nullités de la période suspecte.

[1780] Cass. com., France, 6 mars 2001, n° 98 -12266 : Bull. civ. n°48, p. 47.

[1781] CA, Rennes, 19 nov. 1987, *rev. proc. coll.* 1988, 350 obs. A. Honorat.

[1782] Cass. com. France, 1 oct. 1991, *RJDA* 1991, n° 12, 1071.

[1783]CA, Zinder, Ch. judiciaire, n° 40 / bis, 26 juil.2007 ; Cass. 2ème civ. France, 19 mai 1998, *Sté Banque Occidentale JCPG* 1998, I, 167, n° 2, obs., cabrillac. Sur cette question, voyez : Cass. com., Maroc, n° 111, 30 jan. 2008, doss. com. n° 21 / 3 / 1 / 2006.

[1784] LPF, art. L. 263, France. Jocelyne VALLANSAN, Guide des procédures collectives 2020 / 2021, Lexisnexis, 2020, fiche n° 38, p. 311. Cf. Cass. Ch. mixte, France, 22 nov. 2002, n° 99-13.935: Bull. civ. 2002, cha mixte, n°7; jurisdata n° 2002-016546.

[1784]Gérard LEGRAND, « L'Administration fiscale et la loi de sauvegarde des entreprises », art. préc.,

§ 2. Une amélioration trouvée en droit français

836. A l'instar de la règle de l'arrêt du cours des intérêts et des autres contraintes normatives[1785], la règle de la suspension des voies d'exécution doit être adaptée davantage au contexte des procédures collectives. En effet, la pratique a montré en droit marocain que l'attribution immédiate des sommes saisies rend faible les chances du redressement de l'entreprise. L'affaire *S.A.M.I.R* précitée le confirme[1786]. Cette vision des choses a été défendue par le Procureur du Roi lorsque l'affaire est discutée devant le Tribunal de commerce de Casablanca.

> « [Il] a fait un étonnant réquisitoire qui demande tout simplement un redressement judiciaire de la Société marocaine de l'industrie du raffinage (Samir), alors que tous les protagonistes de cette affaire s'attendaient à une confirmation de la liquidation judiciaire. Dans son réquisitoire, le procureur a estimé que cette société [...] a été paralysée à cause de l'avis à tiers détenteur (ATD) engagé par la Douane auprès des banques et des fournisseurs. [....] L'arrêt forcé de la production [...] a été engendré par la saisie des comptes de Samir pour recouvrer une créance publique »[1787].

Là encore, il est fortement recommandé de pousser dans la direction de la valorisation de la protection du Trésor, celle assise sur le redressement judiciaire des entreprises. A ce titre, il convient d'encadrer cette question à travers un texte très clair. En effet, pour neutraliser l'effet de l'ATD qui pourrait donner lieu à la cessation des paiements de l'entreprise, il faut élargir les nullités ou les inopposabilités de la période suspecte. En d'autres termes, l'ATD émis quelques semaines avant l'apparition de la cessation des paiements doit être annulé. Il est de nature à « *vider l'actif* »[1788] de l'entreprise. Comme il est prévu en droit français, il est question de

---

[1785] Pour une étude détaillée des contraintes normatives, cf. *supra*, partie I, Titre I, Chap. 1, sect. 1.

[1786] Cf. *supra* n° 235.

[1787] [En ligne] : https://maghrebemergent.info/maroc-la-samir-pourrait-subir-un-redressement-judicaire-au-lieu-d-une-liquidation-judiciaire-pure-et-simple/

[1788] Jocelyne VALLANSAN, Guide des procédures collectives 2020 / 2021, op. *cit.*, p. 311.

tempérer le principe de l'attribution immédiate des sommes saisies par le Trésor suite à la délivrance de l'ATD. En toute logique, le percepteur doit avoir connaissance de la cessation des paiements. C'est pourquoi, le législateur marocain gagnerait à s'inspirer de la règle tirée de l'article L.632-2 du Code de commerce français. Cette règle prévoit que : « *Tout avis à tiers détenteur, toute saisie attribution ou toute opposition peut également être annulé lorsqu'il a été délivré ou pratiqué par un créancier à compter de la date de cessation des paiements et en connaissance de celle-ci* »[1789]. Étant facultative, cette annulation est laissée à l'appréciation du tribunal[1790]. Sans équivoque, la position du législateur français est mue par le souci de permettre à l'entreprise d'assurer son redressement et de dépasser ses difficultés.

837. L'exercice des poursuites individuelles et celui des voies d'exécution doivent être repensés. Si le souci de recouvrement des créances fiscales autorise le Trésor à se tourner vers les voies d'exécution, la préservation de l'entreprise en sauvegarde ou en redressement judiciaire ne doit pas être négligée pour autant. On revient toujours à cette question d'assurer l'équilibre. A ce titre, le législateur marocain et son homologue OHADA feraient bien d'encadrer cette question à travers un texte juridique clair.

[1789] C. com. France, art. L.632-2.

[1790] Jocelyne VALLANSAN, Guide des procédures collectives 2020 / 2021, op. *cit.*, p. 311.

Section II. La redéfinition de la protection basée sur la solidarité fiscale

838. Définition. La solidarité fiscale est définie comme étant un mécanisme juridique qui permet au Trésor de se faire payer. Reste que là, c'est le dirigeant de l'entreprise qui est au centre de ce mécanisme. Guidé par le souci de lutter contre les manœuvres frauduleuses, ce mécanisme permet au Trésor de rechercher la solidarité du gérant à l'effet de payer les dettes fiscales de l'entreprise[1791]. N'étant pas « *automatique* »[1792], l'aboutissement de ce mécanisme nécessite que le dirigeant soit condamné à payer les dettes fiscales frappées de fraude. L'idée est qu'il faut réparer le préjudice subi par le Fisc. Tirée de l'article 267 du LPF français, consacrée par la majorité des régimes fiscaux internes des Etats africains, la responsabilité fiscale solidaire revêt actuellement un intérêt certain dans le contexte des procédures collectives. Elle « *se développe très souvent* »[1793] à l'occasion de l'application des procédures des liquidations judiciaires. Ce régime est venu donc s'ajouter aux autres mécanismes juridiques permettant au Trésor de recouvrer ses créances.

839. Que ce soit au Maroc ou au Sénégal, l'introduction de ce régime spécial dans le paysage juridique n'est jamais le fruit du hasard. Il est venu combler un vide juridique en la matière. Depuis les années 80, l'optimisation du recouvrement des créances fiscales était sur tous les fronts au Maroc. Peu nombreux sont les colloques organisés et les études faites qui, pour avoir débattu superficiellement de cette question, ont pointé du doigt la question relative à la responsabilité des dirigeants dans le recouvrement des impôts[1794]. Ce n'est que

---

[1791] Alexandre GREVET, Pour une réforme de la solidarité du dirigeant au passif fiscal, Thèse, Paris 9, 2016, p. 12.

[1792]Alexandre GREVET, Thèse préc., *ibid.*

[1793]Béatrice THULLIER, « De quelques incidences de la procédure collective sur la responsabilité fiscale des dirigeants », *rev. proc. coll.* n° 4, juil. 2019.

[1794]Zouhir BOUNAAMIA, « Les possibilités de .... », art. préc.,p. 98 – 99 ; Hassan AIT MOUH, « La responsabilité des dirigeants dans le paiement

1999 que le législateur marocain a apporté une réponse en instaurant la responsabilité fiscale du dirigeant. Il s'agit de l'article 98 du Code marocain de recouvrement des créances publiques[1795]. Par cette règle, le législateur a voulu asseoir un cadre spécial de responsabilité civile. Cadre qui offre à l'Administration fiscale une assise légale pour définir la responsabilité fiscale des dirigeants. L'instauration de l'article susvisé reflète la volonté du législateur marocain d'optimiser le recouvrement des impôts et de lutter contre les fraudes fiscales. Ce n'est donc pas pour rien que le législateur marocain a institué un tel mécanisme. Il est la réponse à un constat traduit par l'implication des dirigeants dans l'accumulation des dettes fiscales impayées. Ceci dit, ce régime est resté lettre morte, motif pris de ce que l'article 98 précité n'est pas bien rédigé. D'où la nécessité de la réforme à ce niveau.

840. Avant d'évoquer la réforme du régime de la solidarité fiscale **(§ 2)**, il nous semble pertinent de revenir un instant sur son fondement **(§ 1).**

§ 1. Le fondement

841. Aborder le fondement de la responsabilité fiscale dans le contexte des procédures collectives est nécessaire. Il s'agit de lever l'équivoque qui peut entourer cette question dans un tel cadre. Deux points méritent d'être éclaircis : l'étendue de la responsabilité personnelle et le cumul des responsabilités.

842. L'étendue de la responsabilité fiscale. Assigner le dirigeant sur le fondement de la responsabilité fiscale est source d'une certaine confusion. Confusion qui suscite une difficulté en pratique. Supposons qu'une liquidation judiciaire se clôture pour insuffisance d'actif, est-ce que la règle axée sur la solidarité fiscale peut recevoir application dans le contexte marocain ? La question mérite d'être citée, car on se souvient qu'en l'état actuel du droit marocain, le Trésor ne

des dettes publiques dans le système des difficultés de l'entreprise », *Galerie de la pensée juridique*, numéro non cité.

1795 Cf. *infra* n° 836.

peut recouvrer ses poursuites individuelles dans ce cas ni contre le débiteur ni contre le dirigeant[1796]. Si la jurisprudence au Maroc entretient un mutisme sur ce point, un éclairage est apporté par la jurisprudence rendue en France. L'arrêt *Raffa c/ Trésor public de Florange* est sans nuance sur cette question : il permet au Trésor d'actionner le dirigeant après la clôture de la liquidation pour insuffisance d'actif. Les faits de l'affaire méritent d'être cités, car ils reflètent ce qui se reproduit souvent dans le contexte marocain. En l'espèce, le Trésor a poursuivi un gérant sur la base de l'article 267 du LPF. Dans cette affaire, les conditions de l'application de ce régime sont remplies. Jusque-là, on pourrait croire que l'action du Trésor aboutira. Reste que le dirigeant n'a pas voulu baisser les bras. Il a invoqué pour sa défense, que la clôture de liquidation pour insuffisance d'actif ne permet pas aux créanciers de recouvrer leur droit de poursuites individuelles sauf dans certains cas de figure qui ne se réalisent pas en l'espèce[1797]. La Cour de cassation française n'a pas admis de suivre ce raisonnement. La situation de la société se « *distingue* »[1798] de la condition du gérant, précisent les juges. En ce sens, la mise en œuvre de l'article 267 du LPF n'est pas la conséquence de l'insolvabilité du débiteur. Comme le signale clairement l'article susvisé, la solidarité fiscale joue à la suite de l'établissement des manœuvres frauduleuses commises par le dirigeant. L'arrêt *Raffa c/ Trésor public de Florange* conforte cette thèse ; il soutient que la condamnation du dirigeant, basée sur l'article 267 du LPF, est considérée comme étant une responsabilité personnelle. Autrement dit, le dirigeant est tenu au paiement des impôts dont le recouvrement est devenu impossible suite à l'inobservation grave des règles en vigueur. A ce titre, il se voit attribuer la qualité de codébiteur. La motivation de l'arrêt précité étant insuffisante pour approcher cette question en profondeur, c'est l'explication de la doctrine et les règles tirées des autres jurisprudences qui renseignent davantage sur l'étendue de la responsabilité personnelle du dirigeant. Ainsi, si après l'ouverture d'une liquidation judiciaire, le dirigeant

---

[1796] Cf. *supra* n° 403.

[1797] Cf. *supra* n° 409 – 410.

[1798] Patrick SERLOOTEN, « Clôture pour insuffisance d'actif et responsabilité fiscale du dirigeant », *BJS*, oct. 2000, note sous Cass. com., France, 30 mai 2000, n° 98-10926, *Raffa c/ Trésor public de Florange*.

est condamné à payer des dettes fiscales, le Trésor est fondé à se retourner contre ce dirigeant pour réclamer des majorations pour retard[1799]. De même, la suspension des poursuites individuelles, décidée après le prononcé de la liquidation judiciaire, ne joue pas en faveur du dirigeant. L'interdiction de majorations pour retard de paiement des impôts et la suspension des actions individuelles ne s'appliquent qu'au débiteur[1800]. On le voit, à ce stade, l'étendue de la responsabilité personnelle du dirigeant est très large.

843. Le cumul de responsabilités. Les confusions entourant la mise en œuvre de la solidarité fiscale ne s'arrêtent pas là. Assigner le dirigeant au visa des articles 98 du CRCP et 267 du LPF et sur la base de l'action en comblement du passif est source d'une autre confusion. En réalité, on est en face d'une difficulté pratique. C'est la question relative au cumul de responsabilités. En effet, permettre au Trésor de mettre en œuvre la responsabilité fiscale revient à accepter le principe du cumul des deux actions précitées. Absente dans la jurisprudence marocaine, dégagée par la jurisprudence en France, cette question du cumul de responsabilités fait couler beaucoup d'encre parmi les auteurs en France. Hormis quelques détails[1801], ces auteurs s'accordent sur le fait que le cumul des responsabilités est fondé. La jurisprudence partage cette solution.

844. Une solution jurisprudentielle constante. Dès la loi du 13 juillet 1967, la jurisprudence admet le cumul de l'action en comblement du passif et le régime de la responsabilité fiscale appliqué sur le fondement de l'article 267 du LPF[1802]. La même ligne directrice a été poursuivie avec la loi du 25 janvier 1985. En 1997, la Cour de cassation française[1803] a pu

[1799]Patrick SERLOOTEN, « Clôture pour insuffisance d'actif et responsabilité fiscale du dirigeant », note préc.,

[1800]Cass. com., France, 21 juin 1994: *RJF*, 1994 / 11, p. 716, n° 1272; CA Orléans, 4 décembre 1997, n° 95-1212: *Dr. fisc.*, 1998, comm. n° 865.

[1801]Pierre Michel LE CORRE, « Engagement de l'action sur le fondement de l'article L. 267 du Livre des procédures fiscales et procédures collectives », *Rev. Lamy dr. aff.* 2004, n° 67, n° 4162.

[1802]Cass. com., France, 22 mai 1957, *Bull. civ.* 1957, III, n° 166; Cass. com., France, 8 novembre 1982, *Bull. civ.* 1982, IV, n° 338.

[1803] Cass. com., France, 9 déc. 1997, *R.J.F.* 1998, n°192 ; conclusions de l'avocat général R.J.D.A. 1998, p. 3, pour l'article L. 267.

approuver le raisonnement de la cour d'appel de Paris[1804]. Laquelle a considéré que plus rien n'interdit le cumul des deux actions précitées. La motivation avancée par la cour de Paris est la suivante : les conditions de la mise en application de l'article 267 du LPF et celles de l'article 180[1805] de la loi du 25 janvier 1985 ne sont pas identiques. Elles sont différentes. Où réside la différence ? La différence est rappelée par la Cour de cassation française. Alors que dans l'hypothèse de l'action en comblement du passif, les créanciers sont payés au marc le franc, dans le cas de l'action basée sur l'article 267 du LPF, seul le Trésor en est le bénéficiaire. L'idée est d'affirmer l'autonomie du régime de la responsabilité fiscale. Vingt ans plus tard, la Haute juridiction française a maintenu sa position[1806]. C'est l'arrêt n° 17- 15031 rendu le 5 septembre 2018. Les faits de l'affaire sont les suivants : parce qu'il a soustrait la société au paiement de la TVA et de l'IS, le dirigeant est condamné pour fraude fiscale et passation d'écritures fictives. D'un autre côté, ces infractions sont qualifiées d'une faute de gestion car, elle a donné lieu à l'augmentation du passif fiscal et non fiscal. De ce fait, il est « *condamné à supporter l'insuffisance d'actif à hauteur d'un montant correspondant à celui de la dette fiscale* »[1807]. Le dirigeant a contesté cette double réparation. Il s'estime être lésé dans ses droits pour être condamné deux fois pour les mêmes faits. Pour trancher le litige, les juges ont pu estimer que la solidarité fiscale basée sur l'article 1745 du CGI[1808] n'est pas destinée à la réparation d'un préjudice subi par le Fisc. Elle constitue une garantie de recouvrement de la créance d'impôt. Dès lors, faire jouer la solidarité fiscale et condamner le dirigeant au paiement de la dette fiscale en application de l'action en comblement du passif, ces deux actions ne sont pas antinomiques, précise la cour de cassation. L'une ne supprime pas l'autre. L'une « *ne*

[1804] CA, Paris, 20 septembre 1996, 1re ch. B, R.J.F. 1997, n° 84,

[1805] L. France, 25 jan. 1985, art. 180.

[1806]Cass. com., France, 30 mai 2000, n° 98 - 10926 : Bull. civ. IV, n° 115. Rappr., Cass. com., France, 5 sept. 2018, n° 17-15031.

[1807]JeanPierreLEGROS,« Action en comblement de passif - Solidarité fisc ale des dirigeants », in *rev. Droit des sociétés,* n° 2, fév. 2019, comm. 32, note sous cass. com, France, 5 sept. 2018, n° 17-13.626 (arrêt préc.,)

[1808] CGI, France, art. 1745.

fait pas obstacle à »[1809] l'autre. Dans cette perspective, le cumul est fondé puisque chacune de ces deux actions a son propre objet. Dans ces conditions, la contribution du dirigeant condamné au comblement du passif s'ajoute au patrimoine de l'entreprise-débitrice à l'effet d'être répartie au marc le franc entre tous les créanciers de l'entreprise[1810]. « *La part du produit de la condamnation du dirigeant versée au trésor s'imput*[e] *sur le montant de sa créance* »[1811]. En d'autres termes, l'Administration fiscale est fondée à recourir à la solidarité fiscale « *pour le solde restant à devoir par le dirigeant* »[1812]. En définitive, le cumul des deux actions demeure, en fin de compte, justifié.

845. Conclusion. Tout à fait logiques, la position de la doctrine et les solutions de la jurisprudence emportent l'adhésion. La mise en œuvre de la solidarité fiscale à l'occasion de la liquidation judiciaire est fondée. Mais, pour qu'elle donne les résultats escomptés, il faut s'attaquer à la réforme de l'article 98 du Code marocain de recouvrement des créances publiques.

§ 2. La réforme de l'article 98 du CRCP

846. En droit marocain, la responsabilité fiscale puise son véritable fondement de l'article 98 du Code de recouvrement des créances publiques. Son énoncé est le suivant :

> « Lorsque le recouvrement des impositions de toute nature, des pénalités, majorations et frais de recouvrement qui s'y rattachent dus par une société ou une entreprise a été rendu impossible par suite de manœuvres frauduleuses dûment établies, les gérants, administrateurs ou autres dirigeants peuvent, s'ils ne sont pas déjà tenus au paiement des dettes sociales en application d'une autre disposition, être rendus

[1809]Irina PARACHKEVOVA-RACINE, « Retour sur les écueils de l'action en responsabilité pour insuffisance d'actif », *BJS*, oct. 2018, n° 10, p. 600, note en bas de page n° 66.

[1810] Cf. *supra* n° 283 et 292.

[1811]Cass. com, France, 5 sept. 2018, n° 17-13.626 (arrêt préc.,).

[1812]J. LEGROS, « Action en comblement de passif - Solidarité fiscale des dirigeants », note préc.,

solidairement responsables avec ladite société ou entreprise du paiement des sommes exigibles ».

Une règle similaire dans son principe est trouvée sur la base de l'article L.88 du CGI au Cameroun. La remarque est la même pour les autres régimes fiscaux internes des Etats membres de l'OHADA[1813]. Suscitant certaines zones d'ombres, le régime de la responsabilité fiscale ne semble pas toujours être facile à s'appliquer. Éclatante au plan des principes, cette architecture de la responsabilité fiscale ne l'est pas sur le terrain de l'application judiciaire. A ce stade, il y a un grand décalage entre la théorie et la pratique.

847. A la lecture de cette règle classique, il résulte que son application sur le terrain exige la réunion de trois conditions ; elles sont les suivantes :

848. La faute du dirigeant : une notion à préciser. Pour condamner le dirigeant à la responsabilité fiscale, il faut qu'il y ait au préalable une conduite fautive de sa part. Condition essentielle, « *le dirigeant doit être responsable de la faute* »[1814]. Le juge doit apprécier dans chaque cas d'espèce le caractère frauduleux du manquement que l'Administration fiscale pourrait reprocher au dirigeant. Sur ce point, une critique peut être formulée à l'encontre de l'article 98 du CRPC : le législateur marocain, à la différence de son homologue sénégalais, pour caractériser la faute du dirigeant, ne retient dans le texte de l'article 98 ci-dessus évoqué que l'expression *« les manœuvres frauduleuses »*. Instituant l'alternance des conditions, le législateur sénégalais a trop élargi la notion de la faute pour englober à côté « des manœuvres frauduleuses », *« les inobservations graves et répétées des obligations fiscales »*. Tirée de l'article L.267 du LPF français, cette formulation est beaucoup plus subtile. Elle permet, en pratique, au Percepteur d'agir contre les dirigeants

[1813]CGI, Cameroun, 2017, art. L.88 ; CGI, Sénégal, 2012, art. 656 ; CGI, Tchad, 2016, art. 911. CGI, Côte d'Ivoire, 1997, art. 137.

[1814]Patrick SERLOOTEN, « Responsabilité fiscale des dirigeants d'entreprises en difficulté : régime au profit exclusif du Trésor », note sous cass. com., France, 16 janv. 2001, n° 95 F-D, *Saint-Adam c/ Dir. gle impôts Dijon-Nord* (cons. rapp. Gueguen), in *BJS*, avr. 2001, n° 91 p. 360.

fautifs[1815]. En 2008, la cour d'appel de Paris a pu estimer que le dirigeant peut être poursuivi solidairement pour inobservation grave et répétée des obligations fiscales « *sans qu'il y ait lieu de vérifier si son comportement traduisait la recherche d'un intérêt personnel* »[1816]. Une année plus tard, cette juridiction de second degré est restée fidèle à son interprétation extensive. Elle a pu considérer que l'assignation du dirigeant « *n'implique pas que soient établis à la charge de celui-ci [le dirigeant] des agissements intentionnels* »[1817]. On le voit, condamner le dirigeant sur la base des inobservations graves et répétées des obligations fiscales n'est pas compliqué. En revanche, ce n'est pas le cas pour l'assignation du dirigeant sur la base des manœuvres frauduleuses. La raison tient au fait que ces manœuvres sont difficiles à établir. Si la jurisprudence rendue au Maroc n'est pas venue clarifier cette question, la doctrine apporte une certaine explication. Dans une définition se révélant d'une ponctualité avérée, un auteur a pu affirmer que les manœuvres frauduleuses sont des « *actes impliquant l'intention manifeste d'éluder tout ou partie de l'impôt. La preuve de manœuvres frauduleuses nécessite que soit mis en évidence un élément intentionnel, la réalisation d'infractions fiscales en toute connaissance de cause et un élément matériel consistant à éluder la déclaration ou le paiement de l'impôt* »[1818]. Cette définition est suffisante pour montrer les difficultés rencontrées par le Trésor dans ce domaine. Il lui est difficile de démontrer l'élément intentionnel de la manœuvre frauduleuse à moins d'une fraude fiscale avérée[1819]. Pour cette raison, le législateur marocain est invité à revoir cette maladresse rédactionnelle dans le sens de rendre moins compliqué ce régime.

1815Pierre-Michel LE CORRE, *Droit et pratique des procédures collectives*, *op. cit.*, n° 713. 13.

1816CA, Paris, 5-7, 27 mai 2010, RG n°2008/20349, Monsieur M ; Paris, 5-7, 2 nov. 2010, RG n°2010/05525, Madame D.

1817CA, Paris, 5-7, 9 nov. 2010, RG n°2009/22828, époux C.

1818 Maxime COTTIGNY, *Responsabilité civile et procédures collectives*, Thèse, Lille 2, 2016.

1819Jean-Christophe BOUCHARD, « La responsabilité fiscale du dirigeant », *Gaz. Pal.*, 26 sep. 2000, n° 8. CE, France, 7e et 8e ss-sect., 27 juillet 1984, n° 30142 et 30143 : *Dr. fisc.*, 1984, comm. n° 2272 ; CE, 29 juin 1988 : *Dr. fisc.*, 1989, comm. n° 286.

849. Le préjudice : l'impossibilité de recouvrer les impositions. En plus de la faute commise par le dirigeant, il faut qu'il y ait un préjudice subi par le Fisc. Ici, le recouvrement des impositions doit être impossible. Le caractère impossible du recouvrement laisse penser que l'action axée sur la solidarité fiscale doit être le dernier recours à la disposition du Trésor. Il faut que le percepteur agisse en amont et de manière efficace pour recouvrer les impositions. Il faut qu'il mette en œuvre tous les actes de poursuites établies en sa faveur[1820]. Et ce n'est qu'en dernier recours qu'il pourra mettre en pratique le régime de la responsabilité fiscale. Autrement dit, pour attester de cette impossibilité de recouvrement, le Fisc doit prouver qu'il a entrepris toutes les diligences normales à cet effet. C'est d'ailleurs en ce sens que se prononce la Cour de cassation française lorsqu'elle a pu estimer en 1986 que le créancier fiscal doit faire la démonstration *« en quoi les manœuvres frauduleuses [...] ont rendu impossible le recouvrement »*[1821]. A peu près dix ans après le prononcé de cet arrêt, la Haute juridiction française a pu avoir l'occasion de revenir sur cette question ; elle a maintenu cette interprétation : l'impuissance du Percepteur de recouvrer la créance fiscale ne peut pas avoir pour cause « *[le] seul fait qu'il n'avait pas pu être perçu avant l'ouverture d'une procédure de règlement collectif du passif de la société débitrice* »[1822]. Autrement dit, une procédure de liquidation judiciaire peut rendre impossible le recouvrement des créances d'impôts. Mais, il faut prouver que cette impossibilité de recouvrement trouve son origine dans le comportement fautif du dirigeant[1823]. Nous nous rangeons derrière cette logique. La raison tient au fait qu'elle assure une certaine protection au dirigeant social. Cette lecture permet d'éviter que le Percepteur, restant inactif pendant un certain temps, jette toute la responsabilité sur le dirigeant. Ici encore,

---

[1820] Cf. *supra* n° 427.

[1821] Cass. com., France, 15 avr. 1986, Dehnnin, n° 8415117.

[1822] Cass. com, France, 3 octobre 1995, n° 94-10.108, Gibelin, D.F. 1996, n° 3, comm. 28.

[1823] Patrick SERLOOTEN, « Responsabilité fiscale des dirigeants d'entreprises en difficulté : régime au profit exclusif du Trésor », note préc., Cf. Cass. com., France, 24 nov. 1992: *RJF*, 1993 / 2, p. 165, n° 285; Cass. com., France, 7 déc. 1993, n° 1939 D: *RJF*, 1994 / 3, n° 344; Cass. com., France, 3 mai 1995, n° 821 D: *RJF*, 1995 / 7, n° 890; Cass. com., France, 19 oct. 1999, n ° 97-16300 : *Dr. fisc.*, 2000, comm. n° 332.

le souci de redéfinir la protection du Fisc ne doit pas nous faire oublier le rebond de ce dirigeant car, si cette condition est appliquée de façon arbitraire, le rebond de ce dirigeant deviendra compliqué. Comme on l'a déjà écrit, l'arbitraire suscite chez lui un certain goût d'amertume.

850. La relation de cause à effet. Le lien de causalité exige une relation directe entre la fraude du dirigeant et le préjudice subi par le Fisc. Pour que la solidarité fiscale aboutisse, ce lien de cause à effet entre le non-respect grave et répété des obligations fiscales et l'impossibilité de recouvrement des créances fiscales est nécessaire. Cette relation de cause à effet « *s'apprécie* »[1824] des faits et des circonstances des affaires transférés au juge. La cour d'appel de Paris a pu estimer que ce lien est raisonnablement établi dès lors que « [...] *le dirigeant a laissé s'accumuler une dette fiscale excessive de sorte que l'administration a du procéder à des avis de mise en recouvrement, des mises en demeure et des avis à tiers détenteur, délivrés en temps utile et restés sans effet* »[1825]. Dans un tel cadre, il a aussi été jugé que le détournement d'actif, découvert suite à la vérification de la comptabilité, est considéré comme un élément sur lequel le Percepteur peut se baser pour mettre en avant le lien de causalité. Parce que c'est le détournement d'actif qui a entraîné la liquidation de l'entreprise. Liquidation qui a donné lieu à l'accumulation des dettes fiscales[1826], précise la Cour de cassation en France.

851. On le voit, trois éléments constitutifs de ce régime ont pu donc être identifiés : une faute de nature frauduleuse, un préjudice traduit par l'impossibilité de recouvrer les impositions et un lien de causalité entre le comportement fautif et le préjudice en question. A cela, s'ajoute une quatrième condition relative à celui qui a la qualité d'exercer cette action. Condition qui est propre au droit marocain. Ainsi, avec l'entrée en vigueur de la loi de finances de 2009[1827],

---

[1824]Patrick SERLOOTEN, « Responsabilité fiscale des dirigeants : réalité du passif fiscal et lien de causalité avec la faute », *BJS*, févr. 2005, p. 281.
[1825] CA, Paris, 5-7, 12 oct. 2010, RG n° 2010/01169, Monsieur B.
[1826] Cass. com., France, 27 juin 1995, n° 1359 D : *RJF*, 1995/10, p. 697, n° 1190. Dans le même sens, Cass. com., 1er juin 1999, n° 1101 D : *RJF*, 1999/8-9, p. 674, n° 1084.
[1827] CRCP, al. 2, art. 98.

l'exercice de cette action est devenu l'apanage du Directeur général des impôts, du Directeur général de la douane et du Trésorier général du Royaume. Eux seuls, ont la qualité de déclencher au nom de l'Etat marocain l'assignation en responsabilité fiscale. A y regarder de plus près, c'est un autre obstacle qui se dresse sur la voie de la mise en jeu de la responsabilité fiscale des dirigeants malhonnêtes. Il faut le reconnaître sans détour, la centralisation de l'initiation de l'action fiscale est une erreur législative. La lecture du bilan dressé depuis 2009 permet de s'en rendre compte facilement : ce régime de la responsabilité reste beaucoup plus théorique que pratique au point qu'aucune jurisprudence n'est citée ou publiée.

852. Dépasser la maladresse rédactionnelle de l'article 98 du CRCP. Étant commentées, les quatre conditions de l'article 98 précité, si elles venaient à se réaliser, permettraient au Trésor d'actionner le dirigeant pour le voir déclarer solidairement responsable à payer les impositions dues. En pratique, la condition relative aux manœuvres frauduleuses reste difficile à prouver[1828]. Les juges ont du mal à prouver l'intention du dirigeant fraudeur. Pour cela, il serait souhaitable que le législateur marocain revoie les conditions de la mise en jeu de l'action en responsabilité. La rigidité du régime en question est à dépasser. L'enjeu est de décentraliser ce régime et d'impliquer les Percepteurs locaux pour l'initier. Là aussi, suivi par le législateur sénégalais interne, le législateur français a bien compris la logique : c'est le comptable public compétent qui met en application cette action. Reste que l'assignation du dirigeant se fait à la condition que le Percepteur reçoive « *une décision personnelle du directeur des Services fiscaux ou du trésorier-payeur général, et ce à peine de nullité de l'assignation* »[1829]. On le voit, le législateur français a opté, en quelque sorte, pour une solution médiane. Plus rien n'empêche de s'en inspirer dans le contexte marocain.

[1828]Abdessamad NAIMI, « Le nombre de faillites frauduleuses a presque doublé cette année !», art. préc.,

[1829]Jean-Christophe BOUCHARD, « La responsabilité fiscale du dirigeant », art. préc., n° 11.

853. Dans le contexte africain des procédures collectives, la protection du Trésor sur la base de la solidarité fiscale est fondée. Compte tenu de son efficacité, nous préconisons cette solution pour le contexte africain. L'action fiscale, assise sur les articles 98 du Code marocain de recouvrement des créances publiques et L. 88 du CGI au Cameroun, doit être vue comme une véritable garantie de recouvrement des créances fiscales. Elle s'inscrit dans le cadre des prérogatives individuelles établies en faveur du Trésor dans le cadre des procédures collectives. Elle se distingue ainsi de l'action en comblement du passif dans la mesure où cette dernière est destinée à réparer le préjudice collectif des créanciers, y compris le Trésor. Reste que pour être efficace, elle devrait dépasser la maladresse rédactionnelle de l'article 98 précité. La réforme du régime de la solidarité fiscale est une nécessité. Le souci de l'équilibre qui gouverne le droit des procédures collectives nous conduira à proposer un autre élément de réforme. Ainsi, l'incidence de la procédure collective sur les prérogatives spéciales du Trésor doit être revue dans le sens d'assurer l'atteinte de l'objectif principal qu'est le redressement de l'entreprise en difficulté. Comme on l'a vu, l'ATD délivré lors de la période suspecte doit rester sans effet lorsqu'il y a des indices qui prouvent que le Percepteur avait connaissance de la cessation des paiements.

854. L'orientation a été choisie dès le début de cette recherche : la protection spéciale du Trésor doit être redéfinie et améliorée. A côté des aménagements généraux[1830], des aménagements spécifiques sont aussi indispensables. Une telle idée entraîne, en dernière analyse, plusieurs propositions de réforme qui constituent un tout indissociable. Elles se complètent les unes par rapport aux autres.

D'abord, le privilège attaché aux créances fiscales devrait être supprimé. L'idée est d'assurer un traitement égalitaire entre les petits contribuables et le Trésor au stade du paiement collectif.

Ensuite, une meilleure articulation entre le droit fiscal et le droit des procédures collectives devrait être assurée. En ce sens, il faut mettre en place un régime fiscal qui facilite et encourage le redressement des entreprises en difficulté.

[1830] Cf. *supra* n° 600 – 666.

De même, les nullités ou les inopposabilités de la période suspecte devraient être affinées de telle sorte que l'ATD soit annulé dans l'hypothèse de la connaissance par le Percepteur de la cessation des paiements.

Enfin, le régime de la solidarité fiscale devrait être amélioré en dépassant son caractère rigide.

Ces propositions de réforme permettraient d'améliorer sensiblement la protection au Trésor de manière équilibrée avec les contraintes du redressement de l'entreprise.

Conclusion de la deuxième partie

855. Au terme de la seconde partie, de nombreux verrous ont pu être levés en apportant des éléments de réponse à la question provocatrice d'une doctrine avisée : « *Quelle perspective pour le Trésor, s'agissant du recouvrement de sa créance à l'encontre d'une entreprise en difficulté ?* »[1831]

856. Un certain nombre de « slogans » résumant les propositions pour surmonter les obstacles préalablement identifiés : favoriser le rebond du débiteur ; valoriser la protection fondée sur le financement et le redressement des entités économiques ; valoriser la protection tirée des régimes des sanctions civiles et pénales ; qualifier la justice économique ; redéfinir la protection tirée de l'exclusion du principe de l'égalité des créanciers ; réformer les régimes des privilèges fiscaux et non fiscaux ; instaurer un régime fiscal qui encourage la reprise des entreprises en difficulté ; améliorer le régime de la solidarité fiscale.

857. De telles propositions de réforme sont indispensables et ce, pour améliorer les garanties mises en place en faveur du Trésor et éviter que ne survienne un déséquilibre qui se retourne contre les autres parties en présence, y compris le Trésor lui-même.

[1831]Patrick SERLOOTEN, « Le recouvrement de la créance fiscale dans le droit des procédures collectives : bilan et perspectives », art. préc., p. 60.

CONCLUSION GÉNÉRALE

858. Au terme de cette étude portant sur la protection du Trésor dans les procédures collectives en droits OHADA et marocain, il faut revenir succinctement sur les éléments essentiels de nos démonstrations et propositions. Dès l'introduction, il a été signalé qu'il est beaucoup plus rationnel et utile que cette thèse soit menée suivant deux axes dont le premier est dédié à l'approche critique et le second à l'approche prospective.

859. L'esprit humain serait sujet à l'erreur. Cette maxime semble prendre, en partie, son sens dans le cadre de la présente recherche. Le mot « erreur » s'est répété 24 fois dans cette étude. Cette plongée au cœur de la condition du Trésor dans ce cadre permet de confirmer le constat à l'origine de cette étude, à savoir d'une protection défectueuse. Le bilan général que l'on tire de l'approche critique est qu'après le placement de l'entreprise en procédure collective, la condition de l'Administration fiscale est affaiblie sur tous les fronts. Quelle que soit la procédure collective appliquée, et abstraction faite des dérogations ou des tempéraments consacrés par les deux régimes juridiques, le Trésor reste, dans une certaine mesure, un créancier mal protégé. Sa condition juridique dans ce cadre est calquée sur celles des autres créanciers. Il est soumis au traitement collectif. Ainsi, en cas de liquidation judiciaire, le paiement du Trésor est faible, si ce n'est pas inexistant. A la faiblesse du paiement des créances fiscales s'ajoute la disparition des entités économiques. Disparition qui met fin à la naissance des créances d'impôts. La relation légale qui lie le Trésor au contribuable se retrouve rompue une fois pour toutes. A ce titre, tout l'enjeu est de miser sur les procédures de sauvegarde et de redressement judiciaire des entités économiques en difficulté. Reste qu'en pratique, le taux d'entreprises qui sont éligibles au redressement judiciaire est réduit. Et si elles le sont, ces entreprises voient leurs plans de redressement échouer après un certain temps.

860. L'esprit humain est aussi tourné vers l'avenir. Une recherche axée sur la redéfinition de la protection du Trésor ne pouvait être abordée qu'avec une grande prudence. Le droit des procédures collectives est un droit d'équilibre par excellence. Pour ce faire, deux voies sont proposées : l'intervention réfléchie du législateur et l'option pour des solutions jurisprudentielles, à la fois, motivées et courageuses.

861. A ce stade, un critère de base nous semble devoir être respecté. Pour qu'une solution issue d'une démonstration mêlant droit comparé et analyse économique soit utile pour le droit récepteur, il faut au surplus que cette solution réponde à un besoin sociétal et économique[1832]. Ce constat se vérifie en ce qui concerne les solutions instituées par le droit américain, le droit français et les autres systèmes juridiques européens. Solutions qui doivent être adaptées aux contextes socio-économiques africains OHADA et marocain en particulier.

862. Le souci de la redéfinition de la protection du Trésor implique un traitement particulier des créances d'impôts. En analysant l'AUPC révisé et la loi marocaine n° 73-17, on comprend que les rédacteurs des deux lois ont eu la sagesse de poser les jalons d'une protection individuelle du Trésor. Les deux législateurs africains ont pu réaliser des progrès louables pour améliorer la condition juridique des créanciers en général et du Trésor en particulier. Salutaire, cette démarche reste cependant incomplète. Dès lors, elle doit être complétée par des mesures appropriées pour répondre à la spécificité de la condition du Fisc. Ainsi, au regard du caractère spécial de la créance d'*impôt*, la démarche qui consiste à déroger au principe de l'égalité des créanciers devrait être poursuivie. L'on peut penser à l'application prudente de la compensation fiscale et à l'instauration de délais raisonnables pour ce qui est de la déclaration des créances fiscales par provision. A cela, il faut ajouter la nécessaire prise en compte de la situation du Trésor quand il se retrouve créancier dans une procédure collective

[1832]Mohamed Amine BENABDALLAH, « Réflexions sur les lois instituant les cours d'appel administratives », in *Mélanges en hommage au professeur Mohamed Jalal ESSAID, Professeur aux facultés de droit de Rabat et de Casablanca*, Tome III, 2007. p. 111.

internationale. Cela dit, les dérogations précitées doivent être aménagées avec mesure et ne doivent, en aucun cas, mettre à mal l'intérêt de l'entreprise. C'est pourquoi, il faut instaurer un régime fiscal adapté aux entreprises en difficulté. La crise économique liée au Covid 19 a conforté cette solution. Un équilibre est donc à trouver entre la recherche de la redéfinition de la protection du Trésor et de celle des autres parties en présence.

863. L'on ne peut pas envisager l'amélioration de la protection du Trésor tirée de l'intérêt collectif des créanciers sans nous interroger sur les mesures et les mécanismes de nature à réussir les plans de redressement[1833]. Ici, parce qu'il faut miser sur la naissance future et éventuelle des créances fiscales, un certain nombre d'obstacles doivent être surmontés. Parmi ces obstacles, figure le financement difficile des entreprises placées en redressement ou en sauvegarde judiciaire. Pour cette raison, deux importantes améliorations doivent être introduites dans l'espace OHADA et au Maroc : la réforme ou la refonte des régimes des privilèges et l'encadrement affiné de la remise des dettes fiscales et non fiscales. Dans cette perspective, l'on doit saluer la solution adoptée récemment par l'Etat marocain consistant à accorder des garanties pour pousser les établissements bancaires à financer l'activité économique[1834]. A ces solutions, l'on doit ajouter la solution qui tend à rendre la justice économique plus en harmonie avec les exigences des procédures collectives.

864. Constatant que le droit des procédures collectives est en constante évolution, la rénovation des procédures collectives *stricto sensu* est une question qui a grandement préoccupé le législateur français et son homologue OHADA. Toutefois, le législateur marocain n'est pas au rendez-vous sur cette question. La procédure de liquidation judiciaire en est un exemple. Cette procédure reste toujours compliquée et s'étale longuement sur le temps. Pour cela, il faudrait instaurer une liquidation judiciaire simplifiée. Par ailleurs, le souci de favoriser le Trésor au stade des opérations liquidatives est de permettre au débiteur de passer au lancement d'un nouveau

---

[1833] Mustapha BENTAHAR, « La protection des créanciers dans les procédures collectives : mythe ou réalité ? », art. préc., p. 76.

[1834]Mehdi MICHBAL, art. préc.,

projet économique. Parce qu'il est loyal, parce qu'il n'a commis aucune faute de gestion, le dirigeant doit sortir indemne de la procédure de liquidation clôturée pour insuffisance d'actif. Il doit aussi bénéficier de l'effacement de dettes fiscales de plein droit. Le but étant de permettre à ce dirigeant de passer à un autre projet économique. Ici, la protection du Trésor est évidente. En favorisant le rebond du débiteur, on crée de l'emploi, on crée de la richesse. Dans cet esprit, le Trésor est mieux protégé. A ce titre, il faut consacrer le droit du débiteur au rebond par des textes de loi.

865. Consacrer le droit au rebond est une nécessité. Mais, si ce droit se heurte à une fraude avérée[1835], il faut inverser la tendance et passer à l'application des sanctions pénales et civiles. Émanation de la protection des créanciers, la sanction des dirigeants ne peut que rassurer le créancier fiscal. Comme cela a été indiqué, l'attachement à la norme pénale se comprend davantage quand on sait que « *l'ouverture d'une procédure collective va souvent de pair avec la découverte d'infractions pénales* »[1836]. Ici, si la fonction protectrice de la norme pénale paraît évidente, la pratique en Afrique est tout autre. A ce niveau, certains législateurs internes des Etats membres de l'espace OHADA n'accompagnent pas l'effort remarquable déployé par le législateur communautaire africain en instituant des règles pénales nationales. A ce titre, l'instauration du droit pénal OHADA est indispensable. Il faut dépasser le problème relatif à l'actualisation du droit pénal interne. Assurément, la sanction pénale constitue certainement un mécanisme « *nécessaire à la moralisation des affaires* »[1837]. Mais, en confirmant l'application des sanctions pénales, il ne faut pas y voir une contradiction avec la perspective de favoriser le rebond des débiteurs faillis. Sur ce point précisément, on n'est pas surpris d'observer que cette

---

[1835]Antoine DIESBECQ, « Loi Pacte : une occasion manquée pour les personnes physiques en liquidation judiciaire », *rev. pro. coll.* n° 5, sep. 2018, étude 23, n° 9.

[1836]Laurent MARTELLO, « L'action civile dans les procédures collectives », *LPA,* 28 nov. 2008, p. 15, n° 2.

[1837] Réponse de M. le garde des sceaux, ministre de la justice à la question écrite de M. André Delattre n. 56710 : JO déb. Ass. nat., 30 nov. 1992, p. 5456, cité par *la semaine juridique notariale et immobilière* n° 19, 14 mai 1993, 100634.

idée semble faire l'unanimité parmi les juristes et les universitaires. Ainsi, lors du colloque international tenu en octobre 2019 à Marrakech[1838] et portant sur la justice et l'investissement, une recommandation semble s'inscrire dans ce cadre. Proposant des mesures de nature à favoriser l'investissement, les participants au colloque ont défendu la recherche de l'équilibre en encourageant la liberté d'entreprendre[1839] (le droit au rebond pour les débiteurs en liquidation) tout en protégeant l'ordre public économique, à travers l'instauration et l'application des sanctions. Nous ne pouvons que souscrire à cette logique. La démarche doit prendre en compte cette combinaison tant souhaitée : encourager l'initiative privée et assainir l'environnement des affaires par le recours au système des sanctions pénales et son corollaire la reprise des poursuites individuelles.

866. On ne s'étonnera guère que les mots-clés de l'amélioration de la protection du Trésor soient ceux de l'équilibre, de la moralisation, du rebond du débiteur, de la simplification, de la qualification, de la promotion, et du financement. Cependant, « *par rapport à l'importance et la complexité* »[1840] des questions qu'il est censé encadrer, le cadre normatif reste insuffisant. A lui seul, le législateur ne peut pas tout faire. Le juge doit accompagner ce travail par des jurisprudences conformes à la lettre et à l'esprit de la loi.

867. Parce qu'on est conscient du fait que la règle du droit doit se limiter à tracer le cadre général et non pas descendre dans les détails que les juges doivent se donner la tâche d'en décortiquer le contenu. Effectivement, aussi sophistiquées soient-elles, les règles juridiques qui viendront combler le vide juridique constaté en bien des points en droits OHADA et marocain doivent être pertinemment interprétées. L'idée vaut pour les autres règles juridiques internes et supranationales. Par exemple, formulée de manière générale, la règle de droit instaurant l'utilité de la créance postérieure

---

[1838] Cf. https://micj.justice.gov.ma/fr/accueil/

[1839] Dieunedort NZOUABETH, « L'activité de l'entreprise saisie par le droit pénal », *Revue CAMES / SJP*, n° 001 / 2017, p. 202.

[1840] Meryem AFARKOUS, Droit *et pratique des procédures judiciaires de traitement des difficultés de l'entreprise au Maroc*, Thèse, Toulouse 1, 2010.

ou de la masse ne peut être fiable que par la pertinente interprétation qui lui est faite par les juges. Il faut donc miser sur la jurisprudence pour dégager l'intention du législateur et combler ce qui peut être vu ici comme lacunes. Par sa fonction d'interprétation de la règle du droit, la jurisprudence peut effectivement jouer un rôle très important dans un tel cadre. La sélection des créances fiscales et non fiscales méritantes est un bon exemple. Les juges en Afrique, quand ils sont saisis, seront fondés de ne retenir que les créances fiscales qui sont en lien avec l'activité de l'entreprise. En appréciant le critère de l'utilité, l'idée est de consolider la condition du Trésor et de mettre toutes les chances du côté de l'objectif économique qu'est le redressement de l'entreprise en difficulté. Ceci dit, il convient de noter que cette étude est loin de présenter des réponses tranchées. Sur certaines questions comme celle relative à l'utilité de créances postérieures, cette étude se contente d'offrir des pistes de réflexion. Ainsi, tenant compte du fait que l'espace OHADA se compose de 17 Etats, il serait illogique de penser que les juges de cet espace raisonnent de la même manière. Restons sur la dernière question, l'effort jurisprudentiel qui consiste à ce que le privilège des créances postérieures soit institué pour être profitable aux seuls créanciers contractuels, cet effort pourrait aussi être admis. Comme on l'a vu, il a été retenu par des juridictions en Belgique, car même s'il écarte les créances fiscales, il soutient aussi l'entreprise en difficulté pendant cette phase critique. Dans ces conditions, les créances fiscales postérieures ne seront pas privilégiées. On pourrait aller plus loin et proposer une exonération des impôts postérieurs. Il s'agit d'une exonération limitée dans le temps. Reste que cette dernière solution nécessite une intervention du législateur avant qu'elle ne soit confortée par la jurisprudence.

868. L'imaginaire des juges apparaît sur un autre plan : la moralisation des procédures collectives à travers l'application des sanctions pénales. Dans un souci de moralisation, il faut faire éloigner le corrupteur et mauvais payeur d'impôts de la vie économique et ce, en prononçant à son encontre soit la déchéance commerciale soit l'interdiction de gérer[1841]ou

[1841] Corinne MASCALA, « Le comportement fautif du chef d'entreprise, de la sanction à la réparation ? », art. préc.,

encore la banqueroute. Quel rôle peut jouer une jurisprudence créatrice dans un tel cadre ? Ici encore, il vaut mieux raisonner à partir d'un exemple. On se souvient que l'un des inconvénients du système des procédures collectives en Afrique réside dans la mauvaise foi des débiteurs. Il faut rappeler que de nombreux débiteurs-contribuables de mauvaise foi cherchent, à tout prix, à ne pas déclarer la cessation de paiements. Convaincus qu'il y a des fautes au niveau de la gestion, des débiteurs ont la conviction que ladite déclaration entraînera l'application d'une ou de plusieurs sanctions pénales à leur encontre. Ils redoutent aussi et surtout l'extension de la procédure collective ouverte à leurs patrimoines personnels. Pour cela, ces contribuables fuirent le contact avec les organes de la procédure de crainte qu'ils examinent les documents comptables[1842]. Dans cette perspective, tant que la procédure collective n'est pas ouverte, la sanction pénale de banqueroute ne sera jamais prononcée[1843]. Cependant, à une époque plus récente, un arrêt rendu par la Haute juridiction marocaine a marqué de son empreinte cette question. Il devait mériter une attention particulière. Il répond en effet à la manœuvre frauduleuse précitée, et à laquelle le législateur a pourtant fait montre de rigidité. Les juges de Rabat ont pu estimer qu' : « *en l'absence de redressement ou de liquidation, le procureur peut envoyer une requête au tribunal compétent aux fins d'ouverture de la procédure lorsqu'il envisage de poursuivre une personne suspectée d'avoir commis le délit de banqueroute* ». Faisant une lecture *a priori* non conforme à la lettre du texte de l'article 754 du code de commerce[1844], la Haute cour de Rabat s'accorde, par cette jurisprudence, à l'esprit dudit code. Cet esprit tend à réprimer les fraudeurs qui sont souvent de mauvais payeurs d'impôts. Sur le terrain de la responsabilité pénale, il découle de l'arrêt susmentionné que la banqueroute pourrait être recherchée au cas où des personnes morales ou physiques contre lesquelles a été soulevé l'un des faits prévus par l'article 754 précité [1845]. L'application de la banqueroute

[1842]Anonyme, « Entreprises en difficulté, pas assez de liquidations... », *L'économiste,* n° 1635, 31 oct. 2003.

[1843]Abdessamad NAIMI, « Le nombre de faillites frauduleuses a presque doublé cette année !», art. préc.,.

[1844] C. com. L. n° 73-17, Maroc, art. 754.

[1845] C. com. L. n° 73-17, Maroc, art. 754, art. préc.,

pourrait être actée même dans l'hypothèse où la procédure de liquidation n'a pas pu être ouverte.

869. La sélection des créances fiscales et non fiscales méritantes et la moralisation des procédures collectives, ces deux exemples illustrent très bien le rôle que peut jouer le juge afin de garantir une protection au Trésor même en l'absence des textes de loi clairs.

870. De ce qui précède, nous préconisons au législateur marocain des entreprises en difficulté et à son homologue OHADA de suivre les raisonnements entrepris par le droit français et les autres droits européens. La réforme ou la refonte de la condition du Trésor dans les deux systèmes africains des procédures collectives se pose donc avec force. C'est sans contestation dans cette voie que le législateur africain devrait naviguer. Le juge, à son tour, devrait accompagner ce travail de réforme par des solutions courageuses. La question de la redéfinition de la protection du Trésor dans un tel cadre ne peut, nous semble-t-il, demeurer sans réponse ou être envisagée par des textes fragmentaires. Espérons donc en conclusion que les juges d'aujourd'hui s'en saisissent pour que le législateur actuel ou de demain ait la chance de remarquer les différentes problématiques qui entourent cette question. Sans que cela n'empêche le législateur d'en prendre l'initiative par lui-même.

BIBLIOGRAPHIE INDICATIVE

I. Ouvrages généraux

AMBOULOU Hygin Didace, *Le droit de l'arbitrage et des institutions de médiation dans l'espace OHADA*, Coll. Etudes Africaines. Éd., L'Harmattan, 2015

AZOUGAR Omar, *Le guide pratique dans le Code de recouvrement des créances publiques* (en langue arabe) 1ère Éd., Annajah Aljadida, 2017

BAS Céline, *Le fait générateur de l'impôt*, coll. « Finances Publiques ». Éd., L'Harmattan, 2007

BUISSON Jacques, *Le sursis au paiement de l'impôt,* LGDJ. Déc. 1996

CASTELAN Serge Dominique, *Le juge commissaire dans la faillite et le règlement judiciaire*, Sirey, 1965.

CHERKAOUI Hassania, *Droit commercial et activités commerciales, fonds de commerce, Entreprises commerciales, concurrence, redressement judiciaire,* Casablanca, Najah El-Jadida, 2 ème éd, 2003

DIDIER Martin, Droit *commercial et bancaire marocain*, 2 ème Éd., Al Madariss, 2001, n° 495, p. 355

ESSAID Mohamed Jalal, *Introduction à l'étude du droit*, Coll. « connaissances », 3ème éd., 2000

GARRAUD R., *De la déconfiture et des améliorations dont la législation sur cette matière est susceptible*, Paris, A. Marescq aîné, p. 279, 1880

IDRISSI ALAMI MACHICHI Mohammed, Droit *commercial fondamental au Maroc,* Éd., Dar Al Kalam, 2006

KESRAOUI Mohamed, *Gestion fiscale de l'entreprise marocaine, conseils et pratiques,* Éd., cabinet Kesraoui, 2003

LAFROUJI Mahmed, *Difficultés de l'entreprise et procédures judiciaires de leur traitement,* [en langue arabe], Casablanca, 2000

LAHRACH Karim, *Le guide pratique du Code de recouvrement des créances publiques : aspects doctrinal, juridique, et judiciaire*, coll. « La pratique législative et la jurisprudence », n° 5, Najah El Jadida 1ère éd., 2015

MOTIC M'hamd, Droit *commercial marocain*, édition non citée, p. 236

PRADEL J., VARINARD A., *Les grands arrêts du droit pénal général,* 5e éd. 2005
SERLOOTEN Patrick, Droit fiscal des affaires, *Dalloz*, 2 ème Ed., 2001

II. Ouvrages spéciaux

AIT BELLA Karim, *La continuité de l'entreprise dans le cadre du redressement judiciaire à la lumière de la jurisprudence : Etude analytique, critique, approfondie à la lumière des jugements et des arrêts rendus par les tribunaux de commerce au Maroc et des jugements récents de la cour de cassation française*, [En arabe], 1ère éd., Dar assalam, 2008
AMBOULOU Hygin Didace, Le droit des entreprises en difficulté dans l'espace OHADA, Coll. Etudes Africaines. Éd., L'Harmattan, 2015
AZOUGAR Omar, *La jurisprudence de la Cour de cassation dans les procédures de redressement et de liquidation judiciaires,* Annajah El Jadida, Publications de la maison de la justice au Maroc, 2014
BANQUE MONDIALE, *Principes et directives régissant le traitement de l'insolvabilité et la protection des droits des créanciers*, avr. 2001
BOULET Benoît, *Le redressement d'entreprises industrielles*, coll. « pratiques d'entreprises », Éditions EMS, 2003
BOUQBICH Abdelhaq, *La continuité l'activité de l'entreprise soumise au redressement judiciaire, (En langue arabe) Dar* Es-Salam. Ed., 2007, p. 203
Centre de Commerce International, *Guide juridique OHADA pour les entreprises du Mali, Deux cent questions pratiques pour comprendre le nouveau Droit*, Genève. 2007
CHARVERIAT Anne, MARTIN Stéphane, *Défaillances d'entreprises : régime juridique des procédures collectives*, Ed. Francis Lefebvre, 1997
CHMIAA Abdrahim, *Commentaire des règles du régime des procédures de traitement des difficultés de l'entreprise à la lumière de la loi 73-17,* (En langue arabe), Ed. Dar Afaq Maghribia, 2018, p. 249

CHOUKRI SBAI Ahmed, *Al Wassit dans les procédures de prévention et de traitement des difficultés d'entreprises*, (En langue arabe), T.I., Dar Ennachr El Maarif. 3ème éd., 2007

CHOUKRI SBAI Ahmed, *Al Wassit dans les procédures de prévention et de traitement des difficultés d'entreprises*, (En langue arabe), T.II. Dar Ennachr El Maarif, 3ème éd., 2007

CHOUKRI SBAI Ahmed, *Al Wassit dans les procédures de prévention et de traitement des difficultés d'entreprises*, (En langue arabe), T.III. Dar Ennachr El Maarif. 3ème éd., 2007

DE TAISNE Bertrand, *Réussir le redressement de votre entreprise*, Express Roularta Éditions, 2009

DIAKA Aimé, Le Crédit-bail mobilier dans les procédures collectives, Ed., Publibook, 2014

EL HAMMOUMI Abdeljalil, *Droit des difficultés de l'entreprise-La prévention des difficultés, le redressement judiciaire, la liquidation judiciaire*, Dar Essalam, 3ème éd., 2008

FALI Allal, *commentaire sur la loi relative aux difficultés des entreprises à la lumière de 20 ans de la justice commerciale 1998-2018* [En langue arabe], 1ère Ed. nov., 2018

FALI Allal, *Les procédures de traitement des difficultés de l'entreprise* [En langue arabe], 2ème Ed., Dar Essalam, nov. 2015

GOMEZ Jean René, *Entreprises en difficulté, lecture de l'Acte uniforme de l'OHADA portant organisation des procédures collectives d'apurement du passif à la lumière du droit français*, Éd., BAJAG-MERI, coll. « Le droit en Afrique », série droit des affaires, 2003

HAJJI Hayat, *La déclaration des créances fiscales et les procédures de difficultés de l'entreprise*, 1ère éd., 2017

HAJJI Hayat, *Le régime des sûretés et le droit des entreprises en difficulté*, (en arabe), 1ère éd., Dar Es-Salaam, 2012

HAJJI Saliha, *Le règlement amiable dans les difficultés des entreprises, réalités et perspectives, étude à la lumière du projet du livre 5 du code de commerce*, (en langue arabe), éd., Rachad, p. 210

HANANE Youssef, BAHTI Saad, *Le terme dans les procédures de redressement judiciaire à la lumière de la loi 73-17*, [En langue arabe], 1ère Ed. 2019. p. 96 - 97

JACQUEMONT André, BORGA Nicolas, MASTRULLO Thomas, *Droit des entreprises en difficulté,* 11ème Ed., LexisNexis, 2019

JACQUEMONT André, *Droit des entreprises en difficulté,* Lexis Nexis, 8ème éd., 2013

JACQUEMONT André, *Droit des entreprises en difficulté- A jour de la loi de régulation bancaire et de l'ordonnance relative à l'EIRL,* Litec, 7ème éd., 2011

JACQUEMONT André, VABRES Régis, Droit *des entreprises en difficulté*, 9 ème Ed., 2015

JEANTIN M., LE CANNU P., *Droit commercial. Entreprises en difficulté*, *Dalloz,* 7e éd., 2007

KAMENI Christian Gamaleu, *La cessation des paiements en droit de l'OHADA : Étude à la lumière du droit français.* Éd., Presses Académiques Françaises, 2014, p.

KORYCHI Abdrahim, *La prévention des entreprises en difficultés entre le droit et la pratique*, (en langue arabe) *Dar AbiRaqraq,* 2ème éd., 2008

LAARAJ Noureddine, « Procédures des difficultés de l'entreprise », Ed., 2016

LAFROUJI Mohamed, *La situation des créanciers dans les procédures de traitement des entreprises, étude analytique et critique à la lumière du droit marocain et du droit comparé*, coll. « Etudes juridiques approfondies », 1ère éd., Najah El Jadida, 2006

LAGARDE Bernard, *Entreprises en difficultés*, *Traité économique et fiscal*, *2019*

LE CANNU Paul, ROBINE David, Droit des entreprises en difficulté, 8ème éd. Dalloz

LE CORRE Pierre-Michel, *Droit et pratique des procédures collectives*, 2e éd., *Dalloz*, Paris, 2003 ; 6e éd. 2011 ; 7e éd. 2013

LEFROUJI Ahmed, *Les difficultés des entreprises et les procédures judiciaires réservées à leur traitement : étude analytique et critique du droit marocain des difficultés des entreprises à la lumière du droit comparé et de la jurisprudence*. Éd., Annajah, 2000

MESMIN Koumba Euloge, *Droit de l'OHADA : prévenir les difficultés des entreprises*, Éd., Coll. Etudes Africaines. L'Harmattan, 2013

PATART Denis, *le règlement collectif des dettes*, Ed., Larcier, 2008

PEROCHON Françoise, BONHOMME Régine, *Entreprises en difficulté- Instruments de Paiement et de crédit et de paiement,* Exercices corrigés, 6ème LGDJ. Lextenso, éd, 2009

RHALIB Moulay Mohamed Lahbib, *Entreprises en difficulté, quels sont vos droits ?* Éd., La croisée Des Chemins, Casablanca, 2014

RIPERT Georges, ROBLOT René, *Traité de droit commercial*, 16ème éd., Tome 2. LGDJ, Paris, 2000

SAINT-ALARY-HOUIN Corinne, *Droit des entreprises en difficultés*, 6ème Ed., Montchrestien, 2009

SAWADOGO Filiga Michel, OHADA, *Droit des entreprises en difficulté*, Coll. Droit uniforme africain. Éd., Bruylant, Bruxelles, 2002

SERLOOTEN Patrick, DEDEURWAERDER Gilles, *Entreprises en difficulté (Droit fiscal),* Répertoire de droit commercial, *D*, avr. 2016

SERLOOTEN Patrick, La défaillance d'entreprise, aspects fiscaux, Dalloz, 1997, n° 296

SOINNE Bernard, *Traité théorique et pratique des procédures collectives*, Litec, 1987

SQUALI Abdelaziz, *Droit et pratiques en matière de faillite et de liquidation judiciaires*, Sofapress, éd., 1995

VALLANSAN Jocelyne, *Guide des procédures collectives 2020 / 2021*, Lexis nexis, 2020

VIDAL Dominique, GIORGINI Giulio Cesare, *Cours de droit des entreprises en difficulté,* Édition 2014-2015, À jour de l'ordonnance du 12 mars 2014 et de son décret d'application du 30 juin 2014

III. Les dictionnaires

Association Henri Capitant, Vocabulaire juridique, sous dir G. Cornu, coll. Quadrige, PUF. 2000. V° sécurité

DEBOVE REY Josette, REY Alain, *Le nouveau petit Robert*, 2001, p. 2026

HILARION Alain BITSAMANA, *Dictionnaire de droit OHADA,* p. 88, *Ohadata D- 05- 33*

IV. Les jurisclasseurs

AMLON Guy, Redressement et liquidation judiciaires, Trésor public, Avis à tiers détenteur, Juris classeur Commercial, 1993, fasc. 2732, no 15, p. 5

COZIAN M. et ANCEL P., « Privilèges. Généralités sur les privilèges du Trésor », J.-Cl. Civil, Fasc. 1, art. 2098 ; Privilèges. Privilèges fiscaux du Trésor, J.-Cl. Civil, Fasc. 2, art. 2098 ; Privilèges. Privilèges non fiscaux du Trésor, J.-Cl. Civil, Fasc. 3, art. 2098 ; Exercice des droits du Trésor, J.-Cl. Commercial, Fasc. 1830

DOUAY Michel, « Procédures collectives et procédures fiscales », Procédures fiscales, fasc. 576

DOUAY Michel, « Recouvrement des impôts dans le cadre de procédures collectives. Principaux effets de l'ouverture d'une procédure collective surl'environnement fis cal de l'entreprise » JCL. Procédures fiscales, jurisclasseur notarial, fasc. 576

MARTIN-SERF Arlette, *Effets à l'égard des dirigeants sociaux. – Sanction patrimoniale. Conditions d'exercice et résultats de l'action en responsabilité pour insuffisance d'actif*, Fasc. 41-52, JCL, 28 mai 2018, n° 6

PÉTEL Philippe, *Le nouveau droit des entreprises en difficulté* : JCP E 2005, 1509, spéc. n° 50

SERLOOTEN Patrick, « Sauvegarde, redressement et liquidation judiciaires – Incidences fiscales sur l'entreprise **»,** *JCl. Commercial, Fasc. 3104,* 2010, n° 52

VALLANSAN Jocelyne, « Sauvegarde, redressement et liquidation judiciaires, déclaration et admission des créances », *jcl. Procédures collectives,* fasc. 2352, 28 juil. 2017, n° 49

VALLANSAN Jocelyne, JCl. Commercial, fasc. 2770 : Liquidation judiciaire - Clôture de la procédure, n° 88

V. Avis, recommandations et rapports

Banque mondiale, Rapport de *doing business* des Etats de l'OHADA, 2017, p. 68.

Banque mondiale, *Rapport Doing business Maroc,* p. 20. http://www.doingbusiness.org/consulté le 25 déc. 2017

Conseil économique et social, Maroc, « Un Système Fiscal, pilier pour le Nouveau Modèle de Développement », Rapport, Auto-Saisine 39 / 2019, p. 27 [En ligne] :https://www.cese.ma

Cour de cassation, Rapport annuel de la Cour de cassation française de 2004

Cour des comptes, Rapport de la Cour des comptes de 2016 en France

El HAJJAMI Ahmed, *Entreprises en Difficultés : Propositions d'amendements du Livre V du Code de Commerce,* Publication du programme amélioration du climat des affaires au Maroc : l'U.S.A.I.D, 2007, p. 24

Faculté de droit de Settat, Rapport final du colloque international organisé par le laboratoire du droit des affaires rattaché à la Faculté de droit de Settat, 27 nov. 2017, *revue droit et entreprise*, n° spéc., « Procédures des difficultés de l'entreprise », 2018, p. 248

FRANTZ J., *Pour la suppression du privilège des créanciers fiscaux et sociaux*, 4 oct. 2012, [En ligne] : www.cci-paris-idf.fr, p. 5

HYEST J.-J., Rapport n°335, Sénat, session ordinaire de 2004-2005

Insol International et World Bank Group, *Global Guide: Measures adopted to support distressed businesses through the Covid-19 Crisis. Report*, mai 2020

MONTEBOURG A. (rapporteur), « Les tribunaux de commerce : une justice en faillite ? », Rapport n° 1038 de la commission d'enquête parlementaire de l'Assemblée Nationale

ROSSIGNOL Henry, *Gazette du Palais*, 1978, p. 612

VI. Thèses, mémoires et cours

ABDEL FATTAH Lara, Appartenance *à un groupe et déroulement du processus de défaillance des entreprises. Application au cas de la France*, Thèse, Paris Nanterre, 2016

ABOULHOUCINE Mohamed, La *cession d'une entreprise en difficulté en tant que solution du redressement judiciaire,* Thèse, Casablanca, 2003

AFARKOUS Meryem, *Droit et pratique des procédures judiciaires de traitement des difficultés de l'entreprise au Maroc*, Thèse, Toulouse 1, 2010
AFIF Malika, *La situation des créanciers dans le régime des difficultés des entreprises,* DESA, Casablanca, 2003
AGUEMON Khaled, *Réflexions sur l'abus en droit des sociétés dans l'espace OHADA : contribution du droit français*, Thèse, Lyon 3, 2013
AHOUA Désiré, *Le nouveau droit de la restructuration des sociétés commerciales des pays de l'OHADA, comparaison avec le Droit français*, Thèse, Bordeaux, 2015
AKONO ADAM Ramsès, « Les privilèges dans les procédures collectives : Réflexions à partir des droits français et OHADA », PhD en droit privé, Douala, 2017
AL SAUD Salman BEN ABDEL AZIZ BEN SALMAN BEN MOHAMMAD, *Problèmes de base du droit des entreprises en difficulté : Etude comparée droit français – droit saoudien*, Thèse, Paris 2, 2014
ALGADI Aziber Seid, *Contrats et Droit OHADA des procédures collectives, étude à la lumière de droit français,* Éd., L'Harmattan, paris, 2009
BACHLOUCH Saida, *La prévention et le règlement amiable des difficultés des entreprises en droit comparé franco-marocain*, Thèse, Paris-Est Créteil, 2012
BAMBA Machami, *De l'efficacité des procédures collectives : une étude comparée des législations anglaise et française,* Thèse, Toulouse 1, 2015
BENNANI Bakr Anas, *Les procédures de traitement de l'entreprise en difficulté en droit marocain*, El Maarif Al Jadida, Rabat, 2008
BILLONG Abel Henri, *La sécurisation du commerce électronique dans l'espace OHADA*, Thèse, Lyon 3, Douala, 2017
BOUABIDI Zakaria, *Le contentieux de l'impayé : approche comparative entre la France et le Maroc,* Thèse, Toulon, Tanger, 2013
BOURDAIS Mathieu, *Etude critique des modes de cession applicables au fonds de commerce dans le cadre de la réalisation des actifs en liquidation judiciaire,* Thèse, Lille 2, 2017
BOUSTANI Diane, *Les créanciers postérieurs d'une procédure collective confrontés aux enjeux du droit des*

entreprises en difficulté, Préf., Pierre-Michel LE CORRE, LGDJ., 2015

CALMETTE Victor, *La gestion fiscale de l'entreprise en difficulté,* Thèse, Toulouse, 2018

CAPOEN Anne-Laure, *La responsabilité bancaire à l'égard des entreprises en difficulté*, Thèse, Toulouse 1, 2008

CHVIKA Eran, *Droit privé et procédures collectives*, Thèse, *Defrénois*, Préf., Thierry BONNEAU, 2003

COTTIGNY Maxime, *Responsabilité civile et procédures collectives,* Thèse, Lille 2, 2016

COUTURIER Gaël, *Droit des sociétés et droit des entreprises en difficulté*, Thèse, Lyon 3, 2011

DAMIEN Nicolas, *La position préférentielle du fisc en cas de concours*, Master, Université catholique de Louvain, 2016

DAUCHEZ Corine, *Le principe de spécialité en droit des sûretés réelles*, Thèse, Paris 2, 2013

DIALLO Abdoulaye, *Protection de l'entrepreneur individuel et droits des créanciers : étude comparée droit français-droit de l'OHADA*, Thèse, Saint-Louis, Poitiers, Thèse, 2014

DINC Bilal, *Droit et pratique de la faillite dans le ressort de la Cour d'appel de Lyon : 1838-1889*, Thèse, Clermont-Ferrand I, 2015

DROIN Evelyne, *Les personnes morales du droit public dans les procédures collectives,* Thèse, Paris Dauphine, 1996.

EL HADJI Cheikh Gueye BA, *L'imposition du bénéfice en France et au Sénégal*, Thèse, Lyon 3, 2017

EL HAJJAMI Ahmed, *Le redressement des entreprises en difficultés en droit marocain,* Thèse, Metz, 1988

EL OTMANI Fouad, *Les procédures du contrôle fiscal en droit marocain, rappel et essai d'analyse*, Master, Casablanca, 2015

ELLA ANDOUME Wenceslas, *Le cautionnement donné à une société*, Thèse, Nancy 2, 2010.

ELONGO Yvette RACHELLE KALIEU, *Les garanties conventionnelles du fournisseur de crédit en droit camerounais*, Thèse, Montpellier 1, 1995.

FOMBA Mamadou, *La profession de magistrat au Mali, la difficile quête d'indépendance du juge*, Thèse, Bordeaux, 2013

FOTSO POUOKAM Emmanuel douglas, « Financement des entreprises en difficulté et responsabilité bancaire dans l'espace OHADA », Thèse, Paris 13, 2007

FRANCK Laetitia, *Les contrats de location financière dans les procédures collectives d'apurement du passif en droits français et allemand comparés*, Thèse, Nancy 2, 2011

Furtuna A., *Le fait du prince*, Thèse, Paris, 1924

GREVET Alexandre, *Pour une réforme de la solidarité du dirigeant au passif fiscal*, Thèse, Paris 9, 2016

HALOUI Khalil, *Les garanties du contribuable dans le cadre du contrôle fiscal en droit marocain*, Thèse, Grenoble, 2011

HMODA Farag, La protection des créanciers au sein des groupes de sociétés, Thèse, Franche-Comté, 2013

KAHIL Omran, *L'égalité entre les créanciers dans le cadre de la saisie attribution*, Thèse, Lille 2, 2011

KAMENI Christian GAMALEU, *L'implication du créancier dans les procédures collectives : étude comparée du droit français et du droit de l'OHADA*, Préf. Gérard BLANC. coll. « Horizons juridiques africains », Éd., Aix-en-Provence, Presses universitaires d'Aix-Marseille, 2015

KARFO Thomas Steve, *Paiement des créanciers, sauvetage de l'entreprise : Étude comparative Des législations OHADA et française de sauvegarde judiciaire des entreprises en difficulté*, Thèse, Toulouse 1, 2014

KASSIMI Saad, *Les spécificités du régime des difficultés de l'entreprise : étude comparative*, [En langue arabe], DESA en droit des affaires, Casablanca, 1999

KOKOU EVELAMENOU Serge, *Le concordat préventif en droit OHADA*, Thèse, Lomé, Paris Est Val-de-Marne, 2012

KOTO-TCHEKA Alexandra BETTY, *Le règlement préventif dans l'espace OHADA au regard du droit français des procédures collectives*, Thèse, Montpellier I, Libreville -université Omar Bongo-, 2014

LAFAURIE Karl, *La force obligatoire du contrat au regard des procédures d'insolvabilité,* Bordeaux IV, Mémoire de Master II, 2013

LAURENT Freud, *Les sûretés réelles et les privilèges spéciaux doivent-ils être considérés comme un obstacle au redressement des entreprises en difficulté ?* DEA en Droit des affaires, Strasbourg, 2004

LEPLAT Frédéric, *La transmission conventionnelle des créances,* Thèse, Paris x Nanterre, 2001

LYAZAMI Nahid, *La prévention des difficultés des entreprises : étude comparative entre le droit français et le droit marocain*, Thèse, Toulon – Var, 2013

MAGUEU KAMDEM Joëlle Débora, *le financement des entreprises en difficultés en droit OHADA*, PhD en droit privé, Dschang, 2016

MAWUNYO AGBENOTO Koffi, *Le cautionnement à l'épreuve des procédures collectives*, Thèse, Le mans, 2008

MBALEMAKEN EUGENE Louis René, *Le juge et le sauvetage de l'entreprise en difficulté en droit OHADA et en droit français étude de droit comparé*, Thèse, Paris 2, sep. 2013

NOIROT Renaud, *Les dates de naissance des créances,* Thèse, Paris Descartes, 2013

ONDZE Stani Stani, *La garantie des salaires en cas d'insolvabilité de l'employeur*, Thèse, Paris Nanterre, 2012

OSIRIS COFFI DOGUE Karel, *Jalons pour un cadre de référence OHADA en droit des contrats*, thèse, Montréal, juillet 2013

OULAARBI Said, *Le recouvrement des créances Douanières : Etude juridique et judiciaire*, Thèse [En langue arabe], Rabat Agdal, 2016

OULD EBA Moussa, *Le rôle de l'information en droit des entreprises en difficulté*, Thèse, Toulouse 1 Capitole, 2013

OUMAROU S., *Les finalités des procédures collectives,* thèse, Dakar UCAD, 2005

OYONO Marlène, *La protection des sûretés exclusives dans les procédures collectives en droit comparé franco OHADA,* Thèse, Montpellier, 2016.

PRAQUIN Nicolas, *Comptabilité et protection des créanciers (1807-1942) : une analyse de la fonction technico-sociale de la comptabilité,* Thèse (Gestion et management), Paris-Dauphine, 2003

REILLE Florence, « La notion de confusion des patrimoines, cause d'extension des procédures collectives », Thèse, Montpellier, 2005

RHALIB Moulay Mohamed LAHBIB, *La place du juge dans le traitement des difficultés des entreprises au Maroc,* Thèse, Perpignan, 2005

RIZZI Aldo, *La protection des créanciers à travers l'évolution des procédures collectives*, L.G.D.J, Préf. Claude CHAMPAUD, 2007

RONET-YAGUE Delphine, *Les créances de sécurité sociale et l'entreprise en difficulté : vers la contribution des organismes percepteurs au soutien de l'activité économique*, Thèse, Aix-Marseille, Ed. PUAM, 2012

SADEGHLOO Yousefi, *Le bail commercial étude comparée du droit français et du droit iranien*, Thèse, Limoges, 2012.

SALEY SIDIBÉ Harouna, *Le sort des créances postérieures en droit français et Droit de l'Organisation pour l'Harmonisation en Afrique du droit des affaires (OHADA)*, Thèse, Nice, 2013

SOUJOUD Mohamed EL HABIB, *Le recouvrement des créances fiscales dans le cadre des procédures de traitement des difficultés de l'entreprise*, Mémoire du Master, Marrakech, 2011

STANKIEWICZ MURPHY (S), *L'influence du droit américain de la faillite en droit français des entreprises en difficulté*. Thèse, Strasbourg, 2011

TCHAKOTEU MESSABIEM Liliane, *La protection des créanciers dans les procédures collectives d'apurement du passif*, Droit OHADA-Droit Français, Préf. Evelyne MICOU, coll. « Etudes Africaines », Ed., L'Harmattan, 2015

THERA Fatoma, *L'application et la réforme de l'acte uniforme de l'OHADA organisant les procédures collectives d'apurement du passif*, Thèse en droit, mention droite des affaires, Université Jean Moulin Lyon 3. 2010

TOE Souleymane, *Approche critique de l'application judiciaire du droit des procédures collectives dans l'espace OHADA*, Thèse, Perpignan, Ouagadougou, 2010

TOH Aymar, *La prévention des difficultés des entreprises : étude comparative de droit français et droit OHADA*, Thèse, Bordeaux, 2015

VLEESCHOUWERS Hanna, « Les dettes de masse. La délicate application de l'article 37 de la loi sur la continuité des entreprises en ce qui concerne les créances publiques, in concreto, le précompte professionnel et l'ONSS », Master en droit, Liège, 2016. p. 26. [En ligne] : https://matheo.uliege.be.

WANDJI KAMGA Alain-Douglas, *Le droit à l'exécution forcée : Réflexion à partir des systèmes juridiques camerounais et français*, Thèse, Limoges, Yaoundé II, 2009

VII. Articles, communications et chroniques

A. de Saba Apollinaire, « Le recouvrement de la dette publique intérieure dans les Etats de l'OHADA », *Revue* de *l'ersuma* n° 3, mars 2013

ABASSI Mohamed, « Les effets de la cessation des paiements en droits marocain et français », *revue Fatouaka*, n° 1, 2019

ABITBOL Frédéric, LE GUERNEVE Laurent, VALLIOT Régis, « Les abandons de créances publiques : qui peut le plus, peut le moins », *Gaz. Pal.* 14 avr. 2007, n° 104, p. 9

ABOU HOUDA Khaled :

- « Les créances du Trésor et les créances des salariés, qui a le droit au paiement prioritaire dans la procédure des difficultés de l'entreprise ? », (en langue arabe), *Revue des tribunaux marocains*, n° 111, nov. déc. 2007
- « Réflexions sur l'ouverture de la procédure des difficultés de l'entreprise à travers la notion de la cessation de paiements », [En langue arabe], *Revue des tribunaux marocains*, n°116, 2008

ABOULHOUCINE Mohamed :

- « La cession de l'entreprise placée dans le redressement judiciaire et ses effets sur la condition des salariés », Revue *marocaine du droit des affaires et des entreprises,* n° 2, mai 2003
- « Droit des entreprises en difficultés, instrument de traitement juridique des difficultés financières de l'entreprise », communication à l'occasion du débat national sur la réforme de la justice, Tanger, 2013

ABOU MOUSLIM Nabil, « Les effets du jugement arrêtant la résolution du plan de continuation dans les procédures des difficultés de l'entreprise », *rev. trib. mar.*, n°118, jan. fév. 2009

AISSAOUI Yahya, « Le recours devant les commissions fiscales », *Revue Marocaine des Contentieux*, Najah Al Jadida n°5-6, 2007

AIT MOUH Hassan, « La responsabilité des dirigeants dans le paiement des dettes publiques dans le système des difficultés de l'entreprise », *Galerie de la pensée juridique*, numéro non cité.

AKA Narcisse, La problématique des processus d'intégration judiciaire dans l'espace OHADA, www.daldewolf.com

AKAM AKAM André, « La responsabilité civile des dirigeants sociaux en droit OHADA », *Revue internationale de droit économique*, De Boeck Supérieur, 2007/2 (t. XXI, 2), p. 211-243

AKONO Adam RAMSES, « Regard sur les innovations introduites dans les réformes OHADA des procédures collectives du 10 septembre 2015 », in *Penant*, n°897, p. 449

AKONO Adam RAMSES, « Les clairs-obscurs du régime de faveur des créances postérieures en droit OHADA des procédures collectives : Réflexion à la lumière du droit français des entreprises en difficulté », in *revue Penant*, n° 890

ALILI Steve Marian, « La reprise des entreprises en difficulté dans l'espace OHADA », ohadata-06-38

ALMASEANU Stephen, « Le rebond du dirigeant condamné à une faillite personnelle ou une interdiction de gérer : la jurisprudence parisienne sur le relèvement (articles L. 653-11 et R. 653-4 du Code de commerce) », *LPA,* 8 juill. 2019, n° 135, p. 6

AMIMI Redouane :

- « Les effets juridiques et financiers de l'avis à tiers détenteur » (en langue arabe), *REMALD,* n°107*,* nov.-déc., 2012
- « L'entreprise en difficulté et le recouvrement des créances publiques par voie de l'avis à tiers détenteur », *REMALD,* n°121, mars-avr. 2015

AMLON Guy, « La vérification des créances fiscales dans les procédures collectives », *LPA*, 25 jan. 2001, n° 18, p. 6

ANCEL P., « Les incidences de la réforme des procédures d'exécution sur l'avis à tiers détenteur », *LPA*, 6 janv. 1993, p. 36

ANDRÉ Christian, *Les plans de règlement judiciaire*, in « Le fil d'Ariane du règlement collectif de dettes : les dessous de la dette », sous la coordination de Christophe Bedoret, n° 78

ANSAULT Jean-Jacques, AYNES Augustin, BEKHEDDA Sophia, et d'autres auteurs, *Causes de reprise des poursuites de l'ensemble des créanciers, in Lamy Droit de l'exécution forcée, n° 332-120. Cf. https://lamyline-lamy-fr.ezscd.univ lyon3.fr/Content/Document.*

AUBERT Françoise, « *Interférence entre procédures collectives et procédures civiles d'exécution* », Rapport de la Cour de cassation 1999, la Documentation française 2000, p. 83

AUNE Anne-Claire, « Le "fait du prince" en droit privé », *rev. lamy dr. civ.*, n° 47, 1er mars 2008

BAAJ Mustapha :

- « La communication obligatoire au procureur du Roi des causes relatives aux procédures de traitement des difficultés des entreprises », *Revue Juridique du Tribunal de Première Instance de Meknès*, Éd., Dar Abi Raqraq n° 2-3, 2009, p. 17 et s.
- *« L'extension de la procédure aux dirigeants de l'entreprise en droit marocain », village-justice.com, 7 oct. 2009*
- « Pourquoi un Ministère public en matière de procédures de redressement et de liquidation judiciaires ? », *village-justice.com*, 24 sep. 2009

BADILLET Jean, « Pratiques parisiennes en matière de traitement préventif des difficultés des entreprises », *Gaz. Pal.,* 12 mai 2011, n° 132, p. 7

BAKKALI Ahmed, « Le recouvrement des créances publiques », in *Mélanges en hommage au professeur Mohamed Jalal ESSAID Professeur aux facultés de droit de Rabat et de Casablanca*, Tome 1, travaux de la rencontre nationale sur la réforme du droit et de développement humain, Rabat les 30 Juin et 1er Juillet 2005

BALLONE Hervé, « Le traitement fiscal de l'abandon de créance à caractère financier octroyé par une mère à l'une de ses filiales en difficulté », *Bull. Joly Entre. diff.*sept.-oct. 2015, p. 343

BARBAUD Jean Charles, « Fiscalité des sociétés en difficulté : un régime éclaté qui dissimule de réelles opportunités », *Option finance*, n° non cité, 27 août 2014, p. 6

BAUDU Aurélien, « Le(s) privilège(s) du Trésor (public) : la fin d'un particularisme ou la poursuite d'un renforcement ? », *RFFP,* févr. 2020, n° 149, p. 129

BAUJET Bernard, « La situation du fisc dans le cadre de la procédure de déclaration et de vérification des créances », *Gaz. Pal.* 2001, doctr. 339

BAYLE Marcel, « L'enchaînement des procédures de prévention et de traitement de la cessation des paiements », L*PA,* 23 oct. 2008, n° 213, p. 3

BENABDALLAH Mohamed Amine, « Réflexions sur les lois instituant les cours d'appel administratives », in *Mélanges en hommage au professeur Mohamed Jalal ESSAID, Professeur aux facultés de droit de Rabat et de Casablanca,* Tome III, 2007. p. 111

BENSITI Azzedine, « l'évaluation de l'expérience de la justice commerciale à la lumière du régime des procédures collectives », actes du colloque organisé par le département de droit privé sous le thème, « Dix ans d'application du système des difficultés des entreprises, quel bilan ? », le 9-10 Fév. 2007, in *Revue marocaine de droit, d'économie et de gestion.* n°53, Najah El Jadida, Ed., 2008

BENTA Farid, « Les contentieux fiscaux dans la phase post judiciaire », *Revue Marocaine des Contentieux*, Najah Al Jadida n°5-6, 2007

BENZAHRA Mohamed, « Les tribunaux de commerce et les contentieux judiciaires dans le domaine du recouvrement des créances publiques et l'autorisation du syndic à continuer de l'exécution du contrat de marché public », *Revue marocaine des Contentieux*, Najah Al Jadida, n° 1, 2004

BERGER-PERRIN Bruno, « Plan de continuation, plan de cession et liquidation judiciaire : le regard du praticien », *LPA.*, 18 sep.1995, n° 112, p. 9

BERTHELOT Geoffroy, « De l'avènement d'un critère téléologique ou l'art du divinatoire pour le créancier postérieur méritant », *Cahiers de droit de l'entreprise*, n° 4, juil. 2016, dossier 34, n° 65

BLAFFART A., « Proposition de loi visant à supprimer les privilèges et les hypothèques du fisc », *Idefisc*, juin 2009. [En ligne] sur : www.idefisc.be.

BORCAN D., « Les nouvelles procédures collectives d'apurement du passif en Europe centrale – De l'inspiration allemande, américaine et française et des tendances fortes des

règles régissant ces procédures », in *Revue d'études comparatives Est-Ouest,* vol.33, 2002, n° 4. p. 115
BORGA Nicolas :
- « *L'attractivité fiscale de l'entreprise en difficulté* », Ph. ROUSSEL GALLE (dir.), *in* Entreprises en difficulté, n° 1365
- « L'imputation des paiements dans le contexte d'une procédure collective », *Bull. Joly entre. diff.*, 01 mai 2012, n° 03, p. 192
- « La conciliation, une procédure collective comme les autres ? », *BJE*, mai 2018, p. 165

BOUCHARD Jean- Christophe, « La responsabilité fiscale du dirigeant », *Gaz. Pal.* 24 au 26 sept. 2000, p. 13
BOUNJA Mustapha, « Les procédures transfrontalières des difficultés de l'entreprise à la lumière de la loi n° 73-17 », [En langue arabe], *in rev. mouhami,* doss. spéc., « Les contentieux commerciaux », nov. 2018, p. 59
BOUQBICH Abdelhak, *La continuité l'activité de l'entreprise soumise au redressement judiciaire,* (en langue arabe) Dar Es-Salam. Ed., 2007, p. 212
BOUVET Thierry, **LE CORRE Pierre-Michel**, **DÜR Cécile**, LATREILLE **Jean-Marc**, « L'intervention du juge-commissaire », doss. « Administrateurs judiciaires et mandataires judiciaires : actualités - 18e Congrès annuel du CNAJMJ, la Colle-sur-Loup, les 15 et 16 juin 2017 ». *Bull. Joly. Entre. Diff.,* 01 sep. 2017, n° 05, p. 385
BOY Laurence, « Les limites du formalisme du droit de l'OHADA à la sécurisation des entreprises », Revue *de l'Ersuma,* n° 1, juin 2012, pp. 128-137
BRANDEAU Joseph :
- « Le sursis à statuer prononcé à l'égard d'un dirigeant poursuivi en responsabilité solidaire des dettes fiscales de la société n'a pas d'incidence sur la prescription du recouvrement de l'impôt dû par celle-ci », *LPA*, 26 jan. 2007, n° 20, p. 18
- « Procédures collectives et prescription de l'action fiscale à l'encontre des dirigeants sociaux », *La Semaine Juridique Entreprise et Affaires*, n° 23, 6 juin 1996, 829
- « Survenance du fait générateur de la Taxe foncière au cours des opérations de liquidation et priorité de paiement de l'article 40 de la loi du 25 janvier 1985 », *LPA*, 12 Juil.1995, n° 83. p. 31

- « Déclaration et admission des créances du Trésor au passif des procédures collectives après la loi du 10 juin 1994 : la nécessaire relecture de l'article 50, alinéa 3 », *LPA*, 12 janv. 1999, n° 8, p. 13
- « La mention de la TVA sur une facture de vente de marchandises par le liquidateur rend la taxe acquise au Trésor public en dépit de l'ordre des paiements fixé par l'article L. 621-32 du Code de commerce », *LPA*, 26 oct. 2004, n° 214, p. 11
- « La qualité pour agir et le contentieux fiscal dans les procédures collectives », *LPA*, 07 sep. 2009, n° 178, p. 3

BRIGNON Bastien, « Déclaration par le Trésor public de créances fiscales à la liquidation judiciaire de son débiteur et prorogation des délais », *LPA*, 30 août 2007, n° 174, p. 6.

CABRILLAC Michel, PÉTEL Philippe, « Redressement et liquidation judiciaires des entreprises », *La Semaine Juridique Entreprise et Affaires*, n° 52, 24 déc. 1998, n° 49, p. 2063

CABRILLAC Michel, « Redressement et liquidation judiciaires des entreprises », *La Semaine Juridique Entreprise et Affaires*, n° 37, 9 sep. 2004, n° 38, 1292

CALVO Jean :
- « La notion de cessation des paiements dans les procédures collectives », *LPA*, 07 sep. 1999, n° 178, p. 4
- « Les comptes courants d'associés : aspects juridiques et fiscaux », *LPA,* 19 jan. 1998, n° 8, p. 4

CAMBON Bruno, **GOUBARD Pascaline**, **LEGRAND Véronique**, « Le traitement des difficultés, un outil de rebond du débiteur », *rev. proc. coll.* n° 4, juill. 2017, doss. 8, n° 9

CANET P., « Les voies d'exécution issues de la loi du 9 juillet 1991 face au redressement et à la liquidation judiciaire », *Rev.proc. coll.* 1995

CANET Patrick, « Saisie-vente et arrêt des poursuites individuelles », *Actualité des procédures collectives*, 31 juillet 1998, p. 1

CARAMALLI Delphine, « Entreprises en difficulté : la question de la validité des clauses de remboursement anticipé », *LPA*, 23 mars. 2009, n° 58, p. 3

CAVALIER Célia, « Le paiement des créances fiscales dans le droit des procédures collectives », *JCP E* 2015, 1029, n° 1

CERATI-GAUTHIER Adeline, « La promotion de la « reprise interne » dans l'ordonnance n° 2014-326 du 12 mars 2014 », *JCP E*, 2014, 1435
CHENTOUF Abdelhafid, « Confusion des patrimoines des entreprises : un mode de gestion à bannir », *Challenge.com*, 31 oct. 2018
CHOTIN Richard, « Le sort des créances fiscales dans les procédures de redressement et de liquidation judiciaires », *LPA* 14 sept. 1994, n° 11
CLAUDE Gaspard, « Étude empirique : définitions, méthodes, analyse et exemple », [En ligne] : https://www.scribbr.fr
COUCHETEUX Patrick :

- « Remises de dettes consenties par les créanciers publics en faveur des entreprises en difficulté », *LPA*, 21 déc. 2007, p. 8
- « La commission des chefs des services financiers et la loi de sauvegarde des entreprises », *Banque et droit*, 2006, n° 109, p. 9

COURTIER Jean-Loup, « Le conflit entre un avis à tiers détenteur et l'ouverture d'une procédure collective », *LPA*, 21 août 1996, n° 101, p. 15
COUTURIER Gaël, « Le plan de cession, instrument de restructuration des entreprises défaillantes », *BJS* févr. 2008, n° 2, p. 142
COZIAN Maurice :

- « L'avis à tiers détenteur en matière de privilège du Trésor », RTD *com.* 1967, p. 61
- « Le traitement fiscal des abandons créances dans le cadre de la loi du 26 juillet 2005 sur la sauvegarde des entreprises », *LPA,* 14 juill. 2007, p. 26

CROQ Pierre, « Une controverse au sujet du rang du privilège accordé aux créances des organismes de la sécurité sociale », *Revue de droit uniforme africain,* n°5, 2ème trimestre 2011
DAMMANN Reinhard, « Les enseignements de l'affaire Norte », *Bulletin Joly Sociétés*, 01 juil. 2015, n° 07-08, p. 325
DAMMANN Reinhard, « Les entreprises en difficulté : terre de conflits - Synthèse des intérêts contraires », *Gaz. Pal.*, 26 juin 2008, n° 178, p. 90
DELABRIERE Antoine, « Le registre de commerce et du crédit mobilier, instrument d'information et de sécurité des

créanciers dans l'espace OHADA », *Revue Penant* 2002, p. 369 et s

DELENEUVILLE Jean-Michel :

- « Les principes directeurs de l'admission définitive des créances fiscales », *D.* 2001, chron., p. 1156
- « Les modalités de déclaration et d'admission des créances fiscales », *Rev. proc. coll.* 1997, p. 137

DELFOSSE Alain, « La liquidation judiciaire », *JCP N,* n° 42, 21 oct. 2005, 1427, n° 43

DELFOSSE Alain, PENIGUEL Jean-François, « La liquidation judiciaire », *La semaine juridique notariale et immobilière*, n° 42, 21 oct. 2005, 1427, n° 43

Derrida F., « Incidence des nouvelles procédures civiles d'exécution sur le redressement et la liquidation judiciaires des entreprises », *LPA*, n° spéc., 9 janv. 1993, p. 25

DIALLO Bakary, « Des procédures adaptées aux « petites » entreprises : les procédures simplifiées », *droit & patrimoine*, n° 253, doss. spéc. 8 déc. 2015

DIESBECQ Antoine, « Loi Pacte : une occasion manquée pour les personnes physiques en liquidation judiciaire *», rev. pro. coll.* n° 5, sep. 2018, étude 23, n° 9

DI MARTINO Michel :

- « Fiscalité des entreprises en difficulté », *revue des procédures collectives, m*ars-avril 2015
- « TVA sur encaissements et procédures collectives », *RF compt*. mai 2015, n° 487, p. 7

DONKENG Hubert TSAGUE, « Le régime de l'insuffisance d'actif en droit OHADA des procédures collectives », *Revue de l'Ersuma*, n° 2, sep. 2014, p. 319

DOUAY Michel :

- « Contentieux de la reprise des poursuites contre un dirigeant d'entreprise individuelle après la clôture pour insuffisance d'actif d'une procédure de liquidation de biens », *Dr. fisc*. 2011, n° 536
- « Jurisprudence récente de la Cour de cassation en matière de recouvrement », in *Droit fiscal*, n° 43- 44, 26 oct. 2017, 520, n° 17

DOUGOUNE Moussa, « L'ingénierie Juridique pour soutenir la perspective d'une restructuration de l'entreprise en difficulté : Ohada, France, USA **»,** *Ohadata D-16-02*

DREYER Emmanuel, « La sécurité juridique et le droit pénal économique », *Droit pénal,* n° 12, déc. 2006, étude 20, n° 4

DUMONT M.-P, « L'avis à tiers détenteur notifié en période suspecte » *Rev. proc. coll.* 1999, p. 146

DUMONT Marie-Pierre, LISANTI Cécile, « Le principe d'égalité des créanciers : fondements et remise en cause », *BJE* nov. 2019, p. 43

DUQUESNOY Gérard, « La TVA et les procédures collectives », *Gaz. Pal.*, 03 mars 2001, n° 062, p. 2

DUREUIL B. et MESTRE J., « La purge des dettes par l'article 169 de la loi du 25 janvier 1985 », *rev. proc. coll.* 1989, p. 389

EBANGA Paul KANE, « La nature juridique du concordat de redressement judiciaire dans le droit des affaires OHADA », *Juridis périodique*, n° 50, av.-juin, 2002, p. 109, Ohadata-D-08-23

EL FROUJI Mohamed, « La condition des créanciers dont les créances sont postérieures au jugement arrêtant l'ouverture de la procédure de redressement judiciaire », (En langue arabe), *Revue marocaine du droit des affaires et des entreprises,* n° 2, mai 2003

EL HACHIMI Farouk, « Les obstacles du recouvrement des impôts et les modes exceptionnels de recouvrement » (en langue arabe), *REMALD,* n°97-98, mars-juin 2011, p.79 – 90

EL HAJJAMI Ahmed, « Faut-il réformer le livre V du Code de commerce ? », in *Mélanges en hommage au professeur Mohamed Jalal ESSAID Professeur aux facultés de droit de Rabat et de Casablanca,* Tome 2, travaux de la rencontre nationale sur la réforme du droit et de développement humain, Rabat les 30 juin et 1er juillet 2005

EL JAR Youssef, « L'étendue du privilège du droit de priorité prévu par l'article 575 du Code de commerce », (en langue arabe), http://platform.almanhal.com/Files/2/82656

ELOI Yao K., « Uniformisation et droit pénal : esquisse d'un droit pénal des affaires dans l'espace Ohada », in *rev. inter. Dr.compa.* vol. 63 n° 3, 2011, p. 664

ELONGO Yvette Rachel KALIEU,

- *Les innovations de l'Acte uniforme OHADA sur les procédures collectives,* session de formation continue des avocats guinéens tenue à Conakry, 3 avr. 2017 au siège

du Centre international de formation en Afrique des avocats francophones
- Réflexions à partir du droit des entreprises en difficulté, [En ligne] : http://kalieu-elongo.com

ERRAHALI Noureddine, « Les procédures transfrontalières des difficultés de l'entreprise : quel régime juridique pour quels objectifs économiques », [En langue arabe], *in rev. Métiers juridiques et judiciaires,* doss. spéc., (préc.,) « Les procédures des difficultés de l'entreprise : les innovations de la loi 73-17 portant substitution du livre 5 du Code de commerce », p. 445

ESSAKTANI Omar :
- « La situation des créances d'impôts après l'ouverture des procédures des difficultés de l'entreprise », [En langue arabe], *in rev. Métiers juridiques et judiciaires,* doss. spéc., « Les procédures des difficultés de l'entreprise : les innovations et les enjeux, lectures à la lumière des innovations de la loi 73-17 portant substitution du livre 5 du Code de commerce », nov. 2018, p. 114
- « Rôle du droit pénal dans le redressement des difficultés de l'entreprise », [En langue arabe], *in rev. Métiers juridiques et judiciaires,* doss. spéc., « Les procédures des difficultés de l'entreprise : les innovations et les enjeux, lectures à la lumière des innovations de la loi n° 73-17 portant substitution du livre 5 du Code de commerce », nov. 2018, p. 427

FAÏK Idriss, « La responsabilité patrimoniale des dirigeants au cours de la procédure collective », [En ligne], www.ucam.ac.ma

FARES Arbi, « La prolongation de la procédure du redressement et de la liquidation judiciaires au gérant », (en langue arabe) actes du colloque organisé par le département de droit privé sous le thème, « Dix ans d'application du système des difficultés des entreprises, quel bilan ? », Le 9-10 Fév.2007, in *Revue marocaine de droit, d'économie et de gestion.* n° 53, Najah El Jadida, Ed., 2008

FENEON Alain, « Des mandataires judiciaires mieux encadrés, pour une procédure plus efficace », *droit & patrimoine*, n° 253, doss. spéc. 8 déc. 2015

FENEON Alain, « Le règlement préventif, analyse critique », in *penant.* n°870, janvier- mars, 2010, p. 15-27

FOLLY Messan Agbo, « L'application des procédures collectives simplifiées aux petites entreprises individuelles », p. 23, in *Ohadata D-18-07*

FRAIMOUT Jean-Jacques, « Des plans plus attractifs pour les créanciers ? *», rev. proc. coll.*, 2014

FROEHLICH Philippe, « La liquidation judiciaire dans la loi de sauvegarde des entreprises », *Rev. Lamy. dr. aff.*, n° 88, 1er déc. 2005

GADOU E., « Justice privée et droit des procédures collectives (exception d'inexécution- droit de rétention - compensation) », *RTD com.* 2000, p. 817

GALLE Philippe ROUSSEL :

- « Les débiteurs dans l'AUPC révisé : la modernisation du droit de l'insolvabilité dans la continuité », *droit & patrimoine*, n° 253, doss. spéc. 8 déc. 2015
- « L'Organisation pour l'Harmonisation en Afrique du Droit des Affaire *», rev. proc. coll.* nov. déc. 2013, p.50
- « Les entreprises en difficulté : terre de conflits - Synthèse des intérêts contraires », *Gaz. Pal.,* 26 juin 2008, n° 178, p. 60
- « Débiteur personne physique : du dessaisissement au Rebond », *BJE,* sept. 2018, n° 116g 6, p. 389
- « Le rétablissement professionnel : de l'effacement des dettes au rebond », *Gaz. Pal.* 8 avr. 2014, n° 174c5, p. 32

GALOKHO Cheik, « Le Rebond du débiteur de mauvaise foi », *RTD com.* 2017, p. 78

GATSI Jean :

- « L'avis à tiers détenteur et le nouveau droit des affaires de l'OHADA », in *l'effectivité du droit de l'OHADA*, collection droit uniforme, PUA 2006, p. 79 à 128
- « Le recouvrement des créances bancaires en droit OHADA », in *l'effectivité du doit de l'OHADA*, coll. droit uniforme, PUA 2006, p. 79 à 128

GAUTHIER Maxime, « Coronavirus : mesures fiscales exceptionnelles de soutien aux entreprises », in *revue droit fiscal* n° 14, 2 avril 2020, act. 114

GERBER-LEMAIRE Martine, « Nouveau départ et traitement des difficultés des entreprises au Luxembourg », LPA, 27 nov. 2009, n° 237, p. 86

GEROSA Barbara, « Un nouveau rôle pour le banquier face aux entreprises en difficulté », *LPA.*, n° 35, 2006. p. 94

GHELFI-TASTEVIN Fabienne, « le principe de « l'effet attributif immédiat » des saisies et le droit des entreprises en difficulté », LPA, 18 oct. 1999, n° 207, p. 6

GIAOUI Frank S., « Une évaluation innovante des dommages et intérêts pour traduire les faits en règles de droit et réduire l'imprévisibilité judiciaire », *RDC* 2019, n° 115, p. 164

GIBIRILA Deen : « Actualité du droit de l'entreprise : les dirigeants d'entreprises en difficulté », *LPA*, 21 nov. 2000.

GICQUIAUD Emilie, « L'extension de procédure pour cause de confusion des patrimoines suppose des faits antérieurs à l'ouverture de la procédure collective », note sous cass. com., France, 16 oct. 2012, in *LPA*, 8 mars 2013, n° 49, p. 6

GORRIASStéphane, « Liquidation judiciaire La liquidation judiciaire simplifiée », in *Cahiers de droit de l'entreprise*, n° 2, mars 2007, doss. n° 10

GOVERNATORI Jean-Joël, « Le droit administratif à l'épreuve du droit des procédures collectives », *Gaz. Pal.*, 31 oct. 2009, n° 304, p. 9

GREAU Fabrice, « Pour un véritable privilège de procédure », *LPA*, 12 juin 2008, p. 4 et s

GUILLOU Yvon, « Fait générateur, origine, exigibilité de l'impôt dans les procédures collectives », *Rev. proc. coll.*, 1999, p. 57

GUYON Yves, « La transparence dans les procédures collectives », *LPA*, 21 av.1999, n° 79, p. 8

HAEHL Jean-Philippe, « La réforme mesurée du droit des sanctions », *LPA,* n° 110, 14 sept. 1994, n° 16

HAJJI Hayat :

- « La problématique de la déclaration des créances fiscales lors de l'ouverture des procédures des difficultés de l'entreprise » (En langue arabe), article remis en mains propres par la direction régionale des impôts de Casablanca
- « Le droit de la priorité prévu pour les créanciers dont les créances sont nées après le jugement d'ouverture du redressement judiciaire », (En langue arabe), in *Revue marocaine du droit des affaires et des entreprises*, n°14-15, 2008

- « Le privilège du Trésor public face aux procédures des difficultés de l'entreprise », (en langue arabe), *Revue Marocaine du droit des affaires et des entreprises,* n° 14-15, mai-sep. 2008, p. 52.
- « Lecture des dispositions de l'article 150 du code général des impôts, les acquis et les lacunes » (En langue arabe), article remis en mains propres par la direction régionale des impôts de Casablanca

HAMIDI Ghizlane, « Condition des créanciers après l'ouverture de la procédure de redressement et de liquidation judiciaire, lecture à la lumière des innovations de la nouvelle loi n° 73-17 relative aux procédures des difficultés de l'entreprise », (En langue arabe), *in rev. Métiers juridiques et judiciaires,* doss. spéc., « Les procédures des difficultés de l'entreprise : les innovations et les enjeux, lectures à la lumière des innovations de la loi n° 73-17 portant substitution du livre 5 du Code de commerce », nov. 2018, p. 216.

HAMIDI Soumaya, « Problématiques du recouvrement de la créance publique : le cas de l'entreprise en difficulté », (en langue arabe), *La tribune juridique*, n°6, avr. 2014

HATOUX Bernard, « L'incidence des procédures collectives sur le recouvrement des impôts », *RJF,* 1995, p. 87

Henri TCHANTCHOU, « La place du Parquet ou Ministère public dans les processus judiciaires communautaires : le cas de l'OHADA », *revue l'Ersuma*, n° 1, 2012, p. 494

HOAREAU Stéphane, « Crise Covid-19 et mesures d'urgence : le point de vue du mandataire judiciaire », *BJE*, mai 2020, p. 83

HOUNKPE Julien-Coomlan, « La preuve dans le droit des procédures collectives de l'OHADA », *Ohadata D-16-06*

HUBERT Christophe, REMBRY Gillaume, EXERJEAN Guillaume, « Stratégies d'assainissement du passif des entreprises en difficulté : l'assainissement du passif d'une entreprise en difficulté dans un contexte transactionnel 2e partie », *Dr. fiscal,* n° 21, 22 mai 2020, 243, n° 18.

JAFFERALI Rafaël, LAUNE Fanny, « Le sort des créances de l'Administration fiscale en cas de réorganisation judiciaire suivie d'une faillite », *simontbraun.eu*, 23 jan. 2019

JAMES Jean Claude, « La liquidation des biens dans les procédures collectives d'apurement de passif », in *Encyclopédie du droit OHADA*, sous la (dir) de Paul-Gérard POUGOUE, éd. *Lamy*, 2011, n° 53, p. 1116

JAOUHAR Mohamed, « Les sanctions applicables aux dirigeants des entreprises en difficulté », in Dix *ans d'application du système des difficultés des entreprises, quel bilan ? Revue marocaine de droit, d'économie et de gestion,* n° 53, Najah El Jadida, Ed., 2008, p. 104

JAZOTTES Gérard, « Les créanciers de l'article 40 », *LPA.*, 2000, n° 178, p. 36

JIRI Najib, « Les contentieux fiscaux, le régime juridique et les problématiques pratiques à la lumière de la loi n° 41-90 portant création des tribunaux administratifs » (en langue arabe), *REMALD,* n° 97-98, mars-juin 2011, p.91-113.

KADEM Ibrahim :

- « La déclaration des créances et leurs vérifications dans le cadre des procédures de traitement des difficultés de l'entreprise » (en langue arabe), *La gazette du palais,* n° 20, Najah El Jadida, mai 2008, p. 27
- « Le privilège de l'article 575 du code de commerce entre l'imperfection de la formulation et les problématiques de l'application », *La revue Al Miaayar,* n°41, Juin 2009, p. 20

KANTE Alassane, « Réflexions sur le principe de l'égalité entre les créanciers dans le droit des procédures d'apurement du passif (OHADA) », *Revue EDJA,* n° 52, janvier-février-mars 2002, p. 50 ; *Revue sénégalaise de droit des affaires*, n° 1, janvier-juin 2003, p. 67. Ohadata D-06-47

KARFO Sûrsikya Thomas, « L'identification des créances postérieures éligibles a un traitement préférentiel en droits OHADA et français », in *Penant,* n° 897, p. 44

KASRI Mohamed, « Les problématiques suscitées lors du recouvrement de la créance publique dans le cadre de la difficulté de l'entreprise » (en langue arabe), *REMALD,* n°128, mai-juin, 2016

KASSIMI Houssine, « Les droits des créanciers dans les procédures de traitement des difficultés de l'entreprise », *Revue des tribunaux marocains*, n°118, jan. fév., 2009

KASSIMI Yahya,

- « Amnistie fiscale » et procédures de traitement des difficultés de l'entreprise (TDE) : repères d'une compatibilité avérée. », *REMALD,* n°115, Mars - avr. 2014
- « L'avis à tiers détenteur (ATD) entre le code de recouvrement, la jurisprudence et la nouvelle charte : une

articulation sur fond de paradoxes. », *REMALD,* n°122-123, mai-août 2015

KHARJOUJ Mehdi, « La forclusion des créances du Trésor dans le cadre des procédures de traitement des difficultés de l'entreprise », *Le censeur,* n° 5, déc. 2016

KONATE Mamadou, « Le redressement et la liquidation mieux encadrés et plus rapides », *Droit & Patrimoine*, n° 253, doss. spéc., 8 déc. 2015

LE CORRE Pierre Michel :

- « Engagement de l'action sur le fondement de l'article L. 267 du Livre des procédures fiscales et procédures collectives », *Rev. Lamy dr. aff.* 2004, n° 67, n° 4162
- « Le nouveau visage de la liquidation judiciaire simplifiée », *D.* 2009, doss. « Réforme du droit des entreprises en difficulté », p. 677
- « L'ordonnance du 12 mars 2014 et les modifications affectant la déclaration et la vérification des créances », *Gaz. Pal.* 8 avr. 2014, n° 98, p. 47
- « Les difficultés pratiques de réalisation des actifs en liquidation judiciaire », suppl. Rev. Lamy Droit des affaires, mars 2005, n° 80, p. 61
- « Procédures collectives - Les créanciers antérieurs - Déclaration, vérification et admission des créances », *Gaz. Pal.*, 05 nov. 2005, n° 309, p. 3
- « De quelques difficultés intéressant le privilège de la conciliation », *rev. proc. coll.* n° 1, jan. 2014, doss. 10, n° 1
- « La discussion sur la nature de créance postérieure éligible au traitement préférentiel », *Gaz. Pal.* 16 avr. 2019, n° 351, p. 49
- « La Taxe foncière, une créance postérieure méritante ? », *Gaz. Pal.*, Ed., n° 288 à 289, 2010, p. 12
- « Le nouveau privilège de sauvegarde ou de redressement », *Gaz. Pal.* 13 juill. 2020, n° 26, p. 80
- « Premiers regards sur la loi de sauvegarde des entreprises (L. n° 2005 - 845 du 26 juillet 2005) », *Dalloz,* 2005, supplément n° 33, p. 2312, n° 44
- « Compétence du juge fiscal pour connaître d'une discussion sur la prescription d'une créance fiscale », *Gaz., Pal.,* 21 juil. 2015

- « Déclaration, vérification, admission des créances et procédure collective », *L.P.A*, 28 nov. 2008, n° 239, p. 72
- « La poursuite de la caution personne physique d'un débiteur ayant obtenu un plan de redressement », *Gaz. Pal.*, 13 oct. 2012, n° 287, p. 7
- « La résolution du plan de sauvegarde et du plan de redressement », *Gaz. Pal.*, 21 juillet 2015, n° 202, p. 32

LEDAIN F., « La Cour constitutionnelle revient à nouveau sur l'article 334 de la loi programme du 27 décembre 2004 », *Hebdo FiscalNet*, 9 fév. 2013, [en ligne] : www.fiscalnet.be.

LEFORT Christophe, « Le droit des procédures collectives à l'épreuve du droit des voies d'exécution », *Gaz. Pal.* 22 juin 2010, n° 173, p. 19

LEGRAND François, BOURU Olivier, DELATTRE Christophe, « Quelle place pour les sanctions civiles et pénales en droit des procédures collectives ? », in *rev. proc. coll.* n° 5, sep. 2009

LEGRAND Gérard, « L'Administration fiscale et la loi de sauvegarde des entreprises », *Les Nouvelles Fiscales*, n° 964, 15 sep. 2006

LEGRAND V., « Le traitement différencié des créances dans le cadre du plan de sauvegarde et du plan de redressement judiciaire », *Cah. dr. entr.* juill.-août 2016, p. 47

LEGROS Jean-Pierre, « Rencontre entre le droit des sociétés, les procédures collectives et les voies d'exécution », *LPA*, 19 oct. 2016, n° 209, p.13

Lienhard A., « Remise des créances publiques : nouvel assouplissement », *D.* 2009, p. 484

LUCAS François-Xavier, « La portée de l'effet rétroactif de la reprise d'une procédure de liquidation judiciaire », *LEDEN,* juin 2019, n° 6, p. 1

LYONNET Bernard, « Les entreprises en difficulté : terre de conflits - Synthèse des intérêts contraires », *Gaz. Pal,* 26 juin 2008, n° 178, p. 8.

MARTINEAU-BOURGNINAUD Véronique :

- « Le rebond du débiteur dans la loi PACTE », *BJE juill.* 2019, n° 04, p. 50
- « Le Rebond du débiteur », in Pour un droit des PME ! , 2018, Connaissances & Savoirs, p. 319
- « Les remèdes à la souffrance du chef d'entreprise en difficulté », *D.* 2016, chron., p. 2529

M'BAYE Kéba, « L'histoire et les objectifs de l'OHADA », *LPA*, n°205 ,13 oct. 2004, pp 4-7

MAMBOKE BIASSALY Lilian Cadel, « La procédure de conciliation dans la prévention des difficultés des entreprises en droit OHADA », *Ohadata D-17-04*

MARTELLO Laurent, « L'action civile dans les procédures collectives », *LPA,* 28 nov. 2008, p. 15, n° 2

Martin-Serf A., *Les nullités de la période suspecte, l'avis à tiers détenteur et la loi Dailly* : Rev. proc. coll. 2000, p. 167

MBOCK BIUMLA Jean Michel, « Le règlement préventif sous l'OHADA : La problématique de la créance désignée par le débiteur et née antérieurement à la décision de suspension des poursuites », *Revue Trimestrielle de Droit et de Jurisprudence des Affaires*, juil. août. sept. 2009, n° 2

MEDJAOUI Khadija, « L'exception de compensation dans le cadre d'une procédure collective », *LPA.*, 22 jan. 1996, n° 10 p.7

MELEDO-BRIAND Danièle, « Le juge judiciaire peut suspendre l'exigibilité des créances fiscales sur le fondement de la loi du 1er mars 1984 », *La Semaine Juridique Edition Générale,* n° 52, 23 déc. 1998, II 10218

MELIN François, « L'OHADA et le droit de la faillite internationale », *D.* 2005, p. 1568 et s

MENJUCQ Michel, « Le mandataire de justice en Europe. Droit comparé et règlement insolvabilité », *Rev. proc. coll.* n° 6, nov. 2012, doss. 28, n° 27

MERLE Philippe, « Conditions de l'augmentation de capital par compensation de créances », *Bull. Joly. Soc.* n°1, 1 jan. 1993, p. 95

MEYER Pierre, « La sécurité juridique et judiciaire dans l'espace OHADA », in *penant*, n°855, p. 151

MILSAN Astrid, « Les remises de dettes publiques : une nouvelle opportunité offerte aux créanciers publics pour contribuer au redressement des entreprises en difficulté », *JCP E*, 2007, 1901, p. 16

MINKADA Hervé Magloire MONEBOULOU, « L'expression de la souveraineté des Etats membres de l'OHADA (l'Organisation pour l'Harmonisation en Afrique du Droit des Affaires) : une solution-problème à l'intégration juridique », *juridical Tribune*, vol. 3, déc. 2013, p. 100

MONSERIE-BON M.-H, « L'effacement des dettes dans le droit des entreprises en difficulté », *Dr.& Patr.* 2009, n° 184, p. 53

MONSÈRIÉ-BON Marie - Hélène, AMIZET Béatrice, « Cession du fonds de commerce en liquidation judiciaire », *rev. proc. coll.* n° 2, mars 2015, doss. 22, n° 13

MOTIC M'hamed, « La protection de l'entreprise commerciale », in *Mélanges en hommage au professeur Mohamed Jalal ESSAID Professeur aux facultés de droit de Rabat et de Casablanca*, Tome II, Najah Al Jadida, 2ème édition 2010

MOUKALA MOUKOKO Corneille, « L'état de l'application du droit pénal des affaires OHADA dans les Etats parties », [En ligne] : www.ohada.org

MULHAUPT Pierre, « Les conséquences fiscales de la procédure collective pour les tiers », *Gaz. Pal.*, 03 Mars 2001, n° 062, p. 12

MULLIEZ Guillaume, « Contribuer à faire changer le regard stigmatisant de notre société sur l'échec », Entretien : propos recueillis par Valérie Boccara, *BJE,* nov. 2018, n° 116, p. 420.

NDONGO Céline, « Le nouvel encadrement des mandataires judiciaires dans l'espace OHADA », *Revue du droit des affaires en Afrique*, févr. 2016, p. 4

NEAU-LEDUC Ph. HUBERT M., « Effet de l'interruption de la prescription à l'égard du conjoint solidaire in bonis », *rev. proc. coll.* n° 2, mars 2010, comm. 86

NKEA NDZIGUE Francis, « Les droits du débiteur dans le système OHADA des voies d'exécution », in *Penant*, n° 873, p. 405

NZOUABETH Dieunedort, « L'activité de l'entreprise saisie par le droit pénal », *Revue CAMES / SJP,* n° 001 / 2017, p. 202

ONDO Persis Lionel ESSONO, « *L'attractivité des mesures de sauvegarde des entreprises en difficultés en Droits, OHADA, français et marocain* », Deuxièmes journées OHADA au Maroc du 21 au 23 avril 2011

ÖZATALAY Cem, « Karl Marx, inventeur de " la théorie des classes sociales " ? », Lapsus, 2010, 4

PARACHKEVOVA-RACINE Irina :

- « La nouvelle responsabilité des dirigeants dans les procédures collectives : révolution ou évolution ? », *LPA*, 19 déc. 2006, n° 252, p. 4, n° 13
- « Retour sur les écueils de l'action en responsabilité pour insuffisance d'actif », *BJS*, oct. 2018, n° 10, p. 600.

PELLIER Georges-André, « Le privilège de la publicité des créances fiscales », *Gaz. Pal.*, 03 mars 2001, n° 062, p. 25

PERROTIN Frédérique, « Récupération des aides d'Etat : insécurité juridique maximum pour les contribuables », *LPA*, 11 mai 2009, n° 93, p. 3:

PIEDELIEVRE Stéphane, « La mise en œuvre des sûretés réelles dans les procédures collectives », L*PA*, 20 sep. 2000, n° 188, p. 12

PIETRANCOSTA Alain, VERMEILLE Sophie, « Le droit des procédures collectives à l'épreuve de l'analyse économique du droit, Perspectives d'avenir ? », *RTDF* n° 1 – 2010

POCHET Christine, « Traitement légal de la défaillance et gouvernance : une comparaison internationale », *Rev. Internationale de droit économique* 2001 / 4 (t. XV, 4), p. 479

PULGAR EZQUERRA Juana, « Les obligations et la responsabilité des dirigeants de sociétés de capitaux soumises à une procédure collective espagnole », *Rev. proc. coll.* n° 3, juill. 2008, doss. 16, n° 13

RAKOTOVAHINY Marie-Andrée, « L'intérêt collectif des créanciers, obstacle au droit de créance individuel », *LPA*, 27 déc. 1999, n° 4

REIFEGERSTE Stephane, « La connexité de créances contractuelles : pour une approche juridique d'une condition originale de la compensation », *LPA*, 04 avr. 2000, n° 67, p. 6

REILLE Florence, « Fait générateur et utilité des créances publiques », *rev. proc. coll.*, juill. 2019, doss. 29, n° 8

RENAUT Marie-Hélène, « De la faillite à la procédure de redressement ou de liquidation judiciaires », *LPA*, 02 fév. 1998, n° 14

REYGROBELLET Arnaud, SIMON Joëlle, « Vers une approche plus économique des procédures collectives ? Le point de vue du Medef », *LPA*, 17 févr. 2006, n° 35, p. 56

RODRIGUEZ Karine, « Le Trésor face à l'obligation de déclaration des créances », *JCP G*, n° 37, 11 sep. 2002, doctr. 161

SAINTOURENS Bernard, « Cession d'actif », Dr. *patrimoine*, n° 279, 1er avr. 2018.
SALOMON Renaud, « Cumul idéal d'infractions comptables », in *rev. Droit des sociétés* n° 3, Mars 2008, comm. 64
SAWADOGO Filiga Michel,
- « Cessation des paiements », In P.-G. Pougoue (dir), Encyclopédie du droit OHADA, éd. Lamy, 2011, pp. 520-526
- Commentaire de l'Acte uniforme OHADA du 10 avril 1998 portant organisation des procédures collectives d'apurement du passif, OHADA et actes uniformes commentés et annotés, juriscope 2002, p. 811
- « Les procédures de prévention dans l'AUPC révisé : la conciliation et le règlement préventif », Dr. etpatr, n° 253, déc. 2015, p. 33

SCHILLER S., « Le Rebond des entreprises dans la phase postérieure à l'effacement de leurs dettes », *Dr. & patr.* 2009, p. 8

SEFORI Abdelwahed, « La cessation de paiements entre la doctrine et le droit », (en langue arabe), actes du colloque organisé par le département de droit privé sous le thème, « Dix ans d'application du système des difficultés des entreprises, quel bilan ? », le 9-10 fév. 2007, in *Revue marocaine de droit, d'économie et de gestion,* n°53, Najah El Jadida, Ed., 2008
SENECHAL Marc, « La fin d'une divergence de jurisprudence : la saisie-attribution d'une créance à exécution successive poursuit ses effets après le jugement d'ouverture », *LPA*, 27 fév. 2004, n° 42, p. 11
SERLOOTEN Patrick,
- « De la date de naissance des créances fiscales », *Lettre d'actualité des procédures collectives civiles et commerciales,* n° 5, mars 2009, repère 75
- « Remises des dettes par les créanciers publics. Une libéralisation efficace ? », *rev. proc. coll.* n° 3, mai 2009, n° 7
- « Responsabilité fiscale des dirigeants : réalité du passif fiscal et lien de causalité avec la faute », *BJS*, févr. 2005, p. 281

- « Un statut fiscal pour l'entreprise en difficulté ? », rev. *Lamy dtr. Aff.*, n° 18, 1 juil. 1999, n° 4 et s.
- « *L'entreprise en difficulté, le Trésor, la Sécurité sociale et les autres* », Mélanges Weill, 1983, p. 503
- « L'incidence du redressement judiciaire sur la situation fiscale de l'entreprise », *La Semaine Juridique Entreprise et Affaires*, n° 4, 22 jan. 1987, n° 23
- « Le recouvrement de la créance fiscale dans le droit des procédures collectives : bilan et perspectives », *LPA,* 06 sep. 2000, n° 178, p. 60
- « Le Trésor, créancier de l'entreprise », *in* « la situation des créanciers d'une entreprise en difficulté », Acte du colloque organisé par le centre de droit des affaires de Toulouse 1998, p. 105

SIMLER Philippe, DELEBECQUE Philippe, « Droit des sûretés », *JCP G* 2015, doctr. 604 ;

SOH Maurice, « La situation des créanciers de salaire dans les procédures civiles d'exécution de l'OHADA ou le difficile équilibre des intérêts en présence », *Juridis* n°49, p. 101

SORBARA Jean Gabriel, « Aides publiques et droit des entreprises en difficultés », in « Entreprises en difficultés », sous la direc. Philippe Roussel GALLE, p. 656

SPIRE Alexis, « L'inégalité devant l'impôt, Différences sociales et ordre fiscal dans la France des Trente Glorieuses », *Revue d'histoire moderne & contemporaine,* 2009 / 2, n° 56 - 2, p. 164 - 187

SQUALI Abdelaziz, « La situation et le devenir des salariés dans les procédures collectives », [En langue arabe], *Revue de droit et d'économie*, n° 23, déc. 2007

TALFI IDRISSA Bachir, « Niger : le nouveau droit pénal OHADA est arrivé ! », *Ess. dr. afr. aff.,* n° 8, 2017, p. 1.

TANGER Margaret, « L'établissement du passif antérieur selon la législation fédérale des Etats-Unis sur la faillite », *L.P.A*, 19 août 2003, n° 165, p. 3

TEBOUL Georges :

- « Les remises de dettes publiques : mythe ou réalité ? », *LPA*, 30 mars 2009, p. 3
- « Du nouveau sur les abandons de créances par les créanciers publics : le décret du 6 avril 2009 », *LPA*, 20 av. 2009, n° 78, p. 6
- « La préservation des créances et le sort des contrats », *LPA* ,23 Juin 2006, n° 125.p. 13

- « Le droit des entreprises en difficulté en réforme permanente : quelques pistes pour renforcer la prévention et la sauvegarde », *Gaz. Pal.,* 29 oct. 2015, n° 302, p. 4
- « Les entreprises en difficulté : terre de conflits - Synthèse des intérêts contraires », *Gaz. Pal,* 26 juin 2008, n° 178, p. 8
- « Revue de printemps du droit des entreprises en difficulté », *LPA,* 21 mai 2015, n° 101, p. 9

THERON Julien, « L'intérêt collectif des créanciers enfin défini ! », *Gaz. Pal,* 22 sep. 2015, n° 265, p. 19

THERY Ph., L'épée de Damoclès, « A propos des mesures d'exécution pratiquée en période suspecte », D. 2005, point de vue, p. 1842

TIJANI Abdelmadjid, « Les nullités de la période suspecte en matière de procédures collectives », in *Revue Droit et affaires, n*°4, Dar Affaq Maghribia, p. 194

TOE Souleymane, « La responsabilité civile du banquier dispensateur de crédit à une entreprise en difficulté en droit ohada à la lumière du droit français », *Revue de l'ersuma,* n° 1, Juin 2012, *Doctrine*

TOGNACCIOLI J. F., « Les remises de dettes consenties par les créanciers publics : une procédure dans la procédure », *rev. proc. coll.* n° 1, jan. 2008, n° 22

TOUIR Ali, « La réforme des dispositions régissant les procédures des difficultés de l'entreprise : nouveautés et enjeux », rapport final du colloque international organisé par le laboratoire du droit des affaires rattaché à la Faculté de droit de Settat, 27 nov. 2017, *revue droit et entreprise*, n° spéc., « Procédures des difficultés de l'entreprise », 2018, p. 248

TRICOT Daniel, « La cessation des paiements : une notion stable », *Gaz. Pal*, 30 avr. 2005, n° 120. p. 13-14

VABRES Régis, « Admission provisionnelle des créances : l'exception fiscale » : *Rev. proc. coll.* 2016, dossier 20, spéc. n° 4

VABRES Régis, RUTH Julia, « La déclaration au passif des créances publiques », *rev. proc. coll.* n° 4, juil. 2019, doss. 31, n° 22

VALLANSAN Jocelyne, « La liquidation judiciaire plus rapide, plus respectueuse des droits des créanciers et du débiteur », *Gaz. Pal.* 3 janv. 2015, n° 203, p. 18

VALLENS Jean-Luc :

- « Les remises de dettes publiques », *LPA*, 11 juin 2008, p. 10
- « L'effacement des dettes du débiteur en liquidation judiciaire », *LPA*, 19 sept. 1997, p. 4
- « L'adaptation du droit des entreprises en difficulté à l'épidémie du Covid-19 : l'Europe en ordre dispersé », *BJE*, mai 2020, n° 3, p. 93
- « Le droit des entreprises en difficulté, un outil pour l'attractivité du droit français », *rev. proc. coll.* n° 4, juil. 2018, étude 14, n°42
- « La faillite internationale : vers une loi-modèle ?», *LPA*, 14 juin 1996, n° 72, p. 21

VAUVILLÉ Frédéric, « Regard d'un non-fiscaliste sur la réforme des plus-values immobilières », *Defrénois,* 15 sep. 2004, n° 17, p. 1124

VERMEILLE Sophie, BEZERT Adrien, « Sortir de l'impasse grâce à l'analyse économique du droit : Comment rendre à la fois le droit des sûretés réelles et le droit des entreprises en difficulté efficaces ?», [En ligne] : http://droitetcroissance.fr

VINCENTI Charles, « Point de vue d'un avocat sur les créanciers », *rev. Lamy. dr. aff.*, n° 80, 1er mars, 2005

VIOTTOLO Agnès, « Sauvegarde des entreprises : suite et fin », *Les Cahiers Lamy du CE*, n° 43, 1er nov. 2005

WAMBO Jérémie, « Les procédures collectives d'apurement du passif au regard de l'acte uniforme du 10 septembre 2015 », [En ligne] : http://www.barreaucameroun.org

YAKTINE Sanae, « L'égalité des créanciers dans les procédures collectives », *REMALD,* n°119, nov.-déc. 2015

ZITOUNI Abderrazak, « Le conflit entre les créanciers au sujet du privilège de l'article 575 du Code de commerce et des autres garanties », (En langue arabe), *rev. Al mountada,* n° 3, juin 2002, p. 163

VIII. La presse

ABJIOU Ali :

- « Réforme de la Justice Le Code du commerce essuie les tirs », *L'économiste*, éd., n° 3960, 04 fév. 2013

- « Redressement judiciaire de la Comarit : Le dénouement de l'affaire tard », *L'économiste,* éd., n° 4171, 13 déc. 2013

A.E.H, « Ventes judiciaires : Une circulaire de Ramid pour faire le ménage », *medias24.com,* 20 fév. 2017

AGOUMI Fadel,

- « Justice commerciale : une locomotive … bringuebalante *», La vie éco*, 6 août 2004
- « Liquidation Samir : Tout sauf les 43 milliards de DH de dettes ! », *L'économiste*, éd., 21 avr. 2014
- « General Tire : L'interminable liquidation », *L'économiste*, éd., n° 5264, 03 mai 2018
- « Rebondissement dans les trois grands contentieux de Samir », *L'économiste*, éd., n° 5355, 21 sep, 2018

Anonyme, « Difficultés de l'entreprise : la justice a finalisé ses amendements du livre V du Code de commerce », *La vie éco*. 24 oct. 2014

Anonyme, « Les banques entrent dans le capital de Legler », *La vie éco*, 1 fév. 2010

Anonyme, « Les redressements sont-ils tous publiés au Bulletin Officiel ?», *La vie éco*. 24 oct.2014

Anonyme, « Justice commerciale : Il faut faire vite », *L'économiste*, éd., n° 1629, 23 oct. 2003

Anonyme, « Dépôt de bilan : 3 500 dossiers enregistrés à Casa en dix ans », *La vie éco*, 28 août 2008

BELLA Ahmed, « L'application éventuelle de la théorie de la solidarité entre les coobligées », [En langue arabe] in *Akhbar,* n°1308,17 fév. 2017

BELGHAZI Naoufal,

- « Redressement judiciaire, des plans de continuation décalés », *L'économiste*, éd., n° 1780, 07 oct. 2004.
- « Arbitrage et médiation : enfin une loi à force exécutive » *L'Économiste*, n° 29 fév. 2008
- « Redressement judiciaire : quelle responsabilité pour votre banquier ? » *L'Économiste*, éd., n°1780, 01 juin 2004

BENMANSOUR Saad :

- « Redressement judiciaire, la fin du laxisme ?», *La vie éco*, 06 mai 2005
- « Le groupe Senoussi en redressement judiciaire », *La vie éco*, 29 oct. 2009

BENNAJAH Younes, « Maroc : L'impact de la pandémie sur les finances publiques », *LesEco.ma*, 05 fév. 2021

BERRADA Adam, « Droit des faillites Une loi « détournée par les escrocs », *L'économiste*, Ed., n° 2953, 30 jan. 2009.

BOULAHYA Zakaria, « PLF 2018 : l'impact de l'exonération de droits d'enregistrement sur les entreprises », *media24.com,* 23 oct. 2017

BOUTDA Adil, « Redressements judiciaires : les troublantes statistiques d'Agadir et de Marrakech », *medias24.com,* 1 fév. 2018

CABY Jérôme, « Thomas Cook, une faillite avant tout managériale », *theconversation.com,* 29 sep. 2019

CARRE Olivier, « Suppression du privilège du Trésor : trois questions à Olivier Carré », interviewé par Fiscalonline, [En ligne] : http://www.fiscalonline.com.

CHAOUI Mohamed :

- « Entreprises en difficulté : attention aux faces cachées du dirham symbolique », *L'économiste*, éd., 254, 14 nov. 1996
- « Fraude fiscale : L'incroyable industrie des fausses factures ! », *L'économiste*, n° 5407, éd., 07 déc. 2018
- « La fraude à la TVA serait de 4 milliards de dirhams ! », *L'économiste*, éd., 4952, 02 fév. 2017
- « Neuf magistrats sur dix ne savent pas lire un bilan », *L'économiste*, éd., 12 mai 2011, p. 4-5.

CHALLOT Hakim :

- « Redressement judiciaire, ce qui va changer », *La vie éco.*10 juin 2011
- « La loi sur les délais de paiement changera-t-elle les mauvaises pratiques commerciales ? », *La vie éco*, 29 juil. 2011.

CHARKI Asma, « Arrêté des comptes : Les provisions placées sous haute surveillance », *L'économiste,* éd., 4241, 26 mars 2014

DARIF Naoufel :

- « ATD : les créanciers publics se sont enfin calmés !», *La vie éco*, 21 déc. 2013
- « Détaillé du chiffre d'affaires : la DGI veut en finir avec la fraude fiscale », *La vie éco*, 6 déc. 2017
- « Difficultés d'entreprises : un nouveau projet de loi en préparation », *La vie éco*, 29 jan. 2014

- « Les entreprises découragées à déposer leur bilan : 910 demandes en 2011, 30% de moins qu'en 2010 », *La vie éco*, 21 nov. 2012
- « Cessation temporaire d'activité : un régime fiscal spécifique est instauré », *La vie éco*, 19 déc. 2017
- « Traitement des difficultés de l'entreprise : les détails du nouveau projet de loi », *La vie éco*, 18 fév. 2018
- « Impôts : 85 000 entreprises déclarent un résultat déficitaire ou nul ! », *La vie éco*, 25 av. 2017
- « Difficultés d'entreprises : un nouveau projet de loi en préparation », *La vie éco*, 29 jan. 2014
- « Nette dégradation des délais de paiement en 2016 ! », *La vie éco*, 12 oct. 2016
- « Plus de 75% des entreprises ne paient pas à temps ! », *La vie éco*, 2 fév. 2020

DIO M., « « Dette Covid-19 » et dégradation des finances publiques : gare à la hausse de la pression fiscale ! », *Finances news*, 21 jan. 2021, [En ligne] : www.fnh.ma.

DIOP Moussa, « Comment prévenir les difficultés des entreprises ? » *Nouvelle tribune*, 21-27 mars 2002

DIOURI Amine, « Délais de paiement : La loi inefficace », *L'économiste,* interviewé par Franck FAGNON, éd.,n° 4683, 08 jan. 2016.

EL ARIF Hassan :

- « Avis à tiers détenteur : Les travers du mécanisme », *L'économiste,* Ed., 4259. 21 avr. 2014
- « Délais de paiement : Le scepticisme persiste », *L'économiste,* Ed., 4830, 08 août 2016
- « Délais de paiement : Attention à vos bilans !», *L'économiste,* Ed., 4216. 19 fév. 2014
- « Délais de paiement : Le fisc intraitable sur les pénalités de retard », *L'économiste,* Ed., 4942. 19 jan. 2017
- « Fisc vs contribuable : La raison du plus fort... », *L'économiste,* Ed., 4672. 21 déc. 2015
- « Pénalités de retard : Premiers bilans après réajustement », *L'économiste,* Ed., 4462. 13 fév. 2015

EL GHOUARI Tilila, « Défaillances d'entreprises : Hécatombe dans le commerce », *L'économiste,* éd., n° 5197, 29 jan. 2018

EL HOURRI Abdelali :

- « *Doing Business*. Règlement d'insolvabilité : nos tribunaux à la traîne », *médias* 24, jeudi 2 nov.2017

- « Les créanciers, otages des longues procédures de sauvetage des entreprises en difficulté », *medias24.com,* 16 avr. 2021.
- « Samir. Liquidation des biens des dirigeants : En attendant le jugement, retour sur un dossier sensible », media *24.com*, 22 oct. 2018

EL IDRISSI Abdsalam, « La nature des prérogatives du syndic et son rôle dans le fait de ressortir l'entreprise de l'état de cessation de paiements », [En langue arabe] *Ltihad Chtiraki*, 09 déc. 2014.

EL MOUSSAOUI Hicham, « Aucun repreneur rationnel n'accepterait de racheter la Samir », *Challenge.ma,* 31 mai 2019.

FAQUIHI Faiçal :

- « Réforme de la justice : Le nouveau droit commercial est en marche », *L'économiste*, éd., n°4531, 22 mai 2015
- « Affaire Samir Plus de 40 milliards de DH de déclarations de créances », *L'économiste*, éd., n° 4866, 29 sep. 2016
- « Affaire Samir Plus de 40 milliards de DH de déclarations de créances », *L'économiste*, 29 sep. 2016
- « Coup de théâtre sur Samir Le procureur récuse le premier jugement », *L'économiste*, éd., n° 4776, 19 mai 2016
- « Dix candidats pour la reprise du raffineur Samir », *L'économiste*, éd., n° 4982, 16 mars 2017
- « Entreprises en difficulté : que cachent ces « cadavres » abandonnés au tribunal ? », *L'économiste*, éd., n° 5241, 30 mars 2018
- « La liquidation judiciaire de Samir confirmée », *L'économiste*, éd., n° 4786, 02 juin 2016
- « La Samir fait face à une dette de plus de 23 milliards de DH », *L'économiste*, éd., n° 4737, 25 mars 2016
- « Les doutes demeurent sur Samir », *L'économiste*, éd., n° 4772 ,13 mai 2016
- « Liquidation de la Samir, Que veut dire au juste l'article 645 ? », *L'économiste*, éd., n°4871, 07 oct. 2016

FAGNON Franck :

- « Défaillances d'entreprises : Fin d'année meurtrière pour les TPME », *L'économiste,* éd., n° 4942, 19 jan. 2017

- « Faillite des mécanismes de procédure collective », *L'économiste,* éd., n° 4526, 15 mai 2015
- « Transmission d'entreprises : Au tabou culturel, se greffe le poids de la fiscalité », *L'économiste,* éd., n° 4969, 27 fév. 2017
- « Les TPE marocaines résistantes, mais... », *L'économiste*, éd., n° 4757, 22 avr. 2016

HABRICHE Brahim, « L'entreprise individuelle, la meilleure formule pour les débutants », *La vie éco,* 25 mai 2011

HARI Tarik, « Recouvrement : finie, la peur des ATD ? », *Le matin,* 26 jan. 2014

HARMAK Reda :

- « Les saisies de comptes bancaires par l'Administration pleuvent ! », *L'économiste,* 21 avr. 2014
- « Les deux tiers des entreprises se déclarent chaque année déficitaires, le fisc entend sévir », *La vie éco,* 01 juin 2012

JAIDI Larabi, « La mortalité des entreprises », *La vie éco*, 23 Oct.2013

JDILY Fatima Zohra, « Climat des affaires, la justice privée, mythe ou réalité », *Journal l'Observateur du Maroc,* 17 août 2009

K.M, « Assises de la fiscalité, ATD, un « tracas » en moins pour les entreprises », *L'économiste,* éd., n° 4022, 02 mai 2013

KHALTA Kenza, « Assises de la fiscalité : les propositions des économistes istiqlaliens », *medias24.com*, 02 mai 2019.

KHARDAL Ahmed :

- « Les mesures juridiques de traitement des difficultés de l'entreprise », [En langue arabe], *Assabah*, 1ère partie, 29 avr. 2011
- « Les mesures juridiques de traitement des difficultés de l'entreprise », [En langue arabe], *Assabah*, 2ème partie, 2 mai 2011.
- « Syndic dans le cadre de la procédure de traitement des difficultés de l'entreprise », [En langue arabe], *Assabah*, 3ème partie, 12 avr. 2013
- « Syndic dans le cadre de la procédure de traitement des difficultés de l'entreprise », [En langue arabe], *Assabah*, 2ème partie ,02 avr. 2013

- « Syndic dans le cadre de la procédure de traitement des difficultés de l'entreprise », [En langue arabe], *Assabah*, 1ère partie, 10 avr. 2013

LDIB Mohamed, « Vente S.A.M.I.R..... Méthodes traditionnelles et paresse dans la saisie des biens personnels Al Aamodi », *hespress.com,* [En langue arabe], 17 nov. 2017

MABROUK Mostafa, « Il y a eu quasi-échec des processus de redressement, d'où l'importance de la réforme en cours », *Finances news*, 23 juin. 2011

MANSOUR Saloua, « Rachat d'entreprises malades Le business « new âge » », *Challenge*, 08 mars 2008

MASMOUDI Khadija :

- « Trop-perçu par le fisc : Remboursement sans délai en cas d'erreur », *L'économiste,* éd., n° 4918, 16 déc. 2016
- « Circulaire des impôts TVA sur le logement social : mode opératoire de l'exonération », *L'économiste,* éd., *n° 4693, 25 jan. 2016*
- « Code de commerce : La procédure de sauvegarde fait son entrée », *L'économiste*, éd., n° 4442,16 jan. 2015
- « La cessation temporaire d'activité fait son entrée », *L'économiste*, éd., n° 5183, 05 jan. 2018

MELLOUK W., « Procédures collectives : Renforcement du dispositif », *Finances news*, 23 juin 2011

MICHBAL Mehdi, « Crédits bancaires garantis par la CCG : l'Etat court-il un risque ? », *medias24.com*, 29 mai 2020.

MRABI Mohamed Ali, « Avis à tiers détenteur Les détails de la nouvelle charte de recouvrement », *L'économiste,* 21 avr.2014

NAÏM Ayoub, « Les magistrats mal formés et peu spécialisés », *L'économiste,* éd., n° 3807, 18 juin 2012

NAIMI ABDESSAMAD :

- « Redressement judiciaire : les plans de cession privilégiés », *La vie éco*, 22 déc. 2016
- « Avis à tiers détenteur La promesse non tenue d'une réforme », *L'économiste,* 24 jan. 2014
- « Dépôt de bilan : la mission du syndic toujours floue », *La vie éco*, 14 déc. 2015
- « Dépôt de bilan : la réalisation des garanties réelles mieux contrôlée », *La vie éco*, 28 oct.2015
- « Difficultés d'entreprises : les créanciers privés privilégiés ? », *La vie éco*, 15 sept. 2016

- « Hausse sensible du nombre d'hypothèques judiciaires », *La vie éco*, 07 oct. 2015
- « Plus de 7 000 cessations de paiement constatées par les tribunaux en 2015 », *La vie éco*, 25 mai 2016
- « La Cour de cassation encadre le droit d'opposition de la CNSS et du Trésor », *La vie éco,*24 déc, 2015
- « Le nombre de faillites frauduleuses a presque doublé cette année ! », *La vie éco*, 31 déc. 2014
- « Les dessous des ventes aux enchères des biens en saisie immobilière », *La vie éco*, 19 jan. 2016

NAKRI Soufiane, « Ce que valent… sur le papier les actifs de Samir », *L'économiste,* éd., n° 4956, 18 fév. 2017

NHAILI Souhail, « Sarl, une responsabilité pas aussi limitée que cela… », *La vie éco*, 14 jan. 2011

OUDOUD Lahcen, « Le droit des entreprises en difficulté est faiblement utilisé », *Le matin,* 21 juil. 2006

OULARBI Saïd, « Comment la Douane a géré la crise de la SAMIR », interviewé par Abdelali EL HOURI, *medias24.com,* 21 jan. 2019

ROUANE El Mahjoub, « Saisie sur compte bancaire, plus d'effet de surprise », *Le matin* 20 avr. 2014

SHAMAMBA Abashi, FAGNON Franck, « Recouvrement judiciaire : « Il faut mettre les tribunaux de commerce en liquidation », *L'économiste*, *É*d., n° 4954, 06 fév. 2017

SHAMAMBA Abashi :

- « Arrêté des comptes : Gare à la reconstitution du chiffre d'affaires *!», L'économiste*, Ed., n° 4978, 10 mars 2017
- « Abandon des créances, commissions, TVA : Les piqûres de rappel du Fisc », *L'économiste,* éd., n° 4526, 15 mai 2015
- « Crédits de TVA : Mortel butoir », *L'économiste,* Ed., n°3623, 26 sep. 2011
- « Arrêté des comptes : La loi sur les délais de paiement ne sert à rien ! », *L'économiste,* Ed., n° 4078 ,19 juil., 2013

TOURNE Isabelle, « La crise accélère la faillite des entreprises françaises », Aujourd'hui *le Maroc*, éd., n° 1778, 17 oct. 2008

VISOT Marie, La fin du « privilège du Trésor », *lefigaro.fr*, 19 mars 2013

ZOUBAIRI Hicham, « Au Maroc, il subsiste beaucoup d'obstacles à l'acte d'entreprendre… », *usinenouvelle.com*, interviewé par Pierre-olivier ROUAUD, 19 nov. 2014.

IX. Les sites électroniques

www.daldewolf.com
http://www.barreaucameroun.org
www.ohada.org
http://www.ohada.com
http://www.ohada.org
http://www.juriscope.org/index.htm
http://www.droit-afrique.com
http://www.institut-idef.org
http://biblio.ohada.org
http://catalogue.ohada.org
www.investiraucameroun.com
http://www.doingbusiness.org
https://60000rebonds.com
http://www.artemis.ma
https://www.apesa-france.com.
https://www.courdecassation.fr
https://www.pernaud.fr
www.jurisprudence.ma

INDEX DE LA JURISPRUDENCE

I. Les juridictions africaines

A. Les juridictions marocaines

1. La Cour de cassation marocaine

La chambre administrative

- Cass. adm., Maroc, n° 290, 25 avr. 2002, doss. 206 / 2002

La chambre commerciale

- Cass. com., Maroc, n° 328, 03 oct. 2002, doss. com. n° 304 / 3 / 2 / 01 et 201 / 3 / 1 / 02
- Cass. com., Maroc, n°1269, 12 nov. 2003, doss. com. 1135 / 3 / 2 / 2003
- Cass. com., Maroc, n° 10, 07 jan. 2004, doss. com. n° 735 / 2 / 3 / 2003
- Cass. com., Maroc, n° 404, 31 mars 2004, doss. com., n° 1302 / 3 / 2 / 2003
- Cass. com., Maroc, n° 531, 28 avr. 2004 doss. com. n° 545 / 3 / 2 / 2003
- Cass. com., Maroc, n° 288, 16 mars 2005
- Cass. com., Maroc, n° 1093, 26 oct. 2005, doss. com. 2004 / 1 / 3 / 654
- Cass. com., Maroc, n° 458, 27 avr. 2005, doss. com. n° 958 / 3 / 1 / 2
- Cass. com., Maroc, n° 77, 25 jan. 2006, doss. com., n° 78 / 3 / 1 / 2004
- Cass. com., Maroc, n° 501, 17 mai. 2006, doss. com n°1731 / 2 / 3 / 2003
- Cass. com., Maroc, n° 722, 28 juin 2006 doss. com. n° 391 / 3 / 2 / 2003
- Cass. com., Maroc, n° 598, 10 jan. 2007, doss. com. 2004 / 1 / 3 / 767 et 2004 / 1 / 3 / 48
- Cass. com., Maroc, n° 121, 31 jan. 2007 doss. com. n° 91 / 3 / 2 / 2007
- Cass. com., Maroc, n° 351, 28 mars 2007, doss. com. 563 / 3 / 1 / 2005
- Cass. com., Maroc, n° 578, 16 mai 2007, doss. com. 467 / 3 / 2 / 2005

- Cass. com., Maroc, n° 600, 23 mai 2007, doss. com., n° 1010 / 3 / 1 / 2006
- Cass. com., Maroc, n° 489, 14 juill. 2007, doss. com. n° 877 / 3 / 2 / 2003
- Cass. com., Maroc, n° 1/ 1067, 2007, doss. com., n° 019 / 3 / 1 /2006
- Cass. com., Maroc, n° 130, 06 fév. 2008, doss. com. n° 517/2/3/2007
- Cass. com., Maroc, n° 390, 02 avr. 2008, doss. n° 816 / 3 / 2 / 2005
- Cass. com., Maroc, n° 615, 07 mai. 2008 doss. com, 430 / 3 / 1 / 2005
- Cass. com., Maroc, n° 614, 07 mai 2008, doss. com. n° 2006 / 1 / 3 / 936
- Cass. com., Maroc, n° 838, 11 juin 2008, doss. com., n° 172 / 3 / 1 / 2008
- Cass. com., Maroc, n° 722, 28 juin 2008, doss. com, n ° 39/3 / 2 / 03
- Cass. com., Maroc, n° 1000, 09 juil. 2008, doss. com., n° 800 / 3 / 1 / 2006
- Cass. com., Maroc, n° 1245, 08 oct. 2008, doss. com, n °1159 / 3 / 1 / 2006
- Cass. com., Maroc, n° 1459, 12 nov. 2008, doss. com. n° 1237 / 3 / 1 / 2006
- Cass. com., Maroc, n° 1588, 03 déc. 2008, doss. com. 961 / 3 / 2 / 2005
- Cass. Com., Maroc, n° 1646, 24 déc. 2008 doss. com. n° 812 / 3 / 2 / 2005
- Cass. com., Maroc, n° 1687, 31 déc. 2008, doss. com. n° 547 / 3 / 1 / 2008
- Cass. com., Maroc, n° 381, 08 avr. 2009, doss. com., n° 200 / 4 / 1 / 2009
- Cass. com., Maroc, n° 557, 15 avr. 2009, doss. com. n° 914 / 3 / 3 / 2007
- Cass. com., Maroc, n° 701, 06 mai 2009, doss. com. 1243 / 3 / 3 / 2006
- Cass. com., Maroc, n° 1424, 07 oct. 2009, doss. com. n° 55 / 3 / 1 / 2007
- Cass. com., Maroc, n° 117, 21 jan. 2010, doss. com. n° 653 / 3 / 3 / 2009
- Cass. com., Maroc, n° 1/ 736, 5 mai 2010, doss. 55 / 3 / 1 / 2009

- Cass. Com., Maroc, n° 1434, 07 oct. 2010, doss. com. n° 1140 / 3 / 1 / 2006
- Cass. com., Maroc, n° 681, 12 mai 2011, doss. com. n° 621 / 3 / 3 / 2010
- Cass. com., Maroc, n° 334, 29 mars 2012, doss. com., n° 524 / 3 / 3 / 2011
- Cass. com., Maroc, n° 487, 03 mai 2012, doss. com., n° 1250 / 3 / 1 / 2011
- Cass. com., Maroc, n° 41, 29 jan. 2015, doss. com., n° 909 / 3 / 1 / 2015
- Cass. com., Maroc, n° 157, 21 avr. 2016, doss. com. n° 311 / 3 / 1 / 2015

La chambre criminelle

- Cass. crim., Maroc, n° 05/ 3/ 6/ 22378, 28 mars 2007

2. Les cours d'appel

Section administrative

- CA, adm. Rabat, n° 1119, 19 mars 2012, doss. n° 09 / 10 / 684

Section commerciale

- CA, Com., Casablanca, n° 560 / 2000, 16 mars, 2000
- CA, com., Casablanca, n° 273, 22 déc. 2000, doss. 2048 / 2000 / 11
- CA, com., Casablanca, n° 77, 30 mars 2001, doss. com., n° 2078 / 99 / 11
- CA, com., Marrakech, n° 34 / 2001, 27 juin 2001, doss. 13 / 99
- CA, com., Casablanca, n° 18, 26 déc. 2001, doss. n° 01 / 18 / 102
- CA, com., Marrakech, numéro non cité, 06 fév. 2002, doss. 99 / 15
- CA, com., Casablanca, n° 309 / 2002, 08 fév. 2002, doss. com., n° 11 / 2001 / 2842
- CA, com., Casablanca, n° 1214 / 2002, 12 juill. 2002
- CA, com., Casablanca, ord. n° 11 / 2002, 06 mai 2002, doss. 5 / 16 / 2000

- CA, com., Fès, n° 1 TS, 789 / 2012, 17 avr. 2002, doss. com., n° 07 / 2002
- CA, com., Casablanca, n° 1659, 14 juin. 2002, doss. com., n° 1769 / 2002 / 2
- CA, com., Casablanca, n° 2724 / 02, 18 oct. 2002
- CA, com., Casablanca, n° 2724 / 02, 18 oct. 2002
- CA, com., Fès, n° 20, 04 déc. 2002, doss. n° 14 / 2002
- CA, com., Casablanca, n° 3577 / 2002, 27 déc. 2002, doss. n° 6141 / 2002 / 1
- CA, com., Marrakech, n° 424, 29 avr. 2003, doss. 790 / 2002
- CA, com., Fès, n° 42, 17 sep. 2003, doss. n° 60 / 03C
- CA, com., Fès, n° 58, 06 oct. 2004, doss. 84/03
- CA, Beni Mellal, n° 2140, 08 avr. 2004
- CA, Casablanca, n° 9455, 21 juil. 2004
- CA, com., Marrakech, n° 618, 12 juill. 2005, doss. n° 1085 / 2004
- CA, com., Casablanca, n° 5209, 10 nov. 2006
- CA, com., Fès, 03 oct. 2007, doss. n° 19 / 2007
- CA, com., Fès, n° 60, 05 déc. 2007, doss. n° 50 / 2007
- CA, com., Casablanca, n° 08 / 4037, 29 sep. 2008, doss. 11 / 2007 / 5794
- CA, com., Casablanca, n° 08 / 1760, 08 avr. 2008, doss. com. n° 04/08/670
- CA, com., Fès, arrêt n° 49, 16 juil. 2008, n° 07 / 188
- CA, com., Casablanca, n° 953 / 2009, 13 fév. 2009, doss. 11 / 2008 / 4581
- CA, com., Casablanca, n° 461 / 2009, 24 juin. 2009
- CA, com., Casablanca, n° 5472, 13 nov. 2009, doss. com. n° 11 / 2009 / 3761
- CA, com., Casablanca, n° 131 / 2011, 13 jan. 2010, doss. n° 4203 / 2010
- CA, com., Casablanca, n° 3679 / 2011, 20 sep. 2011, doss. 117 / 25 / 2010
- CA, com., Fès, n° 53, 26 sep. 2012, doss. n° 26/12
- CA, com., Casablanca, n° 4845 / 2011, 22 nov. 2011, doss. 126 / 20 / 2010
- CA, com., Casablanca, n° 5089 / 2011, 06 déc. 2011
- CA, com., Casablanca, n° 788 / 2012, 789 / 2012, 14 fév. 2012, doss. n° 11 / 2010 / 5113
- CA, com., Marrakech, ord, n° 390 / 2012, 08 mai 2012, doss. n° 02 / 15 / 2010
- CA, com., Fès, n° 7, 05 déc. 2012, doss. n° 23 / 2011

- CA, com., Marrakech, n° 1238, 03 juil. 2012, doss. 11/ 06 / 1759
- CA, com., Casablanca, n° 1428 / 2013, 12 mars. 2013, doss. 11 / 2012 / 3546
- CA, com., Casablanca, n° 1559 / 2013, 19 mars 2013, doss. n° 11 / 2011 / 4473
- CA, com., Casablanca, n° 2907 / 2013, 28 mai 2013, doss. n° 11 / 2013 / 509
- CA, com., Casablanca, n° 53563 / 2013, 10 déc. 2013, doss. n° 11 / 2013 / 1631
- CA, com., Casablanca, n° 2013 / 8335560, 17 déc. 2013, doss. n° 11 / 2013 / 2528
- CA, com., Casablanca, n° 02 / 2724, 02 oct. 2018, doss. 11 / 02 / 2403

3. Tribunaux de première instance

<u>Section commerciale</u>

- Trib. com., Casablanca, n° 4734 / 1999, 02 août 1999, doss. 10 / 99 / 5016
- Trib. com., Marrakech, n° 1 / 98, 20 avr. 2000
- Trib. com., Casablanca, n° 354 / 2001, 10 déc. 2001, doss. 304 / 2001 / 10
- Trib. com., Casablanca, numéro non cité, 14 oct. 2002
- Trib. com., Casablanca, jug. n° 180 / 2002, 06 mai 2002, doss. com., n° 322 / 2001 / 10
- Trib. com., Meknès, n° 13 / 06 / 6, 16 mars 2003
- Trib. com., Tanger. ord. n° 18 / 04 / 05, 16 mars 2004
- Trib. com., Rabat, ord. n° 2002-18, 18 mai 2005, doss. n° 05 / 42 / 2000
- Trib. com., Rabat, ord. n° 141, 06 janv. 2006, doss. 21 / 263 / 2005
- Trib. com., Casablanca, jug. n° 34, 23 jan. 2006, doss. com., n° 202 / 24 / 2005
- Trib. com., Casablanca, jug. n° 89, 20 mars 2006, doss. com., n° 7 / 24 / 2006
- Trib. com., Casablanca, n° 270, 13 nov. 2006
- Trib. com., Casablanca, jug. n° 109, 28 avr. 2008, doss. com., n° 38 / 10 / 2008

- Trib. com., Agadir, jug., n° 419, 04 mars 2008, doss. n° 1640/10/2006
- Trib. com., Rabat, ord. Numéro non cité, 16 mai 2008, doss., 65 / 21 / 2008
- Trib. com., Casablanca, n° 13, 23 fév. 2010, doss. 1014 / 34 / 2009
- Trib. com., Rabat, ord. n° 157, 16 mars 2010, doss. com., n° 500 / 21 / 2009
- Trib. com., Casablanca, 03 mai 2010, n° 10 / 119, doss. n° 95 / 25 / 2010
- Trib. com., Rabat, n° 157, 03 août 2010, doss. com. n° 5 / 33 / 2003
- Trib. com., Marrakech, ord. n° 282 / 2011, 03 mai 2011
- Trib. com., Marrakech, ord. n° 950 / 2011, 23 sep. 2011, doss. com., 35 / 15 / 2001
- Trib. com., Marrakech, ord. n° 1034 / 2011, 24 oct. 2011
- Trib. com., Marrakech, ord, n° 1129 / 2011, 29 nov. 2011
- Trib. com., Marrakech, ord., n° 1133, 01 déc. 2011, doss. n° 775 / 2011
- Trib. com., Marrakech., ord. n° 266 / 2012, 03 avr. 2012
- Trib. com., Marrakech, ord. n° 478 / 2012, 25 mai 2012, doss. com., n° 646 / 2011
- Trib. com., Casablanca, ord., n° 2110 / 2012, 26 déc. 2012, doss. n° 397 / 19 / 2012
- Trib. com., Casablanca, ord. n° 773 / 2013, 6 août 2013, doss. com., n° 185 / 19 / 2012
- Trib. com., Casablanca, n° 38, 21 mars 2016, doss. 23 / 8302 / 2016
- Trib. com., Casablanca, n° 135, 05 nov. 2018, doss. 171 / 8321 / 2017
- Trib. com., Agadir, 18 déc. 2018, n° 95, doss. n° 103 / 8306 / 2017

Section administrative

- Trib. adm., Casablanca, n° 236, 14 juil. 2003, doss. n° 270 / 2003
- Trib. adm., Agadir, n° 310 / 04, 17 juin 2004
- Trib. adm., Casablanca, n° 239 / 2006 gh, 30 jan. 2008
- Trib. adm., Casablanca, n° 9 / 6 / 130, 09 oct. 2009
- Trib. adm., Casablanca, n° 208 / 6 / 2008, 01 mars 2010

- Trib. adm., Rabat, ord. n° 468, 17 juin 2013, doss. n° 435 / 1 / 2013

<u>Tribunaux de première instance du droit commun</u>

- TPI., Casablanca, Ain Chok, n° 8879 / 98, 26 jan. 2000
- TPI., Casablanca, Anfa, n° 4229, 15 déc. 2000
- TPI., Beni Mellal, n° 01 / 03, 25 mars 2003
- TPI., Casablanca, Hay Mohammadi, Aïn Sebaâ, n° 07 / 2001, 10 avr. 2004

B. Les juridictions OHADA

1. CCJA et les cours suprêmes nationales

- CCJA, Arrêt n° 003 / 2002, 10 jan. 2002, *SIEM c/ Société ATOU et BICICI* ;
- CCJA, arrêt n° 016 / 2004, 29 avr. 2004, *SDA et WAHAD NOUHAD c/HASSAN sahly*
- Cour suprême, Côte d'Ivoire, n° 383, 6 juil. 2006, Affaire *Liquidation SID Trading / La société générale des banques*

2. Les cours d'appel dans l'espace OHADA

- CA, Dakar, n° 222 ,12 avr. 2001, OHADATA- J- 06 -59
- CA, Ouagadougou, Ch. Civ. et com. n° 097, 07 déc. 2001, Ohadata j-09-05
- CA, Ouagadougou, n° 84, 21 nov. 2003, *Sahel compagnie c / Syndics liquidateurs de SOSACO*
- CA, Ouagadougou, n° 52, 16 avr. 2004, *SOSACO / BATEC*
- CA, Littoral, n° 095 / REF, 15 mai 2006, Société S.D.V Cameroun SA C / Société SACAM SARL
- CA, Littoral, n°144 / CC 03 sep. 2007, *affaire Sté SAPPC SA C/ Sté FRIMO-SAM* et autres / OHADATA-J-07-199
- CA, Zinder, Ch. judiciaire, n° 40 / bis, 26 juil. 2007

3. Les tribunaux de première instance dans l'espace OHADA

- Trib. Gran. inst. Wourri, jug. civ. n° 372, 4 mai 2000

- Trib. h. c. Dakar, jug. Correctionnel, n° 5992/2001, 4 déc. 2001
- TGI. Bobo - Dioulasso., Burkina-Faso, Jugement °88, 06 mars 2002
- Trib. rég. ho. c. de Dakar, 27 / 08 / 2002, jug. n° 4025, Ohadata J-05-272
- Trib. rég. hr. cla. Dakar, jug. com. n° 348, 26 fév. 2003
- Trib. rég. hr. cla. Dakar, Jug. comm. n° 63, 26 juin 2003, OHADATA-J-09-341
- TGI. Ouagadougou, jug. n° 389 du 17 septembre 2003
- Trib. rég. hr. cla., Dakar, jug. com. n° 2227, 08 jan. 2004, OHADATA-J-09-335
- Trib. rég. hr. cla, Dakar, jug. com. n° 95, 11 juin 2004, OHADATA-J-09-330
- Trib. rég. hr.cla. Dakar, jug. comm. n° 112, 12 nov. 2004, OHADATA-J-09-327
- Trib. rég. hr. cla. Dakar, jug. com. n° 113 ,12 nov. 2004
- TGI. Bobo-Dioulasso, n° 298, 29 déc. 2004
- Trib. rég. hr. cla. Dakar, jug. comm. n° 081, 09 avril 2008, OHADATA-J-09-325
- Trib. gran. inst., Ouagadougou, jug. n° 156 / 2008, 03 sep. 2008

II. Les juridictions européennes

A. Les juridictions françaises

1. Tribunaux de première instance

- TGI. Toulouse, 2 mars 2009, RG n° 08 / 03085
- Trib. com. Nanterre, Cham. 6, numéro non cité, 12 déc. 2013
- Trib. com. Paris, 18e ch., 21 mai 2014, n° 2014016060
- Trib. com. Paris, 5e ch., 5 juin 2018, n° 2018010735

2. Cours d'appel

- CA, Paris, 21 oct. 1993, n° 14 740.
- CA, Douai, 19 mai 1994, n° 93-10 115
- CA, Limoges, 4 oct. 1994, n° 328

- CA, Rennes (2e ch.), 27 mars 1996 : *S.A. Soifilène c/ Receveur des impôts Rennes Nord*
- CA, Paris, 20 septembre 1996, 1re ch. B, R.J.F. 1997, n° 84
- CA, Orléans, 4 décembre 1997, n° 95-1212 : *Dr. fisc.*, 1998, comm. n° 865
- CAA, Nantes, Ch. 1, 25 avr. 2000, n° 97 NT01081
- CA, Orléans, 11 mars 2004, *Fidon c/Buisson,* RJDA 2004, n° 854)
- CAA, Douai, 2ème chambre, formation à 3, 31 mai 2005
- CA, Nîmes, 1re ch. civ., sect. B, 2 févr. 2010 n° 05/02639
- CA, Paris, 5-7, 27 mai 2010, RG n°2008/20349
- CA, Paris, 5-7, 2 nov. 2010, RG n°2010 / 05525
- CA, Aix-en-Provence, 1re ch., sect. A, arrêt, 7 sept. 2010, n° 09/13346, 2010/397, D. c/ E
- CA, Paris, 5-7, 12 oct. 2010, RG n° 2010/01169
- CA, Paris, 5-7, 9 nov. 2010, RG n°2009/22828, époux C
- CA, Caen, 4 nov. 2010, n° 08/01735) CEDH, 22 sept. 2011, n° 60983/09, Tétu c/ France
- CA, Douai, 15 Mars 2011 – n° 10 / 07247
- CA, Douai, 2e cham., 1re sect, 25 mars 2010 – n° 09 / 02893
- CA, Nancy, 17 avr. 2013, n° 11/02817
- CA, Versailles, 15 mai 2014, n° 13/09389
- CA, Paris, 3 juin 2014, n° 13/2261, ch. 5-8
- CA, Rennes, 16 sept. 2014, RG n° 12/08672

3. Cour de cassation

La chambre civile

- Cass. 3e civ., France, 11 oct. 1989, n° 88-14 324
- Cass. 2e civ., France, 16 févr. 1994, n° 90-19 090

La chambre commerciale

- Cass. com., France, 22 mai 1957, *Bull. civ.* 1957, III, n° 166
- Cass. com., France, 8 novembre 1982, *Bull. civ.* 1982, IV, n° 338
- Cass. com., France, 15 avr. 1986, Dehnnin, n° 8415117
- Cass. com. France, 19-1-1988 : Bull. civ. IV, p. 26
- Cass. com., France, 20 juin 1989 JCP
- Cass. com., France, 3 juill. 1990, n° 89-12.784

- Cass. com., France, 3 juill. 1990, n° 89-12.785
- Cass. com., France, 1 oct. 1991, *RJDA* 1991, n° 12, 1071
- Cass. com., France, 19 mars 1991, Bull. civ. IV, n° 105
- Cass. com., France, 24 nov. 1992: *RJF*, 1993/2, p. 165, n° 285
- Cass. com., France, 16 juin 1992, n° 90-14.524 : Juris Data n° 1992-001652
- Cass. com., France, 16 fév. 1993, Bull. civ. IV. n° 62, p. 41
- Cass. com., France, 16 fév. 1993, JCP G 1993, 3704
- Cass. com., France, 9 mars 1993: *RJF*, 1993/6, p. 534, n° 937
- Cass. com., France, R., 26 oct. 1993 ; *Receveur principal des impôts de Fontenay-le-Comte c. Dutour ès qual. et SARL Moulin Maret*
- Cass. com., France, 23 nov. 1993, *Bull. civ. IV, n° 426*
- Cass. com., France,7 déc. 1993, n° 1939 D: *RJF*, 1994/3, n° 344
- Cass. com., France, 21 juin 1994: *RJF*, 1994/11, p. 716, n° 1272
- Cass. com., France, 28 mars 1995, n° 92-20.316, BRDA 1995, n° 7, p. 5, JCP E 1995, pan., 569, Quot. jur. 25 avr. 1995, p. 3, D. 1995, I.R., p. 268
- Cass. com., France, 3 mai 1995, n° 821 D: *RJF*, 1995/7, n° 890
- Cass. com., France, 27 juin 1995, n° 1359 D : *RJF*, 1995/10, p. 697, n° 1190
- Cass. com, France, 3 octobre 1995, n° 94-10.108, Gibelin, D.F. 1996, n° 3, comm. 28
- Cass. com., France, n° 266, 24 oct. 1995
- Cass. com., France, 5 déc. 1995, *Bull. civ.* IV, n° 279
- Cass. com., France, 3 octobre 1996: *RJF*, 1996/1, p. 62, n° 126
- Cass. com., France, 17 mars 1998, n° 95-22.213 et 96-10.224
- Cass. com., France, 17 mai 1998, RJDA 1998, n° 901
- Cass. com., France, 9 juin 1998, pourvoi n° 95-21.620
- Cass. com., France, 16 juin 1998, pourvois nos G 96-15.525 et D 96-16.349
- Cass. com., France, 16 juin 1998, n° 95-15689
- Cass. com., France, 19 janv. 1999, n° 95-22136
- Cass. com., France, 2 mars 1999, n° 95-19.917, Bull. civ. IV, n° 49, p. 41, RJDA 1999, n° 455

- Cass. com., France, 1er juin 1999, n° 1101 D: *RJF*, 1999/8-9, p. 674, n° 1084
- Cass. com., France, 19 oct. 1999, n° 97-16300 : *Dr. fisc.*, 2000, comm. n° 332
- Cass. com., France, 30 mai 2000, n° 98 - 10926 : Bull. civ. IV, n° 115
- Cass. com., France, 6 mars 2001, n° 98 -12266 : Bull. civ. n°48, p. 47
- Cass. com., France, 9 juin 2001, n° 98-15.102, D 2001, p. 479
- Cass. com., France, 8 jan. 2002, *RJDA* 2002, n° 669
- Cass. com., France, 29 oct. 2002, n° 99-20.610,
- Cass. com., France, 14 jan. 2004, n° 01-10.107
- Cass. com., France, 10 mars 2004, n° 489, FS-D: RJF 08-9/04, n° 943
- Cass. com., France, 28 avr. 2004, arrêt n° 692 F-P+B
- Cass. com., France, 2 juin 2004, n° 01-11.757, Bull. Civ. IV, n°112
- Cass. com., France, 16 juin 2004, n° 01-17. 234
- Cass. com., France, 24 mars 2004, n° 00-18.532, Bull. civ. 2004, no 59
- Cass. com., France, 30 mars 2005, RJDA 2005, n° 1007, p. 866
- Cass. com., France, 22 janv. 2008, n° 06-20766
- Cass, com., Ch. Comm., France, 16 déc. 2008, arrêt n° 1307
- Cass. com., France, 29 sep. 2009, n° 8-13724
- Cass. com., France, 3 mai 2011, n° 10-16.758
- Cass. com., France, 22 mars 2011, n° 10-16.822
- Cass. com., 16 oct. 2012, nos 12-40061 à 12-40065
- Cass. com., France, 16 oct. 2012, nos 12- 40061 à 12- 40065
- Cass. com., France, 14 oct. 2014, n° 13-24555, PB
- Cass. com., France, 22 mars 2017, n° 15-21146
- Cass. com., France, 5 sept. 2018, n° 17-13.626
- Cass. com., France, 5 sept. 2018, n° 17-15031
- Cass. com., France, 26 juin 2019, n° 17-31236

La chambre criminelle

- Cass. crim., France, arrêt Ben Haddadi, 3 mars 1960
- Cass. crim., France, 4 mai 2006, pourvoi n° 05-84786

4. Conseil d'Etat

- CE, 7e et 8e ss-sect., 27 juillet 1984, n° 30142 et 30143
- CE, ass. plén., 11 févr. 1987, req. n° 47157
- CE, 29 juin 1988 : *Dr. fisc.*, 1989, comm. n° 286
- CE, 8 juill. 1992, n° 84973 : RJF 11/1992, n° 1463
- CE, 25 nov. 2009, n° 299627

5. Tribunal des conflits

- Trib. confl., France, 26 mai 2003, *Act. pr. coll.* 2003, n° 233 ; *LPA* 7 nov. 2003
- Trib. confl., France, 13 avr. 2015, n° 3988

6. Conseil constitutionnel

- Cons. const., France, 7 déc. 2012, n° 2012-286
- Cons. const., France, 7 mars 2014, n° 2014 - 368 et n° 2014 - 372

B. Les juridictions en Belgique

1. Tribunaux de première instance

- Trib. civ. Namur, 18 mai 2005, R.G. n° 187-2004
- T.B.H, Liège, 22 mai 2012, 2013 / 3, p. 205
- Comm. Bruges, 1 octobre 2012, T.B.H., 2013 / 3, p. 205
- Comm. Bruxelles, 14 novembre 2012, T.B.H., 2013/3, p. 204
- Trib. Mons, 27 mai 2013, J.L.M.B., 2014/16, p. 773
- Comm. Turnhout, 31 octobre 2013, R.W., 2013-14, p. 1112
- Comm. Anvers, 11 décembre 2013, R.W., 2013-14, p. 1633

2. Cour de cassation

- Cass., Belgique, 24 juin 2010, *T.G.R.* – T.W.V.R., 2010, liv. 4, p. 265

3. Conseil constitutionnel

- C. const. Belgique, n° 151/2012, 13 déc. 2012

- C. const. Belgique, arrêt n°47/2017 du 27 avril 2017

III. Notes, observations et conclusions

A. Observations et conclusions

- CA, Rennes, 19 nov. 1987, *rev. proc. coll.* 1988, 350 obs. A. Honorat
- Cass. civ. I, France, 2 mai 1990, R.C.D.I.P. 1991, p. 378, note Audit
- Cass. civ. I, France, 29 mai 1990, id. note Bischoff
- Cass. com., France, 28 mai 1991, n° 89-20.532, Bull. civ. IV, n° 186, p. 132, D. 1991, som., p. 333, obs. Honorat A., JCP éd. E 1991, I, 100, n° 6, obs. Cabrillac M., *Rev. proc. coll.* 1992, p. 110, obs. Dureuil B
- Cass. com., France, numéro non cité, 11 mai 1993, *rev. proc. coll.* 1994, p. 372, obs. J.-M. CALENDINI
- Cass. com., France, 12 juill. 1994, D. 1995, somm. 9, obs. DERRIDA; JCP E 1995. 1. 417, obs. PETEL; RJDA 1995
- Cass. com., France, 14 juin 1994, n° 92-14.721, Bull. civ. IV, n° 210, Quot. jur. 20 sept. 1994, obs. P. M
- Cass. cass., ch. comm., France, 4 juillet 1995; R.D.E.F. 1996, p. 265, note J.-P. Sénéchal 97/6190; Bull. Fisc. F. Lefèbvre, décembre 1995 n° 1336, p. 698 ; R.J.F. 12/95, n° 1437, p. 836
- Cass. com., France, 19 déc. 1995, n° 92-19.525, Bull. civ. IV, n° 305; D. 1996, p. 145, note CAMPANA.
- Cass. com., France, 1er oct. 1997, n° 95-14.578, BRDA 1997, n° 19, p. 3, Bull. Joly Sociétés 1997, p. 1089, note Daigre, RJDA 1997, n° 1497
- Cass. com., France, 11 mars 1997, n° 94-19.207, Bull. civ. IV, n° 69, p. 62, RJ com. 1998, p. 293, n° 94, obs. Saint-Alary Houin C., Defrénois 1997, art. 36621, p. 941, obs. J. P. Sénéchal
- Cass. com., France, 11 mars 1997, *Bull. civ.* IV, n° 69; *D.* 1997, IR, 87; *D. aff.* 1997, 482; *Defrénois* 1997, art. 941, obs. J.-P. Sénéchal; *JCP éd. E* 1997, I, 681, n° 8, obs. Ph. Pétel; *Rev. Huissiers* 1998, 351, note B. Courtier; *adde* J.-P. Garçon, *JCP éd. N* 1997, I, 1283

- C.A. Toulouse, 01 déc. 1997, RJC 1998, p. 244, obs. SAINT-ALARY-HOUIN
- Cass. com., France, 9 déc. 1997, *R.J.F.* 1998, n°192 ; conclusions de l'avocat général R.J.D.A. 1998
- Cass. cass., France, Avis, 18 mai 1998 : Bull. civ.1998, avis, n° 6 ; Procédures 1998, comm. 174, obs. H. CROZE
- Cass. com. France, 9 juin 1998, A.P.C 1998-5, n° 76, obs. Béhar-TOUCHAIS
- Cass. com., France, 16 juin 1998, n° 95-15.689 : JurisData n° 1998-002772 ; Dr. fisc. 1998, n° 44, comm. 967 ; LPA 5 mars 1999, n° 46, p. 4, obs. F. Derrida ; RJDA 1998, p. 684, concl. av.
- Cass. com., France, 16 juin 1998, arrêt n° 1398, Dr. fisc. 1998, n° 39, comm. 841, note P. SERLOOTEN ; R.J.F. 1998, nos 8/9, 1026
- Cass. com., France, 6 juin 2000, *RJDA* 2000, n° 1142 ; *RTD com.* 2001, p. 224, obs. C. Saint-Alary Houin
- Cass. com., France, 4 juil. 2000, n° 97-22. 414, Bull.civ.IV, n° 137, JCP G 2001, I, n° 315, obs., Ph. DELEBECQUE
- Cass. com., France, 4 juillet 2000, n° 97-22. 414, Bull. civ. IV, n° 137; JCP E, 2001, 219, n° 11, obs. Ph. PÉTEL
- Cass. com., France, 3 oct. 2000, n° 98-10.672, Bull. civ. IV, n° 146, p. 133, Actualité proc. coll. 2000, n° 17, n° 221, D. 2000, jur., p. 397, obs. Lienhard A., JCP éd. E 2001, chron. 175, n° 6, obs. Cabrillac M., RTD com. 2001, p. 224, obs. Saint-Alary-Houin C.
- Cass. com., France, 9 janvier 2001, n° 98-15.102, Bull. civ. IV, n° 6 ; JCP E, 2001, 752, n° 7, obs. M. CABRILLAC
- Cass. com., France, 16 oct. 2001, n° 98-12.216, Bull. civ. IV, n° 166, p. 157, D. 2001, p. 3349, obs. Lienhard A., Actualité proc. coll. 2001, n° 19, n° 251, obs. Vallansan J., JCP E 2002, 121, p. 129, n° 8, obs. Cabrillac M., D. 2002, p. 1479, obs. Honorat A.
- Cass. com., France, 7 juill. 2004, n° 01-01.452 ; CA Riom, 1re ch. civ., 22 mai 2003, RD bancaire et financier 2004, p. 106, n° 83, obs. Lucas F.-X
- Cass. com., France, 7 déc. 2004, *Act. pro. coll.* 18 fév. 2005, p.1, obs. C. SAINT-HALRY-HOUIN
- Cass. com., France, 16 janv. 2007, n° 05-16.235, FS-P+B, *DGI deSèvres c/ Prévost* : Juris-Data n° 2007-036939 ; *D.* 2007, p. 312, obs. A. Lienhard ; RJDA 3 / 2007, n° 277, p. 272

- Cass. com., France, n° 08-10.002, 12 mai. 2009, Dr. *Fisc.* 2009, n° 25, comm. 381, *Rev.pro.coll.* 2/2010, p.78, n° 89, obs Ph. NEAU-LEDUC et M. HUBERT
- Cass. com., France, 24 juin 2003 : *JCP E* 2004, 202, §. 13, obs. M. C
- Cass. com. France, 26 janv. 2010, n° 08-12. 186, Bull. civ. IV, n° 23; Bull. Joly 2010. 563, note A. DE BISSY; Act. proc. coll. 2010, n° 6, rep. 83
- Cass. com., France, 9 avr. 2013, n° 12-14.264 : JurisData n° 2013-006739 ; *BJE* juill.-août 2013, p. 233, note J.-P. Sortais
- Cass. com., France, 25 oct. 2017, n° 16-18.938, F-P+B, *Comptable chargé du recouvrement, responsable du pôle de recouvrement spécialisé de la Haute Garonne c/ Vinceneux, ès qual.*, Lettre d'actualité des procédures collectives civiles et commerciales n° 20, déc. 2017, alerte 299, obs. Thierry LAMULLE

B. Notes

Anonyme, « Déclaration d'une créance conditionnelle : opération d'achat-revente effectuées par un marchand de biens sous le régime de l'article 1115 du CGI », note sous Cass. com., France, 22 mars 2011, n° 10-16.822, F-D, *Sté Espacesfonciers* : JurisDatan°2011-004389, in Droit fiscal n° 24, 16 Juin 2011, comm. 392

Anonyme, « Le sort malheureux de la créance de taxe foncière dans la procédure collective », Rev. Lamy dr. Civ., n° 121, 1er décembre 2014, note sous cass. com., France, 14 oct. 2014, n° 13-24.555, P+B

SOINNE Bernard, *Rev. proc. coll.* 1996, p. 313 ; Rennes, 2e ch., 27 mars 1996, D. 1997, jur. 28, obs. F.D

GAVALDA C., note sous cass. com. France, 11 oct. 1972, JCP 1973, I, 1731

LEBEL Christine, « La déclaration de créance, préalable obligatoire pour la compensation de dettes connexes », note sous CJUE, 15 déc. 2011, aff. C-191/10, *Rastelli Davide c/ Hidoux*, in *rev. lamy dr. aff.* n ° 69, 1 mars, 2012

ROBACZEWSKI Corinne, « Cumul de qualifications de banqueroute et de fraude fiscale », note sous cass. crim.,

France, 4 mai 2006, pourvoi n° 05-84786, in *Gaz. Pal.* n° 280, 7 oct. 2006, p. 42

HOUIN Corinne SAINT-ALARY,

- « « Utilité » de la créance - Créance fiscale », note sous CA Limoges, 4 févr. 2010, n° 8 / 01716, *SARL Vallancée et Me Gladel c/ Service des impôts d'Épinal*, in *rev. proc. coll.* n° 2, mars 2012
- « Fait générateur des créances fiscales », Rev. proc. coll. n° 5, sep. 2009, comm. 120, note sous cass. com., France, 16 déc. 2008, n° 08-12.142.

MELEDO-BRIAND Danièle, « Le juge judiciaire peut suspendre l'exigibilité des créances fiscales sur le fondement de la loi du 1er mars 1984 », *La Semaine Juridique Edition Générale,* n° 52, 23 déc. 1998, II 10218, note sous cass. com., France, 16 juin 1998 ; *Receveur des Impôts de Rennes Nord et a. c/ SA Soifilène (arrêt* précité)

GIBIRILA Deen, « Les faits générateurs d'une créance de TVA et le privilège des créances postérieures », *Gaz. Pal.*, 03 oct. 2009, n° 276, p. 6, note sous cass. com, France, 16 déc. 2008, n° 07-1 308 1

BOUSTANI Diane, « L'inéligibilité au traitement préférentiel de la créance de Taxe foncière due par le débiteur mis sous procédure collective à raison de la détention d'un bien immobilier », note sous arrêt préc., in *Gaz. Pal.* 20 janv. 2015, n° 209, p. 20

GICQUIAUD Emilie, « L'extension de procédure pour cause de confusion des patrimoines suppose des faits antérieurs à l'ouverture de la procédure collective », note sous cass. com., France, 16 oct. 2012, in *LPA*, 8 mars 2013, n° 49, p. 6

AMRI Eugénie, JEBBOUR Sami, « L'incompatibilité du mécanisme d'extension de procédure collective pour cause de confusion des patrimoines avec le règlement n° 1346 / 2000 », note sous CJUE, 15 déc. 2011, aff. C-191/10, *Rastelli* Davide c/ Hidoux, in *rev. lamy dr. aff.* n ° 69, 1 mars, 2012

DERRIDA Fernand, « Conséquence fiscale _ et autres ? _ du caractère aléatoire et forfaitaire de l'opération issue d'un plan de cession », in LPA, n° 46, 5 mars 1999, p. 4, note sous cass. com., France, 16 juin 1998, n° 95-15689

FOTSO Emmanuel Douglas, « L'octroi abusif de crédit à une entreprise en difficulté en droit OHADA, étude à la lumière du jugement du Tribunal de commerce d'Abidjan du 30 octobre 2014 », Ohadata D-17-05

VALLENS J.-L., « Après la clôture de la liquidation judiciaire, le débiteur peut recouvrer une créance antérieure », *RTDcom.* 2001, p. 243, note sous cass., com. France, 17 oct. 2000, rejet n° 98-10. 955

LEGROS Jean-Pierre, « Action en comblement de passif - Solidarité fiscale des dirigeants », in *rev. Droit des sociétés,* n° 2, fév. 2019, comm. 32, note sous cass. com, France, 5 sept. 2018, n° 17-13.626 (arrêt préc.,)

SORTAIS Jean-Pierre, « Fait générateur de l'impôt et droits d'enregistrement », note sous le même arrêt, in *BJE* sept. 2011, p. 252

BRANDEAU Joseph, « Le problème de la compensation de la TVA dans les procédures collectives », note sous cass. com, France, 19 janv. 1999, n° 95-22136

SAUTONIE-LAGUIONIE Laura, « Fait générateur d'une créance de TVA et privilège des créances postérieures »,*La Semaine Juridique Entreprise et Affaires* n° 11, 12 mars 2009, 1267, note sous cass. com., France, 16 déc. 2008, n° 07-13.081, FS-P+B

LE MESLE Laurent, « Recevabilité de l'action individuelle d'un créancier : qu'est- ce qu'un préjudice distinct de celui de l'ensemble des créanciers ? », note sous Cass. com., 30 oct. 2012, n ° 11- 2 05 91, in *Bull. jol. entre. diff.* , 01 jan. 2013, n° 01, p. 16

MONSERIE Marie-Hélène, « Admission de la compensation entre créance et dette connexes après l'adoption d'un plan de continuation », note sous cass. com., France 24 oct. 1995, n ° 174 9 P, *UCA c/ Sté Gediset autres*, in Bull. *Joly Soc*, 01 fév. 1996, n° 2, p. 154

DOUAY Michel, « Créance de taxe foncière et procédures collectives », note sous cass. com., France, 14 oct. 2014, n° 13-24.555, FS-P+B, *Sté Odile Stutz,* in *Droit fiscal,* n° 50, 11 déc. 2014, comm. 689, n° 5

FRICERO Natalie, « L'exigence d'impartialité objective s'oppose à la saisine d'office du tribunal de commerce », note sous Cons. const., 7 déc. 2012, n° 2012 - 286 QPC, Sté Pyrénées services et a. (QPC sur renvoi Cour de cassation) JO 8 déc. 2012, p. 19279

BORGA Nicolas, « Compensation : l'emprise de la volonté sur la connexité », note sous cass. com., France, 9 avr. 2013, n° 12-14356, F–D : *Bull. Joly Entr. Diff.*, 01 sept. 2013, n° 5

PELLETIER Nicolas, « Importantes précisions sur la définition des procédures administratives d'établissement de l'impôt », note sous cass. com., France, 25 oct. 2017, n° 16-18938, in *LDED*, n° 11, p. 5

RUBELLIN Pascal, « Reprise des poursuites après clôture de la liquidation judiciaire », note sous cass. com., France, 26 juin 2019, n° 17-31236, cass. com., France, 26 juin 2019, n° 17-31236), in *L.E.D.E.N* sept. 2019, n° 8, p. 5

SERLOOTEN Patrick :

- « Responsabilité fiscale des dirigeants d'entreprises en difficulté : régime au profit exclusif du Trésor », note sous cass. com., France, 16 janv. 2001, n° 95 F-D, *Saint-Adam c/ Dir. gle impôts Dijon-Nord*
- « Le juge judiciaire peut suspendre l'exigibilité des créances fiscales sur le fondement de la loi du 1er mars 1984 », *La Semaine Juridique Entreprise et* Affaires, n° 45, 5 nov. 1998, p. 1795, *Droit fiscal* n° 39, 23 sept. 1998, comm. 841, note sous cass. com., France, 16 juin 1998 ; *Receveur des Impôts de Rennes Nord et a. c/ SA Soifilène*

Le Corre Pierre-Michel, « Compétence du juge fiscal pour connaître d'une discussion sur la prescription d'une créance fiscale », *Gaz. Pal.* 21 / 07 / 2015, n° 202, p. 22, T. confl., 13 avr. 2015, n° C3988, *Consorts C. c/ Ministère des Finances*

BONHOMME Régine, « La cession de créances connexes ne fait pas obstacle à leur compensation », note sous cass. com., France, 5 nov. 2013, n° 12-15012

GORRIAS Stéphane, « Recours sur le jugement de liquidation judiciaire simplifiée - L'application des règles de la liquidation judiciaire simplifiée est une mesure d'administration judiciaire non susceptible de recours », *Rev. proc. coll.* n° 2, avril 2008, comm. 52, note sous, cass. com., France, 4 mars 2008, n° 07-10.033, FS-P+B

INDEX ALPHABÉTIQUE

(Les chiffres renvoient aux numéros de paragraphes)

-A-

- B -

- C -

-E-

TABLE DES MATIERES

Structures éditoriales du groupe L'Harmattan

L'Harmattan Italie
Via degli Artisti, 15
10124 Torino
harmattan.italia@gmail.com

L'Harmattan Hongrie
Kossuth l. u. 14-16.
1053 Budapest
harmattan@harmattan.hu

L'Harmattan Sénégal
10 VDN SICAP AMITIE 3
BP 45034 Dakar-Fann
direction@senharmattan.com

L'Harmattan Cameroun
Tsinga/Derrière polyclinique FECAFOOT
BP 11486 Yaoundé
Jacques.koukam@harmattan.fr

L'Harmattan Burkina Faso
Villa 281, secteur 23 623, rue 14.32
Ouagadougou
zagbie@outlook.fr

L'Harmattan Guinée
Almamya, rue KA 028 OKB Agency
BP 3470 Conakry
harmattanguinee@yahoo.fr

L'Harmattan RDC
185, avenue Nyangwe
Commune de Lingwala - Kinshasa
matangilamusadila@yahoo.fr

L'Harmattan Congo
219, avenue Nelson Mandela
BP 2874 Brazzaville
deunovmikhael@gmail.com

L'Harmattan Mali
Immeuble Mgr Jean Marie Cissé
Aci Hamadallaye
BP 145 Bamako
syllaka@yahoo.fr

L'Harmattan Togo
Djidjole - Maison Amela
face EPP BATOME
02 BP 20680 Lomé
didieramela11@gmail.com

L'Harmattan Côte d'Ivoire
Résidence Karl - Cité des Arts
Abidjan-Cocody
03 BP 1588 Abidjan
harmattan.ivoire@gmail.com

L'Harmattan Bénin
Rue 604, (Immeuble à l'entrée
de la rue UCAO- Cite de Saint-Jean)
Cotonou
stepcorpus@gmail.com

Nos librairies en France

Librairie internationale
16, rue des Écoles
75005 Paris
librairie.internationale@harmattan.fr
01 40 46 79 11
www.librairieharmattan.com

Librairie des savoirs
21, rue des Écoles
75005 Paris
librairie.sh@harmattan.fr
01 46 34 13 71
www.librairieharmattansh.com

www.ingramcontent.com/pod-product-compliance
Lightning Source LLC
LaVergne TN
LVHW011219061026
849535LV00001BA/99
* 9 7 8 2 3 3 6 5 2 8 3 1 1 *